国学常识

全知道

言实◎编著

中国华侨出版社

北京

图书在版编目(CIP)数据

国学常识全知道/言实编著.—北京:中国华侨出版社,2014.12(2019.7重印)
ISBN 978-7-5113-5086-2

Ⅰ.①国… Ⅱ.①言… Ⅲ.①国学—基本知识 Ⅳ.①Z126

中国版本图书馆 CIP 数据核字(2014)第 308720 号

国学常识全知道

编　　著:言　实
责任编辑:子　墨
封面设计:韩立强
文字编辑:张丽鑫
图文制作:北京东方视点数据技术有限公司
经　　销:新华书店
开　　本:720mm×1020mm　1/16　印张:32　字数:819千字
印　　刷:北京市松源印刷有限公司
版　　次:2015 年 4 月第 1 版　　2019 年 7 月第 4 次印刷
书　　号:ISBN 978-7-5113-5086-2
定　　价:68.00 元

中国华侨出版社　北京市朝阳区静安里 26 号通成达大厦 3 层　邮编:100028
法律顾问:陈鹰律师事务所
发　行　部:(010)58815874　　　　　　　传　真:(010)58815857
网　　　址:www.oveaschin.com　　　　　　E-mail:oveaschin@sina.com

如果发现印装质量问题,影响阅读,请与印刷厂联系调换。

前 言

　　"国学"一说，最早见于近代思想家章太炎先生的《国故论衡》。顾名思义，"国学"就是中国之学，是中华民族在数千年历史中创造的文化。国学堪称中国人的性命之学，中华文化的学术基础、固本之学，是全面提升文化素养的学问。已故著名国学大师季羡林老先生曾提出来"大国学"的概念，他说："国学应该是'大国学'的范围，不是狭义的国学。国内各地域文化和 56 个民族的文化，都包括在'国学'的范围之内。"也就是说，广义的"国学"，就是中国之学、中华之学，是中华各民族优秀传统文化学术的总称。国学汇通思想学术、典籍制度、百行百艺、礼仪民俗，蕴含国脉、国魂、国本，是中国人的根基所在、尊严所在。从 20 世纪 90 年代起，国学热再次兴起，如今方兴未艾。

　　我们的国家，历史悠久，文化灿烂。我们的祖先留下了 5000 年文化遗产，国学博大精深、包罗万象，可以分为天文、历法、地理、历史、职官、服饰、器物、玉文化、青铜文化、文学、艺术、戏剧、音乐、武术、美食、民俗、礼仪、婚丧、天工开物、百草医药等方面。国学以学科分，可分为哲学、史学、宗教学、文学、民俗学、伦理学、考据学、版本学等；以传统图书类别分，可分为经、史、子、集四部。具体而言，国学是以先秦经典及诸子说学为根基，涵盖两汉经学、魏晋玄学、隋唐佛学、宋明理学，以及汉赋、六朝骈文、唐宋诗词、元曲、明清小说和历代史学等内容。国学从思想体系上可分为儒、释、道三家。国学的复兴，是时代的呼唤与要求。今天，随着国势上升，我们自然要大力弘扬国学，也要让世界了解国学。了解国学也就是了解我们的历史和现在，也就是了解我们中国人。我们知道，成为文化大国才是真正的强国。在经济全球化背景下，作为一个中国人，我们更应该深入全面地了解我们自己的国学，绝对不能够数典忘祖。

　　千百年来，国学已渗透到社会的方方面面，直接影响着国人的思想、意识、伦理、道德和行为。国学不仅是中国悠久传统文化的明证，也是每一个中国人的立身处世之本，更是我们不可或缺的精神力量。学习国学，了解国学，继承和弘扬中国文化，是每个中国人义不容辞的责任。作为一个现代人，不能不知道传统，作为一个中国人，不能不了解国学。然而，国学典籍汗牛充栋，国学内容庞杂浩繁，即使穷尽毕生之力，也难通万一。

　　为了帮助读者更方便、更轻松、更快捷地了解和掌握必要的国学知识，开阔文化视野、丰富知识储备、提高人文修养，编者对浩如烟海的国学知识进行了适当的取舍，选取了兼具代表性、实用性和趣味性的内容，辑成本书。全书分为国家政治、职官制度、帝王重臣、兵制法制、经济赋役、教育科举、思想学术、伦理修养、天文历法、文化典籍、语言文学、书画艺术、建筑园林、乐舞风流、体育娱乐、中华医药、考古文物、图书文档、衣食住行、礼俗礼制、节日风俗、百工名物、俗语民谚、典故溯源等24个篇章，涵盖了国学各领域的重要内容和基本常识，为读者轻松掌握国学知识提供了一条捷径。同时，为了方便阅读，本书采用一问一答的形式，把本该数千字甚至数万字才能阐释清楚的问题压缩在数百字之中，以小见大，深入浅出，提纲挈领，传达出丰富的信息，让读者在最短的时间内获得尽可能多的知识。书中既有分门别类的严谨解释，又有引人入胜的传略和逸事，可帮助你登堂入室，领略国学的无穷魅力。

本书在广泛收集资料的基础上，力求在"新、奇、趣"上下功夫。"新"就是鲜为人知的，很少被其他书籍提到的知识；"奇"就是不一般，能让人的精神为之一振的事物；"趣"即是兴趣，也是趣味，是人们想看、愿意看的东西。

在走向世界的今天，每一个中国人都应该有良好的国学素养。请翻开本书，走进博大精深的国学长廊，领悟国学的精髓，感受国学的智慧，把握传统文化的脉搏，丰富自身的内涵，成为文化达人。

目录

国家政治

职官制度

帝王重臣

兵制法制

经济赋役

教育科举

目录

思想学术

伦理修养

天文历法

文化典籍

目录

语言文学

书画艺术

目录

建筑园林

乐舞风流

目录

体育娱乐

中华医药

考古文物

目录

图书文档

衣食住行

礼俗礼制

目录

节日风俗

百工名物

目录

俗语民谚

典故溯源

目录

国家政治

中国早期六大文化区系都有哪些？

六大文化区系指中国早期的 6 个区域文化圈，是由中国著名考古学家苏秉琦提出的。它们分别是：北方新石器文化，该区系属于中国北方早期文明，以辽宁西部和内蒙古自治区中南部为核心区，又可细分为辽宁朝阳、内蒙古自治区赤峰市、北京天津一带及河北张家口等 4 个分区；东方新石器文化，该区系属于中国东部早期文明，在地域上以山东为中心，又可具体分为鲁西南和胶东 2 个分支文化；中原新石器文化，即被视为中国母体文化的黄河流域文化圈，在地域上以关中、晋南、豫西为中心地带，辐射整个黄河中游乃至部分下游地区，其中的仰韶文化一度被认为是中国新时期文化的主流文化；东南地区新石器文化，该区系是中国东南地区的早期文明，以太湖中心，向周围辐射开去，栽培稻米、捕鱼、采集水产共同构成了当时人的生存方式，春秋时的吴越文化即由此发端而来；西南地区的新石器文化，该区系属中国早期西南文明，以环洞庭湖和四川盆地为中心，具体分为江汉平原和四川盆地两个分区，而四川盆地又分为巴、蜀 2 个分支，其中的江汉文化成为后来的"楚文化"的主要源头；南方新石器文化，

该文化圈是中国早期的南方文明，以鄱阳湖—珠江三角洲一线为主轴，辐射福建、台湾、湖南、江西、广东等南方地区，该区系文化具有浓厚的海洋风味。

总体而言，六大区系均处于新石器时代晚期，距今约 3000～8000 年，彼此之间也互有交流和影响。

其中的北方区系、中原区系以及东方区系汇流构成了夏商周三代的黄河文明，而西南、南方、东南三区系则最后汇集而成了长江文明。

可以说，这六大文化区系平行发展并相互影响，共同开创了中国文化的源头。至秦统一中国，六大文化彻底融为一体，但仍保留了各自的一些特色。

"天下"的范围是什么？

"天下"是中国古人对于世界的一种笼统说法，不同时期所指的地理范围是有变化的。

"天下"一词最早是出现在先秦古籍中，比如《诗经·小雅·北山》中有"普天之下，莫非王土；率土之滨，莫非王臣"，《庄子》中还有一篇文章取名为"天下"。这时的天下实际上并不大，具体而言，大概指的便是夏商周三代王权所统治的范围。夏商时主要指黄河中下游地区，周代则包括了长江流域的湖北以及江浙地区等地。另外，周边的东夷、西戎、南蛮、北狄虽未被"王化"，但因其没有形成稳定的国家，所以其所居之地一向被视为王权之下的暂时未开垦之地。因此其时君王一旦南面称孤，也就是"王天下""得天下"了。

但先秦的一些哲学家则对"天下"的范围存在不同的理解，比如庄子认为"天下"比人们想象的要大得多，阴阳家代表人物邹衍也认为儒家所说的"天下"实际上只占真正的天下的 1/80，但这些观点多被当时的人们视为无稽之谈。

到秦代，随着郡县制的设立，中国的疆土得到极大扩张，"天下"的概念也随之扩大，南边和东边都到了大海边，北边和西边则依旧没有具体边界，只笼统地包含了北方胡人所居之地和西域。西汉时期，西边的丝绸之路开通，中国开始和西亚、欧洲乃至非洲等地的国家有生意往来和文化交往。东汉时，西域都护班超还曾派使者前往当时的罗马帝国（当时中国人称之为"大秦"），只是因故未能到达目的地。

2 世纪中叶，罗马皇帝马可·奥勒留·安东尼派使者给汉桓帝送来了礼物。因此汉代时人们开始知道真正的"天下"要比自己想象的大得多。但由于古代交通不便，信息闭塞，人们基本接触不到远邦异国的信息，所以直到清代中期，中国人还是习惯性地以包括中国以及周边的日本、朝鲜等附属国在内的区域为"天下"。因此这里的天下已经是一种政治意义上的概念，而非地理意义。

比如"天下兴亡，匹夫有责"中的天下，指的仅是中国。而这句还是明末清初的顾炎武所说，显然他知道"天下"并没有这么小，而只是将"天下"作为一种政治概念。

"中国"一词是怎么来的？

古之"中国"并非今之中国。"中国"这个词最早出现于周朝，当时的华夏民族因为拥有了相对先进的农耕文明，又在周公的领导下建立了一套完善的礼仪制度。他们看周围的四夷仍旧在裹着树叶兽皮靠打猎为生，于是感到一种优越感，开始热衷于将自己与四夷区分开。正是在这样的心理背景下人们将华夏民族所居住的区域称为"中国"，意即中央之国，其是相对于周边的南蛮、东夷、北狄、西戎而言。

这时的"中国"并非指一个国家，而是一种地理与文化概念，其意与"中州""中夏""中原""中华"差不多。就地理范围而言，"中国"经历了一个由小到大的过程。

西周时期，"中国"泛指西周极其附属国所在的黄河中下游地区；到东周时期，随着诸侯国的膨胀，楚国占据的湖北、四川等长江流域地区也被包含在了"中国"之内；秦汉时期，"中国"进一步扩大。

汉代之后，人们通常将汉族建立的中原王朝称为"中国"。正因为此，少数民族入主中原后，为取得汉人的心理认同，往往以"中国"自居。如鲜卑人建立北魏后自称"中国"，将南朝叫作"岛夷"；而当时的南朝汉人政权虽已逃到南方，仍以

"中国"自居，称北魏为"魏虏"。又如宋代，辽与北宋、金与南宋彼此都自称"中国"，且互不承认对方是"中国"。

"中国"在古典文献中有时还被用作诸如京城、中原地区、天子直接统治地区、国内等意。

为什么用"华夏"代指中国？

"华夏"的说法产生自夏朝，当时禹的儿子启建立了中国第一个奴隶制王朝夏，于是当时的夏朝人形成了一个笼统的"夏族"概念，也称"华族"或者"华夏族"。"夏"，是广大的意思；"华"是"花"的衍变，与古人对花的崇拜有关，为美丽之意。"华夏"，意即广大而美丽的地方。"华夏族"的概念刚产生时人们对自己的这种种族认同感并不强烈。到周代时，相对于夷族，周人不仅拥有了明显先进的物质文明，而且因周公制定了礼乐制度而在文化上也明显区分于四夷。于是人们便产生了一种优越感，进而产生族群认同感，"华夏族"的观念开始深入人心。如《春秋左氏传》孔颖达疏："中国有礼仪之大，故称夏；有服章之美，谓之华。"可见，"华夏"在当时除了作为中原民族与四夷的在种族上的区分之外，还包含了一种区分先进文明与落后文明的内涵，类似于现在的"发达地区"与"落后地区"的区分。而正如同"落后地区"可以通过"苦干二十年，向先进省份看齐"的精神追上"发达地区"一样，蛮夷也可以通过逐渐的文明化而跻身于"华夏族"。比如位于西部的秦国本属于西戎之列，到战国时则成了华夏诸邦中最强大的诸侯国；而南方的楚国，本被中原诸国视为"南蛮"

之邦，诗人屈原曾为自己的"蛮夷"身份感到苦恼。但到战国时，楚国已挺起腰杆以"华夏"自居了。事实上，整个春秋时期，四夷的华夏化是整个时代的基本旋律之一。而后来的历代都存在着汉族人扩张到蛮夷之地并同化蛮夷或者蛮夷迁居汉人居住区并被同化的现象，因此可以说华夏族就是中原民族与四周夷族不断融合而形成的。因为汉代的强盛，人们便将华夏民族称为汉族。但在古代早期文献中，经常以"华夏"代指"中国"，因此后世的人们还经常以华夏代指中国。

"四夷"的含义是什么？

"四夷"是早期的华夏族人对周边民族的称呼。公元前 22 世纪左右，黄河中下游的农耕部落开始形成部落联盟，这种部落联盟历经夏、商、周三代，逐渐形成了一个"华夏族"的概念。尤其到东周时期，华夏族在物质上拥有了相对有保障的农耕文明，在文化上也制定了完善的礼乐制度，看到周边的民族还过着颠沛流离的狩猎生活，人也比较粗野，于是产生了一种强烈的文化优越感，开始有意识地将自己与周边这些"野蛮人"区分开来，称之为四夷、蛮夷。夷者，带弓之人也。具体而言，人们按照东、西、南、北的方位顺序将之分别命名为东夷、西戎、南蛮、北狄，又具体分为赤狄、白狄、犬戎、骊戎、东胡、楼烦等名目繁多的称呼。总体而言，华夏与四夷的区分不仅仅是一种种族区分，也是先进文明与落后文明的区分。这种区分并非是静态的，而是动态的。在整个春秋时期，出现了长达数百年的民族融合，华夏与四夷的外延边界都处于一种不停的变动之中。总体而言，是四夷向华夏转变的单向变异。而在秦汉之后的历史中，四夷华夏化的进程也一直没有停下，历史上诸如"五胡乱华"，金、辽、元等北方政权入主中原后的汉化，以及往往与之对应的原中原政权南迁后同化南方蛮夷，都属于此。另一方面，"四夷"本身的概念随着中国人对世界认知的扩展，也一直在不断地扩大，如《旧唐书》中将日本、天竺（印度）、高丽（朝鲜）、波斯（伊朗）列为四夷。而到清末，则将英、法、德等国家统称为四夷。

"郊祭大典"是怎样的一种祭礼？

郊祭典礼是中国古代一项非常重要的祭礼。因为泰山封禅是具有文治武功的皇帝偶尔进行的对于天地的祭祀，并且一般其一生也就一次，而郊祭则是对于天地进行的常规化的祭祀。郊祭，顾名思义，是在郊外进行。最早开始于周代，是古代除泰山封禅外最隆重的祭礼，一般是皇帝亲自主持，文武大臣均参加。具体而言，郊祭共分为四场祭祀，冬至日于南郊祭天，夏至日则于北郊祭地，春分于东郊祭日，秋分于西郊祭月。其中，祭天仪式必须皇帝亲自去，后面的三场皇帝可派人以自己的名义进行。郊祭的频率，历代有所不同，有的一年一次，有的三年一次。国家有大丧时，宗庙之祭及其他祭祀活动均可以暂停，但郊祭不能停止。郊祭期间，参加者都必须严格进行斋戒。郊祭之后，朝廷往往要大赦天下，称为"郊赦"。北京的天坛、地坛、日坛、月坛便分别是明清两代帝王对天、地、日、月进行祭祀的地方。

"地祇后土"指的是什么？

地祇后土是中国古代创造出来的掌管大地之神。后土崇拜源于华夏祖先对于土地的信仰。上古时代，当时的华夏祖先刚刚建立起初步的农业文明，对于农作物的丰欠原理缺乏认识，认为一年农作物收成的好坏全仰仗土地主观意志的赏赐，因此逐渐想象出一个掌管大地万物生长的大地之神，称为后土。后，早期有君主的意思，后土，意即土地的君主。后土与当时的昊天上帝共同构成了古人的天地崇拜，古代的封禅大典便是以昊天上帝和后土为祭祀对象。汉代后，道教将后土列为道教四御之一，地位仅次于三清，是与玉皇大帝相配合的掌管大地山川的女性神。至于后土的"人选"，在早期一度流行的以英雄人物充任神灵职位的风潮中，《礼记》《山海经》等记载共工氏之子句龙担任了后土，也有说禹担任此职的。同时，与后土的传说并行不悖的，还存在女娲是三皇之一的土皇的传说。故此，后土与女娲一向不分彼此。现存的各地后土庙里的后土神像多为女像，称后土娘娘，是否为女娲则不得而知。

"社稷"最初的含义是什么？

社，指土地神；稷，指谷神。二者是对庄稼丰歉起决定作用的神仙，是古人为取得丰收而重点祭祀的两个神。其中，社之所以被用来称呼土地神，是因为人们祭祀土地的地方叫社。早期时候，土地神是人们供应最普遍的一个神，从天子到诸侯，凡有土地者均可以立社。而土地不多的普通乡民往往集体立社祭祀，如此，社便逐渐成了一种聚居单位，所谓"社会"

便来源于此。关于社神的"人选"，则有共工之子句龙、禹、女娲等3种说法。至于稷，来源于叫作稷正的主管农业的官职，据说烈山氏的儿子柱曾做夏的稷正，其死后被奉为农神，也叫五谷神。自西周时期起，社神与谷神被人们合称"社稷"，分别在社坛和稷坛祭祀。后来社坛和稷坛合并为社稷坛，对社神与谷神一并祭祀。社稷坛位皇宫之右，与皇宫之左的宗庙相对，同为国家祭祀重地。因古代帝王经常在社稷坛祈求国家太平，五谷丰登，故"社稷"一词就逐渐成了国家的象征。如《孟子·尽心下》中有："民为贵，社稷次之，君为轻。"

中国人的祖宗信仰是怎样的？

虽然中国长期存在佛、道两教，并且一度繁盛，但在本质上，中国人的宗教信仰是比较淡漠的。不过在宗教信仰淡漠的同时，中国人并非没有信仰，而是存在一种祖宗信仰。这种信仰是根深蒂固的，其程度不亚于西方人对上帝的信仰。中国人的祖宗信仰与原始社会普遍存在的部落文明性质的祖先信仰不同，而是早期的祖先信仰进入封建社会之后受到儒家文化的规整后形成的一种信仰。具体而言，祖宗并非是泛泛的祖先之意，而是对先人中有功德者的尊称。《礼记·祭法》记载："有虞氏禘黄而郊喾，祖颛顼而宗尧。"孔颖达注："祖，始也，言为道德之初始，故云祖也。宗，尊也，以有德可尊，故云宗。"可见，祖宗是指那些有道德的先人。另外，《文选·班固·典引》言："宏亮洪业，表相祖宗。"蔡邕注："始受命为祖，继中为宗。"这里是从功业的角度来说。

拿皇帝举例，一般开国皇帝的谥号中都有个"祖"字，而后世有作为的皇帝则有个"宗"字。除皇帝之外，官宦世家也以发迹的那一代为祖宗。至于普通百姓，就没那么讲究了，祖宗也就泛指先人了。

天子的明堂是做什么用的？

明堂始建于黄帝，夏代时称"世室"，商代称"重屋"，周代时则称"明堂"。它是一种以宗教为中心，集祭祀、布政、教化功能为一体综合性场所。因为没有相应资料留下，汉代时的人们已经只闻其名，而不知其具体形貌了。汉武帝时曾想建造一个，无奈不知其外形，而是按照一个方士的猜测造了一个。近代学者考证后认为它是具有四堂八室的一个建筑，天子按月顺次于四堂八室之内，按每月不同的政务要求向诸侯及臣下颁布政令或者进行祭祀。明堂是一个政教合一性质的意识形态化的建筑，标志着古代宗教的最高水平。周代之后，随着社会的发展，政治与宗教开始渐次分离，明堂逐渐边缘化乃至废弃。但后世帝王因崇尚上古之风，自汉武帝往下，历代帝王多在近郊建立明堂，以示效法古制。如今历代留下来的明堂中，以武则天在洛阳所建的明堂最为雄伟壮观。

宗庙是什么场所？

宗庙是古代天子或诸侯祭祀祖先的专门场所。中国古人崇拜死去的祖先，要建造专门的场所供奉其灵位，不同身份有不同的庙制。首先，在名称上，普通百姓之庙称为祠堂，官宦贵族之庙称为家庙，皇室和诸侯之庙则称为宗庙或太庙。《周礼》规定，天子七庙，即供奉六世族以下历代先人，诸侯五庙。古代的宗庙一般建在君

国家政治

王宫殿的左侧，与宫殿右侧的社稷相对。其中社稷象征土地，宗庙象征血缘，两者共同构成国家的象征。在方位上，宗庙往往建在宫殿中最尊贵的方位，其建筑也是整个宫殿中最雄伟的。如北京的太庙基本是明清两代帝王的宫殿中最雄伟壮观的。古代管理宗庙的官员职权不大，品秩却很高，故有"古代宫殿中最重要的乃是死人，而非活人"的说法。古代君王或诸侯一年内要定期对宗庙进行祭祀，如遇出征、丧葬、婚嫁等重大国事或家事，均要祭祀宗庙，祈求祖先保佑或向祖先汇报一下。

家庙和祠堂分别指什么？

家庙乃是中国古代的官宦贵族建立的供奉祖先的地方，一般是一个家族单独建立。古代天子和诸侯之庙一般称为宗庙或太庙，而大夫、士以及后来封建社会的官宦贵族之庙则习惯上称为家庙。一般而言，古人在每年节日都要对家庙进行祭祀，如《红楼梦》中贾家一门在大年初一要全体到宗庙中祭祀。另外，古人在出远门、升迁、婚丧等事情时都要到祖宗这里来告诉祖宗一声。如贾政在朝廷升职及因放外任出远门时均到宗庙中跟祖先进行汇报。南宋之后，家庙也被称为祠堂。

《周礼》曾规定庶人祭祀祖先只能在寝内，不得建庙。明嘉靖时，允许民间"联宗建祠"，于是全国建立起无数集体性质的祠堂。一般一个村庄的同姓便会建立一个祠堂，尽量盖得豪华一些，以作为本姓的荣耀。其用途除了祭祀之外，还是族内办理婚、丧、寿、喜等事的场所，也是族人商议族事之地。其内一般存有族谱、对于姓氏渊源的介绍、族人荣耀、妇女贞洁等匾额。历史上那些出国闯荡的华人，在国外一旦稳定下来，便建立祠堂。

"三皇五帝"真有其人吗？

我们经常能在书本上看到这样的句子："自盘古开天辟地以来，从三皇五帝到如今，中华文明已有五千年的历史。"

用斧头开天辟地的盘古，无疑是神话传说中的人物。那么"三皇五帝"究竟是谁？他们是传说中的人物，还是真有其人呢？

史料记载中，有些说"三皇"是燧人、伏羲和神农氏，"五帝"是黄帝、颛顼、帝喾、尧、舜；有些说"三皇"是伏羲、神农、共工，"五帝"是少昊、颛顼、帝喾、尧、舜。总之，众说不一。大部分的意见是"三皇"为燧人氏、伏羲氏和神农氏，"五帝"为黄帝、颛顼、帝喾、尧帝、舜帝。

此外，"三皇五帝"是人是神，也没有明确的论断。比如，"三皇"中的太昊伏羲氏，史料记载他为古代东夷的部落首领，根据阴阳的变化创制了八卦，还模仿蜘蛛结网发明了渔网，并创制了乐器"瑟"，这很明显属于人类的行为。可是，他却是人头蛇身，用现在的眼光来看，恐怕只能排入妖怪的行列。

又如，神农氏。相传他用树木制作了耒、耜等农具，并发明了草药，为人治病。他虽然有着人身，却是牛头。

和人最相近的要算燧人氏。传说他发明钻木取火，以在森林中捕食野兽为生。

到了"五帝"时期，这些古代的英雄们已经没有牛头或蛇身的怪异长相了。他们不仅和人类一样吃肉食，吃水果，而且更热衷搞发明。比如，仅黄帝就发明了养蚕、缫丝、舟车、文字、音律、算术、历法、棺椁、器皿等。

这些仅属于传说，因为没有确切的年代，也没有相关的资料来证明。我们也可以说，"三皇五帝"是先夏文化时期神话传说和历史考古资料参半的人物。也可把他们看作是中国祖先处于史前各个不同文化阶段的象征。

不管是否真有其人，我们仍然景仰这些古代的英雄们。

古代的"禅让"是怎样的制度？

"禅让制"是中国古代部落联盟首领的传袭制度。相传尧年老时，经自己长期考察，确认舜才德出众，于是将首领位置让给舜；舜年老时按照同样的方法传位于禹。禅让制实际上是以传贤为宗旨的政治制度，后来被禹的儿子启破坏，代之以家天下的世袭制。

禅让制一直被孔子和后代的儒家学者所推崇，但也有人对此提出质疑。有人就认为在禅让的过程中，经常伴随着暴力和仇杀。尧执政后期，将争夺权力的丹朱囚禁起来，但舜杀光了尧的支持者和家人，逼尧退位。舜统治时期，爆发了大洪水，大禹的父亲被以治河不力的罪名杀掉，但实际上只是因为其是领袖地位的有力竞争者。

这些说法表面上看有些道理，其实不过是一些后世文人的主观臆断，并无证据可以佐证。据司马迁《史记·五帝本纪》载："尧辟位凡二十八年而崩。百姓悲哀，如丧父母。三年，四方莫举乐，以思尧。尧知子丹朱之不肖，不足授天下，于是乃权授舜。授舜，则天下得其利而丹朱病；授丹朱，则天下病而丹朱得其利。尧曰：'终不以天下之病而利一人'，而卒授舜以天下。"丹朱是尧的儿子，而不是争夺尧其权力的人。尧之所以把天下让给舜，主要看重的是他的才能。

禅让制在历史上确实存在，而且是以"让贤"为主要内容。到了禹，其传位给自己的儿子"启"，开始了中国几千年的"家天下"。

"皇帝"这一名称是怎样确定的？

在秦王嬴政即位之前，中国的最高统治者或称"皇"，或称"帝"，或称"王"，唯独没有"皇帝"一称。

那么，秦始皇是怎么确定这一名称的呢？

春秋战国时期，周王室逐渐衰微。于是，一些实力强大的诸侯国的国君便自称为"王"，如秦王、楚王、齐王、赵王、燕王等。公元前221年，秦国发展成为实力最强的诸侯国。于是，秦王嬴政挥鞭四

秦始皇像

举，灭掉了其他六国，平定天下。嬴政认为自己的功业是亘古未有的，甚至连"三皇五帝"都比不上。为了"称成功，传后世"，他决定改变"王"的称号。于是，他便召集群臣，商议改号之事。丞相王绾说："三皇五帝虽然是天下共主，可他们实际上占领的土地不过方圆千里。可自商周起，称'王'者才真正拥有了天下，而且他们的丰功伟绩可以维持七八百年。所以说'王'的称号最好。"可秦王却不高兴。他认为，"商朝七百年、周八百年的天下不算什么，我要的是万世永传的朝代。"这时，李斯说话了："如今四海之内皆是陛下的囊中之物，这是从未有过的事。陛下的功绩自然为三皇五帝所不及。古有天皇、地皇、泰皇，而泰皇最尊贵，臣认为陛下可称泰皇。"秦王听了很高兴，说："依我看，'泰皇'仍没多大区别。不如去'泰'留'皇'，采上古'帝'号，称'皇帝'。我称始皇帝，后世以数计，二世、三世，直至万世，传之无穷。"

就这样，秦王政自称"始皇帝"，后世因而通称他为"秦始皇"。

两千年的封建社会，中国一共有多少个皇帝？

自公元前221年秦王嬴政称"皇帝"，到1912年最后一个封建皇帝溥仪在辛亥革命的炮声中宣布退位止，中国经历了83个王朝，2132年。

这83个王朝共有多少位皇帝呢？从秦始皇算起，共有408位。秦朝2位，汉朝31位，三国11位，晋朝16位，五代十六国78位，南北朝59位，隋朝3位，唐朝22位，五代十国55位，宋朝18位，金辽西夏35位，元朝18位，明朝16位，清朝12位，另外，还有南明、北元；李自成、张献忠；太平天国洪秀全父子以及称洪宪帝仅两个月的袁世凯。

如果把秦始皇以前840年中的王、公、侯也列入皇帝之列，则应该是829位。

我们知道，中国皇帝都被称为"万岁"，但真正长寿的并不多，相反，短命的倒不少。

10岁以下的娃娃皇帝有29位，10岁到19岁的有28位，20岁到29岁的有50位，30岁到39岁的有62位，40岁到49岁的有55位，共224位。这些皇帝连知天命都没熬到。

如果把60岁以上的称为长寿的话，那么，长寿皇帝就很少了，总共才53位。其中，汉武帝刘彻（69岁）、康熙帝玄烨（68岁）、元太祖成吉思汗（65岁）、隋文帝杨坚（63岁）、汉高祖刘邦（61岁）、元世祖忽必烈（79岁）、唐玄宗李隆基（77岁）、明太祖朱元璋（70岁）、清高宗弘历（88岁）、梁武帝萧衍（85岁）、女皇帝武则天（81岁）、宋高宗赵构（80岁）和五代吴越武肃王钱镠（80岁）。

这些皇帝中，在位时间比较长的是康熙61年、乾隆60年、汉武帝和西夏仁宗都是54年、西夏崇宗53年；在位时间最短的是金末帝完颜承麟，从登基到驾崩仅有半天时间。

其他的，在位时间超过40年的有11位，在位时间超过30年的有19位，在位时间超过20年的有31位，在位10～20年的有103位，在位时间不满10年的皇帝有244位。

将皇帝称为"万岁"是从什么时候开始的?

"万岁"一词,从字面看,应该是一个表达祝愿的话,即"千秋万世,永远存在。"比如,有部电影叫《青春万岁》,意即"青春永驻",内含"开心"的感情色彩。正是因为这种感情色彩,人们在遇到高兴事时常会喊"万岁",就像俄语的"乌拉",谁都可以说,谁都可以用。

可是,在封建社会,"万岁"一词可不是随便用的,因为它是皇帝的代名词,也只有皇帝才配用"万岁"这个词。除了皇帝,谁敢将自己与"万岁"联系起来,那是想让脑袋"搬家"。若是见了皇帝不呼"万岁",也会被以大不敬罪论处。

那么,究竟是谁将"万岁"一词定为皇帝专有的呢?这事和汉武帝有关。为了加强君权,强化专制统治,汉武帝可谓煞费苦心。

元封元年春天,汉武帝登华山后发布诏书:"朕用事华山,至于中岳……翌日亲登嵩高,御史乘属,在庙旁吏卒咸闻呼万岁者三。登礼罔不答。"意思就是,朕登上了嵩山之巅,吏卒都听到了三声"万岁"。

荀悦当时注曰:"万岁,山神之称也。"意思是说神灵在向汉武帝致礼。汉武帝还称,听到呼声后,他向神灵致意还礼,神灵都一一应答。

15年后,也就是太始三年三月,汉武帝又酝酿出了一出"好戏"。汉武帝称,"幸琅邪,礼日成山。登之罘,浮大海。山称万岁。"即当他登上山东的芝罘山时,群山都喊他"万岁"。

既然神灵、山石都喊皇帝"万岁",臣民百姓还有什么可说的?于是,就有了臣民给皇帝拜恩庆贺时的三呼"万岁"。

从此,皇帝宝座前,"万岁"之声不绝于耳。

"奉天承运,皇帝诏曰"这句话是什么意思?

在历史剧中,我们很容易看到这样一幕:传圣旨的人高呼"圣旨到",众人马上跪倒在地。传圣旨的人念道:奉天承运,皇帝诏曰……

不管什么朝代,圣旨好像都是以这一句开头的。这符合历史事实吗?

答案是不符合。因为据考证,"奉天承运,皇帝诏曰"的最早使用者是明太祖朱元璋,依据就是"奉天承运"中的"奉天"其实指的就是"奉天殿",取意遵照天意,即皇帝的权力受命于天。而奉天殿正是明太祖朱元璋首建的。1368年,朱元璋在南京称帝后建造了一座皇城,并将其中规格最高的朝会大殿命名为"奉天殿"。燕王朱棣迁都北京,后来建紫禁城时,又将"奉天殿"原封不动"搬到了"北京。

关于此一说,清朝大学者俞樾也有考证。他在《茶香室续钞》中说:"奉天承运"是"论奉天殿名而及之"。

说"奉天承运,皇帝诏曰"开始于明朝,还有一个依据,就是朱元璋所捧的大圭上面刻着"奉天承运"这几个字。此说法来源于明朝万历时期的天文学家沈德符。

其实,明朝圣旨的开头并不是"奉天承运,皇帝诏曰",而是"奉天承运皇帝诏曰",意即"奉天承运皇帝"朱元璋颁布的诏书。而"承运"指的是继承新生的气运,实指君权神授。

国家政治

"奉天承运，皇帝诏曰"大意就是，皇帝遵照上天的旨意，对你下一些需要执行的命令。借用天命，无非是为了加强中央集权。

帝王的正妻为什么称为"皇后"？

在封建宫廷里，皇帝拥有"三宫六院七十二嫔妃"，在众多的妻妾中，仅有皇帝的正妻称为"后"，就是"皇后"。可是，为什么称皇帝之妻为"后"呢？

在周朝以前，天子的妻子都称为"妃"，周朝开始才称为"后"。如《礼记》记载："天子之妃曰后。"到秦王嬴政统一六国后，改称号为"皇帝"，便订皇帝的正妻为"皇后"。不过，这时候的后妃制度还不完备，直到汉朝才开始执行较完备的后妃制度和等级划分。

《汉书·景帝纪》记载："朕亲耕，后亲桑，以奉宗庙粢盛祭服，为天下先。"《汉书·高帝纪》中有"尊王后曰皇后，太子曰皇太子"。

"后"原意指君主。在上古时代，"后"是帝王的称号。如大禹的儿子称为"夏后氏"，再如传说中射日的后羿。

《诗经》中记载："商之先后，受命不殆，在武丁孙子。"

郑玄笺曰："后，君也。"《左传》中说："其南陵，夏后皋之墓也。"《书经》说："树后王君公，承以大夫师长。"可以看出，其中的"后"都指君主。

既然"后"在上古是帝王的称呼，为什么后来又用来称呼女性呢？

从字形来看，"后"是个会意字。甲骨文中的"后"字，口字在左下方，右上方是一拢起的手；到金文中，字形成镜像般翻转，拢起的手移到了左上方，便一直沿用至今。

《说文解字》中说："后，继体君也，像人之形，施令以告四方，发号者，君后也。"在上古氏族部落中，女性具有崇高的地位，一般为发号施令者。这时，"后"的意思指有权威的女性长辈。

可见，作为帝王正妻的"皇后"便是从此引申出来的。

何谓三宫，何谓六院，皇帝真的只有七十二个妃子吗？

在民间，如果问一个人皇帝的老婆有多少，答案十有八九是"三宫六院七十二妃"。那么，"三宫六院七十二妃"是实指呢，还是泛指呢？

民间所谓的三宫，一般指后妃居住的中宫和东西两宫，其实这是明清以后才划分的。三宫最早指的是诸侯夫人的住所，而天子后妃居住处称六宫。《礼记》中记载："王后六宫，诸侯夫人三宫也。"由于六宫为皇后居住地，所以往往用六宫指代皇后。后来，三宫的含义发生了变化。汉朝时，以皇帝、太后、皇后合称为三宫，又称太皇太后、太后、皇后为三宫。唐代穆宗时又将两太后与皇后合称三宫。可见，历代说法各不相同。

六院原作六苑，指后妃居住的宫苑。白居易《长恨歌》"回眸一笑百媚生，六宫粉黛无颜色"；李贺《贝宫夫人》"六宫不语一生闲，高悬银牓照青山"。

七十二妃也是泛称，指皇帝后宫人数众多，实际上皇帝后宫侍妾的人数远远多于七十二人。《管子·小匡》记载："九妃六嫔，陈妾数千。"《礼·昏仪》记载：

"古者天子后立六宫，三夫人，九嫔，二十七世妇，八十一御妻。"

清朝曾对皇帝老婆的基本数量有过规定：皇后一人，皇贵妃二人，贵妃二人，妃四人，嫔六人。规定是规定，皇帝仍然可以随心所欲地无限"扩军"。比如，嫔以下的贵人、常在、答应等，就没有具体名额限制。据记载，康熙皇帝一生中曾拥有妻妾五十五名，数量之多令人惊讶。不过，这仅仅是"有名位"的一小部分。

"黄袍"是皇帝的"专利"吗，皇袍一定是黄色的吗？

公元 960 年，率兵北征的赵匡胤到陈桥驿时，手下的一些将领全副武装，带领一些士兵直奔他的寝室。

惊恐的赵匡胤刚穿好衣服，还未及反应，将领们便将他强行拖出去，并将事先准备好的黄袍披到他的身上。接着，大家跪拜在地高呼万岁。

这就是宋太祖因陈桥兵变而"黄袍加身"的典故。从此后，皇帝穿黄袍得以广为人知。

那么，"黄袍"是皇帝的"专利"吗？是不是只有皇帝才能穿黄色的衣服呢？

黄色服饰在中国古代一直比较流行，谁都能穿，只是到了隋唐时期，因为以黄为贵，"黄袍"才成为帝王的专用衣着。尤其是在唐朝，皇帝不愿意自己和一般人同着黄袍，就颁布了"禁士庶不得以赤黄为衣服"的命令。《野客丛书·禁用黄》中记载："唐高祖武德初，用隋制，天子常服黄袍，遂禁士庶不得服，而服黄有禁自此始。"唐高宗时又重申"一切不许着黄"。但这时的规定并不严格，一般百姓着黄衣仍然较多见。

到了北宋，赵匡胤登基后，"黄袍"正式成为皇权的象征。宋仁宗时还规定：一般人士衣着不许以黄袍为底或配制花样。自此，不仅黄袍为皇帝所独有，连黄色亦为皇帝专用。

其实，在唐宋之前，君王、皇帝对穿什么颜色的袍服，并没有明确的规定。西周、东周时期，据《礼记·月令》记载，天子"着青衣"。

春秋时期，各诸侯国纷争，国君的袍服更是五花八门。到了秦朝，由于盛行"五行"之说，秦王朝尚水德，以黑色为贵，所以，秦始皇就穿黑色袍服。而晋代，因为尚金德，以赤色为贵，所以，晋代的皇袍就采用了红色。

皇帝的龙袍上到底绣有几条龙？

看电视时，我们也会注意到，皇帝的龙袍上七扭八拐地绣着好几条龙。那么，到底绣有几条龙呢？

在抚顺市博物馆，珍藏着一件清代光绪皇帝的御用龙袍。据介绍，这件龙袍长 125 厘米，两袖通长 172 厘米，下摆长 110 厘米。龙袍为圆领，右衽，具有满族风格的马蹄形袖。龙袍上的前胸、后背及两肩各绣有正龙，前后襟和底襟绣有升龙、降龙和行龙。

据史籍记载，皇帝的龙袍上都绣有 9 条金龙，胸前、背后各一，左右两肩各一，前后膝盖处各二，还有一条被绣织在衣襟里面。

为什么龙袍要绣 9 条龙呢？因为古代帝王受《周易》的影响，崇尚"九五至尊"。《易·乾》中说："九五，飞龙在天，利见大人"。意思是说这条龙已经飞上天了，表示达到了最高境界。也是因为这个缘故，皇室建筑、家具陈设和生活器具等多用九、五两个数字。

为什么要将一条龙绣在里襟呢？因为9是奇数，很难在布局上做到均衡对称，于是，将一龙绣在里襟。这样，龙袍的实际龙纹不少于9条，而且在正面或背面看又都是5条（两肩之龙前后都能看到），正好与九五之数吻合。

不过，也有例外的，明朝皇帝龙袍的龙纹数就多于9条。

1958年出土的万历皇帝的"缂丝十二章衮服"，就有12条龙，被绣在一个圆形的中间，俗称"团龙"。

12条龙因位置不同而有不同的名称，位于衮服前胸和后背位置的龙，是正身的龙，也就是面向外的龙，被称为"正龙"或者是"坐龙"；侧身的龙叫作"行龙"，行龙也按照朝向上下的不同分为升和降龙。

万历皇帝龙袍上龙的数目比起明世宗嘉靖七年创制的"燕弁服"上的就不能算多了。由弁帽、袍服、玉带、袜子和丝履构成的"燕弁服"上的龙纹呈九九之数：前身一个盘龙团纹，后身两个盘龙方纹，领子与袖子上的龙纹加在一起是45条，衣襟上的龙纹是36条。另外，在腰间的玉带上还装饰着九件刻有龙纹的玉片。

改元和改朝换代是一回事吗？

世道兴衰，治乱更迭。当一个朝代腐朽到一定程度，就会爆发农民起义，继而被新的王朝取代。这便是中国历史上的改朝换代。从夏朝建立，历经商、西周、春秋和战国、秦、汉、南北朝、隋、唐、五代十国、宋、元、明、清，其间不知经历了多少王朝更迭。而新君登位，一般都会改元，采用新的年号。那么改元和改朝换代是一回事吗？

改元就是改变年号。中国古代最早使用的是干支纪年法，以十天干配合十二地支，六十年一个循环，也称一甲子。在官方，统一使用的则是年号纪年法。一般新帝登基，都要改变以前的年号，然后这第一年则称"元"年。所以改变年号也称"改元"。

改元和改朝换代不同。改朝换代同时面临着年号的改变，改元在同一个朝代的不同皇帝之间也可以发生。通常新帝继位，都会改元，确立新的年号。就是同一个皇帝，也可以更换年号。如汉武帝改了11次年号，唐高宗用过14个年号，唐玄宗即位初年改元"先天"，这一年称先天元年，后改元"开元"，又改元"天宝"。

到了明代以后，才规定一帝一元，所以可以用年号来称呼皇帝。如清高宗年号是乾隆，就被称为乾隆皇帝。

为什么汉朝分为"西汉""东汉"，宋朝却叫"北宋""南宋"？

在中国历史上有个很有趣的现象，朝代更迭以成对的形式出现。比如"西汉"后有"东汉"，"北宋"后有"南宋"。仔细分析后就会发现，最初是以"西"和"东"来划分，后来则是"北"和"南"。这反映出地域变迁的特征。

楚汉之争后，刘邦夺取天下，定都长安，史称"西汉"（从公元前202年开始，到公元8年王莽篡汉结束）。王莽夺取政权后，采取了一系列稳定经济的措施，但效果却适得其反，引发了绿林和赤眉大起义。其中西汉皇族的远亲刘秀通过数年努力，剿灭了其他势力，统一了全国，史称"东汉"。

"西汉"和"东汉"存在前后相继的关系，也称"前汉"和"后汉"，刘秀也不认为自己建立了一个新朝代，而是光复了汉朝。他自认为是汉宣帝的继承人，继位后，追尊汉宣帝为中宗，由于当时长安在战乱中破坏严重，所以定都洛阳。从地理位置上，洛阳位于长安以东，所以人们称刘秀建立的朝代为"东汉"。

五代十国后期，宋太祖赵匡胤黄袍加身，当了皇帝，定都东京汴梁（今河南开封市），史称"北宋"。从公元960年登位，至1127年止，首尾历时168年，共传九帝。北宋末年，金兵攻破汴梁城，徽、钦二帝被俘。徽宗第九子赵构在应天府即位，后迁都于临安（今浙江杭州），史称"南宋"。"北宋"和"南宋"的划分还是从都城的位置和疆域考虑的，汴梁位于淮河以北，临安则在长江中下游地区；北宋拥有北方的大部分土地，而南宋则偏安于南方一隅。

从政治和经济发展角度考虑，中国领土从汉唐到宋元明时期，有个逐步扩大的过程，同时经济中心从西方向东方转移，由北方向南方转移。统治者为了加强对这些地区的控制，逐步将都城东迁。当北方游牧民族强大时，就可能南移。这反映到王朝更迭上，便是先"西汉"后"东汉"，先"北宋"后"南宋"。

皇帝的坟墓从什么时候开始叫"陵"？

"箫声咽，秦娥梦断秦楼月。秦楼月，年年柳色，霸陵伤别。乐游原上清秋节，咸阳古道音尘绝。音尘绝，西风残照，汉家陵阙。"

这是李白的《忆秦娥》。词中说到的"汉家陵阙"，是指现在陕西关中平原上的西汉帝王陵墓。在中国，帝王陵墓很多，比如秦始皇陵、乾陵、明十三陵、明孝陵、清东陵、清西陵、定东陵、崇陵等。慈禧的定东陵是中国现存规制豪华、体系比较完整的一座皇后陵寝建筑群。

帝王们为了"厚葬以明孝"、"事死如事生"，登基即位伊始，就着手为自己建造陵墓，不惜花费大量的人力、物力和财力。

那么，为什么古代帝王的坟墓称为"陵"呢？这种叫法是从什么时候开始的呢？

周朝以前，君王的坟墓也都称"墓"。大约从战国中期以后，帝王的坟墓逐渐开始称为"陵"。《史记·赵世家》记载："赵肃侯十五年经营寿陵。"《秦始皇本纪》记载："秦惠文王葬公陵，悼武王葬永陵，孝文王葬寿陵。"

"陵"的本意是大土山。帝王为了显示王权至高无上的地位，便将坟墓建得像一座山陵，故皇帝的坟墓得名陵墓。唐代皇陵更是"因山为陵"，气势恢宏。有诗句描写乾陵"千山头角口，万木爪牙深"。

帝王陵墓，实际上包括陵墓及其附属建筑，合称为陵寝，不仅占地广阔，而且还有相当的高度。帝王以"九五"为尊，所以，规定将墓建成九丈高，可实际上，多数皇陵都超过了这个高度。

古代封禅大典到底是一种什么样的仪式，在哪里封禅？

封禅大典是古代帝王在太平盛世或天降祥瑞之时祭祀天地的大型典礼。"封"是指"祭天"，"禅"则是"祭地"，如

《史记·封禅书》中的"登封报天，降禅除地"。"封禅"在《管子·封禅篇》和司马迁的《史记·封禅书》中均有记载。

封禅的产生，可追溯到新石器时代先民筑坛祭祀的习俗。当时由于自然科学的不发达，人们对日月山川、风雨雷电等自然现象不能准确地把握，因此产生原始崇拜。在此基础上产生了宗教祭祀活动，"祭天地"便是其中的一种礼仪，并从最开始的郊野之祭，发展到后来的"泰山封禅"。古代帝王为加强自己的统治，宣扬天命观念，便有了封禅大典。

封禅中的"祭天"一般选在很高的地方，嵩山和泰山都曾举行过封禅大典，但以泰山封禅最为著名，影响也最大。"封"为"祭天"，在山顶上筑圆坛以报天之功；"禅"为"祭地"，在泰山脚下的小丘之上筑方坛以报大地的恩情。至于"天坛"为"圆"，"地坛"为"方"则反映了古人"天圆地方"的自然观念。

封禅仪式早在三皇五帝时期就有，而非民国初年史疑论者认为的"系齐人杜撰"。据《史记·封禅书》："自古受命帝王，曷尝不封禅"，"厥旷远者千有余载，近者数百载，故其仪阙然湮灭，其详不可得而记闻云"，然后从五帝之舜的封禅开始记起，并在文章中间引用《管子·封禅篇》的"……昔无怀氏封泰山，禅云云；羲封泰山，禅云云；神农封泰山，禅云云"。到了秦汉，封禅已经成为帝王们的盛世大典，秦皇汉武都曾举行，以彰其功。

封禅需要一定的条件，司马迁在《史记·封禅书》中提到：帝王在当政期间，如果出现太平盛世，或者天降祥瑞，即可封禅。"每世之隆，则封禅答焉，及衰而息"。也就说，帝王治理天下，使得四方太平、民生安康才可封禅、向天报功。至于天降祥瑞，则是古人"天人感应"学说的产物，认为统治者贤明，天下太平，上天就会降下祥瑞以示表彰。

女主"临朝称制"的做法是从谁开始的？

"临朝称制"是指皇后、皇太后或太皇太后在皇帝年幼的时候代理行使皇帝权力的制度。古代女子不得干预政治，后妃们要想掌权就得"临朝"。"制"是皇帝的命令，始于秦始皇。"临朝称制"最早的是秦昭王的母亲芈八子，但从实现大一统或"制"产生后来看，则是吕后。

芈八子是秦惠文王来自楚国的姬妾，其中"芈"是楚国姓，而"八子"是她的封号。八子的地位不高，位于皇后、夫人、美人、良人之后，在秦国后宫的八级（下面还有七子、长使、少使的封号）中只是居于中下游。因此，在秦惠文王身后，她和儿子嬴稷就在皇后和新君秦武王的合谋下，被送去燕国当了人质。三年后，秦武王死于意外。芈八子在燕国的支持下，果断地联系了自己的异父弟魏冉拥立嬴稷回国，经历了三年的"季君之乱"，终于使嬴稷登上了王位的宝座，成为秦昭王。她也因此成为宣太后，并在秦国临朝称制了41年。在她统治期间，秦国的国力日益强盛，为后来秦始皇嬴政统一六国奠定了基础。

汉高祖刘邦的皇后吕雉也是"临朝称制"的代表。她在儿子惠帝死后正式临朝代行天子之权，是当时西汉真正的掌权者。在她执政的七八年中，史书中直接以

"高后某年"记事,《史记》《汉书》等正史也为她专门立了帝王资格的"本纪"。吕后的执政生涯也算成功,她虽然扶植诸吕,对待朝臣心狠手辣,但政治局面基本稳定,社会经济得到恢复,为其后的"文景之治"打下了基础。

在中国历史上,历代都有些"临朝称制"的后妃。其中唐朝的武则天和清末的慈禧太后就是其中很出名的两位。武则天不但临朝称制,还当上了女皇帝,并改国号为周。慈禧太后虽然没有更改大清国号,但控制中国政治长达数十年之久。

武则天与李治并称"二圣",他们是最早这么做的帝后吗?

圣人指道德和才能都很高的人,春秋战国的诸子著作中有大量关于圣人的记述,孔子就曾周游列国,传授"圣人"之道。后代统治者皆以达到"圣人"的标准为追求。皇帝也称"圣上",皇帝说过的话叫"圣旨"。

俗话说"天无二日,地无二主"。圣人既然专指皇帝,自然一国之内只有一圣,而不可能有二圣,但唐朝中期却出现了"二圣"。当时李治称"天皇",武则天称"天后",并称"二圣"。据《旧唐书·本纪第六·则天皇后》载:"永徽六年,废王皇后而立武宸妃为皇后。高宗称天皇,武后亦称天后。后素多智计,兼涉文史。帝自显庆以后,多苦风疾,百司表奏,皆委天后详决。自此内辅国政数十年,威势与帝无异,当时称为二圣。"

武则天本为唐太宗才人,与太子李治早就有染。后太宗驾崩,武则天被迫出家,削发为尼。李治对其念念不忘,重又接回宫中封为昭仪。后来武则天经过一系列宫闱斗争,终于当上了皇后。由于武则天很有才华,李治又常年患有头疾,所以很多政事就交到了武后手里。武后通过参政逐步扩大了在朝中的影响力,逐步有主导政局的趋势。

李治虽然有点怕老婆,但对皇后干预朝政还是心有疑虑。于是命上官仪草诏准备废皇后,结果武后得知,诛杀上官仪。后来武则天建议李治称"天皇",然后自然就顺理成章地成了"天后"。由于在朝中的权力已经和李治不相上下,所以合称"二圣"。后来李治去世,武后干脆自己做了皇帝,改国号为周,成了中国历史上唯一一个女皇帝。

但是,李治和武则天并非最早并称"二圣"的帝后。隋文帝皇后独孤氏意志坚强,政治目光敏锐,在创立隋朝的过程中,居功甚伟。宫中人十分景仰,把她和杨坚并称"二圣"。

皇位传承中的"立子杀母"是谁兴的规矩?

封建社会一般都是"母以子荣"。通常后宫嫔妃钩心斗角,也都是希望能够把自己的孩子送上皇位,即使为之付出生命代价也在所不惜。但是中国历史上也存在"立子杀母"之说,这一规矩和汉武帝有关。

汉武帝统治时期,政治清明,国力强盛,但他的遗嘱却很耐人寻味。他立刘弗陵(昭帝)为太子,却要杀掉刘弗陵的生母钩弋夫人。当时有人提出疑问,汉武帝说:"往古国家所以变乱,多由于主少母壮。女主独居骄蹇,淫乱自恣,没有什么力量可以制约,你们没有听说过吕后事件吗?"

国家政治

吕后是汉高祖刘邦的妻子，在惠帝年幼时，曾"临朝听制"，代行皇帝的权力。汉武帝有这样的遗嘱是害怕太后和外戚的专权，但是吕后干政毕竟已经年代久远，缘何武帝对自己宠爱的妃子也要行此杀手呢？这又与窦太后长期把持朝政，致使汉武帝自身理想和抱负难以施展有关。

窦太后喜欢老子的学说，文帝景帝时期主张的也是"无为"而治。汉武帝则喜欢儒家学说，喜欢和儒生来往，因为建"明堂"的事曾两度与太后翻脸，但是由于年少无权，只能听任宰割。武帝对于女子干预朝政是非常痛恨的，因而才会有这样的规定。

慈禧太后是中国历史上唯一"垂帘听政"的人吗？

垂帘听政是指太后临朝管理国家政事。垂帘，太后或皇后临朝听政，殿上用帘子遮隔。

慈禧像

听，治理。语出自《旧唐书·高宗纪下》："时帝风疹不能听朝，政事皆决于天后。自诛上官仪后，上每视朝，天后垂帘于御座后，政事大小皆预闻之，内外称为二圣。"

垂帘听政最早可追溯到战国时期。当时如果太子年幼，就由其母亲辅政。

但是根据宫廷的规定，朝中官员不得直接观看和接触皇太后，所以辅政的皇太后一般坐在皇帝理政厅堂侧面的房间里，在房间和厅堂之间挂一帘子，听官员们与皇帝谈论政务。

于是，这种由母亲帮助皇帝辅政的制度，就被人们形象地称为"垂帘听政"。

唐朝的武则天在称帝前，就进行过垂帘听政。宋朝有两个垂帘听政者。

一个是北宋的高太后，她是宋英宗的皇后，英宗死后，宋神宗即位仅一年就死了，年仅 10 岁的宋哲宗即位。高太后"受英之托"，以太皇后（皇帝祖母）的身份听政。

另一个是南宋的谢太后，咸淳十年（1274 年），宋恭宗即位时尊她为太皇太后，由她垂帘听政。

这一时期辽国萧太后在其子辽圣宗即位时，也以皇太后身份垂帘听政，其间与宋真宗订立了有名的"澶渊之盟"。

清朝末年，慈禧太后也曾"垂帘听政"。在中国历史上，由于皇帝年幼而"垂帘听政"的太后或太皇太后有十数位之多。"垂帘听政"和"临朝称制"都是古代帝后掌权的一种形式，但也存在一定的差异，"垂帘听政"并不临朝，主要是辅政，而不代替皇帝下达命令；"临朝称制"则是直接代行皇帝的权力，对朝政进行处理。

职官制度

"嫡长子制"是怎样的制度?

嫡长子制是西周时期创立的一种权力和财产继承制度。自从夏朝建立王朝以来,便开始有一个至高无上的君王的存在。一旦一代君王死去,显然谁都想继承王位。

而按照父系氏族长期以来的父系亲缘关系来判定谁最有资格继承王位,很难有定论。比如,儿子和父亲显然是血缘关系近的,但弟弟也不远。比如,夏朝的王位多由儿子接任,偶尔也有传给兄弟的。商朝的王位大多传给弟弟,最后由最年幼的弟弟再传给长兄的长子,实行这样一种有趣的转圈制。

但这些不固定的王位传承方式,很容易发生争夺王位的情况,比如商朝便多次出现君主的弟弟、儿子争夺王位的情况。并且,弟弟与弟弟之间,儿子与儿子之间,也同样存在争抢。

西周的嫡长子继承制便是在这样的背景下产生的。所谓嫡长子,即嫡子中的长子。"嫡子",即妻所生之子,与之对应的是妾所生的"庶子"。"嫡子"中的"长子"才有继承君位的资格,其他的"嫡子"和"庶子"则都没有资格。即所谓"传嫡不传庶,传长不传贤"。

当然,嫡长子之外的儿子们并非一无所获,而是能够获得相应的封地。

另外,这种嫡长子继承制不仅适用于天子位的传递,而且适用于诸侯位、卿大夫等。

诸侯位由嫡长子继承,其余的嫡子和庶子封为卿大夫;而卿大夫位也由嫡长子继承,其他的儿子分封为士。以此类推。这种嫡长子继承制既保证了贵族在政治上的垄断和特权地位,又防止了贵族内部在权力继承问题上的纷争,维护了贵族统治集团内部的稳定与团结。

秦汉之后,嫡长子制在后来的许多朝代依旧是一个基本的原则,许多时候,连皇帝本人想要立嫡长子之外的皇子为太子都不太容易。

"卿大夫"是官职名称吗?

卿大夫最初是西周时期分封制度下的一个分封级别。在西周的分封制中,天子分封土地给诸侯治理,诸侯再将自己的土地分成小块交给卿大夫治理,卿大夫下面还有士,卿大夫在自己的领地内具有世袭统治权,同时效忠于诸侯。东周时期,在诸侯王脱离周天子控制崛起的同时,卿大夫阶层也开始崛起,许多诸侯国也出现卿大夫控制诸侯国政治的现象。比如孔子时期的鲁国朝政便是在季氏三家卿大夫的把持之下，甚至一些卿大夫干脆弑君自立。秦统一六国之后，由于分封制已经被郡县制所取代，卿大夫这个封建领主也便不再存在。

"卿大夫"这个词分裂为"卿"和"大夫"，均是官职名称。"卿"是仅次于"公"的官职级别，秦汉朝廷"三公"之下设"九卿"，如大理寺卿、太常寺少卿等。清常以三品至五品卿作为官爵虚衔。另外"卿"还被皇帝用作对于大臣的爱称，乃至皇帝直接称大臣为"爱卿"。而"大夫"也是古代高级官员的称呼，秦汉之际的中央要职中便有御史大夫，谏议大夫等官职。

除此之外，"卿"与"大夫"最初时也有一些区别，卿一般是在中央任职的官员，大夫则指地方大员。

"储君皇太子"在帝王制度下是怎样的角色？

储君，即是未来的皇帝，除个别为皇帝的弟弟、叔叔或者直接是皇帝的孙子，称为皇太弟、皇太叔、皇太孙等外，一般情况下为皇帝的儿子，称为皇太子，简称太子。在我国汉代，王侯的继承人也曾称"太子"，汉代后，各种同姓或异姓王侯乃至藩属国的继承者都统称为"世子"。储君在帝王制度下是非常重要的角色，一旦立了储君，便避免了皇帝突然去世国家陷入内乱的危险，也避免皇子们为争当储君而钩心斗角的情况。储君确定之后，大臣和皇子们对未来的政治走向心中有数，人心便安定，政治也便安定了。因此，储君往往被称为"国本"。关于储君的立法，

自从我国周代确立"嫡长子继承制"以来，后世帝王一般都以此为基本原则，立嫡长子，即皇后所生的长子为太子。一旦皇后无子，则立庶子中的长子。不过，也有一些皇帝以"立贤"为原则。

早期时候，太子权力相当大，是仅次于皇帝的二号人物，加上大臣们对未来的皇帝自然也不敢怠慢，太子往往会对皇帝本人构成威胁。因此古代多次出现皇帝废太子甚至杀太子的事情；而反过来，势力强大的太子强行登基乃至弑君夺位的情况也发生过。前者如汉景帝废栗太子、汉武帝诛杀卫太子等，后者如唐肃宗李亨强行登基、隋炀帝弑父夺位。另外再加上众多皇子都觊觎储君之位、明争暗斗等原因，历史上太子顺利册封，顺利登基的情况并不多见。

不过宋代以后，皇权不断加强，太子权力不断变小。清雍正登基后，鉴于康熙立储的失败，干脆不再公开立储，建立了秘密建储制度，即皇帝生前不公开宣布储君人选，而是悄悄定下储君，在皇帝死后才公之于众。雍正用这种方式传位给了乾隆。之后乾隆、嘉庆、道光均以此法传位。到咸丰时，因只有载淳（同治皇帝）一子，无须秘密建储，此法未用。后来同治、光绪均无子嗣，并且这两个皇帝均是慈禧操纵下的傀儡皇帝，根本没有权力立储，也就没有立储，秘密建储制度遂废。

"三公九卿"是一种怎样的官制？

三公九卿乃是秦朝时确立的中央官制，三公是古时辅助国君的三个最高官员，九卿是中央政府的9个高级官员。周代曾经出现过"三公六卿"，分别以辅佐

— 18 —

皇帝的太师、太保、太傅为三公，以冢宰（总管军政）、司马（负责军务）、司寇（分管刑罚）、司空（负责工程）、司徒（负责民政）、宗伯（负责礼仪）为六卿。后来秦始皇统一六国后，听从李斯建议，建立了以皇帝为尊，以三公九卿为中央官制的中央集权制。

三公分别是丞相、太尉、御史大夫。其中，丞相主管全国行政；太尉负责总揽全国军政；御史大夫则负责皇帝与群臣的沟通并监督群臣。九卿分别是：奉常（掌管宗庙礼仪，为九卿之首）、郎中令（领导宫廷侍卫）、卫尉（掌管宫门警卫）、太仆（掌管宫廷御马和国家马政）、廷尉（负责司法）、典客（负责外交事务）、宗正（分管皇族事务）、治粟内史（掌管赋税徭役）、少府（负责宫廷财政）。三公九卿的基本构架被汉代沿用，只是具体名称有所变化。丞相被改为"大司徒"，太尉改为"大司马"，御史大夫改为"大司空"；九卿中的奉常变成了"太常"，廷尉变为"大理"，典客成了"大鸿胪"，治粟内史变为"大司农"等，不过其基本职责都变化不大。

三公九卿制的建立首次确立了我国中央集权制。另外，可以看出九卿中的大部分官职本来都只是负责皇家家事的奴仆，却纷纷担任起处理国家要务的职责，这也暴露了皇帝制度建立之初皇帝家事、国事不分的粗糙之处。自秦至两晋，各王朝都以三公九卿制为基本的中央官制构架，直到隋朝文帝创立三省六部制，三公九卿制才宣告结束。但事实上，三省六部制仍受到三公九卿制了影响。

"宰相"是怎样的官职？

宰相是我国古代朝廷中的行政首脑。宰相职位最早出现在春秋战国时期，齐国的管仲、秦国的商鞅等都是当时著名的宰相。后来秦朝统一全国后，实行中央集权的郡县制，以分封制为基础的贵族统治阶层消失，官僚组织成了国家机器运行的载体。作为这个官僚组织的首领，宰相一职得以正式确立。但"宰相"只是对于最高行政长官的一种泛称，历史上除了辽国曾有过"宰相"这个官职名称外，其他朝代的宰相职位都采用的是其他称呼。秦汉时期行使宰相权力的官职是丞相、相国、三公（大司马、大司徒、大司空）；隋唐以及后来的宋朝，实行三省六部制，宰相职位由中书省、门下省、尚书省三个部门的长官共同担任，官职名称、权力、人数经常有变动，但不出"三省"。具体名称则有内史令、纳言、尚书令、尚书左仆射、参知政事、同平章事等；元代设左右丞相；明太祖朱元璋废宰相制度，内阁首辅成为事实上的宰相；清代行政实权掌握在军机处，军机大臣分满汉两班，两班首领成为事实上的宰相。可以看出，从人选上来讲，宰相是国家政权的一个组织部门，并不一定由一个人担任，其人数经常是有变动的；从功用上来讲，皇帝只是作为国家政权的象征，宰相才是具体主管全国行政的人，对于任何一个政权都是不可缺少的（即使名义上没有宰相的政权也往往有事实上的宰相）。因此宰相的地位相当高，是区别于一般大臣的。宋代之前的宰相上朝时是唯一可以坐在朝堂上的大臣。只是宋太祖赵匡胤不断扩大皇权，削弱相权之后，宰相地位开始下降，上朝时也没椅子坐了。历史上，皇帝和宰相职权的划分一直都是历代政治的大题目，一般而言，皇权和相权划分得合理时，政权都能运转得很好。划分不合理的，要么皇帝好大喜功，大权独揽，将国家推向战事（如汉武帝），或者出现宦官专政（往往出现于皇权很大皇帝却无能的情况下）；要么宰相专权，架空皇帝（如西汉王莽、东汉曹操、明张居正），甚至出现篡权。

"十三曹"指的是什么？

十三曹是汉丞相直辖下的十三个办事机构，有些类似于丞相的大秘书处，"曹"大概相当于现在国务院的一个司。具体为：一西曹，主管府史署用。二东曹，主管包括军吏在内的二千石长吏的迁除。二千石是当时最大的官，地方上的太守以及中央的卿都是这个级别。三户曹，主管祭祀农桑。四奏曹，管理政府一切章奏，大致相当于唐代的枢密院，明代的通政司。五词曹，主管词讼，即负责法律民事部分。六法曹，掌邮驿科程，类似于现在的交通部，科程是指交通灯时限及量限等。七尉曹，主管卒曹转运，是管运输的，相当于清代的漕运总督。八贼曹，管缉拿盗贼。九决曹，主管罪法。这两曹所管属于法律之刑事方面。十兵曹，管兵役。十一金曹，管货币盐铁。十二仓曹，管仓谷。十三黄阁，主管簿录众事。从十三曹的具体负责事项可以看出来，这十三曹要处理全国政治、经济、司法等各个领域的事情，俨然是全国行政的总机关。由此可以看出我国汉代皇权和相权的分工已经相当明确了。

"太尉"与"大司马"哪个权力大？

太尉曾是我国古代掌管全国军事的最高武官。秦朝时，太尉、丞相、御史大夫并称三公。对应于丞相掌管全国行政，太尉则掌管全国军事，地位与丞相相同。汉代基本上沿用了秦制，太尉一职也继承下来。汉武帝继位后，为加强对军队的控制，不再像过去那样封军功卓著的武将担任太尉，而是任命贵戚担任此职。此后太尉便只是个虚职，并无实权。后来汉武帝干脆废太尉一职，以大司马代之。大司马只是一种用于加封的荣誉称号，更无实权。汉大将军卫青、骠骑将军霍去病均因征匈奴的军功被加封为大司马。到东汉，光武帝又将大司马改为太尉。司徒、司空、太尉成为新的三公，太尉又重新成为全国军事统领，并参与政事，权位极重。东汉末，曹操自任丞相，废三公。此后魏晋南北朝期间，太尉与大司马均或置或废，比较随意。隋朝后，太尉与大司马均成为一种加赠的虚衔，宋代时太尉还一度成为对于高级武官的泛称。元代后，太尉与大司马均不再设置，另外，大司马常被当作兵部尚书的别称。

"御史大夫"的主要职能是什么？

御史大夫是秦朝设立的官职，与丞相、太尉合称为三公。御史大夫主要有两个职能，一个是作为丞相副手处理政事，因此有副丞相之称；另一个则是作为监察机构御史台之长，负责监督百官，尤其是丞相。因为秦国实权曾一度被丞相吕不韦掌控，秦王政直到22岁除去吕不韦之后才得以掌握实权，非常担心丞相再度架空自己，于是设置御史大夫来牵制丞相。并且秦汉时期，丞相空缺后，一般由御史大夫补缺，这就使丞相更加忌惮御史大夫，从而得到制衡。汉哀帝时，御史大夫更名为大司空，东汉时又改为司空。大司空和司空仍为三公之一，但均已不再是最高的检察长官，最高的检察官由御史中丞担任。魏晋南北朝时，御史大夫官职又偶有恢复。隋唐之后的御史大夫，除宋代为虚衔外，均为最高的检察官，但不再有秦汉三公的权位。明代改御史台为都察院，御史大夫一职遂废。

"郡县制"和"州县制"有什么联系？

郡县制是我国古代的一种国家结构形式。西周时期，国家实行分封制，除天子直接统治区域外，其他地方被划分为许多小诸侯国，小诸侯国内则以同样方式再次划分成小的采邑。诸侯国对于天子有一定的义务，但总体上是一个独立王国，天子无权过多干预。卿大夫的采邑对诸侯国也是这种关系。春秋战国时期，以楚、秦为代表的许多国家开始设立郡县制度。秦代统一全国后，在全国范围内实行郡县制，将全国分为 36 郡，郡下设县。郡守和县令都直接由中央政府任免，其职位不得世袭。这样，便建立起了一种干壮枝弱的中央集权制度，地方不再有力量对抗中央，有利于全国政治稳定和经济发展。汉代沿用并完善了秦朝的郡县制，在开疆拓土过程中不断设立新的郡县。至东汉顺帝，已有 105 郡，2000 多个县。汉代一县面积大约方百里，一郡则下辖 20 县左右。需要指出的是，郡县制并非一定是仅仅有郡、县两级地方政权，而是强调其中央集权的性质。实际上，历代的郡县制往往都并非仅有郡县两级地方政府。比如汉代时便在郡之上设立了州，全国总共分 13 个州，州长官称刺史，后改为州牧；隋朝地方政府设为州、县两级；唐朝则为道、州、县三级；宋代为路、州、县三级；元代则设立行省制度；明清基本继承元代行省制度，并稍做改变之后形成了省、府、县三级行政制。这些结构形式虽然并不是严格的郡、县两级制，但考虑其中央集权的性质，仍可说是郡县制。

州县制是郡县制的流变，本质上与郡县制差别不大。魏晋之后，进入南北朝乱世，北方政权更迭频繁，百姓四处流亡。新政权建立或新的人口流入，便要重新划分行政区域，分割原来的郡县。于是，郡不断变小，州不断增多。南朝也模仿北方划郡为州。至隋文帝时，撤郡建州，实行州县制。后面的唐、宋基本沿用。

"郡守"和"县令"分别是怎样的官职？

郡守与县令为古代官职名称，均是在战国时期随着郡、县的设立而开始存在的。战国时的郡都设在边远地带，边防任务很重，因此其最高长官称为"守"，一般由武人担任。后来这些郡开发成熟，郡守逐渐成为地方最高行政长官。秦统一全国后，实行全面的郡县制，每个郡都设一名郡守，为一郡的最高长官。后来汉景帝将郡守更名为太守，但也习称郡守，之后太守又一度更名为州牧。南北朝时，太守权力逐渐为州刺史所夺，太守一职逐渐为刺史所代替。唐中后期，刺史又逐渐为节度使、观察使代替。到宋明清之际，知府、知州则相当于原来的郡守。值得一提的是，因宋代之前的郡守（刺史、州牧、节度使、观察使）经常集行政、军事、人事大权于一身，一旦中央控制力变弱，郡守往往成为地方割据的基本单位。

县令是一个县的行政长官，刚开始与郡守是平级关系，战国末期，正式成为郡守下属。

秦汉法令以户口多少为标准，大县长官称县令，小县长官称县长。至南朝宋时，不再区分户口多少，一县长官皆称县令。至宋代，县令称为知县，元代称县尹，明清又称知县。因为朝廷委派官职只派到县令一级，其下则实行乡绅自治，县令是政府与百姓接触的枢纽。因此县令一职在整个政权机器上的地位是至关重要的，中国自古有"县宁国安，县治国治，下乱，始于县"的说法。

"刺史"的职能是什么？

刺史是古代官职。刺，检核问事之意，刺史的本义是负责监督类的官员。秦时，每郡设监察御史，负责监督郡守。汉代时，监察御史往往与郡守勾结起来欺骗朝廷，丞相于是又派出一套人马出刺各地，检查郡守和监察御史。这样重叠监督，显然成本高而效率低。汉武帝时，废除原来的两套监察官员，将全国分为13个州，每州设立一名刺史，正式建立刺史制度。这套新制度的特点是，充任刺史者均为俸禄六百石的低级官员，其检查对象郡守的俸禄却是两千石。因其官职卑微，故顾虑不多，勇于言事；另外，一旦官职低，也就急于立功，会更加恪尽职守。同时，为防止刺史滥用权力干扰地方政治，朝廷对他所调查监督的内容明确列明条目，其外不得多管。这套制度刚实行时是

比较好的一套检查制度，但一项制度时间一久，便难免出现弊端。到东汉时，刺史权力逐渐扩大，成为实际的地方长官。汉灵帝时将部分资深刺史改为州牧，使之成为郡守（太守）的上级，这便在郡、县的基础上又多出了州一级。到隋文帝时，鉴于刺史权力基本替代了郡守，干脆废郡，实行州县两级，如此，刺史即相当于原来的太守。唐代中期，出于屯田与守边的需要设立新的地方军政长官节度使、观察使逐渐侵蚀刺史之权，或者兼任刺史。尤其"安史之乱"后，节度使更是遍布全国，刺史职任渐轻。宋代郡守名称为知州，刺史成为武臣虚衔，元代以后消失。

"三辅"是官职名称吗？

三辅本指西汉时治理京畿地区（国都及其附近的地区）的3个官职，后指这3个官职所管辖的地区。汉景帝时，将首都长安城以及城郊地区大体分为3块，分别设置左内史、右内史、主爵中尉（后改为主爵都尉）管理。因共同管理京畿地区，故合称"三辅"。汉武帝时，此3个官职又被命名为京兆尹、左冯翊、右扶风，其总共管理区域大致是今天的山西中部地区。后世其具体的行政区划虽然有所变更，但直到唐代，人们仍然习惯称京畿地区为"三辅"或者简称"辅"。

"侨郡县"是怎么产生的？

西晋"八王之乱"之际，许多北方人为躲避战火，纷纷南迁。之后的"永嘉之祸"又导致晋王室南迁建立东晋政权，北方则陷入"五胡十六国"乱世，于是更大规模的北方人选择南迁。东晋政权为吸引人口，建立许多新的郡县将这些北方侨民

按照其北方原籍予以集体落户，并以其中的大族担任刺史、太守、县令，然后给这些郡县一定的赋税徭役方面的优待，这种郡县便称为侨郡县。随着北方侨民的增多，东晋政府陆续建立了琅琊郡、青州、徐州、衮州、幽州、雍州、秦州等侨州。同时，在北朝割据的诸多政权，为争夺流亡人口，也纷纷建立了类似的侨郡县。总体而言，侨郡县乃是当时的乱世政权为争夺人口、笼络大族的一种手段，对于安置流民、稳定社会起到一定的积极作用。但这种仓促建立的侨郡县往往出现一县同时属两郡、一郡同时属两州等情况，给地方行政管理带来相当大的紊乱。隋朝统一全国后，这些侨郡县大多取消了，但一些地名还是保存了下来。

"三省六部制"的具体内涵是什么？

三省六部制是中国古代继三公九卿制之后的另一套中央政府机构组织形式。三省分别是中书省、门下省、尚书省，六部则是吏部、户部、礼部、兵部、刑部、工部。三省六部制的出现是皇权侵蚀相权的

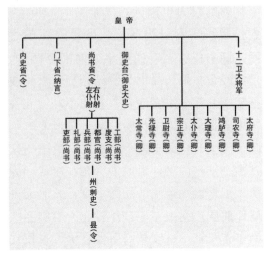

隋三省六部制简表

结果。汉武帝时，设尚书台。三国时期，魏文帝曹丕又设另一个秘书机构中书省，以削弱尚书台权力。至晋，皇帝的侍从机构门下省也开始处理政务。至此，由皇帝的小臣组成的"三省"开始成为全国政务中枢。到隋朝，朝廷明令确立三省制度，三省成为正式的政府机构，三省长官共议国政，执宰相之职。至于六部，则是尚书省下设的六个具体部门。汉光武帝时，尚书台已开始分为三公曹、吏部曹、民曹、客曹、二千石曹、中都官曹等六曹尚书分曹办事。后六曹经魏晋南北朝发展演变，至隋唐时期形成吏、户、礼、兵、刑、工六部。后世将三省六部制视作隋朝除科举制度之外的另一个重要制度贡献。三省六部制结束了自汉光武以来的皇帝与政府（以宰相为代表）权限不分的混乱局面，可以说是中国政治史上的绝大进步。三省六部制虽然在唐代以后多有变化，但其基本骨架为后世历代中央政府所采用，尤其六部制度直至清末连名称都未曾变动。

"三省"的职能是什么？

三省原本均是皇帝身边的小臣组成的机构，刚开始掌管政务时均一度是全国政务中枢。至隋唐三省六部制正式形成后，三省共同作为中央朝廷的最高行政机关行使相权，具体又有所分工。其中，中书省是各种政策的决策部门，往往由中书省制定各种政令，写成奏章上呈皇帝。得到皇帝认可后，该奏章又转交门下省，门下省负责对政令及皇帝诏令的审查，有"封驳"之权，即反对权。如果门下省不批准，则皇帝诏令和中书省政令均不算数；而如果门下省批准了诏书、政令，这便是

职官制度

合法的诏令了，称之为敕。尚书省则为敕的具体执行者，按照敕的内容分交六部具体部门去办。可以看出，中书、门下两省对政令起决定作用。因此制定政策时，皇帝往往召集中书、门下两省长官共同商议，故唐代此两省的长官中书令和门下侍中才被视为真宰相。唐代中后期，皇帝逐渐任用三省之外的人为"同中书门下平章事"，是为事实上的宰相，三省地位变轻。至唐末期，藩镇割据，三省已无实权。至宋，仍设有三省制度，但尚书、门下两省基本无权，中书省掌管行政大权，与掌管军事的枢密院合称"二府"。元代，门下、尚书两省皆废，原属尚书省的六部划归中书省，中书省与枢密院、御史台分掌政、军、监察三权。明代初设中书省，并将六部划归其下，后朱元璋废中书省，由皇帝直接统领六部。由此，三省不复存在。

"六部"的职能是什么？

六部分别是吏部、户部、礼部、兵部、刑部、工部。六部确立于唐代，归属于尚书省；到元代时则归属于中书省；明代朱元璋为加强皇权，废中书省，六部直接对皇帝负责；清代则沿袭明制。总体而言，六部乃是中央朝廷的政务枢纽，属于执行机关，而非决策机关。具体而言，吏部负责全国文职官员的任免、考核、升降、调动，验封封爵、世职、恩荫，为官员办理丁忧守制手续，为新科举子、进士分配官职，为退休官员办理退休手续等；户部则掌管全国户籍管理、土地测量、流民管理以及赋税、钱粮等财政事宜；礼部掌管礼仪、祭祀等事，并负责管理全国学校事务及科举考试，另外还要负责和藩属、外国往来之事；兵部掌管全国武官任免以及招兵、武器、后勤、发布军令等事宜；刑部负责全国司法机构的运转以及法令的颁布，并经常直接审理大案要案；工部则负责各项工程、工匠、屯田、水利、交通等事。六部的长官名称均为在本部名称上加"尚书"两字，如"吏部尚书"。其品阶在各代有所变化，清代均为从一品。清光绪年间推行新法，改总理衙门为外务部，又增设商部、巡警部，改兵部为陆军部、刑部为法部等，六部制度遂废。

"尚书仆射"一职经历了怎样的流变？

尚书仆射是一度相当于宰相的官职。仆，意为主管，因古代重武，由主射者掌事，故诸官之长称仆射。后来只有尚书仆射沿用下来，其他仆射的名称大都废弃，因此魏晋南北朝之后的仆射，专指尚书仆射。尚书仆射的官职最早在秦朝设立，其时为尚书之首，只是皇帝身边小臣，没有权力。西汉时，置尚书台（后称省），尚书令为尚书头领，尚书仆射为其副职。东汉光武帝时，因尚书台权力越来越大，尚书仆射的权力也渐大。汉献帝时，设左、右仆射，此后历代沿置。魏晋南北朝之际，尚书仆射上有尚书事、尚书令两职，但因经常空缺，尚书仆射已相当于宰相或副宰相。例如东晋谢安、北魏李冲、北齐杨愔等都是以尚书仆射一职分掌或专掌朝政。隋朝时，尚书事一职遭废，尚书令则常常空缺，尚书仆射成为宰相。唐代，因唐太宗李世民登基前任尚书令，此后无人敢任此职，尚书左、右仆射成为事实上的尚书省长官，一度与门下省、中书省长官并称宰相。唐高宗后，尚书省职权渐低于中书、门下两省，尚书仆射已不能和门下、中书省长官同称宰相，而需加封平章事封号才是宰相。玄宗后，尚书仆射未曾被加封过，从此不再是宰相。宋代时，尚书仆射名称屡有变化，并一度重新成为宰相。宋以后无仆射之官。

"侍中"是怎样的官职？

侍中是古代一度相当于宰相的官职，始设于秦。侍中在秦汉之际原本是皇帝身边小厮，干的事情相当杂，负责皇帝乘车服饰乃至便溺器具等一应事情。因其常在皇帝身边，经常给皇帝出一些主意，逐渐成了皇帝的顾问，地位渐重。之后侍中经常成为皇帝对于臣子的加封，官不在大小，上可至列侯，下可是郎中这样的小官。官员获此加封后，可出入皇宫，经常伴随皇帝左右，也是一种荣耀。东汉时，设侍中寺，晋时改为门下省，唐时一度改名为东台、鸾台、黄门省等，以侍中为其长官。魏晋之时，侍中已经不再负责皇帝的生活杂事，而是专备皇帝顾问。隋唐之际，侍中一度称纳言、左相、黄门监等，与中书省长官中书令、尚书省长官尚书仆射共同被尊为宰相。宋代沿用唐制，元丰改制后，以尚书左仆射兼门下侍郎行侍中之职，另设侍郎为其副职。元朝侍中只是礼官、从官。明代侍中地位有所恢复，但已不复昔日风光，仅为正二品，地位低于尚书。清无侍中一职。

"中书令"的官职有多大？

中书令是古代一度相当于宰相的官职。汉武帝时，始置中书令，由宦官担任，后来逐渐由皇帝信赖的士人担任。其职责是帮助皇帝在宫中处理政务，并负责直接向皇帝递交大臣密奏。因其为皇帝近臣，一度凌驾于丞相之上，司马迁就曾以太史公的身份担任过此职。东汉光武帝时，尚书台成为全国政务中枢，与尚书工作性质有些相似的中书被冷落。魏晋时期，魏文帝曹丕为牵制尚书台，另外成立中书省，以中书令为其长官。之后中书省日益架空尚书台，成为全国最机要机关，中书令则成为事实上的宰相。其时中书令一般由社会名望与才能俱高者担任，谢安就曾以中书令之职执政东晋。南北朝时，门下省又逐渐取代了中书省的政务中心地位，中书令的宰相位被门下省长官侍中取代。到隋唐之际，三省六部制确立，中书令与门下省长官侍中、尚书省长官尚书仆射共同执掌宰相之权。其中，因中书省是政令的决策机构，而门下省则对政令有审核权，故中书令和侍中被唐人尊为真宰相。唐肃宗后，包括宋代在内，中书令逐渐成为大臣的虚衔，无实权。元代中书令又掌相权，明代朱元璋不设宰相，"三省"俱废，中书令自此不复存在。

"侍郎"是正式官职吗？

侍郎在西汉时曾是郎官之一，是皇帝外出时的随从，不是正式官职。东汉尚书权力变大时，侍郎成为尚书下属。当时每曹设6名侍郎，六曹共36人。魏晋以后尚书曹数增多，一尚书辖数曹，郎官遂成一曹头目。隋朝三省六部制既定，侍郎随尚书一起成为朝廷正式要职，相当于现在的国务院各司司长，初时官阶不高，却是实权官员。明侍郎升至正三品，清侍郎升至正二品。另外，门下省和中书省也曾设立侍郎官职，一般为一个部门的二把手。

"政事堂"是什么场所?

政事堂为唐、宋宰相和皇帝议事的地方,乃两朝最高决策中心。唐初,中书、门下、尚书三省长官(中书令、侍中、尚书左右仆射)共执宰相之权,三省长官经常与皇帝一起商议国家大事。刚开始其地点设在门下省,后来又改在中书省。政事堂后分列五房:吏房、枢机房、兵房、户房、刑礼房,随时待命,具体执行政事堂的各种政令。贞观年间,唐太宗为集思广益,同时分化宰相权力,给一些职位不高但能干的官员加封参知政事、同中书门下三品(以后逐渐统一为同中书门下平章事之名)等称号,让他们也以宰相身份参加政事堂会议。另因尚书省只是政策的执行机关,没有决策权,尚书省长官的宰相身份一向有些勉强。唐高宗后,尚书仆射同样须加封封号,才能参加会议。玄宗后,尚书仆射再未被加封此封号,从此被排斥在政事堂之外。唐代后期,中书令、侍中也逐渐被排斥在政事堂之外。皇权变大,相权变小。唐玄宗时,将政事堂改名为中书门下,也有称中书政事堂或中书都堂的。后晋时又改名为政事厅。北宋沿唐制,以政事堂为宰相、参知政事议事办公处,设于禁中。政事堂囊括门下省、中书省和尚书省的主要职权,是最高行政机构。宋以后历代不设政事堂,不过明朝的内阁和清朝的军机处的功能略等于政事堂。

"御史台"是官职名还是官署名?

御史台是我国古代监察长官的官署名,同时也指古代的监察机构,其属即为言官。秦代,建立御史制度,设众多监察御史监督政府,并以三公之一的御史大夫为众御史之长。汉代,御史大夫更名为大司空(后改为司空),不再负责监察事宜,其副手御史中丞成为御史之长。因御史中丞一直驻扎在宫中兰台办公,因此其官署便被称为御史台。御史台在后来历代均存在,只是名称偶有变化,另有宪台、兰台、肃政台等称呼。御史台下设三院,一曰台院,其属为侍御史,即监督皇帝的御史,御史中丞初时便是专门驻扎在皇宫里监督皇帝的官员;二曰殿院,其属为殿中侍御史,负责监督皇宫内礼仪等事;三曰察院,其属为监察御史,主要是监督中央政府和地方官员。总体而言,御史台设立的主要目的是监督百官,即"为天子耳目"。御史的品阶一般都不高,多由具清望之人担任,往往不怕得罪官员,越得罪人,名声越大。派往地方的监察官员往往都是由御史台派出,但历代都经常发生监察官员到了地方之后取代原来的地方长官成为事实上的地方长官的事情,比如汉代的刺史,唐代的节度使、观察使都属于这种情况。明代时,太祖朱元璋改御史台为都察院,御史台之名遂废。

"唐代五监"分别指的是哪 5 个政府机关?

唐代五监指的是唐代时的 5 个负责工程、教育、军需、后勤等事宜的政府机关,分别是:国子监、少府监、将作监、军器监、都水监。唐代五监是将隋朝长秋监改为军器监之后形成的。其中,国子监是负责全国教育及考试的部门,其长官称为祭酒,为正五品上;少府监负责推动和普及农业、手工业技术,主官为监、少监，分别为从三品、从四品；将作监负责宫室建筑、金玉珠翠器皿的制作、纱罗缎匹的刺绣等事，其长官为监，有 2 名，从三品；军器监负责弓弩盔甲等军需用品的制造，其长官为监，正四品上；都水监负责全国的水运、黄河及其他河流湖泊的治理，其长官为监，正四品。唐代是中国各项制度的一个重要转折点，该五监的形成使政府机构得到很大完善，社会各项公共事务有了更专门的机构来管理，政府职能得到提高。五监的基本结构为后世历代政府所采用。

"观察使"的职责是什么？

观察使是唐代后期出现的地方军政长官，全称为观察处置使。由于汉代设立的专门监督地方官员的刺史逐渐侵蚀了地方长官的权力，到隋朝时朝廷干脆明令刺史替代太守，成为地方长官，这样，朝廷中央便没有了专门的地方巡察员。到唐代前期，中央常常不定期临时派出使者监察州县，玄宗开元年间，宰相张九龄设置十五道采访处置使（简称采访使），行使原来汉代刺史的督察权，考评地方官政绩。后来，采访使制度又重蹈刺史制度之覆辙，本是中央派到地方的特派员的采访使又逐渐凌驾于刺史之上，成为实际上的地方一把手。而在不怎么受中央管制的节度使地区，采访使往往为节度使所兼任。肃宗乾元元年（758 年）采访处置使改名观察处置使。"安史之乱"后，本为地方长官的刺史基本上已经没有什么权力，各地的节度使与观察使成为地方军政一把手。相比而言，节度使往往地盘较大，经济、军事实力雄厚，不听中央调遣，成为顾盼自雄

的藩镇；而观察使则地位相对较低，地盘、势力较小，还能够服从朝廷，因此唐朝廷后期得以苟延残喘的财赋收入多由观察使所上缴。宋代在各州置观察使，但只是虚衔，为武官升迁之前的寄禄官（暂时作为升迁跳板的官职，无实权）。辽、金也曾设置观察使作为政务官，元代废。

"参知政事"是什么时候设置的，是固定官职吗？

参知政事并非一种固定官职，而是唐宋时期的临时职衔，中低级官员可凭此职衔行宰相权。唐贞观年间，唐太宗为削弱相权，强化皇权，在与宰相议事的最高政务会议政事堂上，经常给其他非宰相但比较能干的官员加封诸如参知政事、同平章事、枢密使、枢密副使等职衔后让他们也参加会议，共议国政。太宗之后的唐代皇帝都采用了这个办法，乃至到唐高宗之后，原本是宰相的三省长官都先后被排挤出了政事堂，只剩下这些顶着临时头衔的宰相们执掌唐王朝的最高政治。如此，可以说唐朝在很长的时间里是没有宰相的。就参知政事而言，其又简称为"参政"，行使副宰相之职，唐中叶以后废去。宋代沿用了唐代政事堂制度，开始同样以参知政事为副宰相，开宝六年（公元 973 年）后，参知政事的职权、礼仪开始和宰相差不多。宰相出缺时，其代行宰相之职。北宋范仲淹、欧阳修、王安石都曾任此职。因为正规的宰相经常空缺，因此参知政事往往是北宋事实上的宰相。南宋时，参知政事和门下、中书侍郎，尚书左、右丞，以及枢密使、副使，知枢密院事，签书枢密院事等，通称执政，与宰相合称"宰

执"，相当于常务副宰相。元、明时参知政事只是一个中级官员，清不设此职。

"计相"是主管财政的吗？

计相是宋初中央财政机构——三司的首脑。宋代三司沿自五代。五代时期，天下不稳，税法混乱，后唐明宗设盐铁、度支（负责财政支出统计）和户部"三司"，统一掌管朝廷财政，相当于现在的财政部。宋代沿用并完善三司制度，三司掌管天下各种田赋、丁税、商税、矿税、酒税等财政收入和官奉、衣粮、军费等财政支出，当时称为"计省"，其长官为三司使。财政大权本是相权的一部分，但由于宋初皇帝想将财政权收归自己，以加强皇权对政权的控制，便令三司使不再统辖于宰相，而是直接对皇帝负责。这样，三司使便与掌管军政的枢密使、宰相各成一体，不相统摄，故被称为"计相"，意即财政宰相。但后来三司的权力逐渐扩大，职权涉及原来的兵户工礼吏等各部事务，并且时间一久，这个机构本身也变得臃肿而效率低下，三司开始成为宋朝行政机器上的一个不和谐部件。王安石变法时，曾试图分拆三司，但未能成功，只是将三司部分职权转移到其他部门。后来元丰改制，三司侵夺其他部门的职权才被重新归还各部。三司使改任户部尚书，虽仍管理财政，但已成为宰相直接下属，就职权和地位而言，已远远当不得"计相"的称号了。

"谏官"是正式的官职名吗？

谏官是古代言官的一种。言官即是专门负责监督并提意见的官员。古代言官分两种，一是御史，负责监督政府，谏官则职在监督皇帝。谏官并非正式官职名，而是对监督皇帝的官员的泛称。其最早在春秋时期设立，当时齐国的大谏、晋国的中大夫、楚国的左徒等都属于谏官性质。秦朝时，设谏议大夫为谏官，同时，御史类官职中的御史中丞也有些谏官性质。谏官制度得以正式化是在汉代，当时的光禄大夫、太中大夫、谏大夫、中散大夫、议郎等官职，都属谏官，统一归汉九卿之一的光禄勋管。谏官最活跃的时期是在唐代，当时的谏官机构不断扩大，所设谏官有左右谏议大夫、左右拾遗、左右补阙、左右散骑常侍等。另外，当时中书、门下两省的官员也都有兼职进谏的职责。唐代著名谏官甚多，例如魏征、褚遂良、孙伏伽、萧钧等。著名诗人杜甫、陈子昂、元稹等都任过谏官之职。因唐太宗开纳谏之风，唐代皇帝都比较重视谏官。宋朝皇帝起初也很重视谏官，曾专门将谏官从门下省中独立出来，成立专门的谏院，以左右谏议大夫为长官。但谏院独立后，谏官不再由宰相裁定，而是由皇帝任命，并且可以兼任御史，逐渐由监督皇帝变成了监督宰相和百官。后来，朝廷不再重视谏官，又开始出现蔡京、秦桧等权相。宋代之后，谏官或名存实亡，或名实俱亡。

"路、军、府、州"各指什么？

路、军、府、州均是宋代的地方行政单位。宋代地方行政区划为三级制，其基本的结构是路、州、县，依次变小。其中，路是最高一级，大略相当于现在的省。宋初时，除路之外，还有一个道，与路为同级别的地方区划单位。后废道，将天下总分为十五路，分别是：京西路、京东路、河北路、河东路、陕西路、淮南路、江南路、荆湖南路、荆湖北路、两浙路、福建路、西川路、峡路、广南东路、广南西路。路的长官称为监司，每路4个。宋代的州由秦汉的郡变化而来，根据面积和人口可分为上、中、下州，长官称知州。县是最低一级行政单位。另外，在路、州、县的基本体制之下，宋代还有一些与州同级但稍微特殊的行政区划单位，府与军便属于此类。府由地位比较重要的州升级而成，分京府、次府。京府为首都或陪都所在地。宋初以都城开封府为东京，陪都河南府（今河南洛阳东）为西京，应天府（今河南商丘）为南京，大名府（今河北大名）为北京，遂有四京府，其余则为次府。州升府一般源于皇帝登基前所封或任官之地，如宋太祖以归德军节度使代周，后来便升归德军所在之宋州（今河南商丘）为应天府。军则是因军事需要而建的地方行政单位，一般在边疆地带，分大军和小军。大军与州府同级，直属于路；小军与县同级，属州管辖。就数量而言，这些地方行政单位并不固定，时有变化。

"知府"与"知州"是一回事吗？

知府与知州均是出现于宋代的官职。唐代只称建都之地为府，宋代由于城市的快速发展，许多比较繁荣的州都升级为府。宋代统治者鉴于唐代地方长官坐大割据的教训，不给州府长官刺史以实权，而是以中央朝臣充任各府长官，称为"权知某府事"。"权"是暂时之意，意即暂时代理该府政事，简称知府。知州与知府的来源相同，同样是宋朝廷派朝臣临时充任各

州长官，称"权知某军州事"，简称知州。军，乃指军事，州乃指民政。如此，宋代原本以唐制而设的府州长官——刺史便被架空了，而事实上的地方长官又只是临时充任，这便加强了中央集权，避免了藩镇割据的局面。但这也导致了地方力量的弱小，以至于金国攻破首都开封，北宋政权便轰然垮掉。知府与知州在元代成为地方的正式长官，只是其上置有由蒙古人或色目人担任的达鲁花赤（蒙古官名，为所在地方、军队或官衙的最大监治长官）；明清时期，知府与知州成为正式的地方行政长官。其中知州有直隶州、散州之别，前者直隶于省，可以辖县；后者隶属于府、道，相当于知县。

"转运使"的主要职责是什么？

转运使是中唐以后各王朝设置的主管运输的中央或地方官职。唐代建都长安，因关中地狭，粮食不足，每年要从江淮地区调粮入关。玄宗时期，朝廷官员激增，加之军需民用，粮食需求增大，漕运对于朝廷的重要性随之增加，于是设专使水陆转运使，掌洛阳、长安间粮食运输事务。安史之乱后，朝廷财政全仗江淮地区盐铁之税，又设盐运使。后来盐运、转运二使合二为一，由宰相或重臣兼任。到宋代时，转运使成为一种普遍的官职。宋初为集中财权，置诸路转运使掌一路财赋，称某路诸州水陆转运使。另外皇帝出巡时设有行在转运使，出兵征讨则有随军转运使。宋代转运使往往由朝中位高权重者兼任，是一种显官，除掌握一路或数路财赋外，还兼有考察地方官吏、维持治安、清点刑狱、举贤荐能等职责。如此，转运使

职官制度

职掌扩大，实际上已成为一路之最高行政长官。后来朝廷干脆将路作为州县之上的又一级地方行政单位，全国总分为15路。元、明、清时期，转运使官职不再流行，只剩下一个盐运使，负责运盐，虽品秩不高，却是个肥差。

"宣政院"是什么时候设立的？其主要职责是什么？

宣政院是元代设立的一个掌管全国佛教事宜和吐蕃地区军政事务的中央机关。宣政院原名总制院，由元世祖忽必烈设立，后借唐朝皇帝曾在宣政殿接见吐蕃使臣的典故，改名为宣政院。因蒙古人信奉藏传佛教，因此此院地位相当高。宣政院刚开始以国师八思巴为其长官，后来该职一般由朝廷大臣担任。宣政院官员为僧俗并用，其中设院使2人，后来又增至10人，秩均为从一品，另有几个正二品、从二品的官职。宣政院官职任命不走吏部程序，而是自行任命，与中书省、枢密院、御史台并为元朝四个独立的任官系统。诸路、府、州、县置僧录司、僧正司、都纲司，为宣政院下属地方机构，负责管理各地佛寺、僧徒。总体而言，蒙古人设立宣政院有两个目的，一是掌管全国佛教，二是通过宗教与军政结合的方式控制同样信奉藏传佛教的吐蕃地区。

"行省制度"是怎样的？

行省是行尚书省（后改为行中书省）的简称，本是尚书省派出的一个临时机构，后来演变成为地方最高行政机关。元朝总共分为12个大的行政区，除了大都（北京）为中书省直辖区外，另有11个行省。元代行省置丞相、平章、左右丞、参

知政事，其行政机构名称和官吏品秩与中央同，全省军事、行政、财政权力集中，由蒙古贵族总领。从行省的划分方法来说，元代行省是从军事角度进行的划分。元代统治者害怕地方反叛，于是使各省边界均犬牙交错，无山川险阻可依，北向门户洞开，形成以北制南的军事控制局面；另外，各省重镇的拱卫之城也都被划分到另一省。一旦一省叛乱，其重镇也很容易被攻下。也正因为此，后来的明、清继承了元代行省制度。元代的行省在后来，数量增加不少，名称也有所变化，但就其实质而言可以说是一直沿用的。

"达鲁花赤"是一种什么官？

达鲁花赤是元朝的官名。蒙古铁骑当年横扫欧亚，占领了广阔的地域，但并没有足够的人手来统治这些地域，便培养起一个个主要由当地人组成的傀儡政权。在这个政权的各级军政组织中，表面上以当地人为长官，实际上另设有一名被称为达鲁花赤的蒙古长官钳制之。达鲁花赤虽然与当地行政长官平级，但实际权力在其之上，是军政的最后裁定者。蒙古人当初与南宋对峙期间，由于人手不够，曾有一些汉人也做到了达鲁花赤的职位。至元二年（1265年），元代朝廷正式规定，各路达鲁花赤只能由蒙古人担任，总管由汉人担任。如此，原本已经当上达鲁花赤的汉人也都纷纷被解职。一时没有称职的蒙古人时，则由色目人担任。达鲁花赤这个官职在有元一代普遍存在，在省、府、州、县和录事司等各级官衙，都设置达鲁花赤。另外，在异族军队的元帅府、万户府、千户所，也都设达鲁花赤以监军务。

"内阁"是什么样的机构?

内阁是明清时期的最高官署。明洪武十三年（1380年），朱元璋为加强皇权，以谋反罪杀宰相胡惟庸，从此废去宰相一职并明令后世子孙不得设宰相。这样，全国政务全都汇集到皇帝这里。朱元璋行伍出身，精力充沛，后来又仿宋制设置了一些殿阁大学士作为自己的顾问，还勉强能够应付。到永乐皇帝，因经常外出征伐，对于政务他便有些顾不过来，于是正式建立内阁，以大学士充任阁员，参与机务。内阁刚开始并无实权，但自仁宗起，明朝的皇帝们都只是成长于深宫的娇贵皇子，不具备一个人掌控全国政务的精力和耐性，内阁权力渐重。到成化、弘治之际，内阁已经相当于宰相府。尤其到万历年间，由于万历幼年登基，政务完全由内阁处理，内阁首辅张居正的权力甚至已经超越了以前的宰相。明朝晚期，宦官权力上升，内阁权力开始下降。崇祯时，内阁权力被虚化，明内阁制度名存实亡。

清代刚开始时沿用明朝内阁制度，以满、汉同比例的方式设置内阁大学士，行使相权。但因清帝基本都比较勤政，内阁差不多只是个执行机构，权力远不如明朝内阁大。到雍正时，设立军机处作为最高决策机关，内阁基本上成了一个类似于秘书处的文书机构。但在清代，内阁一直都是名义上的最高官署。

"大学士"是官职还是荣誉称号?

大学士是古代官职，最早出现在唐代。唐代曾先后置弘文馆、昭文馆大学士、集贤院大学士。唐代的大学士一般由宰相兼领，只是一种荣誉称号。宋代也曾仿唐制，搞过一些大学士称号，同样只是一种荣誉称号。明代时，朱元璋怕宰相夺权，不设宰相，但自己政务又忙不过来，开始置一些翰林学士到武英殿、华盖殿、文渊阁、东阁中参与政务，称为殿阁大学士或内阁大学士。大学士官阶很低，仅为五品官职，也没什么职权，只是皇帝顾问而已。仁宗以后，大学士往往兼有尚书、侍郎等重职，握有实权，地位尊崇，称为辅臣，内阁首辅成为事实上的宰相。明朝名相张居正就是以内阁首辅的身份行使相权。清代沿用内阁制，置三殿三阁（保和殿、武英殿、文华殿、体仁阁、文渊阁、东阁）大学士，为正一品，设满、汉头目各一人，相当于宰相；又置协办大学士，为从一品，满、汉各一名，相当于副宰相。汉人一般非翰林出身不授此职，我们所熟知的纪晓岚、刘墉均曾担任内阁大学士或协办大学士之职。雍正时设军机处，取代内阁成为最高政务决策中心，军机大臣成为事实上的宰相，但军机大臣及内外官员之资望特重者仍授大学士，以示尊崇。另外，明清时的大学士也习称中堂。

文官图　唐
唐初多因袭隋制，帝王及文武百官均能戴图中所示的黑色帻，至贞观后，则为帝王、内臣所专用。

"司礼太监"主要掌管什么?

司礼太监是明朝一度权势很大的宦官机构里的太监。明洪武年间,成立了一个新的太监机构——司礼监,掌管宫廷礼仪。明朝没有宰相,权在内阁。内阁具体掌控政务的方式是由内阁大臣阅读奏章后在上面批注自己的意见,称"票拟",然后交由皇帝审核并用朱笔做出最后批示,称为"批红"。因明朝中后期皇帝大多疏懒,或不懂政务,"批红"也就只是走走形式,基本上就是以内阁大臣的意见为准。到明宣宗时,为压制内阁势力,废除朱元璋定下的太监读书禁令,在宫内举办内书堂,教授太监识字,然后由这些识字太监帮助皇帝"批红"。此后,"批红"的权力便逐渐落入太监之手。"批红"分两道程序,先由司礼监秉笔太监"批红",然后司礼监掌印太监审核确认后盖印,才算通过。由此,司礼太监便与内阁形成了一种权力制衡。历史上的刘瑾、冯保、魏忠贤等权倾一时的太监就是司礼太监的头目。

明晚期,宦官权力逐渐渗透到国家政权的各处,在中央掌管提督京营兵权,在各地方则派迁驻守太监,职在地方长官之上。尤其东、西两厂特务组织具有独立的司法、审查权力,并且有自己的监狱,可以随便提审百姓乃至官员。因此宦官组织已经变成一个与外庭相对应的严密的内廷官僚组织,而司礼监便是这个内廷的最高机关。司礼太监俨然相当于朝廷大臣,而其一号人物司礼监掌印太监则对应于作为外庭宰相的内阁首辅,有"内相"之称。总体而言,司礼太监的滥权乃是明朝皇帝出于私心而采用的一种统治权术,也是明朝政治的最大问题。

"都察院"是怎样的机构?

都察院是明清两代最高监察机关。明洪武十五年(1382年),朱元璋改前代所设御史台为都察院,设左、右都御史为最高长官,其职权总的是"纠劾百司,辨明冤枉,提督各道,为天子耳目风纪之司";都御史下设副都御史、佥都御史,为都察院各级长官;又按照十三道,分设监察御史。监察御史是都察院官员的主体,负责巡按州县,专事官吏的考察、举劾。大体而言,都察院的官僚体系与汉、唐的御史台差不多,御史台的职能也都包含在了都察院之内。但相比于御史台,都察院还另外具有很强的司法功能,其与大理寺、刑部合称为三法司,遇到重大案件均由三法司共同会审。到清代,都察院制度基本沿袭明制。因清代统治者担心地方官员和军队对抗中央,经常派都察院御史以巡抚、提督、总督等临时官衔到地方上监督行政长官和武官。久而久之,巡抚、提督、总督等这些本是特派员性质的都察院官员便成了地方行政长官或军政首脑。

"东西二厂"是怎么回事?

东厂是明永乐皇帝朱棣建立的由宦官掌控的特务机关。因建文帝既年轻有为,又怀柔天下,尊重士人,深得明朝官员拥护。朱棣发动"靖难之役"夺了侄子建文帝的江山,大批官员殉难,剩下的朝廷官员亦不大支持朱棣的新政权。朱棣因此对大臣也都十分猜忌,于是采取了两个措施,一个是迁都北京,另一个便是在锦衣卫之外另建一个更加方便自己使用的特务机关。

因朱棣夺江山的过程中，几个太监曾出了不少力（如郑和、道衍），觉得太监比较可靠，便建立了一个由宦官掌领的侦缉机构。由于其地址位于东安门北侧（今王府井大街北部东厂胡同），因此被命名为东厂。东厂直接向皇帝负责。起初，东厂只负责侦缉、抓人，审讯犯人的权力则在锦衣卫。但到明末宦官专权后，东厂也具有了审问权，并且设有自己的监狱，对百姓乃至官员都可抓捕、审问，成为独立于国家司法体系之外的独立体系。另外，朝廷审理大案，东厂都要派人听审；朝廷各衙门里，也都有东厂人员坐班，监视官员；朝廷各种文件，东厂也都要查看，甚至民间百姓的日常生活都在其侦缉范围内。东厂的人每天在京城各处活动，经常罗织罪名敲诈勒索良民，成为上至朝廷下至民间的一大害。西厂则是明宪宗为强化特务统治所增设的，其人数比东厂更多，权力更大，并且不再局限于京城，而是遍布全国。后因遭反对，存在不久被撤销。东西二厂与锦衣卫共同构成明代的"厂卫"制度。

"锦衣卫"主要负责什么？

锦衣卫是明朝皇帝的侍卫兼特务机构。其前身为明太祖朱元璋所设的御用拱卫司，洪武二年（1369 年）改为大内亲军都督府，洪武十五年（1382 年）改为锦衣卫。锦衣卫是朱元璋为强化皇帝对政权的控制而建，其作用有二：一个是作为皇帝的侍卫，与前代的禁卫军作用相同；二是作为一种特务组织充当皇帝耳目，监督百官。明代锦衣卫之所以在历史上很有名是因为它的第二个功能。锦衣卫不仅拥有自己的军队系统，而且拥有独立于政府

司法体系之外的司法特权，可以绕过政府系统直接对上至大臣、武将，下至普通百姓实施侦缉、抓捕、审问，并拥有自己的监狱。锦衣卫的建立除造成国家司法混乱及朝廷上下的恐怖气氛的负面作用外，也起到了一定的正面作用。如，对于预防官员腐败起到很好的作用，以至于明代官员可算是历代最清廉的官员；另外，锦衣卫还担当了部分国防及情报工作。锦衣卫首领称指挥使，一般由武将担任。后来宦官统领的特务组织东厂成立后，锦衣卫地位逐渐低于东厂。晚明宦官专政时，锦衣卫指挥使见东厂厂主甚至要下跪叩头。整个明代，锦衣卫和东厂、西厂这样的特务组织一直存在，乃是一种酷政，不少学者认为明代即亡于"厂卫"制度。

"三司"都包括哪 3 个部门，分别负责什么？

三司是明代省级地方政府的三个权力部门，分别是布政司（全称承宣布政使司）、按察司（全称提刑按察使司）、都司（全称都指挥使司）。明代初时沿用元制，设行省统辖郡县，洪武九年又改行省为布政司。全国除南北两直隶外，分为 13 个布政司，就地域范围而言其实和原来的行省差不多。明代每一个布政司都设有三司，作为常设政府权力机关。其中，布政司相当于现在的省政府，其长官为布政使，是一省行政长官，负责全省民政；按察司是一省的最高司法与监察机构，主管一省的刑名、诉讼事务。同时也是中央监察机关都察院在地方的分支机构，对地方官员行使监察权。按察司长官称按察使，别称臬台。都司乃是一省最高军事机

职官制度

构，长官称为都指挥使，掌控全省军事。三司之间，互不统属，各司其政，其长官官职相同，均直接对中央负责。三司之间互相制约与牵制，谁也不能一方独大，有效地防止了地方割据。可以说，三司的设立正是明朝政府中央集权、地方分权的治国方略的体现。到明朝中晚期，文官势力的上升和武官地位的下降打破了三司之间的平衡，明政府又派遣中央官员以巡抚、总督的官职到地方协调地方事务，三司的权力逐渐为巡抚、总督所夺。

"军机处"是负责什么的机构？

军机处是清代最高权力机构。清代不设宰相，初时沿明制设内阁作为权力中枢。雍正七年（1729年），因西北用兵，而内阁在太和门外，恐商议时泄露军机，便在隆宗门内设军机房，选内阁中稳重者入内值班，以随时处理紧急军务。雍正十年（1732年），军机房改称"办理军机处"，后简称"军机处"，并逐渐取代内阁成为清最高决策机构。军机处任职者没有定数，少则三四人，多则六七人，一般由皇帝从满、汉大学士、尚书、侍郎等官员以及亲王中特选，称军机大臣。其属僚称为军机章京，俗称小军机。晚清时，统治者不信任汉人，汉族官员中仅有左宗棠、张之洞、袁世凯短时间担任过军机大臣。不过虽然军机处总揽军政大权，却并非是一个正式的国家机关，而只相当于皇帝的一个临时性的秘书处。军机处办公的地方不称衙署，仅称"值房"。军机大臣虽然每日出入宫廷，随从皇帝左右，但既无品级，也无俸禄，其任命只听凭皇帝一人决定。其职责也没有任何制度上的规定，只

是随时奉皇帝旨意临时办差。军机处的存在标志着清代的皇帝和政府之间完全失去了平衡，皇权完全凌驾于政府之上。

"南书房"是读书的地方吗？

南书房是清康熙时的一个重要权力机关。南书房位于乾清宫西南，本为康熙读书处，俗称南斋，是清代皇帝文学侍从值班的地方，被清代士人视为清要之地，以入之为荣。康熙十六年（1677年），康熙为与翰林院学士们研讨学问，吟诗作画，在乾清宫西南角特辟房舍以聚，名南书房。"择词臣才品兼优者"入内，称"南书房行走"。入值者主要是陪康熙写诗作文，赏析书画，有时也帮皇帝起草诏书。由于能入南书房者都是皇帝宠信之人，因此它是一个由皇帝严密控制的机构，后来经常出旨行令，地位日重。事实上，南书房权势上升是康熙有意识地加强皇权的一种手段。因当时国家名义上的最高政务机关内阁控制着外庭，对皇帝的意志经常产生掣肘；另外，由满族人贵族组成的议政王大臣会议也具有相当大的权力，皇帝经常不得不对其做出让步。康熙在南书房重新建立一个权力中心，便逐渐将权力收归到了自己这里，有效地加强了皇权的地位，更方便自己大展拳脚。雍正年间，新建立的军机处成为机要中心，南书房地位下降，但因其入值者能经常见到皇帝，还是有一定地位。光绪二十四年（1898年），南书房被撤销。

"理藩院"权力大吗？

理藩院是清代管理蒙古、回、藏等少数民族事物的中央机构。清朝统治者一向重视与蒙古人的关系，于崇德元年（1636年）专设蒙古衙门，三年六月，改称理藩

院，属礼部。清军入关后，理藩院成为清政府专设的处理各少数民族事务的专门机构，其官制同六部，设有尚书、侍郎。清统治者通过理藩院加强与各少数民族的联系，拉拢他们。康熙年间，修订《理藩院则例》，用法规固定了对少数民族地区统治的各项措施。理藩院有旗籍、王会、典属、柔远、徕远、理刑六个清吏司，分掌部界、封爵、设官、户口、耕牧、赋税、兵刑、交通、会盟、朝贡、贸易、宗教等项。所属有内馆、外馆、俄罗斯馆及蒙古官学、唐古特学、托忒学等单位。理藩院派有司员、笔帖式官员常驻少数民族地方，处理特定事务。为防止其坐大，定期轮换。另外，理藩院有时还出面接待附属国及其他外国使臣。

理藩院虽然权力不大，但其在清政府的政权机器上是一个相当重要的部件。光绪三十二年（1906年），理藩院改为理藩部。

"总督"是怎么来的？

总督是明清时期的地方军政大员。明代实行空前的中央集权，地方长官权力不大，中央经常派尚书、侍郎、都御史等京官至地方安抚军民或主管兵事，事毕复命，称之为巡抚、镇守等。后这些下派官吏统一定名为都御史巡抚兼提督军务（或都御史兼其他事务）这样的名称，负责多方面事务的则称总督，并非正式官职。明朝代宗景泰三年（1453年）设两广总督，自此，总督成为专门官职。此后，又陆续设立凤阳总督、蓟辽总督、宣化总督、三边总督等，先后有12个，所辖地区广狭不等，一般在一省以上。明朝总的治国方略是重文抑武，总督的作用一方面在于以文臣钳制武臣，防止武臣割据；另一方面在于协调各省、各镇之间的关系，统一事权，防止各省、各镇有利互相争抢，无利互相推诿的情况，体现了中央对地方控制权的加强。一般而言，总督由中央政府的显官担任。

清朝刚开始时沿袭明朝的总督制，不过久而久之，总督又成了地方最高长官，俗称封疆大吏。总督辖一省或二三省，先后设有直隶、两江、陕甘、闽浙、湖广（也称两湖总督）、两广、四川、云贵及东三省9个总督。各总督综理军民要政，级别一般为正二品，如加尚书头衔则为从一品。此外，清代还有一些负责专门领域的总督，如专管漕运者称为"漕运总督"、专管河道的称为"河道总督"等。显然，这些专门领域的总督没有封疆总督实际权力大。一般而言，清朝的官员如果被简称为总督的，均指封疆总督。

"巡抚"只是临时官员吗？

巡抚是明清时期的省级地方军政大员，以"巡行天下，抚军安民"而名，又称抚台。明代宣德、正统以后，三司之间互不统属的局面使地方行政的运转极为不灵，行政效率低下。于是，中央政府开始设置总督、巡抚这样的临时官员到各地方代表中央统一协调地方行政，同时也对权势日大的地方文官集团形成一种制约。巡抚刚开始为临时职务，后来逐渐长期驻扎地方，一年回中央汇报一次。在职权上，巡抚刚开始仅负责督理税粮、总理河道、抚治流民、整饬边关，后来逐渐偏重军事，并逐渐成为事实上的地方行政长官。

清袭明制设立巡抚，并使之成为制度化的正式官职，具有处理全省民政、司法、监察及指挥军事大权。巡抚均兼右副都御史，

职官制度

官职从二品，加兵部右侍郎衔则为正二品。总体而言，巡抚和总督非常相似，刚开始都只是中央派下来的临时官员，后来侵蚀地方权力，成了地方最高首脑，是一种中央集权策略在制度上的体现。就清代而言，其地方大员中，以总督为最大，一般为两三个省的首脑，其次便是巡抚，是一省首脑，有的总督则兼职下辖省的巡抚。

"道员"一职是怎么发展来的？

道员是明清官职。明朝时，省级行政长官布政使下设左、右参政和左、右参议，均为辅佐布政使的官员。其人数不定，因事添设，职责同样不定，根据布政使的需要，或管理辖区内部分地区，或负责具体某一专门事务，这类官员称为分守道。另外，负责一省司法与监察事务的按察使也有自己的佐官，称为副使、佥事，也无定员，分管各按察使辖区内部分地区、刑名等事，称分巡道。清初袭明制，后乾隆废参政、参议、副使、佥事等官衔，设分守道，主管一省内若干府县的政务，其长官相当于现在的地委书记；设分巡道，掌管全省的教育、屯田、粮储、盐法等专门事务，其长官相当于现在的教育厅长、农业厅长等。分守道和分巡道长官均称为道员，俗称道台，尊称观察。就品阶而言，道员为从三品或正四品官员。

"总理衙门"就是清朝的外交部吗？

总理衙门相当于清朝的外交部。鸦片战争前，中国没有多少外交事务，与清政府打交道较多的只有一个俄国，另外的日本、朝鲜等国是清王朝的附属国，并不被视为严格意义上的外国。与这些国家的外交事务一般都由清政府设立的本是处理少数民族事务的理藩院一并处理。鸦片战争后，中国与欧洲国家事务日繁，除理藩院外，清政府又委派两广总督专门负责与欧美国家的交涉，并特加钦差大臣头衔，称"五口通商大臣"。但欧洲各国不满足以"蛮夷"身份与效率低下的理藩院打交道，同时又认为地方大臣负责外交于制不合，要求清政府成立专门的外交机构。咸丰十年（1860年）《北京条约》签订后，在恭亲王奕䜣等人奏请下，清政府于同治元年（1862年）成立总理各国事务衙门，简称总理衙门。总理衙门头目称为首席大臣，由亲王担任。

另外，按照一满一汉的原则下设大臣、大臣上行走、大臣学习上行走以及总办章京、帮办章京、章京等官职。其中，有权的是大臣，人数初为3人，后几人到十几人不等，其首席大臣，先是恭亲王奕䜣做了28年，其后庆亲王奕劻又做了12年。总理衙门下属机构有同文馆、海关总税务司署，名义上，南、北洋通商大臣也归其统属。在职责上，总理衙门最初主持外交与通商事务，后来还负责办工厂、修铁路、开矿山、办学校、派留学生等事，权力越来越大，凡外交及与外国有关的财政、军事、教育、矿务、交通等，全归其管辖，成为清政府的重要决策机构之一。总体而言，总理衙门的设立是中国重新直面世界、同时也是半殖民化的标志。光绪二十七年（1901年），清政府施行宪政改革，总理衙门改为外务部，居于六部之首。

"南、北洋大臣"的职责分别是什么？

南、北洋大臣是晚清政府设置的负责外交事宜的专设大臣。其中，南洋大臣全称为办理江浙闽粤内江各口岸通商事务大臣，其设置要早一些。《南京条约》签订后，因为条约所规定的广州、厦门、上海、宁波、福州五个通商口岸的开放，清政府设立五口通商大臣，专门负责沿海口岸的通商、海防等事务。先是驻在广州，由两广总督兼任，后来移驻上海，由两江总督兼任。南洋大臣大多由湘军人物担任，湘系集团的曾国藩、曾国荃、左宗棠、沈葆桢、刘坤一等专任此职40余年，职责除交涉、通商、海防外，还训练南洋海陆军，兴办工矿交通事业，但局限于两江一带。

第二次鸦片战争后，清政府鉴于天津等北方城市也开始开埠通商，便专设北洋大臣负责北方口岸的通商、海防事务，驻扎天津。后来为增大北洋大臣权限，以直隶总督兼任北洋大臣。1870年，李鸿章调任直隶总督后，在北洋大臣的位子上待了28年。李鸿章到任后，兴办船厂、铁路、学校、纺织企业等，并将北洋水师训练成了当时硬件居于亚洲第一的海军。加上畿辅本为重镇，直隶总督为疆吏领袖，李鸿章又久于其位，后起的北洋的重要性远远超过了南洋。李鸿章之后，王文韶、荣禄、袁世凯也先后任职。总体上，北洋大臣由淮军人物担任。

南、北洋大臣名义上统辖于总理衙门，其实并不受其管束。尤其到后来，总理衙门只是做一些后勤性质的外交工作，外交谈判方面的事务基本上依赖于南、北洋大臣，尤其是北洋大臣。总体而言，南、北洋大臣是晚清历史上重要的角色，为中国外交做出了一定的贡献，但总体上因其并不具备真正的现代外交素质，又缺乏一套完整的外交策略，在对外交涉中存在局限。

职官制度

帝王重臣

炎黄二帝有怎样的故事？

炎帝，是中华民族人文始祖之一，他本姓姜，远古传说中他是牛头人身。大约在公元前三千余年，炎帝氏族部落占据了黄河之东的盐池，从而进入了安居的农耕生活状态，因此被称为神农氏。为了适应盐碱地的生活，炎帝又开始到处品尝百草，并由此发明了医药。

同时，他又教部落人民在中午进行集市交易，让部落民们得到各自想要的物品。因为当时的河东盆地温度较高，日照强烈后能晒出盐来，所以认为他是靠火德称王，因此被叫作炎帝。

黄帝，也是中华民族人文始祖之一，他姓姬，有熊氏，出生在轩辕之丘，被称为轩辕氏。

他比炎帝稍晚出生，主要活动在黄河之西与河南一带的平原上，因为以土德称王，所以被称为黄帝。

在残酷的部落争夺中，黄帝取得了几次大的胜利：

首先在为争夺盐池资源的过程中，黄帝征服了中条山西端的风后部落。

然后在中条山北的蒲阪与万泉之间展开三年大战，把炎帝赶到到了晋东南一带，后来炎帝更被赶到更远的湖北地区。

最后，黄帝又与盐池守护神蚩尤在涿鹿（今解州、运城）大战九年，结果是黄帝夺取了盐池，并把蚩尤族赶往今天的大西南。

在这一系列的战争结束以后，黄帝与会养蚕纺织的河东美女嫘祖结婚，开始了生儿育女、男耕女织的文明生活。黄帝继承了炎帝一直重视的养生事业，并且成为古道教和医家崇奉的祖师，他也就为后世的炎黄子孙奠定了文明的基础。

尧舜禅让是怎么回事？

尧，是黄帝五世孙，帝喾的儿子，号为陶唐氏。尧继承王位后，在蒲阪（今山西永济西南蒲州镇）建立都城，他手下有

尧舜禅位图

— 38 —

四位杰出的大臣羲和、羲仲、和仲、和叔，在他们的辅佐下，尧关爱百姓，勤于政事，因此天下呈现出和谐安宁的景象。在尧长达七十年的统治后，品德高尚、才干出众的舜被他选作为接班人。

舜，出生在河东诸冯，他是颛顼七世孙，号为有虞氏。舜的父亲瞽叟是冥顽不灵、偏听偏信的人；舜的继母嚣张狂妄，心肠毒辣，对待舜非常狠毒，而舜的弟弟在母亲的影响下更是傲慢无礼，经常欺负舜。在这种恶劣的生活环境下，舜依旧保留着本性里的单纯善良，对待亲人的欺侮，他从不埋怨。

相反，他对待父母更为恪尽孝道，做任何事情都很尽心尽力：他在河滨制作精美的陶器，在雷泽的水里辛苦地打鱼，在历山早出晚归地耕田。

他的种种行动终于感动了天地，因此自然界中的生灵都愿意帮助他：大象给他耕地，鸟儿给他播种，当然这些都有神话传说的色彩，但从侧面反映出舜具有高尚的品德。

他心疼父亲无法看见光明，就用舌尖把父亲的瞎眼舔得复明。他不仅自己宽以待人，而且还让二妃与自己一起忍辱负重，孝顺父母。

就是这样一位在人品上足以做众人榜样的舜，又接受了尧给他的一系列的考验，经过三年的艰苦备尝的工作，舜完满地完成了任务，证明了自己有担任部落首领的资格。他的能力与品质受到了全天下百姓的赞誉，人们都希望他能担当首领的重任。后来，舜便接受了尧帝的禅让，登上了帝位。舜即位后，在平阳（今山西临汾市西南）为尧建立行宫，让尧的晚年生活极为安乐平静。

舜本人一直是不计前嫌孝敬父母的模范，因此他特别重视孝道的作用。他从自己的人生经历认识到孝道可以维护家庭团结、保持社会稳定，因此他提出了五教来教化百姓，这五教也被称为是五常，分别是：父义、母慈、子孝、兄友、弟恭。从此以后，以这五教作为基础的孝道，开始成为中华民族道德生活的根底。舜也由此被中国人誉为"德圣孝祖"，在中华民族的文明史上占据光辉灿烂的一页。

历史上真有大禹治水吗？

禹，是鲧之子，本姓姒，又叫文命，字高密。在尧舜生活的远古时代，洪水泛滥，黄河决堤，中国大地上的百姓因洪水肆虐，经常背井离乡流离失所。在这种危难情况下，鲧接受了艰巨的治水任务。但是，鲧一意孤行采取堵塞的方法治水，根本不能控制住滔天的洪水，因此鲧治水很多年都没有成功。即使后来传说鲧偷取上帝的息壤，试图阻断洪水的蔓延，也没有治理好水患，老百姓依旧因为洪水东挪西走，得不到安宁。舜震怒鲧的治水不力，把鲧治罪杀头。

在当时有一种世袭传统，也就是死去的父亲没有完成的事业要由儿子来继续完成，因此鲧的儿子禹就继续鲧的治水任务。禹是个心胸开阔，以天下为先的人，他没有沉浸在父亲被杀的哀伤情绪中，而是迅速地想办法治理水患。禹在治水的很多年里，发生了不少可歌可泣的感人事迹，其中他三次路过家门口，却没能回家

— 39 —

探望亲人的故事流传最为广泛。在上古神话传说中，正是由于禹的励精图治，天地也被他感动，神灵指点禹采用疏导的方法治水。这种方法最终控制了洪水，老百姓也得到了安宁。天下民众都交口称赞禹治水的功劳，舜帝也欣赏禹一心为民的赤胆忠心，于是把帝位禅让给了禹。禹的封地在夏这个地方，所以安邑（今山西夏县）被定为国都。

禹即位以后，为了治理的方便把天下划分为九州。然后他吩咐重工巧匠铸造九个大鼎，后来这九个大鼎被用来象征天下之重。禹的儿子启逐渐掌握了权力，他杀死对他有异议的人，建立了夏朝。从这以后，中国进入家天下的封建社会。

商汤是如何建国的？

汤，又被称为武王、天乙、成汤。汤不仅是商民族重要首领，而且是商王朝的建立者。

其实，早在舜帝以五常"父义、母慈、子孝、兄友、弟恭"教化百姓的时候，商族的先祖契就率本部落接受了化育。在启建立夏王朝以后，商族也像其他部落一样臣服于夏启。又过了几百年，夏朝最后的统治者桀是一个昏君，他荒淫无耻，残暴凶狠，以惨无人道的手段对待百姓。夏桀还曾无礼地把商族的首领成汤囚禁在夏台，更加加深了夏、商之间的矛盾。

后来成汤设计离开夏台，回到本族。他选拔有才能的伊尹作为相，在伊尹的辅佐下，成汤奠定了商朝发展壮大的基础。在国内，成汤休养生息、宽以待民，积极鼓励百姓发展生产，积聚力量；在国外，

与周边国家建立反夏联盟，共同对抗夏桀。成汤韬略过人，在与夏桀大战之前，先翦除了夏朝的几个小附庸国。最后，在河东的鸣条岗，成汤与夏桀进行了一场大战，结果夏桀惨败。成汤平定天下后，建立了商朝。夏朝统治者鱼肉百姓，导致亡国的惨痛教训给成汤以重要的启示。他要求大臣恪尽职守，替百姓办事。商朝初年的政事清平，百姓安居乐业，社会矛盾也趋于缓和，国家也日渐繁荣强大。在这期间，周围的少数民族部落，也向商朝臣服，定期向商王朝纳贡。

盘庚迁殷是怎么回事？

商王朝不断扩大，商民族势力也相应东扩，而商朝国都也由于各种原因不断东迁。在商朝的三百年统治中，因为王族内部叛乱，或是因为黄河水灾的泛滥，商朝都城一共搬迁了五次，后来盘庚更是把都城迁到殷。

盘庚非常精明能干，他继承王位以后，就想改变当时社会不安定的局面，让老百姓过上安居乐业的生活。于是他决心再一次迁都。经过详细考察后，他决心把都城迁到殷。当时的都城在亳州，殷距离亳州相当遥远，因此就有不少反对者。盘庚做了各方面的准备工作，排除了反对势力的干扰，带着愿意与他搬迁的平民和奴隶，渡过黄河，搬迁到殷（今河南安阳小屯村）。刚到殷时，条件比较艰苦。盘庚努力整顿国事，发展生产，数年的治理使衰落的商朝重新焕发出新的生机。一直延续到二百年后商纣被灭，殷都被作为商朝的都城。而商因为都城在殷，所以商朝又被称为殷商，或者殷朝。

武王灭商的过程怎样?

后稷是周民族的先祖,他与禹、契都曾接受舜帝的教化,并把农耕技术与文明生活传播给万民。一方面夏、商相继称王,另一方面周民族也逐渐向河西拓展,慢慢发展壮大。到周文王姬昌时,由于他任用贤能,仁爱百姓,成为天下万民景仰的领袖。当周民族繁荣昌盛时,殷商的纣王却残暴不仁,荒淫无道,在酒池肉林里大肆挥霍。随着周民族的日渐强大,纣王也日益忌恨,于是他把姬昌拘禁起来。这种残暴行为,不仅使天下诸侯的反叛之心兴起,也使得百姓子民极其忿恨。

后来,文王姬昌侥幸逃离商纣的拘禁,回到本国以后,姬昌遍访贤能,最后任用才能过人的姜子牙为相。公元前1057年(一说公元前1027年),商纣的暴行更是到了无以复加的地步:忠臣比干被杀挖心、箕子被囚于暗室、微子被逼出走。残害忠良不仅大伤了商朝的国力,也让商纣完全丧尽民心。姬昌敏锐地意识到,推翻商纣的时机已经到来。于是他便传檄中原诸侯,列举商纣罪行,并在孟津与其他国家会师商讨攻打商的具体事宜。当以周为主力的攻商大军不断进攻时,许多深受商纣之苦的商朝子民纷纷倒戈,归降到周军旗下。但是不久文王姬昌去世,其子姬发,继续重用姜子牙,进行讨伐商朝的战争。周朝大军节节胜利,直打到商都城近郊的牧野(今河南淇县以南、卫河以北地区),当时商朝众叛亲离,匆忙中商纣集合了一批包括奴隶在内的混合军队去对抗周朝大军,但在战场上这些奴隶反而掉转方向攻向商军,这样一来商军很快被打败,商纣焚火自尽,姬发建立周朝。

齐桓公是如何称霸的?

齐桓公(前685~前643年),姜太公十一世孙,因此本姓姜,他名叫小白,是齐襄公的弟弟。襄公登基为王后,他投奔莒国远走避祸,他的哥哥公子纠因为害怕投奔到鲁国。齐襄公被杀后,他与公子纠都抢着回去继承帝位,由于他装死赢得时间得以先一步回国即位。他当上国君后,听从鲍叔的意见,任用了曾任公子纠宰相的管仲为上卿。在管仲的辅佐下,齐桓公在政治上改革行政,促进效率;在官员任命上,选贤举能,重用一大批有本领的人;在国力上发展生产,积聚力量,同时做好武备工作,扩大齐国的军事力量。

齐桓公打着"尊王攘夷"的旗号在诸侯中间称霸,所谓"尊王攘夷"也即是尊周天子之正位,抵御如楚、秦等中原之外的国家,以便维护周王朝的政治权威。齐桓公联合中原各国进攻楚国的同盟国蔡国,使得楚同意在召陵(今河南郾城东北)会盟,这次会盟大大提高了齐国的地位。后来齐桓公多次会盟诸侯,号称"九合诸侯",他又平定周朝王室内乱,赢得周天子的极大尊崇。所以齐桓公成为历史上第一个充当盟主的诸侯,这也让他成为春秋五霸之首。

卧薪尝胆是怎么回事?

卧薪尝胆讲的是越王勾践十年生息,十年复仇的故事。起初,越王勾践与吴王夫差在会稽决战,吴王夫差打败勾践。勾践听从范蠡的计策,一方面他与妻子以奴仆的身份侍奉夫差,在夫差生病后,还亲

帝王重臣

自为夫差尝粪探明病源，以取得夫差的绝对信任。另一方面，他让范蠡、文种搜罗美女珍宝献给夫差，贿赂吴国奸臣。夫差被美女珠宝冲昏头脑，不顾忠臣伍子胥的坚决反对，放勾践回到越国。

勾践回到国内后，为了让自己牢记曾经受过的苦难与屈辱。不睡舒适的床铺，而是睡在硬邦邦的干柴上；他还把苦胆放在座位上，每天在坐卧饮食中都要尝一口苦胆，勉励自己奋起。勾践亲自耕种，让妻子带头纺织；鼓励发展人口，安抚孤寡；招贤引才，任用贤能，十年里积聚力量，终于使得越国国力强盛，使得越国百姓团结一致、同仇敌忾。然后勾践号令积聚越国力量攻打吴国，越国百姓都争先恐后奔赴战场，最终勾践消灭夫差，报仇雪耻，并且恢复越国的强大地位。

越王勾践的这种卧薪尝胆，发愤图强的精神，成为千古佳话，后世很多身处逆境的才人志士都以越王勾践作为典范。

秦孝公变法的内容是什么？

秦孝公（前381～前338年），姓嬴，名字叫作渠梁。战国时代群雄逐鹿中原，秦孝公是秦国一位有名的君主，他为秦朝的强大奠定了最为坚实的基础。公元前361年，秦孝公正式登基时才刚刚21岁。当时，秦国因为身处中原之外，实力并不是非常强大。中原一些大国漠视秦国，甚至周天子对秦国都不屑一顾。他说："诸侯卑秦，丑莫大焉！"可见秦国地位的尴尬。秦孝公即位以后积极改变现状，颁布了求贤令四处网罗人才。卫国人公孙鞅富有政治才能，他来到秦国与秦孝公交谈后，秦孝公决定重用他。公元前356年，

卫鞅被命为左庶长，商君成为他的封号，所以后世又称他为商鞅。商鞅主持秦国的变法革新，史称商鞅变法。变法内容主要有取消贵族的世袭特权，按军功给予爵位和田宅奴隶，通过为国家建功立业能够改变个人的命运，这样就大大促进了普通民众的积极性。商鞅变法以后，生产更为发展，士兵力求建功，秦孝公富国强兵的理想也在几十年的发展中逐步实现。

但是秦孝公死后，继位的秦惠公站在贵族利益一边，对触犯贵族利益的商鞅极为不满。秦惠公以谋反罪将商鞅车裂，虽然变法者付出了惨痛的代价，但是变法所巩固的成果依旧延续下来，并最终帮助秦国统一了天下。

秦始皇的名号是怎么来的？

秦始皇（前259～前210年），是秦国庄襄王的儿子，姓嬴，名政，出生于赵国首都邯郸（今河北省邯郸市），登上秦王之位的时候才刚刚13岁。

从公元前230年左右开始，秦王嬴政采取各种壮大秦国的策略，主要包括：与远邦结交攻击邻近国家、分化离间其他联盟国、以合纵对抗连横等等。这些计策在战国瞬息万变的国际关系中取得了很好的效果，韩、赵、魏、楚、燕、齐六国先后被秦国灭掉，公元前221年，嬴政终于统一了中国，而秦朝就成为华夏文明中第一个统一的封建大帝国。秦朝幅员辽阔、民族众多，中央政府几乎集中了国家的所有权力。嬴政也得意于自己建立皇皇大国的功绩，他认为过去的帝王从没有这样的丰功伟绩，甚至连三皇五帝也比不上自己，于是自称为"始皇帝"，而他的子孙世世

代代也都做皇帝。秦王嬴政是中国历史上第一个皇帝，在他手上，皇帝尊号、皇帝制度都被创立，更为重要的是，多民族的中央集权帝制时代也从秦朝正式开始。

秦始皇的统治有其两面性：一方面他的统治专制而残暴，实行各种严厉的刑罚，老百姓深受其苦，尤其是他的焚书坑儒的行为使中国文化遭到不小的损失。另一方面，他为中国的大一统做出了卓越的贡献：政治上，一套完整的中央集权制度和政权机构在此时建立，如撤掉封国、建立郡县，这也成为以后两千年封建王朝管理的标准模式；文化上，各国的文字得到统一，货币、度量衡也采用一样的标准；交通上，车同轨，道同距，在原来道路以外，修建大量通往秦国的直道，国内交通四通八达，人民来往频繁便利；水利上，灵渠的修建使得珠江流域乃至南方都加强了与中央的联系，国家治理的范围也延伸到珠江一带；国防上，长城的修建巩固了与游牧民族的天然分界，在北边对匈奴的果断回击，使得河套地区永久地成为中国的一部分。正是因为秦始皇在中国的大一统上的伟大功绩，后世人称呼他为"千古一帝"。

汉武帝的政绩有哪些？

刘彻（前156～前87年），他是汉景帝的儿子，出生在长安，小名叫彘。刘彻作为汉朝的第七位皇帝，刚刚16岁就登上皇位。刘彻被称为汉武帝，他让西汉王朝达到辉煌繁荣的顶峰。在54年的统治期内，汉武帝开创了几个新纪元：一是他听从董仲舒"罢黜百家，独尊儒术"的建议，把儒家学说作为思想的正统；二是在教育上的新举措，他第一次以太学的方式

来进行人才的培养；三是在秦朝幅员辽阔的基础上，更有意识地把中国疆土向外拓展；四是一方面与匈奴作战，抗击外来侵略，另一方面派张骞出使西域与西域各国交好，张骞的西域之行不仅打通了丝绸之路，更是让中国与西域民族的联系更为紧密；五是汉武帝是第一个采用皇帝年号来纪元的统治者，这种纪元方式有利于修史官更为清晰地记载历史；六是汉武帝胸怀宽阔，敢于自我批评，他的罪己诏让人明白皇帝也有犯错要改的时候。汉武帝卓越的治世之才赢得后人的广泛赞誉，人们用"秦皇汉武"来显示他是与秦始皇并肩的伟大皇帝，而汉朝成为当时最先进最繁荣的国家也与他的雄才韬略密不可分。

光武帝刘秀政绩如何？

刘秀（前6～57年），是汉景帝的后裔，他字文叔，南阳蔡阳（今湖北枣阳西南）人。西汉末年，王莽篡位推行改革，但是不切实际的政策给人民带来了深重的苦难，社会矛盾进一步激化，各地都爆发农民起义。在这种混乱的局面中，乘机起兵的刘秀加入了绿林起义军的队伍中。刘秀熟悉兵法，饱读诗书，很快就在农民起义军中脱颖而出。昆阳之战是决定起义军生死存亡的关键一役，刘秀运用计谋打败了王莽的四十多万大军。这一场大战瓦解了王莽的绝大部分军事力量，而起义军却显示出势不可挡的气魄。

刘秀带领一支队伍向河北进军，先把王朗打败，又降服了"铜马"军，经历了千难万险后，终于统一了天下，结束了战乱纷繁的局面。刘秀把都城定在洛阳，作为汉室宗子，他试图恢复大汉朝的赫然巨

威。因此他登基后，针对国家百废待兴的凋敝局面，实行了一系列的休养生息政策，如减免赋税、提倡节俭等。同时在文化上，沿袭西汉的做法：太学被大量兴建、儒家地位尊崇、节义观念得到提倡。刘秀的这些措施起到了很好的效果，几年的努力后，国家又呈现出一派欣欣向荣的景象。刘秀在位三十三年，谥号是光武，因此人们把他在位所做的功绩称为"光武中兴"，把由他建立的政权称为"东汉"。

北魏孝文帝改革的背景是什么？

孝文帝，拓跋宏（467～499年）是他本来的名字，后来改姓元。北魏孝文帝积极倡导汉化运动，排除阻力亲近中国文化，作为一个少数民族统治者，他是罕见而卓越的政治家与改革家。北魏孝文帝了解并崇尚中国文化，当他即位后，北方地区还停留在相对落后的游牧文化中，他坚决实行汉化政策，推动北魏的文化更新。北魏孝文帝的汉化政策大体有以下方面：把都城搬迁到离汉族更近的地区、参照汉人的政治管理改革官制、推行汉话汉服、把鲜卑姓改为汉姓、不准同族之间通婚、普及礼乐实行刑法等等。这些政策使得鲜卑人的文明程度大大提高，促进了少数民族与汉族之间的民族交流与融合。另外，佛教在此时的兴盛也与孝文帝有关系，孝文帝迁都洛阳后龙门石窟正式开凿，洛阳龙门石窟后来成为我国三大著名石窟之一。

贞观之治是怎么回事？

李世民（598～649年），是唐高祖李渊的第二个儿子，因为功勋卓著被封为秦王。

李世民为人机智过人，更难得的是文武兼修。在推翻隋朝与平定天下的军事生涯中，李世民卓越的军事才能让人叹为观止；文学上，他一向奖励学士。秦王府邸刚刚落成，他就开设文学馆，并且召集十八个著名的儒士进入其中。

通过"玄武门政变"夺得政权后，他又设置弘文馆，让大学士能专心工作学习，为国家效力。

唐太宗有远见卓识更富有治国才能：唐朝初年，不少割据势力很庞大，唐太宗逐一平定之；国家安定以后，他从不奢侈浪费，一切节欲从简；他认为农业是国家发展的重要基础，因此减轻人民赋税的负担，推行均田制和租庸调制，这些休养生息的政策使得农民劳作的积极性大幅提高；他任贤举能，重用房玄龄、杜如晦、魏徵、长孙无忌等能臣，虚怀若谷善于纳谏；国家管理上，他沿用隋朝的三省六部制，使政治管理井然有序，又利用科举制网罗天下英才；推行和睦共处的民族关系，鼓励汉族与少数民族的往来，加强在边陲地区的管辖；国际关系上，重视与亚洲各国的友好往来，派使者出使过日本、印度等国家。由于唐太宗的励精图治，这段时期国家强盛、百姓富裕、社会犯罪减少，历史上把它称为"贞观之治"。"贞观之治"是中国历史上政治最为清平的时期之一，而且唐朝的文化、经济都远远领先于当时的其他国家。

武则天是成功的女皇帝吗？

武则天（624～705年），是并州文水人，作为荆州都督武士彟的掌上明珠，从小就聪颖过人。武则天进入后宫成为才人

（正五品）时，只有14岁，因为娇俏可爱，唐太宗赐她名字叫媚，自此以后，武媚娘成为她的名字。后来，她在唐太宗的病榻前与太子李治互生情感。

李治即位成为唐高宗，把武则天从寺庙里接回皇宫。永徽六年被立为皇后（655～683年），唐中宗时为皇太后（683～690年），此时，她的权力已经与皇帝没有两样。公元690年，她生造了一个"曌"字，并用此字作为自己的名字，并给自己取号为圣母神皇。没过多久，她改朝换代，定国号为周，并把洛阳作为都城，直至公元705年在神都上阳宫病逝，她一直居住在"神都"洛阳。除了掌握实权的几十年，武则天还正式称帝15年，后人把这段时期称为"武周"。唐中宗肃清武氏同党后，给武则天的谥号是则天皇太后。

武则天作为历史上唯一的女皇帝，她所建立的武周政权对历史贡献不小，她任用狄仁杰等贤能重臣，对门阀贵族予以打击；鼓励生产，在她统治期间，经济大幅度发展；采取各种政策稳定边疆形势；重视文化的作用，她推动了文化，尤其是佛教文化的快速发展。

为什么称赵祯为"千古仁君"？

赵祯（1010～1063年），原来的名字叫受益，1018年被立为皇太子后，被皇帝赐名为赵祯，后来即位成为北宋的第四位皇帝，史称"宋仁宗"。

宋仁宗登上帝位以后，在名臣王钦若、吕夷简、晏殊、范仲淹、文彦博、宋庠、富弼、韩琦、狄青、包拯等的辅佐之下，精心治理国家，边境太平安宁、经济繁荣昌盛、科学文化发达先进、人民生活幸福安康。宋仁宗在帝位一共有42年，一直实行仁政，尤其在嘉祐年间（1056～1063年），宋朝的政治、经济发展到了一个新的高度，历史上称这个时期为"嘉祐之治"。宋仁宗以仁义治国，百姓对他极为尊崇。他驾崩的消息使得宋朝人"京师罢市巷哭，数日不绝，虽乞丐与小儿，皆焚纸钱哭于大内之前"，甚至连辽国也"燕境之人无远近皆哭"，辽国皇帝耶律洪基哭道："四十二年不识兵革矣"，感慨宋仁宗不动干戈的德政。更有人在仁宗寝宫题诗："农桑不扰岁常登，边将无功更不能。四十二年如梦觉，春风吹泪过昭陵"，以此纪念宋仁宗统治下的国泰民安。

中国传统儒家文化一直提倡仁政，所谓"为人君，止于仁"，宋仁宗的"仁政"实行得法，可以说成为千百年来帝王仁义的典范。

为什么称成吉思汗为"一代天骄"？

成吉思汗（1162～1227年），名字叫作铁木真，是孛儿只斤氏。在他很小的时候，父亲就被仇敌杀死，为了躲避仇敌的追杀，他与母亲隐藏在深山老林里。在帮助母亲打猎、采集，挣扎着存活下来的过程中，他的性格锤炼的刚强、坚毅。因为有过一段苦难的人生经历，他对生活有着特殊的认识，他曾如此生动地描述：上战场杀敌立功的时候，要像雄鹰一样勇往直前；平日高兴兴奋的时候，要像三岁牛犊一般欢快无忧，酣畅淋漓；当身处明亮的白昼时，要深沉细心，不能懵懂无知；而在漆黑的夜里，需要坚强的忍耐力帮助自己忍受黑暗，等待时机的到来。

1206年，铁木真因为突出的功勋被

帝王重臣

推举为蒙古帝国的大汗，蒙古高原各部落在他的努力下得以统一，人们称呼他为成吉思汗。成吉思汗多次发动战争扩充领土面积，向西达黑海海滨，向东几乎囊括整个东亚，这个横跨欧亚两洲的庞大帝国，在世界历史上都极为罕见。当然，在征伐过程中，成吉思汗的部队也杀死了很多无辜的百姓。成吉思汗晚年的时候，他邀请全真道士丘处机为自己讲解神仙长寿术，听过丘处机的道家心法后，他对自己以前惨无人道的杀戮行为非常后悔，于是实施仁政，并劝勉百姓行孝道，讲礼仪。作为世界历史上杰出的政治家、军事家，成吉思汗行军打仗与管理国家的才能让后人极为折服，甚至毛泽东也称呼他为"一代天骄"，将他与秦皇汉武、唐宗宋祖同列为中国封建社会帝王的代表。

明成祖朱棣与《永乐大典》有关系吗？

朱棣是明太祖朱元璋的第四个儿子，开始被封为燕王，在北平镇守。但因为他兵多将广，当他年轻的侄子登上帝位后，他于 1399 年正式起兵，打着"靖难"的旗号反叛朝廷。在 4 年的内战后，朱棣的军队最终攻破了当时的都城京师（今江苏南京），夺取了他的侄子的帝位，并杀了顽固守旧反对他的方孝孺等人。1421 年，朱棣把都城迁往北京，把南京作为留都。朱棣登上帝位以后，对内大力整顿内政、任用贤能；对外巩固边防，捍卫边疆；文化事业上，大力扩充、修复国家藏书，同时强调儒家文化的正统地位，这些都很好地维护了国家的统治。

在朱棣的功绩中，《永乐大典》的编纂尤为后人称道。永乐年间，解缙等文人

儒臣 3000 余人听从朱棣的命令，把古今图书 8000 多种汇聚在一起，编成了 2.2877 万卷、1.1095 万册的《永乐大典》。《永乐大典》的编撰历时数年，于 1408 年最终完成，收藏在南京有名的文渊阁内。明成祖迁都到北京后，北京宫内东庑南建立了文渊阁储存图书。《永乐大典》也被存放在这个地方。清代以后，因为战乱频繁，人事动荡，《永乐大典》大量丢失，如今存留的只有原来的百分之三。尽管《永乐大典》大量散佚，但是它的编订成功是中国文化史上的一件盛事，在中华文明史上具有特殊的意义。

康熙大帝的政绩如何？

清圣祖康熙，是顺治的第三个儿子，他姓爱新觉罗，名字叫玄烨（1654～1722 年）。封建社会医术落后，即使贵为皇子，也屡有夭折，因为康熙很小的时候就出过天花，避免了将来可能会再出天花引起生命危险，顺治就接受了别人的意见，把玄烨选为自己的继承人。玄烨 8 岁就登上皇位，年号康熙，做皇帝的时间长达 61 年。

康熙有雄才伟略，执政期间的政策多数都利国利民。1673 年，撤除吴三桂等三藩势力，维护中央集权；1684 年，他当机立断统一台湾。从 1688 年至 1697 年，他平定准噶尔汗噶尔丹叛乱，恢复了新疆的和平安宁；针对东北地区一直深受沙俄欺凌的状况，他勇敢抵抗，坚决回击，并使得俄国和中国签订《尼布楚条约》，让东北边境在 150 多年里没有再燃起战火。

在文化方面，康熙坚决捍卫清朝统治者的绝对利益，针对一些反清活动，他大

肆镇压，为此不惜制造文字狱，残酷杀害对覆亡的明朝投注同情的汉族知识分子。同时，他也重用汉族中愿意为清朝政府效力的才能之士，为了收买汉人，他做出各种努力：亲临曲阜拜谒孔庙、几次举办博学鸿词科，并创建南书房制度。

另外，作为一个有远见有抱负的君主，他编辑出版了一系列图书历法和地图：《康熙字典》《古今图书集成》《历象考成》《数理精蕴》《康熙永年历法》《康熙皇舆全览图》，其中有些书至今还在为后人所用。他的文治武功在历史上极为突出，后人尊称他为"康熙大帝"，他奠定了国家发展的良好基础，到他孙子乾隆的时代，国家呈现出繁荣昌盛的局面，这被后人称为"康乾盛世"。

帝王纪年是怎么回事？

古人纪年主要有干支纪年、帝王纪年两种。帝王纪年，就是按照帝王即位的年次或年号来纪年的。例如《岳阳楼记》中"庆历四年春"，即指宋仁宗庆历四年（1044 年）。由于干支纪年的循环往复，在宏观的时间尺度上容易造成混乱，古人常常帝王纪年和干支并用，例如《兰亭集序》中有"永和九年，岁在癸丑"。

历代王朝，传承数代、数十代，代有年号，自然不会混乱。后人为记住历朝顺序，作了一首歌：三皇五帝夏商周，春战秦汉三国休。两晋南北隋唐继，五代宋元明清收。

伊尹辅汤是怎么回事？

伊尹，原名挚，官号阿衡、保衡，商初汤王的重要辅佐之臣。据说：有妊氏女在伊水边得婴儿于空桑，所以以伊为其姓

（见《吕氏春秋》）。相传伊尹曾在"有莘之野"躬耕务农，因为汤娶有莘氏之女为妃，伊尹自愿作为陪嫁之臣，随同到了商。他背负着鼎俎等全套炊具为汤烹饪，并以烹调为喻，分析天下大势，提出了"伐夏救民"的主张，得到汤王的赏识，任其为相，从此开始从政。伊尹辅佐汤攻灭夏桀，建立商朝，并为商朝理政安民 60 余载。商汤死后，伊尹又接着辅佐外丙、仲壬相继为王。他们在位时间都很短，伊尹实际上掌握着国家的统治权。仲壬死后，立太甲为王，太甲昏庸暴虐，不遵守商汤建立的法度而乱德败行，被他放逐到桐（今河南虞县东北）。伊尹曾经自行代理国政。3 年后，太甲悔过自责，又被接回复位。伊尹死于沃丁时，商代后王为伊尹举行了隆重的祭祀，我们可以从《诗·商颂·长发》中读到当时商对他的高度赞扬。伊尹是中国历史上第一位著名的贤相。

周公辅政为何备受赞扬？

周公，姓姬名旦，又名叔旦，周文王姬昌第四子，是西周初期杰出的政治家、军事家和思想家，也是儒学奠基人，被尊为"元圣"。他先后辅佐周武王灭商，周成王治国，并制作礼乐，创造了中国历史上的礼乐制度，是孔子一生最崇敬的古代圣人。因其采邑在周，爵为上公，故称周公。周公是周武王姬发的同母胞弟，"常左翼武王，用事居多。"辅佐武王灭商，灭商二年后，武王病死，成王年幼，由周公摄政。武王的另外两个弟弟管叔和蔡叔心中不服，便勾结纣王的儿子武庚，并联合东夷部族造反。周公奉命东征，用三年平定了叛乱，巩固了周朝的统治。为了加

帝王重臣

强对东方的控制，他建议成王把国都迁到洛邑，并实行了封邦建国之策，将周朝的宗亲和功臣，分封为各部诸侯，以作为保卫周王室的屏藩。他还在封国内普遍推行井田制，将土地统一规划，巩固和加强了周王朝的经济基础。周公制定和推行了一整套维护君臣宗法和上下等级的典章制度，最重要的是嫡长子继承制和贵贱等级制。成王长大后，周公便还政于成王，专心"制礼作乐"。周公死后，成王将他葬在毕邑（今陕西咸阳东北部）文王墓旁，以表示对他的无比尊重。周公在中国历史上也是备受尊敬的人物。

齐相管仲有哪些功绩？

管仲（约前723～前645年），名夷吾，字仲，又称敬仲，颍上（颍水之滨）人，是春秋前期齐国杰出的政治家。管仲少年丧父，孤儿寡母，生活十分贫困，于是他很早地挑起了家庭重担。在早年，他与鲍叔牙合伙经商，分钱时他常常多取，遇到事情他也是提前走掉，而鲍叔牙并不以为意，反而处处能够理解他，知道他是为了养活母亲，维持生计。一直都视管仲为最好的朋友，传下了"管、鲍之交"的佳话。后来，管仲辅佐齐国公子纠，鲍叔牙辅佐其弟公子小白。公元前686年，齐襄公逝世，他的侄子公孙无知篡位。公元前685年春天，齐国大夫雍廪杀了公孙无知，一时齐国无君，公子小白与公子纠各自赶赴齐国争夺君位，管仲沿途拦截公子小白并一箭射中了齐桓公的带钩，齐桓公装死，才得以骗过管仲而活命。公子小白即位，便是齐桓公。鲁国支持小白之兄公子纠，因此齐国和鲁国交战，后来齐国战

胜鲁国，鲍叔牙要求鲁庄公处死公子纠，并把管仲交给齐国。在鲍叔牙极为诚恳的推荐下，齐桓公不计前嫌，拜管仲为相。管仲在齐国实行了一系列卓有成效的改革，帮助齐桓公成就了霸业。管仲重视商业，在淄博设立七处市场。

晏婴对齐国做了什么贡献？

晏婴（？～前500年），字仲，谥平，习惯上多称平仲，又称晏子，夷维人（今山东高密），是春秋后期杰出的政治家、外交家、思想家。晏婴以极富智慧著称。他生活节俭、礼贤下士，穿的是"缁布之衣"，上朝坐的是弊车驽骊；住的是"近市湫隘嚣尘，不可以居"的简陋之室。他从政勤奋廉洁，做人清白公正，主张"廉者，政之本也，德之主也"。他虽然身居高官，但是能够既"戒得"，又"戒色"。齐景公见晏子之妻"老且恶"，欲以爱女嫁给他，他坚辞不纳。晏婴很有头脑，且能言善辩。内辅齐王主持国政，提出了很多治国方略。在外交上他也表现出很高的智慧。既富有灵活性，又有原则性，出使能够做到不辱使命，捍卫了齐国的国格和个人的人格。晏婴历仕齐灵公、庄公、景公三朝，辅政长达40余年，孔子称他："救民百姓而不夸，行补三君而不有，晏子果君子也！"《晏子春秋》是一部记叙晏婴思想、言行、事迹的书，也是我国最早的一部短篇小说集。相传为晏婴撰，现在一般认为是后人集其言行轶事而成。

范蠡归湖是怎么回事？

范蠡（约前536～前448年），字少伯，楚国宛（今河南南阳）人。是春秋末期的政治家、军事家和经济学家。在越

国，他与文种一起共同辅助越王勾践20多年，终于协助勾践在公元前473年灭了吴国，他自己也被尊为上将军。范蠡认为盛名之下，难以久居，且知勾践只可共患难，不可共富贵，明智地隐退。相传范蠡离开越国后，与春秋时期的天下第一美女西施携手泛舟江湖，成为历史上"范蠡归湖"的佳话。

范蠡隐居于齐国，戮力经营，后定居于陶（今山东定陶西北），经商积资巨万，世称"陶朱公"。

范蠡精于商道，发现市场的供求关系与价格涨落遵循"一贵一贱，极而复反"的规律，据此他提出"积贮之理"：也就是在物价便宜时，要大量收进，"贱取如珠玉"（像重视珠玉那样重视降价的物品，尽量买进囤积）；待涨价之后，就尽量卖出，"贵出如粪土"（像抛弃粪土那样毫不犹豫地抛售一空）。他还根据季节规律，提早储备物资。当地民众皆尊陶朱公为财神，因此他也被奉为我国历史上以遵循经济规律并且坚持道德经商的典范，也是儒商的鼻祖。

范蠡既精于治国用兵，又明于保身齐家，是先秦时期杰出的智士。世人誉之："忠以为国，智以保身，商以致富，成名天下。"

商鞅变法的内容和意义是什么？

商鞅（约前390～前338年），公孙氏，名鞅，原为卫国公族，又称卫鞅，后封于商，称商鞅。战国时期著名的政治家、思想家和法家代表人物。商鞅少时喜好刑名之学（战国时以申不害为代表的学派，主张循名责实，慎赏明罚），听闻秦孝公下令求贤，决然离魏去秦，以变法强国之术游说秦孝公。秦孝公十分欣赏，便任命商鞅为左庶长，下令变法。变法令下达后，商鞅放了一根三丈长的木杆在都城南门，向社会宣布谁能将木杆搬至北门，就赏十金，但大家都不响应；他又将赏金增至五十金，有一个人抱着试试看的心态将木杆搬到北门，商鞅立即赏赐五十金。通过此举，商鞅变法取得民众的信任。当时太子犯法，商鞅毫不留情面地惩罚了太子的老师公子虔和公孙贾。新法令推行几年后，秦国百姓家给人足，臣民勇于公战而怯于私斗，就是说都为国家努力，而不搞内斗。秦孝公便封商鞅为大良造。两年后，秦从雍（今陕西凤翔）迁都至咸阳，并第二次下变法令。至孝公二十年（前342年），秦国已十分富强。秦孝公死后，商鞅也失去了屏障，即位的太子在保守派的支持下，废除了变法，对商鞅进行极为残忍的报复。他们以诬告陷害的方式迫使商鞅谋反，对他施行最残酷的暴刑：五马分尸。商鞅在秦执政凡十九年，秦国大治，史称"商鞅变法"。

"商鞅变法"虽然惨遭失败，但商鞅开创的变法事业却对国家有利并且顺应了历史潮流，对秦朝的统一产生了深远的影响。商鞅以"治世不一道，便国不法古"的改革精神，主动适应社会政治经济变革的要求，强调教育改革，注重培养人才。但商鞅政治手段简单粗暴，焚烧《诗》《书》，施行愚民政策和文化专制主义，严刑峻法，推行连坐法而刑及无辜等，不可避免地产生一些负面效果，加上当时历史社会条件的局限，以至于他惨死于反对派的报复而"秦人不怜"。

李斯为何被腰斩？

李斯（前280～前208年），字通古，楚国上蔡人，秦代著名政治家、文学家和书法家。早年为乡中小吏，掌管文书，在一次偶然的机会，富有思想的李斯见到厕鼠与仓鼠的不同境遇——厕鼠在肮脏的环境生活艰难，而仓鼠在优裕的环境吃得很肥，他于是大发感慨："人之贤不肖譬如鼠矣，在所自处耳！"于是从荀子学帝王之术，学成入秦。初投吕不韦门下，很快得到器重，任以为郎。后借机说秦王嬴政灭六国、成霸业，深受秦王赏识，被擢为长史。秦王采纳李斯的谋略，遣谋士持金玉游说关东六国，离间各国君臣，收效甚著，遂拜其为客卿。公元前237年，秦王下令驱逐六国客卿。李斯遂上《谏逐客书》劝阻。秦王采纳，取消了逐客令。李斯从此更受重用，旋即官封廷尉。他辅佐嬴政统一天下，与王绾、冯劫共尊秦王为始皇帝；废除分封制，推行郡县制；"书同文，车同轨"，统一全国度量衡和货币制；主张焚烧《诗》《书》、百家语，禁止私学，以加强专制主义中央集权的统治。嬴政驾崩后，权臣赵高与胡亥、李斯合谋，伪造遗诏，迫令太子扶苏自杀，立胡亥为二世皇帝。后来，李斯为赵高所忌，于秦二世二年（前208年）被腰斩于咸阳，并夷灭三族。

何谓"萧规曹随"？

西汉初，协助汉高祖刘邦打天下的萧何为相。惠帝二年（前193年），萧何病重临终时，刚即位的汉惠帝询问后继者，萧何极力推荐曹参。看着曹丞相一天到晚都请人喝酒聊天，好像根本就不用心为他治理国家似的，惠帝感到很纳闷。一天下了朝，汉惠帝把曹参留下，责备他不尽心辅佐。曹参问："请陛下好好地想想，您跟先帝相比，谁更贤明英武呢？"惠帝立即说："我怎么敢和先帝相提并论呢？"曹参又问："陛下看我的德才跟萧相国相比，谁强呢？"汉惠帝笑着说："我看你好像是不如萧相国。"曹参接过惠帝的话说："陛下说得非常正确。既然您的贤能不如先帝，我的德才又比不上萧相国，那么先帝与萧相国在统一天下以后，陆续制定了许多明确而又完备的法令，在执行中又都是卓有成效的，难道我们还能制定出超过他们的法令规章来吗？"接着他又诚恳地对惠帝说："现在陛下是继承守业，而不是在创业，因此，我们这些做大臣的，就更应该遵照先帝遗愿，谨慎从事，恪守职责。对已经制定并执行过的法令规章，就更不应该乱加改动，而只能是遵照执行。我现在这样照章办事不是很好吗？"汉惠帝听了曹参的解释后，方才释怀。

曹参在朝廷任丞相三年，极力主张清静无为不扰民，遵照萧何制定好的法规治理国家，使西汉政治稳定、经济发展、人民生活日渐提高。他死后，百姓们编了一首歌谣称颂他说："萧何定法律，明白又整齐；曹参接任后，遵守不偏离。施政贵清静，百姓心欢喜。"史称"萧规曹随"。后人遂用"萧规曹随"形容按照前任的成规办事。

"运筹帷幄"一词来自张良吗？

张良（前251～前186年），字子房，秦末汉初杰出的政治家、军事家和谋略家。先世原为韩国贵族，五代在韩为相。秦灭韩后，他图谋复国，并于始皇二十九年（前218年），在博浪沙和其他刺客一起，以铁锤袭击秦始皇嬴政，误中副车，刺杀不成，遂改名换姓，逃匿于下邳（今江苏省睢宁西北）。传说张良曾遇黄石公，得兵书《素书》。秦二世二年，率众投奔刘邦，成为刘邦的重要谋士，运筹帷幄之中，决胜千里之外，助其联合英布，拉拢彭越，重用韩信，终破秦灭楚，创基立汉，封为留侯，与萧何、韩信并称"汉兴三杰"。汉初，高祖刘邦大杀功臣，张良目睹英布、彭越和韩信等人的悲剧，深悟"狡兔死，走狗烹。飞鸟尽，良弓藏。敌国破，谋臣亡"之古训，决然辞官，归隐江湖，得以保身。

世人敬仰诸葛亮的原因是什么？

诸葛亮（181～234年），字孔明，号卧龙（也作伏龙），琅琊阳都（今山东临沂市沂南县）人，蜀汉丞相，三国时期杰出的政治家、战略家、发明家、军事家。在世时被封为武乡侯，谥曰忠武侯；后来的东晋政权推崇诸葛亮的军事才能，特追封他为武兴王。代表作有《前出师表》《后出师表》《诫子书》等。发明木牛流马、孔明灯等。东汉末年，隐居邓县隆中（今湖北襄阳西），一面躬耕读书，一面留心世事，等候时机施展抱负，时人称为"卧龙"。建安十二年（207年），经名士徐庶荐举，刘备"三顾茅庐"，登门求教安定天下大计。诸葛亮献以著名的《隆中对》，分析时势精辟独到，条分缕析统一治国方略。刘备心悦诚服，激赏备至，以为军师，总掌方略。诸葛亮殚精竭虑，辅佐刘备称帝。建安十三年（208年），联合孙权，在赤壁大败曹操，随即引兵夺取荆、益二州，建立蜀汉政权，形成三国鼎立的局面，官拜丞相，录尚书事。刘备死后，诸葛亮忠贞不贰，继续辅佐后主刘禅，封武乡侯，以丞相兼领益州牧，掌握蜀汉军国大权。他持法谨严，赏罚必信，重视人才的选拔和任用；积极发展农业生产，维护都江堰水利工程，鼓励百姓种植棉桑，在汉中大兴屯田；对西南少数民族采取"和抚"政策，改善民族关系，积极推广内地先进生产技术和文化，促进西南各族社会经济的发展，加强西南地区的统一。此外，他还始终坚持蜀吴联盟，以维持三国鼎立的均势。诸葛亮励精图治，使一度民贫势弱的蜀汉成为"天府之国"。从建兴六年（228年）开始，诸葛亮数次挥师北伐，"六出祁山"，攻击曹魏，以图

三顾茅庐

统一全国。建兴十二年（234 年），与魏将司马懿相拒于渭南时，因积劳成疾，病逝于五丈原（今陕西眉县西），葬于定军山（今陕西勉县东南）。诸葛亮一生鞠躬尽瘁，死而后已，世人钦仰。唐代诗圣杜甫《蜀相》诗赞叹道："三顾频烦天下计，两朝开济老臣心。出师未捷身先死，长使英雄泪满襟。"

谢安与"草木皆兵"有关系吗？

谢安（320～385 年），字安石，号东山，祖籍陈郡阳夏（今河南省太康县），东晋著名政治家、军事家。当时陈郡谢氏家族十分显赫，与琅琊王氏并称"王谢"。谢安出身于这样的名门世家，从小受家庭的影响，在德行、学问、风度等方面都有良好的修养。他自幼聪慧，思维敏捷，酷爱读书，不喜为官。年轻时隐居会稽，常与王羲之、支道林、许询、孙绰、李充等名士相往还，寄意诗文，放情山水。40 多岁时，方才受征西大将军桓温征召，为司马。从此，谢安步入仕途，官至卫将军、开府仪同三司，加封建昌县公。纵观其一生，谢安最大的功绩是在公元 383 年的淝水之战中，以 8 万人马战胜了前秦大将苻坚的百万大军，创造了我国军事史上以少胜多的光辉战例，留下了"八公山上，草木皆兵"的历史典故。然而，官场险恶，淝水之战烟火尚燃，功名极盛的谢安便遭到一些阴险小人的诬害。谢安明辨时势，功成身退以求自保，上书辞官，不料几日后便病卒于京师建康（今江苏省南京市）。谢安死后，晋廷哀悼三天，追封太傅，谥号"文靖"。又念其平定苻坚有功，改封号为"庐陵郡公"。

"关中良相"是谁？

王猛（325～375 年），字景略，北海剧县（今山东省寿光市东南）人，十六国时期前秦著名政治家、军事家。少时家贫，曾以贩畚为业。王猛英俊魁伟，雄姿英发，为人谨严庄重，深沉刚毅，气度弘远，对琐细之事略不关心，更不屑于与俗人打交道，因而时常遭到浅薄浮华子弟的轻视和耻笑。王猛却悠然自得，从不计较。他隐居华阴山，博学好兵书，怀佐世之志。其时北方正陷入十六国之乱，南方东晋亦是风雨飘摇。前秦大将苻坚欲谋霸业，久闻王猛之名，派人前去恳请王猛出山，两人一见如故。东晋升平元年（公元 357 年），苻坚自立为大秦天王，以王猛为中书侍郎，职掌军国机密。因治绩卓著，很快升为尚书左丞、咸阳内史、京兆尹，再升为尚书左仆射，辅国将军、司隶校尉，一时权倾内外。王猛明法严刑，禁暴锄奸，有罪必罚，有才必任，表现出卓越的政治才能和军事才干；他还兴修水利，奖励农桑，办学重教，协洽周边，关中一时大治。东晋宁康三年（375 年），王猛积劳成疾，终致病危，苻坚亲临探视，并询问后事，王猛遗言不可攻晋。苻坚按照汉朝安葬大司马大将军霍光的规格，隆重安葬了王猛，并追谥他为武侯。后苻坚不听王猛之言，攻东晋，淝水一战被谢安打败。后人有诗赞云："关中良相唯王猛，天下苍生望谢安。"

何谓"房谋杜断"？

房玄龄（578～648 年），名乔，字玄龄，杜如晦（585～630 年），字克明，均为唐初名相。早先两人皆为秦王李世民幕府属官，常从征伐，参谋划策，典管书记，参与机要、军国之事，为秦王得力谋臣。唐武德九年（626年）二人参与玄武门之变的策划，与长孙无忌、尉迟敬德、侯君集五人并功第一。秦王即位，为唐太宗，房玄龄为中书令，贞观三年（629年）迁尚书左仆射；杜如晦为兵部尚书，贞观三年迁尚书右仆射。据《旧唐书·房玄龄杜如晦传论》："世传太宗尝与文昭图事，则曰：'非如晦莫能筹之。'及如晦至焉，竟从龄之策也。盖房知杜之能断大事，杜知房之善建嘉谋。"意思是说，两个人在执政上各有所长，房玄龄主意多，善谋划，杜如晦能当机立断。杜如晦为相时，正值唐新建不久。他与房玄龄共掌朝政，典章制度皆两人所定。时称如晦长于断，玄龄善于谋，两人配合默契，同心辅佐太宗，后世论唐代良相，首推房、杜。元人雅勒呼有诗赞曰："房谋兼杜断，萧律继曹遵。"

为什么唐太宗将魏徵比作镜子？

魏徵（580～643年），字玄成，钜鹿曲城（今河北巨鹿）人，初唐杰出政治家。幼年丧父，生活孤贫，雅好读书，深通学术，胸有大志。太宗即位后，擢为谏议大夫。贞观初授秘书监，参掌朝政，校订图籍。后一度任侍中，封郑国公。

魏徵以善谏著称，敢于犯颜直谏，即使在太宗大怒之际，也敢面折廷争，从不退让，所以，太宗有时对他也会产生敬畏之心。有一次，太宗想去秦岭打猎取乐，却终未成行。后来魏徵问及此事，太宗笑答："当初确有此意，但怕你直言进谏，故打消此念。"还有一次太宗得到一只上好的鹞鹰，逗弄玩乐，很是得意，忽见魏徵走来，忙将其藏入怀中。魏徵故意奏事很久，致使鹞鹰闷死在怀中。

魏徵一生以谏净为己任，前后向唐太宗进谏两百余事，大至朝廷大政方针，小至皇帝生活私事，都无所回避。武德九年（626年），冒着被罢官的危险，拒不签署太宗征点中男（16～18岁）的决定，最后终于谏止，使百姓免于一次兵役负担。贞观六年（公元632年），力排众议，谏止太宗赴泰山封禅，节约了大量的开支。魏徵病逝，太宗亲临吊唁，痛哭失声，并说："夫以铜为镜，可以正衣冠；以古为镜，可以知兴替；以人为镜，可以明得失。我常保此三镜，以防己过。今魏徵殂逝，遂亡一镜矣。"魏徵在贞观年间先后上疏二百余条，强调"兼听则明，偏听则暗"，对唐太宗开创的"贞观之治"起了重大的作用。

耶律楚材有哪些功绩？

耶律楚材（1190～1244年），字晋卿，号玉泉，法号湛然居士，出身契丹贵族，世居金中都（今北京），是辽太祖耶律阿保机的九世孙。耶律楚材秉承家族传统，自幼学习汉籍，精通汉文，博览群书，天文、地理、律历、术数及释老医卜之说，无所不涉。初仕金，为开州同知、左右司员外郎。成吉思汗十年（1215年），蒙古攻占燕京（今北京），耶律楚材受成吉思汗召用，官至中书令，呼为"吾图撒合里"（长髯人）。他随成吉思汗数度出征，常晓以治国安民之道，屡立奇功。二十一年，又随成吉思汗征西夏，谏言禁止州郡官吏擅自征发杀戮，使贪暴之风稍敛。窝阔台汗即位后，耶律楚材倡立朝仪，劝亲王察合台（太宗兄）等人行君臣礼，以尊汗权。官至中书令，被誉为"社稷之臣"。他积极恢复文治，逐步实施"以儒治国"的方案和"定制度、议礼乐、立宗庙、建宫室、创学校、设科举、拔隐逸、访遗老、举贤良、求方正、劝农桑、抑游惰、省刑罚、薄赋敛、尚名节、斥纵横、去冗员、黜酷吏、崇孝悌、赈困穷"的政治主张。在政治、经济、文化各方面殚精竭虑，创举颇多。他任职近30年，使战争不断的乱世转为和平的盛世，使先进的中原封建农业文明得以保存和继续发展，也为后来忽必烈建立元朝奠定了基础。

张居正改革的内容是什么？

张居正（1525～1582年），字叔大，号太岳，湖广江陵（今湖北荆州）人，明嘉靖中叶进士。隆庆元年（1567年）入阁。万历元年（1573年），神宗即位，张居正为内阁首辅，为挽救明王朝实行了一系列改革措施，是封建社会末期最负盛名的改革家。在政治上，整顿吏治，加强中央集权，创制"考成法"，以"尊主权，课吏职，行赏罚，一号令"和"强公室，杜私门"作为为政方针。在经济方面，张居正的成绩最为突出。他曾任用著名水利学家潘季驯督修黄河，使黄河不再南流入淮，于是"田庐皆尽已出，数十年弃地转为耕桑"，而漕河也可直达北京。他推行"一条鞭法"，把各项赋役合并归一，并按田亩征银，使一向以实物缴纳的赋税和劳役转由货币完纳。"一条鞭法"是张居正在经济改革方面的重要内容，也是中国封建社会赋役史上的重大变革。在军事上，任用戚继

光守蓟门，李成梁镇辽东，又在东起山海关、西至居庸关的长城上加修"敌台"3000多座，巩固了北方边防，并在边疆实行互市政策，促进贸易往来。张居正改革的收效明显，强化了中央集权的封建国家机器，基本上实现了"法之必行""言之必效"，国家的经济状况有了改善，财政收入有所增加，在国防上增强了反侵略的能力。后来虽被守旧顽固势力清算，改革被否定，但对历史的影响是不可泯灭的。

曾国藩是谁？

曾国藩（1811～1872年），初名子城，字伯涵，号涤生，湖南湘乡人，晚清著名的军事家、理学家、政治家、书法家、文学家，晚清散文"湘乡派"创立人，湘军的创立者和统帅者。他自幼天资聪颖，勤奋好学。道光十八年（1838年）殿试考中了同进士。官至两江总督、直隶总督、武英殿大学士，封一等毅勇侯。咸丰三年（1853年），借清政府急于寻求力量镇压太平天国之机，曾国藩趁势在家乡湖南一带，建立了一支地方团练，称为湘军，成为中国南方地区与太平天国军事力量作战的主力。在作战中，曾国藩用劫掠财物、封官赏爵的办法来鼓舞士气，养成湘军凶悍残虐的本性。曾国藩被封为一等勇毅侯，成为清代以文人而封武侯的第一人，后历任两江总督、直隶总督，官居一品。1864年，湘军在其弟曾国荃的率领下攻下天京（今江苏省南京市）。曾国藩对晚清王朝的腐败衰落洞若观火，一方面痛恨西方对中国的侵略，一方面又主张学习西方的先进科学以自强。曾国藩不仅功业显赫，而且博学多才，诗文兼擅，是晚

清著名理学大师和散文大家，一生著述颇多，尤以其寄给子弟的《家书》流传最广，影响最大。同治十一年二月初四（1872年3月20日），曾国藩在南京病逝，朝廷赠太傅，谥曰"文正"。

为什么称李鸿章为"中兴名臣"？

　　李鸿章（1823～1901年），安徽合肥东乡人，洋务派代表人物，淮军的创立者和统帅者。他率领淮军与曾国藩的湘军一起镇压了太平天国，接着又镇压了捻军，保住了即将崩溃的清王朝，被誉为"中兴名臣"。因军功显赫，累迁江苏巡抚、湖广总督，继曾国藩之后出任直隶总督，后又兼北洋通商事务大臣，授文华殿大学士，筹办洋务，参与掌管清政府外交、军事、经济大权，成为清末权势最为显赫的封疆大吏。

　　李鸿章在与西方列强的交往中意识到富国才能强兵，故积极发展官办、商办军工企业。他先后创办江南制造局、轮船招商局、开平煤矿、漠河金矿、天津电报局、津榆铁路、上海机器织布局，还建立同文馆，选派留学生出洋。他长期担任直隶总督兼北洋通商事务大臣，坐镇北方最大的通商口岸天津，既积极筹划北方防务，成卫京畿，又进一步拓展洋务，以增加财赋收入。他还苦心孤诣，编练成一支当时堪称亚洲一流的海军。北洋水师在甲午战争中被日军击败，李鸿章受命赴日本春帆楼媾和，交涉期间遇刺负伤，最后订立《马关条约》，因此背上卖国罪名。李鸿章长期处于内忧外患的夹缝中，处于既不能得罪洋人又要忠于朝廷的夹缝中，成为中国近代史上最有争议的人物之一。

帝王重臣

兵制法制

中国古代的兵制是怎样的？

兵制指古代的军事制度，包括武装力量体制、军事领导体制和兵役制度等方面的内容。

据《周礼·夏官》记载，早期以军为基本编制单位，一军有1.25万人。周王室有六军，诸侯则大国三军，次国二军，小国一军；在领导体制上，一般由卿大夫等贵族担任各级军官；而在兵役制度上，当时实行的是全民皆兵制。

自秦汉时期起，中国的兵制开始形成了新的模式。在武装力量上，常规军体制各代不一，一般都分为中央军和地方军，且各代都采取强化中央军，弱化地方兵的强干弱枝策略，以防止地方割据。在领导体制上，不再以贵族统兵，而是以各级武将统兵。除个别镇守边关的武将之外，朝廷武将往往实行战时领兵，战完罢权的制度。在兵役制度上，因中国地广人多，因此自秦汉起便废除了全民皆兵的制度，而是实行征兵制、募兵制或世兵制等。如汉代实行每个成年男子都服三年兵役的"寓兵于农"的征兵制；隋唐时期则采用"寓农于兵"的府兵制；宋代是募兵制；元明是世兵制；清先是世兵制，后又改为招募。

"三军"的说法是怎么来的？

三军的说法产生自周代。周代以"军"作为最大的军队建制，《周礼·夏官·司马》记载："凡制军，万有二千五百人为军。王六军，大国三军，次国二军，小国一军。"因此，三军合3.75万人。不过，这只是制度所规定的天子及各诸侯国的常备武装人数。事实上，到春秋时期，各国的军队数量已经远远不止规定的数目，更遑论动辄出动几十万军队的战国时期了。不过虽然一军的人数已经大大超过规定，但各国军队依旧习惯上将部队编为3个军，只是各国名称有所不同。如楚国分别设中军、左军、右军；晋国设中军、上军、下军；魏国称前军、中军、后军。三军各设将、佐等军衔。其中，中军将是三军统帅。后来三军不再是军队建制，凡出征打仗，军队往往分作前军、中军、后军，分别担任先锋、主力、掩护警戒的职能。另外，三军也常常指古代步、车、骑3个兵种。现在，三军则成了对于海、陆、空3个兵种的泛称。

古代的军队编制是怎么样的？

军队的编制就是军队组编士兵的方式。在古代，因士兵往往都不是职业军人，因此其编制在平时与战时往往有所不同。因五进位以及十进位制是人类普遍采用的计数方法，因此先秦军队基层编制就是一五一十点数的"什伍"之制。5人为伍，5伍为两，5两为卒，5卒为旅，5旅为师，5师为军，一军有1.25万人。又往往按照具体职责分为三军。秦汉时期，军队乃是民兵制，兵士平时按照居住地点就近编伍，由各郡的郡尉、各县的县尉负责训练，并负责地方治安；参加战争时，再进行统一编制。一般是按照地域编制后，分配到各将军的战斗集群中去。隋唐时期，平时编制实行府兵制，各地每个折冲府管辖兵员800~1200人，以折冲都尉为长官；战斗时则同样再进行临时编制。宋代军队是招募而成的职业军队，战时平时编制差别不大。以10人为火，5火为队，10队为营（总500人），若干个营组编为将，将是独立的战斗单位。明代军队也接近于职业兵，其编制为卫所形式。每卫编制5600人，设置指挥；卫下辖5个千户所，每所1112人，设千户；千户下辖10个百户所，每所112人，设百户；百户下辖2总旗；总旗下辖5小旗。清代八旗军则以旗为最大单位，绿营兵则以营为基本单位。

民兵自古就有吗？

民兵制即兵士并非职业化，而是亦民亦兵的兵役制度。大体而言，职业化的军队由国家花钱招募而成，而征兵制下的军队大多有民兵性质。

在我国整个古代社会，仅有宋代长时间实行过全国范围的募兵制，其他朝代虽也存在招募兵士的情况，但一般都并非主流。因此，我国古代的大部分常备军队都或多或少有些民兵性质。而根据具体兵制的不同，不同朝代的民兵制也各有其特点。比如唐代之前的军队多实行征兵制，即适当年龄的男子被强制轮流到军中服役一段时间，期满回家依旧务农，民兵性质浓厚，战斗力很难保证。

而唐代的府兵、明代的卫所兵的性质则介于民兵和职业兵之间。首先士兵均终身为兵，随时听候调遣，这像是职业兵；但同时又没有军饷，而须在平时自己种田自力更生（国家不向其征服役），这又像是民兵。

另外，比较纯粹的民兵也存在于各代。如宋代王安石为减轻正规军军费开支，便训练过农民武装以备辽国南下造成的不时之需；清代的"勇"兵便属于民兵，并且正是靠民兵镇压了太平天国运动。

什么是"烽燧传警"？

烽燧传警是古代一种通过放火或放烟的方式传递军情的手段。白天放烟叫"烽"，夜间举火叫"燧"。

烽燧传警的办法早在西周时期就已经存在。

春秋战国时期，各诸侯国为防止外国入侵，纷纷修建长城，尤其是秦将各国长城连接起来后，烽燧与长城便联系在一起，并开始被称为烽火台，成了历代常设的军事防御组织，用以防范北方的游牧民族。

一般情况下，每十里设一个烽燧（烽火台），明代则五里一个。每个烽燧上都设有5~10个兵丁。遇到敌人进犯，便要点火或放烟，将消息传递给隔壁的烽燧，这样依次传递，很快便可抵达军事中枢。

一些朝代烽火种类、施放程序、施放方法、密号等方面都有严格明确的规定，甚至"传报得宜克敌者，准奇功。违者处以军法"。

历代之中，严防匈奴人的汉代和防范蒙古人的明代对烽燧制度最为重视。

什么是"战阵"？

所谓战阵，是在军队投入战斗时根据地形、敌我力量对比等情况所组成的战斗队形。在古代冷兵器时代，军队组成训练有素、纪律严明的战阵之后，可以极大地增强军队的战斗力。《六韬·均兵篇》曾言，在平坦地形上作战，如果单个战斗，则一名骑兵抵挡不了一名步兵，但若列队成阵，则骑兵可与8倍于己的步卒作战，因此古代军队作战往往要组成各种战阵。就战阵的起源来说，最早的战阵乃是模仿原始社会的围猎模式而成的。到商周，尤其是春秋战国时期，由于常年大规模的战争，形成了一些以车兵和步兵相配合的战阵，常见的有以中军为主力，两翼相配合

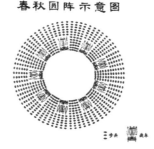

春秋兵阵示意图

的三阵，以及在三阵基础上形成的五阵，军事家孙膑则发明了著名的以步兵为主体的八阵。汉代对匈奴作战之后，骑兵的作用日渐重要，战争更强调各兵种间的协调。诸葛亮根据战争军器的发展创造了使步、弩、骑、车等兵种有机协调的新八阵，即著名的八阵图。唐代重视骑兵的作用，打仗讲究灵活的奇袭战术，战阵不多，著名的有名将李靖的六花阵及用于撤退的撤退阵。宋代因缺少马匹，打仗靠步兵，创造了常阵、平戎万全阵、本朝八阵等诸多战阵，但效果一般，败多胜少。明清之际，火器的使用使得军队不适合再组成密集的战阵，军队战斗编制向小而疏散的方向发展，战阵逐渐淡化。

中国的阵法创于何时？诸葛亮的《八阵图》就是一座石阵吗？

唐代大诗人杜甫在避乱成都期间，曾多次游览武侯祠，并留下了很多脍炙人口的诗句。比如"三顾频烦天下计，两朝开济老臣心"是赞美诸葛亮鞠躬尽瘁、死而后已的精神；"功盖三分国，名成八阵图"则是赞美其丰功伟绩和高明的军事才能。这里的"八阵图"究竟是什么，中国最早的阵法始于什么时候？

阵法与冷兵器时代密切相关。在中国漫长的氏族社会时期，部落之间经常发生斗殴和流血冲突。那时打仗都是一哄而上，没有特定的组织方式和作战规律。据说最早的阵法始于黄帝时期，当时为打败蚩尤，黄帝曾得"九天玄女"传授兵书和阵法。进入奴隶社会后，奴隶主为巩固统治和掠夺更多的奴隶，开始注重利用阵法来提高军队战斗力。

有史可考的阵法源于商朝后期，当时编制了左、中、右"三师"，从"三师"的命名来看，军队已经采用固定的阵形。公元前1046年，武王伐纣时，"周师三百五十乘，陈于牧野"，"陈"通"阵"。阵法的普遍使用，则是在春秋战国时期，当时的很多兵书都记载了各种军队排兵布阵的方法，如《六韬》（相传为姜尚所作，但有后人考证为汉或战国）、《吴子》（战国名将吴起所作）、《孙膑兵法》等。后代《唐太宗与李卫公问对》深研阵法。南宋岳飞留有兵法残篇讲授阵法。明代戚继光撰《纪效新书》《练兵实纪》，创立有"鸳鸯阵"和"三才阵"，在抗倭战争中显现了威力。

其中最有名的还是"八阵图"，此阵法在唐朝时传入日本，成为日本各种阵法的起源。八阵图相传为诸葛亮所创，《三国志·诸葛亮传》记载："亮长于巧思，损益连弩，木牛流马，皆出其意；推演兵法，作八阵图，咸得其要云。"《三国演义》中也有大量关于八阵图的描述，其中非常有名的是诸葛亮在"鱼腹浦"立巨石阵以阻东吴追兵，陆逊误入阵中差点没有走出来。

《八阵图》是行军打仗的一种阵法。诸葛亮按照太乙方位确定为休、生、伤、杜、景、死、惊、开八门，依靠八卦阴阳之理设定，实际上是周易数理的一种运用。

"府兵制"是什么样的兵制？

府兵制是隋唐时期的一种兵制。府兵制起源于北魏时期，历北周、隋至唐代趋于完善，是唐代前期的主要兵制。其具体形式是在全国各地按照战略位置和防御需要建立军府，充当府兵者可携带家属聚居于军府内，政府分给一定土地。府兵农时务农，农闲时接受专门的军事训练机构折冲府的训练，战时则随将出征。府兵家可免除各项赋税徭役，但其军服、武器、马匹等军用物资以及到京师宿卫时路上用度则需自己置办。这种制度在朝廷来说，省出了军费开支；在府兵来说，也自觉划算，加上唐代尚武，年轻人都乐于充当府兵。因此充当府兵者多是家庭殷实子弟乃至官僚子弟，贫贱子弟还当不上。府兵有两个职责，平时需轮番到京师宿卫；战时府兵随将出征，战毕兵归于府，将归于朝，避免了武将拥兵自重。到玄宗时期，因为，战事频繁、防御线延长，原来防戍的休假制度取消；加上后来番上卫士往往被贵族官僚借为私家役使，导致社会上以充当府兵为耻辱，故府兵大量逃亡，府兵制名存实亡。朝廷不得已允许将领私自募兵，这便导致了"安史之乱"的爆发和之后的武人割据局面。

"募兵制"是怎样的兵役制度？

募兵制是政府花钱招募，个人凭自愿报名参加的兵役制度，与其对应的是强制符合条件者入伍的征兵制。募兵制早在春秋时期就已经出现，当时的名将吴起便组织过一支最早的招募部队，叫作武卒。东晋名将谢玄也曾利用招募的方式组建了"北府兵"。唐中期，府兵制长时期运作后开始出现弊端，许多人不愿当兵，于是朝廷准许地方武将募兵。自唐之后，五代以及宋代，募兵制基本上完全取代原来的征兵制。宋代因招募大量士兵，且没有退休

兵制法制

制度，要终身发饷，故军费开支庞大，给财政造成极大的压力。元明清时期，募兵制只是作为一种征兵制的补充而已。相比于征兵制，募兵制的优点是使军人职业化，军队战斗力往往比较强。例如明代抗倭名将戚继光募兵所建的戚家军，俞大猷募兵所建的俞家军，都堪称劲旅。但募兵制也存在一定弊端，其一方面给国家财政造成负担，另一方面因士兵职业化后与将领长期隶属，容易导致军阀产生。如唐末藩镇割据的局面便与募兵制有关。

"都护府"是什么机构？

都护府是汉唐两代在边疆地区所设的特殊官署。"都"意为全部，"护"意为带兵监护，"都护"即"总监护"之意。西汉宣帝时，在乌垒（今新疆维吾尔自治区轮台县东北）设西域都护府，统一管理大宛及其以东城郭诸国，兼督察乌孙、康居等游牧行国之事。魏晋时，设有西域长史府，类似于西域都护府。唐代的都护府影响最大。由于强盛的唐王朝先后打败突厥、薛延陀等部，周边少数民族纷纷表示归顺。唐朝在这些少数民族地区设立州县，任其自治，只在一个大区域内设都护府，作为最高军政机关。都护府长官都护为一地最高军政长官，其职责在于"抚慰诸藩，辑宁外寇"，凡对周边民族之"抚慰、征讨、叙功、罚过事宜"，皆其所统。自太宗至武后，在北、西、南面少数民族地带设安东、东夷、安北、单于、安西、北庭、昆陵、蒙池、安南等九个都护府。到玄宗时，只剩下安东、安北、单于、安西、北庭、安南都护府，这就是著名的唐代六都护府。唐中后期，唐王朝不复昔日强盛，周边民族不服，各都护府逐渐废弃。

"节度使"的权力有多大？

节度使是唐代后期出现的地方军政长官。唐代时，驻守各道的武将称为都督，其中带使持者称为节度使。唐睿宗景云二年，贺拔延嗣被任命为凉州都督充河西节度使，之后节度使成为正式的官职。唐玄宗开元年间，又设立了陇右、平卢、碛西、河西、朔方、河东、范阳、岭南、剑南9个节度使。因唐朝强盛，对少数民族失去警惕，此时的节度使多由少数民族担任，且往往封郡王。节度使刚开始只有军权，并无权干涉地方行政。后逐渐总揽一区的军、民、财、政，辖区内地方行政长官各州刺史均受其节制，有的干脆兼任驻在州之刺史。公元755年，平卢、范阳、河东三镇节度使安禄山伙同史思明发动"安史之乱"。"安史之乱"平定后，全国节度使遍布，多为"安史之乱"中叛乱或平叛的武人。其不受中央节制，军政人事，皆得自专，父死子继，形成藩镇割据的局面。五代时期，各地节度使摇身变为乱世军阀，中央政权的拥立与废弃都取决于节度使，后梁、后唐、后晋、后汉、后周的建立者均为节度使。宋代赵匡胤以文治国，节度使逐渐成为虚衔。元代废弃。

"枢密院"是什么机构？

枢密院是唐、五代、宋、辽、元时代的官署名称。唐永泰年间，以宦官任枢密使，帮皇帝处理机要。五代后梁改枢密使为崇政使，由士人充任，并设崇政院。后唐又改崇政院为枢密院，崇政使为枢密使，与宰相分执朝政，宰相掌文，枢密使掌武。宋代沿设枢密院并进一步完善，与中书省合称"两府"，并为宋代最高政务机关。庆历年间因对西夏用兵，宰相一度兼任枢密使。南宋宁宗后，宰相始例兼枢密使。辽曾分别设南、北枢密院，北院掌管军事，南院掌管官吏升降，分别相当于兵部和吏部。元代，枢密院为军政枢纽，并掌管禁卫军以及边防事务。战时，则在作战区域设行枢密院作为枢密院派出机构总领军政。明代，枢密院废置，其职权由大都督府代替。

总体而言，枢密院与尚书、中书、门下三省的演变过程类似，先是作为内廷性质，后成为正式的政府中枢机关，与宰相分权，是皇权侵蚀相权的产物。

"禁军"和"厢军"分别指什么？

宋代因北有辽国、西夏强敌，都城东京（开封）又无天险可守，统治者极没有安全感，因此大量养兵，士兵没有退役制度。到宋太宗时，兵士老壮强弱不齐，不像样子。宋太宗于是从中挑选年轻健硕者组成一支精锐之师，称为禁军，剩下的则称为厢军。禁军是宋朝的中央军及正规军，也称"上军"，除一部分驻守在河北以防备辽南下外，其余基本上都驻守在东京及附近地区，拱卫京师。宋朝真正的战事、边防任务主要依赖禁军，因此禁军俸禄、福利也远远高于厢军（如禁军士兵在驻防地可携带家属，并分配家属营房）。厢军基本没有对外作战能力，全部驻守在各地方，负责维护地方治安的同时，主要是做各种杂役，极没有尊严，"好男不当兵"的说法便出自宋代。另外，宋代对罪犯实施的"充军"刑罚，便是充厢军。另

外，禁军的主要来源是从厢军中挑选，因此大部分厢军士兵的人生规划便是升到禁军中去。而禁军中因老弱被淘汰的士兵则编入厢军。

什么是"猛安谋克"？

猛安谋克既是金代女真人的一种社会组织模式，也是金代的一种官职。猛安谋克最早是女真人围猎时的一种组织编制，后来逐渐成为一种军事、行政组织编制。其成员平时从事狩猎、捕鱼等生产活动，遇到战争，青壮年则自备武器、军马和粮草，应召去打仗，联盟根据各部首领（称为孛堇）率领出征人数多寡，分别称之为猛安或谋克。其中猛安相当于千夫长，谋克则相当于百夫长。金人统治北方后，东北地区的许多女真人徙入内地。猛安谋克这种组织形式也开始渗透到汉族地区。算下来，当时的猛安谋克有 5 个作用。1. 作为地方行政组织的两级单位，其中，猛安相当于防御州，谋克相当于县，但地位高于县。2. 职官的代称，对应于地方行政单位，猛安相当于州刺史，谋克则略高于县令，这是正常的政府行政组织之外的另一套官职体系，职责则涉及率兵打仗和掌管生产、征收赋税等多个方面。3. 军队编制的两级单位。4. 户制。5. 世袭爵衔，可父死子继，代代相传。猛安谋克为后来满族人的八旗制度奠定了基础。

"五军都督府"指的是什么？

五军都督府是明朝 5 个同类的军事官署，分别是中军都督府、左军都督府、右军都督府、前军都督府、后军都督府。明初朱元璋设统军大元帅府，后仿元制改为枢密院，之后又改为大都督府，统领全国

兵制法制

军政。洪武十三年（1380年），朱元璋为扩张皇权，先是杀宰相胡惟庸并宣布永不设宰相，将政权分拆；之后又将大都督府分拆为五军都督府，将军权分拆。五军都督府各设左、右都督两名作为长官，均为正一品。往往是武将出身，如抗倭英雄戚继光、女帅秦良玉都是五军都督府左都督。都督开始有参政议政权，明后期逐渐失去。五军都督府的职责是统领京畿及各地方的卫所，具有统兵权，但调兵权与武将人事权却归兵部。都督府和兵部互不统属，均直接听命于皇帝。打仗时，在兵部挂职的武将凭皇帝印信领兵，战事结束，还兵于都督府，自己仍挂职兵部。这样，明代的军权便被分拆在五军都督府和兵部两个部门，防止了武将跋扈的局面。

什么是"卫所制度"？

卫所制度是明代的一种军制。明代上自京师，下至郡县，皆设卫、所作为基本的驻兵单位。一卫一般为5600人，其长官指挥使品秩正三品；一卫可分为5个千户所，每千户所1120人，其长官正千户品秩正五品；每千户又分为10个百户所，每百户所112人，其长官百户品秩正六品。另外，明代在一些特别的地方驻有不统辖于卫，单独建制的千户所，称为守御千户所；还有少量称为御的军事机构，其一般下辖两三个千户所。卫所数量时有变动，以洪武二十三年（1390年）为例，当时全国共有卫547个，所2563个。至于其具体的分布，则是朝廷根据全国各地的战略位置、防御需要来设置，有的一府数卫，有的数府一卫，有的则一府、一州一个千户所而已。明代实行世兵制，卫所兵士皆由"军籍"家庭世代充任，卫以下军官也都世袭。这些卫所平时同时受一省军事长官都指挥使司和中央军事机构五军都督府节制，战时则听命于朝廷委派的临时将领，战罢仍归卫所。这固然避免了武人拥兵自雄的现象，但也造成了将不熟兵，兵不习将的弊端，导致军队战斗力不高。

什么是"八旗制度"？

八旗制度是清代一种全民皆兵的制度，由清太祖努尔哈赤在女真人牛录制的基础上建立。八旗分别是正黄、正白、正红、正蓝、镶黄、镶白、镶红、镶蓝。努尔哈赤将所有满人都编入八旗之内，每300人为一牛录；5牛录为一甲喇；5甲喇为一旗。八旗既是社会生产组织，又是军事组织，旗内男子平时牧猎，战时从伍。

满人入关后，八旗兵成为职业兵。后清太宗又在满人八旗的基础上建立蒙古八旗和汉军八旗。清中期后，汉军八旗逐渐式微，因此人们所说的八旗通常只指满人。八旗之中，由皇帝控制的镶黄、正黄、正白三旗，称为上三旗，负责驻守京师；由诸王、贝勒统辖的正红、镶红、正蓝、镶蓝、镶白五旗，称为下五旗，负责驻守全国重镇。

八旗制度是清朝统一中国的经济与军事基础，并对清初的平定三番、远征新疆、戍守西藏、抗击沙俄等起到了关键作用。清中后期，八旗军失去了战斗力，清朝的军事主力逐渐由汉人组成的绿营兵担任，八旗制度已失去原本作用，但一直存在至清亡。

"绿营兵"指的是什么？

绿营兵是清政府招募汉人组成的军队，因其旗帜为绿色，并以营为主要的基层编制，故名。绿营兵受兵部管辖，主要兵种是步兵，此外还有少量骑兵和水师。其少部分配合八旗兵守卫京师，大部分驻守在全国各省。绿营兵建立之初，是因清八旗兵武装力量不足，以其作为八旗兵的辅助，帮忙驻守京师尤其是各地方，并受到八旗兵的严密监视和控制。清中叶以后，由于八旗军的战斗力下降，绿营兵逐渐成为军队主力，其人数也不断增加，最多时达 60 万人。至清晚期，由于吏治的腐败，军事力量也进一步下降，绿营兵的战斗力也大大下降。以至于清政府靠汉族地主武装湘军、淮军才得以镇压了太平天国运动。

古代军队为什么把人头称为"首级"，与军功有关吗？

"首"是象形字，在古代汉语中就是"头"的意思。金文中，上半部分代指头皮和毛发，下半部分则指人的脸部和五官。"首级"也是表示头颅的含义，那么"首"和"级"是从什么时候起联系到一起的呢？

这与中国古代的军功制度密不可分。古代打仗，无论将军还是士兵，都希望能够建功立业。评定军功的大小主要看杀敌的多寡。战国时清点记功，有采取割敌左耳的方式。如《左传·宣公二年》中记载"俘二百五十人，馘百人"，其中"馘"就是割敌耳朵的含义，意为杀了 100 多人。

"首"和"级"联系起来源于秦国的商鞅变法。商鞅废除原来的爵位世袭制度，代之以二十级军功制度。从低到高依次为：公士，上造，簪袅，不更，大夫，官大夫，公大夫，公乘，五大夫，左庶长，右庶长，左更，中更，右更，少上造，大上造，驷车，大庶长，关内侯，彻侯。

具体规定为秦国的士兵只要斩获敌人"甲士"（军官）一个首级，就可以获得一级爵位"公士"、田一顷、宅一处和仆人一个。斩杀的首级越多，获得的爵位就越高。证据是敌人的人头（首级）。就是说在战后，要把敌人的人头砍下来，带回军营，作为证据。如果一个士兵在战场上斩获两个敌人"甲士"首级，他做囚犯的父母就可以立即释放。如果他的妻子是奴隶，也可以转为平民。杀敌人 5 个"甲士"可拥有 5 户人的仆人。

这样，斩获敌人头颅就和级别联系起来，因此称为"首级"。秦国的二十级军功制度保证了秦军的战斗力，秦军因此成为"虎狼之师"，为后来的统一奠定了基础。但这种制度也有弊端，后来发生将领以屠杀百姓取头邀功或士兵为争功而自相残杀的情形。北宋时，该制度在大将狄青的提议下废除。

"伍"为何义，为什么把参军叫作"入伍"呢？

"伍"字最初为军队编制。"伍"字拆开为"五人"。据《周礼》记载，"伍"是过去最小的军队编制单位。"五人为伍，五伍为两，四两为卒，五卒为旅，五旅为师，五师为军"。天子统六军，诸侯可领一军。《管子》中："五人为伍。"《墨子·公输》："全伍为上，破伍次之。"这里的"伍"均

兵制法制

为军队基础编制单位。五人设一个"长"，有"伍伯""伍长""伍部"等称谓，类似于现在一个班，但人数要少。

中国古代的户籍制度，也是五家编为一伍。如"伍籍"是指平民的户籍，"伍侯"指编民为伍，相为侯望。这种行政单位也叫"比"，五户为一比。每当征兵时，五户人家各送一名男丁，一共要送五人，恰好组成军队中的一"伍"。无论干什么事情，这五个人总被分在一起，因此，参军当兵，就叫作"入伍"。

以后历代的军队编制在不断地变化，但"伍"的叫法一直流传下来，人们也习惯把参军服兵役叫作"入伍"。在古代，由于封建等级制度的存在，爵位世袭。要想获得一定的封赏，立军功是一种方式。中国自秦代开始实行军功奖励制度，以后历代均有发展。"行伍出身"常用来描述那些依靠打仗和立军功起家的人。

什么是"征兵制"？

征兵制是强制符合条件的男子入伍的兵役制度，与以自愿应征性质的募兵制相对应。在我国唐代之前，基本上实行的都是征兵制，将入伍作为一项义务分派到各家各户。春秋战国时期，战事频繁，各国的兵役都十分繁重，正是强制性的征兵制才得以保证士兵的来源。

秦代男子满 17 岁便要开始为国家服兵役，总共至少 3 年。汉代基本继承了秦制，只是将年龄推迟到 23 岁。其后的魏晋南北朝，乱世之中，强制性征兵也是主要的招兵手段。北魏的花木兰替父从军，便是在征兵制的背景下发生的。征兵制的特点一是军费开支小；二是兵士服完役便离开，

不会成为将领私人势力，造成武人自雄。其缺点则是军队战斗力不如招募的职业兵。隋唐及以后各代，实行的是府兵制、世兵制或募兵制等，征兵制逐渐废弃。

古代的军队依据什么给军人加官晋爵，都实行过哪些爵位制度？

在中国古代，有君主授予贵族和功臣爵位的制度。古代君主为巩固自身统治地位，调整统治阶级内部关系，经常封给亲属或功臣一定的爵位。爵位分为不同的等级，有些可以世袭。受封爵位的人可以获得爵禄，通常为一定的食邑或相当数量的财富。封爵制度在数千年的历史进程中经历了数次演变。

封爵制度很早就有，但最初只封给与统治者有亲属关系的人群。分为公、侯、伯、子、男五等。商鞅变法后，庶民也可依靠军功获得爵位，这是中国最早的军功等级制度。秦军功爵位制度共分为二十级。商鞅信奉法家的思想，他设立这一制度的目的在于提高秦军战斗力。为奖励军功，商鞅规定：凡行伍中人，不论出身门第，一律按照其所立军功的大小接受赏

更戍图 北宋

北宋为防止军事将领专权，实行兵无常帅、帅无常师的更戍法。更戍法在加强皇权的同时也大大削弱了军队的战斗力。

赐。宗室若未立军功者不得列入宗族的簿籍，也不得拥有爵位。

至于具体军功奖励的办法，则以斩获的敌军首级数为依据。商鞅的奖励军功制度，大大提高了秦军的战斗力，使秦军成为所向披靡的"虎狼之师"。汉承秦制，基本继承了秦代的二十级军功爵位制度。不过，这二十级大体又可分为四类：一是侯级爵，包括关内侯和列侯；二是卿级爵，相当于秦十级到十八级的爵位；三是大夫级爵，相当于秦五到九级爵位；四是小爵，相当于秦一到四级。

曹操执政时，废二十等爵。魏文帝即位后，定爵制为九等：王、公、侯、伯、子、男、县侯、乡侯、关内侯。两晋南北朝时期，军功爵位制度甚是混乱。李渊父子定天下后，设定亲王、嗣王、郡王、国公、郡公、县公、郡侯、县侯、县男、县子十等爵位，封赏宗亲功臣。比如，李渊封自己的从弟李神通为淮安王；李世民封大将秦琼为英国公。

宋承唐制。明朝，王爵专封皇族，另有公、侯、伯三等爵授予功臣，比如胡大海被封为越国公，沐英被封平西侯，刘基被封诚意伯。清朝时，形成完备的爵位制度，乾隆十六年定制，分爵位为九阶二十七等。九阶分别为公、侯、伯、子、男、轻车都尉、骑都尉、云骑尉、恩骑尉。比如，为清朝平定太平天国的曾国藩就被封为一等勇毅侯。

"击鼓而进""鸣金收兵"，古代军队有如此规定吗？

关于古代战争，历来有"击鼓进军"和"鸣金收兵"的说法。

所谓击鼓进军就是在战争开始前敲击战鼓，激励士气，命令军队向前推进；"鸣金收兵"是个成语，意指敲打钲发出声音以停止军队的前进，结束战斗。那么古代军队是否真有这样的规定，这里"鸣金"用的"钲"又究竟为何物呢？

《荀子·议兵》载："闻鼓声而进，闻金声而退。"意为听到鼓声就前进，闻到金声就后退。

《左传》中有："战，勇气也。一鼓作气，再而衰，三而竭。"这里击鼓也是进军的意思。俗语"鼓噪而进"意指一边敲打着战鼓，一边大声喊叫着前进。

由此可见，古代战争确实有"击鼓而进"的规定。

关于"鼓"的来历有个传说。据说源于黄帝与蚩尤作战时制造的是革鼓。黄帝从东海流波山上猎获了一种叫作"夔"的动物。形状像牛，全身青黑，并有幽光，头上没有角，而且只有一只脚。这种动物目光如电，叫声如雷，非常威武。当时黄帝为它的叫声所倾倒，就剥下它的皮制成了八十面鼓，请玄女娘娘亲自击鼓，顿时声似雷霆，直传出五百里外。"金"有人认为是锣，但实为"钲"，为古代的一种铜制乐器。《说文解字》："钲，似铃，柄中上下通。""鸣金"最初指的就是敲打这种乐器，后来可能为锣一类的工具所取代。

"围魏救赵"为什么会成为一种军事思想？

"围魏救赵"是中国古代的一个经典战例，被列为三十六计之一。它来自春秋战国时期著名的桂陵之战，与中国古代著名军事家孙膑有关，典出自《史记·孙子吴起列传》。

孙膑和庞涓都是鬼谷子的学生，二人年轻的时候曾一起学习。孙膑的才华要高于庞涓，遭到庞涓的嫉妒。二人出师后，庞涓到了魏国，很快受到魏王的重用。后来孙膑也来到魏国，庞涓一边假惺惺地说要帮其引荐，另一方面又在魏王面前说了很多孙膑的坏话。于是孙膑被剜去两个膝盖骨，成了废人。后来在齐国使臣的帮助下才逃出魏国。

魏王为了报赵国夺中山之仇，命令庞涓率领大军攻打赵国。庞涓认为中山不过弹丸之地，还不如直接攻打邻近的赵都邯郸。魏王采纳了他的意见，命令大军攻打赵国的都城。邯郸告急，赵国向齐国求救。齐威王以田忌为大将，孙膑为军师率军十万来解赵国之围。大军行到赵国边境，孙膑建议说，去邯郸还不如直接攻打魏国，因为这种情况下，魏国精锐部队全部调走了，国内空虚。如果避实就虚，那么庞涓就不得不回救，到时候我们再在他回归的路上设伏，就能打败魏军。于是田忌转而攻打魏国，庞涓果然撤军，在桂陵遭到齐国军队的伏击，伤亡惨重，自己勉强逃回大梁。

这便是成语"围魏救赵"的来历，比喻通过袭击敌人后方的军事要点以迫使进攻之敌撤退的战术。后来庞涓又和赵国一起攻打韩国，韩国向齐国求救。孙膑利用减灶的办法制造齐国军队大量逃亡的假象，引诱庞涓轻敌冒进。在马陵道上，庞涓中伏，被乱箭射死。从这两个案例我们可以看出，孙膑的确是个了不起的军事

家，他所著的《孙膑兵法》一直是后代战略家必读之物。

"围魏救赵"的本质在于避实就虚，调动敌人，再寻找机会歼灭敌人。作为一次著名战役，"围魏救赵"堪称军事史上的教科书战例，作为一种军事思想，至今它依然闪耀着光芒。

"纸上谈兵"说的是谁，他在哪一场战役中兵败身死？

"纸上谈兵"，意思就是在纸面上谈论打仗。比喻空谈理论，不能解决实际问题。这个典故出自《史记·廉颇蔺相如列传》：赵括是赵国名将赵奢之子，幼习兵法，谈论兵书战策常常口若悬河，就连其父也难不倒他。但后来在长平之战中由于只按兵书办事，不懂变通，结果被秦军打败。

赵奢是赵国的名将，其子赵括年轻时受父亲影响，熟读兵书，每每父亲提问，都能对答如流。但赵奢并不夸奖他，赵奢妻就问其中的缘故。赵奢说："他虽然兵书战策读得很熟，但却不会灵活运用。我死以后如果赵国不用他为将也就罢了，用他必然导致大败。"

赵孝成王七年，秦赵两国对峙于长平。是时廉颇虽老，但仍可将兵。秦军多次挑衅，廉颇只是深沟高垒，避而不战。后来白起使出反间计，到赵国首都邯郸散布流言说："秦国除了赵括谁都不怕。"于是赵王决定任用赵括为将。

赵括的母亲知道后，劝赵王收回成命，并讲了赵奢对于赵括的评价，但赵王听不进去。赵母只能请求日后出事全家能够幸免，赵王应允。

赵括就这样来到前线，白起诈败，诱敌深入。接着从侧翼迂回，阻断赵军退路。赵军军心涣散，在长平被重重围困。赵括数次突围均未成功，在战斗中被杀，赵国40万降秦士卒全部被活埋。这一战后，赵国元气大伤，没过多久就灭亡了。人们就用这个成语来讽刺那些只会空谈理论而没有实干才能，只知道夸夸其谈的人。

"背水一战"是怎么来的？

"背水一战"比喻没有退路，与敌人决一死战。这个典故和韩信有关。韩信是刘邦手下的著名将领，还定三秦的战略就是他制定的。在打败项羽之前，他先后击败了背叛刘邦的魏王豹和赵王歇。"背水一战"这个成语便来自他征讨赵王的经典战例。

《史记·淮阴侯列传》载："信乃使万人先行，出，背水陈。赵军望见而大笑。平旦，信建大将之旗鼓，鼓行出井陉口，赵开壁击之，大战良久。于是信、张耳佯弃鼓旗，走水上军。水上军开入之，复疾战。赵果空壁争汉鼓旗，逐韩信、张耳。韩信、张耳已入水上军，军皆殊死战，不可败。信所出奇兵二千骑，共候赵空壁逐利，则驰入赵壁，皆拔赵旗，立汉赤帜二千。赵军已不胜，不能得信等，欲还归壁，壁皆汉赤帜，而大惊，以为汉皆已得赵王将矣，兵遂乱，遁走，赵将虽斩之，不能禁也。于是汉兵夹击，大破虏赵军，斩成安君于水上，擒赵王歇。"

韩信的部队要通过井陉口，赵王手下有谋士名为李左军的建议据守井陉口，并抄后路切断汉军的辎重粮草，韩信如无后援，就一定会败走。赵国大将陈馀不听，认为自己人多势众，要与汉军正面对决。韩信听说后暗自高兴，下令背水安营扎寨。夜间，命士兵饱食待战，并命2000精锐埋伏于敌人营寨的后面。约定只要赵军全部出动，就进去更换他们的旗帜，以乱其军心。第二天，双方展开激战，韩信假装战败，赵军倾其营寨之兵来攻。这时候，汉军主力上场，背水一战，士兵勇猛。赵军不能取胜，后退时却发现营寨已被劫。军士大乱，四散奔走，韩信率军掩杀，取得了整个战役的胜利。

后来有人问韩信："兵法上都说打仗要前面临水，背靠山峦。你为什么反其道而行之呢？"韩信哈哈大笑："这叫置之死地而后生。"由此我们可以看出，世间万物均无绝对，关键在于灵活运用，具体问题具体分析。

"云台二十八将"都有谁？

汉光武帝刘秀（公元前6～57年），字文叔，为汉景帝后裔。新朝末年，起兵反对王莽，先后平王郎，降铜马，一统天下，定都洛阳，重新恢复汉室政权，为汉朝中兴之主。刘秀执政后，政治措施以清静俭约为原则，兴建太学，提倡儒术，尊崇节义，是中国古代一位贤明的君王。

刘秀礼贤下士，手下能臣武将很多。汉明帝永平三年（60年），刘庄在南宫云台阁命人画了28位功臣画像，称为云台二十八将。这二十八将是追随光武帝开创东汉基业并且战功卓著的将领，皆封侯。由于当时谶纬之学的盛行，人们便把这二十八将和天上的二十八宿联系起来，认为是它们的转世。同时也证明光武帝刘秀是

"真命天子"。

这二十八位将领联系各自爵位和对应星宿分别是：太傅高密侯邓禹，角木蛟；大司马广平侯吴汉，亢金龙；左将军胶东侯贾复，氐土貉；建威大将军好畤侯耿弇，房日兔；执金吾雍奴侯寇恂，心月狐；征南大将军舞阳侯岑彭，尾火虎；征西大将军夏阳侯冯异，箕水豹；建义大将军鬲侯朱祐，斗木獬；征虏将军颍阳侯祭遵，斗金牛；骠骑大将军栎阳侯景丹，女土蝠；虎牙大将军安平侯盖延，虚日鼠；卫尉安成侯铫期，井木犴；东郡太守东光侯耿纯，室火猪；捕虏将军扬虚侯马武，奎木狼；中山太守全椒侯马成，胃土雉；河南尹阜成侯王梁，昴日鸡；琅邪太守祝阿侯陈俊，毕月乌；骠骑大将军参蓬侯杜茂，参水猿；积弩将军昆阳侯傅俊，觜火猴；左曹合肥侯坚镡，危月燕；上谷太守淮阳侯王霸，鬼金羊；信都太守阿陵侯任光，柳土獐；豫章太守中水侯李忠，星日马；右将军槐里侯万修，张月鹿；太守灵寿侯邳彤，翼火蛇；骁骑将军昌成侯刘植，轸水蚓；城门校尉郎陵侯臧宫，壁水貐；骠骑将军慎侯刘隆，娄金狗。

历代开国功臣多为皇帝所忌，被以莫须有的罪名杀掉的更不在少数，但光武帝刘秀却并非如此。他赐予他们很高的爵位和封赏，如果立下新功，则增加封赏；对于功臣的一些小过错，也以宽大为怀，很少追究。外国进贡的宝物和礼品也是优先赏给这些功臣。因此，云台二十八将皆荣华富贵，得以安享晚年。

刘秀死后，以后各代皇帝对这二十八位功臣的后代，均给予很高的礼遇，其中封侯29人，位列三公者2人，官至大将军者13人，列卿14人，校尉2人，州牧和郡守多达48人。尽可能保持他们在政治和经济上的特权地位，甚至对已经废除爵位功臣之后也格外开恩，赐予田宅和衣禄。

皇帝召岳飞退兵，连发十二道"金牌"，这种"金牌"究竟为何物？

现在我们通常说的金牌是指各项比赛的第一名所获奖牌。中国古代也有各种各样的金牌，比如"免死金牌"，还如宋朝皇帝下令岳飞班师回朝的十二道"金牌"，这些金牌又究竟为何物呢？

"免死金牌"又称为"金书铁券"或"丹书铁券"，它是古代帝王赐给功臣世代享受优待或免罪的凭证。为防止假冒，将铁券从中分开，朝廷和受赐人各持一半。唐代后改用嵌金的方法（金书）。据《辍耕录》载：吴越王钱镠曾受赐一块铁券，形状如瓦，高尺余，阔三尺许，券词黄金镶嵌。誓词包括所封的爵衔、官职以及功绩等内容，另刻有"卿恕九死，子孙三死，或犯常刑，有司不得加责"。

丹书铁券最初为一种身份和爵位的象征。免死金牌的确可以免死，但谋反等罪名除外，如明沈德符《野获编》："所谓免死，除谋反大逆，一切死刑皆免。然免后革爵革薪，不许仍故封，但贷其命耳。"

宋朝皇帝下令岳飞班师回朝的十二道此"金牌"是一种红漆金字的木片，为皇帝专属，可以不经过三省（政府机构）和枢密院（最高军事机构）直接下达。沈括《梦溪笔谈》中对此有详细记载："驿传旧有三等，曰步递、马递、急脚递。急脚递最遽，日行三百里，唯军兴则用之。熙宁中，又有'金字牌急脚递'，如古之羽檄也。以木牌朱漆黄金字，光明眩目，过如飞电，望之者无不避路，日行五百余里。有军前机速处分，则自御前发下，三省、枢密院莫得与也。"

"顶盔贯甲"中"盔"与"甲"有何区别，它们是什么样的装备？

"顶盔贯甲"意思是戴着头盔，身披战甲。后代常把"盔"和"甲"合称"盔甲"。那么它们究竟是什么装备，又有什么区别呢？

"盔"在古代又叫首铠，是用来保护头部的装备，多用金属制成，如"头盔""钢盔"。也用来表达像盔或半球形的，如"帽盔儿"。盔后面的丝织饰物叫"盔缨"，多为红色。盔也称"胄"，长期以来变化不大。"甲胄"就是指"盔甲"。

唐末农民起义军领袖黄巢有诗云："待到秋来九月八，我花开后百花杀，冲天香阵透长安，满城尽带黄金甲。"甲是古代军人打仗护身的衣服，一般为皮革制成（士兵用），也有金属制成的（将军用）。如"带甲百万""甲兵""甲士"都是指武士或军队服役人员。

盔甲在中国历史上有着漫长的演变过程，各代盔甲的制式都不尽相同。春秋战国以铁盔皮甲为主，秦汉时铁甲开始普及。魏晋南北朝时期，出现了用铁甲重重防护的重装骑兵。与之相对，也出现了防护不够严密，但行动便捷的轻骑兵。中国铁甲多是仿皮甲制成，为鱼鳞甲片。隋唐广泛使用铠甲（前心后背加上铜铁制成的大块护心镜），较前代有所进步。宋元以

后没太多变化，火器兴起后，盔甲逐步朝现代形式演变。

古代铠甲与冷兵器时代要求相适应。既讲究良好的防护效果，又强调轻捷性。随着热兵器的大量使用，铠甲的防护效果已不明显。

"十八般武器"具体指什么，这个说法是什么时候形成的？

古代说人武艺高强常说："十八般武艺，样样精通。"这十八般武艺指的是18种兵器，那么它们究竟是哪些呢？

兵器的产生，最早是在新石器时代。我们的祖先为了防身和狩猎需要，开始制造和使用木棒、石刀、石斧等一类原始的兵器（也是生产工具）。在中国各地出土的新石器时代文物中，还发现了用石料、兽骨和蚌壳磨成的箭镞。商代由于青铜器的发明，出现了青铜铸造的刀、枪、钺等兵器。春秋战国时期，铁制工具开始广泛使用，各种生铁铸造的武器相继走向战场。到了汉、魏晋时期，冶金技术获得进一步发展，人们已经可以制造各种"钢刀"，武器的种类也逐渐丰富。到了明代，"十八般武器"基本定型。

十八般兵器，泛指各种武艺，最早见于元曲。如《古今杂剧》收录《敬德不服老》中就有"他十八般武艺都学就，六韬书看的来滑熟"的句子。明代谢肇淛《五杂俎》和清代褚人获《坚集》两书所载："十八般兵器"为：弓、弩、枪、刀、剑、矛、盾、斧、钺、戟、黄、铜、挝、殳（棍）、叉、耙头、锦绳套索、白打（拳术）。今天，武术界认为的"十八般兵器"是指刀、枪、剑、戟、斧、钺、钩、叉、

— 69 —

鞭、铜、锤、抓、镗、棍、槊、棒、拐、流星。

其实，早在汉武帝元封四年（前 107 年），政府经过严格的挑选和整理，就曾筛选出 18 种类型的兵器：矛、镗、刀、戈、槊、鞭、铜、剑、锤、抓、戟、弓、钺、斧、牌、棍、枪、叉。三国时代，著名的兵器鉴别家吕虔，根据兵器的特点，对汉武帝钦定的"十八般兵器"重新排列为九长九短，刀、矛、戟、槊、镗、钺、棍、枪、叉为九长；斧、戈、牌、箭、鞭、剑、铜、锤、抓为九短。

可见，"十八般兵器"一词虽然产生较晚，但早在汉武帝时期，就存在这种划分。这些分类还只是一级科目。如果再往下，各种五花八门的兵器就更多。这里的"十八般兵器"中的"般"字是"类"的意思，而不是指某个具体的武器。

火炮是中国人发明的吗，它最早出现在什么时候？

火炮是现代战争必不可少的武器。火炮具有火力强、灵活可靠、经济性和通用性好等优点，已成为战斗行动的主要内容和左右战场形势的重要因素。火炮既可摧毁地面各种目标，也可以击毁空中的飞机和海上的舰艇。因此，作为提供进攻和防御能力的基本手段，火炮在常规兵器中占有稳固的地位。

火炮按用途分为地面压制火炮、高射炮、反坦克火炮、坦克炮、航空机关炮、舰炮和海岸炮等。其中地面压制火炮包括加农炮、榴弹炮、加农榴弹炮和迫击炮。

现代火炮已经发展到非常完善的地步，但最初的火炮却是一种投石机，火炮

的"炮"字最初也是"石"字旁。它利用杠杆原理，用几十人甚至上百人拉动，将石头抛出去以作攻城和杀伤敌人之用。唐代发明火药后，北宋时期出现了一种叫突火枪的装置。它是一种竹子做的管状火器，内安"子巢"，战时点燃火药，喷火烧敌，能够起到震撼敌人的作用。这种火器的出现，对近代火炮的产生具有十分重要的意义。

后来在突火枪的基础上产生了金属管状火器——火铳，并逐步发展成为青铜火炮。目前世界上发现的最早的青铜炮，是宁夏回族自治区武威出土的西夏时期的火炮，该炮口径为 100 毫米，使用铁弹丸，这一发现，使铁弹丸使用的历史提前了近 1 个世纪。13 世纪初，中国的造炮技术经阿拉伯传到欧洲，并在欧洲得到了长足的发展。16 世纪中叶，欧洲出现了青铜和熟铁制造的长管炮，亦称长炮，代替了以前的短管炮（臼炮）。16 世纪末，出现了将子弹或金属碎片装在铁筒内制成的霰弹，用于杀伤人马。1846 年，意大利制成了后装线膛炮，命中精度和发射速度都有明显提高。

火药和火炮最早都是由中国人发明的，但却没有得到很好的继承和发展。相反，这些武器在传入西方后，不断获得改进和进步。等到第一次鸦片战争爆发，西方列强用"坚船利炮"轰开中国大门的时候，很多人才开始意识到自己落后了。

中国古代的刑制是怎样的？

刑制也叫刑法，是中国古代关于刑罚，即论罪惩罚的制度。中国古代没有独立的民法典，民事（婚姻、经济、商业

等）法律都附属于刑法制度，因此刑制是我国古代法律的主体。关于刑制的起源，最早可以追溯到三代之际。夏朝时便有"禹刑"，商有"汤刑"，周有"吕刑"。之后的历代王朝都在参考前代的基础上建立了自己的刑制。其中，秦朝的《秦律》和唐朝的《唐律》两部刑制影响最大，都开创了后世数代基本的刑制构架。具体而言，我国古代的刑法名目相当繁多，大体上可概括为"五刑"。另外，在五刑之外，历代都存在诸如凌迟、腰斩、诛九族等相当野蛮残忍的刑法，作为"五刑"的补充，其针对的对象往往是那些犯了谋反、残忍凶杀等重罪的罪犯。有时皇帝凭一人脾性也会对人行以极刑。

总体而言，古代刑制的主观性比较强。古人一般认为治平世用轻典即可，乱世则须用重典。另外，遇到宽厚仁爱的君主，刑制就会宽松，比如汉文帝刘恒；而遇到暴虐之君，则刑制比较严酷，如明太祖朱元璋。中国刑制对朝鲜、日本、越南等国都有深刻影响，被现代法学家称为"中华法系"。

"大理寺"是什么机构？

大理寺是我国古代的司法审判机构，类似于现代的最高法院。秦代时，掌管狱讼的人称为廷尉，汉代一度改廷尉为大理，后改回。北齐时，确定以大理寺为官署名，作为中央审判机关，以大理寺卿为长官，正三品（隋之后各代均为从三品），少卿为其副职。后除元代外，历代因之。

大理寺虽名义上为历代的中央审判机关，但在各代的具体职权时有变化。唐代，大理寺主要负责审理中央百官及京城徒刑以上的案件，与刑部共同行使审判权；宋代，大理寺与刑部、御史台共同行使审判权；明代的大理寺与刑部、都察院合称"三法司"，共同行使审判权，其中，大理寺侧重于对冤案、错案的驳正、平反；清代承袭明代三法司体制，但此时三机关的职权划分与明代大不相同。其中刑部权力比较大，而大理寺的地位则远不如前代，其职责只是复核刑部拟判死刑的案件。清光绪三十二年（1906年），仿西方司法独立，大理寺改为大理院，其职权为解释法律，监督各级审判，并作为最高级的审判机关。

"刑部"都主管哪些事务？

刑部是中国古代最高司法机关，相当于现在的司法部。刑部最早设立于隋朝，为"三省六部制"中的六部之一，其长官为刑部尚书，品秩正三品；其副职为侍郎，正四品下。隋唐时期，刑部与相当于最高法院的大理寺一同行使最高审判权力。宋代，刑部、大理寺、御史台共同行使审判权。元代，刑部与大宗正府、宣政院共同行使审判权，刑部还兼有司法行政方面的职责。明清两代，刑部与大理寺、

死刑图

太宗时对死囚的处决是慎重的，要求"三日中五覆奏"，皇帝批准后三日方可执行，这样有助于减少冤假错案的发生。

兵制法制

都察院合称"三法司"，共同行使审判权。其中刑部的职责是审核修订各种法律，复核各地送部的刑名案件，会同九卿审理"监候"的死刑案件并负责直接审理京畿地区的待罪以上案件。在组织机构上，刑部除在中央设有官署外，在各省都设有派驻机构，负责各省的刑名案件以及司法政务。清代的刑部各司还设有减等处（负责各案的赦减等事）、秋审处（掌核秋审、朝审各案）、督捕司（督捕旗人逃亡事件）、提牢厅（掌管狱卒，稽察监狱罪犯，发放囚犯日常用品等）等基层机构，职责相当宽泛。光绪三十二年（1906年），清政府宣布"仿行宪政"，刑部被改为法部。

什么叫"成文法"？

所谓成文法，指的是以国家名义制定成文字并公之于众的法律。与成文法对应的是以习惯、惯例等作为法律准绳的不成文法，比如中国夏、商、西周时期的法律便属于不成文法。需要指出的是，成文法的内涵不仅在其书面性，更在于其公开性。因此虽然春秋时期的楚文王时期、晋国、宋国都建有文字形式的法律，但因其并未公之于众，后世法学界一般认为略迟些的郑国政治家子产铸在鼎上并公布于全社会的郑国法律条文，才是中国最早的成文法，史称《铸刑书》。战国时期，魏国改革家李悝总结春秋法律编撰成我国第一本法典《法经》，可算是我国第一部完备的成文法。之后，自秦开始，历代统治者都必然要在开国之初建立自己的成文法。如《秦律》《汉律》《唐律疏议》《宋刑统》《大明律》《大清律》等。总体而言，相比于不成文法，成文法是一种法制上的进步。其明确具体、稳定（严格的修改废止程序）、较好的预防作用更有利于社会的有序。但往往因时间的推移而过时，须经常修改，也是相当麻烦，并且有时会产生文字上的歧义。

《秦律》的主要内容是什么？

《秦律》是对于秦代所颁布的一系列法律的统称。商鞅变法时，曾将春秋时李悝的《法经》稍做修改后作为秦律颁行全国。秦统一六国后，将《秦律》做一番修订推行到全国。后来秦二世又对《秦律》做了一些改动，最终成型。据考古所发掘的秦简发现，《秦律》不仅包含了《法经》6篇的内容，而且还有《田律》《工律》《置吏律》《效律》《仓律》《金布律》等内容，涉及政治、经济、军事、文化等多个方面。从秦律的着眼点来看，其目的重在维护一种中央集权的政治制度，体现的是奴隶主及贵族的利益，某种意义上是镇压奴隶及底层人民反抗的工具。另一方面，因其使社会各领域"皆有法式"，也促进了社会经济的发展。从刑罚制度上讲，《秦律》内保留了许多古代残忍的酷刑，比较野蛮。秦亡后，汉在废除了其中一些酷刑的基础上继承了《秦律》，之后的魏晋南北朝因之，直到唐代，《秦律》才有大的改动。

《唐律》的主要内容是什么？

《唐律》在广义上可指有唐一代的法律，又因唐代法典所遗留下来的版本以《唐律疏议》影响最大，故也常指《唐律疏议》，又叫《永徽疏议》。唐代建立后，初袭隋朝的《开皇律》，后经过武德、贞观两代的修改，至永徽年间经长孙无忌等

19 人再次修订后形成《永徽律》。后长孙无忌等又对其精神实质和律文逐条逐句进行疏证解释，撰成《律疏》30 卷，与《律》合为一体，统称《永徽律疏》。其后《永徽律疏》虽被修改两次，但后人对其修改内容已不得而知，故将《永徽律疏》视作《唐律》。《唐律》继承了秦汉以来历代的立法和司法经验，对社会各个方面的法律进行了完善，并除去之前法律过于严酷的弊端，成为唐代之前法律之集大成者。至此，《秦律》才真正得到了大的变动，法律不再一味是严刑峻法，而是融入了儒家的一些伦理道德思想。《唐律》形成后，对后世影响巨大。《宋刑统》基本照抄《唐律》，《元典章》《大明律》《大清律例》也以其为蓝本。另外，《唐律》对于古代日本、朝鲜、越南等国也有深刻影响，被认为是中华法系的代表法典。

《明大诰》的主要内容是什么？

《明大诰》是明太祖朱元璋所立的一套特别的刑事法规。朱元璋开国后，推行刚猛强断、严刑峻法的治国策略，自己在明朝政府法《大明律》之外另立了一套更为严峻的法规《明大诰》。在罪行上，其中设有"游食""官吏下乡""寰中士夫不为君用（即有才能者不肯出来做官）"等明律中没有的罪名；在处罚上，对于同一罪名，《明大诰》比《大明律》要重得多，并且还设有断手、刖足、阉割为奴等《大明律》中不存在的残忍刑法；从着重点来说，《明大诰》的大部分内容主要针对的是贪官污吏；在格式上，《明大诰》是由案例、峻令、朱元璋就案例所发的训导 3 部分组成，有些不伦不类，完全不是法律文本的样子。总体而言，《明大诰》提倡的是对人极度蔑视的封建强权主义和无节制的滥杀政策，严重违背了"罚罪相当"的法律精神，是朱元璋根据自己的好恶搞出来的一套恶法，可以说是中国法制的倒退。《明大诰》在明初一度是家家收藏、人人诵读的御制圣书，朱元璋死后，比较仁慈的建文帝即位，《明大诰》便失去了法律效力。

"七出"中的"七"分别指什么？

"七出"是我国古代法律和礼制规定的男子休妻的 7 种条件。妻子只要触犯其中任何一种，丈夫或夫家便可以提出休妻。具体是：1. 不孝顺公婆，此被认为是"逆德"。2. 无子，即妻子不能生儿子，被休理由是"绝世"。在中国古代，某种意义上结婚就是为了传宗接代，不能生儿子，婚姻便失去了意义。不过因古代实行一妻多妾制，真正为此休妻的不多。3. 淫，即妻子红杏出墙，被休理由是"乱族"。古人认为这会造成后代在血缘和辈分上的混乱。4. 嫉，理由是"乱家"。因古代实行一妻多妾，妻子嫉妒会造成家庭不和。5. 有恶疾，指妻子患严重疾病，其理由是"不可共粢盛"。是指不能一起参与祭祀，这显然有些借口性质。6. 口多言，指妻子不该说话的时候搬弄是非。其理由是"离亲"。在古代，涉及家族中事，都由男子议定，女子被视作外人，不让插嘴，一旦插嘴便被认为是破坏家庭和睦。7. 窃盗，即偷东西。理由是"反义"，即违背义理。

"七出"的内容在汉代已经基本形成，当时叫作"七去"，只是民间约定俗成的

兵制法制

规矩。至唐代，则形成法律制度，但并不严格执行。自宋代起，其执行才逐渐严格。可以看出，"七出"完全从男方立场和利益出发，是一种维护夫权、欺压妻子的法律与民俗。但另一方面，"七出"也最低限度地保护了古代妻子的权益，至少男子不可以凭个人好恶随便休妻了。"七出"几乎贯穿于整个封建时代，直到20世纪30年代才被国民政府完全废除。

古代审讯有"五听"的要求，"五听"具体指什么？

"五听"是中国古代司法官吏审理案件时观察了解当事人心理活动的5种方法，分别是辞听、色听、气听、耳听、目听。其说法最早见于《周礼·秋官·小司寇》。据汉代郑玄的注释，辞听是"观其出言，不直则烦"。即观察当事人的语言表达，心虚者则不免显得浮躁。色听是"察其颜色，不直则赧然"。即观察当事人的面部表情，心虚者会呈现羞愧状。气听是"观其气息，不直则喘"。即观察当事人的呼吸情况，心虚者会喘息不稳。耳听是"观其聆听，不直则惑"。即观察当事人聆听的情况，心虚者往往因心神不宁而听力不集中，从而显得惶惑。目听是"观其眸子视，不直则眊然"。即观察当事人的视觉和眼睛，心虚者往往目光散乱。周代的这套方法后来成为历代司法审判的基本手段。唐代法典《唐六典》还规定："凡察狱之官，先备五听。""五听"可以看作是古人对于犯罪心理学的一种早期运用，虽不免有主观性，但作为一种辅助审案的手段，显然有一定的作用。

什么叫"八议"？

八议是古代一种为官僚、贵族而设的司法特权制度。在我国古代，司法部门对于八类犯罪者无权直接审理，而是要先将情况汇报给皇帝，由皇帝裁决并减轻处罚。具体是：议亲，即皇帝亲戚；议故，即皇帝的故旧；议贤，即有德行的人；议能，即有卓越才能之人；议功，即功勋卓著之人；议贵，指三品以上的官员和身有一品爵位的人；议勤，即勤于政务的官员；议宾，一般指前朝国君的后裔中被尊为国宾的。

八议制度源于西周的"八辟"，本为约定俗成。魏明帝时，首次将此写入法典《新律》，使官僚贵族的这种特权得到公开的、明确的保护。唐朝法律进一步规定，这8种人犯罪之后，如果犯的是"流"（即流放）以下的罪，则直接降罪一等处理；但如果是犯了十恶重罪，则由大臣议定处罚方案，最后上奏皇帝裁定。往往不能免死，只是死的方式少些痛苦，也有个别得以改为流放。

事实上，八类人中的贤、能、宾、勤等人只是虚晃一枪，八议特权的主要享受者是士大夫阶层，是古代"刑不上大夫"观念的制度体现，也是士大夫阶层在与皇权对峙的过程中为自己争来的特权。该特权历代都存在，但到明清两朝，随着皇权取得绝对的权威，士大夫权力减弱，八议制度就名存实亡了，如明朝士大夫经常被当庭打死。

经济赋役

什么是"井田制"?

井田是中国商周时期的一种土地分配方式。有说井田始于夏朝。其具体方式是将每方圆一里内的九百亩土地划分为"井"字状的9块,周围8块作为私田,分予私人耕种;中间一块,其中二十亩作为宅基地,供8家盖房住人,剩下的八十亩作为公田,由8家共同负责耕种,其收成作为赋税上缴国家,算下来,税率大概为1/10。法律规定,各家公田忙完,方可忙私田。

这里的私田,归属国家所有,私人只有使用权,而无买卖权,其使用权则父死传子。

事实上,井田制是一种土地国有并平均分配的制度,避免了土地兼并,在某种意义上实现了耕者有其田的理想。但这仅仅是针对大大小小的奴隶主阶层而言,当时的奴隶阶层只有无偿劳动的份儿。到春秋晚期,以铁器的使用和牛耕的推广为标志的农业技术得到提高,不再需要这种奴隶在大面积土地上集体劳作的模式,小户劳作开始流行,井田制逐渐瓦解。

但井田制作为一种"平均分配"土地的制度,成了后世许多人心目中的理想土地制度。比如战国时的孟子便力主恢复古代井田制。

王莽建立新朝后,鉴于土地兼并之风的流行,也曾试图恢复西周井田制,但以失败告终。尽管如此,后世历代帝王制定土地政策时,井田制的"耕者有其田"的制度内涵都成为他们重要的参考。

"占田法"的具体内容是什么?

占田法是西晋时实行的一种土地法。自春秋末期井田制崩溃以来,土地兼并之风愈演愈烈。

到西晋时,土地已经大量集中到贵族和豪强手中,大量贫民无田可耕,沦为流民。这便给社会造成了严重的隐患。

为稳定社会,晋武帝司马炎颁布占田法,规定平民按户口登记,"男子一人占田七十亩,女子三十亩"。如果不足这个数目,仍要按这个数目缴税,因此此举等于是逼农民种田。

另外,占田法对于贵族和官员的占田数目也做了规定。其中,王公侯中的大国可占地十五顷,次国十顷,小国七顷;大臣一品者可占五十顷,其下每降一品减少五顷。占田法对于平民和达官贵族所做规定的初衷是不同的,对平民意在保证耕者有其田;对达官贵族则是意在将其占田数量限制在法定之内。

因占田者对土地均只有使用权,没有

买卖权，土地相当于被重新收归国有，因此占田法在一定程度上是对井田制的恢复。占田法加强了政府对农民的控制，同时也促进了农业的发展和社会的稳定。

但因西晋短命而亡，占田法也就不了了之。

古代的户籍制度是怎样的？

户籍是登记户口的簿册。户口包含两个概念，以家为户，以人为口。中国最早的户籍制度建立于战国时期，当时的秦国曾实行五家为一保，十保相连，一人犯罪，十保连坐的制度。这就是后来的保甲制度的雏形。其他诸侯国也采取了类似的制度。秦统一六国后，在全国范围内推行户籍制度。汉承秦制，将户籍制度进一步完善。汉代每年八月都要进行一次全国人口普查，以作为征税、派役、征兵的依据。唐代，户籍制度得到进一步完善。当时朝廷规定，每3年修订一次户籍，各县户籍一式3份，州、县、中央的尚书省各保存一份。唐代的户籍登记已经相当详细，一家之中的男女人口、年龄、土地、财产情况都一一登记造册。后来历代基本上都沿用唐代的户籍制度。

古代的户籍制度只有一种统计学意义，用以作为政府自上而下收税派役的依据，而没有作为身份证明的意义。另外，古代许多地方官担心人丁增多而催征不上加收的赋粮，因此往往瞒报人口，加上商贾流民不能及时登记等原因，古代的户籍登记总体上是比较粗糙的。

"算赋"和"口赋"分别指什么？

简单说，算赋和口赋是古代的两种人头税。其中，算赋是针对15岁以上56岁以下的成年人征收，其开始存在比口赋要早，始于秦商鞅变法，名目是"为治库兵（兵器）车马"，算是一种军赋。汉代时，算赋成为政府财政收入的一个重要来源。当时，每个成年人每年算赋为一百二十钱。政府为抑商和限制蓄奴，规定商人和奴仆缴两倍；另为增加人口，鼓励早嫁，规定15～30岁女子未嫁者缴5倍。

口赋则是对未成年人征收的人头税，始于汉代，与算赋共同构成汉代的人头税。口赋数额为每人每年二十钱。对儿童的起征年龄开始为7岁，汉武帝时因匈奴用兵，将之提前到3岁，汉元帝时又改回7岁。东汉末年军阀混战，政治黑暗，口赋一度自1岁起征。与算赋不同的是，口赋收入不归政府，而算作皇帝收入。人头税存在于后世历代，直到清雍正年间实行摊丁入亩，将人头税摊入土地税中，其名目才完全消失。

什么是"均输"？

均输是西汉的一项财政制度。西汉时，郡国各地每年要向朝廷上贡本地物产。但因路途遥远，往往运费超过产物价值，并且物产经长时间放置并颠簸后也往往低劣。汉武帝时，大农丞桑弘羊创设均输制度。即在大司农下面设均输官，派驻全国各地，将各地上贡的物产直接在当地或运往邻地高价地区出售；然后按朝廷需要或市场行情酌情购买一些货物运回朝廷，或者将这些商品交由平准官再次出售，变成现金交给朝廷。这种将各地贡物变成现金乃至再用这些现金投资商业的做法与朝廷平抑物价的平准制度相配合，极大地增加了政府的收入。北宋王安石变法时，为增加政府财政收入，也曾采用均输制度。

"平准"是怎样的经济措施？

平准是创始于西汉的一种通过贵时抛售、贱时收买的方式稳定市场价格的一种经济措施。汉武帝时，由于政府改铸新币引起物价上涨，另外由于均输官从全国各地采购回来的货物需要出卖。大农丞桑弘羊建立了平准制度，在大司农下设平准官，贵时抛售、贱时收买，以平抑物价。

同时，平准官也统辖均输官带回长安的货物和被朝廷垄断的铁器等商品的买卖。由此，国库收入迅速增加。

平准制度表面上是为了避免贪婪的商贾囤积居奇，平抑物价，而实际上则只是将商人的巨额利润转移到了朝廷手里，乃是一种国家商业垄断。简单说，就是与民争利。平准制度成为后世历代朝廷解决财政困境、增加国库收入的重要手段。比如王莽改制时设立的"司市"、王安石变法时设立的"市易务"都与汉代的平准机构类似。

什么叫"榷法"？

榷法是古代的国家专卖制度。在古代，因盐、铁两项为各家各户所必用，利润巨大，不少民间商人借此成为巨商大贾。汉武帝时，因对匈奴用兵，财政吃紧，任命桑弘羊、东郭咸阳、孔仅三人为理财官，代表朝廷与民间商人争夺盐铁业。之后朝廷在全国设立盐官和铁官，对盐铁实行统购统销，就是政府垄断。这种办法为政府增加了巨大的财政收入，可一旦实行垄断，排斥竞争，产品质量便得不

到保证。当时的铁器不但"割草不痛"，而且价格昂贵。后来，酒也开始实行专卖。汉昭帝时，曾就盐铁专卖的利弊专门召开了一次辩论会。当时的民间贤良文学人士极力反对这种与民争利的行为，而朝廷官员却主张继续实施专卖。会后，官员桓宽还根据会议记录整理出一部《盐铁论》，是我国重要的经济思想史著作。专卖制度带来了巨大的财政收入，因此不仅汉朝不曾取消，其后的历代政府都一直沿用。唐代时，对茶也实行专卖。宋代时，设立专门的榷货务，相当于现在的专卖局。

"常平仓"指什么？

常平仓是古代政府用于储备粮食以调节粮价和应对荒年的一种粮仓。我国古代一直有"谷贱伤农，谷贵伤民"的说法，因此粮食的价格一直是朝廷关注的重要问题。西汉孝宣帝时，大司农中丞耿寿昌奏请在边郡设置粮仓，在谷贱时买入以利农，谷贵时卖出以利民。后来该制度为全国各郡县所采用，成为政府调节粮价并备荒赈恤的重要手段。但该政策实施既久，弊端便产生，常平仓不仅起不到原有作用，而且经常反过来做，在谷贱时更加压价欺农，谷贵时则抬价伤民。汉元帝时，常平仓取消。其后各代，常平仓设置数量有所不同，但基本上都有设立，由地方长官负责。虽仍利弊兼存，但总是起到了一些利民惠民的作用。明代时，明太祖命州县皆置预备仓，出官钞籴粮贮之以备赈济，荒年借贷于民，秋成偿还。清大致沿明制，这种具有更多赈灾性质的预备仓遂取代了常平仓。

经济赋役

"三十税一"是什么意思？

三十税一是汉代的田租税率，即征收土地收获总量的1/30。秦代时，统治者对人民实行横征暴敛，其赋税达到了2/3之高。汉初，刘邦收拾起经秦国暴政和秦末战乱的烂摊子之后，为巩固统治，采取了恢复生产、轻徭赋税、与民休息的政策。其将赋税征收额度定为"什五税一"，即1/15。比孟子所提倡的仁政税制"什一税"（1/10）还要优越。到汉文帝时期，经济虽然得到恢复，但人民生活仍不富裕，国库也没存什么钱。汉文帝接受大臣晁错建议，以薄赋敛的方式鼓励人们开荒种田，宣布税收额度只收一半。由此，汉代税收变为三十税一，并成为定制。东汉初，因战争的影响，支出浩繁，田赋改行十一税率，后又在建武六年改回三十税一，直至东汉献帝初，循而未改。三十税一可以说是相当轻的一种赋税，除了高于唐代一度实行的四十税一的赋税之外，均低于其他各代。不过，虽然汉代土地税很低，但其各种人头税却远高于土地税。

为什么会有"盐铁官营"？

盐铁本来是民间买卖，因其家家必需，所以是大生意，早期的巨商大贾大多出于这两个行当。春秋时期，齐国宰相管仲曾实施盐铁专卖，可算是最早的盐铁官营政策。后来到汉武帝时，因跟匈奴打仗，财政吃紧，汉武帝曾下诏要求这些民间商贾捐助军费，但效果不甚理想。于是汉武帝以桑弘羊等人作为政府的理财官经营盐铁，与民间商人展开竞争。由于一系列政府政策的配合，盐铁业逐渐完全掌控在朝廷手中。当时汉武帝在全国各地设立盐官和铁官，专职此事。

盐铁专卖政策增加了政府财政收入的同时，也产生了铁器质量低劣，价格昂贵，甚或强迫人民购买及强征人民作役等弊病。但因其能带来巨大的财政收入，其后历代王朝都基本实施了该政策。一般盐官营的办法是：民制、官收、官运、官销。铁的官营则更严密，包括开矿冶炼，铸造器物及销售，政府控制了生产和流通的全部过程。其中，因盐的生产掌握在民间，便有了私下转卖的可能性，因此私盐贩子便成了历代朝廷的一个"严打"重点。

什么是"均田制"？

均田制是中国北魏至唐代官田分配的一种方式。北魏时，由于之前长时期的乱世造成北方大量的户口迁徙，土地荒芜，国家财政收入受到严重影响。为保证国家赋税来源，北魏孝文帝于太和九年（485年）下诏计口分配国有荒芜土地。其中，15岁以上男子可分用于种植农作物的露田四十亩，女子二十亩。奴婢同样授田。露田不得买卖，年老或死亡后，须归还官府。另外，男子还授桑田二十亩，用于种树，不需归还，死后下传子孙，但同样不得买卖。种田者则每年须向政府交纳一定粟谷

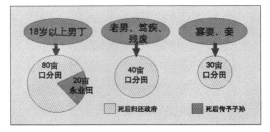

唐朝均田制示意图

唐时均田制规定寡妻妾以外的妇女及奴婢均不受田，以减少贵族养奴获田的数量，比前代更加完善。

和帛。这种制度使得社会经济得到恢复，政府财政收入也有了保证。其后的北齐、北周、隋、唐都沿用均田制，只具体实施细则有所变更。但由于当初分田时的国有土地本来就不足，加上后来禁止土地买卖的法令时紧时松，唐中叶以后，大量的土地又逐渐被一些豪强大户兼并。唐德宗建中元年（780 年），实行两税制，在税制上承认了土地兼并的现实，均田制宣告废止。

什么是"租庸调制"？

租庸调制是唐代实行的一种赋役制度。唐代继承自北魏至隋的均田制，并在此基础上实行了租庸调制。其基本思路是政府按人丁分配土地，确保"耕者有其田"，然后再按人丁收取赋役，确保国家财政收入。此制规定，凡均田人户，不论其家授田多少，均按丁交纳定额的赋税并服一定的徭役。具体为：每丁每年要向国家交纳粟二石，称为租；交纳绢二丈、绵三两或布二丈五尺、麻三斤，称为调；服徭役 20 天，是为正役，国家若不需要其服役，则换算为一定数额的绢布交纳，这称为庸，也叫"输庸代役"。可以看出，租庸调制是以"人丁为本"的赋税制度，其课税对象一是田、二是户、三是身，而其基础则是丁。唐陆贽将之总结为："有田则有租，有家则有调，有身则有庸。"这种制度的优点在于，既给底层民众提供了生活保障，同时又保证了国家财政收入的稳定，唐代借此不仅国库充裕，人民也安居乐业。但唐中叶以后，由于土地兼并的加剧造成了均田制的消亡，盛世之中人们的麻痹又造成了户籍登记的疏懒。

均田制和准确的户籍登记这两个租庸调制的基础不复存在，租庸调制遂为两税制所代替。

什么是"两税制"？

两税制是唐代中后期采用的一种赋税制度。唐中叶，尤其是安史之乱之后，由于土地兼并和户籍混乱，原来的以"人丁为本"租庸调制赋税制度不再合理。唐德宗年间，宰相杨炎实施了两税制。所谓两税，既指在时间上每年在春、秋各收一次，也指两种税收名称：户税和地税。户税和地税原本只是与租庸调制搭配的两项无足轻重的小税，在新的两税制下，则成了朝廷主要的两个税种。具体办法是，朝廷一改原来的"量入为出"的财政原则，而是实行"量出为入"的原则，先核算好一年要花的钱，然后分摊到各地的户税和地税里去。户税以家庭为单位，不分当地外地，"以见居为簿"，按财产多少征收；地税按占有土地多少征收。两税制按照财产与土地数量征收的方式使国家的财政负担很大程度上从穷人身上转移到了富人身上，同时也抑制了土地的进一步兼并，大大缓和了社会矛盾。唐朝之所以能在"安史之乱"后苟延残喘了 100 多年，两税制功不可没。另外，从税制的角度来说，两税制是我国税制的重大变化，此制度是朝廷首次放弃对土地的分配权，而是在承认土地私有的基础上，设置相应税制来征收税赋。其后宋代的"二税"、明代的"一条鞭法"、清代的"摊丁入亩"，都是对唐代两税制的继续和发展。

什么是"徭役"？

徭役是古代政府强制性向人民派遣的军役、劳役等，与赋税共同构成了中国古

经济赋役

代人民的赋役负担。徭役在先秦时已经存在，《诗经》中便有不少以此为题材的诗歌。秦汉之际，形成比较正式的徭役制度。秦时男子满 17 岁，汉时满 23 岁，须在地方和京师各服兵役一年，是为正卒；每个男子一生必须戍边一年，是为戍卒；另外还须再为地方政府服劳役一月，是为更卒。官富人家则可以银抵役。其后历代徭役制度不一。总体上，就形式来说，古代徭役制度沿着一条逐渐货币化的路线演进。唐代中期之后百姓交役钱，国家购买劳力或兵士的形式普遍流行。宋代出现了募役（雇人服役）、助役（津贴应役者）、义役（买田以供役者）等多种形式。到明清之际，因一条鞭法及摊丁入亩政策的实施，百姓基本不再出役，完全由银钱代替。另外，元代曾将大部分徭役专业分拨给一部分人户世代担负，如站户（负担驿站铺马）、猎户、盐户、窑户、矿冶户、运粮船户等；就轻重来说，唐之前徭役比较繁重。唐之后徭役负担相对减轻，尤其明清之际，因徭役货币化，且国家的财政收入重心由人丁转向土地，徭役负担以银钱的方式大部分转移到了富户身上，中下层百姓徭役负担大大减轻。

什么是"钱法"？

钱法是中国古代的货币制度。上古时代人们以贝壳为通行货币，故财、贿、贵、赋等与钱相关的字均从"贝"。春秋时期，金属铸币成为主要货币，除黄金是硬通货可在各国畅行无阻之外，铜币则各国不一，只在本国有效。秦代统一币制，铸两等货币，黄金为上币，单位用"镒"（二十两）；铜钱为下币，重半两。此后，方孔圆形成为我国铜钱的固定形状。因秦钱重，不便使用，汉武帝时，铸五铢钱替代秦钱。五铢钱轻重合宜，自汉到隋基本行用不废。唐代在铜钱上铸"开元通宝"（意为通行宝货）字样，此后，"通宝"成为钱币通称，各代冠以自己的朝代、年号，此即是制钱。唐末，原只作为器饰材料的白银开始进入货币领域，至宋大盛。当时白银以五十两为一锭，俗称"元宝"。至此，金、银、铜三级货币体系正式形成。其中，白银成为最常用的计价单位。明清时期，国家财政都以银两计算，工商赋税也交纳白银。另外，宋代起，已经开始小范围使用纸币，称为"交子"。元代时，曾一度禁止金属货币流通，统一使用纸币，但因通货膨胀而作罢。明清时期，又实施过纸币政策，均不怎么成功。另外，清代也开始模仿西方铸造银元，与银两制并行，一直使用至民国时期。

"一条鞭法"是怎样的赋税制度？

一条鞭法是明代中后期实行的一种赋税制度，初名条编，后因谐音而得此名。明朝中期，由于土地兼并严重，被兼并者交不起赋税，大量逃亡；同时，作为兼并者的官僚地主阶层则瞒报土地，逃避赋税，加上官僚阶层的免役政策，明朝政府的赋税收入逐年下降，出现严重的财政危机。鉴于此，万历朝的内阁首辅张居正改革税制，施行一条鞭法。其内容总体上是将一县的田赋、种类繁多的徭役、杂税合并为一，折成银两，分摊到该县农地上，最后按照拥有农地的亩数来向土地主人收取赋税。这样，国家的财税负担便从中下层百姓转移到了官僚地主阶层，国家的财政收入得以增加，社会矛盾也得到缓和，因此此法被后世认为是挽救了晚明王朝。另外，从税制本身来说，首先，一条鞭法大大简化了赋税征收程序，改良了行政效率；其次，限制了官吏巧立名目加征赋役，减轻了农民负担；最后，首次实行赋税折银的办法，客观上促进了商品经济的发展。并且，以银抵役的做法使农民具有了较大的人身自由，从此，他们可以离开土地，为城市手工业的发展提供劳动力。总体而言，一条鞭法上承唐代"两税制"，下接清雍正的"摊丁入亩"，是我国税制的重大进步。不过一条鞭法以银代粮的做法也带来了农户争相种植经济类作物，导致粮食产量不足的弊端，成为农民起义的诱因。

"黄册"和"鱼鳞册"分别指什么？

黄册和鱼鳞册是明清两代分别用于登记全国人口和田地的档案。明初，由于元末战争中土地文书散失，致使地籍混乱，田赋无准。朱元璋于洪武二十二年（1389年），派官员到各州县查核丈量田地，然后绘制成册，因状如鱼鳞，故名鱼鳞图册。鱼鳞册相当详细，对每块田地都画了形状图，并登记其面积、编号、主人及佃户姓名；此外还有土田纳税等级、买卖情况、分家等引起的土地变化等。鱼鳞册通过对土地的严密控制，有效地防止了隐瞒土地逃避赋税的情况，保证了国家的土地税收。黄册则是与鱼鳞册配套而行的人口登记册，10年编订一次，与鱼鳞册互相印证，一起构成了收受田赋的依据。另外，黄册还用来作为朝廷收受人丁税、定徭役、征兵的重要依据。黄册和鱼鳞册在

清初均得到沿用。康熙七年（1668年）改为每年造送"丁口增减册"，黄册不再修订。鱼鳞册则沿用至清末。

什么叫"摊丁入亩"？

摊丁入亩是清雍正时实行的一种税制改革。其具体做法是一改之前丁银（包括"人头税"、徭役等）和地银（即田赋）分别收取赋税的办法，将丁银摊入地银之中一并收取。这样地多者便需要承担较多的赋税，地少者则赋税较轻。其实质是明代张居正实行的一条鞭法的深化（一条鞭法只是将部分丁银摊入地亩）。摊丁入亩实施的背景是清军入关后，贵族官僚阶层大量兼并土地，出现大量无地少地农民。如此，广大贫民地少人多，丁役负担基本上压在他们身上。鉴于这种情况，康熙晚年时，便在广东实施了摊丁入亩试验，到雍正时，则正式向全国推广。此办法一方面减轻了无地农民的负担；另一方面，田地税赋增重也很大程度上抑制了土地兼并，为清政府保存了一定数目的自耕农，有利于政府财政收入和社会的稳定。值得一提的是，由于摊丁入亩政策取消了"人头税"，广大底层农民生养后代数量快速增长。整个2000多年的封建时代，中国人口数量一直徘徊在2000万～6000万，乾隆时开始突破1亿，道光时则达到4亿。

"木铎"是什么？

商周时期，没有那么多的行政人员。政府需要传达政令时，便由一种叫作遒人的政府官员到民间走街串巷传达，同时官员也顺便采采民风，因此这种官员可谓是兼具上令下达和下情上达两个功能。木铎

是逜人巡行各地随身所带的器具，是一种带木柄的金属铃铛，类似于走街串巷的小贩所拿的拨浪鼓。逜人正是用这个东西将大家召集起来发布政令。因此，木铎经常象征了王道。后来，孔子周游列国时，一个卫国的小地方官因为被孔子的个人魅力所折服，说"天将以夫子为木铎"，意思是将孔子比作上天的代表。从此，木铎便也象征天道。

"大比"和"貌阅"分别指什么？

大比，又叫案比，是中国古代政府为掌握户口数量而设置的一种簿籍登记制度。此制度始于战国时期，秦汉时期进一步完善，每年举行一次。

大比时，以郡县为单位，由地方官吏负责对管辖范围内所有人丁、财产状况进行调查，然后据此造成户籍，上缴中央。其内容包括每户男女人口、姓名、年龄、相貌、财产状况等。此用来作为政府征收贡赋，兴发力役，组织军旅等的基本根据。另外，古代3年一次的科举考试也称为大比。

貌阅往往与大索连称为"大索貌阅"，二者共同构成隋唐时期的户口登记制度，相当于秦汉时期的大比，但稍有区别。大索的目的在于搜索隐匿人口，针对的是民间为少缴赋税而隐匿人丁的现象。而貌阅则重点在于检查年貌形状，针对的是有人本处于成丁之岁，却以诈老、诈小的手段逃避赋役的现象；另外，貌阅也用于核实确认那些身患残疾、疾病的人，并给予免除赋役等政策优惠。

大比和貌阅均是古代政府控制人民，尤其是赋役的主要承担者——丁口的重要手段，是古代政府收受赋税及行政管理的基础。

什么叫"食货"？

食货，是中国古代运用的一个经济范畴，《汉书·食货志》记载："《洪范》八政，一曰食，二曰货。'食'谓农殖嘉谷可食之物，'货'谓布帛可衣及金刀龟贝所以分财布利通有无者也。"大致而言，"食"指的是农业方面，"货"指的是商业方面，而"食货"概指经济领域。自《汉书》开始，历代正史都列有《食货志》，《史记》中没有《食货志》，相关的内容记述于《平准书》和《货殖列传》。《食货志》全面而翔实地记述了各朝的田制、户口、赋役、漕运、仓库、钱法、盐法、杂税、市籴、会计等制度，是了解历代政府的经济政策和当时的社会经济状况最为重要的史料。

"四民分业"是什么？

中国古代的统治者把人民按其职业划分为四类：士农工商。关于四民的划分，最早见于《春秋·谷梁传》，它的排列顺序是士一、商二、农三、工四。这种排列方式并没有高低贵贱之分，而是强调这四种行业同等重要。《管子》也中有"士农工商"一节："士农工商四民者，国之石也。"石是基石，国家的基石的意思。

士指的是知识分子。他们拥有知识和智慧，担任各级官吏，为统治者服务，所以受到统治者的重视。历朝历代的统治者都非常重视士的选拔。农是指农民。长期以来，中国一直是一个农业社会，农业被看作立国之本，是税收的主要来源，农民是徭役的主力。历朝历代的统治者都把农业看作国家的首要大事，农民也非常受重视，中国古代许多政策都是围绕农业和农民来制定的，如制定重农抑商政策。工指的是工匠或手工业者。他们主要为劳动者提供技术服务，也同样受到重视。有的统治者还下令工匠的后代也必须从事工匠的行业，不得转行。商指的是商人。在农业社会里，商人备受轻视，统治者经常制定许多歧视商人的政策，严格限制商人的活动。

"商人"的名称来自商朝吗？

现代社会是个商业社会，各种市场主体生产出商品用以交换。专门从事商业活动的人被称为"商人"，"商业"也成为一个行业的代名词。那么"商人"一词出自何处，与商朝有联系吗？

答案是肯定的。商代由于农业和手工业的发展，社会分工的扩大，出现了专门以从事商业交易为生的人员，被称为"商人"。"商莅翼翼，四方之极"是形容当时商业的盛况。商代出现了许多牵着牛车和乘船从事长途贩运的商贾，到后期，都邑里出现了专门从事各种交易的商贩，姜子牙就曾在朝歌以宰牛为业，还在孟津卖过饭。商代统治者鼓励经商，还修整大路，以利天下物流。

可见，"商人"职业产生于商代后期。武王伐纣后，商朝灭亡。一些商朝遗民没有了生活来源，便以经商为生。这部分人走街串巷，吆喝叫卖。人们听到他们的声音，就知道"商人"来了。据载，西周初期，周成王年幼，管、蔡二叔与纣王之子武庚联兵反叛。周公东征平叛后，将洛阳建为军事要塞，称为"成周"，"成周既成，迁殷顽民。"原来商朝的遗老遗少们被遣送到成周监视起来，这些人丧失了政治权利，又没了土地，只好通过贩卖物品为生，这便是"商人"的来源。

后来人们从商业贸易中发现了利润，很多周人也参与到市货买卖中来。于是，商人的意义泛化，成了一个职业的代称，直到今天我们仍然沿用。

什么是"重农抑商"？

重农抑商，又名崇本抑末政策，为法家首倡，儒家倡导的经济政策。这一政策是自春秋战国以来我国历朝历代一直奉行的基本经济政策。中国封建社会的经济基础是自给自足的小农经济，农业生产直接关系国家兴衰和人民生计，是立国的基础。因此，以农为本、以农立国成为历代统治者的基本治国政策。

从商鞅变法开始，秦国开始实行重农抑商政策，汉朝继承了这一政策，又加以发展。重农的表现为，奖励耕作，兴修水利，劝课农桑，甚至允许"入粟拜爵"。抑商的具体表现为：第一，不许商人穿丝绸衣服，不许乘车或骑马；第二，不许商人购买土地，凡土地和奴婢超过法定数额就要没入官府；第三，不许商人及其子孙做官；第四，商人所纳算赋比一般老百姓要增加一倍；第五，迁徙商人到边远地区戍守。元狩四年（前119年），汉武帝下令征收算缗钱，对商人征收资产税，结果导致很多商人破产。这些政策对打击商人囤积居奇、保障农民利益、恢复社会农业生产起到了积极作用。汉朝重农抑商的经济思想和政策影响深远，一直持续到清末。重农抑商政策对巩固新兴封建财政制

经济赋役

— 83 —

度和发展社会经济起过积极作用，但随着生产力的提高，它的消极影响日益明显，致使中国古代商业发展缓慢。

"均贫富"的内涵是什么？

均贫富，是中国古代的一种分配学说和政治口号，这一提法早在《晏子春秋·问上》中就已出现："其取财也，权有无，均贫富，不以养嗜欲。"这是晏婴对齐景公询问的"古之盛君"的行为准则所做的答复，所谓"权有无"和"均贫富"就是说令有无相平、贫富相均。《论语·季氏第十六》说："有国有家者，不患寡而患不均，不患贫而患不安。盖均无贫，和无寡，安无倾。"这也表达出"均贫富"的思想。但是"均贫富"并不等同"平均主义"，不是说要消灭贫富的差别，而是倡导在对待贫富问题上要均平而公正，无有偏护，不失其分。北宋时期，王小波率先向群众提出"吾疾贫富不均，今为汝均之"的革命口号，自此，"均贫富"成为历代农民起义广泛采用的一项政治号召。太平天国的《天朝田亩制度》所描画的"有田同耕，有饭同食，有衣同穿，有钱同使，无处不均匀，无处不饱暖"的理想就是这一思想的集中体现。在农民运动中，"均贫富"蕴涵着劫富济贫的政治理念，当社会上贫富严重分化之时，这一号召对于异常穷苦的大众来说就成为一种强大的革命动机。

"先富后教"是一种什么样的理念？

先富后教是一种体现经济基础与文化教育之关系的思想理念。依照这一理念，治理国家应当先奠定一定的物质基础，令人民的生活有所保障，然后才可以实行道

德教化。当然"先富后教"并不是说要等物质方面达到相当富裕之后再开始进行精神方面的教导，而是说进行教化要以一定的物质条件作为基础，否则文教当无以立，也就是《管子·牧民》中所说的"仓廪实而知礼节，衣食足而知荣辱"。《论语·子路第十三》记载，孔子到卫国，见到人口已经很多了，冉有问接下来应当做什么，孔子回答说"富之"，冉有再问，孔子又答"教之"。《孟子·梁惠王上》载，孔子曾说："无恒产而有恒心者，惟士为能。若民，则无恒产，因无恒心。苟无恒心。放辟邪侈，无不为已。……是故明君制民之产，必使仰足以事父母，俯足以畜妻子，乐岁终身饱，凶年免于死亡。然后驱而之善，故民之从之也轻。"这段论述可以看作是孔子富而教之思想的诠释，因为人民如果没有一定的经济基础可以依赖，也就意味着没有生活上的保障，常常要面临饥饿和死亡的危险，在这种情况下，哪里还谈得上教之以善呢？

什么是"富民论"？

富民是儒家所主张的经济政策。富民与富国是相对而言的，虽然从长远来看，富民与富国是同步发展的，但是在既定的时期，社会上的财富是有着一定限额的，国家的财富取之于人民，收取得多，人民的财富就相应地少一些；收取得少，人民的财富就会相应地多一些。对这一问题，儒家的看法是"民为邦本"，主张薄赋轻税，而藏富于民。《论语·颜渊第十二》记载，鲁哀公向孔子的弟子有若询问饥荒之年国家的财用不足应当怎么办，有若说为什么不实行什一税呢，也就是说只取

1/10 的赋税。鲁哀公说取 2/10 尚且不够，怎么能再减赋呢，有若说："百姓足，君孰与不足？百姓不足，君孰与足？"意思是，百姓的财用是充足的，国家自然也就会足用，而百姓自身的财用都不足，国家又怎么会足用呢？民用与国用，也就是源与流的关系，源头的供应决定着水流的大小，这也就是富民论的道理所在。

什么是"富国论"？

富国是法家所主张的经济政策，指的是通过各种经济手段来增加国库收入。在先秦时代，富国的主要办法就是增加赋税，也就是说将社会上的财富更多地从百姓手中转移到由国君控制的国库之中。富国的目的有着使国家变得更强盛的一面，但是更多地体现着为君谋利的色彩，是将社会的公产转变为君主的私产。荀子试图将"富国"与"富民"结合起来："足国之道，节用裕民而善臧其余。节用以礼，裕民以政。彼裕民，故多余。裕民则民富，民富则田肥以易，田肥以易则出实百倍。上以法取焉，而以礼节用之，馀若丘山，不时焚烧，无所臧之。夫君子奚患乎无余？故知节用裕民，则必有仁义圣良之名，而且有富厚丘山之积矣。"（《荀子·富国》）荀子所讲的"足国之道"，实际上也还是儒家的"富民"思想，只不过是将富民与富国更进一步地联系起来，但是依然强调富民是富国的基础，主张民裕则国馀，这也是历朝历代多数统治者所遵法的基本理念。

"恒产论"是谁的治国理念？

恒产论是孟子所主张的治国理念，所谓"恒产"，指的就是可以固定占有和长久依赖的财产。关于恒产，孟子曾有这样的论述："民之为道也，有恒产者有恒心，无恒产者无恒心。苟无恒心，放辟邪侈，无不为已。"又说："是故明君制民之产，必使仰足以事父母，俯足以畜妻子，乐岁终身饱，凶年免于死亡。然后驱而之善，故民之从之也轻。今也制民之产，仰不足以事父母，俯不足以畜妻子，乐岁终身苦，凶年不免于死亡。此惟救死而恐不赡，奚暇治礼义哉？"孟子的观点就是，只有当人民的生活有了基本保障之后，才谈得上礼义道德，才讲得起风俗教化，民有恒产，是国家兴旺发达的基础。

什么是"崇富论"？

崇富论是司马迁在《史记·货殖列传》中所阐扬的贫富观念，他断言："富者，人之情性，所不学而俱欲者也。"也就是说求富是人之所共欲，是人的本性。在这篇列传中，司马迁记载了范蠡、子贡、白圭、猗顿等豪富之士，称这些人物"无秩禄之奉、爵邑之入，而乐与之比，命曰'素封'"，意为这些名商大贾虽然没有王侯的封爵，但是其享有的富贵可与之相埒，所以叫作"素封"。司马迁不仅对那些凭借自身能力成为名扬天下的富商巨贾者极为推崇，同时也认为如果人们不能依靠自己的努力去摆脱贫贱的处境是羞耻的。

什么是"限田论"？

限田论是一种抑制土地兼并的主张。秦汉之后，土地转归私有，买卖土地也就是一种自由合法的行为，于是一些富户豪强依据既有的政治和经济优势，占有的土地越来越多，导致贫富分化变得越来越严重，这成为诱发社会动荡的一个主要因

经济赋役

素。汉武帝时，土地兼并的状况已经发展得极为严重，"贫民常衣牛马之衣，而食大彘之食。重以贪暴之吏，刑戮妄加，民愁亡聊，亡逃山林，转为盗贼，赭衣半道，断狱岁以千万数"。地主、官僚和广大农民之间的矛盾十分尖锐，国家潜伏着很大的危机，于是董仲舒提出限田的建议。但是董仲舒并没有讲述具体的措施，也没有实行。汉哀帝时期，师丹和孔光又提出限田的建议，并提出了具体的限田标准，规定贵族、官吏及一般地主占田不得超过三千亩，占有奴婢分别限于 200 人、100 人和 30 人。这是政府第一次发布限田令，然而由于贵族和官僚们的极力反对，这项法令也未能实行。以后虽然也有人提议限田，但是因为触犯了社会统治阶级的利益，一般也都仅仅限于空文。

"抱道贸禄" 是什么意思？

抱道贸禄，是王充在《论衡·量知》中提出的观点，意为儒士用自己的知识才学来博得功勋利禄，如同"抱布贸丝，交易有亡，各得所愿"。虽然历代不乏淡泊名利、无心于官场的隐逸之士，但是儒士的主流还是以"学而优则仕"为正途的。格物致知修身者，指向的是齐家治国平天下，独善其身者为穷，兼济天下者方为达，而欲兼济天下，就需要获得一定的政治地位。这种政治资源又是掌握在帝王手中的，儒士就是要用自己的知识资本来向帝王换取政治资本，这体现的也是一种交换关系。

"国家度支" 指的是什么？

度支原义是量入为出，引申为经济的筹划和统计，国家度支即相当于现代的国家预算。魏文帝曹丕时期开始设立度支尚书，负责掌管全国财赋的统计与支调。

两晋南北朝时，度支尚书领度支（掌管财政预算）、金部（掌管货币收支）、仓部（掌管仓库贮积）和起部（掌管工程营造）四曹。

隋文帝开皇三年（583 年）开始实行六部制，原度支尚书转为民部尚书。唐高宗即位后，为避太宗李世民的名讳而将民部改称为户部，下有度支郎中。宋代，度支使与户部使、盐铁使总领全国财赋，合称"三司使"。元明两代不设三司，相关事权归属户部。清光绪三十二年（1906 年）实行部院改革，户部改为度支部，其长官称为度支大臣、副大臣。

"市舶司" 是什么机构？

市舶司是我国古代在沿海城市设立的负责外贸事宜的官署，相当于现在的海关。我国汉代时，在开通丝绸之路的同时，也以广州为口岸，进行海上对外贸易。经魏晋南北朝及隋到唐代时，我国的海上对外贸易已相当繁荣。朝廷于是在广州、扬州等口岸设专职官员市舶使，负责检查出入口市舶（商船），并征收商税，同时对于一些珍贵商品则实行政府垄断。宋代，市舶使发展成为一个专门官署市舶司，朝廷在广州、密州（今山东胶县）、秀州（今上海淞江县）、杭州等地均设此官署。个体商户须经市舶司颁发许可证方可出海。元朝统治者本身的外向性使海上贸易空前发展，明代商人更是沿着郑和开辟的新航线将生意越做越大，因此元明时期市舶司一直存在。清初一度实行禁海政策，康熙时解禁，在广州、宁波、漳州、

南都繁会图 明

此图描绘了明中叶南京都市繁华的景象。

云台山（连云港）四处设口通商，并配套设立粤、闽、浙、江四海关，行使原来的市舶司职能。乾隆时仅留广州一口通商。鸦片战争后，设税务司、总税务司管理海关诸事，大权却落入洋人之手。

中国古代兴建的水利工程有哪些？

中国广袤的疆域上分布着数量众多的江河湖泊，兴修水利也成为社会生活中的一项重要事业。古代的水利工程基本上可以分为 3 个方面，即防洪、灌溉和航运。防洪工程可以追溯到鲧、禹时期。中国古代防洪的代表性成就体现在黄河的治理上，在春秋、战国时代，黄河流域的各诸侯国就已经纷纷修建了堤防，至秦汉时期更是建立了完整的黄河堤防系统，到明朝后期，在黄河下游形成了有闸、坝、涵等多种设施相配套的古代历史上最为庞大和复杂、也是最为坚固和完善的堤防体系。而灌溉技术也在原始社会末期即为人们所掌握，到周朝的时候，水利灌溉已经应用得非常普遍，技术也已经发展得较为成熟。楚国令尹孙叔敖于楚庄王十七年（前597年）前后在安丰（今安徽寿县境内）主持兴办了中国最早的蓄水灌溉工程——芍陂。芍陂的修建使得安丰一带的粮食产

量大增，为楚庄王的称霸提供了有力的经济支持。战国时期魏国西门豹在邺开引漳十二渠，使得漳河两岸成为膏腴之地，这对当时魏国的强大起到了很大的促进作用。秦昭王时期，蜀郡郡守李冰主持建设的都江堰水利工程更是令水旱灾害频发的成都平原变为沃野千里的"天府之国"，使得秦国的粮食有了充足的供应，秦国也正是凭借巴蜀和关中地区得力的水利灌溉工程而奠定了厚实的经济基础，从而能够"奋六世之余烈"，最终完成了统一大业。在航运方面，春秋时期就已经有了修建人工运河的记载，当年吴王夫差为了北上争霸而开凿了邗沟，创造了一条运送军队和粮食的便利水道。魏惠王十年（前360年）开始兴建的鸿沟连通了黄河和淮河水系。秦朝开凿的灵渠又沟通了长江和珠江水系。汉朝最为重要的水利工程之一是开通了灵渠——一条长三百余里、将都城长安与黄河水道相连接的人工运河。灵渠修建之后长期发挥着重要的运输作用，一直使用到唐朝。隋炀帝时期，兴建了史上规模空前的河运工程——将海河、黄河、淮河、长江和钱塘江五大水系联络在一个水运网中的南北大运河。元朝又将已有的水渠进一步扩建为京杭大运河。大运河连通了国家的政治中心和经济中心，不仅使得京都地区获得了充足的物质供应，也加强了中央对于地方的控制，同时也繁荣了南北的经济和文化交流，在中华民族的发展史上具有极其重要的意义。

古人在治河上有哪些功绩？

治河，在中国古代特指对黄河的治理。黄河流域是中国古代的统治中心，河

经济赋役

患的治理是一件关系国计民生的重大事情，因此历代政府对于治河都极为重视。春秋战国时期，黄河流域被划割为多个诸侯国管辖，各国都设有水官、水工等负责治河、开渠的事宜，而各国为了自身的利益，纷纷以邻为壑，自筹一方，黄河的统一管理根本无从谈起，诸侯间以水代兵的事件屡屡发生，造成了严重的人为河患。秦始皇统一全国后，黄河的统一治理有了政治上的保证，秦朝在中央设立了全国性的水政管理机构。

汉朝对黄河的治理更加重视，汉武帝曾亲临瓠子（今河南濮阳西南）指挥黄河堵口，并且增设了都水使者、河堤使者等，加强了治河的力量。汉成帝始建四年（公元前 29 年），又设立了治河专官。魏晋以来，虽然继承了汉朝的体制，但是黄河流域政局动荡，战乱频仍，治河工作受到严重的削弱，相关机构大为减少，治河官员甚至一度仅剩下一个人。直到隋朝统一，水患仍不断发生。唐朝长期的和平稳定为治河事业的发展提供了强有力的保障，治河管理大为加强。五代时期，黄河水患频繁，治河机构虽略有加强，但是由于割裂的政治局面，战争又成为频发事件，而以水制敌的手段常为所用，人为决口水长、丞，专管水治。北宋时期，河患加剧，治河机构也更加扩大，在黄河下游形成了专职河官与地方河官相结合的河防体系，而都水监也几乎成了为黄河专设的机构。金朝治河机构效仿北宋，当时共有河防兵一万两千人，为治水提供了坚实的人力保证。金章宗泰和二年（1202 年），颁布了《河防令》，进一步加强了黄河下游地段的河防修守体制。元朝在都水监之外，另设河道提举司，专管治理黄河，还设置了山东、河南都水监，专门负责黄河的疏堵，又设立了宁夏灌区管理机构。虽然这一时期的黄河治理开发在机构上得到加强，但是由于统治者的实际重视不够，河务工作反而变得松弛。明朝的治河机构有了很大的发展，而保漕成为治河的一个基本思想。成化七年（1471 年），开始常设总理河道，同时，形成了总理河道、各司道管河官、各州县管河官这样一套从中央到地方的垂直系统，这使治河组织和修防管理制度进一步完善。清代，河患频繁，康熙执政的前 15 年，黄河下游几乎年年决溢，于是康熙皇帝把"削藩、河务、清运"列为必须亲自过问的 3 件大事，而治河机构也在明朝体制的基础上又有了进一步的发展，河官的地位和待遇得以提高，河道总督隶属工部，但可直接授命于朝廷。雍正七年（1729 年），又分设江南河道总督，由河东河道总督管理，河道总督下设文、武两个机构。文职管河道，设道员，以下由同知、通判担任，再下有州同、州判、县丞、主簿、巡检各官阶；武职负责修守堤防，由参将、游击统领各河防营，河防营的长官为守备，下有把总、千总等武官，每营有数百河防兵，常年驻守在险工段负责修防。由此，清朝建立了中国古代最为严密的河防制度。

什么是"漕运"？

漕运，即利用水道转运粮食，特指中国历代封建王朝为了供给宫廷消费、百官俸禄、军饷开支和民食调剂而将征自田赋的部分粮食运往京师或其他指定地点的经济调遣。这种粮食称为漕粮，运输的方式包括河运和海运，而在水道不通处，也辅以陆运，狭义的漕运仅指通过运河并沟通天然河道转运漕粮的河运而言。秦始皇北征匈奴时，曾自山东沿海一带运军粮往北河（今内蒙古乌加河一带），这可以看作是历史上最早的漕运。西汉开始，漕运变成国家的一项固定的经济制度，每年都将黄河流域所征的粮食运往关中，也就是都城长安地区。然而漕运路途遥远，又要经过三门峡河险，耗费巨大。汉武帝元光六年（前129年），根据大农令郑当时的建议，用3年时间，沿秦岭北麓开凿了与渭河平行的人工运河漕渠，使潼关到长安的水路运输的路程和时间大为缩短，而沿渠的民田也能借此得到灌溉之利。东汉建都洛阳，漕运路程较近，又不需经过河险，在很大程度上减缓了漕运的困难。隋代在自东向西调运漕粮之外，还从长江流域征粮调往北方，隋炀帝动员大量人力开凿通济渠，联结了黄河、淮河与长江三大水系，形成了沟通南北的新的漕运通道，也奠定了后世作为漕运主渠的大运河的基础。此后历代也都很重视漕运，疏浚了南粮北调所需的水路网道，并且建立了漕运仓储制度。清咸丰五年（1855年），黄河改道，运河淤塞，漕运开始越来越艰难，同时随着商品经济的发展，漕运也逐渐变得不再是必需之举。光绪二十七年（1901年），清政府停止了漕运。历代漕运保证了京师和北方军民粮食的需求，有利于经济的发展和政治的稳定，但是辛苦的徭役和高昂的运费也给人民带来了沉重的负担。

古代描绘农业生产的名画《耕织图》绘于何时？

《耕织图》是我国古代描绘农业生产活动的名画。现存大量彩绘和临摹本，详细刻画了我国小农经济时代男耕女织的社会生活场景。那么《耕织图》是什么时候绘制的呢？

《耕织图》最早产生于南宋，刘松年和楼俦都曾画过《耕织图》。作品得到了历代帝王的推崇和认可。天子三推，皇后亲蚕，男耕女织，这是中国古代农业社会的典型写照。楼俦在任于潜令时，绘制《耕织图诗》45幅，包括耕图21幅、织图24幅。

清朝康熙南巡，见到《耕织图诗》后，感慨农民生活的艰辛，传命内廷供奉焦秉贞在楼绘基础上，重新绘制，计有耕图和织图各23幅，并每幅制诗一章。焦绘耕织图令康熙皇帝龙颜大悦，加盖自己的大印，并令广为印制，赐给手下诸大臣。

《耕织图》是我国古代农业社会的缩影。由于其"图绘以尽其状，诗文以尽其情"，形象生动、细腻地描绘了劳动者耕作与蚕织的场景和详细的生产过程，所以起到了普及农业生产知识，促进社会生产力发展的巨大作用，其本身也是极其珍贵的艺术瑰宝。

教育科举

古代的学制是怎样的?

学制即学校的教育制度，涉及学校的性质、培养目标、入学条件、修业年限等各个方面。夏商时期，已经有了官立的学校，当时称为序或庠，到西周时期，学校的建制已经较为发达，《礼记·学记》记载："比年入学，中年考核。一年视离经辩志，三年视敬业乐群，五年视博习亲师，七年视论学取友，谓之小成；九年知类通达，强立而不反，谓之大成。"意思是讲，每年入学一次，隔年考核一次。1 年考察辨明志向，3 年考察是否专心和亲近同学，5 年考察是否博学和亲近师长，7 年考察是否有独立见解和择友能力，这些都达到了，就是小成，意味着已经掌握了基本的知识和技能；如果到 9 年的时候可以做到触类旁通，坚强独立而不违背师训，就是大成，意味着学业已经达到了成熟的水平。

西汉武帝时设立太学，是中国古代学制的一项重要进步。太学并无明确的学习年限规定，但考试十分严格，西汉时每年考核一次，方式是"设科射策"，相当于今天的抽签答问，东汉中期改为每两年考核一次，通过者就授予官职，否则留下继续学习。

隋唐时期的官学开始对学生年龄和学习年限做出明确规定，例如律学招收学生的年龄当在 18 到 25 岁之间，学习年限为 6 年，考试分"旬考""岁考""毕业考" 3 种，旬考内容为十日之内所学课程，不及格者有罚；岁考内容为一年之内所学课程，不及格者留级；毕业考及格则取得科举资格，否则勒令退学。

北宋王安石在太学实行"三舍法"，即将生员分为外舍、内舍和上舍三个等级，生员必须依照学业程度，通过考核，依次晋升。

元代又将学生分为三等六斋，通过考核积分逐级升斋。

明代沿用了元代的积分制，入国子监就读的学生必须先入低级班，一年半以后，学业通过者升中级班，再过一年半，"经史兼通，文理俱优"者升入高级班，而后采用积分制，按月考试，一年积满八分为及格，这样就可以待补为官。

到了清代，积分制已有名无实，毕业时间全凭年限来计。

隋唐之后，科举制度与教育制度相结合，虽然科举制度有着积极的一面，但是也存在着严重的消极因素，使得教育成为科举的附庸，影响了社会和学校对人才的更为科学和全面的培养。

什么是"官学"？

官学即由官府兴办的学校，包括中央官学和地方官学。早在夏商时期，官学即已出现，并且在西周之前，各级学校全都是由官府创建的，位于国都的叫作"国学"，其他地方的则叫作"乡学"，当时只有贵族子弟才有接受教育的权利。汉武帝时期设立太学，是中国古代官学体系的一次重大变革，自此经学成为官学教育的主导内容，而培养官员则成为官学教育的主要目的。晋武帝时期又设立国子学，后来称为国子监。太学和国子监作为中央官学和国家的最高学府，在中国古代教育史上长期发挥着极为重要的作用。在最高学府之外，官学还包括专科学校和贵族学校，专科学校教授专门的知识和技艺，诸如史学、文学、书学、算学、律学、医学、画学、武学等，贵族学校则是严格以贵族子弟为教育对象，不面向普通的社会成员开放。完善的地方官学体系是在汉代建立起来的，汉平帝元始三年（3年）规定：郡国曰学；县、道、邑、侯国曰校；乡曰庠；聚曰序。此后，郡国学校得以普遍建立，官学和私学交织发展，形成了"学校如林，庠序盈门"的繁荣景象。

"六艺"指的是哪六项才能？

"六艺"，即礼、乐、射、御、书、数，是中国古代教育中要求学生掌握的6种基本的才能。"六艺"的提法最早见于《周礼·保氏》："养国子以道，乃教之六艺：一曰五礼，二曰六乐，三曰五射，四曰五驭，五曰六书，六曰九数。"礼，即礼节，"五礼"指的是吉礼、凶礼、军礼、宾礼和嘉礼；乐，即音乐，"六乐"指的是云门、大咸、大韶、大夏、大濩和大武等古乐；射，即射箭，"五射"指的是五种具体的箭法，分别为白矢、参连、剡注、襄尺和井仪；御，即驾驭马车，"五驭（御）"指的是五种具体的驾车技艺，分别为鸣和鸾、逐水曲、过君表、舞交衢和逐禽左；书，包括识字和书法，"六书"指的是象形、指事、会意、形声、转注和假借；数，即算术，"九数"指的是九九乘法表。

"孔门四科"都包括什么？

"孔门四科"，意为孔子所传授的4门学术，指的是德行、言语、政事和文学，相关的记述见于《论语·先进第十一》："子曰：'从我于陈、蔡者，皆不及门也。德行：颜渊、闵子骞、冉伯牛、仲弓；言语：宰我、子贡；政事：冉有、季路；文学：子游、子夏。'"孔子在此分别举出了4个学科门类之下最为优秀的学生。唐代开始，"孔门四科"的提法逐渐受到学者的重视。明清时期，"孔门四科"演变为"儒学四门"——义理、辞章、经济和考据。

"孔门十哲"指的是哪十位贤哲？

"孔门十哲"指孔子弟子中最优秀的10位贤哲，指的是子渊、子骞、伯牛、仲弓、子我、子贡、子有、子路、子游、子夏。"孔门十哲"这种说法的依据为《论语·先进第十一》所记载的孔子的一段话："从我于陈、蔡者，皆不及门也。德行：颜渊、闵子骞、冉伯牛、仲弓；言语：宰我、子贡；政事：冉有、季路；文学：子游、子夏。"孔子说的是跟随自己在陈国、蔡国经历困苦的人现在都不在身

教育科举

边了，表达了对这些学生思念的情感，然后分为几个方面叙述了这些学生的长处之所在，列举出了这 10 人。颜渊，就是颜回，字子渊，是孔子最为欣赏的学生，才学品性俱为优好，出身贫贱，不幸早亡；闵子骞，即闵损，以德行著称，洁身自守，坚持不仕；冉伯牛，名耕，不幸染恶疾，令孔子十分感叹；仲弓，即冉雍，出身微贫，父亲行为不端，因而受人轻视，孔子为其辩护，他的宽宏厚重的品性很为孔子称赞；宰我，即宰予，字子我，曾提倡缩短 3 年守丧的期限，受到孔子的谴责，因为善言辞，孔子曾派他出使齐、楚等国；子贡，即端木赐，长于雄辩，精于处世，是春秋时期著名的富商，子贡曾为孔子守墓 6 年，体现出非同寻常的师生情谊；冉有，即冉求，字子有，生性谦谨，具有出色的政治和军事才能，曾因为帮助季康子聚敛民财而受到孔子的严厉批评；季路，即仲由，字子路，因曾担任季氏的家臣，所以也被称为季路，出身贫苦，性格豪爽，为人耿直，勇力超拔，在卫国的内讧中被杀；子游，即言偃，在鲁国的武城为官时倡行礼乐，深为孔子赞佩；子夏，即卜商，才思敏捷，经常与孔子讨论文学，时有不凡的创见，在孔子身后，儒家的许多经典都是通过子夏传授下来的。

古代的"私学"发展情况怎样？

私学即古代的私立学校。西周之前，教育是贵族阶层的专利，学校也全是由官方兴办的，到春秋时期，原来的一些贵族子弟由于代际的递变而降为士乃至平民，其中的一部分人开始在民间授徒讲学，开创了私学的风气。孔子对私学的发展做出了重大的贡献，使得私学真正地能够与官学相抗衡，在社会上产生了巨大而深远的影响。战国时期，私家授学更是极为普遍，呈现出百家争鸣的繁荣局面。秦王朝统一之后，开始禁止私学，汉代以后，随着政治与文化大一统的实现，官学获得空前的发展，同时民间私学也逐渐恢复，再度兴盛起来，但已失去先秦时期所具有的那种自由的学术和思想氛围，教育内容也与官学趋同。两宋时期，书院兴起，私学显现出新的景象，教学方式变得灵活起来，教学内容也更为丰富，但是元代之后，书院也趋于官方化，失去了原有的活力。至于广泛存在的私塾，则普遍传授的是启蒙阶段的教育。总体来看，自秦汉以来，私学主要承担的是作为官学之辅助的角色，尽管如此，私学对古代社会的发展仍然发挥了巨大的作用，与官学相辅相成，共同建构了中国古代的教育体系。

太学经历了怎样的变迁？

"太学"之名出现于西周，在周代是教育王室和贵族子弟的场所。汉武帝时，董仲舒提出"兴太学，置明师，以养天下之士"的建议，于是建元六年（公元前135 年），作为国家最高教育机构的太学正式设立。太学在最初建立时规模很小，仅有博士弟子（即太学生）几十人，后来规模不断扩大，以至有数万人之众。汉末董卓之乱中，太学被毁，曹丕称帝后，恢复了太学。晋武帝时再度大规模地扩张太学，一时人数又达万余，但是西晋迅即灭亡，太学再次被毁。十六国时期，虽然也曾设置太学，但是政治环境动荡无序，太学并不能够进行正常运转。

及至北魏孝文帝迁都洛阳后重建太学，太学方才出现复兴的局面，然则北魏分裂后，太学又一次走向衰落。

到唐代统一之后，太学才又获得了良好的发展条件，体制和规模逐渐趋于完备。唐宋两代可谓是太学的极盛时期，南宋灭亡后，太学被废，国子监成为元、明、清三代的国家最高教育机构。

"国子监"是什么机构？

国子监是中国古代的中央最高学府和教育管理机构。晋武帝咸宁四年（278年），始立国子学，设国子祭酒和博士各一员，掌管教导诸生（即经过考试录取的生员）。北齐改国子学为国子寺。隋文帝时，复改寺为学，不久又废国子学，仅立太学，免除祭酒，设太学博士，总领学事。隋炀帝即位后改太学为国子监，复置祭酒，这一体制在后代沿袭下来。唐宋时期，国子监作为国家的教育管理机构，统辖国子学（与太学的区别是，国子学专以高级统治者之子弟为教育对象）、太学、四门学（四门小学，因初设于京师四门而得名）、律学（法令之学）、书学（书法之学）和算学，以及弘文馆和崇文馆（负责收藏和校理书籍）。在国子监学习的人叫监生。国子监一般仅设于京师，但也偶有例外，唐高宗龙朔二年（662年），又在东都洛阳设立了一个国子监，与长安国子监合称"两监"。明成祖北迁后，南京国子监仍保留，这样在明代就有北京和南京两处国子监。清末改革学制，国子监在光绪三十二年（1906年）并入新设立的学部，结束了长达1600余年的发展历程。

"稷下学宫"指的是什么？

稷下学宫是战国时期位于齐国都城临淄稷门之旁的讲学场所，设立于齐桓公田午时期，齐威王即位后，为了选贤任能与革新政治，扩大了学宫的建设，齐宣王时期，学宫趋于鼎盛，到齐国末代国君田建的时候，走向衰落，并随着齐国的灭亡而一同消失。稷下学宫广泛招徕天下贤士，容纳不同的学派，学术气氛非常浓厚，一时尊为闻名列国的文化圣地，孟子和荀子都曾任职于此。稷下学宫于存在的150年里，为战国时期学术思想的繁荣发展做出了重要贡献。

"鸿都门学"指的是什么？

鸿都门学创立于东汉灵帝光和元年（178年），因校址设在洛阳鸿都门而得名，是中国最早的高等专科学校，以文学艺术为教学内容，开设辞赋、小说、尺牍、字画等课程，打破了学校专习儒家经典的惯例。鸿都门学是宦官集团与士族阶层进行政治斗争的产物，当时，作为最高学府的太学为士族所占据，宦官为了扩大自身的影响，培养拥护自己的知识分子和官员，凭借灵帝喜好文学艺术的有利条件，创建了鸿都门学，学生由州、郡三公择优选送，多数是社会地位不高的平民子弟，这些人入学后得到特别的优待，很多学员毕业后都得以高官厚禄。鸿都门学在繁盛之时成员多达千人，但是由于遭到士族的强力反对，加之遭受黄巾农民起义的打击，随着汉王朝的没落而迅速消亡。

"翰林院"是什么机构？

翰林院听上去像个学术机构，实际上是个官署，这个官署可以说在其存在的历代都是清贵之所。翰林院初建于唐代，最有学问者方有资格入中，称为翰林官，简称翰林。翰林刚开始只是作为皇帝顾问，后在皇帝身边待多了，权力也逐渐大起来。安史之乱后，翰林学士作为皇帝信得过的近臣，逐渐开始分割宰相之权，乃至后来的宰相经常从翰林学士中挑选。唐后，有时名称小有变动，翰林院这个机构本身为历代所沿设。宋代设学士院，也称翰林学士院。翰林学士充皇帝顾问，宰相多从翰林学士中遴选。明代翰林院虽名义上仅是五品衙门，其权力却发展至顶峰，尤其由翰林学士入值的文渊阁，是明朝的权力枢纽机构，其头目内阁首辅则是事实上的宰相。清代翰林院同样是人人想进的清贵之所，翰林不仅升迁较他官容易，而且由于经常主持科举考试，得以收取天下士子为门生，文脉与人脉交织，其影响延至各个领域。因此，翰林院可以说是古代政府中学问与权势都达到顶点的一个机构，翰林也就是传统社会中层次最高的士人群体，能入院者首先是一种荣耀。鉴于翰林院的特殊地位，因此历代能入院者都是当时饱学之儒，年轻后进则至少要进士资格才能入内。明代定制，状元、榜眼、探花可直接入翰林院，其他进士则要经过考察方可入内。

什么是"洋务学堂"？

洋务学堂是清末洋务运动中为培养新的实用人才而创办的以学习西方科技文化为主的新式学堂。它的出现标志着中国在与西方文化全面接触后所发生的第一次具有现代化意义的教育改革，完成了中国近代教育价值观念的转变，由此开启了中国

大规模学习西方的热潮。一般认为，创办于 1862 年的京师同文馆是第一所洋务学堂，而其发展历史则在中日甲午战争后随着洋务运动的结束而一同终结。洋务学堂将"中学为体，西学为用"作为主导思想，其类别大体包括外国语学堂、军事学堂、技术学堂 3 种，前后共创办了二三十所。由于管理体制的落后、文化观念的保守、官员的腐败以及帝国主义对中国发展的遏制等因素，洋务学堂发展缓慢，并未引领中国走向富强。尽管如此，洋务学堂在 40 年的发展历程中还是做出了相当的历史贡献，更新了陈旧的教育思想，培养了中国最早的科技和外语人才，对清末的戊戌维新和科举制的废除等重要变革也都产生了积极的影响。

"同文馆"是怎样的教育机构？

同文馆是中国最早专门培养翻译人才的教育机构，同时也从事翻译和出版方面的工作，清同治元年（1862 年）创立于北京，亦称京师同文馆，隶属于总理衙门，设管理大臣、专管大臣、提调、帮提调及总教习、副教习等职，由英国人赫德任监察官，并实际操纵馆务。同治八年（1869 年），美国传教士丁韪良开始担任总教习，占据此职达 25 年之久。同文馆最初设英文、法文和俄文三班，后来陆续增加德文、日文、天文、算学等班，招生对象开始限于 14 岁以下的八旗子弟，第一批入学者仅 10 人，以后扩大招收年龄较大的八旗子弟和汉族学生，入学学生逐年增多，其后只招收正途人员，即科举出身的举人、进士和五品以下的京外官员，且年龄均在 30 岁以下，学生毕业后大多

担任政府译员、外交官员、洋务机构官员、学堂教习等。

同文馆是清政府开办的采用班级授课制的第一所洋务学堂，在教学之外，还附设有翻译处和印书处。光绪二十五年（1900年），因八国联军入侵，同文馆停办，两年后，并入京师大学堂。

"通儒院"是怎样的机构？

通儒院，是清末计划设立的培养高级人才的教育机构，相当于后来的研究生院。1903年，清政府颁布《奏定大学堂章程》，为了更好地实现造就通才的办学宗旨，提出将京师大学堂原拟的大学院改为通儒院，并且在一系列具体方面做了详细规定。

通儒院的招生对象为大学毕业生，以发明创新为培养目标，学制五年，学员不上课堂，而以研究为务，毕业时不进行考试，而是以研究成果来评定，毕业生给予较优的官员品级。但是通儒院在实际创办之前，清王朝就先灭亡了。

"京师大学堂"是大学吗？

1898年6月11日，光绪皇帝在《明定国是诏》中强调："京师大学堂为各行省之倡，尤应首先举办，著军机大臣，总理各国事务大臣，会同妥速议奏……以期人才辈出，共济时艰。"7月3日，光绪批准了由梁启超起草的《奏拟京师大学堂章程》，并且派任孙家鼐管理大学堂事务，原来的官书局和译书局均并入大学堂。根据章程，京师大学堂不仅是全国的最高学府，而且也是全国教育的最高行政管理机关，各省学堂都归大学堂管辖。9月26日，即戊戌政变后的第五天，慈禧太后颁

布谕旨，以"大学堂为培植人才之地"而准予继续兴办，京师大学堂成为变法维新得以保留的唯一成果。年底，大学堂正式开课，有诗、书、易、礼四堂和春秋二堂，教育内容并不具备维新的色彩。1900年，八国联军入侵北京，京师大学堂遭到破坏，暂时停办。1902年，大学堂恢复，进行革新，设预备科、大学专门分科和大学院三级。预备科分为政科和艺科，分别相当于现今的理科和文科，学制为3年，毕业后可升入大学专门分科，并给予举人出身资格。大学专门分科相当于后来的大学本科，共设政治、文学、格致、农业、工艺、商务和医术七科，学制3～4年，毕业后可升入大学院（相当于后来的研究生院）深造，并给予进士出身。大学堂另设速成科，分仕学、师范两馆，学制3～4年，毕业后可任初级官吏或学堂教习。同年，京师同文馆并入京师大学堂。1903年，大学堂创办进士馆、译学馆和医学实业馆，并增设经济科。辛亥革命后，京师大学堂改名为北京大学。

古代的"学位"是怎样的？

学位，是标志被授予者的受教育程度和学术水平达到规定标准的学术称号。中国正式的学位制度是在近代才形成的，但是古代的科举制与近现代的学位制在形式上有一定的相似之处。

隋唐时期开始实行科举制，进行分科考试，其中以进士科最为重要。宋代的科举制度进一步完善，出现了解试、省试和殿试3个层级的考试。明清两代继承了宋代的体制，正式的3级考试为院试一级、

选科而考（常举）

明经（考儒家经典）、进士（对策和诗赋）、明法（考律令）、明算（考数学）等。武则天时创立武举。

进士及第

取得做官的资格，除武举成绩优异者直接得官外，其余需参加吏部考试。

参加尚书省吏部考试，是为铨选，又称释褐试。惟五品以上官不用参加吏部铨选，由宰相提名，再由皇帝任命。

吏部考试及第者授以六品以下官，否则放回待选。

隋唐科举考试程序

乡试一级、会试与殿试一级。院试是县、府一级的考试，及格者称生员，俗称秀才。乡试是省级的考试，3 年举行一次，因举行时间在秋天（八月），又称"秋闱"，通过者称举人，举人即具备了做官的资格。会试和殿试是国家级的考试，会试在乡试之后的第二年春天举行，因而也称"春闱"，考中者为"贡士"，第一名称"会元"。殿试由皇帝亲自主持，殿试及第者称为进士，进士又分为三甲，第一甲 3 名，依次称为状元、榜眼、探花，赐进士及第，第二甲和第三甲名额不确，分别赐进士出身和同进士出身，第一名称为传胪（后来只二甲第一名称为传胪）。一般殿试只对贡士定出名次，也就是说参加殿试的贡士通常都能够成为进士，实际上同进士出身就相当于殿试中的落第者。这样，秀才、举人和进士就相当于中国古代的三等基本学位，但是这种区分更主要的是与政治资格相联系的。光绪二十八年（1902年）颁布的《钦定学堂章程》所规定的"附生、贡生、举人、进士"四级学位可以看作是中国最早的正式学位制度。1935年，南京国民政府颁布《学位授予法》，仿效欧美，规定了学士、硕士、博士三级学位制度。

"书院制度"的形成发展情况如何？

书院起源于唐代，兴盛于宋代，集教学、研究和藏书功能于一体，是中国古代教育史和学术史上具有重要地位的教育组织形式。唐玄宗开元六年，将乾元院改为丽正修书院，集中进行修书和讲学活动，这被认为是书院的起始。唐末和五代期间，战乱频仍，官学衰败，许多读书人避居山林，模仿佛教的禅林讲经制度而创立书院，这为宋代书院制度的盛行奠定了基础。历史上最为知名的白鹿洞书院、石鼓书院、应天府书院和岳麓书院这四大书院都形成于北宋时期，在此之外，嵩阳书院、茅山书院等也都曾在当时产生了很大的影响。南宋时期书院的繁盛不亚于北宋，丽泽书院、象山书院等都颇为著名。书院最初大多为私人设立，后来官府设立的书院逐渐增多，到元代，各路、州、府都设有书院，使得书院变成一种类似于学校的体制。明代初年书院一度低落，而随着官学的衰退，书院又复兴起来，以无锡的东林书院影响最大。清代前期对书院采取限制的政策，后来转而提倡，但是清代的书院具有明显的官方色彩。清代后期，以两湖的书院最为兴盛。光绪二十七年（1901 年），诏令书院改为学堂，书院的历史就此结束。

中国古代"四大书院"都在哪里？

"四大书院"指中国古代历史上最为著名的白鹿洞书院、石鼓书院、应天府书院和岳麓书院。白鹿洞书院位于江西庐山五老峰南麓的山谷中，始建于唐代，李渤（公元773~831年）任江州刺史期间，在旧日隐居的地方广植花木，增设台榭、宅舍和书院，这就是白鹿洞书院的由来。书院的得名是因为李渤青年时期在此读书时曾养过一只白鹿，所以他读书的地方被称为白鹿洞。

南唐升元四年（940年），白鹿洞建立学馆，称"庐山国学"，这是一所类于金陵国子监的高等学府。北宋初年，江州的乡贤明起等在白鹿洞正式创办"白鹿洞书院"，但不久即废，直到著名学者朱熹重修书院并主持书院的建设，白鹿洞书院才开始闻名四方。

石鼓书院位于湖南衡阳北面的石鼓山，唐宪宗元和年间（806~820年），李宽始在此地建庐读书，宋太宗于太平兴国二年（977年）赐"石鼓书院"的匾额，但是20年后此地才正式建立书院。宋仁宗景祐二年（1035年），石鼓书院再次得到御赐匾额，从此步入书院的鼎盛时期。周敦颐、苏轼、朱熹、张载、茅坤等众多知名学者都曾在石鼓书院执教讲学。

应天府书院，亦称睢阳书院，原址位于今河南商丘县，为后晋杨悫所创，与其他几大书院设于山林胜地不同，应天府书院居于繁华的闹市。宋真宗景德二年（1005年），将宋太祖的发迹之处宋州改名为应天府，取的是应天顺时之义，3年后，当地人曹诚上书请示拨款修建书院，经应天府知府上报朝廷，得到批准，第二年，宋真宗正式赐额为"应天府书院"。庆历三年（1043年），宋仁宗下旨将应天府书院改为南京国子监，使其成为北宋的最高学府之一，盛极一时。晏殊和范仲淹都曾先后主持过书院的建设。北宋末年靖康之难中，应天府书院被毁。

岳麓书院位于湖南长沙岳麓山东侧，紧邻湘江，宋太祖开宝九年（976年）由潭州太守朱洞创建，宋真宗咸平四年（1001年）赐以书院匾额，大中祥符五年（1012年）周式承接主持工作后，书院得到迅速发展，日益繁荣，后朱熹参与书院的建设，使得岳麓书院臻于鼎盛。

"私塾"是什么？

私塾是中国古代私人设立的教学场所，由早期的塾发展而来。《礼记·学记》追述西周的学制说："古之教者，家有塾，党有庠，术有序，国有学。"所谓"塾"，就是乡学的一种形式。私塾在春秋时期就已产生，但"私塾"这一称谓是近代才有的，在古代，私塾被称为学塾、乡塾、家塾、教馆、书房、书屋等，其中有塾师自己创办的学馆，也有地主、商人等富裕的人家聘请塾师而成的家塾，还有用祠堂、庙宇的地租收入或私人捐款兴办的义塾。塾师多为落第秀才或老童生。学生的年龄差异很大，小至五六岁，而年龄大的则有20岁左右的，但是以十二三岁以下儿童为主。一家私塾的学生少则一二人，多则可达三四十人。学生在入学的时候要向孔子的画像进行叩拜，而学制很为灵活，可长可短，教育的内容以启蒙为主，《三字经》《百家姓》《千字文》《千家诗》等是常用的基本教材，同时注重礼节和品德

教育科举

的培养。私塾虽然大多限于教育的低级阶段，但是作为乡间启蒙的基本形式，两千多年间，与官学相辅相成，对于文化的传承和人才的培养发挥了巨大的作用。

古代对老师的称呼都有什么？

"老师"是当代人们对教师的尊称，原本是宋元时代对地方小学教师的称谓，后来由专指变为泛指。在"老师"之外，古代对教师其他的常用称呼还有师父、师傅、师长、先生、西席、西宾、山长等，其中有的称谓今天依然在使用。"师父"，因有"一日为师终身为父"的说法，所以也将老师尊称为师父；"师傅"一词是对太师、太傅、少师、少傅等官职的合成，因为这些职位负责教习太子，所以师傅也成为老师的代称，这一称谓当今仍在使用，但一般指工商曲艺等行业的老师；"师长"则含有视老师为尊长之义；"先生"的原初意义为先出生的人，引申指长辈、知识丰富的人，再引申为老师的含义；"西席"和"西宾"，对于当今已经是很陌生的称谓，其来源为这样一个典故：东汉明帝刘庄即位后对先前的老师桓荣依然十分尊敬，与其相处时令老师坐在靠西向东的尊位，流传开来，对老师就有了"西席"或"西宾"的称谓；"山长"之称源于五代时期蒋维东隐居衡山讲学的事迹，人们尊称蒋维东为"山长"，此后，山中书院中的主讲教师亦称为山长，使得山长成为对老师的一种尊称。

古代的"学官"相当于今天的老师还是校长？

学官，有时也称为教官，是掌握学校教育的官员。古代官学是以培养官员为主，

学校也是国家官僚体系的组成部分，在官学中担任教职的人员也都承担相应的官职，是国家的正式官员。以明清两代为例，中央官学国子监的最高学官为祭酒，相当于现今的校长，品级为从三品，然后有司业，相当于现今的副校长，为从四品下，接下来有国子监博士，相当于现今的教授，为正五品上，助教、直讲等也都各有品级；对于地方官学，主管的学官也相应地分作不同的品级，府学称教授，州学称学正，县学称教谕，又各设训导的副职。

孔子论学的观点有哪些？

孔子是中国古代第一位伟大的教育家，在自己丰富的教育实践中总结出了一系列精湛的学习方法和教育理论，在记录孔子言行的《论语》一书中。《论语》开篇的一句话就是："学而时习之，不亦说乎?"这句话体现出将学习与实践相结合的观点，也表现出以学为乐的精神。孔子非常看重学习的兴趣，认为"知之者不如好之者，好之者不如乐之者"，并且本身就是一个极其热爱学习的人，曾自云"发愤忘食，乐以忘忧，不知老之将至"，还积极地提倡"敏而好学，不耻下问"。一次，冉求对孔子说：自己并非是不喜欢老师说的道理，只是自己的力量达不到那样的高度，所以做不了。孔子对他说：如果真的是自己的力量不够，那么是在去做的途中才感受到的，可是你现在都没有开始去做，怎么可以说力不足呢，那只是你自己不愿去做罢了。孔子在此所说的实际上是强调学习的主动态度的重要性。孔子还强调学习的循序渐进和坚定不移，自言"吾道一以贯之"，告诫人们"居之无倦，

行之以忠"。孔子也极其肯定改过对于个人进步的重要意义，曾说"德之不修，学之不讲，闻义不能徙，不善不能改，是吾忧也"，又说"人非圣贤，孰能无过"，"过而不改，是谓过矣"。孔子还提出了"温故知新""不愤不启，不悱不发""举一反三""学思结合"等诸多非常富有启发性和实践意义的教育理念和学习观点，这对当今学生的学习和教师的教育来说不啻于一笔宝贵的精神财富。

"有教无类"是什么意思？

"有教无类"语出自《论语·卫灵公第十五》："子曰：'有教无类。'"这句话表达的是在教育面前人人都有权利，而不涉及个人的贫富、阶层等各种差别，体现的是教育平等的思想。

《论语·述而第七》记载孔子的话："自行束脩以上，吾未尝无诲焉。"其含义是：只要是有一点礼物送给我，哪怕是很微薄，我也从来没有不教诲他的。

所谓束脩，就是一束干肉的意思，拜师求问的时候要送礼物是古代的一种严格的礼节。束脩是一种最为微薄的礼物，孔子不嫌其微，而是一视同仁地给予教诲，体现的正是有教无类的精神，但是更进了一层，因为这还显示出孔子坚持教育平等的理念是不以自身所得利益的多寡而有所改变的，这对当时教育尚未普及而为贵族阶层所垄断的情况而言尤其具有重大的意义，也正是从孔子开始，教育才从贵族社会走向了民间。

如何理解"因材施教"？

因材施教，指教师要根据学生自身不同的个人情况，进行有差别的有针对性的教学，从而使得每个学生都能够扬长避短，获得最好的发展。

中国古代伟大的教育家孔子是因材施教的典范，《论语·先进第十一》记载，子路问："闻斯行诸？"子曰："有父兄在，如之何其闻斯行之？"冉有问："闻斯行诸？"子曰："闻斯行之。"公西华曰："由也问'闻斯行诸'，子曰'有父兄在'；求也问'闻斯行诸'，子曰'闻斯行之'。赤也惑，敢问。"子曰："求也退，故进之；由也兼人，故退之。"对于"闻斯行诸"（听到就去做吗？）这一同样的问题，孔子对子路和冉有两个不同的提问者做了两种截然不同的回答，子路性情豪放，行事鲁莽，所以孔子要约束他，冉有则在做事的时候总是退缩，所以孔子要鼓励他。这是因材施教的一个典例。

"不愤不启"是什么意思？

"不愤不启"是孔子的一种教学方法，语出《论语·述而第七》："不愤不启，不悱不发，举一隅不以三隅反，则不复也。"这段话的意思是，教导学生，不到他想弄明白而不得的时候，不去开导他；不到他想说却说不出来的时候，不去启发他；教给他一个方面的知识，他却不能由此而推知同一范畴的其他各方面，那就不再教他了。孔子提倡的是启发式的教学，认为不应当面面俱到地把知识的所有细节全部传授给学生，而是提纲挈领，将知识中基本的一面传授给学生，之后便主要靠学生自己去进行领悟。孔子看重的是学生自身的思考能力，教师不应当越俎代庖，剥夺学生思考的积极性，应该在学生经过认真思考之后为问题的疑难之处所困扰的时候再

教育科举

去点拨，这样学生一定会取得显著的进步。

"学、思、习结合"是谁的教育思想？

将学习、思考与实践相结合，是孔子所明确主张而反复强调的教育思想。《论语·子张第十九》说："博学而笃志，切问而近思，仁在其中矣。""博学"就是广泛地学习，"笃志"就是坚持自己的志向，"切问"就是恳切地求问，"近思"就是认真地思考当前的问题，做到了这四点，也就会掌握仁德之义了。这句话虽然是子夏说的，但也体现出孔子的观点，这里提到了4点，实际也可以归结为两个方面，就是学和思，而笃志可以看作是学习的态度，切问可以看作为思考的表现。《论语·为政第二》说："学而不思则罔，思而不学则殆。"其意为，只是读书而不思考，就会变得迷惘而无所知；只是思考而不读书，就会产生疑惑而不得解。这就是说，将读书与思考割裂开来单独进行都不会得到好的学习效果。《论语·卫灵公第十五》说："吾尝终日不食，终夜不寝，以思，无益，不如学也。"这表达的也是将学习和思考结合起来的重要性。孔子不仅认为学习与思考应当很好地结合，也强调应当将学习与实践密切地联系起来，《论语·学而第一》说："学而时习之，不亦说乎？"表达的意思也就是提倡不能仅仅关注于书面的学习，还要把学到的知识时时地应用到实践中去。

什么是"世卿世禄制"？

卿是古代的高级官吏，世卿世禄中的"卿"不仅指卿，还泛指卿、大夫、士等一系列官吏。"禄"是古代官员的俸禄，世卿世禄制即是指西周时期的周王室和各诸侯国的卿大夫等官吏可以父死传子，世袭此职，世代享有该职俸禄。有学者认为世卿世禄制开始于商朝，但并无确切的资料提供证明，可考的世卿世禄制见于西周时期。西周初年，周王室分封宗室和功臣，册封了1000多个诸侯国，而在周天子直接统治的地区和各诸侯国内，则进一步册封卿为治国的官员，卿下面则为大夫，再下是士。这些官员都有一定的封地，他们在对自己的上一级领主负责的同时，在各自封地内则享有世袭统治权。但也有学者对此提出异议，认为西周并没有实行世卿世禄制。比如在《尚书·立政篇》中载有周公对西周选官方针的阐述。在这篇文献中，周公一再强调：选拔官员时，要"俊（进）有德"，择用"吉士""常人"。可见，这里选拔官员的标准乃是有才德。有学者进一步提出，世卿世禄制的真正实行是在春秋中后期，这时许多诸侯国的卿大夫把持了诸侯国的政权，成为事实上的诸侯王。成"王"之后的卿大夫死后，自然是其儿子继承他的权力，继续掌控诸侯国政权，这才真正实行了这种世卿世禄制。总而言之，世卿世禄制是一种关于早期官员的权力和待遇的有效时限的制度，全面或部分地存在于商周时期。秦统一六国后，基本被废除。

"征辟"制度是怎样选官的？

征辟是汉代的一种选官制度。皇帝不经举荐，直接征召民间有名望的人才入朝为官称为征；高级官员直接召集有才能的人充任幕僚称为辟。汉代时，人才选拔制度比较灵活，不仅皇帝可以直接提拔人才，中央高官三公九卿以及地方上的州牧、郡守等官员，均可自行征聘僚属，委以官职。皇帝征辟的人才，一般授予博士或侍诏的称号；官员征辟的人才，则一般称为掾吏。博士、侍诏和掾吏往往要经过一段政治历练，方可担任职务。总体上，征辟是一种自上而下的官员选拔制度，是汉代察举制的一种补充。实际上，征辟是战国时养士的遗风。受战国时代养士风尚的影响，汉代官员均以网络天下名士为荣。同时，士人也将其视作入仕的捷径。征辟始于西汉，盛于东汉，至魏晋衰微。

"郎官郎吏"指的是什么？

郎官郎吏是对汉代帝王的侍从官侍郎、郎中、中郎等的统称，通常简称郎官。郎官事实上并非真正的官职，连俸禄都没有，皇帝对其只是管吃管住而已，偶尔有所赏赐。郎官制度的主要目的在于选拔人才。其具体操作模式是从贵族子弟中挑选机敏好学者到皇帝身边以备选用，如汉初规定：二千石以上的官员任职3年以上，可以送子弟一人到京师为郎，叫作"任子"；拥有资产十万钱（景帝时改为四万钱）而又非商人的人，自备衣马之饰，也可以候选为郎，叫作"赀选"。这些作为郎官的青少年一般年龄都不大，大都是在十四五岁到二十岁之间，在皇帝身边一方面接受皇帝的考察，另一方面则熟悉政事，算是一种政治实习，几年后大都能获得官职。

事实上，郎官在战国时已经存在，至汉代形成定制，成为汉代选拔人才的重要途径，许多朝廷重臣大将均出身郎官。西汉文臣中有公孙弘、东方朔、司马相如等，大将则有霍去病等。此外，东汉的曹操、袁绍等人也都是郎官出身。但由于这种人才选拔局限于贵族官宦内部，范围过窄，汉武帝时开始了举孝廉、秀才制度，将人才选拔范围扩展到了全国。举孝廉、秀才逐渐取代郎官成为朝廷选拔人才的途径，但郎官制度并未废除，甚至直到清代还存在。孝廉被举之后，并不立即授予官职，而同样要先到皇帝身边做郎官。

什么是"察举制度"？

察举制度是流行于汉代的一种人才选拔制度。秦朝建立后，商周时期的官员世袭制彻底终结，秦还未建立起系统的人才选拔制度便短世而亡。汉代时，建立了察举制。察举，即由诸侯王、公卿、郡守推荐人才给朝廷，作为官员来源。察举对象既可以是平民，也可以是官吏。具体分为两科，一为常科，即定时定人数举荐；二为特科，并不定期，由皇帝根据需要下诏举行。其中，常科是由各地郡守每年向朝廷举荐孝者、廉者各一名，后来统一称为孝廉；特科则具体包括贤良文学、明经、有道、贤良方正、敦厚、明法、阴阳灾异等名目繁多的诸科。另外，秀才刚开始为特科，后来也成为常科，并逐渐形成了州举秀才、郡举孝廉的体制。这些被察举的人才到朝廷后，还要经过考试，通过后才算过关。察举制度基本保证了王朝对行政人才的需求。察举制度在西汉时比较严格，但到东汉后期，政治腐败，权贵豪门请托舞弊，察举制度失去原本的效用。后来鉴于察举制的弊端，三国时期的曹魏政权建立新的人才选拔制度——九品中正制。但整个魏晋南北朝，察举制度虽不再是选拔人才的主渠道，但一直存在，直到隋朝科举制度建立，才宣告终结。

"贤良方正"是什么意思？

"贤良方正"是汉代选拔人才的一个科目之一。"贤良"意为有才德，"方正"意为正直。贤良方正属于汉代察举制度中不定期举行的特科。《史记·孝文本纪》记载：汉文帝下诏云："举贤良方正直言极谏者，以匡朕之不逮。"可见，朝廷选拔这类人才的主要目的在于让其对统治者的政治得失提出意见，类似于后来的御史和谏官。选拔上来的贤良方正并不一定授官，只有其中表现比较优秀的，主要是有见识，能够提出一些有见地的意见的，朝廷才会授予官职。汉武帝时，又下诏令官员举荐"贤良""贤良文学"。各时名称不一，但其性质相同，后来的历代也经常将之作为非常设之制科。唐宋时期便设有"贤良方正科"。清代薛福成在《应诏陈言疏》中言："诚法圣祖、高宗遗意，特举制科，则非常之士，闻风兴起。其设科之名，或称'博学鸿词'，或称'贤良方正'，或称'直言极谏'，应由部臣临时请旨定夺。"

何谓"举孝廉"？

举孝廉可以说是汉代在继承战国及秦朝的人才选拔制度的基础上，进一步摸索出来的一套人才选拔方式。汉武帝时，鉴于郎官制度的人才选择面过窄和早期察举制的不定时，采用董仲舒的建议设置了举孝廉制度。举孝廉事实上是察举制度的一种，因为汉代推崇儒家的孝道，它规定各地郡守每年要向朝廷推荐孝者、廉者各一人，作为国家人才，后来统称为孝廉。

孝廉举至中央后，并不立即授以实

举孝廉图　西汉

汉代选官以察举和考试为主体，察举是经过考察后进行荐举的选官制度，盛行于西汉。孝廉、茂才等常科和特科成为察举制度实践的具体途径。图为内蒙古和林格尔墓壁画举孝廉图。

职，而是人郎署为郎官，作为皇帝的侍从。其目的一方面在于考察其能力，另一方面也是使之熟悉行政事务。孝廉在宫里待几年后，一般便能被任命到地方上做官或者留在中央任职。举孝廉后来成为汉代人才选拔的最重要途径，"名公巨卿多出之"，是政府官员的重要来源。西汉的举孝廉比较严格，被举者如被发现不合标准，举者要承担责任，被贬秩、免官。但到东汉后期，由于政治腐败，孝廉名额基本被各郡里的大门第之家所垄断，举孝廉制度名存实亡，时有童谣讽刺："举秀才，不知书；举孝廉，父别居。"魏晋之际，九品中正制代替了举孝廉，但明清时期的举人仍俗称孝廉。

什么是"九品中正制"？

九品中正制是魏晋南北朝时期的一种官吏选拔制度，最早由三国时期的曹魏政权所创。三国时期，一方面由于乱世之中的士人大多流离失所，主要凭借宗族乡党评价的汉代举孝廉制度在操作手段上已经不太现实；另一方面，曹操为加强政府对人才选拔的控制力，采取了下派专门官员到各处评定选拔人才的方法。后来曹丕为拉拢士族，将这种办法定为制度，即九品中正制。其具体操作方法是由政府在各州郡派驻名为中正的官员，中正依据家世、道德、才能三个角度评议各州郡中人物，具体分为九品，分别是：上上、上中、上下、中上、中中、中下、下上、下中、下下。中正将评议结果汇报中央，中央则根据中正的评议结果来对这些人才分别委以官职。九品中正制初行时非常有效，为曹魏政权有效地遴选了大量的人才，当初曹操帐下之所以人才济济与此制度不无关系，这也是魏国最终得以统一三国重要的制度保障（晋实际上是魏的继续）。但到魏国晚期及晋朝，由于门阀政治的兴起，中正们评议人才逐渐忽略才德，而仅以家世为标准，所选人才基本为世家大族，以至于出现"上品无寒门，下品无庶族"的局面，九品中正制仅是世族统治的工具。到南北朝之际，由于北方政权多为胡族建立，九品中正制更趋衰微。到隋朝科举制度建立，九品中正制遂废。

什么是"科举制"？

科举制度是中国自隋至清 1400 年间实行的一种选官制度。科举制度是中国古人经过不断摸索所创立的制度。中国官员的来源，先是经过商周时期的世袭制，后又经历汉代的举荐制，再到魏晋的九品中正制，均因其弊端而终止。至科举制，才算固定下来，成为中国长时间的一种官员选拔制度。科举制度经历了一个发端、完善到僵化的历程。隋朝是科举制度的初建时期，当时的隋文帝鉴于魏晋南北朝的九

品中正制已不再适用，为加强中央集权，将选官权力收到中央手中，首开科举制度。但科举制度尚未建立完善，隋朝便亡；至唐代，科举制度才得到了进一步的完善，根据朝廷需要的不同人才类型被分为众多科目，武则天时还添加了武举；到宋代，科举进一步规范化，正式形成三年一次、分三个等级（乡试、会试、殿试）的考试制度；明代由于朝廷的重视，科举考试到了繁盛期；清代在科举繁盛的同时，由于满、汉不平等以及晚清卖官现象的泛滥，也成了科举制度的衰败乃至灭亡期。就不同时期科举制的优劣而言，大体上，科举制在唐代时比较健康，当时的科举氛围比较宽松，不唯考试论人。考官往往在考前已经大体知晓哪些考生比较有才华而准备录取，也允许考生经别人推荐或自荐在考前向考官"推销"自己。至宋代，试卷实行糊名制，开始产生仅以一考定终身的弊端。至明清两朝，科举繁盛的表象之下，八股文的考试内容彻底使其僵化，逐渐弊大于利，终至废止。

总体而言，科举制度可以说是一项相当高明的官员选拔制度，不仅为历代政权源源不断地输送了总体上质量说得过去的官员，而且不以出身、门第、财富，而以学问作为官员选拔标准的做法使得中国长期以来存在尊重学问和读书人的风尚。可以说这是中国文化得以长期维系并不断创新的重要原因。另外，儒家思想之所以长期以来得以传承，科举考试可以说是其载体。

什么是"常科"？

唐代科举考试名目繁多，总体分为常科和制科。常科，即是常设的、有固定日

教育科举

期的考试科目。具体包括秀才、明经、进士、俊士、明法、明字、明算等 50 多种。其中明法（考法律知识）、明算（考数学知识）等绝大多数科目不为人们所重视；秀才一科，则难度极高，很少有人敢报名，逐渐废弃。诸常科中最为人们所重视的是明经、进士两科。其中明经是考查考生对于儒经的记忆和理解情况；进士则主要考诗赋和策论，对考生的文学才能和政治见识有相当高的要求。明经科相对简单，录取率也高，达到十分之一；而进士科则非常难，录取率仅有六十分之一，因此时有"三十老明经，五十少进士"的谚语。但进士科前途远大，仕途光明，唐朝中后期的宰相半数为进士出身，成为当时读书人入仕的首选途径。常科考生的来源有两个，一是生徒，一是乡贡。由京师及州县学馆出身，而送往尚书省受试者叫生徒；不由学馆而先经州县考试，过关后再送尚书省应试者叫乡贡。宋代王安石任宰相时，罢黜明经等科，之后的常科便只剩下进士科。

什么是"制科"？

唐代科举在常设的常科之外，又有非常设的制科。制科又称大科、特科，是皇帝根据特殊需要临时下诏安排考试，具体科目和结束时间均不固定，其目的在于有针对性地选拔某一类特殊人才。应试人的资格，初无限制，官员和布衣主要觉得自己有自信，均可自荐应考。后限制逐渐增多，需公卿推荐方可应考；布衣还要经过地方官审查。制科考试虽然由皇帝亲自主持，考中者往往也能获得不错的官职，但总体而言，在唐人眼中非是正途，在官场遭到轻视。唐代制科比较盛行，宋代渐趋衰微，整个宋代仅录取 41 人而已。至元、明，制科完全废弃。清代时，制科又开始设立，清初，康熙沿唐制重开博学鸿词科，其后雍正、乾隆又一度开此科；清末因政府财政困难，光绪又开经济特科。

什么是"恩科"？

恩科，顾名思义，是于常规科举考试之外因皇家开恩而举行的考试。恩科首开于宋代，当时对于屡试不第又有些才能的考生，允许他们在皇帝策试时，报名参加附试。为表示皇恩浩荡，朝廷对这类考生的录取率很高，甚至有时会出现在常规的状元之外另有恩科状元的情况。不过恩科并不经常举行。元代科举制度时断时续，更无恩科。明代沿用宋代恩科制度，不过开科不多。到清代，恩科制度起了不小的变化，针对的对象不再是个别考生，而是全体考生。按常规，科举考试每三年举行一次，清代恩科即是在皇家遇到喜庆之事（皇帝娶妻、册封太子、过大寿等事）时，特别加开一次考试，意思便是皇家开恩，多给读书人一次入仕的机会。比如，中国于 1904 年所举行的最后一次科举考试便是因当年慈禧太后过七十大寿所开的恩科。

什么是"进士科"？

进士科是古代科举考试的一个科目。隋炀帝时初设进士科，到唐代时，在多达 50 多种科举考试科目中，进士科最受重视，被读书人视为科举正途。其考试内容，刚开始为时务策五道，另外帖一大经（当时将《易官义》《诗经》《书经》《周礼》《礼记》称为大经，《论语》《孟子》称为小经），即 5 个关于时事政治的论述题，另外则是考察其对于儒家经典的掌握情况。永隆二年（681 年），为考查考生对学问的实际应用能力，又加两篇诗赋，这对考生的文学才能提出了更高的要求。

事实上，诗赋本对个人灵感的依赖性比较大，在考场上强迫考生作诗赋，效果并不理想，往往逼考生造就大量浮薄怄怩之辞。北宋时，王安石改革科举制度，罢其他诸科，唯留进士一科作为科举科目。针对进士考试中的虚浮现象，王安石罢诗赋，仍用经义、策论取士。

之后进士科又具体分为两个层级，仅考中乡试者，虽算及第，有做官资格，但称举人，不称进士；殿试考中，才称为进士。其后的元、明、清的常规科举考试，也仅有进士科，其内容仍以经义为主，但明、清时的八股文制度则使其严重僵化。

什么是"明经科"？

明经科是唐宋时期科举考试的一个科目。唐代根据不同类型与层次的人才需求，设置了众多的考试科目，考生可根据自己特长自由选报。因进士科比较难考，录取率低，不太自信的考生一般便报考明经科，明经科题相对简单，先是贴文，主要考察考生的对于儒家经典的记忆和理解能力；接下来也有少量的策论，类似于现在的论述题。明经科录取率颇高，达到 1/10 左右，考中称为及第，便有了做官机会。宋初仍开有明经科，后王安石担任宰相后，认为明经考试空乏无益，不切实用，废之。

什么是"武科"？

科举考试一开始并无武举，武则天时，为选拔册封武将，培养为自己的势力，首开武举。其后武举成为科举考试的重要部分，考试的侧重点历代有所变化。唐代武举主要考骑射、步射、举重、马枪等技术，此外对考生外貌也做了要求，要"躯干雄伟、可以为将帅者"。宋代，因宋太祖赵匡胤定下"以文立国"的国策，武举考试除考武力外，还要"副之策略"。武艺考"步射""骑射"两场，合格后再参加文化考试，考一些诸如兵法、布局类的知识等。总体上以武艺为主，以策略为辅。元朝科举制度兴废不常，没有武举制度。到了明代，则更进一步，武举考试以考察谋略的笔试为主，而以武艺为辅了。并且先进行谋略考试，如果不及格，就直接淘汰，武艺再高也不予录用。清朝，尚武的统治者又将个人武艺考试放在了前面，首先考骑射、力气、武艺等，合格者再参加笔试。

历史上武举一共进行过约 500 次，宋神宗时，设立武状元。历史上有案可稽的武状元有 282 名。总体而言，相比于文科考试，武举一直是受到歧视的。首先，历朝的武举制度时而设置，时而废弃，取士人数远远少于文举。并且武人考中武举后，只授出身，并不马上授官职。因此武举人的地位也低于文举人，以至于一些武举状元还有再考取文举人的念头。

什么是"翻译科"？

翻译科是清代才有的科举考试科目。翻译科的报考者限于满人以及八旗军中的蒙古人和汉人（清政府后来以满人八旗为核心又建立了蒙古八旗和汉人八旗）。考试时，能将满文译为汉文，并以满文写文章者，为满洲翻译；能将满文翻译为蒙文者，则为蒙古翻译。顺治时期，翻译科仅录取秀才；雍正时，开始录取翻译举人；乾隆时则辞进士出身。满文翻译可以到六部任职，乃至成为候选翰林，前途无量。蒙古翻译则分配到清代民族事务机构理藩院任职。简而言之，翻译科的设置是清代在科举中优待满人的诸多不公平举措之一。但即使是为满人量身定做的晋身之阶，懒散的满人子弟也不愿参加，以至于其质量不断下降，并常因报考人数不足而取消。

古代怎样通过八股文取士？

明清时期是中国科举考试的嬗变期。首先，从国家对其重视程度、考试制度的严谨、报考人数以及录取数量来说，明清时期是中国科举考试的繁盛期。但同时，在繁盛的表面之下，其通过八股文取士的考试模式却又使科举考试进入了僵化与没落期。股，即对偶之意。所谓八股文，又称制义、制艺、时文，是一种说理的韵体赋文，有严苛的程式要求。在格式上，要求考生严格遵循所谓破题、承题、起讲、入手、起股、中股、后股、束股这种死板的结构模式，并且要求句与句之间要讲究对偶，整篇文章的字数也是严格限定，不得增减一字。另外，其命题也陈旧不堪，明清500多年间，命题不离"四书五经"内已经说烂了的话题，援引事例也必须出自遥远的古代，不涉时事，考生毫无抒发己见的空间。简而言之，八股文是严重形式主义并脱离现实的一种陈腐文体。八股文最早出现于宋代，但其时并没有形成程式。明代时，朱元璋将八股文推向全国，虽然仍考一些诗赋、策问、经义等，但已不重要，八股文才是关键的取士标准。后来清承明制，将八股文更推向死板严苛。

关于八股文的危害，清人徐大椿在讥刺士人的《道情》中说得很透彻："读书人，最不齐。烂时文，烂如泥。国家本为求生计，谁知道变做了欺人技。三句承题，两句破题，摆尾摇头，便道是圣门高弟。可知道，'三通'、'四史'是何等文章，宋皇、汉祖是哪一朝皇帝？案头放高头讲章，店里买新科利器。读得来肩背高低，口角嘘唏。甘蔗渣儿，嚼了又嚼，有何滋味？辜负光阴，白白昏迷一世。就教他骗得高官，也是百姓、朝廷的晦气。"明末清初学者顾炎武则称"八股之害，甚于焚书。"八股文的死板程式使得明清两代知识分子钻入八股这种无实用价值的文字游戏中，既疏于时事，又疏于学问，甚至疏于经义，思想严重被束缚，缺乏创建。

"童试"与"乡试"分别指什么？

童试并非正式的科举考试，而是取得参加科举考试资格的考试。其在唐宋时称县试，明清时称郡试。清代的童试3年举行2次。童试总共分3个阶段，分别为县试、府试和院试。其中，县试一般由本县知县主持，考试内容为八股文、诗赋、策论等，考试合格方可参加府试。府试由知府或知州主持，考试内容与县试差不多，合格者参加院试。院试由主管一省教育的学政主持，院试合格，就是秀才了，也叫"生员"，秀才便具有了到政府公立学校学习和参加科举考试的资格。

乡试是正式科举考试的第一关，在各省省城和京城举行，每3年举行一次，遇皇家有喜事则加恩科。考试通常在八月举行，因此又名"秋闱"。由皇帝钦命正副考官主持，凡秀才、贡生（生员中成绩优秀者）、监生（国子监学生）均可参加，考试内容分3场，分别考四书五经、策问、诗赋，每场考 3 天。在乡试中，每个考生只是和本省内的考生展开竞争，类似于现在的高考。乡试考中，称为举人，第一名举人称为解元。举人便具有了做官的资格，并且还可以进一步到京城参加会试，考取进士。因此，考中举人，古人读书做官的梦想就算基本实现了。但因举人名额有限，乡试这一关是相当不容易过的，不知有多少读书人将一生耗费在了这场考试上，写出了不朽名著《聊斋志异》的清代小说家蒲松龄就一直未能跨过这道坎儿。

什么是"会试"？

会试是科举考试中第一场国家级的考试，考生们的对手不再局限于本省之内，而是和全国范围内的才俊们展开角逐。因为会试之后的殿试基本上只是排定名次，不再淘汰，因此会试可以说是一场选拔进士的考试。明清时期的会试每 3 年在京城举行一次，在乡试次年举行。如遇乡试开恩科，则会试同样随着在次年开恩科。会试只有各省举人和国子监监生才有资格参加，主、副考官均由皇帝钦点。因为由礼部负责主持，又在春天举行，因此又称"礼闱"或"春闱"。会试考 3 场，每场 3 天。考中者称为贡士，第一名称为会元。考中了贡士，基本上就是未来的进士了。明初只按排名录取，仁宗时规定会试按地域分配名额。因南方富庶，文气盛于北方，按照南六北四的比例录取进士。后来比例偶有调整，但按地域分配名额的制度一直沿用至清末。这种制度保障了文化相对落后的边远省份在科考中有一定数量的进士，进入国家政治中心地带，这有利于保持落后地区的发展和对朝廷的向心力。

什么是"殿试"？

殿试是古代科举考试中的最后一级，由皇帝亲自主持。殿试最早由武则天设置，但并没有形成制度。后来宋太祖赵匡胤鉴于唐末出现科考官员结派的"牛李党争"的教训，在原来两级考试的基础上又加了一级由自己亲自主持的殿试。这样，取士的最终决定权便转移到了皇帝手中，新科进士都变成了"天子门生"。这便有效地防止了官员尤其是宰相利用科举考试认门生，进而结党营私的事情。自此，殿试制度确定下来，为后世历代所沿用。

殿试是科举考试的最后一级，由皇帝亲自主持和出题，并定出名次。参加殿试的是通过了会试的贡士。殿试只考一题，考的是对策，为期一天。相比于前面的考试，殿试的内容是相对轻松和简单的，并且殿试一般都不再淘汰人，能参加者基本上都已是进士，殿试只是将所有人排出次序。至于排名如何，除才华学识外，给皇帝一个好印象至关重要，因此还看点运气。殿试结果的录取名单称为"甲榜"，又称"金榜"，所谓"金榜题名"即指此。具体分为三甲，一甲只取 3 人，第一名为"状元"，第二名为"榜眼"，第三名为"探花"，剩下的分在二甲三甲。

什么是"朝考"？

朝考是清代针对新科进士进行的用以作为分配官职的参考的考试。清代时，给新科进士们安排官职时，朝廷并不简单根据他们的殿试成绩，而是要对他们再进行一场考试。这场考试一般在保和殿进行，由皇帝特派大臣监考并阅卷。其内容经常有所变化，无外乎论疏、奏议、诗赋等，与科举考试差不多。乾隆年间，爱作诗的乾隆曾要求新科进士们作一首诗，并且不准多作。朝考成绩分列一、二、三等，一等第一名称为朝元。吏部官员根据新科进士的朝考成绩并结合以前会试、殿试成绩对他委以官职，其中综合最优秀者委以庶吉士（短期职务，升迁潜力很大，有"储相"之称），其余则委以主事、中书、知县等职。

科举考试取得怎样的成绩才叫"状元及第"？

状元及第，即中状元，意思是在科举考试中考得进士第一名，是古代读书人的最高荣誉。

科举考试开始于隋朝，其时进士排名不分先后，没有状元一说。到唐朝，科举考试开始正式化，士子先在地方考中贡生（相当于后来的举人）后，才有资格参加在京城举行的考试，进一步考取进士，进士第一名称为"状元"。之所以称为"状元"，

科举考试图

据说是因为进京考试的贡生先要到礼部填写包括自己的身世和近况的个人资料，名曰"书状"，或者"投状"。因此后来考得进士第一名的就是这些"投状"中的第一名，故称之为"状元"，或者"状头"。唐代的状元并没有太多的象征意义。到宋代，状元又不再指进士第一名，而是对于殿试三甲中一甲的统称，即进士前三名均可称为状元。明清之际，殿试一、二、三名，分别称为状元、榜眼、探花。自此，状元成为名副其实的第一名，其地位也日益特殊，自古有"天上麒麟子，人间状元郎"的说法。中状元也有了"独占鳌头""大魁天下"等听上去霸气十足、睥睨天下的说法，并成为中国读书人"一朝成名天下知"的象征。因此在古代许多文艺作品中，往往都以书生考中了状元作为剧情发展的高潮。另外在民间，传统的吉祥图案中也有大量"状元及第"类的图案，反映了人们对于状元及第这种事情的崇拜。

据史书记载，从唐代科举考试开始，至清光绪三十年（1904 年）最后一次科考，其间历代王朝有名有姓的文状元 654 名，武状元 185 名。其中历史上比较有名的有唐代的贺知章、王维，宋代的文天祥，明代的杨慎，清代的翁同龢、张謇等，而历史上最后一名状元，是清光绪三十年（1904 年）的刘春霖。

什么样的人称"榜眼""探花"？

"榜眼"是古时人们对科举考试中第二名进士的称呼。

在北宋之前，第一名称状元，第二、三名都称为榜眼。原因是填进士榜时，状元的姓名居上端正中，二、三名分列左右，

如其两眼。到北宋末年，只以第二名为榜眼，第三名则称探花。

"探花"一词则比"榜眼"出现得早，在唐代便有，但其时并非进士第三名的意思。唐代中进士者会游园庆祝，并举行"探花宴"。由进士中的年龄最小者作为"探花使"，到各名园采摘鲜花，迎接状元，这本是一种娱乐。至北宋末年，"探花"成为进士第三名的专门称呼。

"状元""榜眼""探花"都只是一种俗称，在正式发放的金榜之上，只会称进士一甲第一名，一甲第二名，一甲第三名。

什么样的人称"进士"？

进士是中国古代科举考试最高一级的功名。隋唐时期，设有诸多科目，其中进士科最为人们所重视，视为入仕正途。宋代，科举的三级考试制度正式形成，乡试中榜者称举人，会试中榜者称贡士，殿试中榜者则称进士。之后历代，进士功名成为古代读书人科考金字塔的塔顶部分，同时也最难考，得中进士是古代无数读书人的终极梦想。其中，进士又具体分为三甲，一甲3人，赐进士及第，分别俗称状元、榜眼、探花；二、三甲，分赐进士出身、同进士出身。得中进士者一般都前途光明，一甲立刻可授官职，二、三甲则参加翰林院考试，学习三年再授官职。明清时期的官吏主要由举人和进士充任，其中举人基本上充任了县级官吏；而进士则一般都是备作中央官员，即使发放到地方上做小官，也都只是历练一下，将来自有比较好的升迁前景。每次科考进士录取人数，各朝不一，唐代较少，一次仅录取二三十人乃至几人；宋代较多，一般几百人，多时上千

（当时举人无做官资格）；明清时期，因举人有了做官资格，进士录取人数下降到100人左右，且为平衡各地发展，往往按地域分配名额。

自隋唐至清，在我国1400多年的科举制度史上，考中进士的总数大约有10万上下。总体而言，这是一个才能卓著的群体，古代许多大政治家、文学家、学者都是进士出身，如唐代的王勃、王昌龄、王维、岑参、韩愈、刘禹锡、白居易、柳宗元、杜牧等，宋代的范仲淹、欧阳修、司马光、王安石、苏轼兄弟等，明代的张居正、徐光启等。

什么样的人称"举人"？

"举人"一词最早得名于汉代的察举制度，被举荐者称为举人。唐代时，报考进士科的考生均称举人。宋代，举人方才成为乡试考中者的称呼。但宋代的举人只是具有了参加京城会试的机会，并无做官机会。并且，举人的资格仅是一次性的，如果在接下来的会试中没有被录取，则参加下次科举时，还要重新参加乡试，再次取得举人资格方可参加会试。而到了明清时代，举人的含金量才高起来，进退都比较从容。进，可参加京城会试，乃至殿试，向进士出身冲刺，且举人资格终身有效，这次不中，下次科举可直接参加会试；退，举人则已经具备了做官的资格，一旦朝廷有相应官职出缺，举人便可顶上。一般举人所任官职都是知县、候补知县，或者教谕、训导等县级教育长官，也有个别任知府的。因此，明清时期的读书人一旦中举，也便是基本上实现了读书做官的愿望。即便是不再参加会试也暂时没官做，也会像

教育科举

《儒林外史》中中举的范进那样自有人前来巴结，送上银子，生活水准步入富贵阶层。总体上，举人构成了明清两代低级官员的主流来源。

什么样的人称"秀才"？

"秀才"一词最早出现于春秋时期，原本并非属于科举功名的范畴，也不特指读书人，而是相当于现在的"俊才""英才"。汉武帝时期，朝廷推行官员选拔制度改革，"秀才"与"孝廉"一起成为地方官员举荐的两种优秀人才。东汉光武帝时期，为避光武帝刘秀名讳，"秀才"改称为"茂才"，三国曹魏时期，又改回"秀才"。至隋朝科举制度开科取士，最初也称为"取秀才"，这时的"秀才"成了考中功名者的指称。唐初，科举考试中设立秀才科，刚开始时秀才科第最高，因要求非常高，很少有人敢于问津。后来秀才科被废除，"秀才"一度成为读书人的统称。宋代时，凡是参加科举府试的人，无论考中与否，都称为"秀才"。

明清之际，秀才的意思逐渐固定下来。这时的秀才有一定门槛，参加科举考试的读书人，经过院试，取得入学资格的"生员"才可称为秀才。考中秀才之后，可以说是十年寒窗初步获得成果。进，可以去考取举人，一旦考中，便正式进入为官的士大夫阶层；退，则可以开设私塾。秀才虽然没有国家俸禄，但可以获得一定的特权，比如免除赋税、徭役，可以直接找县官提建议等。于是秀才这个最低功名成了明清两代出身贫困的读书人科举考试的"歇脚所"。他们往往一边通过教书获得经济来源，一边继续考取功名。但因为竞争激烈，尤其清代统治者排斥汉人做官，许多人也就一辈子待在这个"歇脚所"了。

什么样的人称"门生"？

"门生"大概由"门人"一词流转而来。春秋时期，一个人直接（当面拜其为师）或间接（以其思想为师）以某人为宗师，便自称其"门人"。比如孔子的三千弟子都自称孔子门人。"门生"一词，很大程度上承接了春秋时期"门人"一词的意思，最早见于西汉宣帝时，到东汉开始大量出现。《后汉书·袁绍传》言袁绍"门生故吏遍天下"，这里的门生有弟子的意思，但又有所不同。当时宗师亲自教授的人为弟子，转相授的则为门生。也即对其直接的老师可自称其弟子，对老师的老师则自称其门生。同时，门生还有另一个意思。汉代文官选拔制度采用举荐方式，士人通过被当地官员举孝廉、秀才的方式进入仕途，举荐的州郡官吏被称为"举主"，而被举荐的贤士便称为举主的门生。

到魏晋南北朝时期，"门生"一度变质成依附于士族豪强的一类人，有一些臣属、门客，甚至奴仆的意味。唐宋时期，科举考试中考中举人或进士的人，称主考官为"座主""座师"或"恩门"，并自称为主考官的"门生"，这与汉代类似。这样，这些新举人、进士就和主考官之间建立起了一种特殊的师生关系。新举人、进士常把自己的考中看作是主考官对自己的一种类似于师恩的恩情，并且，通过这种师生关系也可在仕途上得到老师的一些照应；而主考官也乐于有这样的年轻后进来亲近自己，于是科举考试就成了主考官结党营私，培养和拉拢自己势力的一种渠道，这便对皇帝的集权统治构成威胁。唐末便出现了涉及科举官员结派的"牛李党争"。宋太祖赵匡胤鉴于此，就把最终决定考生能否被录取的大权移到了自己手上。他在原来两级考制的基础上又加了个第三级考试：殿试。殿试中皇帝亲自出题考试，并定出名次。这样皇帝就成了最终的主考官，成了所有进士的"恩门"，所有的新进士都成了皇帝的学生，也即"天子门生"。这样，科举考试的取士大权就转移到了皇帝手中，有效地杜绝了官员，特别是宰相通过科举考试结党营私的事情。同时，宋太祖还明文规定，以后举人不得自称考官"门生"。但因已约定俗成，"门生"这种说法还是流传了下来。

什么样的人称"监生"？

监生是明清时期人们对于在国家最高级学府国子监读书者的称呼。明代的监生分为4类，会试不第的举人，可入国子监深造，称为"举监"；以贡士身份入监者称为"贡监"；有功官员子弟被朝廷特批入监者称为"荫监"；捐钱进来的叫作"例监"。清代监生主要有恩监、荫监、优监、例监4种，其中不同于明代的"恩监"是因皇家有喜事特开恩招来的，优监则与贡监类似。另外，清代监生中还有一些其他的来源，比如七品以上官员子弟中聪慧好学者、因公殉职官员子弟、圣贤后裔等均可入监读书。监生不同于一般的生员，可以和大家一起参加科举考试，同时，即使科举不第仍然是有官做的，可以说前途是有保障的。因此，古代学子能成为监生，是相当轰动的大事，与中举差不多。乾隆之前的监生都还比较正规，入监门槛的执行和对监生学业的督促都比较严格。但乾隆之后，国子监逐渐沦为卖官机构，监生基本上成了花钱买官者的代名词，这些监生只是在国子监挂名，并不真去读书。因此，官员的监生出身是被人瞧不起的。

什么样的人称"贡生"？

科举时代，朝廷会在各府、州、县的生员（秀才）中挑选成绩优异者，使之入京城的国子监读书，称为贡生。"贡生"之意，即是向皇帝贡献的人才。贡生制度开始于元代，明清时期逐渐完善，贡生来源也逐渐扩大。明代贡生有4种，即"岁贡"（由府、州、县学每年或每2年选送1～2名）、"选贡"（由府、州、县学每3年或5年选拔1名）、"恩贡"（因朝廷有喜事而开恩被选入）、"纳贡"（即花钱买来的贡生资格）。清代贡生有6种："岁贡""恩贡"和明代一样，"优贡""例贡"分别相当于明代的选贡、纳贡；另外还有"拔贡"和"副贡"，"拔贡"从各省科试的一、二等生员中选拔，"副贡"是从乡试落榜生中的优秀者中选拔，相当于一个举人榜的副榜，故曰"副贡"。清代贡生也称"明经"。贡生相比于一般秀才的好处在于其既可以像普通秀才一样参加科举考试，考取举人、进士，同时即使是科举不中，最后总有官做，但一般不大，为知县、县丞、教谕等官职。比如清代小说家蒲松龄屡试不中，最后凭贡生身份得了个"儒学训导"的官职，其实是个虚衔，负责督导县学的校风。总的来说，贡生制度扩大了由进士、举人进升仕途的范围，是对于科举制度的一种不错的补充。

教育科举

思想学术

"气"在中国古代哲学思想中是什么概念？

"气"，在中国古代哲学中是一个特别重要而又非常复杂的概念，在各种典籍的不同阐述中有着各不相同的内涵。

从根本上来讲，"气"体现的是关于物质存在和运动的哲学范畴，具体说来，中国古代学者从以下几个意义上阐释"气"这一基本概念。

首先，气是运行不息而且无形可见的一种极细微的物质，是构成宇宙万物的本原或本体，如《庄子·知北游》说："人之生，气之聚也。聚则为生，散则为死。"另见《列子·天瑞》："夫有形者生于无形，则天地安从生？故曰有太易，有太初，有太始，有太素。太易者，未见气也；太初者，气之始也；太始者，形之始也；太素者，质之始也。气，形质具而未相离，故曰浑沌。"

其次，气分为阴阳二气或五行之气，各种气之间的交互运动，推动着宇宙万物的发展与变化，如《老子》说："万物负阴而抱阳，中气以为和。"周敦颐在《太极图说》里讲："二气交感，化生万物。万物生生，而变化无穷焉。"

气充塞于宇宙万物之间，与万物相互渗透，是万物之间相互感应的中介物质，令万物之间相互联系，相互影响，从而使万物处于和谐有序的运动之中并且相互感应而构成一个有机的整体。

气也同样地存在于人体之内，是人体生命的体现，是推动和调控人体生命活动的动力源泉，人的生命状态与气密切相关，气的运动停止标志着人体生命活动的终结，如《管子·枢言》所说："有气则生，无气则死，生者以其气。"人要保持健康的身体，则必须认真保养运行于人体中的气。

气还表现着一种崇高的道德状态和人生修养境界，即孟子所言的"至大至刚，以直养而无害，则塞于天地之间"的"浩然之气"。

哲学意义上的"道"包含怎样的内容？

"道"，在中国古代哲学中是一个表达宇宙本源与自然规律的范畴。"道"字的原本意义是指供人行走交通的路径，后来引申为一种抽象的含义，用来表达道理、道义，而作为一个哲学中，"道"是一个核心性的概念，"道"字在五千余言的《老子》一书中出现达七十余次之多。概括而言，"道"在老子那里基本有两种含义：一种是作为宇宙本原的"道"，一种是作为自然规律的"道"。到了庄子那里，"道"的意思又有了新的表述："夫道有情有信，无为无形，可传而不可受，可得而不可见；自本自根，未有天地，自古以固存；神鬼神帝，生天生地；在太极之先而不为高，在六极之下而不为深，先天地生而不为久，长于上古而不为老。"（《庄子·大宗师》）庄子认为，得"道"者可以达到一种"天地与我并生，万物与我为一"的逍遥境界，即是后来所传称的"得道成仙"。"道"，成为宇宙人生的真谛，代表着人生所能达到的最高修化。而"道"并非道家哲学的专有概念，儒家也有关于"道"的论述，例如西汉董仲舒曾说："道之大原出于天，天不变，道亦不变。"（《天人三策》）但儒家思想中的"道"基本上指的是更为实在的自然与社会的运行秩序和发展规律，并不如同道家之"道"那样的高深玄妙。唐代韩愈则用"道"来阐发自上古尧舜时期以来直至孔孟历代相延传的中国正宗的文化价值系统。

宋代朱熹又将"道"表述为"天理"，指出："理也者，形而上之道也。"（《答黄道夫书》）朱熹由此把"道"提升至本体论的范畴来阐述，从而使"道"成为儒家学说中的一个核心概念。

总体而言，"道"的阐释基本体现于宇宙本体和事物运行规律这两重意义上。

"太极"指的是什么？

"太极"在中国古代哲学中是用来表述宇宙本原及其无限性的一个概念，"太"有至的意思，"极"则为极限之义，"太极"就是至于极限，无有相匹，既包括了

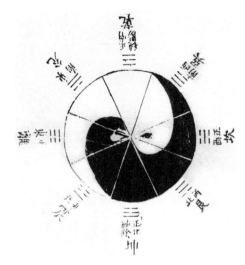

《太极图》（阴阳鱼）
这种《太极图》据考始制于东汉炼丹家和气功学家魏伯阳的《周易参同契》。它反映了阴阳两方面既相互对立，又相互依存，阴中有阳，阳中有阴。这种阴阳对立互根的思想在中国古代医学中得到了广泛的应用。

至极之理，也包括了至大至小的时空极限。"太极"一词最早见于《易经·系辞传上》："易有太极，是生两仪，两仪生四象，四象生八卦。"其中的"太极"即为天地未开、阴阳未分之前的混沌状态。"两仪"即为太极的阴、阳二仪，其意指浩瀚宇宙间的一切事物和现象都包含着对立而相依的阴和阳两个方面，而它们之间的这种既互相对立斗争又相互滋生依存的关系，既是事物存在的一般规律，是宇宙中万事万物的纲领和由来，也是一切事物产生与毁灭的根由所在。这其中包含着朴素的哲学辩证法，是中国古代哲学思想的光辉体现。

北宋周敦颐在《太极图说》中又提出"无极而太极"的命题，太极也被理解成阐明宇宙从无极而太极，即从无到有，从无形无象的元始以至混沌初蒙，而再至万物化生的自然过程。

"阴阳"指的是什么?

"阴阳"是人们把握和描述事物的对立统一属性的哲学范畴,阴阳这一观念产生于人们对天象的观察,其最初含义是很朴素的,用来表示阳光的向背,向日为阳,背日为阴,后来则引申为气候的寒暖、方位的上下、状态的动静、性质的刚柔等普遍的两两对立的范畴。中国古代的哲学家们认为自然界中的一切现象都存在着既相互对立而又相互依存的关系,于是就用阴阳这个概念来解释自然界两种相互对立同时又相互消长的物质势力。《易经·系辞传上》中"一阴一阳之谓道",《素问·阴阳应象大论》中"阴阳者,天地之道也,万物之纲纪,变化之父母,生杀之本始",意思是说,阴阳的这种对立统一的运动规律是自然界一切事物运动变化固有的规律,世界本身就是阴阳二气相互作用互为运动的结果。

周敦颐的《太极图说》中有这样的表述:"无极而太极。太极动而生阳,动极而静,静而生阴,静极复动。一动一静,互为其根。分阴分阳,两仪立焉。""(阴阳)二气交感,化生万物。万物生生,而变化无穷焉。"这是中国古代哲学中对于阴阳概念最为完备的阐述。阴阳学说,是中国古代朴素的唯物论和自发的辩证法思想,这种学说对中国古代哲学思想的发展有着极为深远的影响,并且广泛地体现于医学、音乐、数学、化学、天文学等多个领域的科学和文化知识体系建构之中。

"五行"是什么意思?

"五行",是中国古代哲学中在阴阳之外的又一个重要的基本概念,是用来表述宇宙和社会属性及其变化规律的范畴系统。同阴阳的概念一样,五行最初的含义是指5种具体的物质,即水、火、木、金、土,这5种在人们生活中占有重要位置的基本物质,并且人们认为宇宙间的万物都是由这五种基本物质构成的。这同古希腊恩培多克勒的"四元素说"(水、火、土、气)类似。中国古代哲学中之所以选择用"五"这个数字,是与中华民族对"五"这个数字有一种特殊的情感偏好有关,《易经·系辞传下》曰:"天数五,地数五。"中国古人对"五"有一种带有神圣意味的崇拜之情。另外,中国的五行概念有着比古希腊的四元素说远为广阔的内涵,"五"代表着五种基本物质,而"行"则含有运行的意思,五行之间有着相生和相克的关系。具体说来,木生火,火生土,土生金,金生水,水生木;水克火,火克金,金克木,木克土,土克水。战国时期著名的阴阳家邹衍就是用五行相生相克的原理来阐释宇宙自然与人类社会的发展演变。五行的概念起源于何时并没有确凿的依据可以查考,但在《尚书·洪范》中已经有明确的阐述:"五行:一曰水,二曰火,三曰木,四曰金,五曰土。"《国语·郑语》中也有:"先王以土与金、木、水、火杂,以成百物。"五行在哲学思想中不仅指代五种基本的物质,而且延伸至事物所具有的五种基本的属性,广泛地应用于各种思想学说和知识体系中,五行与阴阳结合而形成的阴阳五行学说,是贯彻中国古代哲学思想的一项基本原理。

什么是"八卦"?

"八卦"中的"卦",是一个会意字,从圭,从卜。圭,指土圭,是一种以泥做成的用于测日影的土柱；卜，为测度之意，测度的方式为在四正四隅八个方位上分别立圭，而后将观测到的日影加以记录和总结，也就形成了八卦的图像。又一说是"卦"字的右边"卜"字，是象形，表示在地上竖立杆子，右边那一点代表太阳的影子；"卦"字左边的"圭"字是尺子，用来测量影子的长度位置，所谓八卦，就是在地之八方对日影进行测量之结果的记录。两种说法对于"卦"字两部分构成的解释不尽相同，但作为"八卦"这一整体概念的表达则基本是一致的，即八卦表示的是对日影从八个方向进行测量的记录。通过这种长期的观察和测量，人们逐渐掌握了春夏秋冬的季节更替规律，从而用于指导农业生产和日常生活。后来八卦演化成为一套有象征意义的符号，其基本单位是爻，爻有阴阳两类，阳爻表示阳光，阴爻表示月光，用"—"代表阳爻，用"——"代表阴爻。每卦有三爻，代表天地人三才。三才的天部，意指天体运行和气象变化，即星象之学，又称天文；地部指观测日影来计算年周期的方法，从而知晓地面事物的运行状况，即地理；人部指把天文、地理和人事相结合，以便按照这些规律来从事生产和生活。用 3 个这样的符号，共组成 8 种形式，叫作八卦。八卦代表 8 种基本物象：乾为天，坤为地，震为雷，巽为风，艮为山，兑为泽，坎为水，离为火，总称为经卦。八个经卦两两组合，则构成六十四卦。这样八卦就成为一种哲学上的概念，用来表示宇宙、社会与人生中各种事象的运行状况。关于八卦，最早的资料来自西周的《易经》，其书记

载："易有太极，是生两仪。两仪生四象，四象生八卦。"据考证，所谓太极即宇宙之原始，两仪指天地，亦可称之为阴阳，四象就是四季天象，长日照的夏季称为太阳，短日照的冬季称为太阴，春为少阳，秋为少阴。据传，八卦的创始者为伏羲，伏羲八卦，也叫先天八卦。后来周文王在伏羲八卦的基础上进行修改，形成了自己的乾坤学说。他认为先有天地，天地相交而生成万物，天即乾，地即坤，八卦其余六卦皆为乾坤之子女：震为长男，坎为中男，艮为少男，巽为长女，离为中女，兑为少女。相应于伏羲八卦，文王八卦又称为后天八卦。及至宋朝，八卦符号通常与太极图搭配出现，代表中国传统信仰的终极真理——"道"。八卦是中国古代哲学思想的重要组成部分，除了在占卜和风水中占据着基本地位之外，还广泛地影响到医学、武术、音乐、算学等多个知识领域，其带有神秘意义的博大而精微的内涵至今仍有待人们进行更深入的认识和研究。

什么叫"万物类象"？

"万物类象"，是易学中的一项重要的理论表述。在易学中，八卦是研究象的，天地万物有万般形态，凡此形于外者皆叫作象。易学中将世上庞杂纷繁的万物进行分类，分别归类于一个卦，用八卦来拟象万物，即万物类象。一个卦所拟象的物类难以数计，而归类的依据是八卦本身的爻象及其意义，通晓了这一点就可以知道各种物类应当归属于哪一卦。换言之，"健、顺、动、入、陷、附、止、悦"这宇宙万物的 8 种功能属

性即八类动态之象，是据象归类的本纲。如乾卦，其卦象为三阳爻，纯阳之卦，其数一，五行属金，居西北方，色白。《易经》曰："乾为天、为圆、为君、为父、为玉、为金、为寒、为冰、为大赤、为良马……为木果。"乾卦三阳爻，纯阳刚健，故为天；天体进行圆周运动，故为圆；天生万物，如君王管理万民，如父亲主管家庭，故为君，为父；纯阳爻为刚强坚固之象，所以为玉，为金，为冰；阳盛则色极红，故为火红，即大赤色；马有刚健之性，故为马……树上的果实呈圆形，故为木果。总而言之，凡是具有刚健、圆形、权威、珍贵、富有、寒冷、坚硬等属性的事物都归于乾卦。

如何理解"有与无"？

有与无，是道家关于宇宙起源和本体问题的哲学范畴。"有"指实有，为事物的存在之意；"无"指虚无，为事物的无有之意。最早提出有无范畴的是老子，他指出："天下万物生于有，有生于无。"又言："无名天地之始，有名万物之母。"也就是说，天地万物起始于"无"，"有"从"无"中生发而来，这是老子关于天地起源和万物源生的哲学观点。而后庄子言："泰初有无，无有无名。"（《庄子·天地》）并且说："有始也者，有未始有始也者，有未始有夫未始有始也者；有有也者，有无也者，有未始有无也者，有未始有夫未始有无也者。俄而有无也者，而未知有无之果孰有孰无也。"（《庄子·齐物论》）这段话可以看作是庄子对老子的有无论的进一步深入。宇宙生成于"无"，而这"无"又从何而生的呢？庄子对这一问题的解答

是，"无"并非宇宙的起点，无穷地追溯上去，"有"与"无"都是不可知的，不能够断定终极的有无。关于有无的论述在庄子这里变得更加玄奥，而这种玄而又玄的问题在相当长的时期遭受到人们的冷落，直到魏晋之际老庄之学盛起之时才又被提上案端，有无之辩成为一个流行的哲学话题。在辩难之中，形成了"贵有"与"崇无"的两派，如王弼以"崇无"论出发，主张"以无为本"，而裴頠则认为"至无"是不能够生"有"，因而主张"以有为本"。有无之论是中国古代哲学所特有的哲学范畴，与西方哲学中的唯心论和唯物论并没有对应关系，以西方的和当代的视角来简单地框定中国的和古代的哲学论题是十分荒谬的。

怎样理解"动与静"？

动与静，是关于宇宙万物的状态及其变化的哲学范畴。关于动静关系的论述最早见于《论语·雍也第六》："子曰：'知者乐水，仁者乐山；知者动，仁者静；知者乐，仁者寿。'"孔子在此处所说的动和静指的是个人性情的分别，并没有涉及抽象意义的层面。而在《老子》中动与静则成为一种哲学范畴："重为轻根，静为躁君。""躁"，即为动。老子认为"静"主宰着"动"，其书又言："夫物芸芸，各复归其根，归根曰静，静曰复，复命曰常。"这表达了静是宇宙万物的最后归宿之意。《易经·系辞传上》曰："动静有常，刚柔断矣。"是说宇宙万物的动与静都遵循着恒常的规律。北宋周敦颐在《通书》中专有《动静》一篇，系统地论述了动与静的问题，他将动和静视作宇宙生成与变化的

根本原因："太极动而生阳，动极而静，静而生阴，静极复动。一动一静，互为其根。"南宋朱熹所提出的"动静互待""动静互涵""动静无端"等哲学命题亦出于此，而且已经具有明显的辩证色彩。而朱熹又说："静是太极之体，动是太极之用。"这继承了先代哲学中以静为本的观念。明末清初著名思想家王夫之对动静做了最为深刻的论述，他认为"天地之气，恒生于动，而不生于静"（《读四书大全说》卷十），动是绝对的，而静是相对的，甚至认为静也是一种动，指出："动静皆动也，由动之静，亦动也。"这已经达到了现代哲学中对于动静关系的认识水平。然而为中国传统哲学多所崇奉的是"主静说"。

"古与今"的哲学内涵是什么？

古与今，是中国古代哲学中关于时间相对性的命题。北宋邵雍在《皇极经世·观物内篇》中提出："夫古今者，在天地之间犹旦暮也。以今观今，则谓之今矣；以后观今，则今亦谓之古矣；以今观古，则谓之古矣；以古自观，则古亦谓之今矣。"其意在说明，现在的今，将来便成为古；今日的古，在过去也曾是今。从不同的角度和标准看，则具有不同的古今时间观念。由此，邵雍进一步说："是知古亦未必为古，今亦未必为今，皆自我而观之也。安知千古之前，万古之后，其人不自我而观之也？"邵雍的古今时间观看到了时间具有相对性的一面，这是一种合理的思想因素，但是他否定了古与今的差别，泯灭了时间演进的意义，陷入了极端相对主义的泥潭。

如何理解"知与行"？

知与行，是儒家学说中关于认知与实践之关系的哲学范畴。《论语·季氏第十六》载："生而知之者，上也；学而知之者，次也；困而学之，又其次也；困而不学，民斯为下矣。"这是孔子对于知的观点。孟子充分肯定了"生而知之"的提法："人之所不学而能者，其良能也；所不虑而知者，其良知也。"（《孟子·尽心上》）"良能"和"良知"是与生俱来的，也就是"恻隐之心""羞恶之心""恭敬之心""是非之心"等，这也是孟子性善论的出发点。这里仅言"知"而没有提到"行"，但是显然人所具有的这些知能是先于"行"，即先于人的实践而存在的。其后的儒家学者也大都主张"知先行后"的观点。

这里的"知"，并不是指具体的生活知识，着重指向的是人心所本有的道德法则。这种知识是先于实践而存在的，"知"是"行"的依据，而"行"则是"知"的结果。程颐在论述"知在行先"时曾举例说："譬如人欲往京师，必知出那门，行那路，然后可往。"这种"知在行先"的观念并非轻视"行"，强调在"知"的指导下身体力行的重要性。朱熹曾形象地以眼睛和脚的关系来比喻"知"与"行"二者的关系："知与行常相须，如目无足不行，足无目不见。"（《朱子语类》卷九）这明确了表达了知行并举，认知与实践皆予重视的观点。王守仁更是直接强调"知行合一"，言："知而不行，只是未知。"（《传习录》）王守仁还阐述说："食味之美恶，必待入口而后知，岂有不待入口而已先知食味之美恶者邪？路歧之险夷，必待身亲履历而后知，岂有不待身亲履历而已先知路歧之险夷者邪？"他指出，必要有亲身的实践而后方能获得真知，与"知在行先"相反，这里的表达成了"行在知先"，其实这两个命题是根据"知"与"行"在不同的语境中存在不尽相同的含义和论题所强调的不同的侧重点而分别提出的，并不存在直接的对立，这是由语言表达的模糊性而造成的，但是在未详知其意的人看来往往会产生误解。

什么是"常与变"？

常与变，是中国古代哲学中关于法则的恒定性和变化性与执行的原则性和灵活性的命题。《孟子·离娄上》记载了孟子与淳于髡的一段著名的对话："淳于髡曰：'男女授受不亲，礼与？'孟子曰：'礼也。'曰：'嫂溺，则援之以手乎？'曰：'嫂溺不援，是豺狼也。男女授受不亲，礼也。嫂溺，援之以手，权也。'"此中的"权"，即为权变之意。由此可见，孟子虽然严格坚持礼法的原则性，但在此基础上，提倡针对实际情况和具体问题而采取灵活对策的。这就是儒家对于常变问题的基本态度。《易经·系辞传下》中有言："《易》之为书，不可远。为道也屡迁，变动不居，周流六虚，上下无常，刚柔相易，不可为典要，唯变所适。"这也体现了对于"变"的强调。"变"的思想在社会面临改革之际更是被领潮者所主张，清末维新变法的核心人物康有为曾说："盖变者，天道也。天不能有昼而无夜，有寒而无暑，天以善变而能久；火山流金，沧海成田，历阳成湖，地以善变而能久；人

自童幼而壮老，形体颜色气貌，无一不变，无刻不变。"（《进呈俄罗斯大彼得变政记序》）又说："法既积久，弊必丛生，故无百年不变之法。"（《上皇帝第六书》）可见，常，是相对的；而变，则是永久的。

"形而上"与"形而下"分别指什么？

形而上与形而下，是中国古代哲学中分别用来描述抽象与具象两种范畴的概念，语出《易经·系辞传上》："形而上者谓之道。形而下者谓之器。""形"，是指形体、形迹等可见之象，所谓"形而上者"即指没有形体、形迹的抽象存在，也就是"道"；相应的，"形而下者"即指有形体、形迹的存在，也就是"器"。朱熹对此的阐述是："理也者，形而上之道也，生物之本也。气也者，形而下之器也，生物之具也。"（《答黄道夫书》）朱熹的观点是理在气先，理本气末。而王夫之则认为："器而后有形，形而后有上。"意思是说，形而上的存在是以形而下的存在为基础的。

什么是"理"？

"理"，是儒家哲学中关于宇宙本原及其运行规律的核心概念。"理"，最初是指物质的纹理和层次，后来引申为事物的规律、事情的道理之义。《庄子·则阳》中言："万物殊理，道不私也。"这里的"理"指的是事物的特殊规律，而相应的"道"指的是事物的普遍规律。到宋代的时候，理学家将"理"与"道"等同起来，程颐认为，"理"是天下万物的本原。"理则天下只是一个理，故推至四海而准，须是质诸天地，考诸三王不易之理。"

（《程氏遗书》卷二上）朱熹进一步阐述道："宇宙之间，一理而已。天得之而为天，地得之而为地，而凡生于天地之间者，又各得之以为性，其张之为三纲，其纪之为五常，盖皆此理之流行，无所适而不在。若其消息盈虚，循环不已，则初未始有物之前，以至人消物亡之后，终则复始，又未尝有顷刻之或停也。"朱熹这段话的要义是在说明，宇宙万物和人类社会都有一个永恒不变的"理"，朱熹还引用佛教禅宗里"一月普现一切水，一切水同一月摄"的句子（即"月映万川"的典故）来形象地说明"理一分殊"的道理。这种"理"的含义，已类于近代德国哲学家黑格尔所阐说的"绝对理念"。

"和为贵"的内涵是什么？

"和为贵"，语出《论语·学而第一》："有子曰：'礼之用，和为贵。先王之道，斯为美；小大由之。有所不行，知和而和，不以礼节之，亦不可也。'"有子是孔子的学生，"和为贵"虽在此段记载中是出于有子之口，但是代表了孔子和儒家的思想理念的。这段话显然是非常强调"和"的重要性的，那么"和"在此处具体含义指的是什么呢？朱熹在《论语章句集注》中解释说："和者，从容不迫之意。盖礼之为体虽严，然皆出于自然之理，故其为用必从容不迫，乃为可贵。先王之道，此其所以为美，而小事大事无不由之也。"

刘宝楠在《论语正义》中说："案有子此章之旨，所以发明夫子中庸之义也。"即谓"和"者为中庸之义。《论语·子路第十三》中有："君子和而不同，小人同而不和。""和"的含义就是将不同的意见相互调和，"择其善者而从之，其不善者而改之"，能够做到节制而不盲从。"中庸"的含义指的就是"中和"之用，"和"是"中"的外在表现，"中"则是"和"的内在精神。如此，"和为贵"所要倡导的就是对调和与和谐的推重，这也是儒家思想中的一个核心命题。

如何理解"性与命"？

性与命，是儒家思想中讲述人的内在本性与外在天命的哲学范畴。"性"的原义是生，与生俱来之谓"性"，也就是通常所说的本性、天性。人性的本质倾向是儒家哲学中的一个基本话题，不同的学者提出了多种不同的人性观，最具代表性的有孟子的"性善论"、荀子的"性恶论"、告子的"性无善恶论"，以及后来董仲舒的"性三品"等。而"命"，指的是外在于人的天数，是"莫之致而致之者"，即所谓"在天为命"，"在人为性"。《论语·颜渊第十二》有言："死生有命，富贵在天。"《白虎通·灾变》中说："尧遭洪水，汤遭大旱，命运时然。"这里的"命""命运"，指的就是不被人所控驭的外在因素。"命"，亦是儒家思想的一个核心范畴，孔子讲："不知命，无以为君子也。"所谓"知命"，并非是预知人的命运的意思，而是说，只有知道了"命"是怎样一回事，即认识到人的生命中所能够享有的自由与幸福的界限，才能够不去计较现实生活中的成败与得失。儒家所倡导的"知命"，是为了"安命"，并由此而形成一种"乐天知命"的达观。孔子因而言之："不怨天，不尤人。"荀子将孔子的这句话更

思想学术

详致地阐释为："自知者不怨人，知命者不怨天。"

"天理人欲"是怎样的哲学观点?

关于天理人欲的最早论述见于《礼记·乐记》："夫物之感人无穷，而人之好恶无节，则是物至而人化物也；人化物也，灭天理而穷人欲者也。"意思是说，人受到外物的诱惑而丧失了清静寡淡的天性，从而恣心纵欲。"于是有悖逆诈伪之心，有淫泆作乱之事。是故强者胁弱，众者暴寡，知者诈愚，勇者苦怯，疾病不养，老幼孤独不得其所，此大乱之道也。"正是出于此理，先王要制订礼乐，以此来节制人欲，达到社会的和谐。在唐代以前，儒家思想强调的是人伦和修齐治平之法，是倾向于外的，而到宋代之时，因为受到佛教和道教的影响，开始强调人的心性，思想由侧重于外而转为侧重于内，如此，天理人欲这一话题就被重视起来，得到了深入的阐发。最早把"天理"作为一个哲学上的核心概念进行论述的是程颢。程颢认为，"天理"具有永恒性和超越性的意涵，是一种最高的宇宙范畴，之于人来讲，"天理"即作为"性"，也就是仁义礼智信等与生俱来的善端，而与之相应的人欲则是恶端。朱熹传承了程氏的天理观，指出："人之一心，天理存则人欲亡，人欲胜则天理灭，未有天理人欲夹杂者。"朱熹将天理和人欲截然对立起来，提出了著名的"存天理，灭人欲"的主张，这一论断遭到后人的极大诟病。实际上，朱熹所言的"人欲"并非指人的欲望之意，而是指超过人的生活之本然需求的奢侈的欲望，强调的是清心寡欲，而不是完全泯灭人的任何欲望。

"良知良能"是什么意思?

"良知良能"，语出《孟子·尽心上》："人之所不学而能者，其良能也；所不虑而知者，其良知也。"良能、良知，指的就是人所具有的先天所赋的辨明是非、善恶的能力与智慧。孟子对良知、良能进行具体阐发，即恻隐之心、羞恶之心、恭敬之心、是非之心等。这些人人皆有、与生俱来的良知良能，孟子又将其称为"良心"。及至宋代，理学家们将孟子的良知、良能阐发为"天理"，于是有了"天理良心""天地良心"这样的说法，"天理"和"良心"也成为中国人心目中的核心观念。所谓"天良"两个字，承载着压倒一切的思想力量，代表着一种超越世俗伦理的最高信仰。

何为"天命"?

"天命"，简单地解释，就是所谓天的意志，朱熹曾这样阐述："天命，即天道之流行而赋予物者。"意思是说，天命就是施加于世间万物的天道运行的自然规律。中国古代的天命观认为，天的意志是不可违逆的，是人的力量所不能够扭转的，人的所行所为必须遵循天命。《尚书·汤誓》曰："有夏多罪，天命殛之。"《诗经·商颂·玄鸟》云："天命玄鸟，降而生商。"这些言说都体现了"受命于天"的思想底色。在夏、商、周三代，天命的观念是极为盛行的，后来董仲舒的"天人感应"理论就是以天命观为基础而创立的。在儒家学派的开创者孔子的学说中，天命亦占有重要的地位，孔子将"知天命"作为人生修养的一项重要因素，曾言："不知命，无以为君子也。"并且在讲述自我人生发展历程的时候有"五十而知天命"的说法。可以说，在整个中国古代，天命是人们思想中的一个核心概念，甚至到了现代，中国人的头脑观念中仍或隐或显地存有天命思想的遗痕。

如何理解"天人合一"？

"天人合一"，是中国古代哲学中对于天人关系的经典命题。天人关系，是哲人所必然要面对、要思考的一个基本问题，其关键在于对"天"的理解。在原始社会人的智慧尚未开化的阶段，华夏先民将"天"视为有意志的神灵，原始巫术的基本意义就是进行天人之间的沟通，《易经》中所载伏羲发明八卦，其意图就是"以通神明之德，以类万物之情"。"天人合一"的命题建立在天人相通的基础上。发展到东周时代，在人们的社会生活中巫术的作用已经淡化，这时人们的关注重心已经由"天"转向人，"天"的神化色彩也开始消退，开始转向自然和人伦意义的一面。孟子将"天"视为道德的本原，认为人的心性受之于天，尽心知性而可与天地相通达。"仁义忠信，乐善不倦，此天爵也"，孟子在此即用天赐的爵位来表示人的高尚道德。"夫君子所过者化，所存者神，上下与天地同流"，这是君子的道德修养所能达至的崇高境界。在庄子那里，"天"指向自然，人是自然的一部分，所以天人本来就是一体的，而天与人的分隔是人的文化造成的，所以庄子倡导"绝圣弃智"，返璞归真，从而可达天人相融的本然境界。最早明确表述"天人合一"这一命题的是西汉的董仲舒，他在《春秋繁露》中

提出"天人之际，合而为一"的主张。此后，"天人合一"一直都是中国传统哲学思想中的核心。

何谓"天人感应"？

"天人感应"是董仲舒提出的关于天与人交互感应的命题，这其中蕴含着天有意志和天人相通两个前提，就科学的观点看来，这两个前提都是靠不住的，但在古时，人们认为这两个前提是自然成立的，因而也就对"天人感应"之说产生信任。"天人感应"思想源于中国先秦哲学，到西汉时，董仲舒将这一思想发展为一套系统的神秘主义学说，其基本意涵为：人的活动与行为全都处于上天的观测之中，人若为善，天则喜悦，也会示人以祥瑞，即出现凤凰、麒麟、灵芝等吉祥之物；反之，人若为恶，天就会愤怒，从而对人施以恶兆，就会发生地震、冰雹、日食等灾异的事件。

汉武帝有感于历史兴替、福祚无永，因问策于天下贤良，以求讨"大道之要，

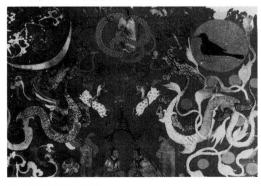

天人感应帛画 汉代

古代天文学中天象和人文有密切关联，这种关联被称为"天人感应"。至汉代，董仲舒为"天人感应"作出了理论上的阐明。他认为天与人之间存在象与数的关联，天与人是同类的，是可以彼此感应，互相影响的。从此"天人感应"论被历代王朝纳入上层建筑与社会意识形态之中。

至论之极"，是一种博大渊然的具有终极性的道理和谋略，而不是仅可施于一时一事的权宜之计。

董仲舒连上策三篇作答，即著名的《天人三策》。在《天人三策》的首篇中，董仲舒集中论述了天人关系，说道："国家将有失道之败，而天乃先出灾害以遣告之；不知自省，又出怪异以警惧之；尚不知变，而伤败乃至。以此见天心之仁爱人君，而欲止其乱也。"指出天子如有过失，将遭受上天的警示，也就是所谓的"天谴"。"天人感应"是一种悖于客观实际的唯心主义观念，但是在历史上产生过积极的作用。封建王朝，帝王一人独尊，但是在"君权神授"的观念控驭下，皇帝也不可恣意妄为而违背天的意志来行事，这对皇帝的行为产生了一定的约束力。

历史上曾有过的皇帝下达"罪己诏"的事件以及免租减赋等益民之举，往往就与"天谴"的发生有关，这在古代史书中会找出很多相关的事例。流传至今，"天人感应"的思想仍然在某种程度上存在于中国人的意识理念中。

"天人相分"是怎样的观点？

"天人相分"是荀子提出的对于天人关系的命题，这是与"天人合一""天人感应"相对立的一种论说。荀子在《天论》中明确提出了"明于天人之分"的天人观念，认为"天有其时"，"人有其治"，就是说天的运行与人的活动是各有其轨的两回事，人世的福祸兴衰在于人的自身而与天无关，是谓"天行有常，不为尧存，不为桀亡"，"天不为人之恶寒也辍冬，地不为人之恶辽远也辍广"。荀子指出星坠

木鸣、日月之蚀等"怪之可也，而畏之非也"，那些灾异不过是自然现象，并不是上天的惩罚，没有什么值得惊恐的，这就否定了天是一种有意志的存在，而体现出唯物主义的色彩。荀子还进一步提出"制天命而用之"的思想，强调人的命运掌握在自己的手中。"强本而节用，则天不能贫；养备而动时，则天不能病；修道而不贰，则天不能祸。故水旱不能使之饥渴，寒暑不能使之疾，妖怪不能使之凶。本荒而用侈，则天不能使之富；养略而动罕，则天不能使之全；背道而妄行，则天不能使之吉。故水旱未至而饥，寒暑未薄而疾，妖怪未至而凶。受时与治世同，而殃祸与治世异，不可以怨天，其道然也。故明于天人之分，则可谓至人矣。"东汉时期的王充对荀子"天人相分"的思想加以继承，指出"人不能以行感天，天亦不能随行而应人。"这是与"天人感应"针锋相对的论说。

如何理解"人为万物之灵"？

人为万物之灵是儒家思想中对人的价值的基本定位，语出《尚书·泰誓上》："惟天地万物父母，惟人万物之灵。"《泰誓》虽是后世伪托的古文，但是人为万物之灵的观念却是早已有之。

《礼记·礼运》中说："人者，天地之心也。"《孝经·圣治章》载："天地之性人为贵。"《白虎通义·三军》言："人者，天之贵物也。"这些言论都表达了人是宇宙万物间最为尊贵者的观念。

儒家将人肯定为世间最高价值的承载者，极其强调人性的尊严与高贵，强调人与兽类的根本区别。

作为孔子学说中核心概念的"仁"字，就是以此为基础而提出的，"仁者，人也"。孔子的学说是关于人的哲学，他的一切论说的出发点都是人的问题，他关心的是人道、人格、人的价值、人的本质、人的自我意识、人生道路和人生理想等重大的人生问题，这显然有异于西方古代哲学所偏重关注和探讨的诸如世界的本原、宇宙的生成、万物运动的规律等自然哲学的问题。

对人的问题的高度关注，构成了孔子学说乃至整个中国哲学的一个重要特色。"仁"，代表着孔子心目中至高至善的人生修养境界。

后世孟子、董仲舒等儒学大师继承了孔子的仁学思想，并将这种理念发扬光大，成为中国社会的主流价值观。

为什么说"人皆可以为尧舜"？

"人皆可以为尧舜"，语出《孟子·告子下》："曹交问曰：'人皆可以为尧舜，有诸？'孟子曰：'然。'"这是孟子以"性善论"为基础而提出的劝勉人人向善的论说。孟子倡言，尧舜之道，"亦为之而已矣"，也就是说，圣贤之道，并没有什么高深莫测之处，只要去做就是了。"子服尧之服，诵尧之言，行尧之行，是尧而已矣。"孟子认为，众人与圣人之间的差别就在于圣人保持了本心，因而可以向善而为，众人则在不同的程度上丧失了本心，才与圣人之间产生了差距，但是只要众人收回本心，行尧舜之道，自可以成为圣人。孟子的这一命题不仅关于人生的修养，实质上还表达了一种重要的教育理念，但孟子的这一论点长期为儒家学者所

疏忽，却在佛教的禅宗得到继承。在禅宗的观念里，人人心中都有佛性，只要"明心见性"，就可"立地成佛"。这与孟子的前述表达如出一辙，只不过是因为学说宗派的不同，一者为圣，一者为佛。到了宋代，儒家学者开始重视起孟子的人性论，陆九渊说："心，只是一个心。某之心，吾友之心，上而千百载圣人之心，下而千百载复有一圣贤，其心亦只是如此。心之体甚大，若能尽我之心，便与天同。"明代王守仁则将此阐说为"人心一点灵明"，这"一点灵明"就是"人皆可以为尧舜"的依据，亦是对孟子论说的另一种形式的表达。"人皆可以为尧舜"的最大意义在于拉近了众人与圣人之间的心理距离，给后进者的自励而为创设了思想前提，而这一观念在教育方面的重要意义则在当代引起一些学者的重视，已有若干相关的论文来阐说孟子这一思想对于当代教育发展的重要价值。

如何理解"自强不息，厚德载物"？

"君子自强不息"，语出《易经·乾卦》："天行健，君子以自强不息。"与此相应，在《坤卦》中有："地势坤，君子以厚德载物。"这是《易经》中最为人所熟知的两句话，清华大学引为校训：自强不息，厚德载物。这两句话的意思是：天的运动刚强劲健，君子处世也应像天一样，积极追求自我的进步，刚毅坚卓，奋发图强，永不停息；大地的气势厚实和顺，君子也应当像大地一样，增厚美德，容载万物。一个人若想有所图为，自强不息作为个人品性是必须具备的；而一个国家若欲强大兴盛，自强不息作为一种民族精神也是不

思想学术

可缺少的。千百年来，自强不息，成为中华民族一辈又一辈的志士仁人持身自省的根本精神，激励着一代又一代的华夏儿女积极进取，奋勇向前，为着自我崇高的理想和民族辉煌的明天而拼搏不息。

"饮食男女"是什么意思？

"饮食男女"，语出《礼记·礼运》："饮食男女，人之大欲存焉。""饮食"是指食欲，"男女"是指情欲，"饮食男女"是人的两种最为基本的欲求，所以说"人之大欲存焉"。这是儒家思想关于人之欲求的基本观念，即从不认为"饮食男女"这些欲求是罪恶的，而认为它是人之常情，表现出对人生正常生理欲求的充分尊重，这与佛教在"饮食男女"方面划定出种种的清规戒律大有不同。宋代朱熹虽讲"存天理，灭人欲"，并非是主张将人欲一概抹杀，而是指要将超出一定范围的不合理的过分所求的人欲祛除。

"心外无物"是怎样的观点？

"心外无物"是中国明代哲学家王守仁提出的哲学理念。宋代心学的创始者陆九渊提出"心即理也"和"宇宙即是吾心，吾心即是宇宙"的重要命题，这种观念最早可追溯至孟子的"万物皆备于我"的提法。王守仁发展了陆九渊的心学思想，提出"心外无物，心外无理，心外无事"的核心观点。王守仁所说的"心"，是一个内涵较为复杂的概念，它指代一种最高的本体，如"心即道，道即天"，也指称个人的主观意识，如"心一而已，以其全体恻怛而言谓之仁，以其得宜而言谓之义，以其条理而言谓之理"。这两种意涵往往是交杂在一起的，这比陆九渊学说

中"心"的内涵要更为宽泛。"心外无物"的基本含义是，心与物同为一体，物不能离开心而存在，心也不能离开物存在。离开灵明的心，便没有天地万物；而离开了天地万物，也没有灵明的心。一方面，灵明的心是天地万物的主宰；另一方面，心无体，以天地万物感应的是非为体。客观的事物没有被心知觉，就处于虚寂的状态。如深山中的花，若未被人看见，则与心同归于寂；而若被人看见，则此花的颜色就一时明白起来。王守仁所谓的"心外无物"，并不是说人的主观意识决定着客观物质的存在，而是指外界事物的存在离开了人的主观体验则没有意义，它指向的不是宇宙本原问题，而是存在与意识之关系的问题。

什么是"性善论"？

性善论是孟子提出的命题，到宋代时，经过程颐、张载、朱熹等学者的发扬而成为儒家正统的人性论。孟子在政治上提倡仁政，主张行王道而反霸道，在对待人和人类社会方面持有一种温柔敦厚的作风，这曾被胡适戏称为"妈妈政策"。可以说，孟子的一整套思想体系都是以性善论为基础的，孟子这样论说人性："所以谓人皆有不忍人之心者，今人乍见孺子将入于井，皆有怵惕恻隐之心，非所以内交于孺子之父母也，非所以要誉于乡党朋友也，非恶其声而然也。由是观之，无恻隐之心，非人也；无羞恶之心，非人也；无辞让之心，非人也；无是非之心，非人也。恻隐之心，仁之端也；羞恶之心，义之端也；辞让之心，礼之端也；是非之心，智之端也。人之有是四端也，犹其有

四体也。"由恻隐、羞恶、辞让、是非之心而发的仁、义、礼、智这四端，就是孟子的人性论的依据。在孟子看来，人的这些善端是与生俱来的，人的本心为善，所以言之人性本善。这就是孟子的"性善论"的基本内涵。

什么是"性恶论"？

性恶论，是荀子人性论观点。荀子否定了孟子的性善论，指出："凡人有所一同。饥而欲食，寒而欲暖，劳而欲息，好利而恶害，是人之所生而有也，是无待而然者也，是禹桀之所同也。"这里所列举的饥食、寒暖、劳息、好恶等人生而有之的品性与孟子所言的恻隐、羞恶、恭敬、是非之心等善端是完全不同的，荀子进一步阐述说："是无待而然者也，是禹桀之所同也。可以为尧禹，可以为桀跖，可以为工匠，可以为农贾，在执注错习俗之所积耳。"又言："材性知能，君子小人一也。好荣恶辱，好利恶害，是君子小人之所同也。人之生固小人，无师无法则唯利之见耳。尧禹者，非生而具者也，夫起于变故，成乎修为，待尽而后备者也。"荀子指出，这些人生来就有的能为在于尧、禹等贤圣之人与桀、跖等暴恶之人是一样的，人的本性是唯利是图的小人，成为君子者在于后天的修为。荀子以"性恶"为理论基础，更加强调了礼乐教化的重要性，同时也为法治提供了思想前提，提出了礼法共治的主张，即礼乐不可废，法约不可弛。

什么是"性私论"？

性私论，主要是法家的人性观。《管子·禁藏》曰："凡人之情，见利莫能勿就，见害莫能勿避。"商鞅认为："民之性，饥而求食，劳而求逸，苦则索乐，辱则求荣，以民之情也。"韩非子进一步发展了法家的人性思想，提出"趋利避害"是人的本性，这是由人的生理需求所决定的。法家的"性私论"与荀子的"性恶论"是相为呼应的，"性私论"与"性恶论"在思想实质上是相通的，都否定人拥有与生俱来的善端；但相较而言，"性私论"更加强调人的自私的一面，以自私来解释人的恶行，将人性的自私作为恶的来源，而且认为人性难以教化和改变，只可以进行约束和利用，于是主张以刑法和奖惩来治理社会和管理国家。

什么是"性无善恶论"？

性无善恶是告子的人性观点，相关的记述见于《孟子·告子上》。告子曰："食、色，性也。"在告子看来，生之谓性，人性的基本内容就是食与色这两种本能，这类本能是没有善恶之定性的，正所谓："性犹湍水也，决诸东方则东流，决诸西方则西流。人性之无分于善不善也，犹水之无分于东西也。"

告子认为，善恶是后天环境造成的，人因之可以为善，也可以为恶，并举例说："文武兴，则民好善；幽厉兴，则民好暴。"告子的这种观点遭到了孟子的强烈反对，孟子言："水信无分于东西，无分于上下乎？人性之善也，犹水之就下也。人无有不善，水无有不下。今夫水，搏而跃之，可使过颡；激而行之，可使在山。是岂水之性哉？其势则然也。人之可使为不善，其性亦犹是也。"这就是说，水虽然不分东西，却全都是向下流的，人之性善就如同水向下而注一样，是本然具

思想学术

有的品性。

在驳斥告子的"性可以为善,可以为不善"的论说时,孟子言道:"乃若其情,则可以为善矣,乃所谓善也。若夫为不善,非才之罪也。恻隐之心,人皆有之;羞恶之心,人皆有之;恭敬之心,人皆有之;是非之心,人皆有之。恻隐之心,仁也;羞恶之心,义也;恭敬之心,礼也;是非之心,智也。仁义礼智,非由外铄我也,我固有之也,弗思耳矣。"意在表明,人从天生的性情来说,都可以使之善良,至于说有些人不善良,那不能归罪于天生的资质。这仁义礼智之心都不是由外在的因素所塑就的,而是人本身所固有的,只不过人平时没有去想它因而没有觉察罢了。

墨子也持有与告子相类的人性观:"染于苍则苍,染于黄则黄,所入者变,其色亦变。"

告子的性无善恶论将人性看作与动物的本能是一个层面的,这与古人心中"人乃万物之灵"的观念是截然相悖的,是人们很难接受和认同的。但是就客观事实而言,如果将人性界定为与生俱来的本性,应当说告子的这种性无善恶论是更符合实际的,人是由动物进化而来的,在生物学分类上,人也是动物界的一员,就人的生物属性而言,与动物是没有实质差别的,孟子所列举的诸般善端,大体来看恰恰是人在社会生活中习得的,而不是生来就具有的。

"性三品说"是谁提出来的?

"性三品"是董仲舒提出的人性论。董仲舒将阴阳的观念引入对人性的分析,如同天有阴阳一样,人也分善恶。人所具有的善的品质,体现了天的阳性,董仲舒称之为"性";人所具有的恶的品质,体现的是天的阴性,他称之为"情"。尽管"性"蕴含着善的一面,但并不等同于善,而只是意味着善的可能,他比喻说:"性比于禾,善比于米;米出禾中,而禾未可全为米也;善出性中,而性未可全为善也。"董仲舒依据人所具有的"性"和"情"的地位不同而将人性分为三品,上品为"圣人之性",是"性"主导,而"情"很少,因此不教而可为善的品性;下品为"斗筲之性",是"情"主导,而"性"缺乏,因此虽教而亦不能为善的品性;介于两者之间的为"中民之性",是"性""情"相当,是为善而亦可以为恶的品性。董仲舒的"性三品"说将先天的人性进行了有差异的类分,这与孔子所言的"性相近"和孟子所说的"人皆可以为尧舜"是迥然不同的。东汉时期的思想家王充指出:董仲舒之言本性有善有恶,说的是普遍的人的本性;孟子之言性善,说的是上等人的本性;荀子之言的性恶,说的是下等人的本性,几种言说的差异在于论说对象范畴的不同。王充的这种提法对董仲舒的"性三品"说给予了充分的肯定。到唐朝,韩愈作《原性》,对董仲舒的"性三品"说进行完善,更进一步地将"性"与"情"都分为上、中、下三品,"性"与"情"相互对应,"上品之性"发为"上品之情","中品之性"发为"中品之情","下品之性"发为"下品之情",这是一种更为精致化的"性三品"说。

如何理解"道法自然"?

"道法自然",语出《老子》第二十五章:"人法地,地法天,天法道,道法自然．"其中的自然是指事物的本然之义。道法自然是道家哲学中的一个核心观念，其基本含义在于强调自然的崇高地位，而相应地去掉人为的力量，即所谓的绝圣弃智，返璞归真，达到一种素朴无为的自然境界。庄子曰："夫赫胥氏之时，民居不知所为，行不知所之，含哺而熙，鼓腹而游，民能以此矣。"这句话就是对人之去除雕饰、任其真性的自然境界的一种形象的说明。道法自然的重要价值在于告诫人们要遵从自然之理，所行所为不要违背自然之性，要回归自然的人性，而弃除人性的异化。

"无为而治"是谁的观点？

"无为而治"，是道家的基本思想，首先是由老子提出来的。老子认为天地万物都是由道化生的，而且天地万物的运动变化也都遵循着道的规律，而道所遵循的又是自然的规律，也就是"道法自然"。既然道以自然为本，那么对待事物就应该顺其自然，无为而治，让事物按照自身的必然性自由地发展，使其处于符合道的自然状态，不对它横加干涉，不以有为影响事物的自然进程，只有这样，事物才能正常地存在和健康地发展。老子说："是以圣人处无为之事，行不言之教。""上德无为，而无以为；下德有为，而有以为。""为学日益，为道日损，损之又损，以至于无为。无为而无不为。"这些讲的都是"无为而治"的好处。当然，所谓"无为"，并不是一无所为，不是说什么都不做，而是不妄为，不随意而为，不行违反自然规律之为。

"齐善恶"是怎样的哲学命题？

"齐善恶"，是道家为表达事物性质的相对性而提出的命题。《老子》第二章曰："天下皆知美之为美，斯恶已；皆知善之为善，斯不善已。"意思是说，丑、恶是相对于美、善而言的，如果没有美、善，也就无所谓丑、恶了。庄子将这种相对主义的论调推向极致，认为世间万物的一切区分都是相对的，这些差别源于人的主观看法，而不存在客观的标准，"自其同者视之，万物皆一也"。人性也是如此，并没有明确的善恶标准，善与恶有着等同性，即所谓的"齐善恶"。

"为我"是谁的哲学观点？

"为我"是战国时期思想家杨朱的一个命题，语出《孟子·尽心上》："杨子取为我，拔一毛而利天下，不为也。""拔一毛而利天下，不为也"，后来演化为"一毛不拔"这一成语，成为一种极端自私观念的代指。杨朱没有著作流传下来，其言论见解散见于《孟子》《庄子》《韩非子》《吕氏春秋》等书中，但在当时，杨朱的学说是很盛行的，孟子曾说："杨朱、墨翟之言盈天下。"杨朱的"为我"是与墨翟的"兼爱"相对的观念，后者强调对社会责任的承担，而前者强调自身的保全。但杨朱的"为我"并不是倡言为谋取私利可以不择手段、无所不为，而是强调创造社会的利益不要以损害个人的利益为代价；不是主张损人利己以满足私欲，而是注重利人当以不损己为前提。应当说，杨朱的这种"为我"的思想，虽不乏局限，但有着积极的一面，可惜的是杨朱的思想流传下来的仅是只言片语，而没有系统的阐述可供后人参考，人们也无法寻知杨朱的思想更为全面的意思是怎样的。

什么叫"执两用中"？

"执两用中"，意思是做事的时候要把握住过与不及这两端，而采取恰到好处的适宜办法，其出处为《礼记·中庸》："执其两端，用其中于民，其斯以为舜乎？""执两用中"是由"执中"发展而来的，是"中庸之道"的基本内涵。人们在长期的实践中会发现各种事物都具有一定的规律，只有掌握好分寸，做得恰到好处，不偏不倚，才能够取得最佳的预期效果，这就是"执中"的由来。

"执中"后来由一种实践经验升华到理论层面，称为"中道"。尧、舜、禹都把"允执厥中"作为世代相传的治国方法，也就是要求实事求是地坚持"中道"来治理国家。而后"执两用中"的法则经孔子的发扬，成为儒家所提倡的一种为人处世的基本准则。

"格物致知"是怎样的哲学命题？

"格物致知"是儒家哲学中关于认识论的命题，语出《礼记·大学》："欲诚其意者，先致其知；致知在格物。物格而后知至，知至而后意诚。"但是"格物致知"在《礼记·大学》中并未做具体阐释，而且其他先秦典籍中也未见此语，这使得"格物致知"的含义没有确解，引发了后来的争论。宋代朱熹将"物"解释为"天下之物"，"即凡天下之物，莫不因其已知之理而益穷之，以求至乎其极。至于用力之久，而一旦豁然贯通焉，则众物之表里精粗无不到，而吾心之全体大用无不明矣"。朱熹的观点是通过究察事理从而获

得知识。同时代的陆九渊则持与朱熹相反的观点，认为"格物致知"意在言格去物欲而求得天理，反对在心外去穷理求知。明代王守仁也反对朱熹的"即物穷理"，认为："先儒解格物为格天下之物，天下之物如何可格得？且谓一草一木亦皆有理，今如何去格？纵格得草木来，如何反来诚得自家意？"王守仁因此认为"致知"就是致良知，"格物"就是正物，于是将"格物致知"说成"致知格物"，也就是"致吾心之良知于事事物物"，然而无论是朱熹，还是陆、王，"格物致知"的意义在于个人的道德修养，而不在于对自然物理的认识上，这与清末时期以"格致"来统称物理、化学等自然科学的含义是不相同的。

什么叫"致良知"？

"致良知"，是王守仁提出的道德哲学方面的核心命题，其理论渊源为孟子的"人皆可以为尧舜"的阐述。王守仁将"格物致知"转为"致知格物"，即反对朱熹求格物以致知的主张，而认为应当先行致知从而格物。其中的"知"，即谓"良知"，"致良知"也就是将自我心中的"良知"贯彻到事事物物中，令事事物物归之于正。王守仁认为"良知"就是"天理"，"天理"存于己心，而不应求于外物。王守仁的"致良知"思想被概括为著名的"王门四句教"："无善无恶是心之体，有善有恶是意之动，知善知恶是良知，为善去恶是格物。"

"百家争鸣"确实有100家吗？

"百家争鸣"，源自东汉班固著《汉书·艺文志》："凡诸子百八十九家……皆

起于王道既微，诸侯力政，时君世主，好恶殊方，是以九家之说蜂出并作，各引一端，崇其所善，以此驰说，取合诸侯。"春秋战国之际，正是中国社会激烈动荡的大变革时期，周朝宗室衰微，无力驾驭诸侯，诸侯之间相互攻伐，天下纷争四起，同时社会上新的阶层出现，造成社会局面空前复杂，代表各阶级、各阶层、各派政治力量的具有不同主张的学者和思想家，都企图按照本集团的利益与要求和本人的思想见解，对人生对社会乃至对宇宙万物做出自成体系的解释和主张，加之当时尚未进入后来的封建大一统时期，统治者并不能够对社会思想进行强力的钳制和约束，人们在思想与言说方面具有极大的自由，遂有众多思想家发扬己意，任意挥洒，纵谈天下，广收门徒，著书立说，互相辩难，争雄逞强之势蔚为大观，即后世所谓的"百家争鸣"。《汉书·艺文志》中将诸子百家著作学说归结为10家，即儒、道、阴阳、法、名、墨、纵横、农、杂、小说，然称"其可观者九家而已"，即将小说家排除在外。"百家争鸣"时代所阐发的文化思想，奠定了中国整个封建时代文化的基础，尤为儒道两家流脉广远，对中国古代的文化和社会产生了极为深刻的影响。

什么叫"大同"？

"大同"，是儒家所提出的最高范畴的社会理想，《礼记·礼运》中记载孔子对大同世界的描绘："大道之行也，天下为公。选贤与能，讲信修睦，故人不独亲其亲，不独子其子，使老有所终，壮有所用，幼有所长，矜寡孤独废疾者，皆有所

壁画中宁静的尧舜时代

《史记》载，舜在20岁时就以孝闻名。30岁时，尧询问可用的人才，四岳诸侯都推荐舜。经过一番长期的考察，尧对舜很满意，就把帝位禅让给了舜。

养。男有分，女有归。货，恶其弃于地也，不必藏于己；力，恶其不出于身也，不必为己。是故谋闭而不兴，盗窃乱贼而不作，故外户而不闭，是谓大同。"清末康有为为宣传变法改制而将孔子的大同理想与西方的近代社会制度相比附，并亲著数十万字的《大同书》来表述自己的政治理想。孙中山对大同世界的理想描述也是十分推崇，并将"天下为公"作为自己的政治格言。"大同"是孔子对人类理想社会的构想，表达了自己对"天下为公"的大同世界的向往，只是没有同时指出人类走向大同社会的可由之径。

"小康"指什么？

"小康"，是儒家所描述的一种社会状态，《礼记·礼运》中记载孔子在讲述"大同"之后接着说道："今大道既隐，天下为家。各亲其亲，各子其子，货力为己。大人世及以为礼，城郭沟池以为固，礼义以为纪，以正君臣，以笃父子，以睦兄弟，以和夫妇，以设制度，以立田里，以贤勇知，以功为己。故谋用是作，而兵

思想学术

由此起，禹汤文武成王周公，由此其选也。此六君子者未有不谨于礼者也，以著其义，以考其信。著有过，刑仁讲让，示民有常。如有不由此者，在势者去，众以为殃，是谓小康。"在孔子看来，禹汤文武成王周公之时的社会可以称为"小康"，"小康"虽不及"大同"，却也是一种比较好的社会风貌。康有为根据《春秋公羊传》的"三世"说，将"小康"比作"升平世"，将"大同"比作"太平世"，社会的发展规律是由"据乱世"走向"升平世"，再进入"太平世"。

如何理解"礼治"？

"礼治"，是一种以礼仪制度作为国家的基本政治秩序的执政理念。"礼治"的基本确立是在西周初年，周公旦在确定礼制的过程中起到了重要的作用。周初的"礼治"是以"亲亲"和"尊尊"观念为基础的，"亲亲"，就是按照血缘关系的远近来区分亲疏，再由亲疏来确定贵贱；"尊尊"，就是地位低的人要尊重地位高的人，不得有所僭越。由此，君、臣、父、子各具其名，尊卑、亲疏、高低、贵贱各有其分，依此而行，整个社会便会建立起一套严明的秩序，国家的政治生活也不会出现纷乱，这就是"礼治"的核心意涵。与"礼治"的思想内涵相配合，统治者创立了一套繁复而精微的礼仪制度，令"礼治"的形式与内容相为呼应，以起到良好的实践效果。但是，"礼治"未能使国家的运行长治久安，统治者并不能借此而可高枕无忧，延递至东周时期，"礼治"的规则便为礼崩乐坏的乱世局面所打破。

什么是"为政以德"？

"为政以德"，是儒家所倡导的治国理念，语出《论语·为政第二》："子曰：'为政以德，譬如北辰，居其所而众星共之。'"孔子说，如果君主用道德教化来治理国家，那么就会像北辰星那样，自己居于一定的方位，而众星都环绕着它。"为政以德"表现的是孔子所提倡的德治思想，这与法家所主张的法治思想是正相对立的。孔子的观点是君主如果凭借道德的力量治理国家，就可以得到臣民的拥护；而法家的观点是，君主应当依靠严酷的法治来实现对臣民的统驭和震慑，从而获得臣民对自己的服从。

什么是"君权神授"？

"君权神授"，意即君主的权力是神所赋予的，这是对君主的一种神化。统治者宣扬自己的地位是上天所赋予的，从而强调自身统治的合法性，增强人民的认同和服从。《尚书·召诰》说："有夏服天命。"这是有关君权神授思想的最早记载，也说明，自夏朝开始，君权神授就已经成为一种有关政权的重要理念。商朝的统治者创造了一种"至上神"的观念，宣称"帝"或"上帝"是上天和人间的最高主宰，又是商王朝的宗祖神，因此，人民应当服从商王的统治。周朝统治者则用"天"代替了"帝"或"上帝"的概念，周王称为"天子"。周朝毛公鼎上面的铭文记载："丕显文武，皇天宏厌厥德，配我有周，膺受天命。"这是对"君权神授"思想的明确宣扬。到汉朝，董仲舒提出"天意""天志"的概念，并且提出了"天人相与"的命题，认为天是有意志的，是最高的人格神，是自然界和人类社会的最高主宰，天和人之间是相通的，人应当按照天的意志来行动。董仲舒以"天人相与"作为理论基础，系统地发展了君权神授的思想，强调君权的天然合理性和神圣不可侵犯性。君权神授的思想在中国古代有着非常深远的影响，历代帝王以至造反的农民领袖，无不假托天命，自称"奉天承运"，或者说"替天行道"，虚构神迹，利用谶纬迷信，把自己的活动说成是受上天的指使，从而达到神化自己及其活动的目的。陈胜和吴广在谋划起义时，先用丹砂在丝绸上写"陈胜王"，将其放在别人用网捕获的鱼的肚子里面，然后又暗中潜伏到戍卒驻地旁边丛林里的神庙中去，在晚上用竹笼罩着火装作鬼火，像狐狸一样叫喊："大楚兴，陈胜王！"这就是君权神授的迷信思想深入人心的一个鲜明的例证。

"罢黜百家，独尊儒术"是谁提出来的？

"罢黜百家，独尊儒术"，是董仲舒所提出的主张，汉武帝元光元年（前134年），召集各地贤良求问治理天下的策略，董仲舒在进策中提出："《春秋》大一统者，天地之常经，古今之通谊也。"他认为当时执政者的理念无法统一，而百姓也莫知所从的原因是"师异道，人异论，百家殊方，指意不同"，于是他倡导进行文化上的统一，尊崇孔子的学说，而罢黜其他各家的思想观点，也就是独尊儒术。董仲舒的这一建议为汉武帝所采纳，儒学自此取得中国官方正统学术的地位，并且绵续两千余年，对中国古代的意识形态和社会生活都有着极大的影响。"罢黜百家，独尊儒术"为汉武帝政治上的大一统创造

了思想基础，这一方面加强了君主专制制度，另一方面对统一的民族国家的形成和巩固也产生了巨大的积极作用。

"大一统"是什么意思？

"大一统"，也就是尊崇一统的观念。孔子在作《春秋》的时候，开篇说："隐公元年，春，王正月。"意思是讲，鲁隐公元年的春天，就是周王的正月。《公羊传》解释说："何言乎'王正月'？大一统也。"唐代徐彦注疏："王者受命，制正月以统天下，令万物无不一一皆奉之以为始，故言大一统也。"《汉书·董仲舒传》说："《春秋》大一统者，天地之常经，古今之通谊也。"《汉书·王吉传》也说："《春秋》所以大一统者，六合同风，九州共贯也。"可见，在春秋时期，大一统已经成为一种被社会所崇尚的观念，孔子说："天下有道，则礼乐征伐自天子出。""礼乐征伐自天子出"，就是大一统的表现，这意味着"天下有道"。周王东迁，天下诸侯各立，呈现出分崩离析的局面，但是大一统作为一种深入人心的观念并没有因此而抹去，思想界虽有"百家争鸣"，在政治理念上有"王道"和"霸道"之别，但大一统这一点是各家共同秉持的观念。孟子在回答梁襄王所提出的"天下恶乎定"的问题时回答说："定于一。"荀子所提出的"四海之内若一家"的理想，还有墨子"尚同"的主张，等等，这些都是春秋战国时期大一统思想体现。到秦始皇统一六国，实现"书同文，车同轨"，再及至汉武帝"罢黜百家，独尊儒术"，中国最终在文化与政治两大基本领域都确立了大一统的秩序。

伦理修养

什么是"人伦"?

人伦,是儒家伦理学说的一个基本概念。伦,为条理、顺序之义,《说文解字》中言:"伦,辈也。"人伦,是指儒家思想中所特别重视的人与人之间的关系,又特别指尊卑长幼之间的辈分关系。《孟子·滕文公上》说:"人之有道也,饱食暖衣,逸居而无教,则近于禽兽,圣人有忧之,使契为司徒,教以人伦:父子有亲,君臣有义,夫妇有别,长幼有叙,朋友有信。"可见,在孟子看来,父子、君臣、夫妇、长幼、朋友之间的人伦关系是人与禽兽之别的一个基本方面。《管子·八观》言:"背人伦而禽兽行,十年而灭。"这里表达了与孟子一致的观点。《汉书·东方朔传》载:"上不变天性,下不夺人伦。"宋代周密《齐东野语·巴陵本末》言:"人伦睦,则天道顺。"从这些表述中可以发现,人伦已经被提高到与天性、天道同等的位置,可见人伦在中国古代社会人们思想中的重要性。"只是父亲伯叔兄弟之伦,因是圣人遗训,不敢违忤。"这句话说的是贾宝玉。贾宝玉在《红楼梦》中以性格叛逆著称,但是对于人伦大道这样的圣人遗训还是甚为尊奉的,由此可以推知人伦思想对人的强大的约束力。

"礼义廉耻"指的是什么?

"礼义廉耻",语出《管子·牧民》:"何谓'四维'?一曰礼,二曰义,三曰廉,四曰耻。"又言:"国有四维,一维绝则倾,二维绝则危,三维绝则覆,四维绝则灭。"由此可观,礼义廉耻占有着作为国家纲纪的崇高地位。管子解释说:"礼不愈节,义不自进,廉不蔽恶,耻不从枉。故不逾节则上位安,不自进则民无巧诈,不蔽恶则行自全,不从枉则邪事不生。"意思是,礼要求人们的行为不超越一定的界限,义要求人不自矜,廉要求人们不隐瞒自己的过错,耻要求人有羞耻之心,不跟邪恶者同流合污。做到了这四点,就可以避免种种社会问题的产生。欧阳修在《新五代史·冯道传》中对管子的这一论说大加激赏:"善乎,管生之能言也!礼义,治人之大法;廉耻,立人之大节。盖不廉,则无所不取;不耻,则无所不为。人而如此,则祸乱败亡,亦无所不至,况为大臣而无所不取,无所不为,则天下其有不乱,国家其有不亡者乎!"

什么是"五伦"?

"五伦",指的是君臣、父子、夫妇、兄弟、朋友这5种基本的人际关系,也是儒家思想中人伦关系的基本方面。《孟子·滕文公上》说："父子有亲，君臣有义，夫妇有别，长幼有叙，朋友有信。"这就是孟子对五伦的简要的阐述。《礼记·礼运》中对孟子的五伦说做了进一步的阐释，解为"十义"，即"父慈，子孝，兄良，弟悌，夫义，妇听，长惠，幼顺、君仁，臣忠"。"五伦"是儒家所倡导的人际关系的基本准则，是中国传统社会伦理思想的核心内容。

"五典"都包括什么？

"五典"，有两种含义，一种含义是指中国上古时期的著名典籍，《尚书·序》："少昊、颛顼、高辛、唐、虞之书，谓之《五典》，言常道也。"《左传·昭公十二年》记有楚灵王称赞左史倚相的话："是良史也，子善视之，是能读《三坟》《五典》《八索》《九丘》。"也就是说，左史倚相由于能够解读《三坟》《五典》《八索》《九丘》这些典籍而闻名于朝。另一种含义，即儒家学说中的"五典之教"，也就是"父义、母慈、兄友、弟恭、子孝"这5种人际伦理的教化，说的是做父亲的要仁义，做母亲的要慈爱，做兄长的要友善，做弟幼的要恭敬，做子女的要孝顺。

"三纲"包括什么？

"三纲"，即所谓"君为臣纲，父为子纲，夫为妻纲"。"纲"的本义为提网的总绳，其比喻义为事物中占据支配和控制地位的关键成分。"三纲"的提法并非出于儒家，而是始于韩非："臣事君，子事父，妻事夫，三者顺则天下治，三者逆则天下乱，此天下之常道也。"孔子对君臣关系的看法是："君使臣以礼，臣事君以忠。"而孟子则认为："君之视臣如手足，则臣视君如腹心；君之视臣如犬马，则臣视君如国人；君之视臣如土芥，则臣视君如寇仇。"可见，孔子、孟子所言的君臣关系是相互的、双向的对等关系，而韩非所言的君臣关系以及父子关系、夫妻关系则是单向的、一方对另一方具有控驭权的服从关系。韩非将君臣完全对立起来，倡扬权术和法制的重要性，而儒家则强调亲情和仁义是维持社会关系的根本。"三纲"的正式提出者是西汉时期的董仲舒，他在《春秋繁露》中说："君臣、父子、夫妇之义，皆取自阴阳之道：君为阳，臣为阴；父为阳，子为阴；夫为阳，妻为阴。"又言："阴者阳之合，妻者夫之合，子者父之合，臣者君之合。""合"，是配合的意思，也就是被支配的一方。这也就是后来统驭中国社会思想两千余年的"王道三纲"。"三纲"虽然打着儒家的旗号，但与孔孟之学相去甚远，实则是后来君主专制社会的思想家为迎合政治需要而制定的伦理规范。朱熹曾经说自孟子之后真孔学即失传，这表明后来在中国社会占据思想主导地位的儒家学说相较于儒学创始时期孔孟的思想言论发生了很大变异。

"五常"包括什么？

"五常"，指仁、义、礼、智、信这5种精神信念与行为规范，是儒家伦理思想的核心。"五常"的定称，出于董仲舒《天人三策》："仁、义、礼、智、信五常之道，王者所当修饬也。"之所以将仁、义、礼、智、信称为"五常之道"，是因为"常"表达的是永恒不变之义。后来，

"五常"与"三纲"常常并称，成为中国传统社会的最高伦理准则，但是实际上"五常"的观念比"三纲"早很多，在孔子之前就已经是社会上广为认同的德行规范，孔子继承了华夏文化的优秀传统，并将之发扬光大，泽于后世。可以说，"五常"作为一种思想理念，有着比"三纲"更为广泛的适应范围，当今虽不再有"五常"的提法，但是仁、义、礼、智、信这些基本理念仍在相当程度上影响着中国人的思想和行为。

什么叫"主敬'？

"主敬"是儒家思想中的一条重要的伦理规范。所谓的"丧主哀""祭主敬"，也就是强调在从事丧礼和祭礼的时候，要避免徒具形式，而一定要有悲哀和敬重的心理。"敬"的对象原为天地、鬼神、祖宗等，后来扩展到人事，通过一套繁复的礼仪来表达"敬"的心理。孔子对于"敬"的精神高度重视，有过"色难"的著名表述，也就是说，子女在侍奉父母的时候一直保持怡悦的表情这一点是很难做到的，这一点恰恰正是孔子所要强调的。他曾非常感慨地说道："今之孝者，是谓能养。至于犬马，皆能有养；不敬，何以别乎？"当今所谓的孝，也就是能够养活父母的意思罢了。可是对于犬马来说，它们也都能够得到养活；如果没有敬的态度，孝父母与养犬马又有什么区别呢？孔子的这种表述至今而言都有着极佳的借鉴意义。由于孔子对于"敬"的强调，"主敬"成为儒家思想的一个核心理念，宋代程颐在谈论儒家所崇奉的至为繁多的礼仪时曾说其精神可一言而蔽之："毋不敬。"

一切的礼法都以一个"敬"字为依归。

什么是"孝"？

孝，指的是子女对父母所应当尽到的职责和义务，包括尊敬、顺从、赡养、送终、守制等内容。在动物界中存在着"反哺"的现象，人类的孝在生物意义上来讲也是以这种"反哺"为基础的，但是人作为一种"道德动物"，这种"反哺"就具有了较之动物界的本能现象远为复杂的含义，并且升华为"孝"的概念。应当说，"孝"是全人类所共有的伦理行为，但是在中国有着尤为重要的意义。早在上古时期，孝的理念在中国人的意识中就已经相当强烈。这种理念的产生，或与原始的宗教情感有关，先民们认为祖先的在天之灵可以福佑子孙，因而对祖先产生一种敬畏的心理。另外，在中国古代的宗法制社会中，家国同构，宗统与君统合二为一，孝与忠紧密相连，这也加重了中国人孝的意识。在孝的内容中，"慎终追远"是尤为重要的一条，语出《论语·学而第一》："曾子曰：'慎终追远，民德归厚矣。'"其意为，慎重地办理父母的丧事，虔诚地祭祀远代的祖先，这样就可以令人民的品德归于忠厚。又如，孔子在解释孝的时候说："生，事之以礼；死，葬之以礼，祭之以礼。"这表明了孝不仅在于父母的生前，而且亦重于父母的身后。由于对父母葬祭格外重视，所以古代有"守制"的规矩，也就是父母亡故之后要在家守丧三年，而不得从事嫁娶、应官、交游等活动。关于此点，孔子说："子生三年，然后免于父母之怀。夫三年之丧，天下之通丧也。"守丧的礼法尤其展现出中国人在对待孝这一问题上的独特性。

如何理解"身体发肤，受之父母"？

"身体发肤，受之父母"，语出《孝经》："身体发肤，受之父母，不敢毁伤，孝之始也；立身行道，扬名于后世，以显父母，孝之终也。"古人认为，自己的身体是父母所给的，应当倍加爱护，不敢有所损伤，这是孝道最基本的要求。曹操曾割发代首，割发之所以具有如此重要的意义，其原因就在于此。《三国演义》中描写的夏侯惇中箭后吞食眼珠之举也是基于此种理念，夏侯惇高呼的"父精母血，不可弃之"，说的也就是"身体发肤，受之父母，不敢毁伤"，当然不敢扔弃。

为什么说"不孝有三，无后为大"？

"不孝有三，无后为大"，语出《孟子·离娄上》："不孝有三，无后为大，舜不告而娶，为无后也，君子以为犹告也。"其意为，不孝的表现有三种，其中以断绝后嗣这一点的罪过最大，舜没有禀告父母就娶妻，是怕没有后嗣，所以君子认为舜虽然没有禀告，也是相当于禀告父母了。关于"不孝有三"，《十三经注疏》中汉代经学家赵岐的解释为："于礼有不孝者三事，谓阿意曲从，陷亲不义，一不孝也；家贫亲老，不为禄仕，二不孝也；不娶无子，绝先祖祀，三不孝也。""不孝有三，无后为大"这一理念体现了中国人对于家族的绵延与继嗣的格外重视。在古时，孝的内容不仅有"生之以养"和"死之以葬"，而且还有极为重要的一点，就是要保持对于父母和先祖的祭祀的延续，而这种延续必然要以后嗣的承继不绝来实现，如果没有后人，相当于断了祭奉祖先的香火，这是一种大不孝。这种观念在当代不少中国人的心中仍然有着极深的影响。

什么叫"出则悌"？

"出则悌"，"出"是相对于父母的住处而言，由于子女与父母不在一起住，所以有"入""出"的说法，"入"，即入父宫，也就是进入父母住的地方，而"出"也就是指离开父母的住处；"悌"，是弟爱兄的意思，也引申为幼者对于长者的敬爱。"出则悌"，语出《论语·学而第一》："弟子，入则孝，出则悌，谨而信，泛爱众而亲仁。"这句话的意思是，年纪幼小的人，在父母面前要孝敬，在外时则要敬爱兄长，说话要严谨可信，要广泛地去爱众人而亲近有仁德的人。清代李毓秀所作的启蒙读物《弟子规》中有一篇即谓"出则悌"。与"入则孝"相应，"出则悌"是儒家思想中人伦规范的另一个基本方面。

什么是"忠"？

忠，是中国传统社会中一项基本的道德要求。"忠"原初是指对别人尽心尽力的忠诚态度，而不是专指臣对君的道德规约和行为职责。《论语·述而第七》载："子以四教：文、行、忠、信。"忠，就是孔子的四项基本教育内容之一。在先秦时代，并没有后来那样的忠君观念，孔子关于臣对君忠的看法是："君使臣以礼，臣事君以忠。"也就是说不是单方面地要求臣对君的忠诚，首先提到的是君要以礼待臣。孟子更说："贼仁者谓之'贼'，贼义者谓之'残'。残贼之人谓之'一夫'。闻诛一夫纣矣，未闻弑君也。"由此可见，在孟子这里，暴虐之君如纣者，实为民贼独夫，杀掉这样的暴君，是无所谓弑君

伦理修养

的。这样的话是完全没有死忠、愚忠的色彩的。而要求臣下绝对忠于君主的始作俑者还是法家的韩非。韩非认为，根本不存在所谓的共同的国家公利，君主和臣民之间的利害完全相反，因而绝无道义可言，彼此之间纯粹是相互利用的关系。但是，韩非是以君主本位来处理君臣关系的，他倡言："故人臣毋称尧舜之贤，毋誉汤武之伐，毋言烈士之高，尽力守法专心于事主者为忠臣。"这可以说是汉代大一统时期董仲舒的"君为臣纲"的理论渊源。自从"忠"被列入"三纲"之后，这一观念为封建统治者绝对化，皇帝作为万民之君，受命于天，受权于神，要求民众对皇帝无条件地履行忠诚，也就是所谓"君让臣死，臣不得不死"。另外，在帝制时代，皇帝往往是作为国家的代表被看待的，臣民效忠于皇帝常常与尽忠于国家是合在一起的，出于对国家的情感和职责，贤臣也要求自己尽到对皇帝的忠诚。

什么是"诚"？

诚，是儒家思想的一个核心范畴，不贰与不妄，则是诚的基本含义。《礼记·中庸》曰："天地之道，可一言而尽也，其为物不贰，则其生物不测。"所谓"不贰"，即始终如一，亦即是诚，"生物"是指化生万物的意思，而所谓"不测"，是言数量之无限。朱熹认为："诚者何？不自欺、不妄之谓也。""不妄"，也就是不虚假的意思，也就是诚。"诚"，是《礼记》中《中庸》一篇的核心表述，其篇有言："诚者自成也，而道自道也。诚者物之始终，不诚无物。诚者非自成己而已也，所以成物也。"由此可见，在《中庸》

的表述中，天地之道就是一个字"诚"，"诚"是天地之道运动变化的属性，或者说是一种与天地同存的属性，"诚"可以与天地共存，"诚"亦能够化生万物。在这里，"诚"，已经远远超越了伦理的范畴，而具有了本体论的意义。孟子说："反身而诚，乐莫大焉。"这与《中庸》所言的"至诚如神"都是将"诚"推崇到了一种至高无上的地位。

什么是"义"？

义，是中国传统的基本价值规范之一。"义"的本义是指合宜的行为表现，而这种合宜的判断标准是社会公认的准则，"义"的繁体字为"義"，在造字上含有群我关系的因素，也就是说令自己的言行符合群体的规范要求者乃称之为"义"。概而言之，"义"体现着一种超乎个人利益之上的道德范畴。孔子曾言："不义而富且贵，于我如浮云。"并且有"义然后取""见得思义""见义勇为"等关于"义"的行为要求，孔子是将"义"作为自身去就取舍的准则来看待的，如有所取，必当符合义的要求而后可；若有所去，亦当首先思考是否符合义的标准。孟子发扬了孔子的义的思想，言称："生，我所欲也；义亦我所欲也。二者不可得兼，舍生而取义者也。"由此人们常将"舍生取义"与"杀身成仁"相并述，"仁""义"二字也成为儒家思想的标志，作为中国传统的核心价值理念，传承千年，根深蒂固。

什么是"礼"？

礼，是中国传统价值的一个核心范畴。礼最初是指祭神的宗教仪式，后来发展到人事方面，表示与人的身份地位相应的行为规范和仪式制度。《礼记·中庸》载："礼仪三百，威仪三千。"可见当时的礼仪是非常繁复的，礼制涉及人们生活的方方面面，无大无小，细至举手投足之间都有相应的礼节来规范。如此繁缛的礼仪显然只有在物质生活余裕的贵族阶级才能施行，所谓"刑不上大夫，礼不下庶人"。根据传统的说法，西周初年，周公旦制订了严密的礼乐体系，奠定了以礼为治的教化传统。孔子对周公之礼极为尊奉，将礼视作修身与治国的基础，曾对其子孔鲤言："不学礼，无以立。"并且提出著名的"克己复礼为仁"的论说。礼之所以具有如此之重要的地位，是因为礼所反映的不仅仅是行为表面上的一套规矩，更是体现着言行规范的后面所蕴含的严肃的道德伦理基础，其严格的形式性承载着重要的实质性。

什么是"智"？

智，是儒家的核心价值范畴之一。儒家思想中的"智"，指的并不是科学智慧，而是一种道德智慧，也就是辨别善恶、是非的能力，也就是孟子所言的人的与生俱来的"是非之心"。《论语·雍也第六》记载："樊迟问知（即智）。子曰：'务民之义，敬鬼神而远之，可谓知矣。'"孔子的解释是，致力于民众应当遵从的义德，尊敬鬼神但是并不亲近它，这就是可以叫作"智"了。又，《论语·宪问第十四》记载："子曰：'君子道者三，我无能焉：仁者不忧，知者不惑，勇者不惧。'子贡曰：'夫子自道也。'"孔子在这里将"知者不惑"作为君子所具有的基本美德之一，其

后孟子进一步指出，所谓"智"，就是生而有之的"是非之心"，只要尽心将这种智慧来发扬，就能够做到知性，由知性而知天，知天则意味着达到超凡脱俗的人生之境，这是"智"的最高境界，也是儒家思想中作为一种道德智慧范畴的"智"的概念的本真之义。

什么是"信"？

信，是中国传统的核心价值范畴之一。信，就是诚，是无欺，是使人无疑。"信"不仅被奉为人际相处的起码准则，亦是治理国家的基本理念。孔子曾说："人而无信，不知其可也。大车无輗，小车无軏，其何以行之哉？"孔子将人没有诚信比作犹如车没有輗、軏（輗、軏，指车辕与横木相连接的关键部位）无法立足于世。孔子在回答子贡关于政事的提问时指出"足食""足兵"与"民信"这基本的三点，又言其中最为重要的是取信于民这一点，称："民无信不立。"另外，孔子的弟子子夏也说："与朋友交，言而有信。"曾子的每日三省其身中的一项重要

商鞅像
商鞅变法初，担心百姓不相信自己，立木南门，让百姓相信自己重信。

内容同样是"与朋友交而不信乎"。在法家的治国之术中，尤其重视对人民的守信，商鞅"南门立木"就是重信的一个明证。到了汉代，"信"这一道德准则被奉为五常之一，更是确立了至高无上的地位和影响力。

什么是"勇"？

勇，是儒家的重要道德范畴之一，指勇敢、果断的品格，孔子将勇看作是仁者所必备的条件，并且将勇与智和仁相并举，曰："知者不惑，仁者不忧，勇者不惧。"但是君子的勇是应当以义为前提的，"君子以义为上，君子有勇而无义为乱，小人有勇而无义为盗"。孔子又说"恶勇而无礼者"，可见，勇的品质的发扬是应当以对于礼和义的尊崇为基础的。孟子继孔子之后对勇的内涵做了更为详细的阐发，指出真正的勇是深明大义，能够通过自省而做出进退选择的"理性"之勇，是合于气节、道义，敢于担当的道德之勇，而不是逞强好胜的血气之勇、匹夫之勇。孟子以气养勇，以义配勇，崇尚"舍生取义"，其勇与"心""志""气"有着密切的关系，是一种体现情感与行动相统一的道德品质。孟子认为勇的培养需要立其志、养其气，从而最终形成具有"浩然之气"的理想人格。

"孔门三戒"的具体内容是什么？

"孔门三戒"，指孔子所提出的人生中三点修养要诀。《论语·季氏第十六》记载："君子有三戒：少之时，血气未定，戒之在色；及其壮也，血气方刚，戒之在斗；及其老也，血气既衰，戒之在得。"也就是说，君子有三点需要警惕戒备的：

在年少的时候，血气还没有稳定，要重点警戒色欲；到了壮年，血气正旺盛，要克制自己逞强好胜的争斗心理；而到了老年，血气已经衰弱，注意不要贪得无厌。宋代朱熹阐释说，圣人与常人相同的是血气，而与常人不同的是志气。血气因为生理原因，到了一定的年龄就会趋向衰弱，而志气则是取决于人的修养，并不会随着年龄的老迈而衰退，却会随着君子修养的提升而更加完美。所以，常人的最佳人生时期在其少壮之时，过了盛年，就会走向人生的衰落，而圣人在身体衰老的同时却会得到精神境界的提升，人生依然处于上升的状态。

什么是"守静"？

"守静"，是道家所提倡的修身和养生的根本方法。老子曰："致虚极，守静笃，万物并作，吾以观复。夫物云云，各复归其根。归根曰静，是为复命。"意思是说，万物品类虽然众多，生态虽然各异，但最后都只有"复"归到它的根本上才能开始生长。而这个根本也就是"静"。《礼记·乐记》言："人生而静，天之性也；感于物而动，性之欲也。"将静看作是人的天性。"守静"的思想基础是：世间万物的原本都是空虚而宁静的，要追寻万物的本质，必须恢复最原始的虚静状态。其实生命都是由无到有，由有再到无，最后总会回复到根源，而根源都是虚静的，虚静是生命的本质，这种生命的本质也是自然的常道，所以修身养生当以"守静"为本。

什么是"内省"？

"内省"，是儒家所提倡的修养方法。《论语·颜渊第十二》载："子曰：'内省不疚，夫何忧何惧？'"也就是说，面向自己的内心来省察，如果没有可以愧疚的事，那么会有什么值得忧虑和畏惧的呢？孔子又说："见贤思齐焉，见不贤而内自省也。"这句话表明，在孔子这里，内省是一种重要的自我提升的方法。曾子所言的"吾日三省吾身"就是对内省方法的实践运用。后来，内省的修身方法一路传承，无论程朱理学，还是陆王心学，都极为强调"内省"的功夫。内省的基础是道德上的自律，这是其优点，也是其弊端。孟子说"反求诸己"，但这是建立在"性善论"的基础上的，也就是说，在确定人具备仁、义、礼、智等善端的情形下才是有效果的。孔子言："我欲仁，斯仁至矣。"这种"仁至"也是以"我欲仁"为前提的，而"欲仁"者则已经为君子，所以在某种意义上来讲，内省只可施于君子，而不能够奏效于非君子之流的。

"持志养气"是什么意思？

"持志养气"，是儒家提倡的修养方法，源出孟子，关于"持志养气"这一问题的论述，集中见于《孟子·公孙丑上》。孟子说："夫志，气之帅也；气，体之充也。夫志至焉，气次焉，故曰：'持其志，无暴其气。'"这段话的意思是，心志，是气的主宰；而气则支持着人的身体。心志是最为重要的，而气为其次，所以说："掌握了心志，就不会令气出现什么问题。"这表达了持志为首要，养气为根本的意义内涵。孟子还说："我善养吾浩然之气。"孟子所言的"气"，指的是一种博大高深的精神状态和人格境界，其含义包括当今所言的"气质"，但是比普通的气

质要更为高远，是一种难以具体形容的概念。孟子在向弟子解答何谓"浩然之气"时说："难言也。其为气也，至大至刚，以直养而无害，则塞于天地之间。其为气也，配义与道。"由此可知，在孟子看来，这种"浩然之气"意味着一种与天地同流、共道义同在的至高无上的修养境界。孟子也指出，这种境界的达到和养成是不能够一蹴而就的，并且以"揠苗助长"这则寓言来形象地说明。孟子"持志养气"的论说对有志于道德修养和获得自我提升的古人产生过极大的感召力。

如何理解"寡欲"？

"寡欲"，是儒家提倡的修身方法。《孟子·尽心上》："养心莫善于寡欲。"欲望本是一种生物本能，但在人的身上却有着特殊性，一方面因为人类世界较动物的世界远为复杂，相比于动物很单纯的欲望而言，人类的欲望呈现出纷繁之状。另一方面，动物的欲望追求仅限于几种基本的生理欲望的满足，而生理欲望一般而言都是有限度的，不会产生过度膨胀的问题，人类的欲望则不然。俗语说"人为财死，鸟为食亡"，这句话很好地表现出人的欲望与动物的欲望的区别。鸟为食而奔逐，人则为财而争斗，食者为一腹之欲，食量再大也是有限度的，有了一定的食物就可以满足；而财则是一种无限的欲望，人对财的追求是没有界限的，也就是说没有"满足"的可能，所以人类有贪得无厌之说，动物却不大可能出现这种情况。人类这种欲望的特殊性，决定了人常常要遭受欲望得不到满足之苦（事实上，从一定意义上来讲，人的欲望必然是永远不会获得

伦理修养

满足的），与此同时，一些人为追逐欲望不择手段而给社会带来罪恶。这样，如何正确处理欲的问题就成为思想者所必然要认真面对的一大人生困局。思想家们常常不约而同地选择人要对自身的欲望进行限制，但是具体的提法却有所差别。与佛教的严格禁欲相比较，儒家对于人的欲望方面是很为开明的，认为饮食男女乃人之大欲，是完全应当追求和满足的，只是提倡"欲不可纵"，人对自身的欲望要有所节制，这也就是儒家的"寡欲"思想。宋代理学家所提出的"存天理，灭人欲"的主张，不应简单地按字面理解为禁欲主义，这里所说的"人欲"实际上指的是超出人的基本生理欲求的过分的欲望。寡欲虽然有倡导人们安于清心素朴的生活以免去诸多的扰攘纷争的积极的一面，仍未免失之于保守，如言"美味"即是应当革去的"人欲"，实在是过于严苛，另外，这种提倡如果达到有失分寸的过分化的地步，对于社会地发展前行也是有所不利的。更为正确的提倡应当是求欲而有道，也就是不应当只看一个人的欲望本身是处于一种什么样的程度，而且更要看其对欲望的追求是否是以遵守既定的道德规范与公认的行为准则并且不以害他人为前提的。同时，应倡导对于欲望不要过分地热衷，也就是说，"寡欲"依然是人们持身的一种重要参照，只是不必机械地去一味尊奉。

"知耻"的含义是什么？

"知耻"是儒家思想中的一个重要的道德范畴，指的是个人通过自己内心的省察而产生羞恶感。孔子曾以"行己有耻"来表述士人之行，也就是说要以羞耻之心来约束自己的行动，自己认为羞耻的事就不会去做。这是知耻的重要意义。知耻则有所不为，若不知耻则无所不为，知耻是君子之行的一条基本的道德约规。孔子言："知耻近乎勇。"朱熹对此的解释是，"勇"指"勉力而行、自强不息"的精神，是君子必当具备的美德。孟子将"知耻"称为"羞恶之心"，将其作为人皆有之的"良知"。荀子继承和发展了孔孟的知耻观念，并且对荣辱问题进行了详细的阐述，将"知耻"作为人生修养的要则。明末清初的思想家顾炎武提出："朝廷有教化，则士人有廉耻；士人有廉耻，则天下有风俗。"并且说："士大夫之无耻，是谓国耻。"可见，知耻与否不仅关乎个人之善恶，亦系于国家之荣辱兴衰。

什么是"慎独"？

"慎独"，是儒家提倡的一种重要的修身方法。《礼记·中庸》曰："道也者，不可须臾离也，可离非道也。是故君子戒慎乎其所不睹，恐惧乎其所不闻。莫见乎隐，莫显乎微，故君子慎其独也。""慎独"的基本含义就是人在不为他人所察知的自己独处的时候尤其要遵守道德，慎重行事。《礼记·大学》中也再三强调，"君子必慎其独也"，并且将其解释为"诚意"，"毋自欺"，也就是说一个人在独处的时候依然能够保持好自己的道德操守，才是真正做到了君子的本色，君子之为，在发于己心，在从乎自律，而不是依靠外在的约束。

如何理解"正心诚意"？

"正心诚意"，是儒家提倡的人身修养的重要方法，指的是令心地端正，令意念诚恳，语出《礼记·大学》："古之欲明明德于天下者，先治其国；欲治其国者，先齐其家；欲齐其家者，先修其身；欲修其身者，先正其心；欲正其心者，先诚其意；欲诚其意者，先致其知；致知在格物。""正心"和"诚意"是自我修养从格物、致知开始，最后达到明明德于天下的必要步骤，也是修身的必然前提。

什么是"三纲领"？

"三纲领"，是宋明理学所强调的道德修养的准则。《礼记·大学》开篇言："大学之道，在明明德，在亲民，在止于至善。"宋代朱熹将此加以特别地强调，称："此三者，大学之纲领。"（《大学章句集注》）朱熹注释说，"明明德"意为将人得之于天而一时为私欲所蔽的美德发扬光大；"亲民"即"新民"，意为使民众去除"旧染之污"而焕然一新；"止于至善"就是达到完美理想的道德境界。"三纲领"中，"明明德"指向的是个人之修养，而"亲民"则是更进一步地推己及人，教人自新，"止于至善"则是"明明德"与"亲民"所要达到的目标。实际上，朱熹的这种解释有着为阐扬自己的学说而曲意发挥的成分，但是经过他的这一强调，"三纲领"日后颇为引人注目，以至到清末维新之时"新民"即作为一个重要的口号被提出。此"新民"非彼"新民"，强调的是开发民智，而不是广布道德教化，但其概念渊源在于朱熹的"三纲领"之说。

什么是"八条目"？

"八条目"，是宋代理学所标举的实现"内圣外王"的八个步骤，常常与"三纲

领"并称为"三纲八目"，亦出于《礼记·大学》："古之欲明明德于天下者，先治其国；欲治其国者，先齐其家；欲齐其家者，先修其身；欲修其身者，先正其心；欲正其心者，先诚其意；欲诚其意者，先致其知；致知在格物。"朱熹对此注释说："此八者，大学之条目。""八条目"按顺序依次为：格物、致知、正心、诚意、修身、齐家、治国、明明德于天下。其中"修身"是中心的环节，如《大学》中所言："自天子以至于庶人，一是皆以修身为本。"孟子曾说："天下之本在国，国之本在家，家之本在身。""八条目"是道德修养由一身而达于家国的基本途径，经宋代儒学家的发扬，成为后世学人所遵奉的金科玉律。

什么是"学问思辨"？

"学问思辨"，指做学问应当广泛地学习、反复地推敲、缜密地思考、明晰地分辨，其出处为《礼记·中庸》："博学之，审问之，慎思之，明辨之，笃行之。""学问思辨"是其中前四者的简称，相应于"笃行"这一点，前面的几点讲的是"明知"的过程，笃行就是按照所学的知识进行坚定地实践，是学以致用，是知行合一的过程。"学问思辨"后来被奉为儒家治学的基本方法，明代思想家王守仁在《传习录》中说："且如事亲，如何而为温凊之节，如何而为奉养之宜，须求个是当，方是至善，所以有学问思辨之功。"

什么是"坐忘"？

"坐忘"，是道家所讲的一种修养方法和一种至极的精神境界，语出《庄子·大宗师》："堕肢体，黜聪明，离形去知，同

于大通，此谓'坐忘'。"这段话的背景是，一天颜回去见孔子，说自己有了长进，因为自己已经忘却了"仁义"，但孔子觉得这还不够；又一天，颜回再见孔子，提到自己的长进，说已经忘却了"礼乐"，但孔子认为还不够；再过了些日子，颜回又去见孔子，在表述自己的长进时说自己已经达到了"坐忘"的境界。孔子吃惊地问，什么叫"坐忘"？颜回在向孔子解释什么是"坐忘"时说了上面的那段话。意思是说，不知四肢形体的存在，弃却视听的感觉，分离身形，去掉智慧，和同于大通之道，这就达到了"坐忘"的境地。孔子对颜回的论说非常佩服，于是说："和同就不会偏执于个人的好恶，顺化则不会拘泥于世俗的常理。你果真成为贤人了！我孔丘愿跟在你的后面学习。"人们一般认为这是庄子在假借孔子和颜渊的对话来表述自己的思想。唐代司马承祯在《坐忘论》中阐释说："夫坐忘者何所不忘哉！内不觉其一身，外不知乎宇宙，与道冥一，万虑皆遗，故庄子云同于大通。""坐忘"是指人有意识地忘记外界一切事物，甚至忘记自身形体的存在，达到与"大道"相合为一的得道境界，也指人在修炼中控制意志、排除杂念的内修方法，是对生命本意的深度体认和对生命主体性的高度把握。

什么是"知足"？

"知足"，是道家提倡的伦理观念。《老子》第四十六章："罪莫大于可欲，祸莫大于不知足，咎莫大于欲得。故知足之足，常足。"第四十四章："名与身，孰亲？身与货，孰多？得与亡，孰病？甚

爱，必大费；多藏，必厚亡。故知足，不辱；知止，不殆，可以长久。"老子提倡去掉身外之欲，劝导人们知足知止，而可常足常乐。人们处于一个物欲横流的世界，老子的话有着鲜明的规劝意义，只是要让人们实践中对这样的理念给予执守和认同却并非易事。试问，面对纷纭杂陈的诱惑，能够做到静然不动心者能有几人？知足的戒条在明晃晃的利诱面前往往显得十分脆弱。

如何理解"温、良、恭、俭、让"？

"温、良、恭、俭、让"，是儒者所具有的5种美德，语出《论语·学而第一》："子禽问于子贡曰：'夫子至于是邦也，必闻其政，求之与，抑与之与？'子贡曰：'夫子温、良、恭、俭、让以得之。夫子之求之也，其诸异乎人之求之与？'"这段话的意思是，子禽问子贡："孔子到了一个国家一定会了解到那个国家的政事，这是主动问来的呢？还是别人自动告诉的呢？"子贡回答说："那是孔子依靠温、良、恭、俭、让这些美德所得来的，孔子得到这些听闻的方式与别人获取的方式是不相同的吧。"温、良、恭、俭、让，指的就是温和、善良、严肃、节俭、谦虚这5种品德，这是孔子的学生对他的评价，可见孔子自身是躬行着这些美德的，而这也成为后世效法的榜样。

"己所不欲，勿施于人"是谁提出来的？

"己所不欲，勿施于人。"语出《论语·卫灵公第十五》："子贡问曰：'有一言而可以终身行之乎？'子曰：'其恕乎！己所不欲，勿施于人。'"子贡向孔子求教是否有一句话可以终身奉行的呢？孔子回

答道，大概就是恕吧，并且解释说，自己所不想要的，就不要给予别人。这句话是《论语》中被传诵最广的名言之一，是君子持身处世的一项基本的准则。《论语·里仁第四》记载："子曰：'参乎！吾道一以贯之。'曾子曰：'唯。'子出，门人问曰：'何谓也？'曾子曰：'夫子之道，忠恕而已矣。'"也就是说，以曾子的理解，孔子一以贯之的道，可以用"忠恕"两个字来概括，忠，说的是对他人尽心；恕，说的就是推己及人，也就是先前所言的"己所不欲，勿施于人"。

什么是"中庸"？

"中庸"，是儒家思想中的一项核心主张，意涵是执两用中，不偏不倚，不过亦无不及，调和折中，恰到好处。《论语·雍也第六》："中庸之为德也，其至矣乎？"孔子是将中庸作为最高的道德规范来看待的。《礼记·中庸》载："仲尼曰：'君子中庸，小人反中庸。君子之中庸也，君子而时中；小人之反中庸也，小人而无忌惮也。'"到了宋代，"中庸"被特别地强调出来，程颐将《礼记》中的《中庸》一篇看作是"孔门传授心法"，阐释说："不偏之谓中，不易之谓庸；中者，天下之正道，庸者，天下之定理。"（《中庸章句序》）朱熹又作《中庸集注》，把《中庸》和《大学》《论语》《孟子》并称为"四书"。后来，《中庸》成为官定的教科书和科举考试的必读书，对中国古代的教育产生了极大的影响。由于中庸学说的盛行，人们往往将中庸与中国人的性格特点联系起来，以为中国人是很中庸的，实际上，中庸是儒家倡导的一种道德准则与行为规范，却并非是对中国人的事实性格的描述与概括。孔子曰："（中庸之德）民鲜久矣。"这就是说中庸之道在民众之间已经缺乏很久了。鲁迅曾解释这句话说："然则圣人为什么大呼'中庸'呢？曰：这正因为大家并不中庸的缘故。"

立德、立功、立言分别指什么？

立德、立功、立言，即"三不朽"，语出《左传·襄公二十四年》："太上有立德，其次有立功，其次有立言。虽久不废，此之谓不朽。"当年，鲁国的叔孙豹与晋国的范宣子就何为"死而不朽"这一问题各自发表过见解。范宣子认为，他的祖先自虞、夏、商、周以来世代为贵族，家世显赫，香火不绝，这就是"不朽"。叔孙豹则以为不然，他认为这只能叫作"世禄"，而并非"不朽"，在言及什么是真正的"不朽"时，叔孙豹说了上面那段话。唐代孔颖达在《春秋左传正义》中对立德、立功、立言三者分别做了明确的阐释："立德谓创制垂法，博施济众"；"立功谓拯厄除难，功济于时"；"立言谓言得其要，理足可传"。也就是说，"立德"指道德操守，"立功"乃指事功业绩，而"立言"指的是把真知灼见形诸语言文字，著书立说，传于后世。"立德""立功"与"立言"，指向的都是身后之名的流传不绝，因此而谓之"不朽"。而对身后不朽之名的追求，正是古圣先贤超越个体生命的局限而追求永生、超越物质欲求而追求精神满足的独特形式。孔子说："君子疾没世而名不称焉。"屈原在《离骚》中说："老冉冉其将至兮，恐修名之不立。"司马迁在《报任安书》中也说道："立名

伦理修养

— 143 —

者，行之极也。"这些话语都表达了先贤对于不朽之名的热衷，不朽之名与通常而言的名利之名并不是一回事，因为不朽之名指向的是一种极致的人生境界，对这种人生境界的追求，激励着个体生命拼搏奋进，敢于取舍，从而释放出无比巨大的能量，昭己名于后世，亦泽被于千秋，而绝非针对求得一时的浪声虚名以得心慰而已。

什么是"孔颜气象"？

"孔颜气象"，指的是孔子和颜渊所代表的人格境界。孔子曾将赞叹颜回说："贤哉，回也！一箪食，一瓢饮，在陋巷，人不堪其忧，回也不改其乐。贤哉，回也！"别人不堪其忧的清贫生活，颜回却能够不改其乐，怡然处之，这是令孔子十分欣赏的贤德。孔子还曾说过："吾与回言终日，不违，如愚。退而省其私，亦足发挥，回也不愚。"这段话的意思是，孔子曾经与颜回终日相谈，颜回从来不提反对的意见，似乎很为愚钝，但是他回去之后经过自己的省思，能够将所学发挥得很好，由此看来，颜回并不愚钝啊。孔子的这番表述讲的内容很简单，却鲜明地体现出颜回为人为学的谦谨精神和聪敏的学术悟性。

孔子有一次问子贡，他与颜回谁更强一些，子贡的回答是："赐也何敢望回？回也闻一而知十，赐也闻一而知二。"赐，就是子贡的名字。子贡说自己不敢望颜回的项背，颜回比自己高远得多。而孔子则毫不客气地对子贡的话表示了充分的肯定。这个情节可以对前面孔子的那段表述做一个很好的印证。

另有一次，孔子令弟子们各述其志的时候，颜回的表述是："愿无伐善，无施劳。"就是说不夸耀自己的优点，不表白自己的功劳。当鲁哀公向孔子问询弟子中哪个好学的时候，孔子回答说："有颜回者好学，不迁怒，不贰过。不幸短命死矣，今也则亡，未闻好学者也。"孔子不仅指出颜回好学，而且提到颜回不迁怒于人，并且不会两次犯下同样的错误，这都是非常难得之处，甚至认为颜回死后就再没有见过好学的人了。孔子还说道："回也，其心三月不违仁，其余则日月至焉而已矣。"也就是说，颜回可以做到令自己的心长久地不离仁德，而其他的人只是偶尔才会想到罢了。

颜回是孔子最为赏识的弟子，他的身上集中地体现了孔子所认为的理想的人格，在后世，颜回被尊为孔门七十二贤之首。不幸的是，颜回英年早逝，这与孔鲤的早逝一样，都给孔子的晚年带来了巨大的悲伤。

如何理解"杀身成仁"？

"杀身成仁"是儒家提倡的志士仁人所具有的道德品格，语出《论语·卫灵公第十五》："志士仁人，无求生以害仁，有杀身以成仁。"当维持仁德与保全生命发生冲突的时候，志士仁人的选择不是为了保全性命而背弃仁德，而是为了成就仁德而不惜牺牲生命。"杀身成仁"，是将仁德放在了比生命更为高贵的位置上，近代匈牙利诗人裴多菲有一首著名的小诗，写的是："生命诚可贵，爱情价更高。若为自由故，二者皆可抛。"意在言爱情高于生命，而自由又高于爱情，也就更高于生命，为了追求爱情和自由，可以付出自己的生命。这与孔子所言的为仁德而杀身的目的不同，但其精神实质是相通的。贪生怕死、为求得一己的苟活而不顾一切仁义道德的人，自古以来为世人所唾弃，而杀身成仁、视义德高于生命的人则受到人们的称扬和敬仰。

如何理解"舍生取义"？

"舍生取义"，是孟子所言的道德抉择，语出《孟子·告子上》："鱼，我所欲也；熊掌，亦我所欲也。二者不可得兼，舍鱼而取熊掌者也。生，亦我所欲也；义，亦我所欲也。二者不可得兼，舍生而取义者也。""舍生取义"常常与"杀身成仁"相提并论，"仁"和"义"，都是儒家的核心道德范畴，孟子的"舍生取义"可以看作是孔子的"杀身成仁"的另一种形式的表达，两者的意义内涵是一致的。孟子在上面那段话之后继续说道："生亦我所欲，所欲有甚于生者，故为不苟得也；死亦我所恶，所恶有甚于死者，故患有所不避。如使人之所欲莫甚于生，则凡可以得生者何不用也？使人之所恶莫甚于死者，则凡可以避患者何不为也？由是则生而有不用也，由是则可以避患而有不为也，是故所欲有甚于生者，所恶有甚于死者。非独贤者有是心也，人皆有之，贤者能勿丧耳。"这段话的大意是在表明：生存当然是我的欲求，可是我的欲求还有比生存更为重要的，所以不能苟全生命；死是我所厌恶的，但是我所厌恶的还有比死更厉害的，所以在需要的时候是不能避免赴死的。如果人们没有比求生和避死更为崇高的欲求，那么由于贪生惧死就会不择

手段，无所不为。当人们的心中有着比恋生恶死更为高贵的情感和欲望时，才会做到有所不用，有所不为。不是只有贤者才有这样的心地，而是人人都如此，但是贤者能够使这种高洁的心地不沦丧。孟子的这一段解说将"舍生取义"的内涵表达得十分明了，概而言之，生命诚然高贵，但是对于人来讲，仁义之所贵更重于生命，君子贤人是能够做到为了持守仁义而献出生命的。

"独善"和"兼济"有什么关系？

独善和兼济，是儒家提倡的修身准则，语出《孟子·尽心上》："穷则独善其身，达则兼善天下。""独善"和"兼济"，是这两句话的简括的提法，其意为，一个人在不得志的时候，要汲汲于修善己身，而在发达的时候，则要有志于普济天下，惠被苍生。孟子还说："得志，与民由之；不得志，独行其道。""得志"，就是"达"；而不得志，也就是"穷"。这里的"穷"与"达"，意指是否有为官参政的机会，只有获得了执掌政权的机会，才能够将自己的治世理想进行实践和推广，否则自己的一腔热情只是纸上空谈，即使是一介平民，依然要严格自律，保持操守，而不可放任自流，放弃自我的修养。这就是儒家的退则修己身、进则济天下的积极入世的人生观念。

什么是"气节"？

"气节"，是儒家所提倡的一种道德操守，是指坚持正义、面对强压而不屈服的高贵品质。分开来讲，"气"指的是一种精神状态，孟子所言的"浩然之气"就是一种高渺的修养境界；而"节"指的是节

伦理修养

操，是一种道德品格，是在重大是非面前所表现出的正确抉择，是《论语》中所言的"临大节而不可夺"乃"君子人也"之意。后来"气""节"并称，指称充满正义和正气的坚贞的人格，《史记》中评价汲黯"好学，游侠，任气节"，此之谓也。汉代苏武持节牧羊的事迹就是气节的一个最佳的说明。

古代的"三从四德"具体指什么？

"三从四德"是中国古代社会对妇女的德行所做的规范。

"三从"出自《仪礼·丧服》："妇人有三从之义，无专用之道，故未嫁从父，既嫁从夫，夫死从子。""三从"在这里与后来习称的"三从四德"之中的含义并不一样，"三从"原本指的是贵族妇女为亲属服丧的仪制，"从"的意思是在仪制上的依从，而不是权力关系上的服从。

"四德"出自《周礼·天官》："九嫔掌妇学之法，以教九御，妇德、妇言、妇容、妇功。"据郑玄的注释，"妇德"指贞顺，"妇言"指辞令，"妇容"指修饰，"妇功"指纺织，这是王妃所应当学习的4种"妇道"。东汉才女班昭作《女诫》，将其称为"女人之大德"，并阐释说："清闲贞静，守节整齐，行己有耻，动静有法，是谓妇德；择辞而说，不道恶语，时然后言，不厌于人，是谓妇言；盥浣尘秽，服饰鲜洁，沐浴以时，身不垢辱，是谓妇容；专心纺绩，不好嬉笑，洁斋酒食，以奉宾客，是谓妇功。"这也就是"四德"所蕴含的具体内容。

"三从四德"开始时是作为贵族妇女的日常仪德而制定的，后来经过儒家的提倡，成为全社会所遵奉的"妇道"。"三从四德"对妇女所做的要求体现出明显的男权色彩，因而在"五四"新文化运动中备受抨击，尤为女性主义者所不容。

什么叫"节烈"？

"节烈"，是中国古代封建社会后期所表彰的女德。"节"，指的是"守节"，也就是说妇女保持贞操，夫死后不改嫁，从一而终，不事二夫；"烈"，指的是"殉节"，也就是说妇女在丈夫死后随之自杀。"节烈"观体现的是妇女基于自身的经济地位而形成的对男性的人身依附，丈夫对妻子具有绝对的主导权。"节烈"作为一种妇德来提倡是宋代以后才出现的，而在

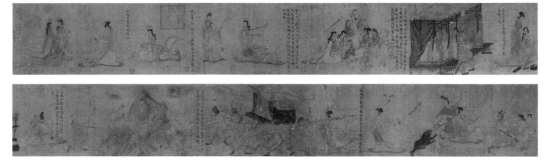

女史箴图（唐摹本）

图卷采用一文一图的形式，每图前楷书"箴"文。人物用游丝描，细劲流畅，不惟造形准确，于神情也描绘得颇为生动。画中舍身挡熊的冯媛在众人恐慌避走之时傲然不惧。对镜梳妆的姬妾，典雅秀逸姿态从容，表现出贵族女子的特征。

此之前，对于妇女的改嫁社会上并无异议，这样的事例在历史记载中可以说是屡见不鲜。宋代程颐曾说过"饿死事极小，失节事极大"这样的话，表示女性的贞洁是比生命还要重要的。其实程颐说这样的话是有着当时具体的历史背景和语言环境的，是有感于当时淫靡的世风而发的，并且程颐说的"失节"之事同时也是针对男方的，其本意并非后人单独看这两句话时所理解的那样。程颐的这种表达后来为朱熹所提倡，但朱熹所言的"失节"并非仅仅是针对妇女而说的，而且在宋代的时候妇女再嫁的情况也是非常普遍的，社会上将妇女之"节烈"普遍看作一种高尚的德操，是更后来的事情了，但最终却演变为"以理杀人"封建教条。吴敬梓的《儒林外史》中写一个老秀才王玉辉在闻知女儿为丈夫殉死之后忍着悲痛而大叫："死得好，只怕我将来不能像她这样一个好题目死哩！"这就是"节烈"观是人性扭曲的表现。

"内圣外王"是什么意思？

"内圣外王"，最早见于《庄子·天下》："是故内圣外王之道，暗而不明，郁而不发，天下之人，各为其所欲焉，以自为方。""内圣外王"的含义，简单地说，就是内以为圣，外以称王，指一个人在内具有圣人的修养境界，在外则可统御天下。"内圣"，表现的是一种人格理想；"外王"，表现的是一种政治理想。在柏拉图所阐述的理想国中，为王的是哲学家，相当于中国所言的圣者，这实际上与中国"内圣外王"的思想是有着相通之处的。但是，在现实中，圣者很少有机会能够成

为王者，孔子只是一位"素王"，而王者也大多不具备圣者的资质，"内圣外王"主要是作为一种理想构思而存在的。

"君君，臣臣，父父，子子"指什么？

"君君，臣臣，父父，子子"，语出《论语·颜渊第十二》："齐景公问政于孔子。孔子对曰：'君君，臣臣，父父，子子。'公曰；'善哉！信如君不君，臣不臣，父不父，子不子，虽有粟，吾得而食诸？'"这段话表达的意思是，齐景公向孔子询问治理国家的方略，孔子回答的对策是，要令做君主的像个君主的样子，为臣的要像个臣的样子，当父亲的要像个父亲的样子，而做儿子的要像个儿子的样子，也就是说，要各自都按照自己的身份行事，各就其位，名副其实。齐景公对孔子的论述非常地肯定，并且说如果不这样的话，即使国家有很多的粮食，自己都会吃不上的，非这样做不可，否则国家就会大乱的。孔子的这种关于君臣父子的表述被后世演化为"君为臣纲，父为子纲，夫为妻纲"的伦理准则，而其实这与孔子的原意是相去甚远的，孔子强调的是每个人都应当依照礼法来做符合自己身份的事情，而"三纲"强调的是君对臣、父对子、夫对妻的统领，两者的目的都是实现国家与社会的安定有序，但办法却是不同的。

为什么说"名不正则言不顺"？

"名不正则言不顺"，语出《论语·子路第十三》："名不正，则言不顺；言不顺，则事不成；事不成，则礼乐不兴。礼乐不兴，则刑罚不中；刑罚不中，则民无所措手足。"孔子说这段话所要表达的是，做任何事情，都要名义正当，如果名义不正当，

伦理修养

讲话就不能通顺，事情就做不成，礼乐制度也就无法兴办，刑罚也就不会得当，如此一来，老百姓也就会不知所措。孔子是极为重视名分的，在这里从名之不正的负面影响的角度来讲述了正名的重要意义。孔子所讲的名正，是实至而名归的"名"，通过正名所要强调的是事理的端正，名之正是行事有方的端始。前面的话从正面来讲就是，名正而可言顺，言顺而可事成，事成而礼乐可兴，礼乐兴则刑罚为中，刑罚为中则民可有所循，如此则天下治。

"君子重义，小人重利"的内涵是什么？

"君子重义，小人重利"，这是孔子所讲的君子与小人之间的区别之一，也可说是孔子的义利观，孔子的原话是："君子喻于义，小人喻于利。"也就是说，君子所明白的是义，而小人懂得的则是利。由此而引发，君子做事，是以义为标准的，如孔子所言："不义而富且贵，于我如浮云。"君子非义毋得，而唯义是取，为了对义的保持和维护，甚至不惜牺牲自己的生命，也就是孟子所言的"舍生取义"。而小人则不然，小人行事取舍的标准是利，非利不为，唯利是图。一个人一旦达到了唯利是图的地步，便可以为所欲为，无所不为，置仁义道德与枉顾，这种理念和行为给社会所造成的危害是可想而知的。长久来看，这对其本人也是没有好处的，《左传·隐公元年》有云："多行不义必自毙，子姑待之。"自毙，就是不义的可耻下场。

为什么说"忠孝不能两全"？

"忠"，指的是报效于国家，尽忠于君主；"孝"，指的是能够很好地实现对父母的赡养和孝敬。忠孝两全，被视为一种人生理想，元代高明的《琵琶记·高堂称寿》中说："人生须要忠孝两全，方是个丈夫。"可是忠与孝时常会发生矛盾，以致有"忠孝不并"，"忠孝难两全"的说法。

"忠"与"孝"是人所应当具有的两种最为基本的品德，而且二者之间又是密切相关的，在家国一体的中国传统社会，孝于父母和忠于国家两者具有一致的思想内涵，孝是忠的基础，忠则是孝的延伸，那么又为什么常常说"忠孝难两全"呢？当然，这并不是说忠和孝这两种品德难以同时存在，而是说尽忠和尽孝这两件事难以同时做好，照顾周全。因为人无分身之术，在一定的生命过程中，时间和精力都是有限的，用于报效国家，则相应地用来照顾父母的就会有所减少，而用于孝敬父母，则用来尽忠于国家的就会受到影响，从社会学的角度讲，这是一种角色冲突。一种极端的情况是，如果一个人为国捐躯，就再也不能对父母尽孝了，可是在关键的时刻，如果考虑到还要尽孝于父母而怜惜自己的生命，则必然失之于对国家的忠诚。对于如何做到忠孝两全，只能是辩证地来看，从积极的一面来讲，忠于国家和孝于父母两者之间实质上是统一的，所以有"尽忠于国"是"至孝于家"的说法，不宜将两者完全地对立；而从消极的一面来讲，忠与孝之难以两全，又是一种不能够消除的冲突，是一种必然的存在，人们只能是选择在具体的事务中进行一定程度的协调，做到两者之间的平衡。当然，主流的价值观仍是倡导个人当以大局为重，在特别的时刻，宁舍孝而毋失于忠。

天文历法

天文历法与政权的关系是怎样的?

中国是一个历史悠久的农业国家,向来以农立国,而农业生产发展的最初一次跨越就是历法的制定,因为这意味着人们从事农业活动有了可靠的规律性的指导,避免了劳作的盲目性,从而大大提高了生产效率。统治者治理天下的一项根本的任务就是促成自身治下的社会生产的发展,由是,历法也就与政权密切关联,掌握优越的历法可以说是执掌政权的一项基础。

《论语·尧曰第二十》记载:"尧曰:'咨!尔舜!天之历数在尔躬,允执其中。四海困穷,天禄永终。'舜亦以命禹。"这是尧在准备将治理天下的大任交给舜的时候所做的交代,其中特别强调的一点就是"天之历数",而舜在禅位给禹的时候也是如此传教,可见历法在当时对于治理天下的极端重要性。

建安七子之一徐幹所著的《中论·历数篇》亦说:"昔者圣王之造历数也,察纪律之行,观运机之动,原星辰之迭中,察暑景之长短……然后元首齐乎上,中朔正乎下,寒暑顺序,四时不忒。"然后又着重指出:"夫历数者,先王以宪杀生之萌,而诏作事之节也,使万国不失其业者也。"

《史记·历书》也说:"盖黄帝考定星历,建立五行,起消息,正闰馀,于是有天地神祇物类之官,是谓五官。各司其序,不相乱也。民是以能有信,神是以能有明德。民神异业,敬而不渎,故神降之嘉生,民以物享,灾祸不生,所求不匮。"黄帝考定星历,制定历法,由此而奠定了天下之清明有序的基础。

这些记载和论述无一不表明了天文历法与政权之间的密切关系。

什么是"观象授时"?

观象授时,即通过观察天象来确定时间和创制历法。因为节令的测定与农业生产直接相关,所以制定准确的历法是农业社会的一件大事,而考察时序的基本途径就是观测天象,因此古人对其极为重视。《尚书·尧典》在叙述尧治理天下的具体活动时,所记载的首要一项就是派人观测天象,制定历法:"乃命羲、和,钦若昊天,历象日月星辰,敬授民时……期三百有六旬有六日,以闰月定四时成岁。"

这段话还表明,在尧的时期,观象授时的方法已经成熟,原始的历法在那个时期也已经形成,人们在从事农业生产的时候可以不再依凭直觉,或者随机行事,而是有了可靠的指导,这意味着农业生产已经进入了一个相对发达的阶段。

"灾异"与"人事"有怎样的关系?

中国分布着广泛的地震带,又位于东亚季风区,地震和水旱灾害十分频繁,而且程度相当严重,历代关于灾异的记载可谓不绝史篇。中国古代对于灾异所持的一项基本观点就是"天人感应",或者说是"天人合一",就是认为灾异的发生与人事密切相关。

古人将祥瑞和灾异都看作是上天旨意的显示,而帝王被称为天子,是秉承天意来治理万民的,所以天象就与帝王的作为有着直接的关系。有祥瑞出现,当然是大吉之象,彪炳着帝王的德政,而发生灾异的时候,则意味着帝王的失德,因而遭到了上天的谴告,这个时候皇帝往往就要躬身自省,并且下罪己诏扬布天下,以示悔过,请求上天的宽恕。

天人感应的思想在先秦时期就已萌生,而西汉的董仲舒则将其发展成为一套理论体系。他说:"美事召美类,恶事召恶类,类之相应而起也……帝王之将兴也,其美祥亦先见;其将亡也,妖孽亦先见。物故以类相召也。"又说:"天地之物,有不常之变者,谓之异。小者谓之灾。灾常先至,而异乃随之。灾者,天之谴也;异者,天之威也。谴之而不知,乃畏之以威。《诗》云:'畏天之威。殆此谓也。'"他还进一步指出:"《春秋》之中,视前世已行之事,以观天人相与之际,甚可畏也。国家将有失道之败,而天乃先出灾害以谴告之,不知自省,又出怪异以警惧之,尚不知变,而伤败乃至。"

这种人事决定灾异而灾异昭谴人事的观念当然是一种谬见,但是在历史上也确曾发挥过一定的积极影响,对某些统治者的行为起到了一定的约束作用。

什么是"受天命,改正朔"?

正,指的是一年之首;朔,指的是一月之首。"正朔"合称,代指历法。"受天命,改正朔",说的是每当改朝换代的时候要取用新的历法,而这种改变是秉承天意的。《礼记·大传》记载:"立权度量,考文章,改正朔,易服色,殊徽号,异器械,别衣服,此其所得与民变革者也。"讲的是立朝之初新王所要进行的一系列改革内容,改正朔是其中之一。

孔颖达注疏说:"改正朔者,正谓年始,朔谓月初,言王者得政,示从我始,改故用新,随寅、丑、子所建也。周子,殷丑,夏寅,是改正也;周夜半,殷鸡鸣,夏平旦,是易朔也。"之所以要进行这些改革,是因为这意味着新王朝的建立是一个新的开始,也就是所谓的"革故鼎新"。夏代是以寅月为正的,也就是当今所讲的正月(因为现在的农历沿用的就是夏正);而商代是以丑月为正的,即夏历的十二月;周代又以子月为正,就是夏历的十一月;到了秦代,又改为以夏历的十月为正。汉初袭用秦代的正朔,汉武帝元封六年(前104年),改用太初历,取夏正,此后历代都沿用夏正,仅在武则天称帝时取用周正。

"日""气""朔"分别指什么?

日、气、朔,是中国古代历法的3种基本元素。"日",就是一个太阳日,为24小时。"气",指的是二十四节气,也就是从冬至开始,到下一个冬至,是一个回归年,一个回归年划为24份,称为二十四节气。其中，冬至和其后依次相隔一位的节气，如大寒、雨水、春分等叫作"中气"，相应地，小寒、立春、惊蛰等则叫作"节气"（有时为了简洁，也将中气称为"气"，而将节气称为"节"）。"气"又分作两种，按时间等分的叫"平气"，按一年中太阳所走的路程等分的叫"定气"。"气"体现着历法中阳历的成分，而"朔"则体现着历法中阴历的成分。"朔"指的是日、月的黄道经度相同的时刻，也就是阴历每月初一的时候日、月之间的位置关系所体现出来的月相。月亮绕地球运动的速度是不均匀的，太阳周年视运动的速度也是不均匀的，因此，朔出现的时间也是不相等的，但是凭借长期的观测统计，可以求得一个相对稳定的平均值，这个平均值就称为一个朔望月。根据朔望月推算出来的朔，叫"平朔"；对平朔由日、月不均匀运动所造成的偏差进行修正而得到的真实的朔，称为"定朔"。中国古代历法自有"气""朔"以来，从春秋、战国时代到唐初，使用的是平气和平朔；从唐初到明末，使用的是平气和定朔；清代以后，使用的就是定气和定朔。

"天文志"与"五行志"分别是什么？

"天文志"和"五行志"为正史之中志类的两种，开创于《汉书》，为后代史书所继承。

"天文志"是对包括星运、日食、月食等各种天文现象的记录，而在《汉书》之前，《史记》中就已经有了《天官书》，系统地总结了汉代以前的天文知识和天文事件。《汉书》中的"天文志"秉承而来，保存了上古至汉哀帝元寿年间的丰富的天文资料，具有极高的史学和科学价值。此后的史家也保持了这一优秀的传统，使得历代的"天文志"一脉相承，使中国成为世界上古代天文学文献最为丰富的国家。

"五行志"记载的是各种自然灾害和奇异现象，配以五行学说进行论述，具有浓厚的迷信色彩，因而招致了猛烈的批评，可是这并不能掩盖"五行志"的宝贵价值，虽然其中的论说有相当大的一部分是虚妄的，但是这些论说都是以事实为依托的，也就是说，"五行志"保存了大量的自然科技史的原始材料，其中涉及地震、水灾、旱灾、雹灾、蝗灾、怪雨、日食、彗星、太阳黑子、陨石、奇异的生命现象、冶炼事故等十分广泛的内容，许多为后世所重视的科学现象最初都是记载于"五行志"中的。另一方面，"五行志"还具有重要的思想史价值，从一个特别的角度为人们研究各个时期的社会思想提供了宝贵的文献资料。

什么是"三垣"与"四象"？

"三垣"，即紫微垣、太微垣和天市垣，是中国古代划分星空的星官，每垣都是一个比较大的天区，内含若干小的星官（或称为星座）。紫微垣是三垣的中垣，包括北天极附近的天区，在北斗东北，居于北天中央，所以又称中宫，或紫微宫，即皇宫的意思；以北极星为中枢，有星15颗，东西排列，成屏藩形状，各星多数以官名命名。它的天区大致相当于现今国际通用的小熊、大熊、天龙、猎犬、牧夫、武仙、仙王、仙后、英仙、鹿豹等星座。太微垣是三垣的上垣，位居于紫微垣之下的东北方，在北斗之南，轸宿和翼宿之北，有星 10 颗，以五帝座为中枢，成屏藩形状。太微即政府的意思，星名亦多用官名命名，它的天区包含室女、后发、狮子等星座。天市垣是三垣的下垣，位居紫微垣之下的东南方向，在房宿和心宿东北，有星 22 颗，以帝座为中枢，成屏藩形状，它的天区包括蛇夫、武仙、巨蛇、天鹰等星座。"四象"，即青龙（又称苍龙）、白虎、朱雀、玄武，分别代表东、西、南、北四个方向，用来划分天上的星区。这是古人把二十八宿中每一个方位的七个星宿联系起来加以想象而成的四种动物的形象而得来的。

"二十八宿"都是什么？

二十八宿是中国古人认识星辰和观测天象对天上恒星的划分，类似西方的星座，又称为二十八星或二十八舍。"宿"表示日月五星所在的位置。古时候的人们根据它们的出没和中天时间定四时，安排农事活动。

二十八宿分成 4 组，与东、北、西、南四宫和动物命名的四象相配。它们是东宫青龙，包括角、亢、氐、房、心、尾、箕七宿；西宫白虎，包括奎、娄、胃、昴、毕、觜、参七宿；南宫朱雀，包括井、鬼、柳、星、张、翼、轸七宿。北宫玄武，包括斗、牛、女、虚、危、室、壁七宿。与它们关系密切的一些星官（意为一组星），如坟墓、离宫、附耳、伐、钺、积尸、右辖、左辖、长沙、神宫等，分别附属于房、危、室、毕、参、井、鬼、轸、尾等宿，称辅官或辅座。唐朝时，包括二十八宿和辅官在内的星共有 183 颗。

最早记录二十八宿的是春秋时期的

二十八宿铜镜　唐
此铜镜约铸于 8 世纪，中心是蛙钮，自内往外由五个圈饰组成，边饰为朵云图案。无论作为古铜镜艺术品，还是古天文学的文物，这都是一件难得的珍品。

《尚书·尧典》。现存对二十八宿最完整的记录发现于湖北省随县战国古墓（葬于公元前 433 年）的漆箱盖上，它记录了二十八宿的全部名称。

什么是"星野"？

星野指的是与天上的星象相对应的地面的区域。《史记·天官书》说："天则有列宿，地则有州域。"人们用天上二十八宿的方位来对照地面的区域，某个星宿对着地面的某个区域，叫作某地在某星的分野。王勃在《滕王阁序》中说："豫章故郡，洪都新府。星分翼轸，地接衡庐。""翼"和"轸"分别是南方朱雀七宿中的第六宿和第七宿，"星分翼轸"的意思就是洪州属于翼、轸二宿所对应的地面区域。李白的《蜀道难》中有"扪参历井仰胁息"的句子，其中的"参"和"井"指的是星宿，参宿是秦的分野，井宿是蜀的分野，李白由秦入蜀，所以说"扪参历井"。二十八宿是人们对于天空星区的划分，东西南北四个方向各有七宿，而又将其更为具体地分成九野。即中央钧天：角宿、亢宿、氐宿，东方苍天：房宿、心宿、尾宿，东北变天：箕宿、斗宿、牛宿，北方玄天：女宿、虚宿、危宿、室宿，西北幽天：壁宿、奎宿、娄宿，西方颢天：胃宿、昴宿、毕宿，西南朱天：觜宿、参宿、井宿，南方炎天：鬼宿、柳宿、星宿，东南阳天：张宿、翼宿、轸宿。这九野的方位分别对应于地上的方位，就构成了星野的划分，如前面提到的翼、轸二宿，属于东南阳天，洪州位于中国的东南，正与翼、轸二宿相对应，而参、井二宿则属于西南朱天，与秦、蜀地区相对应。

古代的星图是怎样的？

星图是观测恒星的一种形象记录，是天文学上用来认星和指示位置的一种重要工具。中国古代天文学非常先进，有绘制星图的传统。

世界上最早的星图是唐中宗时期（705～710 年）绘制的敦煌星图，上面绘有 1350 多颗星。1907 年被斯坦因盗走，现藏于英国伦敦博物馆。

最早的石刻星图是从五代（907～960 年）吴越王钱元瓘的墓中出土的。石刻星象图刻有二十八宿和拱极星等星宿。

1247 年，南宋天文学家根据北宋年间的观测结果，刻制了一副比较齐全的石刻星图，图中共有 1440 颗星，以及银河和二十八宿距星的经线 28 条，现藏于江苏省苏州市博物馆。

现在发现的最早的彗星图是 1973 年从湖南长沙马王堆三号汉墓中出土的一部帛书。在这部帛书中，绘制了 29 幅不同形状的彗星图。每幅彗星图下面都写有占卜的文字，每条占卜文字的开头都写着彗星的名称。这部帛书距今已有 2200 多年，是世界上最早的彗星图。

古人有关于彗星、行星运行的记载吗？

彗星，在中国古代称为星孛、蓬星、长星等，据《春秋》记载，鲁文公十四年（前 613 年）"秋七月，有星孛入于北斗"。这是世界上最早的关于彗星的记载，此星孛即哈雷彗星。哈雷彗星的运行周期为 76 年，从秦王嬴政七年到清宣统二年（前 240～1910 年）的 2000 多年间，哈雷彗星共回归过 29 次，每一次中国都进行了记录，并且记录得很详切。例如《汉书·五行志》对出现于汉成帝元延元年（前 12 年）的彗星做了这样的记载："元延元年七月辛未，有星孛于东井，践五诸侯，出河戌北，行轩辕、太微，后日六度有余，晨出东方。十三日，夕见西方……南游度犯大角、摄提，至天市而按节徐行，炎入市中，旬而后西去；五十六日与苍龙俱伏。"据统计，中国古代对彗星的记载多达 500 次以上，是世界上古代彗星记录资料最为完备的国家。

在古代，行星指的就是金星、木星、水星、火星和土星。中国对行星的观测也有着久远的历史，在甲骨文中就有了关于木星的记载，而到了秦汉时期，人们已经观测和推算出五大行星的运行周期。马王堆汉墓出土的帛书《五星占》中详细地记载着从秦王嬴政元年（246 年）至汉吕后元年（前 187 年）这 60 年间木星的位置和从秦王嬴政元年至汉文帝三年（前 177 年）这 70 年中土星与金星的位置，还记

天文历法

录了五大行星的回合周期。例如，土星"日行八分，卅日而行一度……卅岁一周于天"，意思是说，土星的会合周期为377日，这比当今的测量值378.09日小1.09日；再如，帛书上记载的金星的会合期折算之后为584.4日，这比现在的精确数据只多了0.48日。总之，史籍中关于彗星和行星的记载标志着中国古代天文学卓越的成就。

"黄道"与"黄道吉日"各指什么？

黄道，指的是一年当中太阳在天球（即一个假想的与地球同心的无限大半径的圆球）中的视路径，或者说是太阳在天空中穿行的视觉轨迹的大圆，从另一个角度来说，也就是地球公转轨道面在地球上的投影。平常所说的12星座，指的就是黄道十二宫，即位于黄道带上的十二个星座，人们可以根据太阳处于黄道上的何种位置来判断季节和日期。古时，星象不仅用来推算历法，还用来预测吉凶，人们把日辰的十二地支分别与十二星宿天神相配，称之为某神值日。即子日青龙、丑日明堂、寅日天刑、卯日朱雀、辰日金匮、巳日天德、午日白虎、未日玉堂、申日天牢、酉日玄武、戌日司命、亥日勾陈，其中青龙、明堂、金匮、天德、玉堂、司命这六个星宿是吉神，称其为"六黄道"，其余的则为"六黑道"。当"六黄道"值日之时，诸事皆宜，不避凶忌，也就是所谓的"黄道吉日"。黄道吉日后来又泛指宜于办事的好日子。

什么是"黄历"？

黄历，即黄帝历，相传为黄帝创制，为中国最早的历法。因为黄历的使用范围

很广，在上古时期通行时间又很长，所以人们以后也把其他历书习称为"黄历"，并且这一称呼一直沿用下来。黄历的制定以天象观测和农时经验为基础，是一种阴阳合历，将一年分为春、夏、秋、冬四季，以子建月，也就是以阴历十一月为岁首。黄历对于指导人们的农业生产有着重要的作用，也奠定了后世历书的基础，但是在流传过程中也加入了诸如吉凶、宜忌、冲煞、方位、流年、太岁等迷信的内容，尽管在历史上曾被禁止，然而这些内容在当今的历书中依然流行。在历法中还有一个"皇历"的概念，经常与"黄历"相混淆，"皇历"指的是官方颁布的历书。唐文宗大和（又作"太和"）九年（835年），皇帝下令编制了中国最早雕版印刷的历书宣明历，并且规定今后历书必须由皇帝亲自审定，同时由官方印刷。从此，历书就被称为"皇历"。"黄历"与"皇历"的原本含义截然不同，但是由于都用作历书的代称，两者读音又相同，所以后来就被混同起来，当今提起传统历书的时候，有时写作"黄历"，有时又写为"皇历"，但是都脱离了原来的含义，变得不相区分了。

"阴历"与"阳历"有联系吗？

按月相周期来排定的历法，叫作太阴历，简称为阴历；以太阳视运动为依据而设置的历法，叫作太阳历，简称为阳历。阴历定月的依据是月球的运动规律：月球运行的轨道，叫作白道；太阳在地球上的周年视运动轨迹，叫作黄道。白道与黄道以五度九分而斜交，月球绕地球一周，出没于黄道两次，用时二十七日七小时四十

三分十一秒半，这是月球公转一周所需的时间，天文学上称为"恒星月"。而当月球环绕地球运动的时候，地球的位置因公转也发生变动，因此，月球从朔到望，实际所需的时间是二十九日十二时四十四分二秒八，这一时间称为"朔望月"，也就是阴历的一个月。现在通常所说的阴历指的是夏历，因于农时密切相关，所以又叫农历，但是夏历有闰月的设置，并不是一种纯粹的阴历。阳历是根据太阳直射点的运行周期而制定的，其平均历年为一个回归年，分为平年和闰年两种，闰年比平年多出一天。通常所说的阳历，即格里历，是现代国际通行的历法，因而又称之为公历。阳历的一年实际上并非刚好是 365 日，而是 365.242199174 日，因此每四年设置一次闰年，这样就将年度的平均时间修正为 365.25 日，但仍有一定的误差，因此每一百年再减少一个闰年，而每四百年再加回一个闰年，最后修正为 365.2425 日，这样出现一天时间的误差大约需要 3000 年，可以说是已经相当精确的了。

"夏历""周历"和"秦历"各指什么？

夏历，即夏朝制定和应用的历法，习惯上也称为农历、阴历，但实际上属于一种阴阳合历，因为夏历在朔望月这一方面取用的是阴历的原则，而在设置闰月以使平均历年为一个回归年这一方面则显示出阳历的成分。当今仍在使用的阴历常常被认为是夏历，而实际上取用的只是夏正，也就是一年的开始一天与夏历是一致的，至于每月的设置情况与夏历是有着一定差异的，即使称之为夏历，也并非是 4000 年前夏朝时候历法的原初面貌的，而是经过修正和改订过的夏历。周历和秦历与夏历基本上是一致的，区别在于岁首的不同，周历以夏历的十一月为岁首，而秦历则以夏历的十月为岁首。先秦时期，几种历法并用，所以在古籍中常常会见到因所依历法不同而产生的记月的差异，这是值得注意之处。

为什么要设"闰月"？

翻看日历的时候我们会发现，二月的天数不像其他月份那么固定，每四年就会有一个 29 日，通常人们把二月里多出一天的年份称为闰年。因而阳历 2 月 29 号出生的人，若要过阳历生日，则要四年才有一次。过阴历生日的人，还会发现另一个奇特的现象，有的时候一年里，会有两个生日，这为什么呢？

其实，这是闰月造成的。中国现行阳历是根据地球自转而定的历法。在古代，人们是根据月相天体运行规律来划分月份的。在长期的生产实践中，人们发现回归年的总长度比 12 个朔望月构成的阴历年多将近 11 天，每个月平均多一天。按照这样的数值推算下去，经过若干年后，农历与阳历所载就会出现矛盾，甚至出现"冬夏错位"的现象。

为了使两部历法协调一致，不产生分歧，古人在参考大量天文资料的基础上，找出了回归年日数与朔望月日数的最小公倍数。根据这一数值，经过计算，采用了"十九年七闰"的方法，才使农历的岁首保持在春初，四季就与阳历基本吻合了。

农历的大月为 30 天，小月为 29 天，若要使朔日成为每个月的头一天，几个大

天文历法

月，几个小月相连的现象就会经常发生，因而，如何置闰就要看农历年的平均长度与回归年的长度相差多少了。

秦代以前，人们习惯将闰月加在每年的最后一个月之后，称十三月。到了汉代，人们将闰月提前，置在九月后面，这样虽然得出的阴历与阳历所指相差不多，但始终没有固定的加法。直到汉武帝年间，加闰的方式才比较规范化，从冬至开始，把二十四节气中没有"中气"的月份定为闰月，称它为"闰"上个月的名称。

什么是"太初历"？

太初历创制于西汉，中国第一部完整的历法，也是当时世界上最先进的历法。元封六年（前104年），经司马迁等人提议，汉武帝下令改定历法，将先前沿用的误差较大的颛顼历改为太初历。太初历由天文学家落下闳、邓平等人制订，这部历法规定，一年为365.2502日，一月为29.53086日，将原来的以十月为岁首改为以正月为岁首，开始采用有利于农业生产的二十四节气，以没有中气（即雨水、春分、谷雨等二十四节气中偶数位的节气）的月份为闰月，由此调整了太阳周天与阴历纪月不相合的矛盾，并且根据天象实测和多年来史官的记录，推算出135个月的日食周期。太初历在刚刚行用时，受到一些人的反对，为了验证太初历是否符合实际的天象，朝廷组织了一次为期3年的天文观测，同时校验太初历和古六历（即黄帝历、颛顼历、夏历、殷历、周历和鲁历）的数据，结果表明，太初历更具优越性，于是得以长期沿用，直至汉章帝元和二年（85年），前后应用了189年。

什么是"授时历"？

元世祖至元十七年（1280年），郭守敬（1231～1281年）与王恂、杨恭懿、许衡等人于编写完成授时历。

授时历通过对前代40多部天文历法著作的细致研究，推算出一年有365.2425天，与地球绕太阳一圈的时间仅差26秒，与现在实行的公历所采用的平均年的长度是一样的。书中还废除了前代采用的上元积年以及采用复杂分数表示天文资料的办法，而是精简了计算方法，大大提高了准确度。计算方法上，授时历采用3次差分的内插法来计算太阳、月亮的不均匀运动；同时，还运用了类似球面三角法的数学方法计算黄道和赤道宿度之间的转化以及太阳视赤纬的转化。

授时历是我国古代最优秀也是实际实施时间最长的一部天文历法，从元末颁布实行开始直到清朝中期，共实施了364年。

"浑天仪"是做什么用的？

浑天仪是浑仪和浑象二者合一的总称，东汉张衡所创。浑仪是测量天体球面坐标的一种仪器，它模仿肉眼所见的天球形状，把仪器制成多个同心圆环，整体看犹如一个圆球，然后通过可绕中心旋转的窥管观测天体。浑象是古代用来演示天象的仪表，最早为西汉耿寿昌所创制，张衡对其进行了改进，它的构造是一个大圆球，上面刻画或镶嵌星宿、赤道、黄道、恒稳圈、恒显圈等天象标志，类似于现今的天球仪。张衡制造的浑天仪，几乎囊括了当时所有先进的天文学知识，能够把天象变化形象地演示出来，人们可以从浑天仪上面观察到日月星辰运行的现象，代表着中国古代天文学发展的卓越成就。

"漏刻""日晷"和"圭表"的作用分别是什么？

漏刻、日晷和圭表，都是古代用于计量时间的工具。漏刻，"漏"指漏壶，"刻"指刻箭。人们专门制造出一种有小孔的漏壶，把水注入漏壶内，水便从壶孔中流出来，再用一个容器收集漏下来的水，在其中放置一根刻有标记的箭杆，也就是刻箭，相当于现代钟表上显示时刻的钟面。刻箭被一个竹片或木块托着浮在水面上，从容器盖中心的小孔中穿出，随着容器内收集的水逐渐增多，刻箭也逐渐地往上浮，从盖孔处看刻箭上的标记就能知道具体的时刻。后来人们发现漏壶内的水多时，流水较快，水少时则较慢，这显然会影响计量时间的精度，于是在漏壶上再加一只漏壶，水从下面漏壶流出去的同时，上面漏壶的水又同步地补充进来，使下面漏壶内的水均匀地流入箭壶，从而取得比较精确的时刻。

日晷，又称日规，原理是利用太阳投射的影子来测定和划分时刻。日晷通常由铜制的晷针和石制的圆盘状晷面组成。晷针垂直穿过晷面中心，而晷面安放在石台上，南高北低，平行于天赤道面，这样，晷针的上端正好指向北天极，下端正好指向南天极。在晷面的正反两面刻出 12 个大格，每个大格代表一个时辰。当太阳光照在日晷上时，晷针的影子就会投向晷面，太阳由东向西移动，投向晷面的晷针影子也慢慢地由西向东移动，移动着的晷针影子和晷面就分别相当于现代钟表的指针和表面。

圭表，由"圭"和"表"两个部件组成，正南正北方向平放的测定表影长度的刻板，叫作"圭"，直立于平地上测日影的标杆和石柱，叫作"表"。圭表的发明是由人们对事物在太阳光下影子的变化规律的感知而得来的。正午时的表影总是投向正北方向，而且此时的表影最短，对于一年之中各日中午的表影，又以夏至日最短，而冬至日最长，通过这种观察，人们就可以确定节气的日期和一年的长度。

最早测定子午线的是谁？

一行（约 673～727 年），唐代僧人，俗名张遂，魏州昌乐（今河南南乐）人，一说河北巨鹿人，是著名的天文学家、数学家和佛学家。开元五年（717 年），唐玄宗召一行入京制定新历法。一行与机械制造师梁令瓒合作，创制出了黄道游仪和水运浑象仪，改进了观测仪器，掌握了大量的天文实测资料。一行由此发现古籍上记载的有些恒星的位置与实际不符，于是重新测定了 150 多颗恒星的位置，这大大提高了新历法的精度。为了使新历法适用于全国各地，一行还组织领导了规模宏大的天文地理测量，开展了实地测算子午线的工作。所谓"子午线"，指的就是人们假设的一条通过地球南北两极的经线，测定出子午线的长度，就可以测知地球的大小。一行在全国选了 13 个观测地点，其中最北端的观测点在今天蒙古的乌兰巴托西南，最南端的观测点则在今天的越南中部。通过艰巨而严谨的实测工作，一行推翻了过去一直沿用的"日影千里差一寸"的错误结论，得出"三百五十一里八十步，而极差一度"的新结果，指出子午线一弧度的距离为 129.22 公里，而现代用精密仪器测量的结果是 111.2 公里，虽然两者差异是比较大的，但是作为世界上对子午线长度的第一次实地测量，一行的这一成就在中国以及世界天文学发展史上都有着重大的意义。

什么是"七政"？

日、月加上金、木、水、火、土五星叫作七政。七政又叫七曜，古代有七曜日，七曜日正好对应现在西历从星期日到下星期六的七天。七曜的学说影响很大，直到现在，在日本和韩国等国家的日历上，还在继续使用日、月、金、木、水、火、土来表示一个星期中的七天。

七曜中的五星金、木、水、火、土，又叫作五纬。古人能够实际观测到的五个行星，就是这五纬。

金星——金星在古代叫启明星，又叫太白，之所以这样称呼，是因为它亮度很强、银白耀眼的缘故。金星黎明时出现在东方，叫启明星，到黄昏时出现在西方，叫长庚星。《诗经》中说："东有启明，西有长庚。"这里的启明和长庚，指的都是金星。

木星——木星在古代叫岁星，简称为岁。古人认为每十二年，岁星就要绕天运行一圈，每一年里，都要经过一个特定的星空区域，古人根据岁星的这个规律进行纪年。

水星——水星又叫作辰星。

火星——火星在古代叫荧惑。《诗经》中说的"七月流火"，指的是恒星中的大火星，而不是行星中的火星。

土星——土星在古代叫镇星，又叫填星。

北斗的作用是什么？

北斗在我国是家喻户晓的七星，北斗七星是：天枢、天璇、天玑、天权、玉衡、开阳和摇光，因为这七星连在一起的形状，像是一个舀酒的斗形，所以古人就形象地称它为北斗。天枢、天璇、天玑、天权四星组成斗身，古代叫魁；玉衡、开阳、摇光三星组成斗柄，古代叫杓。北斗七星属于大熊星座的一部分。

北斗最大的作用，是可以辨别方向，确定季节。可见北斗的重要性。北斗是怎么辨别方向的呢？我们只要把天璇、天枢连成一条直线，并顺势把这条直线延长大约五倍的长度，就是北极星，而北极星是北方的标志，这样北方就找到了。北斗又是怎么确定季节的呢？当季节、夜晚的时段不同时，北斗星出现在天空中的位置也不同，看起来是在围绕着北极星运转，所以初昏时北斗斗柄所指的方向，就成了古人决定季节的依据，斗柄指向东，就是春天，斗柄指向南，就是夏天，斗柄指向西，就是秋天，斗柄指向北，就是冬天。

北斗与二十八宿苍龙星座　画像砖

什么是"十二次"?

十二次是为了方便说明日月和水金木火土五星的运行、节气的变换而产生的。古人按照由西向东的顺序,把黄道附近一周天,平均分成星纪、玄枵、诹訾等十二个等分,这十二个等分,就叫十二次。

由于十二次和二十八宿都是划分黄道附近一周天的,所以十二次中的每一次,都能有二十八宿中的某些宿和它对应,成为它的标志,例如星纪的标志是斗宿和牛宿二宿,玄枵的标志是女宿、虚宿和危宿三宿。不过,由于十二次是等分的,而二十八宿各宿的大小不一,所以十二次各次起始和终止的界限,和二十八宿中宿与宿的分界,就不是完全重合的,某些宿可以跨属相邻两个次。

古人发明十二次,有什么作用呢?主要有两个方面。首先,可以用来指示四季太阳所在的位置,根据太阳的位置,说明节气的变换。其次,可以用来说明岁星每年所在的位置,根据岁星的位置,进行纪年,例如说某年"岁在星纪",下一年"岁在玄枵",等等。

什么是分野?

古人观察天象,俯察地理,常会把天上和地上的事理联系起来。所谓分野,是古人把地上的州域和天上的星宿联系起来而形成的一个概念。根据资料可知,早在春秋战国时期,人们就已经开始根据地上的州域来划分天上的星宿了。古人把天上的星宿分别指配到地上的州国上,这样,星宿和州国就有了对应关系,古人再根据这种对应关系,说某星是某国的分星,某星宿是某州国的分野。这就是分野的基本内涵。

星宿分野的依据,通常是列国,或者是各州,有时也以十二次作为纲领,把列国逐个相应分配上去。

古代作家常常提到某些星宿,这些星宿,往往是在分野的意义上说的,如王勃《滕王阁序》中的"星分翼轸",李白《蜀道难》中的"扪参历井",这里所谓"翼轸""参井",就都是。

如何区分四季?

一年十二个月,古人依次把它分成春夏秋冬四个季节,每季三个月。后来又以夏历为依据,从正月开始,依次分为孟春、仲春、季春、孟夏、仲夏、季夏、孟秋、仲秋、季秋、孟冬、仲冬、季冬,直到十二月结束,每个月对应一个名称。《楚辞》上说:"方仲春而东迁。"这里的"仲春",指的就是夏历的二月。

但古人对一年的划分,并非从一开始就是分为春夏秋冬四季的。在商代和西周前期,一年只分为春秋二时,我们常用"春秋"表示一年,就是这么来的。它并不是春夏秋冬的省称。《庄子》上说:"蟪蛄不知春秋。"这里的"春秋",就是指一年。历法逐渐精密以后,古人从春秋二时中再分出冬夏二时,这才有了春夏秋冬。也正因为冬夏是从春秋中再分出来的,所以有时古人排列四时顺序,就不是"春夏秋冬",而是"春秋冬夏"。

"二十四节气"都包括什么?

古人根据季节更替和气候变化的规律,把一年天分为24个节气。

立春:即春季的开始。雨水:降雨开始。惊蛰:指春雷惊醒了蛰伏在土中冬眠的动物。春分：表示昼夜平分。清明：天气晴朗。谷雨：雨生百谷。立夏：夏季开始。小满：麦类等作物籽粒开始饱满。芒种：麦类等有芒作物成熟。夏至：夏天来临。小暑：气候开始炎热。大暑：一年中最热的时候。立秋：秋季开始。处暑：暑天结束。白露：天气转凉，露凝而白。秋分：昼夜平分。寒露：露水以寒，将要结冰。霜降：开始有霜。立冬：冬季开始。小雪：开始下雪。大雪：降雪增多。冬至：冬天来临。小寒：气候开始寒冷。大寒：一年中最冷的时候。

为了便于记忆，人们编了二十四节气歌诀：春雨惊春清谷天，夏满芒夏暑相连。秋处露秋寒霜降，冬雪雪冬小大寒。

二十四节气最早出现在商朝，是中国历法的独创，几千年来对中国农业发展起了重要作用。

古人如何纪日？

古人纪日，用的是干支。干指天干，支指地支。天干有十个：甲、乙、丙、丁、戊、己、庚、辛、壬、癸。地支有十二个：子、丑、寅、卯、辰、巳、午、未、申、酉、戌、亥。十干和十二支一共可以排列组合成六十个单位，叫作六十甲子：

甲子	乙丑	丙寅	丁卯	戊辰
己巳	庚午	辛未	壬申	癸酉
甲戌	乙亥	丙子	丁丑	戊寅
己卯	庚辰	辛巳	壬午	癸未
甲申	乙酉	丙戌	丁亥	戊子
己丑	庚寅	辛卯	壬辰	癸巳
甲午	乙未	丙申	丁酉	戊戌
己亥	庚子	辛丑	壬寅	癸卯
甲辰	乙巳	丙午	丁未	戊申
己酉	庚戌	辛亥	壬子	癸丑
甲寅	乙卯	丙辰	丁巳	戊午
己未	庚申	辛酉	壬戌	癸亥

以上六十个单位，每个单位表示一日。有了这六十个单位，日子就可以记录了。例如昨日是甲子日，那么今日就是乙丑日，明日就是丙寅日，往后的日子依次顺推；甲子日的前一日，就是癸亥日，往前的日子依次逆推。六十个单位轮完一圈后，再周而复始。

古代有些日子，有特定的称呼。例如，每个月的第一天称为朔，最后一天称为晦，小月的十五日、大月的十六日称为望，望后紧挨着的日子称为既望。鲍照《玩月城西门廨中诗》说："三五二八时，千里与君同。"这里的"三五"和"二八"就是指望日，三五等于十五，"三五"指小月的望日，二八等于十六，"二八"指大月的望日。苏轼《前赤壁赋》说："壬戌之秋，七月既望。"这里则说到了"既望"。

一天之内的时间，又是怎么记录的呢？

从大的方面来说，古人是依据天色，以昼夜为单位，分成若干个时段。例如日出时称为旦、早、朝、晨等，日落时称为夕、暮、昏等。太阳升到天空正中时称为日中，将近日中的时辰称为隅中，太阳西斜时称为昃。古人一天两餐，前面的一餐，是在日出之后隅中之前，这一节时间，称为食时；后面的一餐，是在日昃之后日入之前，这一节时间，称为晡时。日入之后，就是黄昏了，黄昏之后，就是人定了，人定之后呢，就是夜半了。夜半以后，就是黎明。天将亮的时间，称为昧旦，昧旦又称昧爽。此外表示天亮的时间的，还有平旦、平明等。至于鸡鸣，是指昧旦前的一段时间。鸡鸣和昧旦先后相继出现。《诗经》说："女曰鸡鸣，士曰昧旦。"这里就说到了鸡鸣和昧旦。

从小的方面来说，随着时辰概念的形成，古人把一天分为十二个时辰，十二个时辰用十二地支表示。每个时辰正好和我们现代的两小时相等。这是能一一对照上的，例如夜半十二点（即二十四点）是子时，所以古人说夜半是子夜；凌晨两点是丑时，四点是寅时，上午六点是卯时，其他依次顺推。

近代时，近人又把古人的十二个时辰中每个时辰细分为初、正。例如原来晚上十一点和十二点都是子时，分出初、正之后，晚上十一点就是子初，夜半十二点就是子正，等等。这样，也就等于用古代的概念，把一昼夜分成和现代相等的二十四小时了。

古人如何纪月？

古人纪月，一般用的是序数，从一月开始，一直记到十一月、十二月。一年开始的第一个月份，称为正月。每个月在先秦时代，大约都是有特定的称呼的，例如《楚辞》把正月称为孟陬，《诗经》把四月称为除，十月称为阳，《国语》把九月称为玄，等等。

"月建"是古人的另一种纪月方法。所谓"月建"，就是把十二个月份配上十二地支，一般是把冬至日所在的夏历十一月，配上十二地支中的子，叫作建子之月，由建子之月顺推，就可以记录月份了。

古人如何纪年？

古代的纪年法有好几种，有年次纪年法、年号纪年法、星岁纪年法、干支纪年法等，我们在这里，对这几种纪年法逐一作简单介绍。

年次纪年法

古代最早的纪年法，就是年次纪年法。所谓年次纪年法，是指按照王公即位的年次进行纪年，例如公元前770年，古人记为周平王元年、秦襄公八年等。那么公元前769年，就记为周平王二年、秦襄公九年等。这样，按照元、二、三的次序，依次记下去，直到王公出位或死亡了为止。

年号纪年法

汉武帝时开始有年号。以后每个新皇帝即位，都要改年号（称为"改元"），并用年号纪年。后来日本、越南、朝鲜、高丽纪年受到中国影响，也都使用过自己的年号。现在的日本仍然使用自己的年号。年号怎么纪年呢？例如公元前140年，汉武帝立年号为"建元"，所以这一年就记为建元元年，次年就记为建元二年，依此类推。如果年号改了，便按着新的年号，重新纪年。年号被认为是帝王正统的标志，称为"奉正朔"。一个政权使用另一个政权的年号，就是标志着藩属、臣服于对方了。如在中国分裂的时期——五代十国时，吴越国使用唐、后梁、后唐、后晋、后汉、后周和北宋的年号，就都是表示臣服。地方割据势力、少数民族政权以及农民起义建立政权也常常自立年号纪年。

星岁纪年法

这是战国时出现的纪年法。星岁纪年法中的"星"指岁星，"岁"指太岁。星岁纪年法实际是岁星纪年法和太岁纪年法的合称。这里我们就不详细介绍了。

古人用干支是怎样计时纪年的？

干是指天干，支是指地支。天干共10个，所以又称为"十干"，顺序为：甲、乙、丙、丁、戊、己、庚、辛、壬、癸；地支共12个，顺序为：子、丑、寅、卯、辰、巳、午、未、申、酉、戌、亥。其中甲、丙、戊、庚、壬是阳干，乙、丁、己、辛、癸是阴干。子、寅、辰、午、申、戌是阳支，丑、卯、巳、未、酉、亥是阴支。

在夏历中，干支用来编排年号和日期。具体方法为以一个天干和一个地支相配，天干在前，地支在后，天干从甲开始，地支从子开始，阳干对阳支，阴干对阴支（阳干不配阴支，阴干不配阳支），60年一周期，称为"六十甲子"或"花甲子"。天干表示年、月、日、时的次序，地支用来纪月、纪时。地支纪月就是把冬至所在的月称为子月，以下依次排列。地支纪时就是把一日分为12个时段，分别以十二地支表示，称十二时辰。

古人就是以六十甲子循环来纪年、纪月、纪日、纪时。

什么是"花甲子"，它与干支纪年有何关系？

六十岁的老人常被人们称为"花甲子"，所谓"二十弱冠，三十而立，四十不惑，五十知天命，六十花甲子，七十古来稀，八十为耄耋之年"。这是人们对不同年龄阶段人的别称。不仅如此，在历史事件中，我们还会经常看到："甲午战争""辛亥革命"一类的名词，那么古人为什么不说"多少岁""几几年"呢？

"甲子"一词，源自中国古代使用的干支纪年法。据相关资料记载，早在商代时期，中国就已经采用干支法纪年了。到了东汉光武帝时期，天文学家在总结前人历法的基础上，制定并开始实行干支纪年法。干支纪年法是由天干（甲、乙、丙、丁、戊、己、庚、辛、壬、癸）和地支（子、丑、寅、卯、辰、巳、午、未、申、酉、戌、亥）组成。

所谓的"干""支"是中国古代的一种计数、计时符号。将十天干与十二地支循环相配，可以构成六十组（甲子、乙丑、丙寅……癸亥），人们将它们合称为"六十甲子"。每六十年，花甲子正好是首尾相接，循环一次。所以一个周期的第一年，也就是人六十岁的时候，被称为"花甲之年"。

"花甲子"也有五行纳音的说法，根据五行学说，古人将金、木、水、火、土五行与六十甲子相结合，每行纳入十二干支，组成了六十个纳音，建立了纳音学说。因而，在六十花甲里也就有了五行的属性。在沈括的《梦溪笔谈》中，就有"六十甲子有纳音，今人鲜知其原意。盖六十律旋相为宫法也。一律含五音，十二律纳六十音。纳音之法，同类娶妻，隔八生子，此《汉志》语也"的说法。

文化典籍

什么是"正史"?

什么是"杂史"正史,就是被官方认定为正宗和正统的史书,最早将正史作为史籍类名的是《隋书·经籍志》。正史有确定的范畴,宋代时有十七史,就是《史记》《汉书》《后汉书》《三国志》《晋书》《宋书》《南齐书》《梁书》《陈书》《魏书》《北齐书》《周书》《隋书》《南史》《北史》《新唐书》《新五代史》;到明代,增加了《宋史》《辽史》《金史》和《元史》,成为二十一史;清代又增加《旧唐书》《旧五代史》和《明史》,遂成二十四史,二十四史是正史最为通行的说法;民国时,增列《新元史》,而有的地方则是将《清史稿》列入,于是又有二十五史之称,如果将这两部书都加进去,就是二十六史。

在唐代以前,正史一般为私人撰写,如《史记》为司马迁所著,《汉书》为班固所著,《后汉书》为范晔所著,《三国志》为陈寿所著。

自唐代以后,正史就开始由官方组织编写,如《晋书》,由房玄龄、褚遂良、许敬宗监修,编者共有21人;再如《隋书》,先由魏徵监修,后由长孙无忌接续,编写者则有孔颖达、许敬宗、于志宁、颜师古等一大批知名的学者;唐代以后的正史中,私修的仅有欧阳修的《新五代史》等很少数的几部。

官修的正史往往由当朝宰相担任主编,因为其中涉及的一些敏感的政治问题宰相依凭自己的身份可以进行裁夺。虽然正史中难免存有部分曲笔和隐讳,但是它的权威性仍是其他史书所无法比拟的。

正史的撰写所依据的资料是最原始的,也是最全面的,而且正史的编撰者一般是当时第一流的学者和史学家,所以在历史研究中,正史占有基本性的地位。

什么是"杂史"?

杂史的提法,最早见于《隋书·经籍志》。杂史之杂,体现于两个方面,在形式上,杂史的体例不像正史和别史那么严谨,往往不同于正史和别史常用的纪传、编年、典志等体例;在内容上,杂史不限于以一朝一代或者某一历史阶段的政治大事为主,而是涉及得非常广泛,包括学术史、科技史、方域史、地理志等多种具有专属领域的史著。杂史或者因为在体例上和内容上都较为随便,有着更大的灵活性,从而记录了许多不见于正史和别史的珍贵资料,或者因为有着专攻的对象,而比正史和别史中相关方面的内容记载、讲述得更加细致，由此体现出自身独特的价值。

《国语》《战国策》《竹书纪年》《逸周书》《越绝书》《吴越春秋》《列女传》《大唐西域记》《明儒学案》《大清一统志》等都是非常著名的杂史。

什么是"别史"？

别史，指的是官定的正史之外有体例、有系统、有组织的史书。"别史"之称最早由南宋的陈振孙在《直斋书录解题》中提出，别史与正史区分的标志就是是否经过官方的命定，例如，在清朝乾隆皇帝钦定二十四史之前，《旧唐书》和《旧五代史》只能算别史，而经过乾隆的谕旨，这两部书则跻身于正史之列。

至于别史与杂史的区别，张之洞在《书目答问》中说："关系一朝大政者入别史，私家记录中多碎事者入杂史。"正史的体裁均为纪传体，而别史的题材则较为多样，如《续汉书》为纪传体，《资治通鉴》为编年体，《通典》为典志体，《宋史纪事本末》为纪事本末体，《明实录》为实录体，《唐会要》为会要体等。

什么是"野史"？

野史是一种习惯的称谓，并非史籍中正式的分类，一般指私家所撰的涉及史实记录的笔记、史传、杂录等。野史的内容，大多为作者耳闻目睹或者道听途说的逸闻趣事，往往不见于正宗的史籍，虽然野史的记载充斥着相当多的讹误和谬传，但是这并不能掩盖其所反映出的历史真实的一面，其中蕴藏着的大量正规史书中难以见到的方方面面的社会生活的细节，可以为后人了解历史提供另一种角度的观

照，因而自有其不凡的价值。鲁迅先生就非常看重野史，甚至认为若要正确地了解中国历史的真相，是非得读一读历代的野史不可的。

什么是"纪传体"？

纪传体，是以人物传记为中心来反映历史情景的史书体裁，首创于司马迁的《史记》。司马迁将先秦时期的史书所具的各种体裁融于一书，分作"本纪""表""书""世家""列传"5个部分，其中"本纪""世家"和"列传"构成书的主体，"本纪"以历代帝王为中心，是全书的总纲，"世家"记载的是诸侯和一部分虽然不是诸侯但在历史上有着特殊地位和特殊影响的人物（如孔子、陈胜），"列传"又分为专传和类传，记载历代名人、三教九流的事迹，并且涉及民族关系和中外关系方面的内容。班固作《汉书》，沿用了《史记》的体例，而又有所改造，将"本纪"改称为"纪"，取消"世家"，将"列传"改称为"传"，将"书"改称为"志"，于是形成了"纪""传""表""志"为历代正史所遵循的史书体例。

什么是"编年体"？

编年体，是一种以时间为线索的史书体裁。相传为孔子编写的《春秋》就是鲁国的一部编年史。编年体可谓起源很早，而且历代延续，是许多重要的别史所采用的体例，如最为著名的《资治通鉴》。编年体具有时间连续的优点，给人一种清晰的历史时序感，但是也容易造成对一些具有前后相续性质的历史事件的分割，并且因此对相关事件的原委也难以叙述得较为完整，而这方面正是纪传体的长处所在，

所以历代正史采用的不是编年体，而是纪传体。当然，纪传体也有缺点，可以说编年体与纪传体在优缺方面恰为互补。

什么是"纪事本末体"？

纪事本末体，是一种以历史事件为纲的史书体例，首创于南宋袁枢的《通鉴纪事本末》。《通鉴纪事本末》，就是将《资治通鉴》中分年记载的一个体系的事迹集中在一起，自成一个单元，以显事情的本末。这样一来，就消除了《资治通鉴》原书中记事不连贯的缺点，而体现出鲜明的条理性，这也就是纪事本末体的优长之处。袁枢撰写《通鉴纪事本末》，在内容上并没有进行增改和修订，可是他所创造的这种新的史书体裁问世之后却备受欢迎，此后，纪事本末体的史书蔚为大观，基本上各代的历史都有与其相对应的纪事本末体的史书出现。

什么是"典志体"？

典志体，是以典章制度为中心的史书体裁。司马迁创作的《史记》中有"八书"，其中就有典章制度方面的记录；班固著的《汉书》中有"十志"，记载的内容与《史记》中的八书基本上是相对应的。东汉以后，出现了典章制度的专史，如应劭的《汉官仪》、丘仲孚的《皇典》、何胤的《政礼》等。唐代前期出现了很多典志方面的书籍，如李林甫的《唐六典》、王彦威的《唐典》、刘秩的《政典》等。但这些都是关于某一朝代的典章制度的记叙，从单独的某部书中并不能窥知历代典章制度的发展和演变的情况。中唐时期杜佑在刘秩《政典》的基础上进行扩展，编成了一部上起黄帝、下至唐代宗的典章制度的通史——《通典》，这是典志体正式创立的标志。南宋郑樵又编纂了一部纪传体的《通史》，后改名为《通志》。尽管《通志》并非典章制度的专史，但是其中作者用力最多也是最受人看重的精华部分是反映历代典章制度的"二十略"，因而史学家们将其与《通典》和《文献通考》这两部专史合称为"三通"。《文献通考》是元代马端临所撰写的又一部通史式的典章制度的专史，其创新之处在于采取了"文"（历史资料）、"献"（史家评论）、"注"（编者注解）三结合的方法。清朝乾隆年间组织学者续编"三通"，纂成"续三通"，而后又有《清通典》《清通志》和《清文献通考》这"清三通"，共成为"九通"，再加上民国时刘锦藻编写的《清朝续文献通考》，就是学界习惯称谓的"十通"。

什么是"会要体"？

会要体是典志史书的一种题材，"会要"就是会聚朝廷典章制度之要的意思。会要体创始于唐德宗年间苏冕编纂的《会要》，《会要》记载了唐高宗到唐代宗这一段历史时期的典章制度。唐宣宗时，崔铉等人又奉诏编写《续会要》，续增了唐德宗到唐宣宗时期的相关内容。北宋初年，王溥在这两部会要的基础上，编成《唐会要》，后来又编写了《五代会要》，使得会要体史书趋于完善。宋代以后，官方都要组织学者编纂当朝的会要，如《宋会要》（原本已佚，清代学者徐松从《永乐大典》中辑录出《宋会要辑稿》）《元经世大典》《明会典》《清会典》等。另外，一些学者又私自编写了此前历代的会要，如南宋徐天麟的《西汉会要》和《东汉会要》、明代董说的《七国考》、清代姚彦渠的《春秋会要》、孙楷的《秦会要》，等等。会要体史书，基本上是以 15 个左右的门类再具分为 300 余个子目，记载政治、经济、军事、外交、法律、教育、礼乐、文化等各方面的制度及其沿革情况，兼有工具书和资料汇编的功能。

什么是"学案体"？

学案体，是一种记述学术源流的史书体裁，是继编年体、纪传体、纪事本末体、典志体等主要史书体裁之后出现的又一新的史书体例，始创于明末清初，黄宗羲撰写的《明儒学案》即为学案体的代表作品。学案体例大致为：每学案前先设一表，详细地列举该学派的师友弟子，标明学派的渊源及其传授系统；每一案主均立小传，叙述其生平概况及学术宗旨；对案主的学术论著，均一一注明出处，并且材料的采选非常广泛；案主小传后，另有附录，记载其趣闻逸事；还附有时人及后学的相关评论，备录其短长得失，以供后来的学者自行做出判断。学案体史书是学术思想史的专著，为学者研究学术思想的沿革提供了翔实可靠的文献资料。

《明儒学案》书影

什么是"起居注"？

起居注，是由史官撰写的关于皇帝的日常言行与生活的记录。《汉书·艺文志》记载："古之王者，世有史官，君举必书，所以慎言行，昭法式也。左史记言，右史记事，事为《春秋》，言为《尚书》。"这段话可以看作是对起居注的说明。完善的起居注始于汉武帝时期，到北魏时，正式设立专官，称"起居注令史"，专门负责撰写皇帝的起居注，后代沿袭了这一制度。起居注并不是严格意义上的史著，但却是最原始的历史资料。皇帝驾崩之后，就由史官根据起居注来撰写实录，实录写成，起居注就被焚毁，也即是说起居注是不予保存和流传的，在当时，起居注是绝密的，甚至连皇帝也见不到，这是为了保证起居注的真实性。可是宋代以后，皇帝本人开始过目起居注，相应地，史官的笔讳也就多了起来，从而影响到起居注的本真价值。

什么是"实录"？

实录，是历朝皇帝的编年大事记。史官在皇帝死后，会根据起居注、时政记等资料，按时间顺序编写这位皇帝的"实录"。实录出现于南北朝时期，《隋书·经籍志》著录有《梁武帝实录》《梁元帝实录》等，现存最早的一部完整的实录是唐代韩愈编纂的《顺宗实录》。唐代开始，为前君纂写实录成为定制，但是明代以前的历代皇帝的实录大多都已佚失。因为实录只有抄本存于宫中，并不刊刻，也不公布，现在流传下来的较为完整的只有《明实录》和《清实录》。但是由于皇帝的顾忌较多，故所谓的实录也有诸多的不实之处，例如，永乐时期就曾多次修改《明太祖实录》，以为朱棣的篡位进行讳饰。当然，尽管如此，实录中所记载的历史资料仍是相当宝贵的，而且一些正史中的很多内容就是依照实录写成的。

什么是"年谱"？

年谱的编撰开始于宋朝，是一种较为发达、完备的人物史传体裁。它是按照人物活动的时间顺序，用编年体裁记载个人（即谱主，一般为政治家、学者或其他知名人士）所有的生平事迹的著作。年谱不仅记载谱主的生平、思想，而且涉及谱主生活的社会背景、政治环境，及其功业成就、学术道路和德行情况等各方面，比较全面、系统、准确和真实地反映谱主一生，是研究、总结历史人物的基本资料。宋代洪兴祖编有《韩愈年谱》和吕大防的《杜甫年谱》是现存较早的年谱之作。

什么是"类书"？

类书是分类编排各种资料以供检索的工具书，类似于后来的"百科全书"。魏文帝曹丕使诸儒撰集的《皇览》被认作是类书之祖，但是此书早已佚失。南北朝时期，编纂类书开始风行，出现了《古今注》《集林》《四部要略》《类苑》《北堂书钞》等一批类书，这些类书大多也都没有流传下来。唐代开始，官方组织编写类书成为一种惯例，如唐代有《艺文类聚》《初学记》，宋代有《太平御览》《太平广记》《册府元龟》，明代有《永乐大典》，清代有《古今图书集成》。这些官修的类书大多编纂于一个朝代立国之初并逐渐走向兴盛的时期。《永乐大典》是历史上规模最大的一部类书，可

惜的是在清末八国联军入侵的时候被洗劫焚毁，仅余下少量残卷，另有部分残卷散佚于多个国家。

现存的最大的一部类书是清代康熙年间编成的《古今图书集成》。类书与丛书不同，并不是对书籍的全部内容的辑录，而是分门别类地选取其中相关的部分内容辑入，但是有的资料在类书中体现得较为完整，使得从中提取已经佚失的书籍成为一种可能。乾隆年间编纂《四库全书》时就从《永乐大典》中辑录了多部佚书，后《永乐大典》被毁劫，这次辑录工作算是意义重大。

什么是"丛书"？

丛书，就是各种书籍的汇集和丛编。编刻丛书始于南宋后期，现在已知最早的丛书是宋宁宗嘉泰元年（1201年）俞鼎孙及其兄俞经编辑的《儒学警悟》，收有宋代的著作六种，但是此丛书在当时并没有刻本，宋度宗咸淳九年（1273年）左圭辑刊的《百川学海》是中国最早刻印的丛书。明代的时候，"丛书"的名称正式出现，而编刻丛书的高峰是清代，乾隆年间官修的《四库全书》是一部规模最大的丛书，同一时期私家汇刻的丛书也非常之多。丛书的编辑，一方面给学者的学习和研究提供了方便，一方面也使许多古籍得以保存和流传，不至佚失。1959年，上海图书馆编写的《中国丛书综录》，成为读者使用丛书的得力助手。

十三经指的是什么？

十三经是指儒家的13部经典：《诗经》《尚书》《周礼》《仪礼》《礼记》《周易》《左传》《公羊传》《谷梁传》《论语》

《尔雅》《孝经》和《孟子》。十三经的称呼大约形成于南宋时期，是儒家的经典，也是儒家思想的精华所在。

从传统观念来看，《易》《诗》《书》《礼》《春秋》被称为"经"，《左传》《公羊传》《谷梁传》属于《春秋经》的"传"，《礼记》《孝经》《论语》《孟子》被称为"记"，《尔雅》是汉代经师的训诂之作。"经"的地位最高，"传""记"次之，《尔雅》为最低。十三经的形成经历了一个长期的过程。在汉代，以《易》《诗》《书》《礼》《春秋》为"五经"，受到政府的重视，立于学官。唐朝时期，又增加了《仪礼》和《春秋》三传，形成了"九经"。五代时，又收入《论语》和《孟子》，形成"十一经"。到了南宋时期，又加上了《尔雅》和《孝经》，"十三经"最终确立。"十三经"在古代中国有着高不可攀的地位，每一经都有皇帝钦定的权威注释，南宋时被汇编成规模宏大的《十三经注疏》。这部内容丰富的丛书，保留了许多珍贵的史料和文献，具有巨大的价值。

什么是"三礼"？

"三礼"指《周礼》《仪礼》和《礼记》。《周礼》是儒教重要经典，世界上最早、最完整的官制记录，是了解先秦政治制度与早期儒家思想的重要资料。相传为周公所作，但是据专家考证：春秋之际，儒家学者依据周朝初年的典章制度和当时的官僚体系，撰写了《周礼》的部分内容。战国时期，官制进一步完善，人们对《周礼》进行了补充，使之更加完整。到了汉代，当时的部分官制资料，如九服之

制、南北郊之制、五岳之制等，补入《周礼》，该书最终定型。东汉末年，经学家郑玄为《周礼》作注，大大提高该书的学术地位，使其一跃而居《三礼》之首，成为儒家大典。

《周礼》原名《周官》，西汉末改称《周礼》，全面记录了周王朝的官制系统，论述了当时设官分职的状况。该书共六篇，分载天、地、春、夏、秋、冬六官：天官冢宰，管理朝廷及宫中事宜；地官司徒，管理土地方域及人民教养；春官宗伯，管理宗教及文化；夏官司马，管理军制和各方诸侯有关事宜；秋官司寇，管理刑狱，兼掌礼宾等；冬官司空，管理工程建设兼及水利等。"冬官"部分汉代发现时已缺，以《考工记》抵充。这些官职各自都有不少属员，合计数万人。该书涉及内容极为丰富，所载的礼的体系最为系统完备，天文历象，祭祀礼仪，封国建制，巡狩制度，丧葬规制，礼乐制度，文化教育，调兵出兵，刑法狱讼、赋役征发，国家度支，宴饮膳食，车马服饰，寝庙礼制，农商医卜，工艺制作，等等，诸项典章、制度，无所不包，许多制度仅见于此书，尤其宝贵，堪称上古文化史之宝库。所以，清代经学大师孙诒让说《周礼》是"周公致太平之书，先王政教所自出，周代法制之总萃"。

《周礼》作为中国古人设计的理想社会的蓝图，体大思精，学术与治术无所不包，受到历代学者的重视。它以人法天的理想国纲领，是放之四海而皆准的经世大法，对后世政治制度有着深远的影响。其儒法兼容、德主刑辅的方针，显示了相当

成熟的政治思想；其严密细致、相互制约的管理技巧，体现了高超的行政智慧。故而，西汉末年的王莽改制，西魏的宇文泰改革官制，北宋王安石变法，无不受《周礼》影响。而且，各个朝代的官制都直接或间接地受到《周礼》的影响。此外，中国古代"左祖右社、面朝后市"的都城格局，多以《周礼》为范本，其影响可谓至大至远。

《仪礼》，是古代记载典礼仪节的儒家经典，简称《礼》或《士礼》。《仪礼》是"三礼"中成书较早的一部，在汉武帝时期便被列入"五经"而备受推崇。根据古代文献的记载，参考相关考古材料可知，商、周统治者极为重视礼仪，制定了名目繁多的典礼，这就是所谓的"礼仪三百，威仪三千"。该书详细规定了贵族们冠礼、婚仪、丧祭、朝聘、射乡等诸多方面的基本礼仪，并形成繁缛复杂的典礼仪式，不要说军国大典，即便是士人相见，初见礼节、宾主客套、交谈话题、相互告别都有详细而严密的规定。利用这些烦琐的礼仪，明尊卑，别贵贱，规范维护相关社会秩序，其所传达的人分高低贵贱，行为遵循尊卑远近的思想，成为中国社会千年不移的道德原则。

如此烦琐细密的礼仪，非专业人士，根本不能经办这些典礼。以代人经办典礼为业的儒生，不仅熟习这些礼仪，而且可能把它们整理厘定成职业手册，以便传习演练，《礼仪》大概就是他们整理编订的仪节手册。这部经典现存 17 篇，分别是士冠礼第一、士昏礼第二、士相见礼第三、乡饮酒礼第四、乡射礼第五、燕礼第六、大射仪第七、聘礼第八、公食大夫礼第九、觐礼第十、丧服第十一、士丧礼第十二、既夕礼第十三、士虞礼第十四、特牲馈食礼第十五、少牢馈食礼第十六、有司彻第十七，详细规定了贵族士人应该遵守的规则以及应当遵循的行为规范。《仪礼》文字古奥，艰涩难懂，内容枯燥乏味，却是了解中国古代社会不可或缺的宝贵文献。

《礼记》，也称《小戴礼记》。战国至西汉初期，经多代讲授礼仪的儒师整理汇编，《礼记》初具雏形。西汉时，刘向在此基础上编成《礼记》，后戴德、戴圣又各自辑录了一本《礼记》，而人们习惯将戴圣编写的《小戴礼记》简称为《礼记》。戴圣，字次君，梁（今河南商丘）人，汉时任九江太守，宣帝时立为博士，参加石渠阁议，世称"小戴"。《礼记》（《小戴礼记》）中主要记录了汉初及以前社会的宗法思想及其制度，共 49 篇，内容包括《中庸》《大学》《曲礼》《檀弓》《王制》《月令》《礼运》《学记》《乐记》等，所述内容包括哲学、政治、伦理、宗教等方面。书中内容主要可分为两大部分：第一部分为有关礼乐的一般理论知识，所谓"礼"，即道德规范；"乐"则是指音乐。第二部分则主要是关于礼乐制度的阐述。《礼记》对后世影响极其深远，南宋朱熹将书中的《中庸》《大学》两篇分立出来，独立成书。该书是研究儒家思想及古代礼制的重要参考资料。

"二十四史"指的是哪 24 部史书？

"二十四史"是乾隆皇帝钦定的 24 部纪传体正史的总称。这些史书记载了上起

文化典籍

黄帝时代，下到明朝崇祯十七年（1644年）4000多年的历史。"二十四史"共3213卷，约4000万字，使用统一的本纪、列传的纪传体的形式编写。它们分别是：《史记》（西汉·司马迁）、《汉书》（东汉·班固）、《后汉书》（南朝宋·范晔）、《三国志》（西晋·陈寿）、《晋书》（唐·房玄龄等）、《宋书》（南朝梁·沈约）、《南齐书》（南朝梁·萧子显）、《梁书》（唐·姚思廉）、《陈书》（唐·姚思廉）、《魏书》（北齐·魏收）、《北齐书》（唐·李百药）、《周书》（唐·令狐德棻等）、《隋书》（唐·魏徵等）、《南史》（唐·李延寿）、《北史》（唐·李延寿）、《旧唐书》（后晋·刘昫等）、《新唐书》（宋·欧阳修、宋祁）、《旧五代史》（宋·薛居正等）、《新五代史》（宋·欧阳修）、《宋史》（元·脱脱等）、《辽史》（元·脱脱等）、《金史》（元·脱脱等）、《元史》（明·宋濂等）和《明史》（清·张廷玉等）。这些史书勾勒出中国历史的主干，是中国古代史的权威读本。

何谓"三通四史"？

三通指的是《通典》《通志》和《文献通考》，四史是《史记》《汉书》《后汉书》《三国志》4部史书的合称。三通四史是我国史学的典范，是历史著作中的代表作。

《通典》是我国第一部典章制度通史，唐朝杜佑撰。它讲述了历代典章制度的沿革变迁，上起黄帝，下到唐玄宗天宝末年。《通志》是宋朝郑樵所撰，它是继司马迁之后纪传体通史的续作，对封建时代史学的发展产生了重大影响。《文献通考》由宋元之际的马端临所撰，是记载历史典章制度的巨著，记事上起远古传说时代，下至南宋宁宗嘉定年间。

《史记》作者是西汉司马迁，记载了上自黄帝时代，下至汉武帝元狩元年的历史，是我国第一部纪传体通史。《汉书》作者是东汉班固，记载了刘邦起义反秦，到王莽地皇四年（公元23年）的历史。《后汉书》作者是南朝宋范晔，是一部记载东汉历史的纪传史书，记载了从王莽到汉献帝共195年的史实。《三国志》由晋陈寿撰，南朝宋裴松之注，是一部记载魏蜀吴三国历史的纪传体史书。

中国第一部史学评论专著是什么？

《史通》是我国第一部史学评论专著。作者刘知几，字子玄，唐徐州彭城（今江苏徐州）人。他自幼爱好文史，自武则天长安二年（702年）起，开始担任史官，中宗景龙二年（708年）辞去史官职务，私撰《史通》，以见其志。

全书共20卷，包括内篇39篇、外篇13篇。其中，内篇的《体统》《纰缪》《弛张》三篇今已失传，今本为49篇。《史通》是针对唐以前写史所采用的主要体例——编年体和纪传体进行了总结，将采用这两种体例编写的史书称为"正史"，并对这两种体例的编写特点和得失进行评论。书中认为必须沿袭这两种体例，而以后写史的主要体例则是断代体。《史通》既论述了有关史书的体裁体例、史料采集、表述要点和作史原则，也论述了史官制度、史籍源流以及杂评史家得失。《史通》在我国史学界有着很高的地位，它具有划时代的意义，对后世史书的编写方式产生很大的影响，对我国历史学的发展有着不可估量的作用。

中国第一部典章制度通史是什么？

《通典》是我国第一部典章制度通史。作者杜佑，字君卿，唐京兆万年（今陕西西安）人，自唐天宝年间起入士为官，是唐代著名的史学家、政治家。杜佑从30岁起开始编写此书，直到65岁才编成进献，历时35年。全书的编写以"实采群言，征诸人事，将施有政"为宗旨，记述唐天宝以前的历代经济、政治、礼法、兵刑等典章制度。全书共分9门，200卷，其中，食货典12卷、选举典6卷、职官典22卷、礼典100卷、乐典7卷、兵典15卷、刑典8卷、州郡典14卷、边防典16卷。这部著作堪称古代典章制度的百科全书。在典章的记述上，有略于古而详于"今"的特点。《通典》中引用了大量的史料文献，对我们研究古代的典章制度有着极其重要的文献价值。

《周易》包括哪两部分？

《周易》，也叫《易》，自汉代开始被称为《易经》。关于《周易》的作者及成书时间众说纷纭，有人认为其成自上古时代，有人认为其出自周文王之手，还有人认为其为孔子所作。经过研究和考证，该书并非出自一人一时之手。《周易》是一部古代占卜用书，共分两部分：一部分称为"易"，内容是六十四卦的卦象、卦辞和三百八十四爻的爻象和爻辞。所谓的卦象是由阳爻"——"和阴爻"——"两种爻象，按每卦六画进行排列组合而成，解说卦象的文字叫卦辞。每卦中的六画从下到上，依次用初、二、三、四、五、上表示，阳爻称为"九"，阴爻称为"六"，爻象共有384个，解说爻象的辞句称为爻辞。另一部分称为"传"，是对卦辞和爻辞的解释。《传》分10篇，分别为：《彖》《象》《文言》《系辞》《说卦》《序卦》《杂卦》。《周易》虽是古代占卜之书，但书中的内容包含了深刻的理论思维和朴素的辩证哲学观点，为中国古代辩证法的发展奠定了理论基础。《周易》是中国文化的生命本源，对中国文化、哲学的发展产生了深远的影响。

战国后期，对《易经》的研究逐渐成为一门单独的学问。《五传》就是系统阐释《易经》的文章的汇编。汉代，关于《周易》经传的解释，称为易学。后来，历朝历代都有许多学者专门研究《周易》，并形成了许多流派，如义理学派、象数学派等。众多哲学家据《周易》经传提供的思想资料，建立了新的哲学体系。

《尚书》为什么被奉为古代社会的政治哲学经典？

《尚书》，又称《书经》《书》，我国最古老的一部史书，是研究我国原始社会末期和夏、商、周奴隶社会历史的珍贵资料。后被奉为中国古代社会的政治哲学经典，成为历代帝王教科书，还是贵族子弟和士大夫必遵的"大经大法"。关于此书的作者及成书时间目前无定论，相传是孔子由编订的，目的是将此书作为教授弟子的教材，但今人对此说法颇有争议。对于"尚书"这一名称的解释：一说是"上代之书"，比如，东汉经学大师郑玄曰："孔子尊而命之曰尚书。尚者，上也，尊而重之，若天书然，故曰尚书。"一说是"上

文化典籍

古帝王之书"。王充在《论衡·正说篇》中说:"尚书者,以为上古帝王之书,或以为上为下所书。"《春秋说题辞》:"尚者上也,上世帝王之遗书也。"

《尚书》是中国上古时期的历史文献和部分追述史迹著作的汇编,共有 100 篇;所记之事自上古尧舜时期起,直至春秋中期结束,共记约 1300 多年。按照时代先后顺序,它分为《虞书》《夏书》《商书》《周书》4 个部分,其中大多数是直接收录原始的文献资料,特别是书中关于商后期以及周初期的资料,相当可靠,是研究当时社会历史的宝贵参考价值。少部分后人所作的、用来叙述上古时代传说的文章,如虞、夏和部分商代的文献,则是根据传闻写成的,可靠性较差。书中收录了虞、夏、商、周各代的"典""谟""训""诰""誓""命"等文献。具体地说,"典"是对史实的记载,"谟"指的是君臣的谋略,"训"指的是臣子开导君主的话,"诰"指的是君主勉励臣下的文告,"誓"指的是君主训诫大众的誓词,"命"指的是君主的命令。另外,还有以人名标题的篇章,如《盘庚》;以事为标题的篇章,如《西伯戡黎》;以内容为标题的篇章,如《洪范》等。

该书有今文《尚书》与古文《尚书》之分,今文《尚书》是由秦博士伏生传承下来的《尚书》,是用当时通行的隶书写成的。相传,他把该书藏在自家屋壁中,才躲过秦的焚毁和楚汉的战乱得以保留下来。所谓的古文《尚书》是西汉景帝时的鲁恭王毁坏孔子旧宅时,无意间在墙壁中

发现的。这部《尚书》是用"古文"写成的。今、古文《尚书》在篇数、字数、经学解释等方面有所不同。

《诗经》是孔子编著的吗?

《诗经》又称诗三百,是我国第一部诗歌总集,收集了从西周初期到春秋中期的 305 篇民歌、庙堂宴饮乐歌和祭祀乐歌。西汉时被尊为儒家经典,称《诗经》。

它是中国现实主义文学的光辉起点,对中国的文学传统和民族特色的形成起到了重要作用。

《诗经》原为配乐的歌词,分为风、雅、颂三类。"风",周朝诸侯国地方乐歌,故而又称"国风"。共 160 篇,大部分是当地流行的民歌,小部分是贵族作品。包括周南、召南、邶风、鄘风、卫风、王风、齐风、魏风、唐风、秦风、陈风、桧风、曹风和豳风,称为十五国风。这是《诗经》的精华所在,描绘了广大人民群众的繁衍生息和生产劳作,歌颂他们的劳动和爱情,宣泄他们心中的苦恼和愤怒。"雅"本义为"正",指的是周朝宫廷宴会或朝会时的乐歌,可以分为"大雅"和"小雅","大雅"是贵族文人的作品,有 31 篇。"颂"的意思是"舞容",是宗庙祭祀的舞曲歌词,内容多为歌颂祖先功业的。《周颂》31 篇,《鲁颂》4 篇,《商颂》5 篇,共 40 篇。

《诗经》收集了从西周初期至春秋中叶约 500 多年的诗歌,全面展示了这一时期的社会生活,反映了中国奴隶社会从盛到败的全貌。

周代朝廷有"采风"制度,即派专人到民间各地搜集民谣。这些集中起来的民

谣和统治阶层在祭礼、庆典、宴会或其他仪式上演唱的歌曲，据说共有 3000 多首，后来经过孔子的系统整理和编订，保留 300 多篇，这就是现在我们看到的《诗经》一书。关于对《诗经》内容的理解，众说纷纭，孔子、《毛诗》以及后来的大理学家朱熹，解读各不相同，给后人巨大的思考空间。《诗经》中诗歌的表现手法有"赋、比、兴"3 种，"赋"指的是描述事物，"比"指的是比喻，"兴"指的是联想。

中国第一部完整的编年体史书是哪一部？

《左传》也称《左氏春秋》或《春秋左传》，相传为春秋末期鲁国史官左丘明所作。《左传》是我国第一部完整的编年体史书，所记历史自鲁隐公元年（前 722 年）开始，直到鲁哀公二十七年（前 468 年）结束，共 255 年，较《春秋》多出 13 年。《左传》以记事为主，记载了东周及各诸侯国之间的历史事件，其中有关战争的描写有 400 多次，刻画历史人物 1400 多人。另外，与《春秋》不同的是，《左传》所记载的历史事件并不仅仅局限于各国的政治、军事及外交，还涉及经济、文化、生活及自然现象等方面。《左传》的文学性也很强，文笔生动优美，记叙细致详明。因此，《左传》既是历史名著，又是文学名著。

《左传》一方面对后人研究东周时期的历史具有极大的价值；另一方面，它对后来的史学和文学的发展也有重大意义，为后代树立了典范。《左传》常与《春秋》合刊，并进入《十三经》。

奉儒家为正统的理论和历史依据来自哪里？

《公羊传》，又名《春秋公羊传》，传为战国时期的公羊高所作。但后人经考证，认为《公羊传》的作者应该是汉景帝时的胡毋生和公羊寿。《公羊传》原本 30 卷，今存 28 卷，所记之事自鲁隐公元年（前 722 年）开始，直到鲁哀公十四年（前 481 年）结束，主要是对《春秋》的"微言""大义"的解释。该书集中反映了秦汉时期儒家思想中的社会理论，以"尊王攘夷""大一统"等思想为理论核心，大肆宣扬"天人感应""天人合一"的思想。同时，《公羊传》也从一个侧面对《春秋》所记载历史的背景有所反映。《公羊传》对后世影响很深，被后世很多经文学家作为议政工具。汉时董仲舒提出的"罢黜百家，独尊儒术"，很多部分都是引自《公羊传》。由于自汉武帝开始，各个封建王朝都是以"儒学"为"正统"，因此统治者在进行政治改革时，也往往从《公羊传》中寻找理论和历史依据。

《谷梁传》是关于什么的著作？

《谷梁传》，又名《春秋谷梁传》《谷梁传春秋》，是一部专门对《春秋》做出解释的著作，该书出自谷梁赤。谷梁赤，字元始，鲁国人，相传为子夏弟子，以治《春秋》而名。谷梁赤开始治《春秋》之时仅为口头流传，并无文字记载。直到西汉景帝、武帝时，后人才编订成《谷梁传》。《谷梁传》与《左传》《公羊传》并称为解释《春秋》的三传。《谷梁传》全书正文共 2.3 万字，在阐明其观点时，采用的是问答的形式。书中提出"著以传著，疑以传疑"这一撰写历史的原则观点，即历史家应本着以史实为根本，尊重客观历史的态度撰写史书。书中所论述的观点与《公羊传》基本相同，但在一些具体问题上有所差异，《谷梁传》一书的重点是在阐述《春秋》经义，也就是进一步说明《春秋》的政治意义。《谷梁传》虽较之《公羊传》对后世的影响较小，但它也是我们研究儒家思想的重要资料。

《孝经》是谁写的？

《孝经》是儒家伦理学的经典著作。该书的作者不详，一说为孔子所作，一说为孔子的弟子曾参所作。早在西汉时期，《孝经》即被列为经典；到了唐朝，唐玄宗亲自为它作注，是十三经中唯一有皇帝注释的经典。全书以阐述儒家"孝"的伦理思想为主要内容，在唐代被尊为"经书"，是《十三经》之一。书中首先把孝归于"上天"所定的范畴，提出了"夫孝，天之经也，地之义也，人之行也"的观点。《孝经》对儒家思想中的"孝"的基本内容和要求进行了阐述，并首次将个人的"孝亲"与国家的"忠君"联系起来，而且提倡国家应对"孝"进行法治化，即以法律来维护儒家的"孝"。《孝经》中还提出"以孝治天下"的主张，从而达到使国家"长治久安"的目的。《孝经》就其本身来说，是有一定进步意义的，但随着封建社会的发展，《孝经》演变为钳制人民思想意识、麻痹人民反抗意识以及维护封建制度统治的思想工具。

为什么《论语》对后世影响如此深远？

《论语》，儒家基本经典，是孔子弟子及其门人记录孔子言行的一部语录体散文集，书中借记述孔子的言行来发扬和传播孔子儒家学派的思想学说。《论语》传至西汉时，有《古论语》《齐论语》《鲁论语》3种版本，后经东汉郑玄编订，成今本《论语》。《论语》包含的思想极为丰富。

"仁"的思想是《论语》积极因素中的精华，这也是儒家思想的核心。比如孔子对曾子说"吾道一以贯之"，曾子十分透彻地理解了孔子的话："夫子之道忠恕而已矣！"曾子所说的"忠恕"就是"仁"。孔子对子贡说的"己欲立而立人，己欲达而达人"，同样体现了"仁"的思想。此外，"己所不欲，勿施于人"同样是"仁"。在《论语》中，"仁"的理念贯穿始终。由此延伸到管理领域（治国），孔子则强调，统治者要"以德治国"，要重视个人品德在管理中的重要性。另一方面，这也要求领导者要给民众实惠。

中庸之道是《论语》中第二个重要的理念。中国自古讲究凡事有度，在《论语·先进》所说的"过犹不及"，意即"过头"和"不及"一样都不好。而在

孔子讲学图 清
此图表现了春秋时期孔子在杏坛讲学的情景。图中孔子端坐讲授，弟子们在周围恭敬地聆听。作品因是宫廷绘画，所以特别讲求用色和整体结构。

《泰伯》篇中，孔子又说："中庸之为德也，其至已乎！"毋庸置疑，孔子很讲究"适度"原则，凡事都提倡适可而止。《论语·尧曰》有"允执其中"的说法，这里的"中"，也是"适度"的意思。需要说明的是，我们不能误会"中庸"之义，中庸绝对不是提倡人们搞折中主义，遇事和稀泥，不讲原则；中庸也不是让人懦弱和畏缩，它强调的是处理任何问题时要把握分寸，以免物极必反。

《论语》重视礼仪的作用。齐景公向孔子问政时，孔子回答："君君，臣臣，父父，子子。"孔子一生追求"复礼"，希望恢复旧有的统治秩序，思想虽然保守，但我们也应看到这一主张的价值。在任何一个社会、任何一个组织中，秩序的重要性是不言而喻的。孔子倡导的"礼"，核心是"正名"，这一点饱受批评，但是，在现代组织中，任何职位的设置、人员的选聘及考核，都离不开"正名"。从稳定与组织的角度看，孔子的"复礼"依然有鲜活的生命力。在个人修养方面，孔子提出了许多有价值乃至真理性建议，譬如求真、求善，讲究宽容和坚持正气等，对我们做人做事都具有现实的指导意义。

《论语》是儒家最重要的著作之一，对后世影响极大，已是传播儒家思想的经典教材，更是后人研究孔子思想的重要资料。

《孟子》记载了什么内容？

《孟子》是儒家基本经典，孟子言论的汇编。《孟子》今仅存 7 篇，每篇都分上、下部分，并以开头的几个字作为篇名。该书记载了孟子及其弟子去各国游说，推行其政治思想的活动。书中以"民贵君轻"论为其基本思想观点，这一观点是孔子"仁"学说的发展，把孔子的"仁"发展为"仁政"。在哲学思想上，《孟子》属唯心主义，其最著名的就是提出"天人合一"的哲学思想。为了追求"天人合一"，书中强调对事物认识的探求是为寻回散失的本心，应该修身养性。在伦理观上，《孟子》宣扬"性善论"，还提出了"富贵不能淫，贫贱不能移，威武不能屈"的道德观点。在教育上，《孟子》主张让学生独立思考，循序渐进的学习知识，还提出教育是为了"明人伦"的观点。

从西汉至隋唐，《孟子》只是作为一般的儒家作品列入子部的儒家类，其地位与子部其他书（如《荀子》等）大体相当。到了宋代，统治者出于巩固政权的考虑，特别重视加强思想教化上的控制，强调个人道德操守的修养。在这种形势下，当时的学者对强调修身的《孟子》倾注了极大热情。北宋时，程晏、苏洵、欧阳修、苏辙、二程等人都对孟子的思想表示了或深或浅的赞赏与认同，《孟子》因而上升为经。南宋时，朱熹将《孟子》与《论语》《中庸》《大学》列为四书。该书由此升格为儒家的主要经典，成为士人们的必读书之一。后来，《孟子》成为科举考试的必考科目之一。后人将他的思想与孔子思想并称为"孔孟之道"。

《大学》是什么时候从《礼记》中分离出来的？

《大学》是最重要的儒家著作之一，在朱熹为其作注，并将它与《孟子》《论语》

《中庸》合编为"四书"之后，获得极高学术地位，在中国思想史上占有很重要的地位。《大学》原为《礼记》中的一篇，篇幅很短。关于其作者，今无定论，只是传为孔子的弟子曾参所作，后来朱熹将其从《礼记》中分离出来，独立成为一篇。朱熹将《大学》分为两部分，其中，第一部分为开头的 205 个字，称之为"经"，主要是有关孔子的言论；剩下是第二部分，称为"传"，朱熹认为是曾参对"经"的解释。《大学》中将个人道德素质的修养，特别是统治者道德素质的修养的高低看成是决定社会是否安定的关键因素，提出了"明明德""亲民""止于至善"的道德修养目标。书中在阐述如何达到所指的三个道德修养目标时，提出了"格物、致知、诚意、正心、修身、齐家、治国、平天下"这 8 个步骤。此外，书中也含有反对统治者对人民横征暴敛，提倡减轻对人民的剥削等具有进步意义的思想。

《中庸》的重点内容是什么？

《中庸》原是《礼记》中的一篇，自宋代开始，将它从《礼记》中分离出来，独立成书。朱熹将其与《大学》《孟子》《论语》合编为"四书"。该书的作者不详，今传为孔子的孙子子思所作，但也有人认为是秦人所作。《中庸》一书是以"中庸"为思想核心，以"允执厥中"为基本原则，以孔子的"过犹不及"为重点内容，将中庸思想作为人类最高道德水准。书中认为，中庸是最高的道德标准，而要到达这个标准，必须掌握好"度"，使事物的平衡得以保持，"和而不流"、"中立不倚"才是人们追求的境界。实际

上，这种中庸思想的本质就是让人们顺应封建统治，以达到维护封建的等级秩序的目的。书中还提出了"天人感应"的思想，认为国家的兴亡都是有征兆的。另外，它还认为道德修养和学习知识也要遵循"中庸"，提出了"博学之，审问之，慎思之，明辩之，笃行之"的方法。《中庸》对后世影响很大，为宋明理学的产生和发展提供了理论基础。

中国第一部词典是什么？

《尔雅》，儒学经典，也是我国第一部词典。关于其作者及成书时间，历来说法不一，今人多认为此书非成书于一人一时之手，应为秦汉学者集体编撰而成。到唐朝时，该书升格为经。《尔雅》书中首创了按内容性质分类释词的体例，有点像现在的分类编排的百科词典。今本《尔雅》含 19 篇，分别为释诂、释言、释训、释亲、释官、释器、释乐、释天、释地、释丘、释山、释水、释黄、释木、释虫、释鱼、释鸟、释兽、释畜，共收词 4300 多个，13000 余字，所收的内容极其丰富。其中，释诂、释言、释训 3 篇主要是对古代汉字、词语的解释；后 16 篇则主要是对各种百科知识、器物名词的解释。《尔雅》释义简单明了，保留了许多古注古义，对后世训诂学的发展产生了极其重大的影响。书中所收录的先秦时期的语言和文字，对我们阅读和研究先秦史籍及秦汉古书具有重要的参考价值。

为什么说《春秋繁露》是对传统儒学的歪曲？

董仲舒，广川（今河北枣强县）人，自幼博览群书，喜读先秦学说，特别是

《公羊传》，世人称为"汉代孔子"。汉武帝时，他提出"罢黜百家，独尊儒术"，为汉武帝所采纳，使儒学在以后的两千年封建社会中成为正统学说。《春秋繁露》是一本极力推崇儒家思想的哲学论著，可以看成是"罢黜百家，独尊儒术"的理论依据。书中以"春秋大一统"为主旨，推崇《公羊传》，将儒家思想和阴阳家思想结合起来，创建以"天人感应"为核心的神学化的儒学体系；认为人的身体、天性、命运都是上天安排好的，皇帝对国家的统治也是上天的旨意，即"君权神授"。另外，《春秋繁露》还将孔子神化、儒学神化，提出"三纲""性之品说"以及赤、黑、白三统循环的历史观。《春秋繁露》将儒家学说推为百家之首，使儒学思想在今后的 2000 多年里深入人心，为封建制度奠定了坚实的理论基础。《春秋繁露》实际上是对传统儒家学说的一种根本的歪曲，它是适应封建统治阶级需要的"儒家学说"。

中国最早采用国别体编写的史书是什么？

《国语》是先秦时代的古史，属于史书的"杂史"。该书的作者没有确切的记载，相传为春秋末年的鲁国史官左丘明所作。《国语》在记述历史的手法上，以时间为横线，以并列的国家为纵线，开创了我国用国别体记述历史的先河，是我国历史上最早采用国别体编写的史书。全书共 21 卷，分别为：《晋语》9 卷、《国语》3 卷、《鲁语》2 卷、《楚语》2 卷、《齐语》1 卷、《郑语》1 卷、《吴语》1 卷和《越语》1 卷，共计 7 万余字，所记历史自周

穆王伐大戎开始，直到韩、赵、魏三家灭智伯结束。书中主要记载了西周末年及春秋时期西周与各国的史实，特别是对春秋时期的各国史实记载比较详细。《国语》一方面记载了当时各国的政治、军事及外交活动；另一方面记载了当时各国贵族的一些言论。

《国语》对后人研究春秋时期各国的历史有宝贵的价值，因该书可以和《左传》互相参证，所以并称为"春秋外传"。

《战国策》的作者是谁？

《战国策》，又名《国策》，此书是战国时期纵横家言论的汇编，是战国时期的谋士游说的活动记录。关于其作者，一直以来颇有争议，至今尚无定论。今人普遍认为该书非成于一时一人之手。《战国策》最后的整理工作是西汉刘向完成的，因为刘向认为书中内容主要是"战国时游士辅所用之国为之策谋"，故取名《战国策》。《战国策》共 33 篇，其中，西、东周各 1 篇，秦 5 篇，齐 6 篇，楚、赵、魏各 4 篇，韩、燕各 3 篇，宋、卫合 1 篇，中山 1 篇。《战国策》全书的思想是肯定战国时期谋臣策士追求个人名利的利己主义人生观，以"士"的言论为主要内容。书中通过记载言论来塑造出一个个鲜活的人物形象。但《战国策》在记事时不注年月，缺少完整的结构，记言记事时也缺乏严谨，有时为了塑造某一人物形象或为加强语言的文采，有言过其实之处，甚至有虚构加工。《战国策》中记载的很多历史是其他史书没有记载或记载有误的，对于研究战国时期的历史具有宝贵的史料价值。

文化典籍

中国第一部纪传体通史是什么?

《史记》,又名《太史公书》,"正史"之首,二十四史之一,中国第一部纪传体通史。其作者是西汉时期著名史学家、文学家司马迁。《史记》共130篇,含8书、10表、12本纪、30世家、70列传,共52万余字,记事上起黄帝,下至汉武帝年间,共计3000多年。《史记》以"究天人之际,通古今之变,成一家之言"为宗旨,所记载之人物众多庞杂,既有王侯将相,又有奇人义士及平民百姓;既有中原地区的人物,又有边疆少数民族的人物。《史记》不仅是一部不朽的史学巨著,也是一部杰出的文学著作。《史记》将史学与文学结合起来,语言生动,情节引人入胜,塑造人物形象鲜明,具有很高的文学价值。《史记》在我国历史上有着极其重要的地位,书中所载史实大都翔实可靠,对我们研究汉代及其以前的历史具有很高的价值。同时,它开创了我国采用纪传体手法记载历史的先河,又将史学和文学很好地结合起来,为后代史书的撰写奠定了基础,鲁迅赞之为"史家之绝唱,无韵之离骚"。

中国第一部纪传体断代史是什么?

《汉书》是我国第一部纪传体断代史,二十四史之一。作者班固,字孟坚,扶风安陵人,东汉著名史学家、文学家。

《汉书》共100篇,120卷,包括12帝纪、8表、10志以及70列传,其体例与《史记》基本相同,只是将"书"改为"志",所记历史自汉高祖元年开始,直到王莽被诛结束,共计230年。该书记事系统详细,以为汉家王朝歌功颂德为基本出发点,以儒家思想作为标准来评价历史人物。书中所记汉初至武帝中期的历史,基本取自《史记》,只是稍加改动,而记武帝之后至东汉以前的历史则为班固新作。班固死时,全书并未真正完成,书中的部分表以及"天文志"是由班固的妹妹班昭补撰的。《汉书》在我国史学和文学史上都占有极其重要的地位。书中虽有明显的倾儒和颂德,但依然是我们研究西汉历史的重要资料。《汉书》还开创了用纪传体来写断代史的先例,对后人撰写历史影响颇深。

《后汉书》只有一个作者吗?

《后汉书》纪传体史书,东汉断代史,二十四史之一。作者范晔,字蔚宗,南朝宋时期史学家,顺阳(今河南淅川)人,出身官僚世家,分别在东晋和南朝宋做官。后来,范晔因政治不得志,转而撰写史书。公元445年,因政治原因被杀,今仅存所著《后汉书》。

此书所记之事自汉光武帝建武元年(公元25年)开始,直到汉献帝建安二十五年(公元220年)结束,共计196年。全书共有90卷,其中,本纪10卷,列传80卷。因范晔在编写出书的过程中被杀,因此,他所作的"志"未能收入《后汉书》。

我们今天看到《后汉书》加入了司马彪所撰的《续汉书》的8志,分为30卷,故今本为130卷。《后汉书》在"传"上,首创了《党锢》《宦者》《逸民》《方术》《文苑》《独行》以及《列女》7传,符合东汉时期的历史特点。《后汉书》在我国史学界有着极高的地位,对我国研究东汉时期的历史具有很高的参考价值。

《三国志》在叙事手法上有何特点?

　　《三国志》是一部纪传体国别史书,二十四史之一。作者陈寿,字承祚,巴西安汉(今四川南充)人,蜀灭后,入晋为官。《三国志》以曹魏为正统,记载三国时期魏、蜀、吴三国的历史。在它以前,虽然有写三国历史的,但大都只是局限于写某一国。而陈寿打破了这种局面,以三国形成的历史期限作为断史的依据,所记历史自东汉灵帝光和末年(公元184年)开始,直到晋武帝太康元年(公元280年)结束,共计约100余年。全书共65卷,其中《魏志》30卷、《蜀志》15卷、《吴志》20卷。在记载魏、蜀、吴三国时,该书所采用的风格各不相同。其中,《魏志》记载较详细;《蜀志》虽简明,但所记之事较多,并且叙述得体;《吴志》则比前两个差一些。《三国志》在叙事手法上以"简明扼要"为主,体例只采用纪传,这两点使《三国志》在文学性和体例完整性上存有缺陷。《三国志》所记载之史料较为翔实可靠,是研究三国历史的重要文献。

《晋书》是谁编写的?

　　《晋书》是一部唐代官修的纪传体晋代史,二十四史之一。旧题为唐太宗御撰,实际上是唐太宗钦命,房玄龄等人共同编写的。《晋书》包括帝纪10卷、志20卷、载记30卷、列传70卷,共计130卷。书中所记历史自西晋武帝泰始元年(265年)开始,直到东晋恭帝元熙九年(420年)结束,共计156年。《晋书》中的10卷帝纪中所记的人物包括晋建国前

的司马懿、司马昭和司马师,共记18人;20卷志共分10类,分别是:《天文志》《地理志》《乐志》《礼志》《律历志》《刑法志》《职官志》《五行志》《舆服志》《食货志》;70列传中共收录了772人,增加了《叛逆》《忠义》《孝友》3类;30卷载记则是《晋书》首创,用于记载晋时期的五胡十六国。《晋书》所记载的史实具有很高的价值,是我们研究魏晋历史的重要历史著作。

《宋书》包括哪些内容?

　　《宋书》是一部纪传体南朝宋史,二十四史之一。作者沈约,字休文,吴兴武康(今浙江德清)人,南朝著名文学家、史学家。《宋书》所述历史,自宋武帝永初元年(420年)起,直到宋顺帝升明三年(478年)结束,共计60余年。全书共100卷,分为"本纪""志""列传"。其中,帝王本纪10卷,记载了南朝刘宋的8个皇帝;志为30卷,卷首附有"序"1篇,余下则包括《律历志》《百官志》《册郡志》《乐志》《符瑞志》和《礼志》等;列传则为60卷。《宋史》首列了《恩幸传》和《索房传》,且在"传"的写作手法上,采用了将没有"传"的人放在有"传"之人中叙述出来的手法,具有开创性。但书中也有一定的不足,比如"志"的部分缺少刑法和食货两志,很多地方有对刘宋王朝讳忌溢美之处,使某些记载失实。《宋书》保存了很多珍贵的史料,是我们研究南北朝时期的重要历史依据。

《南齐书》有失真之处吗?

　　《南齐书》是一部纪传体南朝齐国史,二十四史之一。作者萧子显,字景阳,南

文化典籍

朝梁时期王公贵族，齐高帝之孙，豫章王之子。齐灭后，萧子显入梁为史官，著有多部史书。

《南齐书》今存本为 59 卷。《南齐书》记载了从齐高帝萧道成建国，至齐和帝萧宝融被废这 29 年的短暂的南朝齐国史。全书共记载了齐政权的 7 个统治者，分 8 卷，又含"志" 11 卷。同时，书中设有《文学传》，共收录文学家 10 人。《南齐书》中对历史的记载基本上客观真实，但由于萧子显是南朝齐政权的后裔贵族，因此在记述历史时难免会融入个人感情色彩，有时为了美化齐政权的统治者，甚至有歪曲历史的失真之处。另外，《南齐书》中还大肆宣扬因果报应、宿命论等唯心主义思想，其中夹杂了对佛教思想的宣传。《南齐书》是最早记载有关南齐历史的史书，因其成书年代距南齐时期非常近，所以成为后人研究南齐历史的主要依据。

《北齐书》中是否有迷信思想？

《北齐书》，二十四史之一，是一部纪传体北朝齐史，原名《齐书》，后为了和萧子显的《南齐书》区别开，改名《北齐书》。作者李百药，字重规，定州安平（今河北安平）人。其父李德林曾任齐、周、隋三朝官员。《北齐书》是李百药在贞观元年（627 年）奉唐太宗之命，在他父亲所撰写的北齐史的基础上编撰而成的。

全书包括帝本纪 8 卷、列传 42 卷，共计 50 卷，所记历史自北魏分裂为东西魏（534 年），高洋操纵北魏政权开始，直到高氏政权被北周所灭（577 年）结束，共计 44 年。《北齐书》在记事上比较

尊重史实，书中记载了大量反映北齐政权黑暗统治的史实。另外，书中还对当时的科学技术水平有很多的记载。但是，《北齐书》贯彻了封建正统迷信思想，在写每位皇帝时都要写一些所谓的征兆，希望以此来为封建统治寻找根据。

《周书》的作者是谁？

《周书》，纪传体史书，北周断代史，二十四史之一。作者令狐德棻，宜州华原（今陕西耀州区）人，唐朝初期史学第一人。唐贞观三年（629 年），他奉唐太宗之命编写五朝史，并和岑文本一起负责《周史》的撰写，唐贞观十年成书。《周书》包括本纪 8 卷、列传 42 卷，共计 50 卷。书中所记历史起于西魏文帝大统元年（535 年），到隋文帝杨坚灭周建立隋朝（581 年）结束，共计 47 年。《周书》本来应该是记载"北周历史"，但因为早在西魏时期，作为北周建国奠基人的宇文泰就已经操纵了西魏政权，因此，《周书》记事从西魏时期开始，并为宇文泰作了"纪"。书中有藐视农民起义，为唐初的"功臣"歌功颂德之处。《周书》所记历史比较翔实，补充了其他史书的不足，是后世研究北周史的重要文献。

《南史》记载了哪些国家的兴亡史？

《南史》是一部纪传体南朝史，二十四史之一，由李延寿继承其父李大师遗志而撰写，该书和《北史》一起于公元 659 年完成。全书包括本纪 10 卷、列传 70 卷，共计 80 卷，记载了南朝的 4 个国家（宋、齐、梁、陈）的兴亡史，共计 170 年。《南史》的 10 本纪包括：宋本纪 3 卷、齐本纪 2 卷、梁本纪 3 卷、陈本纪 2

卷。《南史》一书的撰写材料，一部分是来自李延寿父亲所写的南朝历史稿件；另一部分则来自当时已成书的《宋书》《南齐书》《梁书》《陈书》。但是，《南史》在编写的过程中，李延寿打破了前四书"各自为政"的局面，将四朝历史融汇一起，合成"南朝史"。在记载人物时，《南史》突出门阀士族地位，采用家传形式。另外，由于《南史》成书于唐朝，因此书中的避讳和溢美之词与前四史比较起来要少得多。《南史》中很多史料对《宋书》《南齐书》《梁书》《陈书》中记载的不足和失实有补充订正的作用。

《北史》记录了哪些国家的兴衰？

《北史》，二十四史之一，是一部纪传体北朝史。作者李延寿，字遐龄，唐朝初年相州（今河南安阳）人。李延寿继承其父遗志，于贞观十七年（643 年）开始写史，奋笔疾书 16 年，终于在唐显庆四年（659 年）完成《南史》《北史》两部著作。《北史》包括本纪 12 卷，列传 88 卷，共计 100 卷，所记历史自北魏道武帝建国开始（386 年），直到隋恭帝义宁二年（618 年）结束，共计 233 年。书中主要记载了北魏、东魏、西魏、北齐、北周、隋这几个朝代的兴衰。《北史》的 12 卷本纪包括：魏本纪 5 卷、齐本纪 3 卷、周本纪 2 卷、隋本纪 2 卷。另外，在记载北魏分裂后的历史时，尊东魏为正统，对西魏历史记载很少。《北史》的很多史料印证和补充了《魏书》《北齐书》《周书》《隋书》的不足，具有很大的价值。

《南史》和《北史》打破朝代限制，全景式地展现南北朝的历史，叙事简明精当，规避了《魏书》等断代史的繁芜，深受后世读者喜爱；再加上李延寿博采杂史，文笔生动，故而具有极强的可读性。宋史学大家司马光曾评价《南史》《北史》，誉为"近世之佳史"。

《隋书》的重要意义有哪些？

《隋书》纪传体史书，隋朝断代史，二十四史之一。此书旧题为魏徵所撰，实际上是合众人之手共同编写。因此，此书为中国第一部官修的出自史馆的史书。《隋书》初成时包括本纪 5 卷、志 50 卷、共为 55 卷。后来唐太宗令长孙无忌、于志宁等编撰《五代史志》，成书后将它收入《隋书》，成为"隋志"，共计 30 卷。所以，《隋书》实际上是 85 卷。

《隋书》所记历史自隋文帝开皇元年（581 年）开始，直到隋恭帝义宁二年（618 年）结束，共计 38 年。《隋书》贯串了以史为鉴的思想，编撰的目的就是让唐的统治者借鉴隋灭亡的原因，从而巩固唐的统治，因此书中着重论述了隋朝两代皇帝的功过得失，尤其重于隋炀帝的荒淫无道。与其他同类史书相比，《隋书》较少隐讳，叙事真实可靠。

《隋书》史志部分分 10 类 30 卷，分别为：《律历志》《天文志》《地理志》《百官志》《刑法志》《仪礼志》《音乐志》《经籍志》《食货志》《五行志》。它保存了南北朝以来大量的典章制度，为后人研究隋代以及前几朝的政治、经济、文化制度保留了丰富的资料。其中的《经籍志》是继《汉书·艺文志》之后对我国古代书籍和学术史进行重要总结后的一部十分重要的书，是了解唐朝以前典籍的必读目录。它

文化典籍

将各类书籍标出经、史、子、集四大类，为我国以后的四部图书分类奠定了基础，是对中国文化的重要贡献，为后世遵用上千年。

《唐书》的新、旧是怎么来的？

《旧唐书》是一部纪传体唐史，二十四史之一。《旧唐书》是五代后晋的官修史书，因为它是由当时的宰相刘昫监修编纂的，所以旧时题为刘昫撰。《旧唐书》中包括本纪 20 卷、列传 150 卷、志 30 卷，共 200 卷，所记历史自唐高祖武德元年（公元 618 年）开始，直到唐哀帝天祐四年（公元 907 年）结束，共计 290 年。《旧唐书》初成书时题名为《唐书》，但自北宋欧阳修等编写的《唐书》问世后，就在原书的名字前加上"旧"字，以示区别。

《旧唐书》开始编写的时间因为距离唐王朝的灭亡很近，所以在搜集史料时比较方便。该书所引的资料基本是抄录唐时的文献，特别是以《国史》为主，因此在史料的可靠丰富方面，有着不可替代的价值。在记事上，《旧唐书》有着明显的特点：因为唐前期的史料比较丰富，所以对唐前期历史的记载比较详细，而唐后期历史记载则较简略。《旧唐书》出自乱世，编者众多，编写时间短暂，因而漏缺粗率之处颇多。同时，该书转抄的痕迹十分明显，烦琐芜杂，甚至还有某些人物同时并列两传的现象。

《新唐书》是一部纪传体唐史，二十四史之一，原名《唐书》。因为在它成书以前，已有五代后晋时期所修的《旧唐书》，所以称为《新唐书》，用来和《旧唐书》相区别。《新唐书》的编写起因，是宋仁宗觉得《旧唐书》有很多不足之处，需要重新修订一本翔实的唐朝史书，于是下诏，命欧阳修、宋祁重修唐史。此书自宋仁宗庆历四年（1044 年）开始撰写，直到嘉祐五年（1060 年），历时 17 年完成。《新唐书》全书共 225 卷，包括本纪 10 卷、志 50 卷、表 15 卷、列传 150 卷，是宋代以前，体例最完备的正史。其中，本纪、志、表是由欧阳修撰写的；列传是由宋祁撰写的。书中的资料以《旧唐书》为底本，同时也吸收了很多其他史料。在体例上，《新唐书》同以前的史书相比较有所创新：在"志"中，首创了《兵志》《仪卫志》和《选举志》。但《新唐书》中也存在一些缺点，比如在记载历史事件发生的时间时有模糊之处。

新、旧《五代史》有关系吗？

《旧五代史》，二十四史之一，原名《梁唐晋汉周书》，后称《五代史》，是一部纪传体五代史。《旧五代史》为官修的五代历史，后欧阳修所编《新五代史》问世，为加以区别，改名为《旧五代史》。

《旧五代史》从宋太祖开宝六年（973年）开始编写，第二年即告完成。当时，宰相薛居正奉命监修，因此题名为薛居正所编。全书共 150 卷，记载了五代时期后梁至后周年间的 50 多年历史。该书的编写目的就是为了总结五代时期各个政权"短命"的原因，从而为宋朝统治者提供借鉴。《旧五代史》中包括本纪 61 卷、列传 77 卷、志 12 卷，其中《梁书》24 卷、《唐书》50 卷、《晋书》24 卷、《汉书》11 卷、《周书》22 卷、《世袭列传》2 卷、

《僭伪列传》3 卷以及《志》12 卷。《旧五代史》一书保留了很多珍贵史料，尤其是它所引用五代时的历史文献今基本都已散佚，因此其文献价值更为突出。

《新五代史》是一部纪传体五代史，二十四史之一，由北宋大文豪欧阳修所撰。此书是宋代以后唯一一部私家撰写的正史。这部书撰成之时名为《五代史记》，但为了和以前的官修《旧五代史》相区别，故名曰《新五代史》。《新五代史》中包括本纪 12 卷，列传 45 卷，考 3 卷，世家 10 卷，世家年谱 1 卷，四夷附录 3 卷，共 74 卷。这部史书所载，起于后梁开平元年（907 年），迄于后周显德七年（960 年），共 53 年的历史。作为私家著史，《新五代史》有自己独到的东西，其一：仿效孔子，采用《春秋》笔法，于字里行间褒贬人物；其二，仿效司马迁，采用通史写法，并恢复了久已不用的"世家"，记述五代时期十国的历史。欧阳修注重借史传达自己的道德观念和历史观，目的是以乱世之史惩戒"乱臣贼子"。欧阳修在书中多有评论，并具以"呜呼"开头，故此书有"呜呼传"之戏称。由于过度重视史书的批判教育功能，书中某些记载有失实之处，故史料价值不如《旧五代史》。

二十四史中篇幅最多的是哪一部？

《宋史》是元朝官修的一部纪传体宋朝史书，二十四史之一，也是二十四史中篇幅最多的一部书。它和《金史》《辽史》一样，也是早就拟定编修，也准备了较为充足的资料，但由于"正统之争"而始终未能进行，直到元顺帝至正三年（1343 年），才开始编修。此书的编写由丞相脱脱主持，于元顺帝至正五年（1345 年）编修完成，历时两年半。

全书共 496 卷，包括本纪 47 卷、志 162 卷、表 32 卷、列传 255 卷。书中所载，起于宋太祖建隆元年（960 年），终于南宋赵昺祥兴二年（1279 年），共计 320 年的历史。这部史书，包含北宋和南宋的全部历史。《宋史》篇幅浩繁，但成书时间很短，其中一个重要的原因就是宋朝政府十分重视对历史的编修，当时宋政府设立的编写史书的机构也非常完善，因此保留到元朝时的史料极其丰富。《宋史》在编修过程中，很多资料都是从宋朝的史料中原文摘取的。《宋史》因为成书时间短，因此显得比较粗糙，再加上文字水平较差，历来受到很多非议。但它对我们研究宋王朝的整个历史有着极其重要的史料价值。

二十四史中缺陷比较明显的是哪一部？

《辽史》是元代官修的纪传体辽朝史，二十四史之一。它是二十四史中成书时间较短，也是缺陷比较明显的一部。此书由元顺帝时期的宰相脱脱主持编修，成书于元顺帝至正四年（1344 年）。《辽史》全书共 160 卷，包括帝本纪 30 卷、志 32 卷、表 8 卷、列传 45 卷，另附有《国语解》1 卷。全书记载了辽朝 200 多年的历史，在"志"中，《辽史》首创了《营卫志》。《辽史》在编写时，主要参考了辽耶律俨编写的《辽实录》以及金陈大任编写的《辽史》。在编写《辽史》的同时，《宋史》和《金史》也在进行同步编写，史料可以相互印证。

在编写思想上，该书打破了以前史书

文化典籍

中将一方尊为正统，另一方称为叛逆的"正统修史思想"，而采用让"三国各为正统"的写史方法，消除了"正统之争"。因为有关辽朝的历史文献流传至今的很少，所以，《辽史》对我们研究辽朝的历史有很重要的参考价值。

元朝官修史书中评价最好的是哪一部？

《金史》是元朝官修的一部纪传体金朝史书，二十四史之一。早在元世祖时期该书就已开始拟定修撰，但由于"正统之争"而未能完成。后来脱脱打破"正统"观念，该书于元顺帝至正四年（1344年）编修完成。

《金史》所记历史自女真族的兴起开始，直到金朝灭亡结束，共计120余年。全书共135卷，包括本纪19卷、志39卷、表4卷、列传73卷，书末另附有《金国语解》一篇。其中，"志"为14类，分别为天文、历、五行、河渠、地理、祭祀、礼乐、舆服、仪卫、选举、百官、兵、刑及食货等；"表"为2类，分别为宗室和交聘。《金史》在编写过程中所引用的史料大都直接取自金朝时期的各种历史文献，因此书中记载的历史较翔实可靠。同时，《金史》是元朝官修的3部史书中评价最好的一部，是我们研究金朝历史的必备文献。

造成《元史》错讹漏误比较多的原因是什么？

《元史》是一部纪传体元朝史书，二十四史之一。它是在明朝建立初期，明太祖朱元璋命宋濂、王祎等编著的。该书的编撰时间起于洪武元年（1368年），最终成书于洪武三年（1370年）。《元史》全书共210卷，其中本纪47卷，共记载了元朝14位皇帝；志58卷，分天文、历、五行、河渠、地理、祭祀、礼乐、舆服、选举、百官、兵、刑及食货，共13类；表8卷，分后妃、宗室世系、诸王、诸公主、三公、宰相，共6类；列传97卷，共收录人物1200多人。《元史》成书时间距离元朝灭亡的时间很短，因此书中所引用的写史资料很多都直接借鉴元朝流传下来的文献资料，因此保留了很多珍贵史料；同时，由于参加编写的史官都经历过元朝的统治，还有很多人曾在元朝为官，因此可以作为元朝历史的见证人。但是，由于朱元璋急于成书，再加上宋濂等人并非历史学家，所以《元史》错讹漏误颇多，或人物排列失时，或为一人立两传，不一而足。所以，此书虽有很高史料价值，但因其太过草率，故后人对此书多有修补。

《明史》最大的价值是什么？

《明史》是清朝官修的一部纪传体明朝史，题为张廷玉所做，实际上是清朝史官合作。此书为二十四史的最后一部正史。《明史》自清顺治二年（1645年）开始编修，直到雍正十三年（1735年）才编纂完成，历时90多年，是二十四史中编修时间最长，用力最深，并且得到评价较好的一部史书。《明史》全书共332卷，其中包括本纪24卷、志75卷、表13卷、列传220卷，所记历史自明太祖洪武元年（1368年）开始，直到明崇祯十七年（1644年）结束，共计270多年。全书在编写上体例严谨、叙事简洁，而且根据明王朝的特点在记事上有所创新，比如增设了《阉党传》《土司传》《流贼传》等。《明史》最大的价值有两点：一是在取材上翔实谨慎；二是在对明朝人物评价上较客观公正。但是，书中也存在避讳清朝是外族而统治中原，蔑视农民起义等缺点。

历代正史中篇幅最大的史书是什么？

《清史稿》是一部纪传体清朝史书，是历代正史中篇幅最大的史书。它是1914年北洋政府召集赵尔巽等60余位当时文史专家共同编修的。1912年时初稿已成，但杂乱无序，后重订，于1927年刊印，但那时此书尚未完成修订，故仿《明史稿》先例，取名为《清史稿》。《清史稿》全书共529卷，书中所记，起于努尔哈赤开国（1616年），迄于溥仪颁布退位诏书（1911年），共计296年的历史。其中，本纪25卷、志135卷、表35卷、列传313卷。书中所采资料大都是出自清代官方文献，并主要参考了清代历朝的实录以及其他一些志、传等史料，保留了很多史料。但是，此书缺陷颇多，一是参与编纂的成员过多，对全书的资料也没有系统地进行整理，使资料杂乱无章；二是编纂者站在清王朝的立场上，历史观存在问题。虽然存在很多弊端，但《清史稿》具有珍贵的文献价值。

《竹书纪年》的名字是怎么来的？

《竹书纪年》是战国时期魏国编写的一部编年体史书，出自汲郡（今河南汲县西南）魏襄王墓。该书本名为《纪年》，因它是用竹简书写而成的，所以后人把它称为《竹书纪年》。

《竹书纪年》全书共13篇，记载了夏、商、西周、春秋时的晋国以及战国时的魏国的历史，按年编次。《竹书纪年》不以儒家的"仁义道德"为指导思想，大量记载古代"放杀"的历史，比如书中记载了启杀益、太甲杀伊尹等事件。此外，书中很多事件的记载也和其他史书的记载颇有出入。比如：书中记述，自周受命直到周穆王时应该是100年，而并不是周穆王100岁等。《竹书纪年》一书，以记载王室争权夺利的斗争为核心。《竹书纪年》因其写作的思想和所记内容与正统的儒家思想大相径庭，受到后世儒家贬斥，该书的学术地位日渐下降。但是，现在的历史学家对《竹书纪年》仍十分重视。

中国第一部编年体断代史是什么？

《汉纪》是由东汉荀悦所著，是我国古代第一部编年体断代史书，又称《前汉纪》，所记之事自秦二世元年开始，直到王莽十五年结束，共计240年。《汉纪》全书共30卷，记载西汉王朝各代帝王为主，包括高祖、惠帝、吕后、文帝、景帝、武帝、昭帝、宣帝、元帝、成帝、哀帝、平帝等。《汉纪》的撰写目的就是通过对历史的总结，以史为鉴，巩固封建统治。作者在《汉纪》提出撰写史书应遵循的5条原则，即达道义、彰法式、通古今、著功勋、表贤能。实际上，每一条原则都是在说，写史的目的就是为封建统治者服务。《汉纪》与《汉书》相比，叙事较简单，略显逊色，但由于《汉纪》符合当时统治者的需要，深受推崇，与《汉书》齐名。同时，由于《汉纪》中所记历史有些是《汉书》中所没有的，因此具有很高的史料价值。

文化典籍

《大唐创业起居注》是一部什么类型的史书?

《大唐创业起居注》是唐朝一部重要的起居注类史著。作者温大雅,字彦宏,太原祁(今山西祁县东南)人,曾在隋为官,李渊起兵反隋后,任大将军府记室参军,经历了李渊由起兵到称帝的整个过程。李世民即位后,温大雅受到重用,被封为黎国公。

全书共分3卷,所记之事自隋朝末年李渊在太原起兵开始,直至隋朝宇文化及发动政变,李渊称帝建立唐王朝结束,共计357天。温大雅所记史事,都是他亲身经历或是耳闻目睹的。

同时,由于此书成于唐初期高祖年间,因此在撰写历史时避讳之处较少,比较真实可靠。特别是书中关于唐太宗李世民的历史记载,与后来的《旧唐书》和《新唐书》出入较大。但由于后两书成书于唐期以后,故不免对李世民多溢美之词,而《大唐创业起居注》中所记历史则比较公正客观。

中国第一部纪事本末史书是什么?

《通鉴纪事本末》是我国第一部纪事本末体史书。作者袁枢,字机仲,南宋建州建安(今福建建瓯)人,历任南宋官吏,为人刚直不阿,著有《通鉴纪事本末》《易学索引》《易传解义》《周易辩异》等。

这部纪事本末体史书,以北宋司马光编写的《资治通鉴》为基础,书中内容完全抄录《资治通鉴》,甚至对历史的评价都是直接摘抄司马光在《资治通鉴》中对历史的评价。全书的编写目的和《资治通鉴》一样,也是为统治者提供借鉴;书中所选事件的侧重点也是以政治军事类为主。但是,此书在编写体例上,完全不同于编年体、纪传体,而是采用了以记载历史事件为中心的新写法,开创了纪事本末的新体例。全书共42卷,所收《资治通鉴》中的历史事件239件,记载了自三家分晋开始,直到周世宗征淮南结束,共计1300多年的历史。《通鉴纪事本末》在我国史学界有着很高的地位,开创了"纪事本末体"的写史体例,被称为是"史学入门之书"。

中国现存最早的会要体史书是什么?

《唐会要》是一部会要体唐代典章制度史,也是现存我国最早的会要体史书。作者王溥,字齐物,并州祁县(今山西祁县境内)人,熟悉各种典章制度,曾在五代后汉、后周任官吏。入宋后,王溥任宰相,著有《唐会要》《五代会要》等。

《唐会要》实际上经历了3次编写。其中,最早的一次是在唐德宗时期,苏冕编写了40卷《会要》,后至唐宣宗时又编成40卷《续会要》。王溥的《唐会要》是在总结前两部书的基础上编写而成的。全书共100卷,分13类,529目。其中,13类分别为:帝系、礼、乐、刑、封建、官制、宫殿、舆服、佛道、释惑、历象、学校、四裔。书中主要是论述唐代的政治、经济、军事以及文化制度等的发展变化。《唐会要》对后世影响很大,书中保留了很多极具价值的唐史料,对我们研究唐的制度史有很高的参考价值。

《明会典》经过几次编修?

《明会典》是一部明代官修的以行政法为主要内容的典章制度集。其成书非出自一时一人之手，共经 3 次编修。第一次为明孝宗弘治十年（1497 年）开始，至弘治十五年（1505 年）成书，当时称《大明会典》。明武宗正德四年（1509 年）重校刊行，共 180 卷。第二次为明世宗嘉靖二十八年（1549 年）修成的《续大明会典》。最后一次为明神宗万历四年（1576 年）重修，历时 11 年，称《重修会典》，共 228 卷。今人多引万历年本。

《明会典》在论述各行政机构的职掌和事例时，以六部官制为纲领，主要参考了明代官修《皇明祖训》《大诰》《洪武礼制》《宪纲》《大明律》《大明令》《大明集礼》《稽定制》，《孝慈录》《礼仪定式》《教民榜文》《军法定律》等书编修而成，对后世研究明代的典章制度具有很高的文献价值。

《大清会典》为什么又称"清朝宪法"？

《大清会典》是清朝官修的一部典章制度史。该书并不是出自一人一时之手，初成书时间是康熙二十九年（1690 年），后来又经雍正、乾隆、嘉庆、光绪四朝重修，最后一次于光绪二十五年（1899 年）完成。《大清会典》，又名《钦定大清会典》《清会典》。全书共 3312 卷，在编纂体例上仿照《明会典》，以六部官制为统筹纲领，分别记载政府各个行政机构的职掌和事例。其中，总理事务衙门是书中增设的。《大清会典》与《明会典》最大的区别就在于它增设了"则例"。康熙、雍正时期所修《会典》均是将实行的事例附在法典条目之下的。而自乾隆开始，编修《会典》时则是将法典条目和事例分开，另设"则例"一目。此外，《大清会典》中还包括了用来说明礼、乐、天文等方面的图示，称为"会典图"。《大清会典》是我们研究清朝典章制度的重要资料，也有人称之为"清朝宪法"。

《列女传》的内容包括哪些？

《列女传》是古代妇女的传记。作者刘向，本名更生，字子政，沛（今江苏沛县）人，西汉著名学者，著有《别录》《说苑》《新序》等书。《列女传》记载了自上古传说时代的有虞二妃开始，直到西汉时期的妇女。该书的撰写目的是为了讽谏当时汉成帝宠信赵飞燕姐妹而疏于朝政的情况。全书共分 7 卷，每卷记 15 人，共计 105 人。书中将所记妇女分为 7 类，分别为：母仪、贤明、仁智、贞顺、节义、辨通以及孽嬖，且每写一人，后面都附有"颂"，用来对人物进行赞扬评价。书中又有《续列女传》1 卷，共计 20 人，但无"颂"。该书的主旨是在宣扬封建伦理道德纲常，除"孽嬖"外，其他 6 类都是封建伦理道德的坚决"执行者"。此外，该书也从另一个方面对我国古代妇女的生活风貌有所反映。《列女传》一书较之其他古代史籍传记影响较小，但是该书毕竟是在当时男尊女卑的社会环境中为妇女作传的，具有一定的进步意义。同时，该书也为后人写史设"妇女传"做了榜样，具有首创精神。

中国最早关于蒙古族历史的史学著作是什么？

《蒙古秘史》是一部最早的有关我国蒙古族历史的史学著作，原名为《忙豁仑·纽切·脱卜察安》（蒙古语），又名《脱卜赤颜》《元朝秘史》，成书于 13 世纪中叶的窝阔台时期。《蒙古秘史》是一部采用畏兀儿体蒙文撰写的编年体蒙古史书。书中记载了自8世纪中叶蒙古的兴起开始，直到13世纪中叶蒙古大帝国形成结束，共计500多年的蒙古历史。全书共12章，分两部分，共282节。其中，前10章为一部分，共246节，记载了有关蒙古族起源和成吉思汗的一生事迹。书中对成吉思汗进行神化，说他统治蒙古是顺应"长生天"的意志，他所指挥的每次战争都是奉了"长生天"的旨意，反映了全书的唯心主义历史观。后两章为续集，共36节，记载了成吉思汗死后，其子窝阔台继承汗位以后的事件。此书较全面地反映了蒙古族早期的历史，是我们研究元朝初期以及蒙古建国以前的历史的重要资料。

《二十二史札记》考证了哪些史学著作？

《二十二史札记》是一部正史考证著作。作者赵翼，字云菘，号瓯北，江苏阳湖（今常州）人，清代著名学者、史学家。赵翼曾入朝为官，后借故辞官回家，闭门著述。

书名中的"札记"是作者考史和评论历史所用的形式；"二十二史"指自《史记》到《明史》的22部史书，由于将《新唐书》与《旧唐书》《新五代史》与《旧五代史》看为两部史书，因此《二十二史札记》实际上是考证了24部正史著作。全书共36卷，附有补遗1卷，可分为两大部分：第一部分为考史部分，主要是对24部史书的文字错误、史实错误、评论错误等进行考证；第二部分为评史部分，以"经世致用"为指导思想，选择前

代历史中影响国家兴衰的关键事件进行评论，抒发作者的史学和政治观点。《二十二史札记》对考史著作的发展产生了很大的影响。

为什么说《老子》对中国哲学产生了很大的影响？

《老子》，又名《道德经》，其作者相传是老子。老子原名李耳，字伯阳，楚国苦县（今河南鹿邑东）后乡曲仁里人，春秋时著名思想家、道家创始人。因为传说他"生而皓首"，故名老子。

全书共81章，5000多字，集中体现了老子的思想。在哲学上，《老子》认为"道"是世界的本原，提出"道生一，一生二、二生三、三生物"的观点，认为世间万物都是由"道"演化出来的。《老子》中还含有朴素的辩证法思想，如"祸兮福之所倚，福兮祸之所伏""反者道一动""有无相生，难易相成"等观点。在政治上，老子一方面对统治阶级进行抨击，如书中提到"天之道损有余而补不足，人之道则不然，损不足而以奉有余"；另一方面，他主张清静无为、寡欲、知足，幻想人类回到"小国寡民"的原始状态。《老子》对中国的哲学产生了很大的影响，对后世的文人思想家及一些学派的思想发展也都有一定影响，特别是儒家学派。在中国哲学的发展史上，《老子》之后的唯物、唯心两派都从不同角度吸取了他的思想。

《庄子》的主要特点是什么？

《庄子》，古代著名的哲学著作。作者庄子，名周，宋国蒙（今河南商丘东北）人，战国时期著名的哲学家，道家学派代表人物。《庄子》今存33篇，分内、外、

梦蝶图　刘贯道　元
此图取材"庄周梦蝶"的典故。

杂 3 部分，现今学术界普遍认为内篇为庄子所作，外篇、杂篇是其门人及其他道家学者所作。在对世界和事物的认识上，书中发展了老子的"道法自然"的思想，否定了神创论，认为凡事必须遵循事物自身的发展规律。同时，《庄子》还继承了老子的朴素辩证思想，但是由于它用相对性来否定绝对性，因此又得出了虚无主义和宿命论的唯心主义观点。在政治和学术观点上，《庄子》强烈抨击当时的统治阶级，同时也轻视当时的诸子百家，提出了"任自然"的处世观点，这种观点在当时的社会政治条件下有一定的积极作用。《庄子》一书的另一大特点就是"美"，书中大量运用诗和寓言来阐述庄子的思想，将抽象的哲学寓于生动的艺术形象中。《庄子》一书对后世哲学的发展产生了深远的影响。书中提及美的起源、本质及美感问题，为中国古代美学奠定了理论基础。鲁迅评价到："其文汪洋辟阖，仪态万方，晚周诸子之作，莫能先也。"

《管子》的作者是谁？

《管子》一书托名为管仲所著，实为战国时期齐国稷下学者所作的著作总集，后经刘向编为 86 篇。《管子》今本仅存 76 篇，其余的十多篇仅存目录。全书共分 8 类，其中，"经言" 9 篇、"外言" 8 篇、"内言" 7 篇、"短语" 17 篇、"区言" 5 篇、"杂言" 10 篇、"管子解" 4 篇、"管子轻重" 16 篇。全书内容庞杂，其思想融合了法、道、名等家的思想，内容则涉及天文、历数、与地，农业和经济等方面的知识。书中最精华的部分是提出了以"精气"为万物本原的朴素唯物主义精气说，认为天地万物并不是神创造出来的，而是由精气相互结合产生的。书中还提出了"顺天者，有其功；逆天者，有其凶"的朴素的关于物质与意识关系的唯物主义观。《管子》中的朴素唯物主义观对后世产生了深远的影响。它对中国唯物主义哲学的发展有着积极、深远、深刻的影响，对后来荀子和韩非子的唯物主义思想，乃至王充、柳宗元等的唯物思想都有很大的影响。

《墨子》主要阐述了墨家怎样的主张？

《墨子》是墨家门人记述墨子言行的书，反映了墨家的思想。墨子，名翟，鲁国（今山东西南部）人，春秋时期著名思想家、墨家学派的创始人，儒家学派的坚决反对者。《汉书·艺文志》著录《墨子》71 篇，今存 53 篇。《墨子》中主要阐述了墨家学派以"兼爱""非攻"为思想核心的十大主张，包括"兼爱""非攻""尚贤""尚同""天志""明鬼""节用""节葬""非乐""非命"。《墨子》中还包含了墨家的认识论、逻辑学及自然科学方面的思想。书中的认识论属于朴素唯物主义，强调"眼见为实"。在辩证逻辑方面，《墨子》广泛地用逻辑推理来论证自己的学派思想，在中国思想史上建立了第一个古代逻辑学体系。但是《墨子》中也有一些局

文化典籍

限，比如承认鬼神的存在等。《墨子》是研究墨家学派的宝贵资料，在中国哲学和逻辑史上占有很重要的地位。

为什么说《荀子》是先秦思想的集大成者？

《荀子》，古代著名的哲学著作。作者荀子，名况，字子卿，战国末期赵国（今山西南部）人，先秦时期著名思想家，战国最后一位大儒。此书又名《荀卿子》，今存 20 卷，是荀况晚年总结百家争鸣以及阐述自己思想的理论成果。在书中，荀子在总结前期儒家思想的基础上，充实并论述了自己的理论，强调礼在社会中作用，政治上主张"王霸"兼用。哲学思想属于唯物主义，在对自然界的认识上，该书提出了"明于天人之分"以及"天行有常，不为尧存，不为桀亡"的唯物观点。在对世界的认识上，书中提出"制名以指实"的观点，承认世界的物质第一性。《荀子》中有关逻辑思维的文章《正名》，在一定意义上突破了形式逻辑的局限，有了辩证逻辑的萌芽。书中还宣扬"性恶论"，倡导"以礼法治国"，他的这一思想后来为李斯和韩非继承和发展。此外，书中还涉及军事理论领域。《荀子》一书是先秦思想的集大成者，具有很强的系统性。书中的唯物主义观点对后世影响很大，在中国古代思想史上占有重要地位。

《韩非子》中的主要哲学观点是什么？

《韩非子》，战国时期法家的代表著作。作者韩非，战国末期韩国人，出身贵族，荀况门人，法家代表人物。《韩非子》共 55 篇，分内、外两个部分，书中的重要篇目有：《五蠹》《定法》《扬权》《六反》《显学》《孤愤》《说难》等，战国末期流传甚广。韩非的思想深为秦王嬴政赏识，被作为立国的指导思想。在《韩非子》中，韩非总结前期法学学派的各家思想，融汇于一炉，提出了"法""术""势"三者合一的以法治国的主张。这一主张不仅是一套较完整的封建专制主义理论，而且在驾驭臣下，统御万民方面具有很强的操作性。在列国争雄的时代，为君主提供了切实可行的强国方案，具有巨大的实用价值。相比儒家和道家，这套方案的优越性是显而易见的。在哲学观点上，《韩非子》基本沿袭了荀子的朴素唯物主义思想。但由于《韩非子》中把矛盾的对立绝对化，倾向于实用主义，坚持"轻民"观点，因此具有很大的局限性。

《韩非子》对后世的影响极其巨大，其所提出的完整的封建专治主义的政治理论，对秦朝乃至整个封建社会都有深远影响。另一方面，《韩非子》也是研究当时法家思想及先秦历史的重要文献资料，具有极大的价值。

《列子》的主要内容都是哪方面的？

《列子》成书于战国时代，但原书到了汉初流散失落了。后来，刘向对残稿进行校订整理，将其分为 8 篇，但对它的作者是否为列御寇有所怀疑。后人经过研究，也多认为该书应为他人伪托列御寇所作。《列子》中的内容大多数是民间传说、寓言和神话故事，通过讲述这些故事来说明哲理、阐发思想。在对宇宙的认识上，书中一方面认为"虚无"是宇宙生成的本体；但另一方面又否定道家的"有生于无"的说法，认为世间万物乃是"自生自化"的。书中还讨论了自然界的变化发展以及自然界与人的关系等问题。此外，书中还借寓言和故事对各种自然科学进行了讨论，如"小儿辩日""偃师造人"等。书中在某些地方含有宣扬个人享乐、消极处世等思想，虽具有一定的消极因素，但也从另一方面反映了当时之人冲破礼教名利、鬼神迷信的要求。《列子》对以后玄学的发展产生了一定的影响，书中所收的寓言和故事也广为流传。

《吕氏春秋》最大的特点是什么？

《吕氏春秋》，又名《吕览》，约成书于公元前239年，是吕不韦组织门客编撰的一部先秦杂家著作。吕不韦，卫国濮阳（今河南濮阳西南）人，战国时期政治家，从政前本为商人，后来任秦相国。《吕氏春秋》共26卷，分8览、6论、12纪，开头附有《序意》1篇。《吕氏春秋》是适应当时历史趋势发展而作的，以道家思想为主，主张以"以礼治国"，但也兼并儒、法各家。《吕氏春秋》最大的特点就是"杂"，它兼取各家学说的长处，希望借此来指导秦国去兼并六国，建立封建统一王朝，同时也为秦统一六国，"取周而代之"寻找理论依据。另外，《吕氏春秋》中还记录了大量的史实、传说以及当时科学技术的状况。书中包含许多富要哲理的寓言，我们最熟悉的"刻舟求剑"就是出自此书。《吕氏春秋》对先秦思想"取其精华"，可以说是对先秦思想的总结，它对秦统一六国在理论上起到指导作用。同时，书中关于史实和传说的记载也有较高的史料价值。

《孙子兵法》为什么会被尊为"兵经"？

《孙子兵法》，又称《孙武兵法》，先秦兵家代表作。作者孙武，字长卿，齐国乐安（今山东惠民）人，春秋末期杰出的军事学家，因擅长用兵作战，并著有优秀军事论著《孙子兵法》而被后人尊为"兵圣"。

这部杰出的兵法是孙武根据前人及春秋时期的战争经验所编写的军事理论著作。全书共分13篇，依次为《计》《作战》《谋攻》《形》《势》《虚实》《军争》《九变》《行军》《地形》《九地》《水攻》和《用间》。《孙子兵法》从整体和全面的角度对战争的谋略、战争的方式以及战争的手段等方面进行了精辟的阐述，揭示了战争的普遍规律性，形成了比较系统的战略思想。

《孙子兵法》重战慎战的思想，"先胜"的理念，"不战而屈人之兵"的策略，致人而不致于人的著名论断，对中国军事政治生活均产生巨大影响，并影响了中国人思维方式的形成。

《孙子兵法》认为，对战争起决定性作用的是道（政治）、天（天气变化）、地（地理形势）、将（作战统帅）、法（军队纪律）这5个客观因素，而不是天命、鬼神，具有一定的积极意义。《孙子兵法》被后人尊为"兵经"，是了解中国古代军事理论绕不开的巨著。

《孙膑兵法》的主要内容是什么？

《孙膑兵法》，战国时期兵家代表作。作者孙膑，齐国阿、鄄之间（今山东阳谷东西）人，孙武后人，因受"膑"刑，史称"孙膑"，中国古代著名军事家。

文化典籍

《孙膑兵法》分上、下两编，共 30 篇。其中上编 15 篇，主要记载孙膑的事迹和言论；下编 15 篇，主要阐述孙膑的军事思想。《孙膑兵法》在继承《孙子兵法》的前提下，总结以前战争经验，结合战国中期的战争特点，提出了很多有价值的军事理论。

书中认为，解决战争的方法是不能依靠和平手段的，要想制止战争，就必须通过战争的手段，只有在取得胜利的情况下，才能获得"和平"。

在战略战术上，书中强调对战争规律的认识和掌握，主张根据客观条件的不同来使用不同的战术，作战时应主要攻击对方防守薄弱的部分。

此外，书中还十分强调"人"的作用。《孙膑兵法》一书具有极高的军事学术研究价值。书中在阐发其军事理论时，也对古时很多战争有所记载，具有很高的史料研究价值。

《黄石公三略》是从政治策略的角度谈论军事吗？

《黄石公三略》一书的原作者不详，该书是托名于黄石公所写。经考证，该书的成书时间约在西汉末年。

《黄石公三略》，也称《黄石公记》或《三略》。全书将自己所要论述的军事理论分为上、中、下三略，共计约 3800 余字，其中"上略"是全书的主要内容。《黄石公三略》是军事著作，但它在论述其军事思想时，并不是采取直接阐述军事问题的方法，而是从政治策略的角度论述治国之道，从另一个侧面来反映它的军事思想。

《黄石公三略》的核心军事思想就是认为"民众"是决定战争胜负的关键，提出了安抚民众、收揽民心的主张。《黄石公三略》在用人上主张唯贤，在用兵上主张根据客观条件的变化而改变用兵策略。全书容各兵家之长，是我国第一部专门从战略角度论述用兵之道的兵书。

《黄石公三略》在我国军事史上占有重要地位，被后世推为经典，对中国军事理论的发展产生了深远影响，北宋时期被收入《武经七书》。

《新书》的内容是什么？

《新书》，又称《贾子》，由刘向编纂而成，是西汉时期的政治哲学著作。贾子，即贾谊，洛阳（今河南洛阳东）人，西汉著名思想家、政治家，自文帝起入朝参政。

在政治上，《新书》一方面主张削弱诸侯的势力，建立统一的封建君主专制国家；另一方面，总结了秦朝灭亡的历史，主张废除"繁刑严诛"，提出了"以民为本""以德教民"的治国思想。

在经济上，《新书》则主张重农抑商。在哲学上，《新书》吸收了《老子》的一些思想，认为世界万物的本源为"德"，而"德"是产生于道的。

另外，《新书》中的哲学思想还有辩证法的因素。在认识论上，该书也提出以事实为依据来判断事物的唯物主义观点。

《潜夫论》的中心思想是什么？

《潜夫论》，哲学著作。作者王符，字节信，安定临泾（今甘肃镇原）人，因见东汉王朝政治腐败，社会动荡，故终身不仕，隐居著书。王符所著的《潜夫论》对东汉末期政治腐败、民不聊生等社会现象进行了批判。全书共 10 卷，36 篇，内容涉及历史、政治、哲学、军事、经济、法律等各方面问题。《潜夫论》的中心思想可概括为"明君治天下"，也就是说只有出现"明君"，才能天下太平。书中反对统治阶级奢靡浪费，主张肃清吏治、任人唯贤、体恤民情。在经济思想上，主张"重农抑商"。

《潜夫论》提出的以"气"为本原的宇宙生成论，及承认历史为发展进化的观点，含有唯物主义思想。但它也有承认天命鬼神，认为明君贤臣决定历史的唯心主义思想。《潜夫论》内容丰富，涉及方面极广，并且对当时社会批判也颇深，因此，它在中国思想史上占有一席之地。

《淮南子》包括哪几部分？

《淮南子》由刘安主持集结其门下宾客编撰而成。刘安，汉高祖刘邦之孙，自文帝起，被封为"淮南王"。他博雅好古，广纳贤才，是西汉贵族中博学多才的人物。《淮南子》在编成初期包括《内书》《中篇》《外书》三部分。但《中篇》《外书》到了东汉就已失传，所剩的《内书》，又名《鸿烈》，乃是取"广大光明"的意思。后刘向对其校订时，改称为《淮南》，后人习惯称为《淮南子》。书中思想是以道家思想为主，但又混有法家、儒家、阴阳家等各家思想，故习惯上被人们称为"杂家著作"。《淮南子》善用历史传说和神话故事说理，因此保留了一些著名神话。另外，《淮南子》在哲学上提出了"宇宙进化"和无神的唯物主义观点。在政治上，《淮南子》主张道家的"无为而治"。《淮南子》中保留的历史传说和神话故事对后人研究汉以前乃至上古时期的历史有很大的价值。它的唯物主义观点对后世的唯物主义思想的发展也产生了很大影响。

语言文学

汉字是由仓颉创造的吗？

仓颉，号史皇氏，是黄帝时的史官，《说文解字·叙》记载："黄帝之史仓颉，见鸟兽蹄远之迹，知分理之可相别异也，初造书契，百工以远，万品以察。"这段记录表述的就是仓颉造字的事迹。《吕氏春秋·审分览·君守》称："奚仲作车，苍颉作书，后稷作稼，皋陶作刑，昆吾作陶，夏鲧作城，此六人者，所作当矣。"所谓的"苍（仓）颉作书"，并不是说仓颉一个人完全地将文字发明创造出来，而是说仓颉将民间既有的图画文字进行广泛搜集，并加以认真整理，从而创制出一套成体系的规范的象形文字。《荀子·解蔽》记载："好书者众矣，而仓颉独传者壹也。"这是在说，当时从事文字整理工作的也并非仅有仓颉一人，因为仓颉的成果最佳，所以只有这一套文字独自传承了下来。

汉字究竟有多少个，收字最多的字典是哪一部？

我们每天都在使用汉字，汉字与我们的生活密不可分，很难想象一个没有汉字的世界会是什么样子。

但实际上我们经常使用的汉字非常有限，据统计：1000 个汉字能覆盖约 92％ 的书面资料，2000 个字可覆盖 98％以上，3000 个字时就可达到 99％。所以常用的汉字大概在 3500 个左右。

如果你还想进一步阅读一些古籍的话，最多只要再增加一倍。

换句话说，我们经常使用的汉字不过几千字，那我们不经常使用或从来没使用过的汉字又有多少个呢？要回答这个问题可能有点困难。

因为自仓颉造字开始，人们对于汉字的创造活动就一直没断过，我们很难做个准确的结论。

过去的字典只是讲收录了多少汉字，而不是说汉字就只有字典中那么多，毕竟由于编撰者经历和阅历的有限，难免有所遗漏，而且有很多古体字已经消失，难以统计。

当然，这并不表示我们不能得出一个结论。已通过专家鉴定的北京国安资讯设备公司汉字字库，共收录有出处的汉字 91251 个，是目前收入汉字最全的字库。所以我们可以大概说汉字有 9 万多。

说到汉字，就让人想到字典。无论是民间还是皇室，中国历来就有编撰字典的传统。中国最早按字的形体和偏旁编排的

第一部字典《说文解字》共收录汉字9353个，南朝时顾野王所撰《玉篇》共收录16917字，宋朝官修的《集韵》收字53525个，《康熙字典》收字47035个，日本《大汉和字典》收字48902个，《汉语大字典》收字54678个。

20世纪编辑出版的《中华字海》是迄今为止收录汉字最多的字典，共收字85000个。它涵盖了过去编撰的字典中的全部汉字，另外添入了佛经、道藏难字、敦煌俗字、宋元明清俗字、方言字、科技新造字以及一些人名和地名用字，是一部研究汉语言文字的极佳字典。

原来的竖写汉字，从什么时候开始"横行"的？

大家都知道，中国古人的书写方式与现代人存在很大差异。现代人一般是从左到右，横着写；古人则是从右向左，竖着写。是什么导致了古人的这种书写习惯，又是什么原因让我们改变了这种习惯呢？

其实说来话长。自结绳记事以来，我们祖先的写作介质一直在发生变化。从龟甲兽骨、青铜器皿、竹简丝帛再到现在通行的纸张。中国汉朝以前是没有纸的，主要用竹简来作为书写工具（丝帛较贵），但竹简偏于狭长，汉字又是方块字，毛笔比现代的钢笔、圆珠笔所占的书写范围要大很多。古人为了书写方便，就采用竖写的方式，然后把一个个竹简穿起来，就是简书。

在东汉蔡伦改进造纸术后，由于人们已经习惯了竖写，所以这种习惯就被保留。直到清朝中后期，西学东渐，要求文字改革的呼声越来越高，其中就包括改变过去从右向左竖写的书写习惯。清末刘世恩写的《音韵记号》就是一本"横行"排版的书。

新中国成立后，一些学者如郭沫若、陈嘉庚先后向国家提出汉字"横行"的建议。受当时学术界影响，1955年1月1日元旦出版的《光明日报》率先采用汉字从左向右，横行排版的方式；到1955年11月，全国17家中央级报纸已有13家采用横排方式，1956年1月1日，《人民日报》也改为横排，至此全国相应。

汉字"横行"不是人们求新求异的结果，而是带有一定的必然性。

首先，当时世界上的众多媒体和刊物都是采用横版的方式，要与世界接轨并赶上时代步伐。

第二，汉字横排有利于阅读。据科学研究表明：人眼横着看的视域要比竖着看高。横着看方便阅读，可以在一定程度上降低视觉疲劳。

第三，便于各种数理化公式以及各种外国地名、人名书写。

最早给汉字注音是什么时候，此事与外国人有关吗？

汉字注音经历了漫长的历史发展。从最初的音节整体描述，到声韵二分的反切注音，到音节中切分声调的纽四声法注音，再到注音字母和汉语拼音方案，每一步都是当时学术背景和历史的反映，都是多元文化相互碰撞的结果。

中国最早给汉字注音的是东汉的许慎。在其编撰的字典《说文解字》中，当他认为某些字应该注明读音时，就用直音法为其注音（用另一个音同或相近的字代替）。

语言文学

但这种方法有缺陷，如陈澧《切韵考·通论》："古人音书，但曰读若某，读与某同。然或无同音之字，则其法穷；或虽有同音之字，而隐僻难识者，则其法又穷"。后来产生了声韵二分的反切注音，在此基础上再加上声调，就是纽四声法注音。

这一时期的注音以汉字为主，音标化注音要晚些。明朝时，中国与西洋列国通商，万历年间，一些天主教徒为传教来到中国。为了学习汉语，他们用拉丁和罗马字母给汉字注音。当时鼎鼎大名的意大利传教士利玛窦于1605年在北京出版了《西字奇迹》一书。罗常培根据该书的汉字与拉丁文对照的译文，整理出一个包括26个声母和44个韵母的汉语拼音方案。1626年，法国耶稣会传教士金尼阁（1610年来华）在杭州又出版了《西儒耳目资》，在利玛窦的注音方案基础上做了一定的修改。后人称之为"利金方案"，打开了汉字音标化、音素化注音的大门。

从明朝、清朝到新中国成立，几百年间产生了几十种拼音方案。这些音标注音字母有汉字笔画式、速记符号式、拉丁字母、数码式、自造符号式等；从音节的拼音方式看，有声韵双拼制、音素制、三拼制等。

到新中国成立后，汉字的注音方式才得到统一。1955年，在北京召开的全国性现代汉语规范问题学术会议公布了《汉语拼音方案》，后经1958年全国人民代表大会第五次会议通过。至此，汉字注音、记音才走上规范化道路。

什么是甲骨文？

甲骨文由时任北京国子监祭酒的金石学家王懿荣发现于1899年，因为字是刻在龟甲兽骨上的，所以名之曰"甲骨文"。甲骨文是现今已知的中国古代最早的体系基本完备的文字，主要应用于殷商时期。当时人们非常迷信，统治者在每有事宜的时候都要进行占卜，占卜所用的材料主要是乌龟的腹甲、背甲和牛的肩胛骨，通常先在甲骨的背面挖出或钻出一些小坑，然后对其进行加热以使甲骨表面产生裂痕，从而根据这些裂痕的样态来测知吉凶祸福。甲骨文大多就是对这种占卜所做的记录，另外也有少数内容是记载其他事情的。甲骨文被发现后，在殷墟（河南安阳小屯村）经过大规模的挖掘，加之其他各地的零星采集，至今已出土刻有文字的甲骨十几万片，载有4500多字，其中已经识别的有2500多字。这些文字中除象形字之外，还有指事字、会意字，形声字也占到约27%的比例，可见甲骨文已是发展相当成熟的文字。甲骨文献是研究中国上古时期特别是商代的社会历史和语言文字极其珍贵的第一手资料，由此也形成了专门的"甲骨学"，罗振玉、王国维、董作宾、郭沫若等知名学者都是甲骨学研究的大家。

什么是大篆？

大篆，是古代汉字字体的一种，因其著录于字书《史籀》，故也称籀文，《汉书·艺文志》记载："《史籀》十五篇，周室王太史籀作大篆。"《说文解字》中所收的225个籀文，就是许慎依据所见到的《史籀》9篇而集入的，这是当今研究大篆的主要资料。大篆是继承金文发展而来的，形成于西周后期，其特点为线条均匀柔和、简练生动，并且字形结构趋于规范，奠定了汉字方块构型的基础。"篆"字的含义，据《说文解字》，篆是"引笔而箸之于竹帛"的意思，大篆是相对于后来的小篆而言的，指通行于春秋战国时期的秦国文字，在广义上还包括其他各国的文字。唐代初年在天兴县陈仓（今陕西宝鸡）南之畤原出土的径约三尺的石墩上所刻的"石鼓文"被认为是大篆的真迹。

什么是殷周金文？

金文，是指铸刻在殷周青铜器上的铭文，因为青铜器以钟、鼎为代表，所以金文也叫作钟鼎文。金文在商代早期就已经出现，但是繁盛时期是在周代，而绵延的下限为战国末期。金文是稍后于甲骨文出现的另一种古老的文字，相比而言，甲骨文笔道细，直笔多，转折处多为方形，而金文笔道粗，弯笔多，团块多，这与甲骨文和金文不同的书写和制作方法有关。至今发现的金文字数，据当代金文专家容庚的《金文编》记载，共计 3722 个，其中已经识别的字有 2420 个。金文所体现的大多是统治者颂扬祖先及彪炳王侯功绩的内容，同时也记录了许多重大历史事件，记事面涉及非常广泛，因而是研究西周和春秋、战国历史的极为宝贵的文献资料。

什么是小篆？

秦始皇统一天下后，开始着手统一文字的工作，由丞相李斯负责，在秦国原来使用的大篆的基础上，通融其他各国的字体，对字体进行简化，并且取消异体字，创制出了统一的文字书写形式，即小篆，又称为秦篆。小篆的出现，标志着中国古代文字的第一次统一，在汉字发展史上具有关键性的地位。小篆字体的特点是点画均为线条，粗细一致，圆起圆收，端庄严谨，有实有虚，疏密得当，从容平和，劲健有力。虽然西汉末年之后，小篆逐渐被隶书所取代，但由于其字体优美，故颇为书法家所青睐，2000 余年来，始终是一种重要的书法字体。古代印章几乎一律采用小篆，因此又称为篆刻。

什么是隶书、行书与楷书？

在李斯创制小篆的同时，程邈整理出了另一种书写字体，就是隶书。《说文解字》记载："秦烧经书，涤荡旧典，大发吏卒，兴役戍，官狱职务繁，初为隶书，以趋约易。"也就是说管理监狱事务的官吏因为事务繁忙而采用较为简易的隶书来办公。隶书的"隶"，具有附属的含义，也曾被叫作"佐书"，在早期是作为小篆的辅助字体而使用的。隶书在篆书的基础上发展而来，主要是将篆书圆转的笔画改为方折，这样书写速度明显变快了，特别对当时以木简为书写材料的情况更是如此。与篆书相比，隶书的象形特点大大地减弱了，但在早期，隶书与篆书的分界还不是很严格，及至西汉中期，隶书基本摆脱了篆书的影响而发展成为一种独立的字体，西汉后期开始，隶书逐渐地取代了小篆而成为主要的字体。

行书是由隶书转变而来的，于西汉后期开始形成，但是几百年里并不流行，直到东晋王羲之的出现，才将行书提升为书法上影响最大的一宗。行书将隶书中的横画进行缩短，使隶书的扁方变为正方，同时加强了上下笔画的连贯性，有些笔画采取连续书写的方式，这进一步提高了书写的速度。后来楷书取代了隶书作为正体字的位置，行书就成为介于楷书和草书之间的一种字体，是为了避免草书的难于辨认和楷书的书写速度慢而采取的折中的书写方法，常常将写得比较飘逸而近于草书的称为行草，将写得比较端正而近于楷书的称为行楷。

楷书，又称正楷、正书或真书，也是从隶书发展而来的，大约出现于汉末，但在很长一个时期都还存有隶书的成分。唐代是楷书最为兴盛的时期，初唐的虞世南、欧阳询、褚遂良，中唐的颜真卿，晚唐的柳公权，都是标举于世可谓书界典范的楷书大家。楷书的特点是字形方正，结构严谨，笔画平正规整，点画分明。楷书在汉字诸体中成熟最晚，但是此后应用最广，至今通行的汉字印刷体就是楷书及其变体，日常书写体也是将楷书看作参照标准的。行书和楷书在魏晋之际兴起后，隶书的主体地位被取代，但是在书法艺术中仍作为一种基本的字体而存在。

什么是文言？

文言是古代正宗的书面语言。"文言"一词，出自《易传》中的篇名，孔颖达解释："文谓文饰，以乾坤德大，故特文饰以为文言。""文饰"即是有文采的意思。在先秦时期，书面语言和口头语言的差别不是很大，主要的区别是书面语言比口头语言更为精练简洁，辞藻也更为优美和典雅，不仅表现力更为丰富，而且蕴含着一种审美的因素。后来，经秦汉及至唐宋，书面语言和口头语言越来越分化，并最终形成两套语言系统。一个人需要接受良好的文化教育才能够对文言运用自如，文言也成为人们身份和教养的标志，不会文言

者被归为"引车卖浆者之流"，而文言自身所具有的典丽精致、雅秀俊逸的特别美感，也的确是作为口头语言的白话所无法比拟的。文言是中国古代官方文献和正统文学所使用的语言，源远流长，虽然在近代的新文化运动之后，白话取代了文言的正统地位，但是文言也绝非自此被弃置而不顾，一些重要的文史学术著作依然采用文言来写作，例如鲁迅的《中国小说史略》、陈寅恪的《柳如是别传》、钱锺书的《谈艺录》等。出于继承优秀而丰富的古代文化传统的需要，能够阅读文言依然是当代中国人所应当具备的文化素质。

什么是白话文？

白话文又称"语体文"，是古代书面语言的一种，白话文之"白"，是与文言文之"文"相对应而言的，意为不加修饰，是对日常口头语言的照直记录。当然，语言从口头到书面总是有所变化的，只是白话文与口头语言基本上是一致的，不会差异到可能发生理解困难的那种程度。白话文并非是近代才出现的，而是自古有之，只是在古代，作为正宗书面语言的是文言文，白话文是不登大雅之堂的。历代的白话文基本是在通俗文学作品中使用，如汉魏乐府民歌、唐代变文、宋元话本、明清小说等。明清时期，虽然白话长篇小说取得了辉煌的成就，成为这一历史阶段代表性的文学体裁，但是占据正统地位的仍然是以文言文创作的诗文，白话文真正占据主流地位，是在新文化运动时期。

什么是六书？

"六书"一词最早见于《周礼·地官》："保氏掌谏王恶，而养国子以道，乃

教之六艺，……五曰六书，六曰九数。"但是这里没有写出"六书"详细的名称，也没有对"六书"的解释。对六书最早的解释出现在西汉刘歆所著的《七略》中，《汉书·艺文志》转载如下："古者八岁入小学，故周官保氏掌养国子，教之六书，谓象形、象事、象意、象声、转注、假借，造字之本也。"东汉许慎在《说文解字·叙》中对"六书"进行了正式的定义："周礼八岁入小学，保氏教国子先以六书：一曰指事，指事者视而可识，察而见意，上、下是也；二曰象形，象形者画成其物，随体诘诎，日、月是也；三曰形声，形声者以事为名，取譬相成，江、河是也；四曰会意，会意者比类合谊，以见指伪，武、信是也；五曰转注，转注者建类一首，同意相受，考、老是也；六曰假借，假借者本无其字，依声托事，令、长是也。"后世对"六书"的解释，皆以许慎之说为本。所谓"六书"，指的就是指事、象形、形声、会意、转注和假借这6种造字方法，严格来说，其中仅前4种为造字方法，因为转注和假借涉及的是文字的使用，并不创造新字。具体说来，指事和象形属于独体造字法，象形是一种最原始的造字方法，即用图画来表示事物，在文字的演进过程中，图画性逐渐减弱，而符号性则逐渐加强；象形造字有着很大的局限，因为一些较为抽象的意义难以用图画表示出来，这就有指事的方法来进行补充，与象形字相比，指事字的抽象意义更强，有着更为显著的符号性特点。形声和会意则是合体造字法，形声字由形旁（又称"义符"）和声旁（又称"音符"）组成，形旁表示字的含义或类属，声旁则表示字的发音；会意字由两个或更多的独体字构成，几个字形共同表达这个字的含义，有些会意字同时也兼有形声字的特点，两者不是截然分开的。转注和假借是文字运用的方法，假借指的是同音替代的现象，也就是说有一些语言没有文字与其对应，这时就找发音相同的字来进行书写；对于转注，不同的学者有不同的看法，可以归结为形转、义转和音转这三种解释，但不论实际含义是哪种，转注产生的是多字同义的现象。

什么是训诂学？

训诂学，有广义和狭义之分，狭义的训诂学指的是语义学，为小学的一个分支，广义的训诂学则还包括音韵学和文字学，但是通常所讲的训诂学都是针对狭义而言的。"训诂"，有时也称为"训故""故训""古训""解故""解诂"等，被认为是训诂学开山之作的《尔雅》中有"释诂"和"释训"两篇，北宋邢昺将"诂"解释为"使人知也"，将"训"解释为"道物之貌以告人也"，相当于用当今的语言解释古代的语言叫"诂"，而用通俗的语言解释词的含义叫"训"，后来"训诂"连用，成为一个词语，用以指称对古书字义的解释。

训诂的方法有形训、声训、义训、互训、反训、递训等，形训指用字形说明字的意义和来源，如"小土为尘"；声训指用同音或近音的字来解释字义，如"仁，人也"；义训是不依借字形或字音而直接对字义进行解释，如"征，召也"；互训是指用同义的字词来互相解释，如"老，考也"

语言文学

和"考，老也"；反训是用反义的字词来进行解释，如"乱，治也"；递训是用几个字词进行连续的解释，如"庸也者，用也；用也者，通也；通也者，得也"。

什么是音韵学？

音韵学，是研究各个时期的汉语语音及其变化规律的学科，为语言学的一个分支，通常分为古音学、今音学和等韵学3个部分，古音学研究的是两汉之前的语音，也就是上古语音；今音学研究的是魏晋之后直到隋唐时期的语音，也就是中古语音；等韵学研究的是汉语的发音方法和发音原理。秦汉之前，用于教授和学习的识字课本以及字典是不标注读音的，而汉字是表意文字，本身并不表音，那时字音的教授是通过口口相传的方式来进行的，东汉许慎著《说文解字》，用读若法来标注字音，给人们的学习带来了方便。汉语读音作为一门专学，是在东汉末年以后翻译梵文佛经的过程中反观汉语字音而逐渐形成的。反切法的出现是音韵学发展进程中很为关键的一步，由此，汉字音节被分为声和韵，后来人们对声韵进行归纳，创造了拼音字母，音韵学的体系才基本形成。由于古今语音变迁很大，上古语音在中古之后已不为人所知，清代时期，经过一批学者的不懈努力，凭借对有限的文献资料的详致分析，拟构出上古的语音系统，这是一项非常了不起的成就。

双声与叠韵各指什么？

双声，指两个字声母相同的现象，如珍珠、鸳鸯、兼葭、蟏蛸等；叠韵，也作"迭韵"，指两个字韵母相同的现象，如崆峒、滴沥、窈窕、昆仑等。在南北朝时期人们已经在诗文创作中对双声和叠韵进行自觉地运用，以追求语言上一种特别的美感。刘勰在《文心雕龙·声律》中说："双声隔字而每舛，叠韵杂句而必暌。"讲的就是双声和叠韵的运用规律。清代李汝珍在《李氏音鉴》中对双声和叠韵做了明确的定义："双声者，两字同归一母，叠韵者，两字同归一韵也。""母"，就是声母；"韵"，就是韵母。双声和叠韵的现象在古代汉语特别是古典韵文中大量存在，只是因为语音的转变，用现代字音读起来很多已经不是双声或者叠韵了。

什么是"四声"？

"四声"，指的是汉语的四种声调，声调是由语音的高低、升降、长短等因素的不同构成而表现出来的声音差异，这是语言本身所存在的客观现象。直到南朝齐、梁时期，人们才对汉语的声调进行自觉的研究，并将其归结为"四声"，即平、上、去、入。关于"四声"的发音特点，《康熙字典》载有一首名为《分四声法》的歌诀："平声平道莫低昂，上声高呼猛烈强，去声分明哀远道，入声短促急收藏。"这种表述当然不尽科学，但是基本上道出了"四声"的特点。"四声"发现之后，被应用到诗歌和骈文的创作当中，上、去、入总称为仄声，与平声相对，调用语言的时候，有意识地采取平仄相拗的方法，以追求一种抑扬顿挫、优美悦耳的语音效果。平、上、去、入反映的是中古汉语的四种声调，及至近古时期，语音又发生了很大的变化，在应用最广的北方话中，入声开始消失，并且平声分化为阴平和阳平，即逐渐形成了现代的汉语"四声"：阴平、阳平、上声和去声，至于原来的入声字，则分派到其他三声之中，还有一部分原来的上声字转变为去声了。这"四声"是基于现代汉语普通话而言的，而之于各地方言，则情况差异很大，有着各自不同的声调区分。

什么是直音法？

直音法是古代汉语的一种注音方法，即用同音字来标注某字的读音，如"大，音太"。直音法的优点是简便，但缺点也很明显，就是有些字是没有同音字，或者同音字是很生僻的字，这也不方便运用直音法，于是出现了"读若"的方法。"读若"，也称为"读如""读为""读曰"等，实际也是一种直音法，只是所选择的用于注音的字不一定是同音的字，还可能是读音相近的字，这扩大了直音法的应用范围，但又有失之于确切的弊端，为了克服这种弊端，又出现了直音加音调的注音方法，如"退"注"推去声"。在反切法发明之前，直音法是汉字注音的基本方法。

什么是反切法？

反切法是汉字注音方法的一种，即采用两个字，前一个字取其声母，后一个字取其韵母和声调，从而拼出字的读音，例如，"冬，都宗切"，就是用都字的声母、宗字的韵母和声调为冬字注音。"反切"含有反复切摩以成音之义，用作反切的两个字，前一个字叫反切上字，简称切上字或上字；后一个字叫反切下字，简称切下字或下字；被注音字叫被反切字，简称被切字。反切法是在东汉末年翻译梵文佛经的过程中发明的，梵文是一种拼音文字，译者在将梵文读音和汉语读音进行对比时发现汉字读音可以分作声和韵两部分然后拼读出来，这也就是反切法的源出。三国时期魏国的孙炎作《尔雅音义》，已正式采用反切法来注音。反切法的产生，弥补了直音法的不足，是汉字注音方法的一个巨大进步，标志着人们开始对汉语音韵有了较为科学的认识。但是，反切法的缺点也是很明显的，主要体现在这样几个方面：反切法用于注音的上下字都含有多余的成分，造成拼读的不便；用于反切的上下字很不确定，容易造成识读上的混乱，也不便于读者进行掌握；有些窄韵，同韵同声调的字很少，不得不借用其他相近之韵的字作反切下字，因此造成了切音的不够准确。后来人们对反切法进行改良，使其变得更加简便和精确，其中最重要的一点是对用于反切的字进行确定化，并且反切下字尽量选用不带声母的字，这使得反切法有类于后来的汉语拼音方法。反切法的应用一直延续到民国初年，流行了大约1700年。

什么是韵部？

韵部指的是汉语韵母的分部。反切注音的方法发明之后，人们可以将汉字的音节分为"声"和"韵"两部分，出于创作诗赋的需要而对字韵进行归类，也就形成了"韵部"。根据《隋书·经籍志》的记载，三国时期魏国李登的《声类》是最早的韵书，但是已经失传。南北朝时期音韵研究很为流行，出现了很多韵书，但是也都没有流传下来。隋朝陆法言所著的影响极大的《切韵》现今也仅留下了残卷。北宋官修的以《切韵》为基础增广而成的

语言文学

《广韵》将汉语音韵分为 206 个韵部，后来韵母简化，南宋刘渊编制的"平水韵"将通用的韵部进行合并，成为 107 韵，清代康熙年间成书的《佩文韵府》则分为 106 韵。由于古今语音变化很大，很多字当今所属的韵部与古时所属的韵部是不同的，所以人们在以当前的语音读古代诗歌的时候常常会发现不押韵的现象。

《广韵》为什么有那么高的地位？

《广韵》是第一部官修的韵书，也是历史上广为流传并完整保存至今的一部重要的韵书，由陈彭年、丘雍等奉旨编修，成书于北宋真宗大中祥符元年（1008 年），全称《大宋重修广韵》，因为这部书是在《切韵》的基础上增广而成的，所以名之曰"广韵"。《广韵》共收字 26194 个，注文共 191692 字。所收之字按平、上、去、入分成 4 部，平声因字数较多又分为上、下两卷，上、去、入三声则各为一卷。四声共 206 韵，其中平声 57 韵（上平声 28 韵，下平声 29 韵）、上声 55 韵、去声 60 韵、入声 34 韵。每韵以开头的一个字作为该韵的名称，叫作"韵目"，每一韵中又按照字音声母或韵头的不同而分为若干不同的组，相对于 206 个"大韵"，每组称为一个"小韵"，也被叫作"纽"，这样的小韵或者纽全书共有 3800 多个。每个小韵在开头的字下注明反切，并注明该组所收的字数；小韵中的其他字则只进行释义，不再注音；但对于还有其他读音的字，则注明"又切"或"又音"。《广韵》所具有的权威性和精密性使得其他韵书此后基本上处于废置不用的状态，其在音韵学中的重要地位，堪比《说文解字》之于文字学。

什么是等韵学？

等韵学，以汉字的发音原理和发音方法为研究对象，是音韵学的一个分支领域，始源于唐代守温汉语字母的创建，在后代得到不断完善，逐渐发展成为一门精密的学问。称为"等韵"，是因为这种理论体系是以韵母发音的洪细等级为基础而建立起来的。所谓洪细，指的是发音时口腔共鸣空隙的大小，依照主元音的洪细而将韵母分为洪大、次大、细和尤细 4 等。然而因为语音的发展变化，这种区分在明清时期的语音中已经几乎不能辨别，于是清代时又提出了"四呼"的划分，也就是以发音时唇的形状为标准，将韵母的发音分为开口呼、齐齿呼、合口呼和撮口呼 4 种。对于声母，则根据发音部位和发音方法的不同，分为唇音、舌音、齿音、牙音、喉音，这就是通常所说的"五音"，有时再加上半舌音和半齿音两类，即成"七音"。

什么是古韵？

古韵指的是以《诗经》为主的中国先秦两汉韵文的韵，是古音学的研究对象。因为语音的演变，上古时期的韵文有很多以后代的语音去读就已经不押韵了，而当时又没有音韵学书籍，所以后代只能根据流传下来的古代韵文来推知早期的音韵，依借的材料主要是《诗经》里的韵字和《说文解字》的谐声偏旁，兼及先秦两汉的其他韵文，以及重文、异文、通假、读若、音训等。

古韵分部是古韵研究的关键，也是古音学的主要成就所在，其基本方法是首先考察《诗经》中的韵字，进行韵部的归纳，然后根据谐声关系，扩大韵部范围，如此推衍而得到完整的古韵系统，再将汉字分别归入各韵部。古韵面貌的探求工作始于宋代吴棫所著的《韵补》。明代陈第著《毛诗古音考》等书，通过对古音的精微考订，彻底廓清了唐代以来"叶韵"说的谬误，提出了古今音异的观点，这是古音学的发展中至关重要的一步，可以说是由此而创设了古韵研究的前提条件。

清代顾炎武著《音学五书》，摆脱了传统韵书的束缚，根据古韵的实际，将其划分为 10 个韵部，以后的古音学家所进行的更加精密的研究都是以此为基础的。而后江永著《古韵标准》，分古韵为 13 部，段玉裁著《六书音韵表》，分古韵为 6 类 17 部，至此则古韵分部基本确定下来。后来戴震著《声韵考》与《声类表》，分古韵为 9 类 25 部，每一类都有阴声、阳声、入声三分，开阴阳入相配的先河。孔广森著《诗声类》，在段玉裁 17 部的基础上把冬部独立而成 18 部，又提出"阴阳对转"的理论。

王念孙和江有诰都分古韵为 21 部。章炳麟先分 23 部，后来又主张冬侵合为一部，即成为 22 部。黄侃将古韵分为 28 部，王力又主张脂微分部。至此，古韵分部的工作臻于完善。

什么是韵纽？

"韵纽"是构成字音的元素之一，表示的是双声或者是声母相同的字的聚类。隋代陆法言所著的《切韵》，以韵目为纲，共分 193 韵，每一韵中又按照字音声母或韵头的不同而分为若干不同的组，在每一组前标以圆圈，称为韵纽，表示的就是声母相同之义。韵纽又分为同纽和旁纽：同纽，也就是双声，指的是同一声母；旁纽指的是同一类声母之中相邻的声母，例如牙音组"见溪群疑"中的"见"母与"溪"母，其关系就称为"旁纽"，它们所形成的双声关系称为"旁纽双声"。齐梁间沈约等诗人提出的写作诗歌应避免的"八病"之中有两条就是"正纽"和"旁纽"，也就是说一个五言句中的每两个字之间不能出现"同纽"或"旁纽"的关系，否则即犯"正纽"或"旁纽"之病。

怎样确定古字本音？

研究古音的学问，起始于宋代，到了清代有了很大的发展。明末清初顾炎武作"音学五书"，对古音研究起了承先启后的作用。

确定古字本音对研习古籍十分重要。但古音处于变迁之中，具体情况比较复杂。研究古音之学，要掌握反切的基本原理，进而掌握中古的声母、韵部、声调系统和它们的配合规律，在熟练掌握中古音的基础上，上溯考定古音，下推今音。

从清代顾亭林根据古代韵文推断古字的本音，推翻前人叶韵改读的讲法开始，到近代章太炎与他的学生黄侃，对音韵学都有推进，尤其近人汪荣宝贡献较大。我们要读一些音韵学的入门教科书和基本经典，就能学会推定古字音，音韵学是口耳之学，并不神秘。

《方言》是介绍方言的吗？

《方言》全称《辌轩使者绝代语释别国方言》，是我国最早的方言著作。原书 15 卷，收录 9000 余字，今本《方言》13

卷，收 11900 多字。《方言》的作者是西汉著名学者扬雄，除《方言》外，他还有语言学著作《训纂篇》存世。

周秦时代，政府有调查方言的传统。每年八月，官府都要派出使者，坐着辎轩车到各地采风，把收集来的民风、民谣和方言交由皇家图书馆收藏，以备天子观览。可惜的是，两周收集来的珍贵方言资料，到秦汉时代散失殆尽。西汉时期，虽然恢复了采风制度，但方言的收集整理并不尽如人意。为了继承古代优秀传统，扬雄以个人的努力，调查方言，并进行比较研究，最终撰写了名垂后世的《方言》一书。扬雄以居住京师长安的有利条件，广泛访问调查各地来京的孝廉、士兵、官员，获得许多第一手的方言资料，分析归纳，仿照《尔雅》体例，编成《方言》。《方言》收录词汇 750 余条，分《释语词》《释服制》《释器物》《释兽》《释兵器》《释草虫》等。释语词时，先列方言词，最后列出通用语，如《方言》卷一："党，晓，哲，知也。楚谓之党，或曰晓，齐宋之间谓之哲。""党""晓""哲"都是方言词，而"知"则是通用语。扬雄调查的方言区域大体可分为陈楚宋魏区、陈楚宋卫区、宋魏区、陈楚区、周韩郑区、周韩郑卫区，等等。

《说文解字》是关于什么的书？

《说文解字》是我国汉语史上最早且最具权威的汉字字典。作者许慎，字叔重，汝南召陵（今河南郾城）人，我国古代著名经学家、文字学家。该书编撰的目的是为了解决东汉时期今文经学家与古文经学家之间的"文字释义之争"。书中根据古文对汉字的结构形体进行分析，揭示出汉字形、音、义三者的正确关系，从而批判和否定了当时今文经学家以隶书形体解字、望文生义的做法。

全书体例完整，编排有序，以小篆为主体，以偏旁为部首，根据不同的偏旁，分 540 部。其中，以"一"部为开始，以"玄"部为结束，对每个字的解说都采取先义、后形、再声的固定格式，书中收录篆文达 9350 余字，既收录了先秦时期的字，又包括了汉时期新创的字。

《说文解字》对研究汉字的发展历程、汉语文字工具书的编写以及我国古代对汉字学理论的研究与发展的情况都有着极其重要的作用。《说文解字》所使用的部首编排方法至今仍然使用，它在我国文化史上占据着重要的地位。

《释名》是关于什么的著作？

《释名》是第一部汉语语源学著作，采取的训诂方式是因声求义，作者为东汉的刘熙。刘熙撰著此书的目的是考究各种日常事物名称的来源和含义，其自序中说："夫名之于实各有义类，百姓日称，而不知其所以之意，故撰天地、阴阳、四时、邦国、都鄙、车服、丧纪，下及民庶应用之器，论叙指归，谓之《释名》，凡二十七篇。"这 27 篇依次是：释天、释地、释山、释水、释丘、释道、释州国、释形体、释姿容、释长幼、释亲属、释言语、释饮食、释采帛、释首饰、释衣服、释宫室、释床帐、释书契、释典艺、释用器、释乐器、释兵、释车、释船、释疾病、释丧制。全书 8 卷，所释名物典制共计 1502 条。书中名物的分类虽然不尽科学和详备，但是已经很好地反映出当时名物典制的大概，不仅是一部重要的训诂学和语言学著作，在社会学和历史学研究中也有着不同寻常的意义。

《广雅》主要讲了哪些内容？

《广雅》是对《尔雅》的补充，可以看作是《尔雅》的续篇。作者张揖，字稚让，三国魏国时期清河（今河北临清市）人，博学多闻，精通文字训诂，魏明帝太和年间（227～232 年）任博士，著有《广雅》《埤仓》《古今字诂》等。因为《广雅》中所收录的内容较《尔雅》丰富，并且取材也比《尔雅》广泛，所以取书名为"广雅"，意思是"增广《尔雅》"。《广雅》一书在分类、体例、名称、顺序与《尔雅》完全相同。它与《尔雅》的最大区别在它收集了西汉到三国这 400 多年间，伴随文化发展而产生的新的字词，与《尔雅》相比较，更能适应当时的需要。另外，《广雅》中还收有关于《楚辞》和"汉赋"的解释。《广雅》是一部很有价值的训诂词典。书中收录了很多《尔雅》中没有的词语，为后人考证周秦两汉的古词古义提供了非常宝贵的资料。

《切韵》是最早的韵书吗？

《切韵》是现今可以查考的最早的一部韵书，原书已经失传，但是其包含的基本内容为后代的韵书所继承。据推知，该书收字约 1.2 万，分 193 韵：平声 54 韵，上声 51 韵，去声 56 韵，入声 32 韵。《切韵》成书于隋文帝仁寿元年（601 年），作者为陆法言。隋朝初年，陆法言与颜之推、卢思道、薛道衡等知名学者对当时的各种韵书进行讨论，认为自西晋吕静的

《韵集》以后所成的韵书，缺乏标准，深感各书之间互相乖违，所言不一，于是共同商榷了许多疑难之处，并且将成果记录下来，后来陆法言将这些笔记加以整理，又广泛地考察多家韵书，编撰成《切韵》。《切韵》反映了中古汉语的语音系统，代表着当时汉语的正音，在唐朝初年被定为官韵，其后出现的《广韵》《集韵》等都是以《切韵》为基础而撰著的。

《康熙字典》为什么有那么大的影响？

《康熙字典》是古代收字最多、影响最大的一部字典，由张玉书、陈廷敬等 30 多位著名学者奉诏编撰，始于康熙四十九年（1710 年），成于康熙五十五年（1716 年），康熙皇帝亲为此书作序，并将其命名为"字典"，以取字书之"典常"的意思，"字典"之名即源于此。《康熙字典》在明代《字汇》和《正字通》的基础上增订而成，收字 47035 个，远远超越了此前历代的各种字书。在体例上，以楷体为正体，分为 214 个部首，同一部首的字按照笔画多少进行排列，采用反切法注音，并且将《唐韵》《广韵》《集韵》等重要韵书的音切一一列出，释义则以《说文解字》《尔雅》《释名》《方言》《广雅》等权威的字书为依据，对每个义项始见于何处也都做了明确的标注。《康熙字典》成书后，以其卓越的丰富性、详备性和权威性，成为人们读书识字所依赖的基本工具书。

《经籍籑诂》是说什么的？

《经籍籑诂》是唐代以前各种训诂资料的汇编，由清代的阮元主持编撰。

阮元在出任浙江学政期间，亲自定出

该书的凡例，聘请知名学者臧镛堂为总纂，组织数十名秀才共同参与编辑，于嘉庆三年（1798年）编成付梓。

"经籍纂诂"的含义如下："经"指儒家经典，"籍"指儒家经典以外的典籍，"纂"为收集整理之义，"诂"就是前人对古书的注解。

《经籍纂诂》把唐代以前古籍正文和注疏中的训诂材料汇集在一起，各字先列本义，再举引申义和假借义，编次按平水韵分部，一韵一卷，共106卷，一字多音的，则按韵分别归入各部。书中所收均为单字，而注释中则包括双音词，因此兼具字典和辞书两种功用。该书体例严谨，材料赅博，为学人提供了极大的方便，是研究古代汉语的一部十分重要的工具书。

《马氏文通》是研究什么的著作？

《马氏文通》问世于1898年，是第一部用现代语言学理论研究汉语语法的著作。该书的作者马建忠（1845～1900年），早年留学法国，精通法语、英语、拉丁语、希腊语等多种西方语言，又对中国古籍和中国古代语文研究有着精深的造诣，在长期从事中西语言之间的翻译工作的过程中，形成了较为明确的语法观念，经过多年的辛勤探索，依照西方的语法体系，第一次完整地创立了汉语的语法体系。《马氏文通》全书分为4部分："界说"部分对书中所有的语法术语进行定义；"实字"部分分作名字、代字、动字、静字和状字五类进行讲述；"虚字"部分分作介字、连字、助字和叹字4类进行讲述；最后一部分集中讲述"句读"（即句法）。作为一部汉语语法研究的开创之作，

《马氏文通》在100多年后的今天仍有着重要的学习和研究意义，其中蕴藏的丰富而宝贵的价值，还有待新一辈的学人去进行更为深入的开掘。

楚辞是一种什么题材？

楚辞和《诗经》一样构成了中国诗歌的源头，出现于战国时期的楚国，具有浓郁的地域文化色彩，是继《诗经》之后出现的另一种韵文形式，古称南风、南音。

它是在楚国民歌的基础上经过加工、提炼而发展起来的，既是楚文化自身发展的产物，又是楚文化与中原文化融合的产物。由于楚国地处南方，所以楚文化始终保持着强烈的自身特征，充满了奇异瑰丽的浪漫色彩。楚辞多用长短句，章法多变，充满了奇异的想象，常常取材于楚国的神话、传说、鬼神、山水等，充满了浪漫色彩。

楚辞是用楚国方言来吟唱的，隋唐以后楚音失传。楚辞的代表诗人是屈原，他的代表作是《离骚》，同时也是我国古代最长的一首抒情诗，所以楚辞又被称为"骚"或"骚体"。

除了屈原外，楚辞的代表人物还有宋玉、景差等。楚辞在中国诗史上占有重要的地位，开创了我国诗歌的浪漫主义流派。它打破了《诗经》以后两三个世纪的沉寂，因此后人将《诗经》与楚辞并称为风、骚。

什么是乐府诗？

乐府诗是指汉朝的音乐管理部门——乐府搜集整理的汉朝诗歌。汉武帝时，乐府除了组织文人创作朝廷所用的诗歌外，还广泛搜集各地的民歌。据《汉书·艺文

《孔雀东南飞》图

《孔雀东南飞》是汉乐府中最杰出的篇章。

志》记载，西汉时乐府采集的民歌共有138篇，但流传至今的只有三四十篇，加上东汉民歌和文人的作品，现存汉乐府有100多篇。当时没有一部专门的书籍，散见于《汉书》《后汉书》《文选》和南朝《玉台新咏》等书。宋朝时，郭茂倩编的《乐府诗集》将其全部收录。

汉代的乐府诗，最大的特色是可以配乐演唱。后来，由于乐府音乐失传，乐府诗便演化为一种独立的诗体。魏晋以后的乐府诗，除了题名之外，已经和汉代乐府没有什么关系了。另外，乐府诗的句式杂乱，四言、五言、六言、七言、八言乃至杂言，种类繁多。有时，即便是同一题目，句式也不相同。

《乐府诗集》是根据音乐类别将汉乐府分为四类，其中《郊庙歌辞》是西汉文人为宗庙祭祀作的乐歌；《鼓吹曲辞》《相和歌辞》和《杂曲歌辞》基本上都是西汉民歌。《杂曲歌辞》收录的文人作品中有一些出自东汉。从内容上看，乐府诗包罗万象，有的反映富贵人家奢侈豪华的生活，如《鸡鸣》《相逢行》《长安有狭斜行》等；也有反映底层人民饥寒交迫的悲惨生活，如《东门行》《妇病行》《孤儿行》等；以爱情为题材的乐府诗占很大比重，代表作有《孔雀东南飞》《上邪》《有所思》等。乐府诗受《诗经》和《楚辞》的影响很深，并对后世的诗歌创作有深刻影响，在文学史上占有重要地位。

南北朝民歌的发展概况如何？

民歌是一种活泼自由的诗体。我国南北朝时期，不论是南方还是北方，民歌都走向繁荣，并对后世的诗歌创作产生深远影响。

南朝的民歌大部分保存在宋朝郭茂倩所编的《乐府诗集·清商曲辞》里，主要分为吴歌与西曲两类。吴歌共326首，产生的地点以建业（今江苏南京）一带为中心，时间是东晋与刘宋两代。西曲共142首，产生于荆州（今湖北江陵）一带，时代约为宋、齐、梁三代。

南朝民歌绝大部分都是情歌，反映南方青年男女之间坚贞的爱情，倾诉了婚姻不自由、男女不平等所造成的不幸。它的主要特点是：形式短小，大多是五言四句；抒怀深情宛曲，多用双关隐语；语言清新、自然、朴素，词语不雕琢；多采用对歌形式。代表作有《子夜歌》《拔蒲》《西洲曲》等。

北朝民歌主要保存在《乐府诗集·横

语言文学

吹曲辞》和《梁鼓角横吹曲》中，大约有70首。北方民歌原来大部分是北方少数民族的歌曲，后来翻译成汉语，也有一部分是直接用汉语创作的。北方民歌反映了北方社会生活的各个方面，或书写混战给人民带来的沉重灾难，或反映了残酷的阶级剥削和贫富悬殊，或赞美北方民族的尚武精神和壮丽的北国风光，也有一些反映羁旅之思和爱情婚姻的作品。北方民歌五言四句的形式较多，但也有七言四句。语言平实，质朴无华，粗犷率直，直抒胸臆，刚健豪放。代表作有《木兰诗》。

什么是古体诗?

古体诗也叫古风，是区别于唐代以后兴起的格律诗的一种古典诗体。古体诗从形式上分，有四言古体、五言古体、六言古体、七言古体、乐府体（也叫杂体）等。四言古体的特点是通篇以四言为主（一句4个字）、五言古体通篇以五言为主（一句5个字）、六言古体和七言古体以此类推，乐府体则每一句的字数不限。

与格律诗比起来，古体诗不讲究平仄，对押韵的要求也很宽松。在一首古体诗中，作者可以根据自己的需要随意转韵，因此通常在一首古体诗中可能会有不同的韵脚，很少出现一个韵脚贯穿到底的情况。此外，古体诗不但每一句字数没有限定，就是整篇的句数也不限定。古体诗不像格律诗那样对仗工整、句式新颖，但更讲求立意。

虽然古体诗对押韵没有限制，但还是有一些规律可循：在意思转折处转韵。当叙述的内容有所变化时，往往会转为其他韵部来押韵，这样一来便使得整篇诗的层次更加分明，语气也得到了加强。作者在叙述中要表示令人兴奋的感情时，往往会使用平声韵；当要表达悲怨、愤怒的感情时，往往使用仄声韵。与格律诗（格律诗除了首句入韵以外，奇数句是不能押韵的）比起来，古体诗不但偶数句可以押韵，奇数句也可以押韵。

什么是近体诗?

隋唐时期，人们将周、秦、汉、魏形式比较自由、不受格律束缚的诗体称为"古体诗"。近体诗是与古体诗相对，流行于齐梁以后的一种诗体，又称今体诗或格律诗。它根据汉语一字一音，音讲声调的特点和诗歌对音乐美、形式美、精炼美的特殊要求而产生，分为绝句（五言四句、七言四句）和律诗（五言八句、七言八句）。其中律诗还包括排律，即十句以上的律诗。它以律诗的格律为基准，讲究平仄、对仗和押韵。其基本要求主要包含有3点：除首尾两联外，中间两联一定要对仗，一般绝句不受这个要求束缚；必须讲究平仄，其平仄分布规律可以总结为"句内相间，联内相对，联间相粘"；律诗是平起还是仄起，是平收还是仄收，都要看第一句第二字和该句末一字，其特点通常是一韵到底。近体诗在中国诗歌史上有着重要的地位，是唐代以后最主要的一种诗体。

唐代是近体诗发展的黄金时代，唐代以诗歌成就彪炳千古。其发展可以分为几个阶段：初唐是唐诗繁荣的准备阶段，诗歌的内容从宫廷台阁开始转向关山大漠，诗人也从帝王贵族的文学侍从扩大到一般的文人。初唐的代表诗人是"初唐四杰"——王勃、杨炯、卢照邻和骆宾王。盛唐时期，诗歌出现了全盛局面，出现了以王维、孟浩然为代表的山水田园派诗人，以高适、岑参、王昌龄、王之涣为代表的边塞诗人，其中最著名的是李白。中唐时期，社会矛盾激化，盛唐气象不再，这一时期的代表诗人是杜甫和大历十大才子。杜甫的诗表现了战乱给人民带来的苦难，被称为"诗史"。大历十大才子的诗歌华美雅丽，偏重技巧，风格柔靡。晚唐时期，人们的生活走向平庸，感情趋于细腻，诗歌创作又出现了一个新高潮。代表人物有李商隐和杜牧。宋朝以后，近体诗继续发展，但成就已经无法与唐朝相比。

什么是词？

词是曲子词的简称，也称"长短句""填词"等，是承袭汉、魏乐府遗风，并受少数民族音乐影响而形成的一种文学体裁，盛行于北宋和南宋。

按字数分，词可以分为 3 类：58 字以下的（包括 58 字）为小令，91 字以上（包括 91 字）的为长调，介于两者之间的为中调。按阕分类，词可以分为单调（一阕），如李清照《如梦令》；双调（二阕）；三叠（三阕），如《兰陵王》；四叠（四阕），如吴文英《莺啼序》。最初的词都是配合音乐来歌唱的，有的按照词来制定曲调，有的依照旧有的曲调来填词，每个曲调都有一个名称叫调牌，调牌一般按照词的内容而定。后来人们依据固有的曲调来填词，这些用来填词的曲调叫作词牌，词的内容和曲调、词牌并没有必然的联系。现存词牌共有 400 多种，有的词牌有好几个不同的称谓，用得较多的词牌名如"西

江月""菩萨蛮""浣溪沙""沁园春""水调歌头"等。

和诗不同，词在句式和声韵上有许多突破和特点。首先在句式上有如下特点：第一，词的句式从一字句到十一字句不等，所以又称"长短句"，使用频率最高的是四、五、六、七字句。第二，词的开头一般都有领字，一字领的有"任、待、乍、莫、怕……"，二字领的有"恰似、谁料、只今、那堪、试问……"，三字领的有"最无端、君莫问、君不见……"。第三，词句中常常有叠字和叠句，叠字如"错错错，莫莫莫""寻寻觅觅、冷冷清清"等，叠句如"归去，归去""罗衣宽一半，罗衣宽一半"等。第四，词句中常用到虚词，如"耳、矣、也……"其次，除了只在文中最紧要处（如转折和结尾处等）比较讲究押韵外，一般情况下，词对平仄押韵没有严格的要求。此外，词虽然也有对仗，但没有具体的规定，相连两个句子只要字数相同就可以构成对仗，而且对仗不讲究平仄，也不避同字。

什么是曲？

金朝和元朝时期，中国产生一种带有曲调、可以演唱的抒情诗体，叫作曲。其中，在北方地区流行的叫北曲，在南方流行的叫南曲。曲是南曲和北曲的统称，我们这里所说的曲，主要是指散曲。

散曲包括小令和套数两种基本类型：小令又叫"叶儿"，主要是指独立的一支曲子，字数比较少。除了单支曲子这种形式外，散曲还包括重头小令。重头小令是一种联章体（即组曲），通常由同题同调的数支小令组成，最多可达百支，用来合

语言文学

咏同一个事物或分别吟咏数件联系紧密的事物，以此来加强艺术感染力。例如，张可久的〔中吕·卖花声〕《四时乐兴》，以四支同题同调的小令分别吟咏春、夏、秋、冬，构成一支内容相联的组曲。联章体中的小令虽然都同题同调，首尾句法相同，内容相联，但每首小令可以单独成韵，仍然是完整独立的小令形态。

套数又叫"散套""套曲""大令"，它由同一宫调的若干支曲子相联而成，每个曲子同押一部韵，在结尾处还有尾声。套曲的字数比较多，篇幅较长，适合表达比较复杂的内容，表现手法既可以叙事，也可以抒情，还可以叙事和抒情兼而有之。

散曲虽然是继诗、词之后出现的新诗体，但作为一种独立的体裁，它具有不同于传统诗、词的独特的艺术个性和表现手法，主要表现在 3 个方面。1. 它大量运用衬字，使得句式更加灵活多变，艺术感染力更强。例如，关汉卿的套数《不伏老》中，"我是一粒铜豌豆"一句，因增加了衬字而变成了"我是个蒸不烂煮不熟捶不扁炒不爆响当当的一粒铜豌豆"，这样一来，就将"铜豌豆"泼辣豪放的性格表现得淋漓尽致。2. 大量运用口语，使语言俗化。散曲中虽然也不乏典雅的一面，但更倾向于以俗为美。它大量运用俗语、少数民族的语言、戏谑调侃的语言、唠叨琐屑的语言、方言、谜语等，生活气息非常浓厚。3. 感情表达更加酣畅淋漓，含义更加坦率直白。

什么是文?

诗与文是中国古代文学中的两大基本类别，都是文学之正宗。南北朝时期，《文选》和《文心雕龙》中，把一切文体都视为"文"，这里的"文"是广义的概念。但是后来，人们逐步将诗歌类文体从"文"中独立出来，形成"诗文"并立的分类方法，这里的"文"便是狭义的概念。故而，除去诗、词、曲之外的所有文章形式，都是"文"，其中最有价值的是先秦诸子之文，以及隋唐以后的"古文"。从最早的《尚书》《周易》等书可知，文可以有韵，也可以无韵；可以讲平仄，也可以不讲平仄。隋唐以后，文学界通常把有韵的叫作"骈文"，无韵的叫作"古文"。古文另一种分类方法是按功能划分，其中最具代表性的是清代文学家姚鼐在《古文辞类纂》中的划分，其中说："其类十三，曰：论辨类，序跋类，奏议类，书说类，赠序类，诏令类，传状类，碑志类，杂记类，箴铭类，颂赞类，辞赋类，哀祭类。"显然，这种文体划分标准便是古人所说的"为用"，即按文章的功能划分。

什么是赋?

赋是在汉代兴盛的一种兼有韵文和散文的重要文体，有大赋和小赋之分。大赋多写宫廷的盛况和帝王的生活，小赋多数是抒情作品。

赋这种文体出现在战国时期，儒学大师荀子曾作《赋篇》，这意味着"赋"作为独立文体开始出现。

此后，屈原、宋玉等人以这样的文体进行文学创作，后人把他们的作品称之为"屈原赋"或"宋玉赋"。

赋的繁荣是在汉朝。汉赋的发展经历了四个时期。

一是创始期，这时期枚乘的《七发》既奠定了汉代大赋的基础，也开创了辞赋中的"七"体，基本上形成了汉赋的体制。二是全盛期，重要的代表作家是司马相如，其主要代表作有《子虚赋》《上林赋》，此外，东方朔、枚皋等人的成就也突出，这时期汉赋的基本形式和格调已经确立。三是摹拟期，重要的代表作家有班固，其代表作《京都赋》，此外还有扬雄等，这一时期的体制和风格有所变化，反映社会黑暗、讥讽时事、抒情咏物的短篇小赋开始兴起。四是转变期，小赋盛行，内容已由描写宫殿和游猎盛况转为抒发个人情怀，表现手法以由叙述转为议论说理为主，篇幅上由长篇巨制转为短篇。这一时期最重要的代表作家是张衡，其代表作《二京赋》成为汉代散体大赋的绝响。

汉赋的特点是：内容多写京都的繁华和帝王的游乐，以此来粉饰太平，歌功颂德；文章前有序言，正文韵、散结合，其中散文用于记叙，韵文用于描写，韵脚根据需要经常转换，语言多用四六字句，且极力铺陈，喜欢堆砌生僻字词和形容词，篇幅较长，情节通常由假设的两个人以一问一答的方式来展开。汉赋，尤其是大赋，尽管在内容和艺术有着许多缺点，但仍然在文学史上有着一定的地位。它丰富了文学词汇，在锤炼词句和描写技巧等方面也都取得了一定的成就，此外，它促进了文学观念的形成。

什么是骈文？

骈文是魏晋以后产生的一种文体，又称"骈体文""骈俪文""骈偶文"。因常用四字、六字句，也称"四六文"或"骈四俪六"。

它是与散文相对而言的，特点是以四六句式为主，讲究对仗，句式两两相对，好像两匹马并驾齐驱，所以被称为骈体。在声韵上，讲究对仗的工整和声律的铿锵；在修辞上，注重形式，喜欢用华丽的辞藻和用典。骈文因为形式，常常束缚内容的表达，但如果运用得好，能增强文章的艺术效果。

南北朝是骈文发展的全盛时期，其中有很多骈文内容深刻。如鲍照的《芜城赋》，通过广陵昔盛今衰的对比，揭露和谴责了统治阶级的骄奢淫逸，抒发了世间万物和人生变化无常的感慨。孔稚珪的《北山移文》辛辣地讽刺了人在江湖、心在庙堂的假隐士们的表面清高内心功利的心理。流亡北方的庾信在《哀江南赋》中描写了自己的身世，谴责了梁朝君臣的昏庸无能给人民带来的沉重灾难，表达了对故国的怀念。

唐朝以后，骈文的形式日益完善，出现了通篇四、六句式的骈文。直至清末，骈文仍很流行。

什么是古文？

古文是与骈文相对而言的一种文体，其奇句单行、不讲对偶声律，是一种散体文。先秦两汉的散文，以散行单句为主，不受格式拘束，质朴自由，有利于反映现实生活、表达思想。而魏晋南北朝以来，骈文盛行，堆砌辞藻，言之无物，从而流于浮华。早在北朝时期，苏绰便站出来反对骈文，倡导学习先秦文章，仿《尚书》文体作《大诰》，被当时的人称为"古文"。到中唐时期，这种变革文风的努力

语言文学

经韩愈、柳宗元等人的大力提倡，形成一场声势浩大的古文运动。这场漫长的古文运动，结束了骈文的统治，使古文成为唐朝以后各朝的主流文体。

韩愈、柳宗元主张恢复先秦散文内容充实、长短自由、朴质流畅的传统，提倡"文以载道"，反对六朝空洞浮荡的文风。他们既是理论的倡导者，也是实践者，韩柳二人创作出大量清新流畅、形式自由、思想充实的散文，引领时代风潮，吸引了大批追随者。这种名为复古，实际包含革新精神的变革，为宋朝的大文学家欧阳修、苏轼、王安石等人继承和发扬，并最终扭转了古文的发展方向，对后世产生了深远的影响。

什么是八股文？

八股文又叫制艺、制义、时艺、时文（相对于古文而言）、八比文等，是明清科举考试所采用的一种专门文体。它要求文章必须有四段对偶排比的文字，共有八股，所以称为八股文。"股"是对偶的意思。

它的特点主要有：1. 题目必须用"五经""四书"中的原文。2. 内容必须以程朱学派的注释为准。3. 体裁结构有固定的格式，全文分为破题、承题、起讲、入题、起股、中股、后股、束股和大结八部分。另外，八股文的字数也有规定。明初制度：乡试、会试，要求用"五经"义一道，字数500，"四书"义一道，字数300。清朝康熙时要求550字，乾隆要求700字。八股文通常禁用诗赋中夸张华丽的词语，不许引证古史，不许比喻。在明清两代，八股文成为所有官私学校的

必修课。不会写八股文，就无法通过科举考试，也就无法做官。明清时期许多有识之士对八股文深恶痛绝，所以八股文最终被废弃，也是历史的必然。

明代小品文有什么特点？

小品文是一种寓有抒情意味和讽刺性的短小散文。它起源于秦汉，盛行于晚明。明朝万历年间，以三袁为首的"公安派"反对当时文坛上的复古运动，提倡"性灵说"，主张书写身边事，心中情，短小隽奇，活泼自由的散文，这类散文被称为小品文。小品文题材广泛，有的描写风景，有的杂记琐事，"并非全是吟风弄月。其中有不平，有讽刺，有攻击，有破坏"（鲁迅《南腔北调集·小品文的危机》）。小品文的兴盛，不仅是散文发展的结果，也是"公安""竟陵"等文学流派进行文学革新的产物。它的主要作家有三袁、张岱、徐宏祖、王思任、祁彪佳等。

晚明小品文作家中取得成就最高的是张岱。他的作品吸取了"公安"和"竟陵"两派之长，语言清新简洁，形象生动，描写细致，风格自然清丽，题材广泛，内容包括风景名胜、戏曲杂技、世情风俗等，堪称晚明社会生活的画卷。他的散文集有《陶庵梦忆》《琅嬛文集》《西湖梦寻》等。明朝小品文和唐诗、宋词、元曲一样，成为一代文学成就的标志。

什么是小说？

小说是一种文体名称，追溯小说的历史渊源，应该是先秦的"说"。战国时期的"说"，具有一定的故事性，而西汉刘向所辑的《说苑》，可以视为中国最早的小说集。

在汉代，小说作为一种文体得到社会认可，并且也存在"小说家"这一职业。汉代著名学者桓谭说："若其小说家，合丛残小语，近取譬论，以作短书，治身理家有可观之辞。"班固不仅把"小说家"列为九流十家之一，还认为小说是"盖出于稗官，街谈巷语、道听途说者之所造"，认为小说乃是小知、小道，也就是说，小说的形式短小，内容贴近生活。与现代人的小说观念不同，古代的小说作者和读者，都把小说当成实录，而非虚构的故事。即便是荒诞不经的志怪小说，古人也是把其中内容当真的。

古代的小说，种类驳杂，很难用现在的小说概念来概括。关于小说的归类，古人有把它列为史部的，也有把它列入子部的，但基本上都把它视为"稗官为史之支流"，把它看作历史的附庸。明代胡应麟在《少室山房笔丛》中将小说分为"志怪、传奇、杂录、丛谈、辨订、箴规"6大类。前3类勉强可以称得上小说，后3类则乖离甚远。

总之，古代的小说重在记述故事，这些故事有虚构的，也有真实的；篇幅或长或短，结构不甚讲究；目的在于传奇、感化或警世。

什么是变文？

变文是把佛教经文转变为通俗易懂的故事的一种文体，盛行于唐代。变文的特点是韵文和散文相结合，韵文用来吟唱，散文用来说白，说白和吟唱转换时，通常有一个常用的过渡语作提示，如"……处若为陈说"，"……时有言语"等。

变文的内容按照题材分，主要有4大类。一是宣传佛教故事的变文，如《八相变》《破魔变文》《降魔变文》等。这类变文是通过一边讲一边唱以故事的形式来宣传佛教的基本教义，它与讲经文不同，不是直接对着经文照本宣科，而是选取佛经故事中最精彩的部分加以渲染发挥，较少受经文的限制。二是讲历史故事的变文，如《伍子胥变文》《李陵变文》《王昭君变文》等。这类变文大多选取一个历史人物，再撷取逸闻趣事和民间传说加以铺陈，多寄托了对故国眷恋和乡土思念之情，所以在内忧外患的晚唐非常盛行。三是讲民间传说的变文，如《刘家太子变文》《舜子至孝变文》等。这类变文虽假托了某位历史人物，但所讲的故事并没有任何历史依据。四是取材于当时社会上的重大事件和人物的变文，如《张淮深变文》《张议潮变文》等。这类变文大多是民间艺人通过说唱的形式，热情讴歌了英雄人物英勇抵御异族侵扰的英雄事迹。

唐传奇是怎样一种文学体裁？

唐传奇指的是唐代流行的文言小说，唐传奇的出现标志着中国文言小说进入成熟阶段。唐传奇的发展经历了3个阶段：

第一阶段是初唐、盛唐时期的发展期。这一个时期还处于从六朝志怪小说向传奇转变时期，不仅数量少，而且艺术成就也不高，但已经有了一些新的发展迹象。这一时期的代表作是《梁四公记》和《游仙窟》。

第二阶段是中唐兴盛期。这一时期许多文人都投身于传奇的创作，借用诗歌、散文、辞赋等其他文学题材的艺术表现技巧，极大提高了传奇的地位，扩大了传奇

语言文学

风尘三侠图　清　任颐

《虬髯客传》是唐代传奇中的名篇，也是中国武侠小说的开山之作。此图绘有《虬髯客传》中的3个主要人物：红拂、李靖、虬髯客。

的影响。这一时期曾参与创作传奇的有元稹、白居易、白行简、陈鸿、李绅、韩愈、柳宗元，代表作家有元稹、白行简、蒋防，代表作分别为《李娃传》《莺莺传》《霍小玉传》。现存的中唐时期的传奇有近40种，涉及爱情、历史、政治、神仙、豪侠等方面，历史题材的有《长恨歌传》，还有一些借梦幻、寓言讽刺社会的作品，如《枕中记》《南柯太守传》等。其中以爱情为题材的作品成就最高，代表作有《离魂记》《任氏传》《柳毅传》等。

第三阶段是晚唐衰退期。这一时期传奇虽然衰退，但仍出现了很多优秀的作家

和大量的作品，如袁郊的《甘泽谣》、皇甫枚的《三水小牍》、薛用弱的《集异记》、李复言的《续玄怪录》等。这一时期传奇最主要的特点就是以豪侠为内容的作品大量涌现，代表作有《聂隐娘传》《昆仑奴》《虬髯客传》等。

唐传奇的篇幅一般都不长，短的只有几百字，长的也不超过一万字，大部分保存在宋朝所编的《太平广记》中。

什么是笔记小说？

笔记小说是一种带有散文化倾向的小说创作形式，它兼有"笔记"和"小说"特征。它起源很早，在先秦时期就已经出现了一些片段，中间又经过汉晋唐宋，到了明清时期开始繁荣。魏晋时期的笔记小说有干宝的《搜神记》、刘义庆的《世说新语》，唐宋时期的笔记小说有李昉的《太平广记》，明清时期的笔记小说有蒲松龄的《聊斋志异》和纪晓岚的《阅微草堂笔记》。最早提到"笔记小说"之名的是宋朝史绳祖的《学斋占毕》。

从内容上分，笔记小说可以分为志怪小说和逸事小说两大类型。志怪小说有《搜神记》《聊斋志异》《阅微草堂笔记》；逸事小说有《世说新语》等。

笔记小说吸取了民间文学的丰富营养，故事情节、人物都是虚构、夸张、变形的，但却从整体和宏观上高度反映了生活的本质。今保存下来的笔记小说大约有3000种，是我国一笔巨大的文化遗产。

什么是话本小说？

宋元话本小说是在说唱文学的基础上发展起来的。宋代都市繁荣，经济发达，

市民阶层不断发展壮大，市井文化兴旺。其中有一种叫"说话"（即说书）的伎艺，深受人们喜爱。说话人讲故事的底本就叫"话本"，下层文人将话本润色加工，刻印出版，就成了话本小说。

话本小说的内容主要有"小说""讲史""合生"和"讲经"4种，在这4种中又以"小说"和"讲史"最受欢迎。"小说"就是短篇白话小说，其中爱情故事和公案故事最受欢迎。爱情故事又往往突出女性对爱情的主动追求，如《碾玉观音》《闹樊楼多情周胜仙》。在礼法森严的封建社会，男女之间自由恋爱是一种对礼法的挑战、追求自由的大胆行动，这些故事有反封建的积极意义。宋元时代，政治黑暗，官吏腐败，产生了大量的公案故事，表现了人民对现状的强烈不满、对保护自身生存权利的深切渴望和对清明政治的期盼。其中的代表作有《错斩崔宁》《简帖和尚》《三现身包龙图断冤》等。讲史又称评话，主要讲的是前朝的盛衰灭亡。代表作有《三国志平话》《武王伐纣平话》《五代史平话》等。

宋元话本小说有一定的体制，大体由入话（头回）、正话、结尾三部分构成。入话常以一首或几首诗词"起兴"，与故事的发生地点或故事的主人公相联系，以吸引听众。正话，是话本的主体，故事情节曲折，人物形象鲜明，细节丰富。正话之后，常常以一首诗或以"话本说彻，权做散场"之类套话作结。

宋元话本小说的语言是口语化的语言，与文言文形成了显著区别，中间夹杂着大量的俚语和市井口语，生动明快，深受人民欢迎。

宋元话本小说对后代的通俗小说、戏剧、曲艺等都产生了很大的影响。《水浒》《金瓶梅》《西游记》等都是沿着这个方向演进的。

什么是章回小说？

章回小说是中国古典小说的重要形式，它是在宋元话本的基础上发展起来的。从话本到章回小说，这个过程经历了从萌芽到成熟的漫长时期。话本中有一类讲述历代兴亡和战争的故事，由于历史故事通常篇幅很长，说书人不能从头到尾一次讲完，必须连续讲许多次，每讲一次就相当于章回小说中的"一回"。每次讲之前，说书人必须要用一个概括性的题目向听众揭示主要内容，这就是章回小说中"回目"的起源。

元末明初时，出现了一批章回小说，如《三国志通俗演义》《水浒传》等。这些小说比起话本中的讲史故事有了很大的发展，其中的人物和故事的核心虽然还是历史的，但内容更多是由后人虚构的。而且篇幅更长，分成若干卷，每卷又分成若干节，每节前面还有一个目录。明代中叶以后，章回小说的发展已经趋于成熟，出现了《西游记》《金瓶梅》等伟大著作。其故事情节更加复杂，描写更加细腻，内容已经脱离了"讲史"，只是体裁上还保留着"讲史"的痕迹。这时章回小说已经不分节了，而是分成许多回。进入清朝以来，章回小说达于繁盛，题材除了明朝的讲史、神魔、人情三大类以外，又加入了讽刺、武侠、谴责、狭邪等多种题材。此时最著名的章回力作有：《红楼梦》《儒林

语言文学

外史》《三侠五义》《儿女英雄传》《官场现形记》《二十年目睹之怪现状》《老残游记》《镜花缘》等。

比起现代的小说来，章回小说具有独特的形式和特点。1. 它继承了话本的形式：正文前面都有一个"楔子"来引入正文；文中经常使用"话说""且说""看官"等字眼；文中经常穿插一些诗词和韵文。2. 分回目。章回小说根据故事情节的发展分割成若干回，每回有一个标题，每回的正文只围绕一个中心内容讲述。3. 制造悬念气氛。每回开头以及故事之间的衔接处，总是使用"话说""且说"做过渡，每回结尾处，往往以"欲知后事如何，且听后回分解"作结语，以此勾起读者的阅读欲望。

诗话与词话分别指什么？

诗话和词话指的是对诗词的评论，是一种文学理论。我国古代对文学的评论出现得很早。如《西京杂记》中记载的关于司马相如论作赋，扬雄评论司马相如的赋，《世说新语·文学》中关于谢安评论《诗经》的市局，《南齐书·文学传论》中对王粲、曹植、鲍照等人的诗歌的评论，都可以看作是早期的文学评论和诗话。

唐朝时期的诗人写了大量的论诗诗，如杜甫的《戏为六绝句》等，李白、白居易等人的论诗诗，以及当时的《诗式》《诗格》，都是诗话的雏形。诗话正式出现是在宋朝，第一部诗话是欧阳修的《六一诗话》。现存的宋人诗话共有 130 多种。早期诗话的内容多试谈论诗人诗作的一些琐事，很少触及诗歌的创作或理论问题。直到张戒的《岁寒堂诗话》等，才开始讨论诗歌创作和理论问题，对后世产生了重大影响。明清时期，诗话数量更多，成就更高。

在诗话出现的同时，词话也随之出现，并逐渐发展起来。比较著名的词话有况周颐的《蕙风词话》、陈廷焯的《白雨斋词话》、王国维的《人间词话》等。

什么是"评点"？

评点是古人研读文章的一种重要方法，也是中国古代文学批评的常用形式。评点时，评论者在阅读文本，把握文本整体与局部关系的基础上，对文章的内容以及写作方法等方面，进行评论分析。作为阅读者的阅读笔录，评点通常具有一定的对话性，这种对话是读者与文本、与作者、与文本的其他读者之间的对话。评点被标注在不同的位置，其称呼也不同。一般，标注在书眉上的评点被称为"眉批"；在内文中下评语的叫"行批"；在文末下评语的叫"总批"。

"建安风骨"是什么意思？

建安是东汉汉献帝的年号。建安时期的文学作品以风骨遒劲、刚健有力、鲜明爽朗著称，被称为"建安风骨"。建安文学的作家有三曹（曹操、曹丕、曹植）和"建安七子"（王粲、孔融、陈琳、徐幹、应场、阮瑀、刘桢）等。三曹是当时的文坛领袖，成就最高。

建安诗人经过汉末的大动乱，他们的诗歌的特点是因事而发，具有鲜明的时代特征，悲壮慷慨，或感伤离乱，或悲悯人民，或慨叹人生，或强烈希望建功立业。曹植是曹操的第三子，建安文学的集大成者。他的诗将抒情和叙事有机结合起来，既描写了复杂的事件，又描写了曲折的心理变化，代表作有《白马篇》《赠白马王彪》《洛神赋》等。王粲是"建安七子"中成就最高的诗人，他的《七哀诗》以亲身体验的事实为题材，具体描写了汉末战乱给国家、人民造成的深重苦难。

建安文学是文学史上的一个辉煌的时代，它独特的文学风格成为后世文学所推崇和效法的典范。

什么是玄言诗？

玄言诗是一种以玄学为旨趣的诗歌。魏晋之际，因政治黑暗，名士动辄遭戮，文人多脱儒入道，寄情于老庄玄学。流风所及，在诗坛也形成了玄言诗派，其特点便是以诗的形式来演绎老庄的人生哲理。如竹林七贤之一的嵇康的"……目送归鸿，手挥五弦。俯仰自得，游心太玄。"这可以说是玄言诗的雏形。典型的玄言诗形成于西晋末年，并盛行于东晋，其代表诗人为孙绰、许询、谢安、王羲之等人。其中孙绰的《秋月》乃是玄言诗中的佳作："疏林积凉风，虚岫结凝霄。湛露洒庭林，密叶辞荣条。抚叶悲先落，攀松羡后凋。"当年王羲之等人在兰亭举行一次千古盛会，除了留下那篇千古传诵的《兰亭序》外，还留下了一组典型的玄言诗。如王羲之的次子王凝之诗曰："庄浪濠津，巢步颖湄。冥心真寄，千载同归。"另外谢安、许询等也当场作有玄言诗作。总体上，除少数玄言诗能够融情景于一炉，别有一番玄趣之外，大部分玄言诗往往"理过其辞，淡乎寡味"（《诗品序》），艺术成就不高。东晋后期，玄言诗便逐渐消失，不过在其后的山水、田园诗中仍留有余韵。

什么是田园诗？

以描绘田园风光，反映农村生活，展示隐逸情怀为风格的诗歌流派。中国田园诗派的鼻祖是东晋诗人陶渊明。

陶渊明出身贵族，但到他这一代，已经家道中落。出身高贵的他，再加上当时道家玄学的熏陶，不能容忍官场黑暗与庸俗，辞官归隐。归隐之时，他创作《归去来辞》，后又创作了《归园田居》《移居》《怀古田舍》等一批田园诗。诸如"采菊东篱下，悠然见南山"之类的诗句，充分表现了诗人对功名利禄的鄙视，对黑暗官场的极端憎恶和与之彻底决裂的决心，表达了诗人对淳朴的田园生活的热爱，对劳动人民的友好感情和对理想世界的追求与向往，从而开创田园诗派。

陶渊明的诗，诗风平淡自然，备受后人推崇，影响深远。到了唐朝，陶渊明的诗风为孟浩然、王维等人继承，并形成田园诗派。比如，孟浩然《过故人庄》中，"绿树村边合，青山郭外斜。开轩面场圃，把酒话桑麻。"质朴无华，浑然天成，清淡优美，清晰地体现了陶诗风格。由于士大夫与农民的天然疏离，反映隐逸志趣的诗作不少，但像陶诗那么亲切的并不多。发展到宋代，范成大成为田园诗的旗帜，把田园诗推向又一个高峰。

什么是山水诗？

在《诗经》和《楚辞》中就已经出现了许多描写山水景物的诗句，但那只是作为衬托或比兴的媒介，不是一种独立的题材。中国文学史上第一首山水诗是曹操的《观沧海》。到了魏晋南北朝时期，山水诗开始繁荣起来。

语言文学

魏晋时期，尤其是南渡之后，社会动荡，政治黑暗，玄学盛行。很多士大夫逃避现实，以山水为乐土，在山水间过着优哉游哉的生活，从中寻找人生的哲理与乐趣。在山水诗产生和发展的过程中，谢灵运对当时和后世影响最大。谢灵运出身南朝士族，才华横溢，但仕途坎坷。为了摆脱烦恼，谢灵运常常四处游览，寄情于山水。他的山水诗一般先写出游，再写见闻，最后谈玄或发感慨，犹如一篇游记。他的诗句工整精练，意境清新自然，其中不少佳句都经过一番苦心琢磨和精心雕琢，每首诗犹如一幅赏心悦目的山水画。谢灵运的山水诗极大开拓了诗的境界，确立了山水诗的地位，从此山水诗成为中国诗歌的一个重要流派。南北朝时期的谢朓、何逊也是有名的山水诗人，他们与谢灵运一道，把山水诗推向成熟。到了唐朝，山水诗蔚为大观，李白、王维、孟浩然、杜甫等都是山水诗高手，他们以卓越的诗才，为后人留下大量的山水诗佳作。

什么是宫体诗？

宫体诗产生于南朝梁陈之际，影响直到初唐。这种以描写女性美和宫廷生活为主要内容的诗歌，是当时统治阶级荒淫腐朽生活在文学上的反映，情调流于轻艳，诗风比较柔靡。

自古以来，中国不乏描绘女性美的诗歌，但是，到了齐梁时候，部分作家对男女之情开始进行露骨的描绘，出现了"艳情诗"。梁简文帝萧纲酷爱文学，做太子的时候，在东宫聚集一大批文士诗人，专写男女之情，极力吟咏女人的体态、睡态、肌肤或女人的衣着用具等，

还有假托女子的口吻写伤春、杜撰思妇对塞外征人的相思之情。这些诗作，刻画精细，韵律流畅，缠绵婉转，形成一个鲜明的诗歌流派。不仅如此，萧纲更是命文士徐陵收集古今艳诗，汇编成《玉台新咏》，引导宫体诗的创作。他本人更是宣称，"立身先须谨慎，文章且须放荡"，公然鼓吹"轻靡绮艳"的诗风，极大促进了宫体诗的发展。宫体诗虽然还有一些咏物诗，但都有宫廷、宫女的影子，无法跳出宫廷范围。

宫体诗的主要诗人有萧纲、萧绎，以及他们的侍从文人徐摛、庾肩吾、徐陵等，另外还有陈后主及其侍从文人。代表作有萧纲的《咏内人昼眠》《美人晨妆》等。

在宫体诗中，五言八句和四句的形式逐渐得到确认，对仗日益工稳，声韵更加和谐，它在艺术形式方面的积累，对于唐诗的发展起到了很大的推动作用。

什么是边塞诗？

边塞诗指的是唐代以描绘边塞风光、反映戍边将士生活的诗歌。它起源于汉魏六朝，到盛唐全面成熟，形成了边塞诗派。该派代表诗人有高适、岑参、王昌龄、李颀等。比较著名的边塞诗有高适的《燕歌行》、岑参的《走马川行奉送出师西征》、王昌龄的《出塞》等。唐代的边塞诗可以分为初、盛、中、晚4个时期。由于国力强弱和对外战争中的胜负不同，初、盛唐边塞诗中多抒发昂扬奋发、立功边塞的情怀，中唐前期尚有盛唐余响，中唐后期和晚唐只有对昔日盛况的追慕和现实凄凉的哀叹。边塞诗不仅描绘了壮阔苍凉、绚丽多彩的边塞风光，而且抒写了投

笔从戎的豪情壮志以及征人离妇的思想感情。对战争的态度，有歌颂、有批评，也有诅咒和谴责，思想上往往达到一定高度。边塞诗情辞慷慨、意境雄浑，多采用七言歌行和七言绝句的形式。

边塞诗人主要分为两类：有边塞生活经历和军旅生活体验的诗人和利用间接的材料，翻新一些乐府旧题进行新创作的诗人。前者的诗作中更贴近边塞生活，艺术特色也更鲜明，成就也较高。

什么是新乐府运动？

新乐府运动是出现于中唐时期的新诗潮。西汉设置乐府，掌宫廷和朝会音乐。由乐府采集和创作的诗歌称为"乐府"。起初乐府诗大部分采自民间，具有通俗易懂、反映现实和可以入乐几个特点。不过六朝之际及唐初，乐府诗基本上成了文人"嘲风雪，弄花草"的诗体。鉴于此，杜甫参照乐府诗的格式，写了《兵车行》《哀江头》等针砭现实的名篇，此为新乐府诗的发端。其后，元结、韦应物、戴叔伦等人也有新乐府题作。到唐宪宗时期，张籍、王建、元稹、白居易等人彼此唱和，将新乐府运动推向了高潮。尤其元稹、白居易作为当时的才子，有大量新乐府诗作，影响巨大。白居易还提出了"文章合为时而著，歌诗合为事而作"的一整套理论，并首次使用了"新乐府"一词，故被视为新乐府运动的代表人物。新乐府诗作不再像前人那样借助乐府旧题，而是自创新题，按照乐府诗格式创作反映现实的诗作，所以又称"新题乐府"。如李绅的《悯农》诗："春种一粒粟，秋收万颗子。四海无闲田，农夫犹饿死。"便是典型的新乐府诗作。新乐府对当时政治及后世诗歌艺术均产生重大影响。

简单地说，新乐府诗使文学担负起了新闻媒介的作用，某种程度上也是对文学本身的损伤，但在当时来说意义是积极的。

什么是西昆体？

中国北宋初年一个追求辞藻华美、对仗工整的诗歌流派。宋真宗景德二年（1055 年），杨亿、刘筠、钱惟演等人奉诏在宫廷藏书的秘阁内编纂《册府元龟》。他们于修书之余，往来唱和，最后杨亿将这些诗编成一集，定名为《西昆酬唱集》。该集子出来后，在当时产生很大影响，学子纷纷效仿，称之为西昆体。

西昆体主要是宗法晚唐李商隐的艺术风格，崇尚精巧繁缛的诗风，追求巧妙的用典、对仗的工整、音节的和婉，以及像李商隐无题诗那样的隐约朦胧感。西昆体的出现，应该说是对宋初几十年乃至晚唐白体诗流于浅近、粗鄙化的一种反动，重新重视起诗的格律、修辞、寓意，增强了诗歌语言的凝练和诗意的深幽，具有一定的艺术价值。不过，因西昆体作家大多社会地位较高，生活优越，多是宫廷宴游之作，内容狭窄，且脱离真情实感，过于着力于模仿，故而遭人非议。欧阳修、梅尧臣等开创新诗风后，西昆体乃告衰歇。总体上，其对宋代诗歌有着深刻的影响，是宋诗形成自身特色的第一步。

什么是江西诗派？

江西诗派是基本代表宋诗艺术特征的诗派。北宋后期，"苏门四学士"之一的黄庭坚在诗坛上独树一帜，追随与效法者

语言文学

颇多，逐渐形成了一个以黄庭坚为中心的诗歌流派。宋徽宗时，吕本中撰《江西诗社宗派图》，中列陈师道、潘大临、杨符等25人，认为这些人的诗风与黄庭坚一脉相承。因黄庭坚为江西人，故称之为江西诗派。虽然这些人的诗各有风格，但在创作方法和诗歌见解方面有共同之处。黄庭坚因推崇杜诗韩文"无一字无来处"的创作方法，提倡化用前人词语、典故的"点铁成金"法和师承前人构思和意境的"脱胎换骨"法。他不仅提出理论，并且写有大量优秀作品。这种诗作，对文化功底要求很高，才学便成了写诗的基础。这也是有宋一代诗歌的基本特点，比如黄庭坚、欧阳修、王安石、苏轼等诗坛领袖均为大学者。到南宋时期，江西诗派影响更大，杨万里、姜夔、陆游等大诗人都深受其影响。又因此派诗人多学习杜甫，故宋末方回又提出了"一祖三宗"的说法，即尊杜甫为"祖"，黄庭坚、陈师道和陈与义为"宗"。

不过这种将诗歌学问化的做法，导致许多记忆力不佳的诗人往往靠翻书来拼凑典故，而过多的典故也使读者读起来异常费神。因此有不少人对此表示不满，南宋的严羽曾言："诗有别材，非关书也；诗有别趣，非关理也。"虽如此，这种写者费劲、读者费神的诗歌在古代文人中一直都比较盛行，尤其以博学相矜的清代诗人，更是推崇这种"无一字无来处"的作诗法。

"永嘉四灵"指的是什么？

"永嘉四灵"指南宋中叶浙江永嘉（今温州）的四个诗人，分别是徐照（字灵晖）、赵师秀（号灵秀）、翁卷（字灵舒）、徐玑（号灵渊）。因字或号中均有一"灵"字，诗风又相近，故名。他们的诗风，主要学习晚唐贾岛、姚合，标榜野逸清瘦。并融入了山水、田园诗的韵致，表现出归隐田园、寄情泉石的淡泊境界。另外，其在语言上则刻意求工，忌用典，尚白描。如翁卷的《乡村四月》："绿遍山原白满州，子规声里雨如烟。乡村四月闲人少，才了蚕桑又插田。"便是"四灵"诗的典型。"永嘉四灵"因为打破了江西诗派过于倚重学问的藩篱而在南宋诗坛上独树一帜，加上其迎合了南宋中叶大量无由入仕的民间文人的心境，在当时引起广泛共鸣，但其有境界狭小、寄情偏狭之弊。

什么是"台阁体"？

台阁体是明朝永乐至成化间的一个文学流派。其代表人物号称"三杨"，即杨士奇、杨荣、杨溥。三人均为"台阁重臣"，故其诗文（主要为诗歌，也包括散文）被称为"台阁体"。台阁体的出现，被后人认为是诗文创作的一种倒退，其在内容上要么是粉饰太平、歌功颂德献媚皇帝之作，要么是宴乐唱和之作，毫无生气；而在艺术上，其立意平庸，既没有对自我情感的精致剖析，又没有对社会的关怀。不过因其风格雍容典雅，加上"三杨"官位显赫，作品又时时流露出一种富贵气度，故追慕效仿者颇多，竟致形成一个流派。

另外，台阁体的形成也与程朱理学所要求的"雅正平和"地表达情感及明前期（尤其永乐后）平静的政治环境下官员们心态悠然、志得意满的心理有关。台阁体文人多追慕宋人，成就却去宋甚远。台阁体在明前期统治文坛几十年后，在饱受抨击之下退出文坛。

"江左三大家"都有谁？

江左三大家指的是明末清初的三个著名诗人，分别是钱谦益、吴伟业、龚鼎孳。因三人机关都属江左地区，故称。三人均为明朝旧臣而又仕清。其中，龚鼎孳（1615～1673 年）成就和影响均不如钱、吴。钱氏崇宋诗，吴氏尊唐诗，两人各立门户，影响深远。

钱谦益（1582～1664 年）字受之，号牧斋，晚号蒙叟、东涧老人，常熟（今属江苏）人。其学问渊博，在史学、诗文方面均负盛名，传说名妓柳如是因慕其才而嫁于他。在诗作上，其初学盛唐，后广泛学习唐宋各家，最终融唐宋诗于一炉。其诗沉郁炫丽，才华雄健。其诗作有《初学集》《有学集》《投笔集》等，因其晚年诗歌多抒发反清复国之愿，乾隆时，其诗文集遭到禁毁。

吴伟业，字骏公，号梅村，江南太仓（今属江苏）人。其诗歌多以哀时伤事为题材，富有时代感。风格上则华丽藻饰，缠绵凄恻。明亡后则更显得婉转苍凉，感人至深。其于明亡后所做的七言歌行深受白居易影响，所做讽刺吴三桂降清的《圆圆曲》，讲述田妃、公主遭遇的《永和宫词》《萧史青门曲》；写艺人的飘零沦落《楚两生行》《听女道士卞玉京弹琴歌》内容深婉，语言华丽，气势磅礴，有"诗史"之称。

唐诗派指的是什么？

这是对于明清时代推崇唐诗的诗派的称谓。中国古典诗歌至唐代达到极盛，至宋，风格一变，成另一番韵致。南宋末年的严羽在其诗歌品评著作《沧浪诗话》中推崇唐诗，认为唐诗妙处在于"气象"和"情趣"，而宋"以文字为诗，以议论为诗，以才学为诗"，去唐诗甚远。宋元人虽然推崇唐诗，但唐诗真正被奉为典范，则是在明代。明中期，以李梦阳、何景明、王世贞、李攀龙为首的"前后七子"，提出"诗必盛唐"的说法，认为"诗自中唐以后，皆不足观"。"前后七子"皆是当时负有盛名的文人，尤其李、何、王、李四人作为当时的文坛领袖，其影响非比寻常。清代时，又有以王士禛、沈德潜为代表的唐诗派。不过，虽然唐诗派崇拜唐诗，其作品也有不少佳作，但总体上还是与唐诗有一定距离。其主要的贡献在于通过对唐诗进行分析、鉴赏和宣扬，使得唐诗不再局限于文坛，而是家喻户晓、妇孺皆知。

宋诗派指的是什么？

此为清代一个推崇宋诗的诗派。鲁迅曾言："一切好诗，到唐已经做完。"但宋人却将诗风一转，又开辟出一个崭新的天地。南宋后期尊崇唐诗的严羽在《沧浪诗话》中对比唐诗优越于宋诗之时，曾分析："本朝人尚理，唐人尚意兴。"他认为宋朝人利用诗歌议论，乃是呈露才学，为诗作的末路。其后便形成了一个以唐诗为尊的唐诗派，清代的唐诗派人物著名代表沈德潜甚至认为"宋诗近腐"。在唐诗派将宋诗的特点作为一种缺点进行评点的同时，有读者，尤其是那些饱学之士却认为宋诗的特点并非缺点，而是一种风格。认为唐诗胜在意趣，而宋诗则自有一种理趣。尤其到清代时，因崇尚博学，延及诗坛，形成了推崇宋诗的宋诗派。直至近代，宋诗派仍然在诗坛占有优势地位，著名的"同光体"诗人便是宋诗派的中坚。另外，钱锺书认为，虽然"诗分唐宋"，但并非严格以朝代为界限，而是指两种风格。如唐人也有做讲究理趣的宋诗，宋人也做讲究情趣的唐诗。

"诗界革命"是怎么回事？

诗界革命是清朝戊戌变法前后资产阶级倡导的诗歌改良运动。早期的倡导者是夏曾佑、谭嗣同、梁启超 3 人。他们力图开辟诗歌语言的新源泉，目的是表现资产阶级新思想。戊戌维新运动失败后，梁启超逃亡国外，把主要精力用在文化宣传和推进文学改良上。1899 年，梁启超正式提出"诗界革命"的口号，倡导"新意境""新语句"和"以古人风格入之"的新诗写作风格。

在"诗界革命"中，黄遵宪取得的成就最大，被称为"诗界革命"的一面旗帜。黄遵宪（1848～1905 年），字公度，号人境庐主人，广东嘉应州（今梅县）人。他曾在日本和欧美做过 20 多年的外交官，是戊戌维新运动的积极参加者。在诗歌创作方面，他提出"我手写我口"的创作原则，强调写诗要反映现实生活，能表达自己的真情实感。黄遵宪的诗作题材非常广泛，包括政治、战争、异乡风俗等，用艺术手段生动地展现了中国近代社会的变迁。他的代表作有《冯将军歌》《台湾行》《哀旅顺》等。

"诗界革命"冲击了长期统治诗坛的拟古主义、形式主义倾向，反映了当时的诗人咏唱新时代和新思想的强烈要求。

花间派代表作家都有谁？其创作风格是怎样的？

晚唐五代时期的一个词派。五代十国时期，中原成了群雄逐鹿的猎场，而蜀中地区却相对稳定，经济繁荣，许多文人纷纷避难于此。前后偏安于西蜀的两个小政权自度无力量统一天下，便干脆沉湎于独立王国的安闲之中，歌舞升平，自得其乐。在这种背景下，以娱乐为主的词便流行起来。后蜀宫廷文人赵崇祚选录唐末五代词人 18 家作品 500 首编成《花间集》，其中除温庭筠、皇甫松、和凝、孙光宪外，其余全部是蜀中文人。这些人的词风大体相近，多写男女艳情、离愁别恨，婉转低回，香艳柔软，类似于六朝时期的"艳诗"。后世将集中所选词人及其他有类似词风的词人称为"花间派"。

花间派的代表作家是温庭筠和韦庄，其中，温词香艳华美，韦词则疏淡明秀，两人也代表了花间派的两种主要风格。总体上，花间派词作的文字富艳精工，艺术成就较高，但在思想上格调不高，尤其是一些笔触描写男女燕私时十分露骨，极不符合孔老夫子的"诗言志"的诗教，被后世骂作是"桑间濮上之音"（黄色歌曲）。正因为此，对于北宋的欧阳修、晏殊等正统文人偶有的一些花间词作，后世读者竟不相信是出于他们之手，而猜测是别人的伪作。

婉约派代表作家都有谁？其创作风格是怎样的？

婉约派为宋词风格流派之一。婉约一词最早见于《国语·吴语》："故婉约其词，以从逸王之志。"先秦、魏晋六朝时期，婉约常被人们用来形容文学辞章。

词，本是合乐演唱的，最初是为了达到娱宾遣兴的目的，其内容不外乎离别愁绪、闺情绮怨等内容。因而，词逐渐形成了香软、柔媚等婉转柔美的风调。而婉约派作为词的一种风格流派，被明确提出来，一般认为始于明人张誔。清人王士禛在《花草蒙拾》中写道："张南湖论词派有二：一曰婉约，二曰豪放。"婉约词的主要特点是：内容注重儿女风情，结构深思缜密，韵律婉转和谐，语言清丽圆润。婉约派的代表人物有李煜、柳永、晏殊、欧阳修、秦观、周邦彦、李清照等人，其中，李煜、柳永、晏殊、李清照被并称为婉约派四大旗帜，他们的词分别以愁宗、情长、别恨、闺语见长。

豪放派代表作家都有谁？其创作风格是怎样的？

豪放派与婉约派并称为宋词两大流派。它是与婉约派文风相对的一个文学流派，代表人物有苏轼、辛弃疾。豪放派词题材广泛、视角鲜明、语言旷达、气势雄浑，思想豪放不羁，词文不拘音律格调。豪放派从形成到鼎盛共经历了 3 个阶段：初步形成，以范仲淹的《渔家傲·塞下秋来风景异》为开端。它引导了豪放派词风的主体方向；发展成形，是以苏轼词的豪壮为基调，逐渐在词坛形成一股劲风；鼎盛，继苏轼之后，辛弃疾等爱国词人将鸿鹄之志以及边塞慨叹融入词中，雄浑激荡的词风统霸文坛。在此之后，豪放派继承者因慨叹国衰、情难却等原因，词中渐渐融合了沉郁、典雅等古朴诗风，逐渐形成了豪放、清秀隽永的温婉手法相结合的刚柔相济的词风，其代表人物主要有刘克庄、黄机、戴复古、刘辰翁等。

常州词派是怎样的文学流派？

清代最有影响的词派之一，因其创立者为常州人张惠言，故名。词作为诗的一种变体，发端于唐代，两宋时达到极盛，元明时期，跌入低谷。直到明末清初，词坛再度热闹，出现了推崇姜夔、张炎清空淳雅的浙西派和推崇辛弃疾、苏轼奔放豪迈的阳羡派。不过因清初文网严密，文人噤若寒蝉，豪放不起来，浙西派称霸词坛。后浙西派逐渐枯寂，沦为专务雕琢章句、恪守声律的"小道"。嘉庆后，文网渐开，继承豪放一脉的常州词派崛起。张惠言作为常州词派的发起者，其首先致力

苏轼回翰林院图　明　张路
此图表现这样的情节：苏轼因与王安石政见不和，被贬外官，不久被皇帝诏回任命于翰林院。一日，皇后诏见苏轼，重申对他的信任，论及往事，不觉潸然泪下。之后，皇后派人摘下座椅上的金莲灯为其照明，送其回翰林院。

于在理论上给予词以与诗并列的尊崇地位，而非仅仅是"诗余"。其次，他则强调词并非仅仅是文人"言情"的小玩意，而是与诗同样具有"言志"功能的"大道"。为证明此，他还特地编撰了一本《词选》，以证明自己的观点。在《词选》中，张对诸多词作进行挖掘，其微言大义地解读，有些说得通，有些则牵强附会。如他曾将温庭筠的著名"艳词"《菩萨蛮》解释为"感士不遇"之意。后来的王国维曾对此类穿凿附会表示了自己的讥讽。不过在当时，响应者却甚多，并形成常州词派。稍晚的常州词派的另一位代表人物周济进一步发挥张惠言的观点，并提出了"词史"一说，以与"诗史"并尊。常州词派对清词发展影响甚大，近代谭献、王鹏运、朱孝臧、况周颐这四大词家，也是常州词派的后劲。

公安派和竟陵派的创作风格各是什么？

公安派和竟陵派是一前一后出现于明末的两个反传统的诗文流派。其中，公安派因其代表人物袁宗道、袁宏道和袁中道三兄弟籍贯为湖北公安而得名。明代自弘治以来，文坛为"前后七子"所把持，他们倡言"文必秦汉，诗必盛唐""大历以后书勿读"的复古论调。万历时，"异端"思想家李贽质疑复古论调，提出"童心"说，震动极大，但其最后被迫害致死。与李贽有过交往的袁氏三兄弟则变"童心"说为"独抒性灵，不拘格套"，推行类似的文学主张。并写下了不少随性而灵巧的诗作，不过许多诗作也流于浅俚。值得称道的是其所作的一系列短小、轻灵、隽永的小品文，开创了我国散文写作的新领域。但在复古主义占上风的清代，公安派作品未受到青睐。直到近代，因周作人、林语堂的提倡，公安派作品才在读书界热起来。

竟陵派的出现稍晚于公安派，因其代表人物钟惺、谭元春为竟陵人而得名。竟陵派同样抨击"前后七子"的复古论调，并继承了公安派的"性灵"说，但同时鉴于公安派诗作俚俗、浮浅的缺陷，而倡导"幽深孤峭"，刻意追求字意深奥，求新求奇，最终形成了艰涩隐晦的风格。竟陵派较有成就的代表人物是刘侗，他的《帝京景物略》成为竟陵体语言风格代表作品之一。

桐城派是怎样的文学流派？

桐城派是清代影响最大的古文流派，因其代表人物方苞、刘大櫆、姚鼐均系安徽桐城人而得名。明中期以后，因反对复古论调的公安派、竟陵派的出现，"文以载道"的文学传统遭到极大挑战。清初，先是名满天下的朝廷重臣方苞，对古文写作进行了新的思考，提出将"文""道"统一的"义法"说，被认为是桐城派的始祖。此后，刘大櫆又提出"神气""音节""字句"理论，进一步补充了方苞的"义法"说。乾隆时的姚鼐则提出"义理、考据、词章"合一的完整理论，乃是桐城派的集大成者。方、刘、姚三人被尊为"桐城三祖"。桐城派文章以文学的眼光看，没什么文采，其特点在于辞句精练，简明达意，条例清晰，只求"清真雅正"，不求文采飞扬，偏重于文章的实用性。其代表作有方苞的《狱中杂记》，姚鼐的《登泰山记》等。桐城派影响极其深远，在地域上早就超出桐城，遍及全国。身为湖南人的曾国藩便是桐城派领袖，西方小说翻译家林纾也曾是桐城派中坚；时间上则自康熙直延至清末，甚至在新文化运动前夕，北京大学国文系还为桐城派所称霸。直到新文化运动开始，白话文兴起，桐城派才宣告消亡。其作家之多、播布地域之广、绵延时间之久，文学史所罕见。

什么是讲史小说？

讲史小说是中国明清时期的一种小说，发端于宋元时期的平话。平话是宋元时期的说书艺人用来讲故事的底稿，其中讲史类平话乃是宋代四类平话之一。因中国人喜欢听"真实"的历史故事，宋元之际，几乎历代史都被说书艺人编成了平话，如《武王伐纣平话》《五代史平话》等。明代时，一些文人对平话进一步加工整理，形成了历史小说。明清小说每一章结尾处的"欲知后事如何，且听下回分解"以及时不时出现的"说话的""列位看官"等对话式的语言，便是平话留下的痕迹。中国最早成形的讲史小说乃是根据《三国志平话》改编而来的《三国演义》。讲史小说具体分作两支，一支为"历史演义"，如《三国演义》《隋唐演义》等；另一支为"英雄传奇"，如《水浒传》《说岳全传》等。总体上，讲史小说乃是一种通俗文学，艺术水准不高，像《三国演义》《水浒传》这样的杰作只是凤毛麟角。不过，这种通俗文学作品对于历史知识的普及却是不可替代的。

什么是志怪和志人小说？

六朝时期的小说主要分为志怪和志人两大类。志怪写的是神仙方术、妖魔鬼怪等，志人则记录的是一些名人的闲闻逸事。

志怪小说盛行的根本原因是当时宗教迷信思想盛行，由此产生了许多神仙方术、佛法灵异的故事，成为志怪小说的素材，甚至有些志怪小说的作者就是佛教徒。志怪小说主要可以分为三类：1. 地理博物，如《神异经》《博物志》。2. 鬼神怪异，如《列异传》《搜神记》。3. 佛法灵异，如《冥祥记》《冤魂志》。

魏晋南北朝志怪小说的代表作是干宝的《搜神记》、张华的《博物志》、王嘉的《拾遗记》、吴均的《续齐谐记》等，其中名篇有《三王墓》《韩凭妻》《弘氏》《董永》等。

志人小说的兴盛和当时士人之间崇尚清谈和品评人物的风气有很大关系。志人小说也可以分为三类：1. 笑话。代表作有邯郸淳的《笑林》。2. 野史。东晋的道士葛洪委托刘歆所著的《西京杂记》，记述西汉的人物逸事，带有怪异色彩。3. 逸闻逸事。这是志人小说的主要部分，作品最多，有裴启《语林》、郭澄子《郭子》、沈约《俗说》、殷芸《小说》、刘义庆《世说新语》等，其中刘义庆的《世说新语》成就最大，影响最广，是志人小说的代表作。

什么是神魔小说？

神魔小说是明清之际的一种小说，又称志怪小说。明代中期以后，通俗小说主要分作两类，一类讲述现实世情，一类讲神怪斗争，鲁迅先生在《中国小说史略》中将后者命名为神魔小说。神魔小说同样起源于宋元之际的平话，第一本神魔小说《西游记》便是吴承恩在宋元平话的基础上

语言文学

加工整理而成的。因此书风行一时，获巨大成功，其后作家纷纷效仿，产生了《封神演义》《东游记》《三宝太监西洋记》《镜花缘》等众多神魔小说。这类小说一般是依托历史事件，或依托流行的神怪故事，也有少数是文人纯粹凭想象写出来的，如《镜花缘》。神魔小说大多没有复杂的思想和严肃的主题，主要着力讲述神魔鬼怪之间的斗争，有很强的娱乐性，即使有一些讽喻现实的意图，普通读者也因为被故事所吸引而很难领会。总体上，除《西游记》《镜花缘》等少数经典，大多神魔小说写得比较粗糙，缺乏艺术创造。

什么是世情小说？

明清时期的一种小说。世情小说因写世态人情，也称"人情小说"。世情小说的出现，是我国小说史上的重大转变，关于此，也可以借助中国第一本世情小说《金瓶梅》来说明。首先，《金瓶梅》乃是第一本不再依托于以前的民间艺人的集体创作，而是由文人独立构思并创作的一本小说，这标志着小说真正成为一门独立的艺术。其次，《金瓶梅》乃是第一本将目光从帝王将相、才子佳人身上转移到普通人身上来的小说，其开创了中国小说的现实主义传统，使得小说艺术的思想性大大得到提高。《金瓶梅》的这两个特征基本代表了世情小说的特征。《金瓶梅》之后，世情小说得到迅速发展，成为通俗小说的一大主潮。明清两代的世情小说，或主要写情爱婚姻，或主要叙家庭纠纷，或广阔地描绘社会生活，或专注于讥刺儒林、官场、青楼，内容丰富，色彩斑斓。世情小说产生了一大批经典之作，如《三言二拍》《儒林外史》《官场现形记》《红楼梦》等。

什么是才子佳人小说？

流行于明末清初的一类小说。因中国自古流行"文人政治"，不同于西方女性眼中理想的男人是尚武的"白马王子"，中国女性理想的男人在很长时间里一直都是尚文的"才子"。直到现代产生"郎才女貌"的说法后，这个"才"才不再局限于文学才能。因此，中国古人拥有浓厚的"才子佳人"情结。元杂剧《西厢记》和《牡丹亭》之所以千古流行，一些批评家认为是因为其"反封建"，而实际上恐怕与人们的"才子佳人"情结有关。明末清初，历史演义和神魔小说流行风刮过之后，才子佳人小说开始登上流行舞台。《双美奇缘》《好逑传》《玉娇梨》《平山冷燕》等大批才子佳人小说相继诞生。这种小说基本上都有一个固定的套路，先是一个落魄才子巧遇一个家境优裕的佳人，这佳人慧眼识珠，与之一见倾心，两人彼此赠诗，并私订终身。其间也总有一个"坏人"从中作梗，几经曲折，最终才子金榜题名，皇帝赐婚，有情人终成眷属。对于这种死板的套路，曹雪芹曾在《红楼梦》中借那块"补天石"之口讽刺其"千人一面，千部一腔"。并且这类小说的语言也往往比较蹩脚。尽管如此，可能因人们天性对美好爱情的向往，对这类书却十分青睐。清代人曾评选过"十才子书"，其中一半都属于才子佳人小说。

什么是公案小说？

公案小说的主要内容就是狱讼，它是中国近代小说的一个流派。清末，产生了大量的公案小说，风靡一时，比较著名的有《施公案》《彭公案》等。后来公案小说又与侠义小说合流，形成侠义公案小说。

先秦两汉法律文献中的案例与史书中的清官循吏的传记以及魏晋南北朝志怪小说中的神鬼与狱讼故事，可以看作是公案小说的萌芽。晚唐五代的笔记（传奇）小说中的公案故事，表明公案小说已经成形。宋朝时期，公案作品便大量产生，艺术上也日趋完美，标志着公案小说已经成熟。在众多的公案小说中，最为脍炙人口的，首推《龙图公案》（《包公案》），其次是《施公案》《彭公案》。

公案小说的主要思想倾向是：赞扬忠臣清官，铲除奸恶，匡扶社稷，宣扬"尽忠"思想，鼓吹"奴才"哲学和变节行为。

什么是谴责小说？

谴责小说是中国旧小说的一个流派。晚清时期，经过中日甲午战争失败、戊戌变法失败、八国联军入侵等一系列巨大的变故，内忧外患日益严重，社会更加黑暗，政治更加腐败，一些小说家们对社会现状深为不满，口诛笔伐，写了大量讽刺社会黑暗面和抨击时政的小说。鲁迅在《中国小说史略》中将这类小说的特点概括为"揭发伏藏，显其弊恶，而于时政，严加纠弹，或更扩充，并及风俗"，将它们称之为"谴责小说"。

比较著名的谴责小说有李宝嘉的《官场现形记》、吴趼人的《二十年目睹之怪现状》、刘鹗的《老残游记》和曾朴的《孽海花》。这类小说的题材和内容，涉及社会生活的各个方面，如官场、商界、华工、女界、战争等，其中写官场最为普遍。

语言文学

书画艺术

什么是中国画？

中国画这个概念，广义上指运用中国的传统绘画工具（笔、墨、纸、砚、颜料等）所绘的画，简称"国画"。中国画按题材又可分为人物画、山水画、花鸟画、动物画等；按使用材料和表现方法，主要分为工笔、写意和兼工带写三种；按照画幅大小和形状及折叠方式，可以分为横向的长卷、横批，纵向展开的条幅、中堂，仅有一尺左右见方的册页、斗方，画在折扇、团扇等扇子上的扇面。

中国画在创作上重在传达出物象的神态情韵和画家的主观感受，造型上讲求"妙在似与不似之间"和"不似之似"，对那些能体现出神情特征的部分往往会采取夸张甚至变形的手法加以刻画，而不是追求实际的"相像"。

在构图上，中国画讲求经营，重视虚与实、疏与密的配合与平衡，力求打破时空的限制，构造出一种画家心目中的景象。

中国画善用水墨，创造出极为丰富的笔法和墨法，同时墨还可以与色相互结合，形成墨色互补的多样性。以这些独特的笔墨技巧，如点、线、面作为状物传情的表现手段，描绘对象的形貌、骨法、质地、光暗及情态神韵，传情达意，具有独立的审美价值。

中国画，特别是中国文人画，讲求诗、书、画、印的有机结合。画面上题写的诗文跋语，既是画面的有机组成部分，同时还能表达画家对社会、人生及艺术的思考和认识，在深化主题的同时，提升画作的文化品位。

中国画在观察认识、形象塑造和表现手法上，与西方绘画相比，有着迥异风格和独特的艺术趣味。中国画对客观事物的观察、体认、再现，以及借物传情的艺术构想，渗透着画家的社会意识，使绘画具有相应的认识作用、教育作用和高度的审美价值，体现出中国人独特的思维方式、哲学观念和审美情趣。

人们为何把绘画称为"丹青"？

人们常把绘画称为"丹青"。《汉书·苏武传》载到："竹帛所载，丹青所画。"最初，"丹青"指的是古代绘画中常用的两种颜料。丹，指的是朱砂；青，指的是青。因这两种颜料不易褪色，所以备受画者的喜爱。

汉代的陆贾在《新语》中说道："民弃本趋末，伎巧横出……丹青玄黄琦玮之色，以穷耳目之好，极工匠之巧。"意思说，绘画中，人们广泛使用"丹青"这两种颜料。最初，"丹青"仅指代红、青两种颜色。后来，绘画中的所有色彩都被泛称为"丹青"。因而，由各种色彩绘出的图画，便被人们通称为"丹青"。一些杰出画家，绘画高手也被称为"丹青手""丹青妙手"。

"中国画"又名"国画"。在绘画艺术史上，中国画的起源可以追溯到5000多年前仰韶文化中的"鹳鱼石斧图"。但是以"中国画"一称享誉世界，则要从清代与西洋画相对的画作说起。《颐园论画》中说："西洋画工细求酷肖"，也就是说，西洋画重写实，尤以素描和油画驰名。

与西洋画不同，中国画更重意境和神韵。中国画按使用材料和表现方法，主要分为工笔、写意和兼工带写三种，具体可分为水墨画、重彩、浅绛、工笔、写意、白描等；按题材又可分为人物画、山水画、花鸟画、动物画等。按照画幅大小和形状及折叠方式，可以分为横向的长卷、横批，纵向展开的条幅、中堂，仅有一尺见方的册页、斗方，画在折扇、团扇等扇子上的扇面等。中国画重点强调点、线、面的结合，工笔画重视线条细致逼真，形神兼备；写意画重视整体的意境，比较重视对浓淡光影的表现，追求神似。

总体而言，中国画体现出中国独特的风韵，或干净简练，或华丽繁复，有着与西洋画截然不同的审美情趣和艺术造诣。

什么是人物画？

人物画是以人物活动为主要描写对象的绘画，它是中国画的三大画科之一。早在周代，就已经出现了以劝善戒恶为目的的历史人物壁画。

按题材分类，人物画可分为历史人物画、宗教人物画和现实人物画3种。

按艺术手法可分为有工笔重彩、写意、白描、泼墨等多种。

按画面人物的多少，一般分为群像画和肖像画。

群像画以突出人物活动为主，肖像画以描绘人物形象的酷肖为主。各种人物画所表现的侧重点虽有所不同，但都要求形神兼备，人物形象要符合人物的形体、比例、场景透视原理等，更重要的是传达人物的性格、气质和神态。

人物画通常要求人物显得逼真传神，气韵生动，常常把人物安排在一定的场景中。描绘重点是人物的面部，同时处理好人物之间、人物与环境之间的关系，以求画面整体的统一。

战国楚墓出土的《人物龙凤图》与《人物驭龙图》帛画，是表现战国时期神话人物的经典作品，也是目前最早的独幅人物画作品。

我们公认的著名古代人物画有东晋顾恺之的《洛神赋图》《女史箴图》，唐代韩滉的《文苑图》，五代南唐顾闳中的《韩熙载夜宴图》，北宋李公麟的《维摩诘像》等。

为什么中国的肖像画叫"写真"？

杜甫的《丹青引赠曹将军霸》中写道："将军善画盖有神，偶逢佳士亦写真。"这里所说的写真，指的是曹将军的肖像画。那么，人们为什么要把中国的肖像画称为"写真"呢？如今我们所说的"写真"，与杜甫诗中所说的写真是一个含义吗？

古时，肖像画又叫写真。它还有写照、传神、写貌、写像、影像、追影、写生、容像、像人、祖先影像、禅宗祖师像、顶相、仪像、寿影、喜神、揭帛、代图、接白、帝王影像、圣容、衣冠像、云身、小像、行乐图、家庆图等别称。在中国传统绘画题材中，人物、山水、花鸟是三大类别，肖像画便是人物画别中的一个分支。

据湖南长沙马王堆西汉墓出土的帛画显示，早在汉代，我国的肖像画艺术水平便已经达到了一定的高度。作为人物形象的描绘，肖像画要求做到形神统一。在以绘画技巧描摹人物外部特征的同时，还要求将人物内在的性格特点，情态特征表现出来。可以说，一幅肖像画是个人外在形象、内在精神的全面真实展示。因而，人们将其命名为"写真""传神"等。

东晋画家顾恺之曾经说过："传神写照，正在阿堵之中。"说的便是肖像画表现人物的关键所在便是传神逼真。明代以后，受西方肖像画绘画风格影响，我国还出现了一个新的绘画派别——写真派。他们以画家曾鲸为代表，专以写真为题材。

现如今，"写真"的含义被人们扩大化，甚至有了贬低之意。其含义和古代的肖像画之"影像"的别称含义颇为相似，但是却不单单指代肖像那么简单了。其中包括了"摄影""照片"的内涵。

什么是山水画？

山水画是中国三大画种之一。它所表达的是古人对自然的崇拜和热爱，表达了天人合一的境界和追求，一定程度上反映作者对自然的思考以及对人生社会的认识，在用写实或艺术的手法表现自然之美的同时，也间接反映当时的社会生活状态。在技法上，山水画有水墨山水、青绿山水、金碧山水、浅绛山水、淡彩山水、没骨山水等形式。在题材和内容上，名山大川、田野村居、城市园林、寺观舟桥、历史名胜等皆可入画。

晋代，山水画从人物画中分离出来，成为独立的画料；隋唐的李思训、王维等人完善了山水画的画理、画法、章法，中国山水画的传统就此形成。五代以及北宋时期，山水画大兴，荆浩、关仝、李成、董源、巨然、范宽、米芾等人以水墨山水闻名，王希孟、赵伯驹等人以青绿山水闻名，山水画在这时发展到高峰。山水画的技法基本上有"勾""皴""染""点"四个步骤，首先用墨线勾出山石的大致轮廓，再用各种皴法画出山石明暗向背，然后用淡墨渲染，加强山石的立体感，最后用浓墨或鲜明的颜色，点出石上青苔或远山的树木。

现存最早的山水画名作是隋代展子虔所作的卷轴画《游春图》，此画绢本设色，现为北京故宫博物院藏品。

什么是花鸟画？

花鸟画是中国绘画的三大画种之一，它的描绘对象包括花卉、竹石、虫鸟、游鱼等。早在原始时代的陶器上，就出现了简单的鸟鱼图案，这算是我国最早的花鸟画。东晋、南朝宋时，花鸟画成为独立的画种，唐代趋于成熟。经过长期发展，花鸟画总体上形成了写实为基础，寄托情感和寓意为归依的传统。画家通常以花鸟来表现人的精神和气节韵致，以及对现实的种种寄托，具有强烈的抒情性。同时也间接表现社会生活，反映时代精神。按艺术手法，花鸟画可分为工笔和写意等多种；按照用墨用色的不同，可分为水墨花鸟画、泼墨花鸟画、设色花鸟画、白描花鸟画及没骨花鸟画等。

在构图上，花鸟画突出主体，善于剪裁，常常通过枝叶来进行对画作整体的布局安排和调整，讲究虚实相对，相互呼应。此外，配合对画作内容进行解说或烘托的诗文，也是花鸟画的一大特点。五代到宋朝，中国花鸟画达于繁盛。南宋及元代相继出现了水墨写意"四君子画"（梅、兰、菊、竹），与此同时兴起了以线描为主要手段的白描花卉。明朝后期，徐渭以草书入画，开创了强烈抒写个性的先河。

芙蓉锦鸡图　宋　赵佶

到清初朱耷，这种表达个性的花鸟画达到高峰水平。数千年的积淀，使得花鸟画成为世界美术史上独特而优雅的存在。

什么是文人画？

文人画，也称"士大夫甲意画"。是我国传统绘画的风格流派之一，画中带有浓烈的文人情趣，流露着浓烈的文人思想。早在魏晋南北朝时期，文人画的某些创作思想和艺术实践就出现了，但"文人画"作为一个正式的名称，是由明末画家董其昌提出来的。

书卷气或称"诗卷气"是文人画评画的一个标准，也就是说，文人画讲究在画作中体现出诗意。文人画的作品大都以山水、古木、竹石、花鸟等作为题材，以水墨或淡设色写意为表现手法。在墨和色彩的选择和使用上，文人画比较重视水墨的表现力，讲究墨分五色，善于通过墨浓淡干湿的不同变化，描绘不同的物象，抒发不同的情感，寄寓作者的情怀。文人画独特的创作思想和绘画风格是中国画的宝贵经验和传统，以特有的"雅"而独树一帜。

文人画的代表人物有唐代王维，元朝倪云林，明代董其昌，清代八大山人、吴昌硕等。文人画讲究诗情画意，"画中有诗，诗中有画"是文人画一致的追求，画中往往还有题诗，诗画合璧，体现出浓郁的画家雅趣与文人才情，具有极高的审美价值。

"外师造化，中得心源"是谁提出来的？

"外师造化，中得心源"，是唐代画家张璪所提出的艺术创作理论。"造化"，即大自然，"心源"，即作者内心的感悟。

"外师造化，中得心源"也就是说艺术创作来源于对大自然的师法，但是自然的美并不能够自动地成为艺术的美，对于这一转化过程，艺术家内心的情思与构设是不可缺少的。艺术作品是客观现实与主观思想得到有机统一之后而产生的，是艺术家的内心感悟作用于外界的艺术资源而得出的结果。这不仅对于绘画，对于其他艺术创作也是适用的。

"诗中有画，画中有诗"是怎样的境界？

苏轼为王维的画作《蓝关烟雨图》题词："味摩诘之诗，诗中有画；观摩诘之画，画中有诗。""诗中有画，画中有诗"指的就是画有诗情而诗有画意，诗画交融，一种艺术而兼有两种神韵。王维不仅是一名出色的诗人，也是一位杰出的画家，而且他的诗与画不是相互分离的，而是两者有机地融合在一起，不仅画中富有浓郁的诗意，诗中亦给人一种清新的画面感，如"落花寂寂啼山鸟，杨柳青青渡水人""行到水穷处，坐看云起时"等诗句皆为此类。"诗中有画，画中有诗"意味着一种更为高远的艺术境界。

何谓"古意说"？

"古意说"是宋末元初画家赵孟𫖯所提出的绘画主张，其目的是扭转北宋以来画界古风渐颓的趋势，而呼唤自然素朴的格调。对此，赵孟𫖯曾明确指出："作画贵有古意，若无古意，虽工无益。今人但知用笔纤细，傅色浓艳，便自为能手，殊不知古意既亏，百病横生，岂可观也！吾所作画，似乎简率，然识者知其近古，故以为佳。此可为知者道，不为不知者说也。"又说："宋人画人物不及唐人远甚，予刻意学唐人，殆欲去宋人笔墨。"赵孟𫖯所要抵制的"宋人笔墨"指的就是那种工艳琐细的风气，而他所倡导的就是自觉以"意"来追求绘画的那种简淡疏放的更高境界。

何谓"逸气说"？

"逸气说"是元代画家倪瓒所提出的理论，其要点是讲绘画是聊以自娱的，要表达出胸中逸气，不必追求形似，而当求得象外之美。倪瓒的画作被称为"逸品"，他将儒者的"中和"、道家的"法天贵真"和禅宗的"玄寂"结合起来，创造出一种迥异于前的天真幽淡、疏秀空灵的风格，给元代画界带来一股格外的清新之气，并且对后世画家产生了极大的影响。

为什么说"书画同源"？

书画同源，即绘画和书法两者渊源同出，彼此借鉴，密切相关。唐代张彦远在《历代名画记·叙画之源流》中说："是时也，书画同体而未分，象制肇始而犹略。无以传其意，故有书；无以见其形，故有画。"这说的就是远古时期文字与图画是同体的，因为起源相同，书法与绘画在表现形式方面，尤其是在笔墨运用上具有许多共同的规律，在精神气度上更是彼此相通，而书法与绘画所用的工具亦同为笔、墨、纸、砚，两者从本质上来讲都属于平面造型艺术。艺术家往往兼长书画，而中国画的本身就结合着书法艺术，在一幅画面上，绘画与书法相得益彰。

何谓"南北宗论"？

南北宗论是中国书画史上一种理论学说。由明代画家、书法家董其昌在《画禅室随笔》一书中提出。

董其昌以唐代的佛教禅宗分为南、北二宗的理论，类比说明唐代至明代期间的绘画发展，按绘画创作方法和画家身份，把唐代到元的山水画也分为南、北二宗。他将以水墨渲淡画法为主的文人画家比作南宗，认为南宗始于王维，继承者为张璪、荆浩、关仝、董源、巨然、郭忠恕、米家父子，以及后来的元四家；将以青绿勾填画法的职业画家视作北宗，北宗始于唐朝李思训父子，继承者为宋之赵伯、赵伯驹、赵伯骕、马远、夏圭等辈。他自诩南宗正派，提倡南宗而贬低北宗。"南北宗论"对山水画的分类，为人们提供了剖析绘画的哲学观念。总结了唐宋以来文人山水画的多种创作方法和审美标准，对唐代以后山水画风格演变和笔墨技法进行分析，还对画家们的作品进行评价，有着精辟独到的见解。总体而言，这一理论对中国画的发展产生了积极的影响。但是同时，其"崇南贬北"的观点明显带有宗派门户偏见，助长了绘画上的宗派之争，对明末清初的绘画也产生了较大的负面影响。

什么是笔法？

笔墨是中国画的最大特色，从广义上讲，笔墨指利用笔墨达到的效果，诸如色彩、章法、意境、品位等都要通过笔墨来实现；从狭义上讲，笔墨专指用笔用墨的技巧。这里我们先说说笔法。

中国画用笔分为中锋、侧锋、逆锋、拖笔等。中锋也叫正锋，方法是将笔管垂直，用笔时笔尖在墨线中间，中锋的线没有明显粗细变化，显得连贯一致；侧锋是

指行笔时笔尖不垂直于纸，笔尖在墨线一边，侧锋笔墨容易产生飞白效果，线条有切削感；顺锋是指笔按照由左向右、由上向下的走势运行；逆锋是将笔向笔峰方向逆行，适于画树干山石时使用，线条显得苍老滞涩；拖笔是指执笔时稍稍放松，引着笔管拖行，线条显得轻柔飘逸。笔锋的运用还有："提按""转折""滑涩""虚实""顿""戳""揉"等方法。中国画的笔法主要体现在对线的运用上。"以线造型"是中国画的基本原则。经常利用毛笔线条的粗细、长短、浓淡、刚柔、疏密等变化，来表现物体的形态和画面的节奏韵律。关于运笔方法，黄宾虹曾提出"五笔"之说，"五笔"即"平、圆、留、重、变"。要求用笔画线时注意粗、细、曲、直、刚、柔、轻、重的变化和对比，从而做到画人物"传神写照"；画山水刚柔相济，有质有韵。

中国画的笔法必须服从客观形象造型的要求，笔法不同，画作的风格就不同；对象不同，使用的笔法也应该不同。同时，笔法必须接受画家思想感情的指挥，画家个性感情的不同，自然会运用不同的笔法，产生不同的艺术效果。

什么是墨法？

中国画的墨法，主要是运用墨色变化的技巧。中国画素有"五墨六彩"的说法，五墨是指墨的浓度，即焦、浓、重、淡、清。六彩是指墨的变化，即黑白、干湿、浓淡。用墨是中国画的基本技法，处理好笔与墨、墨与色的关系，是技法中的关键问题。还可以通过笔中墨与水的比例、含墨水的多少、蘸墨方法以及行笔速

度等，变换出各种不同的笔墨效果。中国画用墨，主要在于运用墨色变化的技巧，以墨代色，让不同的墨色在纸面上体现出来，更巧妙的是让一支笔中产生各种墨色的变化。

中国画用墨的技巧随着时代的不断发展和历代画家的总结而日趋成熟，逐渐产生了泼墨法、积墨法和破墨法等多种表现手法。积墨法是先画一遍或浓或淡的墨，干了之后，再画一层，让墨色积叠起来，画面苍润浑厚，如龚贤的《山水图》。泼墨法是用笔蘸满墨色，大片涂抹，像泼出去一样，不重复，画面淋漓湿润，多用于作大写意画时使用。破墨法又分为浓破淡、以淡破浓、干破湿、湿破干四种。具体操作是先画出墨色，在墨未干的时候，再在上面施加墨、色，可使墨色呈现出湿润、丰富、浓厚而变化莫测的效果。画家作画的时候，往往将三种方法融合在一起。此外，还有焦墨法、宿墨法、用矾法等。

什么是水墨写意？

写意俗称"粗笔"，是与"工笔"相对的一种绘画技法，可分为"大写意"和"小写意"两种。通过简练概括、放纵恣肆的笔墨，着重表现描绘对象的意态神韵。它出现于工笔人物画成熟之后，是由宋代的梁楷创造的。明代中期，水写意画迅速发展，泼墨大写意画非常流行，出现了很多名家，如人称"青藤白阳"的徐渭和陈淳，就是当时成就突出的两位画家。

徐渭是明代著名的书画家，是当时最有成就的写意画大师。他的写意花鸟，用笔豪放，笔墨淋漓，注重内心情绪的抒发，如《墨葡萄图》等。他独创的水墨写意画的新风，对后世产生了极大的影响。陈淳擅长泼墨大写意的花鸟画，他的作品不讲究描画对象外表的形象，而是追求画面的生动，在淡墨运用方面有一种特殊效果，如《红梨诗画图》等，其人物画寥寥数笔，令人回味，山水画水墨淋漓。

什么是工笔？

工笔，又称"细笔"，与写意相对，为细致写实的中国画技法，特点是注重线条美，造型严谨，一丝不苟。工笔的技法又可分为描、分、染、罩。描，即白描，就是先分别用浓墨、淡墨描出底稿；分，即用墨色上色，用清水分蕴开来，以表现出画面的层次；染和分的程序一样，但用的不是墨色，而是用彩色来分蕴画面；罩，指的是整体上色。

中国的工笔画起于战国，到两宋走向成熟。工笔画是中国画中追求"形似"的画种，关注"细节"，注重写实，图人状物"尽其精微"，力求"取神得形，以线立形，以形达意"，获取神态与形体的完美统一。历代工笔画名家有唐代的周昉、张萱，五代宋朝的黄筌、赵佶，明代的仇英等人。著名作品有《簪花仕女图》《虢国夫人游春图》等。

什么是白描？

白描，指中国画中单用墨色线条勾描形象而不施彩色的画法。白描可分为单勾和复勾两种。单勾即用线一次勾成，或用一色墨，或根据不同对象用浓淡两种墨；复勾则仅以淡墨勾成，再根据情况进行复勾，其线条并非是依原路刻板地复选，要求流畅自然，以达到加强画面质感和浓淡变化的效果，使得物象更具神采。由于物象的形、神、光、色等都要通过线条来表现，所以白描画法有着较高的难度，但是其具有朴素简洁、概括明确的特点，因而常用于人物画和花鸟画，顾恺之、李公麟等都是中国古代著名的白描大师。

什么是十八描？

"十八描"，指中国画中衣服褶纹的18种描法，分别为：1. 高古游丝描：为工笔画法，线条细而均匀，多为圆转曲线，顿笔为小圆头状。2. 琴弦描：比高古游丝描略粗，用颤笔中锋，线中有停停顿顿的变化，多为直线，有写意味道。3. 铁线描：比琴弦描粗些，用笔中锋，转折处方硬似铁丝弄弯的形态，顿笔也是圆头。4. 混描：基本上是一种写意画法，先用浓墨皴衣纹，墨未干时，间以浓墨，讲求"浓破淡"的墨法变化。5. 曹衣出水描：来自西域画家曹仲达，其画佛像衣纹下垂、繁密，贴身如出水状，故称"曹衣出水"，受印度犍陀罗艺术的影响，用笔细而下垂，成圆弧状，讲求线条之间的疏密变化。6. 钉头鼠尾描：行笔方折多，转笔时线条加粗，收笔尖而细。7. 橛头钉描：是一种写意笔法，用秃笔，侧锋入笔，线条粗而有力，顿头大而方。8. 马蝗描：顿头大，行笔曲折柔软，但很有力。9. 折芦描：多为直线，用笔粗，而转折多为直角，折笔时顿头方而大。10. 橄榄描：顿头大如同橄榄，行笔稍细，粗细变化大。11. 枣核描：顿头如同枣核状，线条行笔中亦有枣核状的用笔变化。12. 柳叶描：用笔两头细，中间粗。13. 竹叶描：与柳叶描类似，有时不相区

分。14. 战笔水纹描：如山水画水纹之画法，表现薄而褶多的衣纹。15. 减笔描：大写意笔法，极为简练，用笔粗而一气呵成，一笔中有墨色变化。16. 枯柴描：水墨画笔法，用笔粗，水分少，类似皴法，笔势往往逆锋横卧。17. 蚯蚓描：用篆书笔法，线条圆转有力，粗细均匀，曲折多而柔软。18. 行云流水描：表现软而弯转的衣纹。

何谓"徐熙野逸"？

徐熙，钟陵（今江西南昌）人，五代南唐画家。他出身名门，爱好闲散游荡，自称"江南布衣"。善画花鸟，尤其是山野平常花鸟，竹子、蔬果、水鸟、野鱼等，皆是他作画的对象。他特别喜欢观察，每遇到景物，必定停留细看，因此其作品极富活泼生动的意味。他的作品具有平淡而文雅、朴素而洁净的野趣，再加上他的画主要以墨色为主，杂彩为辅，因此被人称为"野逸"。

徐熙的画法和唐代以来流行的晕淡赋色大不相同，他创造了一种崭新的落墨表现方法，也就是先用墨描写花卉的枝叶蕊萼，再为其着色。无论是从题材上说，还是从画法技巧上说，他的画都表现出他作为江南处士的审美趣味和超凡的异样情怀，风格独特，因而有"徐熙野逸"之说。一般说来，他所导循的是民间流行的野逸画风。徐熙与黄筌被后人并号"黄徐"，同时成为历代花鸟画的宗师，并分别引领了五代、两宋花鸟画的两大流派，他们的作品总体上代表了五代花鸟画的新水平，在中国画史上具有重要的历史地位。徐熙的作品已佚，而今人们能见到的

《玉堂富贵图》《雪竹图》《雏鸽药苗图》都是仿作，我们只能从中领略他的绘画风格和画法。他淡雅俊逸，具有清新之气的画风在北宋后期影响较大，在很大程度上对画院花鸟画风的改革起到积极的推动。

何谓"米氏云山"？

米派是我国古代山水画流派之一。由宋代著名书法家米芾所创，他的儿子米友仁加以发展，形成在当时影响很大的特色画派。米芾父子在绘画界被称为"大米""小米"，或合称"二米"。他们在中国书画史上占有非常重要的地位。

米芾打破了传统的山水画用笔多以线条为主的常规，以卧笔横点成块面，被叫作"落茄法"。这种画法的特点是用水墨点染的方法，描绘烟云掩映的山川景色，米芾称其为"墨戏"，体现一种烟雨云雾、迷茫奇幻的景趣，显得亦真亦幻，美妙独特，世人将这种风格称为"米氏云山"。米友仁的山水画传承了父亲的画法，更可喜的是青出于蓝而胜于蓝。他的作品云烟缭绕，林泉点缀，看似草草，实含法度。米派的大写意风格，对后世影响很大，南宋的牧溪，元代的高克恭、方林义等人都是米派弟子。如今珍藏在故宫博物院的米友仁的《潇湘奇观图》，为纸本，墨笔，纵19.7厘米，横285.7厘米。所描绘的是瑰丽的潇湘景色，山峦连绵，烟云渺茫；画中一改青绿山水画的"线勾填彩"画法，而是点画水墨，纵横落点，虚实结合，尽情渲染；连山头的点子皴，也改为"淡墨细点"。米氏云山是中国绘画史上独特而亮丽的存在，是父子画家的代表和典范。

书画皇帝说的是谁？

书画皇帝指的是宋徽宗赵佶。宋徽宗（1082～1135年），宋神宗之子。他是北宋最昏庸无道的皇帝，在位期间重用"六贼"，最终导致大规模农民起义和金兵入侵。他被金兵俘虏，后死于五国城（今黑龙江依兰）。

宋徽宗虽然治国无能，但多才多艺，爱好书画。他擅长画山水、人物、花鸟等，不蹈前人之辙，自具风韵。尤其是花鸟描绘工细入微，富丽典雅，造型生动，形神兼备。他还精于书法，创造了瘦金书体，笔画劲挺秀丽，笔势劲逸，风格独特，非常富有艺术魅力。传世画作有《芙蓉锦鸡》《池塘晚秋》等，书法有墨迹《夏日帖》等。除了自己创作外，他还非常重视画院，大力扩充画院，提高画家的待遇和地位。宋徽宗时代的画院在组织形式上是最完备的，为历代画院的典范。他还下令将宫中收藏的历代书画进行评比，编成《宣和睿览集》，并编纂《宣和书谱》和《宣和画谱》，对后世颇有影响。

"青藤白阳"指的是谁？

徐渭与陈道复并称"青藤白阳"。徐渭，明代著名剧作家、文学家、画家。字文清，号天池山人，别号田丹水、天池渔隐、天池生、金回山人、青藤老人、白鹇山人、山阴布衣等。晚年号青藤道士，有时署名田水月。徐渭最擅花鸟，山水、人物、水墨写意成就次之。徐渭的写意花卉惊世骇俗，用笔狂放而不重形似，自成一家。传世名作《杂花院》，画面气势豪放，非常漂亮，展示了他高度的绘画技巧。正所谓"无法中有法"，"乱而不乱"。此外，徐渭在戏曲创作方面也留下了美名，其杂剧《四声猿》是中国戏曲史上的一颗明珠。总而言之，他的诗文书画处处弥漫着一股郁勃的不平之气和苍茫之感。

陈道复，明代著名的花鸟画家。初名淳，后改字复甫，号白阳山人。他长于山水，仿效米友仁和高克恭，在花鸟画方面，学习沈周和文征明。他的淡色或水墨大写意，对明清以来的画家影响很大。陈道复的画风非常清雅，笔法自然而细腻，无论是笔墨的运用还是线条的运用，都有很好的节奏感，给人以灵动之感。他的花卉画使得沈周所开创的意笔写生体系更为完善，开拓了花卉画的新境。中年以后，陈道复的笔墨变得放纵，书、画都显出鲜明的个性。他的传世作品有《葵石图》《花卉》和《罨画山图》等。

"南陈北崔"指的是谁？

"南陈北崔"指的是明朝后期两位以人物画著称于世的画家陈洪绶和崔子忠。陈洪绶（1599～1652年），字章侯，号老莲、悔迟、老迟。诸暨（今浙江诸暨）人。崇祯朝为监生，清军入关后出家为僧。他是一位全面型画家，人物、山水、花鸟及梅竹四大类都有涉足，尤其擅长人物画。他的人物画包括故事画、宗教画、高士画、仕女画及肖像画（木刻插画）等。陈洪绶不拘守成法，大胆突破前人成规，有独创精神，艺术效果具有奇傲古拙气势，被人们称为"高古奇骇"。有《荷花鸳鸯图》《婴戏图》《西厢记》传世。

崔子忠，生卒年不详，初名丹，字开予，更名后，字道田，号北海、青蚓，山东莱阳人。他曾拜董其昌为师，擅长画人物、仕女、肖像，师法顾恺之、陆探微、阎立本、吴道子等。崔子忠所画的人物面目奇古，线条细劲，格调高古，境界奇异。传世名画有《云中玉女图》等。

松江派的代表人物是谁？

松江派是明末的山水画流派之一，以顾正谊为创始人，董其昌为其最著名的代表。松江派有3个支派：以顾正谊为首的称"华亭派"，以赵左为首的称"苏松派"，以沈士充为首的称"云间派"。因为他们都是松江府人（今上海松江，古称华亭），画风亦互有影响，所以概称之为"松江派"。松江派山水画的典型风格是逸润苍郁，骨气灵秀，其中成就最高的董其昌（1555～1636年）是晚明最为杰出、也是影响最大的书画家，他的画作追求平淡天真的格调，讲究笔致墨韵，用笔洗练，墨色清淡，层次分明，古雅秀润。明末朱谋垔编著的《画史绘要》评价说："董其昌山水树石，烟云流润，神气俱足，而出于儒雅之笔，风流蕴藉，为本朝第一。"

四僧指的是谁？

"四僧"是指清初的4位画家：石涛、朱耷、弘仁、髡残。他们都出生于明朝末年。清初，他们和当时的一些知识分子一样，坚持民族气节，痛恨清朝统治者。于是，他们削发为僧，避世山野林间，以绘画抒发愤慨和忧愁，因而被人称为在野"四僧"。他们虽然在野，但他们在绘画上所取得的成就，对清初画坛仍产生了重大影响。

"四僧"在创作上都崇尚自然，反对泥古不化；豪放、磊落是他们共有的画风；多利用传统艺术形式，面向自然、面对人生，强调抒发情感，表达真实感受；他们也重视笔墨情趣，并寻找自己的绘画空间，抚慰受到伤害的心灵。

石涛是扬州画派的先驱，善画山水，兼工人物、兰竹。他绘画讲求独创，构图新奇，尤擅长截取法。运笔恣肆，粗细刚柔并用，泼墨挥洒，不拘小节，作品意境多苍莽新奇。石涛在绘画艺术上的独特成就，对清一代画家影响很大。

朱耷以画花鸟画闻名，继承徐渭的传统，发展了泼墨写意画法。作品往往借物抒情，以象征、寓意和夸张的手法，塑造奇特的形象，抒发厌恶世俗生活和国亡家破的痛苦内心。他的画对后来的"扬州八怪"和近现代大写意花鸟画影响很大。

弘仁擅长山水，喜欢模仿倪云林。他的作品，笔墨秀逸，布局奇兀，近景大岩壁立，远山缥缈朦胧，当时极有声誉。他的设色山水和墨笔山水长卷，均为精绝之作。

髡残擅绘人物、花卉，尤其精于山水。他的山水画，笔法厚重、苍劲有力；善用雄健的秃笔和泼墨，层层皴擦勾染，笔墨交融，厚重而不呆板，秃笔而不干枯；山石多用解索皴和披麻皴，并以浓墨点苔，显得山川湿厚，草木华郁。

"扬州八怪"都有谁？

扬州八怪是指清康乾年间活跃在扬州的一批大艺术家，他们有大致相同的画风、趣味以及文艺思想和命运。八怪究竟是哪几位画家，历来说法不一，现在一般是指汪士慎、黄慎、金农、高翔、李鱓、郑燮、李方膺和罗聘等 8 人。扬州八怪是

一群富有正义感的知识分子，他们对官场的黑暗，富商的巧取豪夺深感痛恨，对劳动人民的疾苦抱以深切的同情，在生活上大都历经坎坷，最后走上了以卖画为生的道路。他们虽然卖画，却是以画寄情，在书画艺术上有更高的追求，不愿流入一般画工的行列。

扬州八怪在艺术观上，最突出的一点是重视个性表现，建立自己的"门户"；在题材选择和内容含意上大胆创新，将百姓日常生活用品纳入绘画题材之中，同时扩大花鸟画的范围，多以梅、兰、竹、松、石为描写对象。在绘画风格上，扬州八怪主要继承了徐渭、石涛等人的水墨写意画技巧，他们学习前人，但又不拘泥于那些前辈的技艺，进一步发挥了水墨特长，以简练的手法塑造物象，不拘于某些具体环节的形似。笔墨上，纵横驰骋，随意挥洒，力求神似，直抒胸臆。在内容含意上，他们除了表现一般的孤高、绝俗等思想外，还运用象征、联想、隐喻、夸张等手法，并通过在画上题写诗文，赋予作品深刻的社会内容和独特的表现形式。如郑燮的《墨竹》，看此画，读竹旁之诗，使人不由得联想到当时的灾荒、饥馑，充分体现了画家那颗仁慈、爱民之心。再如李鱓的《鸡》，此画以象征、隐喻手法劝人行善。扬州八怪的绘画技艺和风格特色虽然只流行于扬州及相邻地区，但它在继承和发展水墨写意画上，产生了巨大的推动作用。

岭南画派的代表画家是谁？

岭南绘画是现代中国画的流派之一，指清末民初的广东画派，以岭南三杰为代

表，主张吸取古今中外特别是西方绘画艺术之长以改造传统国画，使之发展为现代化、民族化、大众化的艺术，目的是改变中国人民的心灵，在国内外都有影响。

岭南画派的创始人高剑父，与高奇峰、陈树人并称为"岭南三杰"，他们师出同源，信奉相同的艺术原则，但风格不同，各有千秋。高剑父要求学生"青出于蓝而胜于蓝"。岭南画派的第二代的画家关山月、黎雄才、赵少昂等，也都有各不相同的风格。再后来，杨之光、陈金章、梁世雄、林墉、王玉珏等画家，也各有长处。岭南画派倡导美学教育，特地在广州、上海等地创建了《时事画报》《真相画报》及审美书馆。

岭南画派的绘画题材多选木棉、奔马、雄鹰、苍松，其中南方风物较多。通过画面形象反映时代精神，在技法上则追求师法自然，吸取西欧水彩画的光影特色的同时又追求东方古画拙朴的神韵，因而作品赋色和谐，清新明快，晕染柔净，具有浓厚馥郁的岭南风情。

岭南画派的最大艺术特点在于创新，主张写实，博取诸家之长，发扬国画的优良传统，在中国画史上是鲜亮的一笔。

海上画派的代表人物是谁？

海上画派，通常是指 19 世纪中叶至 20 世纪初期，一群活跃于上海地区的画家。海派画家集中在清末民初的上海，因为地域之便，他们有机会不断接触外界的新鲜事物，这为艺术的发展提供了丰厚的土壤。海派画家以传统文化为基础开拓了新的画风。这些画家性格迥异，画风多样，代表人物有"海上三任"、虚谷、吴昌硕等。

"海上三任"指的是名扬中外的晚清上海著名画家任熊、任薰和任颐。其中任颐在艺术上成就最高、影响最大。任熊，海上画派早期的领袖人物之一，人物、花卉、山水无不擅长，特别以肖像画著称。他的笔法清新活泼，画作很有装饰趣味，深受当时人们喜爱。代表作品有《自画像》等。任薰是任熊的弟弟，特别善画花鸟，用笔风格劲挺，他的人物画画风与任熊非常相近。任颐，浙江萧山人。专工人物、花鸟，常以风土人情和民间传说入画，画中融汇了艺术与现实。他的人物画题材广泛，具有非常独特的风韵，很注重写生。山水也是他所擅长的题材。他的通景屏《群仙祝寿图》是近代绘画中少见的佳作，特点是构思奇妙，人物形象生动，精美之程度令人惊叹。任颐以他自身中西贯通的极高绘画素养，最终成为晚清画坛上最杰出的画家之一。画僧虚谷的山水画《观潮图》《日长山静图》等作品，笔法冷隽，风格洒脱清秀；吴昌硕作为海派的中坚人物，将书法、篆刻融入绘画创作当中，韵味独特。

总而言之，海上画派艺术特点是题材以花鸟画为多，其次人物，再次山水，在笔法墨法的应用上，简逸明快，追求意境。习惯于借古喻今，借物寓意，讲究内涵充实。他们的画作兼有商业价值和欣赏收藏价值。

时人称顾恺之为"虎头三绝"，三绝指什么？

东晋画家顾恺之，小字虎头，世人又称他为"顾虎头""虎头将军"。他出身于书香门第，从小能诗善赋，书法精湛，绘画称绝。他是中国绘画理论"六法论"的奠基者。世人这样评价他的画作："法如春蚕吐丝，初见甚平易，细看则六法兼备；设色以浓彩微加点缀，不晕饰，运思精微，襟灵莫测，神气飘然。"顾恺之自评说："四体妍蚩，本无关于妙处，传神写照，正在阿堵之中。"除了上述评价外，顾恺之还有"虎头三绝"的称号。那么，这"三绝"又是绝在哪呢？

所谓"三绝"指的是"才绝""画绝"和"痴绝"。

"才绝"说的是顾恺之的才思敏捷，多才多艺。作为绘画界的一代宗师，顾恺之诗、文、赋、书无一不通。其文学造诣颇深，现流传于世的有《雷电赋》《观涛赋》《冰赋》《湘中赋》等。尽管数量有限，但从中可窥知其文学修为。

"画绝"指的是顾恺之的精湛画技。顾恺之师从卫协，尽得真传。此后，他在认真观察事物的基础上，开拓新领域，创出了自己独特的画风。顾恺之画人物，传神之处在眼睛。据说，当年建康瓦棺寺修建，因为资金筹措不足，一度停工搁置。顾恺之听说了，便在寺院一面墙上画了幅维摩诘居士像。画作完成之时，栩栩如生的人物唯独少了双眼睛。顾恺之放出话去："观点睛，头天十万，第二天减半，第三天随意布施。"想一睹顾恺之点睛的人蜂拥而至，不长时间便收到一百万。就这样，顾恺之帮助瓦官寺筹足了修建寺院的银子。顾恺之作画擅长利用各种绘画技巧遮掩缺陷，扩大美感。史上有名的殷仲堪画像，便是顾恺之运用飞白画法的杰作。此举掩盖了殷仲堪的眼疾，突出了他的神韵。

"痴绝"是说顾恺之爱开玩笑。他"好谐谑"，也禁得起别人的玩笑。此外，"痴绝"还指他作画行文纯真自然，不矫情做作。在他的作品里，总有一种大智若愚的憨傻之气。有人认为，顾恺之所以如此，实际上是对当时社会的蔑视，也是明哲保身的一种手段。

为什么将吴道子奉为"画圣"？

在中国绘画史上，被称为绘画大师的人很多，诸如顾恺之、阎立本、徐渭、李唐等，多不胜举，但是享有"画圣"美誉的，却只有吴道子一人。是什么原因使人们对吴道子的评价如此之高呢？

吴道子是唐代的画家。唐玄宗赐名为"道玄"，画史称他为"吴生"；民间画工尊他为"祖师"。他擅长画佛道、神鬼、人物、山水、鸟兽、草木、楼阁等。据记载，吴道子曾经在长安、洛阳两地的寺观中，绘制过300多堵壁画，竟然没有一幅雷同，可见吴道子的壁画造诣。他的画风自成一体，不拘一格。苏轼在《书吴道子画后》中评价说："出新意于法度之中，寄妙理于豪放之外。"吴道子的人物画生动传神，线条明朗，衣褶飘逸，极具动态效果。故而，时人称吴道子的画为"吴带当风"。

吴道子从小失去双亲，生活清苦。他曾跟随张旭、贺知章学习过书法，但多年都没什么成就。于是，他开始专心于绘画，20多岁已经成为小有名气的画师，当时便有人评价他的画作为"穷丹青之妙"。后来，吴道子的画作被唐玄宗看中，召入宫中。并下诏说"吴道子只能为皇帝一人作画"。从此，吴道子便开始了宫廷画师的生涯。相传，当年唐玄宗想念蜀地风光，要吴道子前去写生。吴道子巡查一番回来，竟没带一张草本。他在大殿当场作画，提笔一气呵成，将嘉陵绝妙风光尽展无遗。

在吴道子之前，山水画并不是一个独立的画种。他在绘画山水时，采用了一种笔近意远"疏体"的画法，使得山水画独立出来。在绘画史上，此谓开山之创。他作画速度极快，挥笔即就。古人赞评说"笔才一二，象已应焉"。他的画作不仅集聚了民间画的精华，还吸收了外来画的精妙画艺，形成了新的风格。这种画风对当时的画坛影响很大，也为后世的绘画开辟了新路。

尽管吴道子一生所创画作很多，但是流传下来的真迹却凤毛麟角。现存吴道子的壁画真迹有《云行雨施》《溪谷图》等。

《清明上河图》描绘的是清明时节的景色吗？

《清明上河图》是中国十大传世名画之一。在这幅画里，张择端以娴熟的绘画技巧，精工细描，尽展汴京繁荣景象。据统计，画中人物共 1643 人，牛马 208只。它采用散点透视的绘画方法，将农村的宁静安逸和城市的热闹繁荣集中展示在一幅图画中。画中人物表情生动，场景疏密有致，节奏韵律性极强。整幅画气势恢宏，仿佛整个北宋汴京的车水马龙，街道风物全在眼前一样。这幅高度写真的作品，为后人研究北宋历史文化提供了宝贵资料。

清明上河图　北宋　张择端

书画艺术

关于《清明上河图》中所描绘的时令，画界存在着两种观点。一种观点认为，根据画中景象推断，这是一幅展示汴京清明时节场景的图画。据考证，《清明上河图》的最早收藏者是宋徽宗。"清明上河图"的名字也是他题上去的。据《味水轩日记》记载，《清明上河图》中，热闹的河堤之上，柳枝飘摇，正是清明时节人们游春场景的再现。加之《清明上河图》真迹中，有宋徽宗的"瘦金体"题词"水在上河春"，又有双龙小印为证。所以，"清明"时节是名副其实的。

孔宪易先生在《清明上河图的"清明"质疑》中，提出了《清明上河图》中所反映时节的另一种观点。据他考证，《清明上河图》曾名《西湖争标图》。被定名为"清明"是应进献帝王歌功颂德之需而改的。"清明"并非是时节的含义，而是借助画中一片繁荣祥和景象，颂扬帝王统治下的开明盛世。依据图中场景推断，这更像是一幅秋景图。

"文房四宝"指的是什么？

中国书法的材料和工具是由笔、墨、纸、砚构成的，因而人们通常把它们称为"文房四宝"，意思就是说它们是文人书房中必备的四件宝贝。

笔，主要是指毛笔。毛笔的最早使用者是秦代的蒙恬。毛笔的种类甚多，现在所使用的主要有紫毫、狼毫、羊毫及兼毫4种。"紫毫笔"，就是取野兔脊背之毫制成，因色呈黑紫而得名。"狼毫"，就字面意思而言，是指以狼毫制成的笔。古代也确实有用狼毫制成的毛笔，但今天所称的狼毫，是用黄鼠之毫做成的。"羊毫"，是指以青羊或黄羊之须或尾毫制成的毛笔。"兼毫"，是指合两种以上之毫制成，依其混合比例命名，如三紫七羊、五紫五羊等。

墨，分为天然墨、半天然墨和人工墨。天然墨、半天然墨主要是指石墨，多在汉代以前使用；人工墨主要是指松烟墨和油烟墨，它们出现在汉代，至今仍在使用。松烟墨是用松枝烧烟加工制成，其特点是颜色乌黑，无光泽；油烟墨是用桐油或添烧烟加工制成，其特点是色泽黑亮，有光泽。在墨锭当中，泛出青紫光的最好，黑色的次之，泛出红黄光或有白色的为最劣。

纸，是我国古代四大发明之一。根据造纸的材料和吸墨功能的强弱，纸可以分为两大类。以木头为材料制成的纸，吸墨较强，以宣纸类为代表，如彷宣、玉版宣。由于宣纸较为昂贵，后来又出现了毛边纸、元书纸与棉纸等。用竹子制成的纸吸墨性较弱，以笺纸类为主，如澄心堂纸、泥金笺，还有今天的洋纸。

砚，是磨墨用的工具。根据制砚材料的不同，砚可以分为石砚、陶砚、砖砚、铜砚、玉砚等种类，最常用的还是石砚。从古至今，最负盛名的砚是广东产的端砚和安徽产的歙砚。

什么是"永字八法"？

"永字八法"是前人总结书法书写规范和用笔的一种方法。据说是张旭提出的，也有人说是蔡邕或王羲之提出的。"永字八法"就是"永"字的8个笔画，它包含了中国汉字最基本的几种笔画。相传东晋大书法家王羲之曾经花费了几年的时间，专门写"永"字，认为写好它，就能写好所有的字。

"永字八法"的第一画是点，称为"侧"，意思是以侧锋落笔，势足收锋；第二画是横，称为"勒"，要逆锋落纸，缓行争勒；第三画是直，称为"努"，须中锋落笔，直中有曲；第四画是钩，称为"趯"，要顿笔停锋，突然趯提；第五画是仰横，称为"策"，发笔舒展，结笔有力，需轻抬而进；第六画是长撇，称为"掠"，起笔有力，必须快而准，出锋干净利落；第七画是短撇，称为"啄"，左撇用力，如同鸟啄食般的力道和气势；第八画是捺，称为"磔"，落笔要轻，徐徐而有力。"永字八法"是中国书法笔画的根基，初学者练好这些基本笔画后，便可以掌握汉字书写的精要。因此，"永字八法"经常被人们当成"书法"的代名词。

"秦书八体"指的是哪八体？

书法史上所谓"秦书八体"是：1. 大篆，即籀书，是西周时期一种文体；2. 小篆；3. 刻符，是官方常用于军事调度的符信，刻于金银、铜、玉上，剖分为两半，彼此各持一半；4. 虫书，是在书写幡旗和刻在青铜器上的象征性的虫、鱼、鸟图画文字，其实是装饰性的金文美术字；5. 摹印，是制印的一种书体；6. 署书，是题写门上匾额用的书体，亦称"榜书"；7. 殳书，殳为兵器，这类书体是刻在干戈上的字体；8. 隶书，是在秦篆的基础上，为书写公文方便，人们创造的一种今文。

何谓"书体"？

书体是指书法的基本字体，主要有篆书、隶书、草书、楷书、行书等。篆书包括商代甲骨文、周代金文、战国篆书和秦代小篆，秦代小篆是其代表。小篆是在大篆（籀文）的基础上发展简化而成，特点是结体圆长，笔画粗细匀称，不露锋芒，线条美观。代表作有秦李斯所书《泰山刻石》《琅琊台刻石》等。隶书又名佐书、史书，盛行于汉代。隶书的特点是左右舒展，笔画波磔，是一种具有装饰趣味的字体。代表作是汉朝的一些碑刻，如《张迁碑》《史晨碑》和一些简牍作品。历代隶书名家有唐代史惟则、韩择木，清代金农、邓石如等。楷书又称正书、真书，是隶书的变体，盛行于唐代。它的特点是形体方正，笔画有严格的法度。代表作有《颜勤礼碑》《神策军碑》等。楷书名家有曹魏的钟繇，唐代欧阳询、颜真卿、柳公权等。草书的特点是狂放，用笔大起大落、连绵不断、一气呵成。名家有唐代张旭和怀素，代表作《肚疼帖》《自叙帖》等。行书又称行押书，特点是简易、流畅，活泼自然。名家有晋代王羲之，宋朝的苏轼、米芾，元朝的赵孟頫等，代表作是《兰亭序》《祭侄文稿》和《黄州寒食帖》。

什么是篆书？

篆书是大篆、小篆的统称。从广义讲，大篆包括甲骨文、金文、籀文、六国文字，它们保存着古代象形文字的特点。一般来讲，大篆就是籀文。甲骨文是中国现存最古老的一种成熟文字。甲骨文是最早的篆书。

金文是泛指在三代（夏商周）青铜器上铸铭的文字，因为先秦称铜为金，所以后人把古代铜器上的文字也叫作金文。由于钟和鼎在周代各种有铭文的铜

书画艺术

器中占有比较重要的地位，所以也称金文为"钟鼎文"。

籀文又叫"籀书"。卫恒《四体书势》说："昔周宣时史籀始著大篆十五篇……世谓之籀书也。"籀书也称大篆。

小篆又称秦篆，是由大篆省略改变而来的一种字体，产生于战国后期的秦国，通行于秦代和西汉前期。战国时代，列国割据，各国文字没有统一，字体相当复杂，于是秦始皇便以秦国文字篆体，履行"书同文"来统一天下的文字，废除六国文字中各种和秦国文字不同的形体，加以规范，就成为一种新的字体——小篆。

中国文字发展到小篆阶段，逐渐开始定型（轮廓、笔画、结构定型），象形意味少了，这是我国历史上第一次规范文字的产物。

什么是隶书与分书？

隶书相传为秦末程邈在狱中所整理。隶书是把小篆删繁就简，笔画由圆转变为方折，线条出现波磔的字体。出现于先秦，成熟于东汉。我们现在学习的汉隶著名碑刻大都是东汉晚期的，如《孔宙碑》《华山庙碑》《礼器碑》《张迁碑》《乙瑛碑》等。

分书又称"八分书"，历来解释纷纭，比较公认的说法是，隶书的字形像"八"字分布，所以称隶书为"八分书"，又称分书。

隶书继承了篆书的曲线美，创新出了隶书特有的"波磔"笔画的线条美。

隶书是与汉代其他文化艺术同步的，它的最主要特点是：大气，厚重，生动，而且不乏精致。

汉代是隶书艺术的高峰，已形成了丰富多彩的风格，大致可分为遒劲凝练、飘逸秀丽、工整精严、端庄博雅、古朴厚重、奇逸恣肆等。

什么是章草？

章草是一种隶书的草写。它是从秦代的草隶中演化出来的新书体。西汉元帝时史游整理后编写了《急就章》，使这一新书体规律化，这就有了章草书体的范本。它的笔画特点圆转如篆，点捺如隶。一字之内笔画间有牵丝萦带，但是字各个独立。

历史上草书名家都精通章草，章草上通隶书、简牍，下开今草，学习它可以两通。

"目不寓章草，落笔多荒唐。"

这是《章草草诀》中的话，说的是实情。章草奠定了草的基本规范，如果不经过章草学习，很容易把规范草书写成潦草之书。

章草书法特点：章草省掉隶书的蚕头却保留了雁尾，这雁尾用重笔挑出。

怎样写章草？

1. 以点代画。很多笔画，甚至部首都用"点"来代替，如："想"的"目""心"部首，"身"的上半部，都用"点"代替。

2. 隶法的波磔明显，如：友、及等。

3. 使用已经形成的规范"草法"，如：仪、过等。

什么是魏碑？

魏碑，狭义地说是北魏时期的书体，其实一般指的是广义，即指北朝碑刻，包括了魏、齐、周三朝，直至隋统一南北之前。这是一种隶书过渡到楷书时的书体，属于楷书范畴。它出现于当时的北方，多民族融合、汉文化与少数民族文化交流、佛教盛行，造像记发达，从体裁上还包括碑碣、摩崖、墓志。

魏碑书法质朴雄强，粗犷自然，存隶书的雄厚之气，比唐楷多质朴之姿，有鲜明的艺术特色，康有为对之推崇备至："魏碑有'十美'：'古今之中，唯南碑与魏碑为可宗。可宗为何？曰有十美：一曰魄力雄强，二曰气象浑穆，三曰笔法跳越，四曰点画峻厚，五曰意态奇逸，六曰精神飞动，七曰兴趣酣足，八曰骨法洞达，九曰结构天成，十曰血肉丰美，是十美者，唯魏碑南碑有之。'"（康有为《广艺舟双楫》）

怎样写魏碑？

魏碑出现于南北朝，它主要见于当时的石刻，书体可分为摩崖、造像记、碑碣、墓志4种。刻在山崖石壁上的文字称为摩崖；造像的铭文称为造像记；记事刻碑就是碑碣；刻石埋入墓中的称为墓志。南朝书法多见于书信，北朝则流行石刻，所以有"南朝重尺牍，北朝重石刻"的说法。写魏碑都应练习悬肘悬腕书写，圆笔也如此，凝聚心神，放松手臂，力量节节贯穿到笔端，在藏锋、转折处要善于使转，裹锋使笔毫如绳相绞。这种用笔自然会无方笔的棱角，笔力凝于线中而又起伏有致，表现出浑穆俊逸的美感。

今人丁文隽《书法精论》云："作圆笔书，须提笔上升，使笔毫由散而聚，墨液点随毫内含，势如以锥画沙，其迹自能

泯其棱角，故曰'圆用提笔'或曰'提笔中含'。""圆用提笔，然提而不顿，如鸢断线，其失也飘，飘则力无所用。"

选范本

学造像书法当从《龙门二十品》入手，其中又以《始平公造像记》《孙秋生造像记》《杨大眼造像记》《魏灵藏造像记》为上选。碑碣可选《张猛龙碑》《郑文公碑》，墓志可选《张玄墓志》等。

定方圆

魏碑用笔有方、圆两种。方笔以骨力取胜，要厚重、茂密，《龙门二十品》就是典型的方笔魏碑。圆笔以内在的力度取胜，是一种圆转力、弹性力。

方笔和圆笔的根本区别是：方笔须顿笔下按，要铺毫；圆笔须提笔上行，要裹毫，笔力中含。

明结构

古人说得好："北碑字有定法，而多出之自在。"结体要顺应字本身结构之自然，精神饱满、气势飞动，是其要点。

什么是楷书？

楷书又称正书，或称真书，是在减省隶书的基础上发展而成的，是隶书的变体，其特点是：形体方正，笔画平直，可作楷模，故名。始于东汉，盛行于东晋并一直沿用至今。

魏晋之间，凡工楷书者，都称之为善于隶书。《晋书·王羲之传》："（王）善隶书，为古今之冠。"《晋书·李充传》："充善楷书，妙参钟（繇）索（靖），世咸重之。"初期"楷书"，仍残留极少的隶笔，结体略宽，横画长而直画短。魏晋钟繇的《宣示表》《荐季直表》仍存隶书的遗意，

书画艺术

然已备尽楷法，公认为正书之祖，其书可为楷书的代表作。

什么是草书？

草书有章草、今草、狂草之分。章草最早形成于汉代。当时通行的是草隶，即草率的隶书，又名"隶草""古草"，其后发展成为"章草"。正如刘熙载《艺概·书概》所说："解散隶体，简略书之，此犹未离乎隶也。""章则劲骨天纵，草则变化无方。"至汉末，张伯英（芝）把章草里面的隶书笔意省去，将上下字体之间的笔势连带、偏旁连接，从而创造出了"今草"。唐代的张旭、怀素在"今草"的基础上，写得更加狂放不羁，称之"狂草"。欣赏草书时要注意：

观气象，草书是最能体现人的气质、情感及精神风貌的书体，以有高情逸韵为上，潦草粗俗为下。宋代米芾曰："草书不入晋人格，辄结成下品。"可为参考。

观笔墨，草书是典型的线条艺术。不论中锋、侧锋，方笔、圆笔，都要内含情致，外具形质。墨法则要浓淡润枯，五色焕发，俱见神采。

历来人们形容草书佳作都说是"笔走龙蛇"，美术上称为蛇形线，那么蛇形线有什么样的艺术魅力呢？

英国画家荷加斯通过各种线条类型的美学研究，认为：蛇形线赋予美以最大的魔力……蛇形线是一种弯曲的并朝着不同方向盘绕的线条，能使眼睛得到满足，引导眼睛去追逐其无限多样的变化……这不仅使想象得以自由，从而使眼睛看着舒服……它是动人心目的线条。

怎样写草书？

选好帖，练笔法

学习草书首先要练习草书的基础写法，认识草书，并学会怎样下笔，怎样运笔。初入门者，取法乎上，最好从王羲之的各帖和孙过庭《书谱》入手，要反复练习，打好基础。

然后，悬肘练习张旭《古诗四帖》，以增加控制笔墨、书写复杂线条的能力。悬肘练习怀素《自叙帖》，以练习中锋行笔的力度、速度和质感。

明源流，记标准

有的草书直接来源于篆书，如"方"，篆书方，草书是方；有的直承隶法，因为今草书出于章草，章草出于隶书。草书有很多标准部件和标准字，要记牢。于右任先生学草心得值得借鉴，他自述说："余中年学草，每日仅记一字，两三年间，可以执笔"。

要能分辨细节的差别

草书中有很多不同的字写法几近相同，要注意其细微的差别。可以准备一部《草诀百韵歌》，常写常背常记。

草书四忌

写草书有一些问题需要避免。

1. 草书忌交，就是线条尽量不要十字交叉，如"车"。

2. 忌触，连笔的牵丝末笔不要触到字体，如"奉"。

3. 忌眼多，就是字中不能出现很多圆圈，如"理"。

4. 忌平行，一个字当中不能有很多平行线，如"天"。

什么是行书?

行书出现在汉末,是介于楷书、草书之间的一种字体,是楷书的草化。它不像楷书的书写速度太慢也不像草书的难于辨认,笔势不像草书那样潦草,也不要求楷书那样端正。行书点画常常强调游丝引带,写起来如行云流水。楷书稍加连贯,点画略带呼应,就是行书。写起来比楷书快,又比草书容易识读,所以行书是应用最广的书体。东晋以后历代书家都擅长行书。行书,如同人的行走,从容自得,自由自在;又如行云流水,不激不厉,有一种流动的美;又如音乐中如歌的行板,悠扬婉转,韵味久远。

唐代张怀瓘在《书议》中说得好:"夫行书,非草非真,离方遁圆,在乎季孟之间。兼真者,谓之真行;带草者,谓之行草。子敬之法,非草非行,流便于草,开张于行,草又处其中间。无藉因循,宁拘制则,挺然秀出,务于简易;情驰神纵,超逸优游,临事制宜,从意适便。有若风行雨散,润色开花,笔法体势之中,最为风流者也。"

晋人的行书是历代书法家所仰慕学习的经典。前人论为"书以晋人为最工,亦以晋人为最盛,晋之书亦犹唐之诗、宋之词、元之曲,皆所谓一代之尚也。"晋人书法又以王羲之、王献之父子为代表。王羲之的行书方圆兼备、刚柔相济,达到了中和之美的极致,而且又天真烂漫、尽合自然之美,极尽变化之能事。以后的唐代颜真卿用裹锋,参以篆书笔意,行书郁勃遒劲;李邕以纵横之势写峻健之书;五代杨凝式在刚健厚重中见灵动逸气;宋代苏东坡丰腴而雄健,神采焕发;米芾字有八面,沉着痛快;他们的行书都是以二王为基础的。元以后书家在前人的基础上,或在极熟上见功力、或在能生上出变化,形成自家行书的不同面貌。

怎样写行书?

笔法多变。行书可以中锋、侧锋交互为用,肥笔瘦笔务要相宜,以使骨肉匀称。

点画得法。得法就是有规律。在丰富中求规律,在规则中求变化。

结构对立统一:奇正、疏密、参差,既要对比,又要和谐。

创造意境,神完气足。

牵丝自然,行气贯通。

天下第一行书是指哪幅书法作品?

东晋书法家王羲之被后人誉为"书圣"。人们称他的书法"飘若游云,矫若惊龙","龙跳天门,虎卧凤阁","天质自然,丰神盖代"。他的主要书法作品有楷书《黄庭经》《乐毅论》,草书《十七帖》,行书《姨母帖》《快雪时晴帖》《丧乱帖》《兰亭集序》等。其中,以《兰亭集序》的声誉最高,被视为"天下第一行书"。

《兰亭集序》也叫《兰亭序》《禊序》。

《兰亭集序》帖　东晋　王羲之

书画艺术

东晋永和九年，王羲之和谢安、孙绰等四十几人，在山阴的兰亭举行"修禊"礼。其间众人作诗行文表达对兰亭美景的赞叹，王羲之写《兰亭集序》作为众人所写诗文的序。作为一篇序文，《兰亭集序》不仅文字优美，章法更为古今第一。北宋书法家黄庭坚这样称赞《兰亭集序》："《兰亭序》草，王右军平生得意书也，反复观之，略无一字一笔，不可人意。"解缙也在《春雨杂述》中赞叹道："右军之叙兰亭，字既尽美，尤善布置，所谓增一分太长，亏一分太短。"可见，《兰亭集序》的行书艺术可谓精美绝伦。整篇《兰亭集序》总共 324 个字。每字各生妙趣，行云流水，笔锋圆转，收放自如。序文中很多相同的字，都被王羲之写出了不同的风格，可谓重字不重形。这一点，也是《兰亭集序》书法艺术的精妙之处。

据说王羲之写完了之后，因为极为喜爱，便重新誊写了几份。但是看上去都没有最初的那份精妙。后来，唐太宗得到了兰亭真迹，曾令工匠临摹石刻，作为赠送大臣的大礼。人们普遍认为，现存的《兰亭集序》并非是王羲之的真迹，真迹早已随着唐太宗的驾崩而成了殉葬品。

"颠张醉素"说的是谁？

"颠张"指唐朝书法家张旭，他的草书特点是激情勃发，如狂如颠。"醉素"指张旭的学生怀素和尚，他的草书特点：圆转飞动，空灵剔透。张旭、怀素是唐代草书书法家中最具创新意识和成就的，他们对传统书法既有继承又有创新，将传统的草书进行了一定程度的创新，两人的书法都臻于化境。他们在书法上的创造，使

其完全摆脱了实用性而成为一种纯粹艺术。

张旭，字伯高，生卒年不详，吴郡吴（今江苏苏州）人。曾担任过长史的职务，因此有"张长史"之名。张旭为人风流狂放，据说他写字前必先喝酒，醉后挥毫，有时甚至用头发蘸墨书写，书法连绵回绕，起伏跌宕，变化无穷，因此被人叫作"张颠"。张旭的草书灵感多来自生活与自然，比如他曾经从公孙大娘的舞剑过程中领悟到书法的新途径，这种擅长触类旁通的学习精神使得他最终在草书上取得了很高的成就，被后人尊称为"草圣"。他的传世草书有《肚痛帖》《古诗四帖》等。

怀素（737～799 年），俗姓钱，字藏真，永州零陵（今湖南永州）人，自幼出家为僧，是张旭的学生。他擅长草书，喜好饮酒，人称醉僧。每次喝醉后，就挥笔狂书，"运笔迅速，如骤雨旋风，飞动圆转，随手万变，而法度具备"。他的草书在张旭的基础上又有新的发展，灵动飘逸，变化多端，具有创造性风格。怀素与张旭合称"颠张醉素"，对后世草书影响很大。有《自叙帖》《藏真帖》《苦笋帖》《论书帖》《食鱼帖》《律公帖》《小草千字文》等传世。

何谓"颜筋柳骨"？

"颜筋"，指的是唐朝颜真卿的书法，特点是筋力丰满，气派雍容堂正；"柳骨"指的是唐朝柳公权的书法，其特点是骨力劲健。

颜真卿（709～785 年），字清臣。曾任监察御史、殿中侍御史、平原太守、御

史大夫。颜真卿自幼学书，曾得到张旭亲授，并集众家之长，融会贯通，形成独特风格。他行楷俱佳，但以楷书最佳，他的楷端庄雄伟，气势开张，结体方正茂密，笔力雄强圆厚，笔画横轻竖重；行书则气韵舒和。总的来说，他的书法蕴涵古法，却又不被古法拘束，在唐朝的书法上独树一帜，称为"颜体"。颜真卿创造出极具大唐风度的书体，是盛唐书法创新的代表人物，是书法史上继二王之后成就最高、影响最大的书法家，同时也以高尚出众的人格名垂千古。他的代表作有《多宝塔碑》《颜勤礼碑》《麻姑仙坛记》《祭侄文稿》《湖州帖》等。《多宝塔碑》是颜真卿的成名作，它是由岑勋撰文、徐浩题额和史华刻字，现收藏于西安碑林，书写风格颇有二王、欧、虞、褚的遗风，整篇结构严密，点画圆整，端庄秀丽。

柳公权（778～865 年），字诚悬，京兆华原（今陕西耀州区）人，是唐代与颜真卿齐名的大书法家，并称"颜柳"。曾任翰林院书诏学士、太子太保。他擅长楷书，先学王羲之，后学颜真卿，博众家之长。最终，他在晋人劲媚的书法特点和颜书的雍容雄浑风格之间独辟蹊径，自成一体。他的书法结体紧密，笔画锋棱分明，偏重骨力，书风遒媚劲健，在书法史上影响很大。世人常将其书法与颜真卿相对比，称之为"颜筋柳骨"。他的代表作有《玄秘塔碑》《神策军碑》《金刚经》等。《神策军碑》整体布局平稳匀整，特点是左紧右舒，历来被作为最好的临写范本之一；《玄秘塔碑》的原碑现存陕西西安碑林，这是柳公权传世书法中最为著名的一篇，在楷书中堪称模范。

书法史上为什么会有"柳从颜出"之说?

书法家柳公权是师从颜真卿吗？不然书法史上为什么会有"柳从颜出"的说法呢？

颜真卿是唐开元年间的书法大家。他自幼家贫，但勤奋上进。为学习书法，他先后师从褚遂良、张旭。后来，在吸收了初唐四家书法特点基础上，融汇篆隶和魏碑笔意，创出了一种气势恢宏、体态丰满、遒劲有力的字体，被世人称为"颜体"。"颜体"字一改古体楷书的书写风格，使楷书有了新的气象。

欧阳修评价颜真卿说："斯人忠义出于天性，故其字画刚劲独立，不袭前迹，挺然奇伟，有似其为人。"《续书断》说颜真卿是自王羲之之后中国书法史上的又一集大成者。他的《祭侄文稿》享有"天下第二行书"的美誉。米芾在《书史》中也对颜真卿的书法评价颇高："《争座位帖》有篆籀气，为颜书第一，字相连属，诡异飞动，得于意外。"

作为唐朝最后一位书法大家，柳公权因官至太子少师，又有"柳少师"的别称。他的字曾受到了唐穆宗、敬宗、文宗三朝皇帝的青睐。足见他的书法在唐朝是极受推崇的。据说，当年穆宗曾向他请教过如何写得一手好字，柳公权仅用 9 个字便概括了写好字的要诀："用笔在心，心正则笔正"。因此话有讽谏之意，史称"笔谏"。

柳公权最初学习书法时，曾以王羲之的书法为范本。但效果不佳，遍临名家后，他发现颜真卿和欧阳询的字最为精妙。于是，他在吸取"颜体"书法艺术的基础上，创造出一种刚劲挺拔的"柳体"字。这样看来，"柳从颜出"的说法确实有道理。由于柳公权的书法字形匀称，瘦而劲挺。后人又将它和颜真卿的"颜体"合称为"颜筋柳骨"。

"宋四家"指的是谁？

"宋四家"指的是苏轼、黄庭坚、米芾和蔡襄4个最能代表宋代书法成就的书法家。

苏轼，著名文学家、书画家。他的书法继承"二王"传统，但又注意创新。他擅长行书和楷书，其字初看平淡无奇，细看却有浩荡之风，笔法有风骨，变化灵活，代表作品有《前赤壁赋》《后赤壁》以及《黄州寒食帖》等。

黄庭坚，北宋诗人、书法家。他兼擅行书和草书。以侧险的笔法取势，字形瘦劲，其代表作有《松风阁诗》《黄州寒食诗跋》《花气熏人帖》等。

米芾，是一位独具个性的书法家，其作品遵循法度，但又有潇洒奔放的态势，作品呈现出淋漓痛快的风格，传世作品包括《苕溪诗卷》《蜀素帖》等。其中《蜀素帖》是米芾的著名佳作，此书用笔纵横挥洒，方圆兼备，刚柔相济，藏锋处微露锋芒，露锋处亦显含蓄，长短粗细，体态万千，充分体现了他"刷字"的独特风格。

蔡襄，在宋代书法发展史上起到过关键性作用。浑厚端庄、淳淡婉美、气息温雅是他书法的最大特点。他的传世代表作有《自书诗帖》《谢赐御书诗》《蒙惠帖》等，此外还有碑刻珍品《万安桥记》《昼锦堂记》等。

建筑园林

什么是"堂"?

古代的住宅，方位一般向南。住宅的内部，可以分为堂、室、房三部分。前部分是堂，堂一般不住人，是用来行吉凶大礼的处所。堂的后面是室，室是专门住人的。室的东侧和西侧，是东房和西房。

整所住宅，常常建筑在一个高出地面的台基上，台基太高，这样一来，堂前就要有台阶，人进入堂房，必须先登上台阶，古人常说的"升堂"，就是指登上台阶进入堂房的意思。

上古的堂前，是没有门的。堂上的东边和西边，有两根楹柱，东西两壁的墙，叫作序，堂内靠近序的地方，分别叫做东序、西序。堂的后面有墙和室、房隔开，室、房都有户，户和堂是相通的。古人所说的户，通常指的是室的户。室户偏东，在户的西边相应的位置上，有一个窗口，叫作牖。室还有一个朝北的窗口，叫做向。东房的后部，有阶通往后庭。

古人在堂上坐的时候，通常尊贵的坐向，是室的户牖之间朝向南面的方向，所以古人常说"南面"。不过在室内的坐位，跟在堂上的坐位，又不一样，室内尊贵的坐向，是朝向东面的方向。

"阁""厢""殿"分别指什么?

古代还有阁和厢的概念。

汉代的阁、厢，指的是堂东西两侧的房子，这些房子和堂毗连平行。堂的东边和西边有墙，叫序，序外东边和西边，分别设置有一个小夹室，东边的小夹室叫做东夹，西边的小夹室叫作西夹，东夹和西夹，这就是所谓的阁了。在东夹、西夹前面的空间地带，叫东堂、西堂，这就是所谓的厢了。阁和厢之间设置有户，阁厢是相通的。在厢的前面，也设置有阶。

汉代的殿又指什么呢？乐府诗《鸡鸣》中说："鸣声何啾啾，闻我殿东厢。"诗中所说的东厢，指的就是东堂，诗中所说的殿，就是上面所说的堂屋。秦汉以前，古人叫堂不叫殿，后来汉代开始叫殿，但汉代的殿，实际上也可以指宫廷和庙宇之外的其他建筑，和后来专指宫廷和庙宇里的主要建筑不同。

"台""榭""观""阙"分别指什么?

台、榭、观、阙的概念是什么呢？

所谓台，是指高大而平坦的建筑物，一般的用途是瞭望。在台的上面有木构建筑，这个木构建筑就是榭。榭的特点，是只有楹柱没有墙壁。

在宗庙或宫廷大门外两旁，有比较高大的建筑物，这就是观。两个观之间，有一个豁口，所以叫作阙。但观也可以指独立的建筑物，如汉代宫中的白虎观。后来，观的意义进一步扩展，道教的庙宇，也开始叫作观了。

什么是"亭"？

古代有一种建筑在路旁的公家房舍，可以供旅客住宿，这就是亭。建造在边境上的亭，还可以起看守烽火、防备敌人的作用。《史记》上说："筑亭障以逐戎人。"这里的"亭"，指的就是这种军事用亭。

后来，亭的用途发生改变，变成了一种可供欣赏和休息的小型建筑物，常设在园林和风景名胜处，或者设在交通大道上。古诗上常说的长亭、短亭，就是指这种建筑物。

什么是"瓦"？

我国殷代时，可能还没有瓦，当时的屋顶，是用茅草盖的。

瓦的发明，据推测至迟在周初时，但当时虽然发明了瓦，却还没有广泛应用，大多数房子的屋顶，仍然是用茅草盖的。最初的瓦，据说只用在屋脊上，西周中期时，古人才开始用瓦覆盖房屋了。

战国时，制瓦业发展很快，质量也提高了。汉代时，盛行一种由吉祥的语句组成图案的瓦当，如"长乐未央"瓦当等。大概到了北魏时，出现了琉璃瓦。

何谓"版筑"？

《孟子》中说："傅说举于版筑之间。"可见很早，古人筑墙就已经使用版筑技术了。所谓版筑，就是筑土墙时，把两块木板并列排在一起，左右相夹，使木板中间的宽度，等于墙的厚度，然后再在板外，用木柱把两块木板衬住，往里倒进泥土，用杵捣实，泥土凝固后，把木板、木柱拆除，一座土墙就筑好了。

版筑技术在古代应用很广，甚至流传至今。

何谓"斗拱"？

斗拱是我国木结构建筑特有的一种结构，也是中国传统建筑中主要的造型特征之一。在立柱和横梁的交接处，从柱顶上加的一层层探出成弓形的承重结构叫拱，拱与拱之间垫的方形木块叫斗。

斗拱的产生和发展有着非常悠久的历史。两千多年前战国时代采桑猎壶上的建筑花纹图案，以及汉代保存下墓阙、壁画上，都可以看到早期斗拱的形象。

斗拱最初孤立地置于柱上或挑梁外端，起到传递梁的荷载和支撑屋檐重量的作用。唐宋时，它同梁、枋结合为一体，除上述功能外，成为保持木构架整体性的结构层的一部分。明清以后，斗拱的作用蜕化，成为主要起装饰作用的构件。它构造精巧、造型美观，如盆景，似兰花，越高贵的建筑，斗拱越复杂、华贵。逐渐成为区别建筑等级的标志。重要建筑物上有斗拱的安置，可以使人产生一种神秘莫测的感觉。无论从艺术或技术的角度来看，斗拱都足以象征和代表我国古典建筑的精神和气质。

李诚是谁？他的《营造法式》是一本关于什么的书？

李诫（1035～1110 年），字明仲，北宋著名建筑师，郑州管城县（今河南新郑）人。他出生于一个官宦家庭。宋哲宗元祐七年（1092年），李诫开始在将作监（主管土木建筑工程的机构）供职，主持建造了龙德宫、棣华宅、朱雀门、景龙门、九成殿、开封府廨和太庙等，历任将作监主簿、监丞、少监和将作监，长达十三年。绍圣四年（1097年），李诫受命重新编修《营造法式》，元祐六年（1091年）完成，使之成为北宋官方颁布的一部建筑设计、施工的规范书，也是中国古籍中最完整的一部建筑技术专书。《营造法式》主要分为5个主要部分，即释名、制度、功限、料例和图样共34卷，另外还有"看样"和目录各1卷。《营造法式》的内容有四大特点：1. 制定和采用模数制。2. 设计的灵活性。3. 总结了大量技术经验。4. 装饰与结构的统一。《营造法式》全面、准确地反映了北宋时期整个建筑行业的科学技术水平和管理经验，是我国古代建筑行业的权威性巨著。该书的出现，标志着中国古代建筑艺术走向成熟。

何谓"样式雷"？

"样式雷"是对清代200多年间主持皇家建筑设计的雷姓世家的誉称。主要的皇室建筑，如宫殿、皇陵、圆明园、颐和园等，都是雷氏世袭建筑师家族负责的。

祖籍江西永修的样式雷，从第一代样式雷雷发达在康熙年间由江宁来到北京，到第七代样式雷雷廷昌在光绪末年逝世，前后七代为皇家进行宫殿、园囿、陵寝以及衙署、庙宇等设计和修建工程。因为雷家几代都是清廷样式房掌案头目人，即被世人尊为"样式雷"，也有口语"样子雷"的叫法。雷发达被认为是样式雷的鼻祖，

但声誉最好、名气最大、最受朝廷赏识的应是第二代的雷金玉。他因修建圆明园而开始执掌样式房的工作，是雷家第一位任此职务的人。康熙在《畅春园记》里曾提到过一位他非常牵挂的杰出匠师，即指雷金玉。

雷氏家族的每个建筑设计方案，都按1/100或1/200比例先制作模型小样进呈内廷，以供审定。模型用草纸板热压制成，故名烫样。其台基、瓦顶、柱枋、门窗以及床榻桌椅、屏风纱橱等均按比例制成。雷氏家族烫样独树一帜，是了解清代建筑和设计程序的重要资料。留存于世的部分烫样现存于北京故宫。

中国古代建筑的主要特征是什么？

中国是世界四大文明古国之一，在悠久的历史进程中创造了辉煌的中国建筑体系，这一历经几千年从未改变过基本特色的建筑体系在世界建筑史上占有重要的地位。

中国古代建筑的发展大体可以分为6个阶段：远古至秦朝是第一个阶段，这一时期古代建筑初具雏形；两汉兴作不断，各种类型的建筑都得到了较大的发展，是古代建筑的发育时期；魏晋、南北朝时期，宫殿和佛教建筑兴盛起来，雕刻等装饰手法也有较大的发展；隋、唐时期，宫殿、寺观，乃至桥梁等建筑不断有精品出现，是古代建筑全盛和成熟的时期；五代、宋、辽、金时期，古代建筑开始华丽、细致，及至南宋时期更显得纤靡，不及隋唐时期的雄伟壮阔；元、明、清时期，宫殿建筑的规模和气势达到了顶峰，清朝后期国外的一些建筑形式和手法逐渐

传入，中国传统建筑逐渐衰落。

中国古代建筑有诸多特征，如多选用木材做主要建筑材料，砖石常被当作辅料来使用；外部轮廓特异，给人以飘逸优美的感觉，极富吸引力；以斗拱为结构的关键。在横梁及立柱间过渡处，施横材方木相互垒叠，前后伸出叫作"斗拱"，其功用在于以伸出的斗拱承受上部结构的重量，并将其转移到立柱上面，四周的墙壁对屋顶重量不起主要的支撑作用，所以有"墙倒而屋不塌"的现象。宫殿、庙宇等庄严的建筑群常采用左右匀称、绝对整齐对称的布局形式。园林等休闲游乐场所，布局则没有固定的模式，结构自由随意。

为什么古代建筑的屋顶上常会排列一些装饰兽？

我们经常会看到很多不同于今日钢筋水泥的建筑。它们或金碧辉煌，或青砖碧瓦，雕栏彩绘可谓艺术之作。除了这些之外，在建筑的屋顶上，或脊、或檐都有各种各样的小动物装饰，而且大小数量不等，难道这是古人建筑审美的一种表现吗？

中国古代传说有四灵，它们分别是麒麟、凤凰、龟和龙，人们认为是它们各自行使神权，守护着人间，为人们带来和平安康。所以人们便把这四灵称为"四大吉祥兽"。人们喜欢佩戴有四大吉祥兽的配饰。建筑中，将这四大神兽筑于屋顶，以保家宅平安，人丁兴旺。

很多建筑上出现的装饰兽，都是由这四灵派生出来的。通过观察我们会发现，不同的建筑物上，排列的装饰兽多少、大小各不相同，这有什么规律吗？

唐宋时期，脊兽的数量还仅只有一只。后来人们根据传说，不断增加脊兽数量，到了清代便已初步形成完整的体系。按类型划分，房顶上的装饰兽可分为屋脊走兽，檐角走兽，垂脊吻兽和仙人走兽，一般房屋的正脊上安放吻兽和望兽，垂脊上安放垂兽，戗脊上安放戗兽。

安放装饰兽数量的多少，还被视为标榜等级的方式，据相关文献记载，数目越多，表示等级越高。在皇权至上的古代，只有皇帝主持朝政的金銮殿可以安置十尊脊兽，其他地方根据等级规模一般安置一、三、五等单位数的装饰兽。而安放何种装饰兽，更是要根据各种动物所代表的意义放置，讲究颇多。现在我们在故宫太和殿所看到的一系列装饰兽，便是根据民间传说铸造的"仙人骑凤"系列。重脊的顶端为骑凤仙人，后面次序则为：一龙二凤三狮子，海马天马六押鱼，狻猊獬豸九斗牛，最后行什像个猴。

安放装饰兽不仅有尊崇神明的意思，也有使用功能。中国古代建筑大部分为砖木结构，房顶所放的琉璃瓦很容易顺着木制檩梁朝房檐向下滑动，因而古人便用瓦钉将檐前的瓦片固定。用一些动物装饰掩饰裸露在外面的瓦钉，这也是古代劳动人民讲究建筑美观的一种艺术表现手法。

皇家建筑为何用"红墙黄瓦"？

中国人喜红色，因为红色意味着吉祥、喜庆。生长在皇城根儿的人都知道，朱红的城墙，明黄的琉璃瓦是皇城最气派的标志性建筑。走访历代古都，几乎都有这一特点。红墙黄瓦为什么如此受皇家的喜爱呢？

古代的帝王，不仅要将自己的出身渲染得神乎其神，以显示他的神圣不可侵犯，就连他的居住场所也要处处彰显尊贵，因而，吉祥高贵的红色一直被古代帝王定为宫殿的主色。公元前11世纪的周代王宫，就采用红色来修饰宫殿。到了汉朝，汉高祖以"赤帝之子"自称，把红色定为皇家御用色彩。

在五行学说里，土位居中央，其色为黄。相生相克原理，赤火与黄土相生，是吉相。

唐朝初年，唐高祖规定民间不得用赤黄为衣，黄袍成为皇帝的专利。唐高宗更是规定黄为贵色，民间的一切都不得用黄色。北宋时期，宋仁宗颁布法令，将黄色定为皇家所有，黄色也就成了真龙天子的垄断色、主题色。故而，皇帝居住的地方便以赤黄两色居多。红砖黄瓦，金碧辉煌。

除了皇宫，我们还会看到一些庙宇、宫观等地方都有同样的红砖黄瓦建筑，难道红砖黄瓦不是皇家专利吗？古代帝王自然是世间之王，可是他同样尊崇神明，因而，在供奉祭拜神明的场所，自然也肯下一番功夫以表虔诚。特别是供奉玉皇大帝的宫观，自然是可以享受皇室规格的。另外，一些皇家寺院，也是可以使用红墙黄瓦的。

在中国古代的民间，建筑风格因地方不同而呈现出迥异的特点。区别于皇家的庄严恢宏，民间的屋顶墙体一般采用灰色陶土瓦。有些豪门大家为了彰显尊贵，在宅所上颇为张扬，因而，雕栏彩绘，彩色琉璃也是有的，但一般不会有皇家的红墙黄瓦。

"女墙"是什么墙，它和普通的城墙有区别吗？

刘禹锡在他著名的《石头城》中写道："山围故国周遭在，潮打空城寂寞回。淮水东边旧时月，夜深还过女墙来。"收录此诗的书下注释说："女墙，城墙上的矮墙。"既然是矮墙，为什么要叫作女墙呢？

女墙又叫"女儿墙"，指的是凹凸不平的小墙。女墙并不高，在建筑中，它常见于房上或城墙上，因而它又被称为"压檐墙"或"垛墙"；建在楼台屋顶之上的女墙充当了护栏的作用，因而相对比较精致。

《释名释宫室》中说："城上垣，曰睥睨，亦曰女墙，言其卑小比之于城。"意思是说，古代女子身份卑微，就像城墙上那些凹凸不均的小墙一样。而且，古代对女子的约束也很严，女子无才便是德，所以，古代的女子深居简出，很少抛头露面。被深锁庭院的女子们，便会通过这些看似屏蔽外界的小墙，偷偷地望一望外面的世界。因而，女墙还包含着窥视之义，有女子"睥睨"之态的意思。很多女墙的设计也是参考了这种说法而成。

中国古代有很多诗句假借女墙的三分阻挡、七分显彰的建筑特点，谱写了浪漫的情事。苏东坡的《蝶恋花》就有诗句描写"墙里秋千墙外道，墙外行人墙内佳人笑"。叶绍翁更是将女墙的矮小发挥到淋漓尽致："满园春色关不住，一枝红杏出墙来。"

在城墙之上的女墙，通常作为防御敌人的箭孔和护跺。在《三国演义》中，就

建筑园林

提到了女墙的这种用途。第五十一回中说"只见女墙边虚搠旌旗，无人守护"。在女墙之上，通常设有瞭望口，守城的士兵可以凭借女墙的掩护，观察敌军情况。而且在瞭望口的下面还设有通风口，这就好比行军打仗的盾牌，因而古代在很多外城墙上都修筑了矮墙。

如今，女墙已经成为建筑结构中的一种常见矮墙，已经没有那些意味深远的含义了，但是它一直是建筑中不可或缺的一部分。

中国六大古都分别是哪?

我国古代的都城通常是政治中心和经济中心的结合体，同时还是文化中心。我们通常所说的"六大古都"，分别是西安、开封、洛阳、北京、南京、杭州。从实际情况看，西安、北京和南京对古城风貌保持得较好，存留了大量古代文物和各种建筑遗迹，比较能体现古都的各方面特点。

西安位居六大古都之首，它在中国古代历史上建都最早、时间最长、定都朝代最多。在西安建立都城的朝代包括西汉、前秦、隋、唐等。而明清时期的西安，已成为军事指挥中心和西北区域的政治军事

唐长安城
位于今陕西西安。这段城墙为明代修建，南城墙部分建在唐长安皇城墙基上。

中心。西安的城市布局是北方平原地带城市的典型代表，特色是方整规则，道路宽敞笔直。我们今天见到的钟楼和鼓楼，是明代的遗留。

洛阳乃天下之中，西周初年，周公营建东都洛邑，就在此地。西周灭后，周平王迁都于此，开始了它作为首都的序幕，此后，东汉、曹魏、西晋、北魏，都在这里定都，隋朝和唐朝把这里称为东都，以掌控天下。后来，后梁和后唐也曾于此建都，所以洛阳有"九朝古都"之称。

开封乃是七朝古都，最早在此定都的是战国时期的魏国，当时称大梁，魏灭后衰落；隋代大运河开凿后，开封再次繁荣，后梁、后晋、后汉、后周和北宋都在此定都，称为东京。特别是在北宋时期，开封城达到鼎盛，当时它是大运河的中枢，城内交通方便，舟桥林立，非常繁华。宋亡后金朝曾迁都于此。

南京最初为三国时期东吴都城。后成为东晋及南朝宋、齐、梁、陈的国都，五代的南唐、明代早期、太平天国、中华民国均建都于此。南京城虎踞龙盘，但却饱受磨难，战争的破坏尤其严重，数度繁华的东南大都会，并没有留下太多的古迹。

北京位于华北平原北部，战国时为燕国国都，金时正式建都，称"中都"。元大都坐北朝南，分为大城、皇城和宫城部分，城墙为夯土筑造，共有11座城门，东西南各3门，元大都划定南北中轴，布局围绕这个中轴展开，显示出与前代不同的特点。明清时期的北京，在元大都的基础上加以改建而建都，其布局近乎完整地

保存到现代。

在六大古都中，杭州资历最浅，但以风光秀丽驰名天下，正所谓"上有天堂，下有苏杭"。杭州始建于秦朝，到唐朝才繁荣起来。唐末，吴越王钱镠在此建都。金兵灭掉北宋后，赵构南渡定都于此。虽然作为都城的历史不长，但杭州却拥有大批名闻世界的名胜古迹，引得天下游客流连忘返。

江南三大名楼指的是什么？

江南三大名楼指的是黄鹤楼、岳阳楼和滕王阁。黄鹤楼位于湖北武汉长江边的蛇山上，始建于公元223年，传费文伟在此驾黄鹤成仙而得名。现楼为1986年重建，高51.4米，共5层，黄瓦红柱，层层飞檐。咏黄鹤楼的诗文以崔颢的《黄鹤楼》和李白的《黄鹤楼送孟浩然之广陵》最为著名。

岳阳楼位于湖南岳阳的洞庭湖畔，原是三国时期吴国的阅兵台，唐开元四年（公元716年）建岳阳楼，现在的岳阳楼为1984年重修。主楼平面呈长方形，宽17.24米，深14.57米，高19.72米，楼顶为黄色琉璃瓦，金碧辉煌。主楼右有"三醉亭"，左有"仙梅亭"。楼内陈列着杜甫的《登岳阳楼》诗、范仲淹的《岳阳楼记》和历代名人的对联。

滕王阁在江西南昌赣江边，是唐太宗之弟滕王李元婴于公元675年所建，故名，为三大名楼之首。现楼为1989年重建，楼高57.5米，共9层，主体建筑面积为1.3万平方米，是一座仿宋建筑。咏滕王阁的诗文以王勃的《滕王阁序》和《滕王阁》诗最著名。

中国著名的古城墙有哪些？

城市是人类文明发展到一个重要历史阶段的标志，而城墙则是一座城市的重要标志。我国古代的城市从尊贵的京都到一般府、县乃至一些乡、镇都建有城墙来防御外敌的入侵。

城墙上一般有城门、城楼、角楼、墙台、敌楼、宇墙、垛口等防御工事，构成了一整套坚固的城防体系。此外有些城墙还起着防洪的作用。我国现存有不少著名的古城墙，如安徽寿县、江西赣州、湖北荆州、浙江衢州等城墙，都有重要的防洪功能，其中一个突出的例子是浙江临海（台州）的城墙，其瓮城、马道等结构与形式都是为防洪而专门设计的。我国古代的城墙建筑，不仅固若金汤，在建筑艺术上也有突出的成就。现存北京的前门城楼、箭楼，德胜门箭楼、东南角楼，西安城墙的城楼、箭楼等，莫不以其坚固的城墙、高耸的城楼、宽广的护城河显示出雄伟壮观的气势；北京故宫紫禁城的城角楼，飞檐折角，重檐金顶，倒影护城河中，确是一幅优美的画图。现在保存较为完整的城墙有陕西西安城墙、湖北江陵县的荆州城墙、湖北襄阳区的古城墙、辽宁兴城的宁远卫城墙、山西平遥县的古城墙、福建惠安县的崇武城墙等，其中，尤以陕西西安城墙规模最大且完整，它平面呈长方形，周长11.9千米，高12米，顶宽12～14米。城墙外有宽20米、深10米的护城河。墙面用青砖包砌，厚重坚实，东西南北四面均开设城门。城门上建有城楼、箭楼、闸楼，巍峨凌空，气势宏伟。城楼与箭楼之间有瓮城，城四角各有

建筑园林

一座角楼，显示出我国古代京城的雄姿。它是我国现存唯一完整的古代大型城垣。

此外我国还有一些特殊的古城墙，如山东蓬莱戚继光备倭水城，是用来操练水军和停泊战舰以防御倭寇入侵的；北京卢沟桥的宛平城，是专门防守卢沟桥的桥头军事堡，等等。

万里长城是什么时候建的？

早在春秋时期，为抵御北方游牧民族的侵略，楚国修建了一段长城。到了战国，燕、赵、秦等诸侯国更是大规模修建。秦统一六国后，秦始皇派人把北方各诸侯国所筑长城连结起来，西起临姚，东到辽东，绵延一万多里，这就是"万里长城"名称的由来。之后，各朝各代都曾对万里长城进行过修缮，现今我们所看到的，主要是明代修建的长城。

长城依地形而建，就地取材。在有山的地方，长城就建在陡峭的山脊上，并开采山石，凿成巨大的条形，堆砌城墙，内填灰土，非常坚固；在黄土地上，长城主要用土夯筑；在沙漠里，则用沙砾作主要材料，层层铺设红柳和芦苇以使城墙更加稳固。长城是一个军事防御建筑，城墙顶上铺有方砖，非常平整，宽的地方可以并行五六匹马，可供兵马顺畅通行；城墙的外沿则排列着两米多高的垛子，垛子上部有方形的望口和射口，用来望敌情和射击敌人；城墙顶上每隔300余米设有一个屯兵的堡垒，打仗的时候，各堡垒之间可以互相接应；另外，长城的两边还有烽火台，有的紧靠长城两侧，有的则在长城以外，一旦有紧急情况，白天放烟，晚上点火，以提供警报和请求救援。长城规模宏

大、气魄雄伟、建筑艺术精妙，是世界上最伟大的奇迹之一，它凝聚着先人的血汗和智慧，是中华民族的骄傲和象征。

中国宫殿建筑的整体特点是什么？

宫殿是皇帝处理国家大事和居住的地方，其规模宏大、气势磅礴、结构严谨给人以庄严肃穆的感觉和强烈的精神感染，从中凸现出皇帝无上的权威。在我国，宫殿是古代最重要的建筑形式。殷商时期就已经有宫殿建筑，秦统一六国后，更是建立了大批的宫殿建筑，自此以后宫殿建筑进入繁荣发展的时期，在几千年的封建历史上，著名的宫殿建筑有：秦朝的阿房宫，西汉的长乐宫、未央宫，唐朝的大明宫等，我国现存的最宏伟壮丽的、保存最完整的宫殿建筑是明清时期的紫禁城宫殿。

我国的宫殿建筑主要有三个特点：第一，宫殿一般是一个庞大的建筑群，包含许多不同功能的建筑；第二，在布局上，强调"中正无邪"，最重要的建筑都建在中轴线上，其他辅助性的建筑则建在两侧；第三，都城和宫殿二者的关系非常紧密，宫殿的布局往往扩大到整个都城，从而进一步凸显出宫殿的重要地位。

纵观宫殿建筑发展的历史，大体上可以分为两个阶段。春秋至唐代是第一个阶段，这一时期，宫殿一般建在都城内，宫殿的一边或者两边靠着城墙，或者宫殿傍着城墙的一边或者一角建在都城外，也有分建两座城的。这一类型的宫殿有：临淄的齐国故城、西汉的长安城、东汉和北魏的洛阳城、隋唐的长安城和洛阳城等。第二个阶段自北宋起，这一阶段的宫殿建于

都城中，四面被都城包围，如北宋的开封城、元大都、明中都、明清北京城等。

故宫的建筑规模怎样？

故宫旧称紫禁城，是明清两代皇宫，中国现存最大最完整的古建筑群，也是现存的最大宫殿群，现为故宫博物院。

兴建于明朝永乐年间（1406～1420年），设计者是蒯祥。故宫是一个长方形城池，墙外有护城河环绕，占地72万平方米，建筑面积约15万平方米，拥有殿宇9999间半。故宫严格按照《周礼·考工记》中"前朝后市，左祖右社"的帝都营建原则建造。故宫有4个大门，正门（南门）名为午门，俗称五凤楼，午门后有5座汉白玉拱桥通往太和门。东门名东华门，西门名西华门，北门名神武门。故宫宫殿的建筑布局有外朝内廷之分。外朝是明清皇帝行使权力、举行盛典的地方，以太和、中和、保和三大殿为中心，文华、武英两殿为两翼。太和殿（又称金銮殿）是皇帝即位、举行节日庆典和出兵征伐等大典的地方。中和殿是皇帝休息和接受大典中执事官员参拜的地方。保和殿是科举考试举行殿试的地方。内廷是封建帝王和后妃居住的地方，以乾清宫、交泰殿、坤宁宫为中心，东西六宫为两翼。

中国坛庙建筑有什么特点？

坛庙建筑主要用于祭祀天地、日月、社稷山川、帝王先贤、名人祖宗，在我国古代建筑中占有重要的地位。

我国坛庙建筑的历史比宗教建筑更为悠久，在内蒙古自治区、辽宁、浙江等地发现的一批坛庙建筑，距今约有五六千年。在不断发展的历史进程中，坛庙逐渐由原先的宗教信仰范畴的建筑发展成为封建国家具有政治作用的设施，成为都城、府县建设中必不可少的工程项目。

坛庙建筑按其祭祀对象可以分为两类：一是祭祀自然神的坛庙、天帝庙、日月星辰风云雷电之神的神庙、社稷庙、先农庙、岳镇庙、城隍庙、土地庙等；一类是祭祀鬼神的庙，鬼神即人死之后的神灵，如关公庙、孔庙、亚圣庙、文昌庙、诸葛武侯祠以及人们供奉历代祖宗的神庙等。在都城中必须建设的坛庙建筑有：太庙、社稷坛、天坛等，而地方府县必然建造的坛庙建筑有：山川坛、社稷坛、城隍庙、孔庙等。此外，各地还根据本地的历史文化修建各种具有地方特色的神庙，如苏州一带有祭祀早期开拓者的"泰伯庙"，有祭祀春秋战国时期辅助吴王兴国的功臣伍子胥的神庙；沿海各地有祭祀海上女神天妃的"妈祖庙"等，而历代官员及其后代建造的家庙更是遍布全国各地。现存的著名坛庙建筑有：北京天坛、地坛、社稷坛、太庙，山东曲阜的孔庙，四川成都的诸葛武侯祠，山东邹城的亚圣殿等。

天坛有什么建筑特色？

天坛是明清皇帝祭天和祈谷的地方，位于今北京市东城区，是世界上现存最大的古代祭祀性建筑群，始建于明永乐十八年（1420年），占地约270万平方米。天坛建筑布局呈"回"字形，有两层垣墙，形成内外坛。坛墙南方北圆，象征天圆地方。主要建筑有斋宫、圜丘坛、祈年殿、长廊、万寿亭、回音壁、三音石、七星石等。天坛的代表建筑是圜丘和祈年殿等。圜丘和祈年殿间由一条长359米，宽28

米，高 2.5 米的丹陛桥连接。圜丘位于丹陛桥南端，由 3 层圆形露天石坛构成，每层都围有汉白玉石围栏。祈年殿位于丹陛桥北端，正月上辛日在这里合祀天地。大殿建在高 6 米，底层直径 90.9 米的 3 层汉白玉圆形的祈谷坛上。祈年殿呈圆形，高 38 米，直径 32.72 米，是三重檐亭式圆殿。殿内中央的四根龙井柱高 19.2 米，象征一年的四季；中层 12 根金漆柱，象征一年 12 个月；外层 12 根檐柱，象征一天 12 个时辰。中外层共 24 根柱象征二十四节气。

天坛成功地将中国人对"天人关系"的认识以及对上天的敬畏与期望体现出来；处处展示着中国人传统的哲学观念和象征的艺术手法；集古代科技成就如数学、力学、美学、生态学于一炉，是中国古代具代表性的建筑精品。

"三孔"指的是什么？

山东省曲阜市境内的孔府、孔庙、孔林，统称"三孔"。三孔是中国历代纪念孔子，推崇儒学的表征，以丰厚的文化积淀、悠久的历史、宏大的规模、丰富的文物珍藏，以及科学艺术价值著称于世。是世界三大圣城之一。

孔府又称"衍圣公府"，位于孔庙东侧，是孔子嫡系子孙居住的地方，也是我国仅次于明、清皇帝宫室的最大府第。现在的孔府基本上是明、清两代的建筑，包括厅、堂、楼、轩等 463 间，共九进院落，占地 240 多亩。分为前厅、中居和后院。前厅为官衙，是处理公务的场所，中居即内宅和后花园，是衍圣公及其眷属居住的地方，最后一进是花园，园内假山、鱼池、

花坞、竹林及各种花卉盆景一应俱全，其中"五柏抱槐"的奇树，为世罕见。

孔庙，坐落在曲阜城内，其建筑规模宏大、雄伟壮丽、金碧辉煌，为我国最大祭孔要地。全庙南北长 1 公里多，占地 327 亩，共有厅堂殿庑 400 多间，包括三殿、一阁、一坛、三祠、两庑、两堂、两斋、十七庭、五十四门坊，前后共九进庭院，布局严谨、气势雄伟，是我国古代仅次于故宫的古建筑群。

孔林是孔子及其后裔的墓地，坐落于曲阜城北，占地 3000 余亩。是我国规模最大、持续年代最长、保存最完整的一处氏族墓葬群和人工园林。孔子去世后，其后代从冢而葬，形成今天的孔林。孔林对于研究中国历代政治、经济、文化的发展以及丧葬风俗的演变都有十分重要的意义。

中国陵墓建筑有什么特点？

陵墓是我国古代埋葬帝王或后妃的坟墓和祭祀建筑群，是我国古代建筑中规模最大的建筑形式之一。古人有灵魂的观念，认为人死之后，还有所谓的阴间，死人要在阴间继续生活。所以，上至帝王将相、达官贵人，下至黎民百姓无不重视丧葬、精心为死者构筑坟墓。在漫长的历史时期，陵墓在不断的发展过程中，逐步融合了绘画、雕塑、书法的艺术形式，出现了众多规模巨大、布局合理、结构精美的陵墓群。其中，最有代表性的是帝王陵。

帝王陵墓一般靠山建筑，也有少数建在平原上。陵园的布局一般以山为主体，四面建筑城墙、城门，城墙的四角建有角楼，在陵墓的前面建有甬道，甬道的两侧立着石人、石兽的雕像，陵区内遍植松、

柏，树木森森，给人以庄严肃穆的感觉。陵墓之内建有殿堂，用来放置已故帝王的衣冠和用具，并设置宫人服侍，就像帝王生前一样。如秦始皇的陵墓内，还用水银造成江河湖海的样子，用金银雕刻出山林和鸟兽，另有规模庞大、气势不凡的兵马俑；而唐朝懿德太子的陵墓内部，由墓道、过洞、天井、甬道、前室、后室等部分组成，四周墓壁上则绘有城墙、阙楼、宫城、宫门、殿堂等内容，完全是生前生活环境的写照。陵墓的墓室主要用木、砖、石3种材料筑成，殷商至西汉早期的墓室结构是井椁式结构，即用大块木材纵横交错建成墓室，后来又出现了用大木枋紧密排列构成的"黄肠题凑式"墓室。西汉中期出现砖结构的墓室，南北朝和隋唐时期，逐渐得到推广。石筑墓室在五代及宋朝时期已经广泛运用，但这一时期的墓室是石料和木料并用，直到明清时期，墓室全部采用高级石料修建，形成一组华丽的地下宫殿。

现存比较著名的陵墓建筑有：陕西省临潼区的秦始皇陵、陕西省乾县的唐乾陵、河南省巩义市的宋陵、北京市昌平区的明十三陵、河北省遵化市和易县的清东陵和西陵等。

中国著名的古塔建筑有哪些？

我国的古塔是我国古代的高层建筑，源于印度。在印度梵语中称为"浮屠"，据说是有人出于向佛祖表达敬意而建造的，也有说是为了供奉佛祖的舍利而建造的。古塔是我国古代建筑中最为多样、数量极大的建筑类型。我国现存的佛塔有2000余座，大江南北无处不有，其中比较著名的有：山西应县木塔、山西普救寺莺莺塔、河北承德普乐寺都城上琉璃小塔、安徽安庆迎江塔等。

山西应县木塔，位于山西省忻州市应县县城内西北角的佛宫寺院内，它是我国现存最古老、最高大的纯木结构的高层古建筑，在世界上也是独一无二的。塔有9层，高达67.31米，底层直径30.27米，整体重量约有7400吨，整个建筑由第一层开始向上逐渐变小，轮廓优美，有"远看擎天柱，近似百尺莲"的说法。整个建筑全用木材建成，没用一根铁钉，让人叹为观止。

山西普救寺莺莺塔，塔平面呈四方形，底层每边长8.05米，门开在南面，门宽1.28米。塔基呈正方形，塔平面为四方形，全塔共13层，高36.76米。塔的内部是多层空心的，最为奇妙的是塔有神奇的声学效果，站在塔底，楼上人的说话声听起来像是从地下传来一样。它与北京天坛回音壁、四川石琴、河南蛤蟆塔被称为四大回音建筑。

河北承德普乐寺琉璃小塔，普乐寺是雄伟的皇家寺庙，普乐寺的东部有一座巨大的经坛，这是喇嘛教修炼、传经的地方。在经坛的四角和四面的中间建有八座宝塔，塔分为黄、白、青、紫、黑五色。这些塔的下面有四角形、六角形、八角形的台基，台基上饰有精美的花纹，整个塔看起来色调明快，雍容华贵。

卢沟桥在建筑上有什么特色？

卢沟桥位于北京市丰台区的永定河上，是北京市现存最古老的石造联拱桥。始建于金大定二十九年（1189年），明昌

建筑园林

三年（1192 年）建成，后世曾多次重修。卢沟桥全长 266.5 米，宽 7.5 米，有 10 座桥墩，共 11 涵孔，是华北最长的古代石桥。整个桥体都是石结构，桥面用石板铺砌，两旁造有石栏扶手，各用石柱 140 个，高 1.4 米，柱头上共刻有大小石狮 497 个，雕刻精美，姿态各异。桥两端各有华表、御碑亭、碑刻等。桥东的碑亭内立有清朝乾隆题"卢沟晓月"汉白玉碑（卢沟晓月是燕京八景之一）。意大利旅行家马可·波罗称赞卢沟桥："它是世界上最好的、独一无二的桥。"

赵州桥为什么被誉为"华北四宝之一"？

赵州桥又名安济桥，俗称大石桥。位于河北省石家庄市赵县的交河之上，建于隋代大业元年至十一年（公元 605～616 年），距今已有 1400 多年，是由工匠李春设计建造的。它是世界上现存最早、保存最好的石拱桥，被誉为"华北四宝之一"。

赵州桥是一座弧形单孔石拱桥，全长 64.4 米，券高 7.23 米，单孔跨度 37 米，桥面宽 10 米，用厚约 30 厘米的条石铺成。它的大石拱由 28 券（窄拱）并列组成，大石拱上两端各建有两个小拱（净跨分别是 2.85 米和 3.81 米），它们不但节省了石料，而且还能减轻桥身自重和增大泄洪面积。赵州桥结构坚固，雄伟壮观，设计合乎科学原理，施工技术巧妙绝伦。唐代中书令张嘉贞在《赵州大石桥铭》称赞它"制造奇特，人不知其所为"。由于桥位良好、基底应力适宜，1400 多年来赵州桥经历了 10 次水灾、8 次战乱和多次地震，但桥身基本完好，至今仍在发挥作用。

中国石窟建筑艺术的建筑特点是什么？

石窟是在山崖陡壁上开凿的一种洞窟形的佛教建筑，又叫石窟寺，起源于印度，同佛教一起传入中国。我国从南北朝时期开始盛行开凿石窟，元、明以后，开凿石窟的风气消退下来。现存的石窟分布非常广泛，西至西藏自治区西部，东至沿海地区，北至辽宁，南达云南，所在地点多是风景秀丽的山川，借助于壮美的山河来凸现出佛教的庄严。

石窟多建于悬崖峭壁上，但天然的适合建造石窟的陡壁并不多见，所以古人建造石窟之前，往往先要开辟陡壁，称之为"斩山"。在技术落后的古代，斩山的工程量十分巨大，如龙门石窟宾阳三洞所在的陡壁，光斩山花费了 20 多年的时间、82000 多名劳力。石窟的开凿通常依照自上而下、由外到内的顺序，先从门洞向上开辟一条施工道，到达一定高度后，再从上到下大面积开凿。另外，开凿石窟还要注意岩石的质地，硬度要适中，既要容易雕刻，又要耐风化，一般都开凿在石灰岩、砂岩和砾岩上。我国的著名石窟有：云冈石窟、龙门石窟、麦积山石窟、敦煌莫高窟等。

中国皇家园林是如何发展的？

殷商时期的"囿"是皇家园林的原始形式，据史料记载，当时"囿"是指开辟一块地方，在里面种植树木、放养动物、挖掘池塘、筑造楼台，供皇家打猎、游玩、供奉神明及生产所用。当时最为著名的"囿"是周文王的灵囿。

秦汉时期，皇家园林发展成为山水宫苑的形式，就是在皇帝的离宫别苑周围圈一块地，形成一个自然的园林，其规模常达数百公里。如秦始皇所建的信宫、阿房宫，把宫阙建在终南山的顶峰，让樊川成为宫内的池塘，气势多么雄壮。汉朝时期，汉武帝修建完成了规模宏大、功能多样的上林苑，园内不仅有观赏景物的去处，有动物园、植物园、狩猎区，甚至还有赛狗场，在上林苑建章宫的太液池中，建有蓬莱、瀛洲、方丈 3 座仙山，"一池三山"的做法一直延续到了清代，上林苑标志着古代皇家园林建设的第一个高潮。

从魏晋南北朝开始，皇家园林更趋于华丽精致，虽然在规模上达不到秦汉时期的山水宫苑，但是在内容上则丰富得多，如北齐的高纬在仙都苑中建造"贫儿村""买卖街"来体验民间生活；宋徽宗建造的艮岳，在平地上大兴土木，用仿造的人工假山来代替全国各地的名山大川，这一时期，假山的仿制已经达到了很高的水平。

元明清时期，皇家园林的建造日趋成熟，这一时期出现的名园，如颐和园、圆明园、避暑山庄、北海等，既继承了古代园林的优良传统，又有进一步突破和创新，无论在选址、立意、山水的构造乃至小路的铺设上，都表现出了令人叹服的高超技巧。如颐和园在仿制无锡寄畅园的基础上，把南方的西湖、江南水乡的风貌与北方的广袤和雄奇的大山融合起来，更建有众多的精美佛香阁，使人游了这一个园林，便好像见识了全国各地的美景。

避暑山庄的建筑特色是什么？

避暑山庄又名承德离宫、热河行宫，是清朝皇帝的夏宫，也是中国现存最大的古代离宫和皇家园林，位于河北省承德市北部。

始建于清朝康熙四十二年（1703年），后多次改扩建，乾隆五十五年（1790 年）建成。清朝前期，每年夏天，清朝皇帝都会到这里避暑并处理政务，避暑山庄成了清朝第二政治中心。避暑山庄占地 560 万平方米，分宫殿区和苑景区两大部分。苑景区又分湖区、平原、山峦三部分。这些风景都是仿照中国各地风景园林艺术风格而建，所以避暑山庄成为中国各地胜迹的缩影。宫殿区在山庄南端，主要建筑澹泊敬诚殿（正宫）是节日举行大典的地方。后面的依清旷殿是皇帝召见朝臣的地方。另外还有烟波致爽殿和云山胜地殿。正宫东侧的松鹤斋是后妃们居住的地方。避暑山庄周围是博仁寺、博善寺、普乐寺、安远庙、普宁寺、普佑寺、广缘寺、须弥福寿之庙、普陀宗乘之庙、广安寺、罗汉堂和殊像寺 12 座喇嘛庙群。

圆明园是西洋风格的建筑吗？

圆明园位于北京海淀区，原为清代的一座大型皇家园林，与附园长春、绮春（万春）合称圆明三园。1860 年，被英法联军焚毁。

圆明园始建于清朝康熙四十八年（1709 年），乾隆九年（1744 年）完工。附园长春和绮春两园分别建成于乾隆十六年和乾隆三十七年，时间长达 150 多年。圆明园不仅是清朝皇帝休息的地方，也是他们会见大臣、接见外国使节、处理政务的地方，与紫禁城同为当时的全国政治中心，有"御园"之称。全园占地 347 万平方米，有建筑 150 多处，其中凿湖造山，遍植奇花异草，集中外园林建筑之精华，

建筑园林

构筑有圆明园四十景。三园的平面布局呈一个"品"字形，有园门相通。全园以福海为中心，海中有"蓬岛瑶台"等三个小岛，象征道家"一池三仙山"之说。另外，长春园还有海晏堂、远瀛观等西洋风格的建筑。它还是一座大型的皇家博物馆，藏着许多珍宝、图书等，被誉为万园之园。1860年，英法联军攻入北京，抢劫了园中珍宝，并纵火焚毁，现仅有遗址存在。

颐和园是按照江南园林风格营建的吗？

颐和园位于北京市西北郊，原为清朝皇帝的行宫御苑，原名清漪园，是保存最完整的一座行宫御苑，始建于清乾隆十五年（1750年），咸丰十年（1860年）被英法侵略军焚毁，光绪十二年至二十一年（1886～1895年），慈禧挪用海军经费进行了重建，光绪十四年（1888年）改名颐和园。

颐和园以杭州西湖为蓝本，吸取了江南园林的设计手法和意境建造而成。全园占地面积约290万平方米，分为宫廷区和苑林区。宫廷区以仁寿殿为主，是政务活动区。苑林区以万寿山、昆明湖为主体。万寿山东西长约1000米，高60米，山上建有排云殿、德辉殿、佛香阁、智慧海等。昆明湖约占全园面积的78%，湖中有一模仿杭州西湖的苏堤而建的西堤。湖中有南湖岛，又称龙王庙，与东岸一座长150米的十七孔桥相连。湖北岸有一条东西走向的"长廊"，全长728米，共273间，是中国园林中最长的长廊。万寿山东麓的谐趣园原名惠山园，是一座园中园，是模仿无锡寄畅园而建的。

苏州园林为什么闻名天下？

私家园林是古代官僚、文人、富商、地主所拥有的私人宅院。我国的私家园林以江南的私家园林数量最多、艺术价值最高，其中又以苏州园林最具代表性。

与皇家园林相比，江南私家园林的规模较小，一般只有几亩至几十亩，最小的仅一亩半亩，但造园家却能在这有限的空间内，运用多种艺术技巧，造成一种好像深邃不尽的景象，给人一种空间很大的感觉。院子以水面为中心，四周散布着精美的建筑，构成一个个小的景点，几个小景点又围合成大的景区。院子的主人一般都具有较高的文化素养，能诗善画，善于品评，园林追求超凡脱俗、清高淡雅的风格。院子主要供主人修身养性、闲适时自娱自乐所用。苏州的古典园林极具特色，建筑布局、结构、造型、风格，都运用了巧妙的衬托、对景、借景、尺度变换、层次配合、小中见大等种种造园艺术技巧和手法，将亭、台、楼、阁、泉、石、花、木有机地融合为一体，浑然天成，毫无斧凿的痕迹。

苏州拙政园是私家园林中的经典之作，它始建于明朝正德四年，之后几经雕琢，现存的园貌主要形成于清朝末期。全园分为西、中、东三部分，以中部为主。中部的园子呈矩形，水面较多，也呈横长的矩形，水池内建有东、西两座假山，又有几条小桥和堤坝把水面分成几个部分。水池的南岸有较大面积的平地，建筑物多集中在此，由宅入园的小门就开在南岸的院墙上。入园以后，迎面有一座假山挡住视线，使园内景物不至一览无余，这种手法称之为"障景"。岸西有一座名叫"别有洞天"的凉亭，透过清澈的水面，东岸有一座方亭与之遥相呼应，水中的荷香四面亭和曲折的小桥更增加了景观的层次感，这种手法称之为"隔景"。北岸以土为主，遍植柳树、芦苇，别有一番风趣。东岸有梧竹幽居亭，由此西望，透过水池亭阁，在树梢上可遥见远处的苏州报恩寺塔，将塔景引入园内，称为"借景"。院内粉墙、绿水、几处怪石、数竿细竹，不尽的美景组合成一幅完美的画卷。

拙政园与沧浪亭、狮子林、留园分别代表着宋元明清四个朝代的艺术风格，被称为苏州"四大名园"。其他名园还有网师园、环秀山庄、艺圃、耦园、退思园等。

平遥古城的建筑特色是什么？

平遥位于山西省中部，是一座具有2700多年历史的古城，现在的城墙建于明洪武三年（1370年），是我国现存最完整的明清县城，是中国汉民族中原地区古县城的典型代表。

平遥古城基本上还是明初的形制和构造。城池为方形，面积2.25平方千米，城墙高12米，周长6157.7米，外表全部砖砌。墙上垛口，墙外有护城河，深宽各4米。城池有6座城门，东西各二，南北各一。城门上原建城楼，四角各建有一座角楼，大多已残坏。城内的街道、铺面、市楼保留明清形制。城内主要街道是十字形，商店沿街而立，住宅位于小街巷内。其中大型建筑有：古城北门有镇国寺和古城西南的双林寺。镇国寺建于五代时期，是全国排名第三位的古老木结构建筑。双

林寺建于北齐武平二年（公元571年），寺内10多座大殿内保存有元代至明代的彩塑造像2000余尊，被誉为"彩塑艺术的宝库"。古城内现保存着3997处传统四合院民居，其中有400处保存相当完好。

戏楼的建筑特色是什么？

戏楼又叫戏台，是我国传统戏曲演出的场所。我国古代的演戏场所在不同的历史时期有不同的名称和形态，最原始的演出场所是广场、厅堂、露台，宋代时期出现了三面观戏，隔出一面充当后台的勾栏，金朝把演出场所称为舞厅或舞亭，元朝时期则有了戏台的叫法，及至明清时期则发展成了戏楼、戏园。

清朝宫廷中的戏楼，是我国古代戏楼建筑的集大成者，它不仅面积大，而且变原先的单层为两层或三层，坐南朝北，和三面的观众席组成一个四合院。三层大戏楼的舞台，由上到下分别称为福台、禄台、寿台，底层的寿台是主要舞台，它长3间、宽3间，相当于民间普通舞台的9倍，第二层的禄台只有长宽1间大小，第三层的福台就更小了。寿台的后面建有一座阁楼，称为仙楼，仙楼有两座木梯通向福台，有两座木梯通往禄台，供戏中的神鬼角色上下场所用。寿台的地板下为地下室，里面有4口旱井和1口水井，据说这些井能起到共鸣作用，增强演出的音效。寿台的顶部有3个天井，各个井口都设有辘轳设备，供演员表演上天入地的场面。清朝时期最著名的大戏楼有：紫禁城的宁寿宫畅音阁、避暑山庄的福寿园清音阁、圆明园的同乐园清音阁、颐和园的德和大戏楼等，现存的仅有宁寿宫畅音阁和颐和

建筑园林

北京茶园演戏图

戏台上有多人表演，伴奏者 4 人，所用乐器有拍板、板鼓、二胡、唢呐、锣等。清乾隆年间（1736～1795年）以来，茶园即是剧场。清代包世臣《都剧赋序》说："其开座卖剧者名'茶园'……其地度中建台，台前平地名'池'，对台为厅，三面皆环以楼。"当时春台、三庆、四喜、和春四大徽班都在茶园演戏。因为清代每逢国丧期间，各娱乐场所都不能化装演戏，演员们无以为生，只能在茶楼清唱。以后，戏园便附售客茶，遂称戏园为茶园了。

园的德和大戏楼两座。

我国的戏楼分布得非常广泛，从农村到城市，从平原到山区，只要是有人聚居的地方，几乎都有或简或繁的戏楼建筑，可以说戏楼就是具有中国特色的剧场，中国戏曲也可以称之为"戏楼文化"。

会馆有什么建筑特点？

会馆是指"同籍贯或同行业的人在京城及各大城市所设立的机构，建有馆所，供同乡同行集会、寄寓之用"。是一种拥有宴饮、居住、剧场、集会和办公等多种功能的一种公共建筑。会馆分行业会馆和同乡会馆两类。同乡会馆，顾名思义是为旅居外地的同乡提供集会、联络和居住的处所，它的形式近似于大型的住宅建筑，为凸现同乡的渊源，常在正厅或者专辟的一厅内设置祠堂，供奉一乡的前辈贤人。正厅是同乡聚会餐饮的场所，其他各厅则供借宿所用。一些大的会馆，还专门设有学塾，以方便同乡子弟就学，清朝时期，一些省级的大会馆内还有戏楼，如山西会

馆、四川会馆、湖广会馆等。行业会馆，多是商业、手工业行会会商的场所，馆内通常设有本行业祖师爷的牌位，有演戏酬神用的戏台。为了炫耀本行业的繁荣，行业会馆的装饰都很精细华贵。

会馆多在所在地的文化发展中扮演重要的角色，拿会馆最为众多的北京来说，各地会馆为北京带来了丰富多样的饮食文化，并在竞相展示各自美食的过程中，发挥自己的特色，弥补不足，形成了川、鲁、粤、淮等菜系；另外，会馆所带来的地方语言，也给北京话以影响，促进了以北方语音为基础的普通话的形成。其他的，如建筑、楹联、园艺等方方面面，会馆都大大促进了北京文化的发展，并为后人留下了宝贵的遗产。到了现代，结合西方建筑的特点，会馆逐渐演变成为酒店、宾馆等现代建筑。

中国民居有怎样的特点？

先秦时期，"帝居""民舍"等都称"宫室"；汉代规定食禄不满万户的称"舍"。直至近代，才把除宫殿、官署以外的居住建筑统称为"民居"。

早在新石器时代后期，我国木构架体系的房屋已经萌芽。西周及春秋时期，瓦的出现使民居变得更为结实。战国时期，出现了砖和彩画，民居变得较为美观。秦汉时期，石材在民居中的使用开始增多。魏晋南北朝时期砖瓦应用更为广泛。隋唐以后，民居开始注重根据社会等级来设计房屋形制。明清时期，民间建筑的类型与数量也有增加，形制已经较为固定。各民族的建筑也有发展，地方特色更加突出。私家园林开始广泛出现。在汉族民居中，

最有代表性的是北京四合院和南方"四水归堂"式的天井式民居。

与砖瓦结构不同的建筑是一些少数民族的民居，使用干阑式住宅，用竹、木等构成的单栋独立的楼，底层架空饲养牲畜、存放东西，上层住人。在云南、贵州、广东等地的傣族、景颇族、壮族等聚集区常见。河南、山西、陕西、甘肃等黄土层较厚的地区则有窑洞式住宅，施工简单，还有冬暖夏凉的效果，非常经济适用。一般可分为靠山窑、平地窑、砖窑等。碉房是青藏高原特有的住宅形式，一般是用土或石砌筑，形似碉堡，大多为2～3层。底层通常是用来养牲畜，楼上住人。

著名的北京四合院是怎样的？

"梨花院落溶溶月，柳絮池塘淡淡风"，四合院指的是四座单体房屋分别在东、南、西、北四面，中间围合成一个露天庭院的建筑组合。在历史发展过程中，四合院得到了中国人的钟爱，宫殿、庙宇、官府包括各地的民居都广泛使用这种形式。

在诸多类型的四合院中，北京四合院卓尔不群，经过数百年的营建，北京四合院从材料选择、平面布局到内部结构、细部装修都形成了特有的京味风格。

四合院属砖木结构建筑，门窗栋梁等均为木制，周围以砖砌墙。门窗及檐口椽头的油漆彩画，虽没有宫廷的华丽辉煌，但也颇有意趣。习惯用磨砖、碎砖垒墙，变废为宝，所谓"北京城有三宝——烂砖头垒墙墙不倒"。屋瓦大多用青板瓦，正反互扣，或者不用铺瓦，直接青灰抹顶，

称为"灰棚"。

除了一些小规模的单院形式外，北京四合院多数分为前（外）后（内）二院。外院横长，从东南角的大门进入，迎面就是一座筑砖影壁，与大门组成一个小小的过渡空间。由此西转进入外院。大门之西正对民居中轴的南房，称"倒座"，用来供客人休息，外院还有男仆室及厨房、厕所；由外院通过垂花门式的中门，便进入宽阔的庭院，这就是全宅主院。

主院中，北面正房称"堂"，大多为三间，遵守着"庶民庐舍不过三间五架，不许用斗拱，饰彩色"的明清规定。正房的开间和进深要比厢房为大，左右两边各接出耳房，由尊者长辈居住。耳房前有小小的角院，十分安静，所以也常用作书房。这种一正房两耳房的布局称为"纱帽翅"。正房前面，院子两侧有厢房陪衬，作为后生晚辈的居室，营造了良好的空间感觉。

正房、厢房朝向院子都有前廊，用"抄手游廊"把垂花门与这三座房屋的前廊连接起来，沿着游廊穿行，不必经过露天场地。廊边还有栏杆和凳子，可在廊内欣赏风景。这是四合院的一大风情。

四合院的房屋都采用青瓦硬山顶。正房之后有时有一长排"后照房"，或作居室，或为杂屋。也有的民居在房后或者一侧再接出一座四合院，以居内眷，也有的在一侧接出宅园。

四合院的每一处都很有讲究，开在前左角的民居大门称"青龙门"，根据后天八卦，北为坎，东南为巽，故此种布局称坎宅巽门，象征吉祥平安。（王府的宅门则放在中轴线上，人们认为以王侯之尊不

需要坎宅巽门也可以免除外邪侵害）而从实际效果来看，宅门不设在中轴线上，使得进入四合院必先通过一个小小过院，有利于保持民居的私密性，营造"曲径通幽"的氛围。在全国各地的民居中，坎宅巽门也十分流行。

门的大小和规格也很讲究，等级最高的是广亮门，它和再小一些的金柱大门、蛮子门都用于官宦人家。虽非官宦而相当殷富的人家用如意门。最小的是墙门，没有进深，门上有小屋顶，有的砌通天柱，颇有西洋气息。

作为民居，北京四合院最直接的感觉是浓厚的生活气息，庭院方阔，大小合宜。院中还栽花置石，一树海棠花配以石榴盆景，大缸养的金鱼寓意吉利，自然亲切，把天地拉近人心。可在院内临时搭建大棚，举办婚丧大事，以待宾客。尤其是抄手游廊，把庭院分成几个自然的空间，但分而不隔，虚虚实实，家庭成员在这里进行亲切的交流，其乐融融。

四合院历史悠久，自元代正式建都北京时就出现了，至明清逐渐完善，最终成为北京城的象征。

四合院的结构，在中国传统住宅建筑中非常典型。院落宽绰疏朗，四面房屋彼此独立却又有游廊连接，起居方便。对外只有一个街门，关起门来是封闭式的住宅，自成天地，具有很强的私密性，非常适合家居。院落宽敞，植树栽花，饲鸟养鱼，叠石造景。这里不仅是舒适的住房，更是大自然赐予的一处美好天地。

乐舞风流

什么是古琴?

琴又称瑶琴、玉琴、绿绮,现代一般称为古琴、七弦琴。琴历来被认为是高雅的艺术,古人常以"琴、棋、书、画"并称,把它看作是君子必备的文化修养,因此我国文人多擅弹琴,如孔子、嵇康、欧阳修等。

琴在我国至少已有3000多年的历史,现在考古发现的最早实物,是湖北随县出土的战国初期的10弦古琴和湖南长沙马王堆出土的7弦汉琴。

琴的全身为扁长共鸣箱,面板多用梧桐木制作。琴头有承弦的岳山,琴尾有承弦的龙龈和护琴的焦尾,整个显得宽头窄尾。在面板的外侧有13个圆点状的徽,它是音位和泛音的标志,一般由贝壳制成。琴上有7弦,古代用丝弦制成。琴的声音清脆悦耳,表现力强。

传说伯牙志在山水的时候琴声能"峨峨兮若泰山,洋洋兮若江河",遇雨心悲的时候还能"为霖雨之操,更造崩山之音",琴的表现力可见一斑。

琴有独奏、琴箫合奏、琴歌、雅乐合奏4种传统的演奏形式。著名的琴曲有《流水》《酒狂》《广陵散》等。

什么是编钟?

编钟又叫歌钟,是中国古代一种重要的打击乐器,是钟的一种,由若干个大小不一的钟按照音阶有序地排列悬挂在木架上而构成的,每个钟的音高各不相同。

编钟的历史能够上溯到3500年前的商代,但当时编钟较为简单,多见的是三枚一套。

后来整套编钟的数量开始不断增加,形成较大的规模。

古代的编钟是帝王和贵族专用的乐器,是等级与地位的象征,多用于宫廷演奏。每逢重大事件如征战、朝见或祭祀等活动时进行演奏。

在1978年从湖北省随州市西郊曾侯乙墓出土了一套曾侯乙编钟。这套编钟的音域可以达到5个八度,音阶结构基本上与现代的C大调七声音阶接近。它规模宏大,制作精美,整套共65件,其中有19件钮钟,45件甬钟以及一件镈钟,总重达2500多千克。全套钟保存完好,可随意拆卸。钟上有大量关于音乐知识的篆体铭文,这些铭文是研究先秦音乐史的珍贵文字资料。经专家演奏测试,曾侯乙编钟的音响已构成倍低、低、中、高4个色彩区,能演奏任何音阶的乐曲,同时能够胜任采用和声、复调以及转调手法的乐曲，称得上是音乐奇迹。

编钟是中国古代音乐艺术和青铜铸造工艺的完美结合，令世人无法不为中国古代音乐辉煌的成就而惊叹。

什么是磬？

磬是一种我国古代的石制打击乐器，通常悬挂在架子上，演奏时用木槌敲击，可发出悦耳动听的鸣响。

磬的历史非常悠久，出现年代可追溯到母系氏族社会，也叫作"石""鸣球"等。当时的人们常常会在猎取劳动成果后，敲击石头，以其清脆悦耳的声音来烘托气氛。这就是磬最初的原型。

磬出现以后，被广泛用于历代统治者的各种宫廷场合的音乐中。

磬拥有非常古朴的造型和精美的外观，制作精美。按照它的使用场所和演奏方式，可分为特磬和编磬两种。特磬专门用于皇帝祭祀时演奏，编磬由若干个磬编成一组而成，挂在木架上进行演奏，主要在宫廷音乐中使用。寺庙中也使用磬。在出土曾侯乙编钟的曾侯乙墓中，出土了有古代楚文化特点的编磬32枚。这套完整的编磬是用石灰石、青石和玉石制成的，悬挂在青铜磬架上，共分两层，具有清脆响亮的音色。相关部门曾经制作出曾侯乙编磬的复制品，严格按照原件的规格和形制进行制作，验证了编磬动听的音色。磬是中国音乐史上独特的一种乐器，古老而优美。

什么是箜篌？

箜篌历史悠久，是中国古老的弹拨乐器，又称"坎侯"。早在春秋战国时期，就已经出现了箜篌的雏形。盛唐时期，箜篌的演奏技艺随着经济文化的飞速发展达到了相当高的水平。古代的箜篌既是宫廷乐队使用的乐器，也是深受民间喜爱的乐器，一度广为流传。箜篌还曾经传入日本、朝鲜等邻国，并受到人们的喜爱。在日本东良大寺的寺院中，至今还保存着2架我国唐代的箜篌残品。中国古代流传的箜篌主要分为卧式箜篌和立式竖箜篌2种，后来又出现了雁柱箜篌。竖箜篌的形状像半截弓背，在向上弯曲的曲木上设曲形共鸣槽，整体结构中还有脚柱和肋木支撑着20多条弦。演奏时演奏者将箜篌竖抱于怀，从两面用双手的拇指和食指同时弹奏，这个弹奏姿势，唐人称之为"擘箜篌"。新型的雁柱箜篌是仿照古代立式竖箜篌的基本造型，在其基础上改进研制而成。其外形近似于西洋竖琴，不同的是它有两排琴弦，每排有36根弦，每根弦都是由人字形的弦柱支撑，看上去，这种箜篌的形态比较像天空中飞翔的雁阵队形，所以得名为"雁柱箜篌"。箜篌拥有宽广的音域和柔美的音色，表现力丰富。

什么是古筝？

古筝是中国一种具有优美音色和丰富表现力的民族拨弦乐器。它有着悠久的历史，早在战国时期，古筝就在秦国流行，所以它又被称为"秦筝"。古筝的流传甚广，从岭南至内蒙古，几乎遍及整个中国。最初的古筝是从战国时期一种竹制的五弦乐器演变而来，秦汉时期，五弦发展为12弦，隋唐时期为13弦，元明时期为14弦，清代时期为16弦。后经改良，由17、19弦不等而发展到21～25弦，筝弦也由原来的丝弦改为钢丝弦等。这样，古筝的音域和表现力得到很大提高，深受人们欢迎。它既可用作独奏、重奏、合奏，也可用作戏曲、曲艺和舞蹈等的伴奏。

古筝的音色清越、高洁、典雅，委婉动听，具有一种幽远的独特神韵。轻拂宛如行云流水，重扫势若山崩海啸。它既能细致微妙地刻画人们的内心感情，也能描绘激动人心的壮观场面；无论是如泣如诉，还是慷慨激昂，或是激越高歌与浅声吟唱它都可以表现得淋漓尽致。左手的揉、按、点等手法尤能体现古筝的音韵特色。

古筝在长期的流传过程中，与当地戏曲、说唱和民间音乐相融汇，形成了各种具有浓郁地方风格的流派。传统的筝乐被分成南北两派，其中以陕西、山东、河南和客家筝曲最为著名。《渔舟唱晚》和《汉宫秋月》是古筝中的名曲。

什么是琵琶？

琵琶是我国历史悠久的一种常用弹拨乐器。秦朝时，在民间流传着一种圆形的、带有长柄的乐器。弹奏这种乐器主要有两种方法：向前弹叫"批"，向后挑起叫"把"，当时人们就把它叫作"批把"，后来改称为琵琶。当时的琵琶形状为直颈，圆形音箱，音位和弦数不固定。南北朝时，从西域地区传入一种曲项琵琶，其形状为曲颈，梨形音箱，有四柱四弦。人们就把它和我国的琵琶结合起来，制成了一种新式曲径琵琶。到了唐代，琵琶从制作到演奏上都得到了很大的发展。琵琶构造方面的改变是把原来的 4 个音位增至 16 个，同时把琵琶颈部加宽，下部共鸣箱变窄。在演奏方法上改横抱演奏为竖抱演奏，改拨子演奏为手指直接演奏。此后，琵琶的制作和演奏技法不断得到改进，最后形成如今的四相十三品和六相二十四品两种琵琶。

琵琶音域广阔、演奏技巧丰富繁多，具有丰富的音乐表现力。适合琵琶演奏的曲风有多种，基本上有文曲、武曲、大曲 3 种。文曲以抒情为主，曲调柔美，代表曲目如《春江花月夜》《汉宫秋月》等。武曲则风格豪放，《十面埋伏》《霸王卸甲》等都是其代表作。大曲的曲调以活跃、欢畅为主。

什么是笛子？

笛是中国最古老的乐器之一，早在8000 年前的远古时期，我国就已经出现了用鸟禽肢骨制成的竖吹骨笛。横笛大概在汉朝时出现，相传是在汉武帝时张骞从西域传入，当时叫作"横吹"，是鼓吹乐的重要乐器，以竹制成。秦汉后，笛子成为竖吹的箫和横吹的笛的共同名称，这种状况一直延续到唐代。宋元时期，笛成为词曲和曲艺伴奏的重要乐器。

笛子的声音具有悠扬、婉转的特点，容易给人以一种缠绵思乡的感觉。唐代诗人李白曾经写过这样的诗句："谁家玉笛暗飞声，散入春风满洛城。此夜曲中闻折柳，何人不起故园情。"李益也有诗云："回乐峰前沙似雪，受降城外月如霜。不知何处吹芦管（芦笛），一夜征人尽望乡。"充分显示了笛声动人的艺术魅力。

笛的品种有很多，其中使用最为普遍的是曲笛和梆笛。曲笛又叫苏笛，以伴奏昆曲和盛产于苏州而得名。曲笛管身粗

乐舞风流

长，音色柔和，善于表现江南的柔婉情致。梆笛以伴奏梆子类戏曲得名，管身细短，音色明亮，善于表现北方的刚健气质。

什么是箫？

"黄河远上白云间，一片孤城万仞山。羌笛何须怨杨柳，春风不度玉门关。"这是著名诗人王之涣的《出塞》，也是唐代七绝的压卷之作。诗中幽怨的羌笛，就是现在人们所说的箫。箫原称"洞箫"，是我国古老的吹奏乐器之一。箫和笛一样，都是源于远古时期的骨哨。因此很长一段时间人们把箫称为笛，直到唐代，两者才开始分离，横吹为笛，竖吹为箫。箫的音量较小、音色轻柔，比笛声更有一股缠绵不尽的幽怨之意，因此箫比较适于独奏和重奏。著名的独奏曲目有《鹧鸪飞》《妆台秋思》《柳摇金》等。

吹箫图轴　明　唐寅
图中女子高挽发髻，复戴以碧冠，面容白皙却现愁容。其双手捏箫，唇未启而意先生，二目凝视前方，忧郁神情甚浓，令人如闻箫声，随之更容。

什么是二胡？

二胡是唐代由西域胡人传过来的弦乐器，来自北方的奚部落，因此又称"胡琴"。后来，胡琴发展出了二胡、中胡、京胡、坠胡、板胡等十几个品种，二胡就是其中比较重要的一种。二胡基本上都是木质的，整体由琴杆、琴筒、琴轴等基本部件构成。二胡的琴筒有圆形、六角形等多种形状，琴筒的一端蒙有蛇皮或蟒皮，另一端则设置雕花的音窗。在乐队中，二胡作用很大，它既能独奏，也适合合奏。既能演奏风格细腻深沉、柔美抒情的乐曲，也能够演奏风格欢快活泼的乐曲，有非常丰富的表现力和艺术感染力。无锡民间艺人阿炳创作的《二泉映月》，是我国著名的二胡曲，这首乐曲饱含着作者悲伤的命运和内心的疾苦和希望，具有强烈的艺术感染力。

何谓"雅乐"？

"雅乐"就是"优雅的音乐"的意思，是中国古代的宫廷音乐，用于祭祀天地、祭祀祖先、朝贺、宴享等各种仪式典礼中。西周建立后，周公制礼作乐，其中一部分就是雅乐。

周朝把礼、乐、刑、政并列，政权、法律、礼仪和雅乐构成了西周奴隶主贵族统治的支柱。《周礼》所记载的周朝的各种贵族礼仪中与雅乐有关的有：郊社（祭天地神明的祭典）、尝禘（贵族祭其祖先的祭典）、食飨（政治上外交上的宴会等，包括大飨、燕礼、大射、养老等）、乡射（乡里中官僚和地主们比射的集会）、王师大献（战争胜利时举行的凯旋庆典）、行军田役（用于军事演习性质的狩猎）。它的主要目的是使参加典礼的贵族受到教育和感化。雅乐的歌词大都载于《诗经》中的"大雅""小雅"和"颂"中。雅乐的主要乐器是编钟和编磬，其他乐器还有特钟、特磬、柷、敔、古琴、搏拊、埙等。随着周朝的衰落和社会的发展，民间的俗乐逐渐取代了雅乐。

六代乐舞指的是什么？

宫廷雅乐在周朝的代表作品当数"六代之乐"：《云门》《咸池》《大韶》《大夏》《大濩》《大武》。由于它们都是歌舞乐三位一体，又称为"六舞"。

第一代乐舞：《云门》，歌颂黄帝的丰功伟绩，以黄帝所在氏族的图腾为云彩而得名。第二代乐舞：《咸池》，亦称《大咸》，表现了祭奠祖先和祈求祖先保佑的内容。之所以叫《咸池》，是因为在神话传说中，咸池是日落之地，也是祖先亡灵栖息的地方。第三代乐舞：《大韶》，简称《韶》，因以排箫为主要伴奏乐器，又名《箫韶》，传说是舜时代的宗教性乐舞，该乐舞有九次变化，歌也有九段，在后世又被称为《九歌》。它是远古时期最为著名的乐舞，孔子在齐国听《韶》乐之后"三月不知肉味"，并赞叹道，"韶尽美矣，又尽善也"，尽善尽美的成语由此得来。

第四代乐舞：夏时的《大夏》，主要歌

颂大禹治水的功绩。这个乐舞也有九段，用籥伴奏，又称为"夏籥九成。"第五代乐舞：《大濩》是赞颂商代君王成汤伐桀的功绩。"濩"本是指用音乐舞蹈形式祭祀祖先的巫术活动，后来将这类巫术活动中表演的音乐舞蹈专称为"濩乐"。《大濩》表演时场面壮观、气势宏大，集商朝乐舞之大成。第六代乐舞：周朝的《大武》，歌颂周武王讨伐商纣的胜利。《大武》是这一时期宫廷歌舞的最高典范，在表演时，舞分六场，乐也分六章。这些歌曲的唱词，被收集在《诗经》的《周颂》中。

六代之乐是当时宫廷最具权威性的祭祀礼乐，也是"乐教"的经典教材。周朝的"大司乐"，就是专门设立的音乐教育机构的总长官。下面有高、中、下三级乐官和乐工，等级分明，职责明确，构成了一个系统地管理和排演礼乐、教习礼乐的机构。

何谓"诗乐"？

诗乐就是《诗经》所用的音乐。《诗经》不仅奠定了中国古代文学现实主义的基础，而且在当时都是歌曲，是中国古代最珍贵的艺术遗产之一。

《诗经》中"风"（国风）是"民俗歌谣之诗"；"大雅"是"会朝之乐，受厘陈戒之辞"；"小雅"是"燕飨之乐"；"颂"是"宗庙之乐歌"。风有十五国风，是各地的民歌，文学成就最高。雅分大雅、小雅，多为贵族祭祀、朝会、燕飨之诗歌，小雅中也有部分民歌。颂是宗庙祭祀时用的诗歌。《诗经》中的歌曲，在周朝非常流行。这些歌曲有歌唱的、合奏的，也有单项乐器演奏的。有些用乐器所奏曲目

乐舞风流

（"笙诗"）没有歌词，所以在《诗经》中只有篇名，称为"佚诗"。《诗经》中的歌曲是周朝贵族教育的主要科目，称诗、书、礼、乐"四术"。它在当时的社会生活中，占有很重要的地位。可惜的是由于时代久远，《诗经》的乐曲没有传留下来。后来，《诗经》被儒家奉为经典，成为《六经》之一。

什么是"楚声"？

楚声又称"楚调"或"南音"，指的是春秋战国秦汉时期楚地的音乐，也泛指长江中游、汉水流域至徐、淮间的音乐。南音一词始见于《左传》及《吕氏春秋》。现存的记载楚声歌词的有《接舆歌》《沧浪歌》《子文歌》《楚人歌》等。

楚声的音乐形式，是楚辞中的"少歌""倡"等歌曲结构用语，即插入歌曲中间部分的小段或单句。战国和两汉时期是楚声的极盛时期。当时楚国的流行歌曲有《下里巴人》《阳阿》《薤露》等。以屈原的《九歌》为代表的楚辞作品都是模仿楚国民间乐舞歌唱的形式而作的。汉高祖刘邦和他手下的许多大臣都是楚国人，非常喜欢楚声，在全国范围内大力提倡。刘邦的《大风歌》就是楚声。当时楚声不仅在汉朝宫廷，在民间也十分流行。六朝时，楚声还保存在琴曲中。唐朝以后，楚声失传。

什么是"燕乐"？

燕乐起初只是一种宴请宾客时专用的宫廷音乐，在周朝不受重视，一直到隋唐时期，它的地位才逐渐变得显要，并且最终取代雅乐，成为盛行一时的宫廷音乐。

燕乐主要是供人欣赏的，强调娱乐性和艺术性，因此隋唐燕乐大力吸收民间音乐，融合少数民族以及外来俗乐，形成了一种多元的宫廷新音乐。在隋朝初年，燕乐按音乐来源和乐队编制分为七种，即"七部乐"，到隋炀帝的时候又增加为九部。唐太宗时改为十部乐，包括燕乐（杂用中外音乐）、清商伎（传统音乐）、西凉伎、天竺伎、高丽伎、龟兹伎、安国伎、疏勒伎、康国伎、高昌伎。到唐玄宗时，又根据表演形式将十部乐改为坐部伎、立部伎两大类。坐部伎在室内坐奏，人数较少，音响清雅细腻，注重个人技巧；立部伎在室外立奏，人数较多，场面宏大、气氛热烈，有时还加入百戏等。在当时的宫廷音乐中，坐部伎地位最高，立部伎次之，雅乐地位最低。著名诗人白居易曾在《立部伎》中说："笙歌一声众侧耳，鼓笛万曲无人听。立部贱，坐部贵，坐部退为立部伎，击鼓吹笙和杂戏。立部又退何所任，始就乐悬操雅音。"可见在中唐时期，燕乐已经完全取代了雅乐的地位，成为宫廷音乐中绝对的主角。

唐代燕乐最突出的艺术成就是歌舞大曲。它是一种综合器乐、歌唱和舞蹈的多段结构的大型乐舞，由"散序""中序"和"破"三部分组成。其中散序由器乐演奏，无拍无歌，节奏自由；中序入拍歌唱，多为抒情慢板，由器乐伴奏；破是乐舞的高潮，以舞蹈为主，节奏逐步加快，最后在热烈的气氛中结束。著名的大曲有《绿幺》《凉州》《后庭花》《霓裳羽衣曲》《破阵乐》《水调》等。

如何理解"尽善尽美"？

尽善尽美是孔子的音乐观。孔子的思想核心是"仁"，提倡"仁"的音乐。孔子认为，尽善尽美的音乐就是"仁"的音乐。这个标准来自孔子对《韶》乐的评价："《韶》尽美矣，又尽善也；谓《武》尽美矣，未尽善也。"孔安国注言道："《韶》，舜乐名也，谓以圣德受禅，故尽善也。《武》，武王乐也，以征伐取天下，故曰未尽善也。"意思是舜因为具有美德而受禅即位，故歌颂他的《韶》乐尽美也尽善。周武王则是征伐商纣，以武力夺天下，故歌颂他武功的《武》尽美却未尽善。可见孔子评价音乐的标准有两个，一个是音乐表现内容的"善"，一个是音乐艺术形式的"美"。而"善"在两者之间又居于主要地位，这充分体现了儒家的音乐为政治服务的思想。此外，从孔子的这句话我们还可以看出儒家重视音乐内容与形式的统一，也就是要和谐。

"乐与政通"是什么意思？

我国古代的音乐理论丰富多彩，如孔子的"尽善尽美"，师旷的"乐与政通"，以及墨子的"非乐"等。但这些音乐理论十分零碎，没有形成各自成熟的体系。直到西汉《礼记·乐记》的出现，我国才开始有了比较系统的音乐理论和比较完善的音乐论著。

《乐记》开首就说："凡音之起，由人心生也。人心之动，物使之然也。"指出音乐的形成是"物动心感"，认为音乐是主观受到客观影响的结果，并突出了音乐是表现人们内心感情的，具有唯物论因素。《乐记》还指出音乐表达的是人们的真情实感，"夫乐者乐也，人情之所不免也""乐也者，情之不可变者也""唯乐不可以为伪"，强调音乐是真情的流露。在

《乐本篇》中对"物动心感"的这一观点又做了进一步论述："乐者，音之所由生也，其本在人心之感于物也。是故其哀心感者，其声噍以杀；其乐心感者，其声啴以缓；其喜心感者，其声发以散；其怒心感者，其声粗以厉"，指出喜怒哀乐几种心情在音乐上具有不同的表现。正因为音乐这种情感化的特征，音乐可以反映民风民情。"是故治世之音安以乐，其政和；乱世之音怨以怒，其政乖；亡国之音哀以思，其民困。声音之道，与政通矣。"这就是贯穿全文的重要思想："乐与政通"。

《乐记》作为儒家音乐思想的总结，继承和发扬了孔子等人的观点，认为音乐"可以善民心，其感人深，其移风易俗易"，具有教化人民的作用，因此《乐记》竭力提倡雅颂之声（雅乐），而反对郑卫之音（俗乐）。这种突出音乐教化作用的音乐观对后世影响很大。

如何理解"声无哀乐"？

《礼记·乐记》之后，我国出现了一部独树一帜的音乐论著，它的观点与正统的儒家音乐思想背道而驰，反映了道家对音乐的影响。这就是著名的《声无哀乐论》，作者是三国魏晋时著名文学家、音乐家嵇康。

嵇康是魏晋名士，政治上他不与当权者合作，常常抨击时政；思想上他受老庄影响，提出了著名的"越名教而任自然"，反对儒家礼教的虚伪，崇尚自然之道，思想十分叛逆。这篇《声无哀乐论》就是他的叛逆思想在音乐理论上的表现。文章约七千字，作者假设一位论敌"秦客"（儒家）和"东野主人"（作者）就"声无哀

乐舞风流

乐"的命题进行八次辩难，有针对性地批驳儒家传统乐论，进而阐述自己的音乐思想。

文章开首秦客就提出正统的儒家音乐观点，认为音乐和社会风气有着密切的联系，音乐能表现人的哀乐。但嵇康却说："心之与声，明为二物。"即音乐是外界的客观事物，哀乐是人内心的主观感情，两者没有因果关系。嵇康认为音乐的本体是"和"，是"大小、单复、高埤、善恶（美丑）"的总和，并且"声音自当以善恶为主，则无关于哀乐；哀乐自当以情感而后发，则无系于声音"。意思是音乐只有美与不美，与人的哀乐无关；人的哀乐是有所感而后表露，与声音无关。

但是嵇康也没有否认音乐对人的情感起着诱导的作用。他认为人的哀乐是由于受到客观世界的影响才产生的，而音乐可以使之表现出来，使人感觉兴奋或安静，精神集中或分散。嵇康还指出人心所存在的感情不同，对音乐的理解也会相异，被音乐激发的情绪也不同。基于上述观点，嵇康认为音乐并不能起到移风易俗的作用，驳斥了儒家将音乐与政治等同，无视音乐艺术性的观点，在当时确实具有振聋发聩的作用，并由此开启了中国音乐除儒家音乐观念之外的另一股潮流。

什么是"二十四况"？

《溪山琴况》是《乐记》《声无哀乐论》之后的我国又一部重要音乐美学论著。一般认为，《乐记》是儒家音乐思想的代表，重音乐的社会作用；《声无哀乐论》是老庄道家思想的代表，注重音乐的审美特征；而作于明末清初的《溪山琴况》，则吸收和融合了儒道释三家思想，是古代音乐美学的集大成之作。

《溪山琴况》是一部全面系统的琴学论著，作者是著名琴家徐上瀛。徐上瀛名珙，别号青山，是著名的古琴流派虞山派的传人。他不仅琴艺精湛，而且善于总结前人琴学理论。他在《溪山琴况》中提出了琴乐审美的二十四况，即"和、静、清、远、古、澹、恬、逸、雅、丽、亮、采、洁、润、圆、坚、宏、细、溜、健、轻、重、迟、速"。这24个字，不仅是对古琴审美特征的概括，而且几乎适用于所有的中国音乐。这二十四况大致可分为两类，前9况主要表示一种风格，后15况则是对琴音音质音色的特定要求。

二十四况中，"和"最重要，《琴况》开首就说琴："其所首重者，和也。""和"就是中和，讲节制，有分寸。这之后的"静""清""澹"等诸况都与之联系，体现了儒道释三家思想在音乐上的融合。

什么是"五声""七音"？

东汉学者郑玄在《史记·乐书·集解》中指出："宫、商、角、徵、羽，杂比曰音，单出曰声。""宫""商""角""徵""羽"，这几个字相当于今天简谱中的"12356"。中国传统采用的音阶，就是用这5个字表示的5声音阶，以及以此为基础的七声音阶。这5个音叫作正音，七声音阶中，除了这5个音外，再加上2个偏音。传统的七声音阶有3种，最常见的叫作正声音阶，也叫作"雅乐音阶"或"古音阶"，是由五个正音和"变徵""变宫"两声组成。"变徵"相当于简谱中的♯4，"变宫"相当于简谱中的7。"变"

在中国传统音乐理论中的意思是"低"。"变徵""变宫"就是比"徵""宫"低半个音的音。另外两种如下：一种是五个正音和"清角""变宫"的"下徵音阶"，也叫"清乐音阶"或"新音阶"；还有一种叫作"清商音阶"或"燕乐音阶"，由五个正音加"清角"与"清羽"构成。"清"在中国传统音乐理论中表示"高"，"清角"比"角"高半个音，"清羽"比"羽"高半个音。

"宫商角徵羽"来源于何时，现在还没有定论，但在春秋时各种典籍已记载了，所以可以推断它们的出现不迟于春秋，甚至可推到西周或者商代。

什么是"三分损益法"？

三分损益法，是中国古代制定音律时所用的生律法，最早见于《管子》："凡将起五音，凡首，先主一而三之，四开以合九九，以是生黄钟小素之首以成宫；三分而益之以一，为百有八，为徵；不无有三分而去其乘，适足以生商；有三分而复于其所，以是生羽；有三分去其乘，适足以是成角。"这段话的意思是：凡是要起奏五音声调，先确立一弦而对其进行三等分，经过四次三等分的推演以合九九八十一之数（即三的四次方），由此产生黄钟小素的音调，这个作为基准音的声调就是宫声；三除八十一而将其一份加在八十一上，得一百零八，就是徵声；不再用三除而令一百零八减去其三分之一，得数七十二，由此而成为商声；再用三除七十二，并加在它的原数上，得到九十六，就是羽声；对九十六进行三分再减去其三分之一，得数六十四，就产生角声。简单地

说，三分损益法就是根据某一标准音的管长或弦长，依照三分之一的长度比例进行加减，从而推算出其余一系列音律的管长或弦长。三分损益包含"三分损一"和"三分益一"两层含义。三分损一是指将原有长度作三等分而减去一份，而三分益一则是指将原有长度作三等分而增添一份。两种方法交替、连续运用，各音律就相应而生。

什么是"十二平均律"？

十二平均律，也叫作"十二等程律"，是一种目前世界上通用的音乐律制，它把一组音分成 12 个半音音程，相邻两律之间的振动数之比完全相等。它是我国明代著名音乐理论家和数学家朱载堉创造出来的，他在乐理著作《律学新说》中，首次对十二平均律的理论进行了详细阐述，并在他的数学著作《嘉量算经》中，对十二平均律的数学演算进行了详细记述，这是他留给我们的珍贵文化遗产。

十二平均律用发音体的长度计算音高，假定黄钟的正律是 1 尺，通过计算得知低八度的音高弦长为 2 尺，然后对 2 开 12 次方，能够得到频率公比数，这个公比自乘 12 次后，就能够得到十二律中各律的音高，黄钟正好是各律的还原起点。通过这种方法，人们首次解决了十二律自由旋宫转调的难题，可谓是对世界音乐理论的重大贡献。

十二平均律还包括对乐音标准音高的阐述和相关法则和规律，借由这个原理，才能更为方便顺利地制造键盘乐器。钢琴键盘上的 88 个黑白键，就利用了这个原理。该理论的出现早于西方音乐家大约 1

乐舞风流

个世纪。

何谓"工尺谱"？

工尺谱是中国古代的一种记谱形式，以"工、尺"等字来对不同的音高符号命名是我国古代特有的记谱方法，是在管乐器的指法记号基础上演变而成的，大约诞生于隋唐。随着时代与音乐的变化和发展，也随着地区和乐种的不同，其记谱符号以及记写方式也不尽相同。明代中期以后，昆腔的流行带动了记谱法的推广和统一，工尺谱就在此过程中逐渐成为应用最广的一种谱式。

工尺谱的音高分别以上、尺、工、凡、六、五、乙代表现在音阶的1234567。其节奏符号，古代将其称为"板眼"。一般而言，板代表的是强拍，眼代表的是弱拍，板和眼基本上可以分为散板、流水板、一板一眼、一板三眼等多种形式。

清代乾嘉年间，出现了用工尺谱记写的管弦乐合奏总谱，这就是《弦索备考》。这部谱集共收入13首乐曲，又叫作"弦索十三套"。每首曲子都能用萧、笛、提琴等乐器进行演奏，它们各部工尺谱的音高、调号、节奏符号基本相同于常用工尺谱。这部乐谱的出现对全面记录民间音乐有很重要的意义，它是古代音乐人的心血结晶，更是中华民族音乐宝库中的珍贵财富。

什么是六律？

古代五音、六律并称，律和音概念不同。什么是律呢？

所谓律，本来是指用来定音的竹管子。据说古人确定乐音的高低，是通过用十二个长度不等的律管，吹出十二个高度不同的标准音，这十二个高度不同的标准音，就称为十二律。十二律的名称是黄钟、大吕、太簇、夹钟、姑洗、仲吕、蕤宾、林钟、夷则、南吕、无射、应钟。十二律中的每一律，都有自己固定的音高，现在都可以和现代西方音乐对照。

古人在十二律的基础上，又有阳律、阴律的概念。奇数的六律是阳律，叫作六律，即黄钟、太簇、姑洗、蕤宾、夷则、无射；偶数的六律是阴律，叫作六吕，即大吕、夹钟、仲吕、林钟、南吕、应钟。六吕和六律合起来，叫作律吕。古人所说的"六律"，通常是指包括了阴律和阳律的十二律。

什么是乐调？

一般而言，古人以宫作为音阶的第一级音。但其他各音，实际上也可以作为音阶的第一级音，音阶的第一级音不同，调式自然也就不同了。如果以宫作为音阶的第一级音，乐调就是宫调式；以商作为音阶的第一级音，乐调就是商调式；以角作为音阶的第一级音，乐调就是角调式，其他依此类推。有五音，便有五种不同的调式，有七音，便有七种不同的调式，这就是乐调。

什么是八音？

古人还有八音的概念。所谓八音，实际是指上古时的八类乐器，这八类乐器是金、石、土、革、丝、木、匏、竹。根据古人的说法，金指钟镈，石指磬，土指埙，革指鼓鼗，丝指琴瑟，木指柷敔，匏指笙，竹指管箫。

钟古代青铜制乐器，属八音之一，悬

挂在架上，用槌击而鸣。单一的钟称为"特钟"，西周中期开始有用十几个大小不等的钟组成的编钟。

磬 古代石制乐器，属八音之一石类。用美石或玉雕成，悬挂在架子上，以槌物击之而鸣。单一的特磬见之于商代，周代出现由十几个大小不等的磬依次组成的编磬。

琴瑟 两种拨弦乐器，古属八音之一丝类。琴，亦称"七弦琴"，俗称"古琴"，周代已有。瑟，形似古琴，春秋时已流行，常与古琴合奏。

《史记·司马相如列传》："是时卓王孙有女文君新寡，好音，故相如缪与令相重，而以琴心挑之。""琴心"，以琴声传达心意，用以指爱情的表达。《诗经·秦风·东邻》："既见君子，并坐鼓瑟。""琴瑟"并用比喻夫妇间感情和谐。《诗经·周南·关雎》："窈窕淑女，琴瑟友之。"

《乐律全书》是本什么书？

明朝著名的音乐家朱载堉是明代开国皇帝朱元璋的九世孙，明宗室郑恭王朱厚烷的儿子。他早年学习天文、算术，后来在历学和数学方面取得了很大的成就。同时，朱载堉还具有非凡的音乐才华。嘉靖年间，朱载堉由于家庭遭遇变故，被迫离开王府，在一间土屋里独居了19年，一心钻研音乐、数学和历学，并写成了集乐律、乐谱、乐经、舞谱、数学和历学为一身的综合性巨著《乐律全书》。

《乐律全书》中的《律吕精义》内外两篇，详细地阐述了他所创造的新法密率。新法密率也叫"十二平均律"，是一种将音乐中的八度音程均分为12个半音

的中国古代律制。它在理论上解决了历代在旋宫问题上存在的矛盾，是音乐史上最早用等比级数音律系统阐明十二平均律的科学巨著。直到100多年后，德国音乐家威尔克迈斯特才提出相同的理论。

朱载堉在音乐上的另一成就是发明了校正律管（即用于定律的标准器）管口的方法——"异径管律"，它对解决管乐器的"管口校正"具有重要的意义。此外，朱载堉还改编了不少戏曲史料和民间曲调，在乐器的制作上也取得了一定的成就。

什么音乐让孔子"三月不知肉味"？

《论语·述而》中记载："子在齐闻《韶》，三月不知肉味，曰：'不图为乐之至于斯也！'"这段话是说孔子在齐国的时候，曾经和太师讨论音乐。闻听《韶》乐，孔子深深地被吸引，以至于三个月尝不出肉是什么滋味。那么这种《韶》音究竟是种什么样的音乐让孔夫子如此着迷呢？

据史料记载，孔子不仅治学严谨，在音乐方面也颇有造诣。孔子访问东周洛邑的时候，曾跟周敬王的大夫苌弘学习过一段时间的音乐。学习期间，俩人经常讨论音乐。有一日，他们谈到了音乐中的高雅之曲——《韶》乐。

孔子说道："尽管我很喜欢音乐，但是却不是十分精通。我知道《韶》乐和《武》乐都很高雅，是流行于诸侯国宫廷的一种音乐。只是不知道，这两种音乐的区别在哪里？"苌弘解释道："依我对音乐的理解，《韶》音曲调优雅宏大，是种和谐之乐；《武》乐则侧重表现豪放壮阔。

乐舞风流

孔子闻《韶》图

这是两者乐风上的不同。"孔子听了，感叹道："《韶》乐、《武》乐各有所长。《韶》乐尽善不尽美；《武》乐尽美不尽善啊。"

后来，孔子游历到了齐国，有机会欣赏到了《韶》乐。就是在这段时间里，孔子对《韶》乐的痴迷达到了"三月不知肉味"的程度。

说起这种让孔子痴迷的音乐，要追溯到5000多年前的舜帝时代。据《竹书纪年》记载："有虞氏舜作《大韶》之乐。"可见，《韶》乐是舜创作的一种乐曲。舜作这种乐曲的目的是为了歌颂尧的功德。

《高山流水》是首什么样的曲子？

《高山流水》大概是我国起源最早、影响最大的一首琴曲，取材于"伯牙鼓琴遇知音"的故事。文献如《列子·汤问》《吕氏春秋·本味》中对此事都有记载，且经常为世人引用。故事说的是春秋战国时期的俞伯牙善于弹琴，而钟子期善听。伯牙弹琴志在高山，子期就说："妙啊，就像雄伟的泰山一样！"伯牙志在流水，钟子期就说："妙啊，就像烟波浩渺的江河一样！"每次伯牙弹奏，子期必能洞悉其心意，因此被伯牙视为知音。后钟子期不幸去世，俞伯牙非常悲痛，于是破琴绝弦，不再弹琴。

这个故事对后世的知音观念影响很大，更重要的是，它直接孕育了《高山流水》这首不朽的千古绝唱。不过现存的《高山流水》已经一分为二，变为《高山》和《流水》。在明清以后多种琴谱中，以清代唐彝铭所编《天闻阁琴谱》中所收川派琴家张孔山改编的《流水》最有名。他增加了以"滚、拂、绰、注"手法作流水声的第六段，成为最流行的谱本，后琴家多据此演奏。除琴曲外，《高山流水》还有筝曲。它同样取材于"伯牙鼓琴遇知音"的故事，只是风格与琴曲迥然不同。

《梅花三弄》是首什么样的曲子？

《梅花三弄》，又名《梅花引》《玉妃引》，我国著名的古琴曲。明代朱权的《神奇秘谱》中记载，《梅花三弄》最早是东晋桓伊所奏的笛曲《梅花落》："桓伊出笛吹三弄梅花之调，高妙绝伦，后人入于琴。"在唐诗中也有对笛曲《梅花落》的描述，后改为琴曲。《梅花三弄》表现的主题因时代而有所不同。南朝至唐的笛曲《梅花落》大都表现离愁别绪，明清时的琴曲《梅花三弄》表现的是梅花傲雪凌霜、坚贞不屈的节操与品质。"梅为花之最清，琴为声之最清，以最清之声写最清之物，宜其有凌霜音韵也""三弄之意，则取泛音三段，同弦异征云尔。"后一句的意思是《梅花三弄》的结构采用循环再现的手法，重复整段主题三次，每次重复都采用泛音奏法，故称为"三弄"。

《阳关三叠》是首什么样的曲子？

《阳关三叠》是唐代著名的歌曲，又称《阳关曲》《渭城曲》。歌词根据唐代著名诗人王维诗《送元二使安西》谱写而来:"渭城朝雨浥轻尘,客舍青青柳色新;劝君更尽一杯酒,西出阳关无故人"。因为歌词要反复咏唱三遍,所以又称为《阳关三叠》。

《阳关三叠》传至后代,有多种曲谱和唱法,现存最早的谱本是明代初年龚稽古所编《浙音释字琴谱》(1491年)。另有其他琴歌谱共30多种,它们在曲式结构上有些差别,曲调则大同小异,都是简单纯朴,带着一丝挥之不去的淡淡离愁,并用反复的咏叹深化对友人的依依惜别之情,因此成为历来送别友人的经典曲目,而"阳关"也因此曲,成为送友酬唱的代名词。流传至今的《阳关三叠》琴歌,出自清末张鹤所编《琴学入门》,全曲3大段,即3次叠唱。每次叠唱除原诗外,加入若干词句。《阳关三叠》除作为歌曲演唱外,亦经常作器乐演奏,其中以琴曲、筝曲、二胡曲较有影响。

《秦王破阵乐》是首什么样的曲子?

《秦王破阵乐》,属武舞类,由唐初乐歌《破阵乐》发展而来,为唐朝宫廷乐舞,是最著名的歌舞大曲之一,最初用于宴享,后来用于祭祀。据《旧唐书·音乐志》记载,唐高祖武德三年(620年),秦王李世民击破叛将刘武周,解除了唐朝的危局,河东(山西永济)士庶歌舞于道,军人利用军中旧曲填唱新词,欢庆胜利,遂有"秦王破阵"之曲流传于世。李世民即位后,诏魏征等增撰歌词7首,令吕才协律度曲,订为《秦王破阵乐》。贞观七年(公元633年),李世民又亲制《破阵舞图》,对舞蹈进行加工:左圆、右方、先偏、后伍、鱼丽、鹅贯、箕张、翼舒,交错屈伸,首尾回互,往来刺击,以象战阵之形,舞凡三变,每变为四阵,计十二阵,与歌节相应,共用乐工120(又说为128)人,戎装演习,擂鼓呐喊,声震百里,气壮山河,而后又调用马军两千人入场,景象极为壮观。后来,唐高宗时的《神功破阵乐》和唐玄宗时的《小破阵乐》,都是在《秦王破阵乐》的基础上改编而成的。《秦王破阵乐》不仅在国内流行了300年之久,而且还传播到了印度和日本。这支乐谱后来在国内失传,但却在日本保存下了琵琶谱、五弦琵琶谱、筝谱、筚篥谱、笛谱等多种谱本。

《霓裳羽衣曲》是首什么样的曲子?

《霓裳羽衣曲》是唐代最负盛名的歌舞大曲之一,对于它的创作来历,众说纷纭。比较可信的是《霓裳羽衣曲》是由唐玄宗吸收西凉都督杨敬述所献的印度《婆罗门曲》创作而成。但是在歌舞的结构方面则遵循中原传统的相和大曲、清商大曲的三段式,分为散序、中序、破三个部分。因此《霓裳羽衣曲》是中外音乐相交融的结晶。

此曲的音乐以古老的《长安鼓乐》为素材,舞蹈则以敦煌壁画飞天的舞姿为借鉴,采用唐大曲结构形式精心排演而成。《霓裳羽衣曲》是女子舞蹈,表演者穿着孔雀毛的翠衣和淡彩色或者月白色的纱裙,肩着霞帔,头戴着"步摇冠",身上佩戴许多珠翠,宛如美丽典雅的仙子。在表演舞蹈之前,先是一段"散序",乐队的金、石、丝、弦等乐器次序发音,以独奏、轮奏等方式,演一段悠扬动听的旋

乐舞风流

律。在接着的"中序"的慢拍子中，装饰华美的舞者才开始上场。中序的节奏疏换，舞姿主要是轻盈的旋转、流畅的行进和突然的回身，尤其是柔软清婉的"小垂手"舞姿，行动轻灵又迅急，衣裙像浮云般飘起，宛若仙子踏云而来。到"曲破"之后，节奏就加快了，急剧的舞蹈动作使身上环佩缨络叮当碰撞，这时，还有整齐的合唱，富有表情的说白，极富感染力。最后是"尾声"，节拍又慢下来，最后在一个拖长的音阶中终结。《霓裳羽衣》的演出方式并不完全固定，杨玉环表演过独舞形式的，也有双人舞形式的，后来也有用百名宫女组成的大型舞队表演成群舞。

《春江花月夜》是首什么样的曲子？

《春江花月夜》又名《夕阳箫鼓》《浔阳琵琶》《浔阳夜月》。它主要描绘的是月夜春江的迷人景色，赞颂了江南水乡的优美风姿。

它原是一首著名的琵琶传统大套文曲，明清时广为流传。乐谱最早见于鞠士林（1820 年前）的手抄本，1895 年李芳园在编辑《南北派十三套大曲琵琶新谱》时收入此曲，曲名《浔阳琵琶》。后人将此曲改为丝竹合奏，并根据《琵琶记》中的"春江花朝秋月夜"改名为《春江花月夜》。改编后的乐曲用二胡、琵琶、古筝、洞箫、钟、鼓等乐器演奏。全曲分为 10 段，按照中国古典标题音乐的传统，每段都有一个小标题。它们是江楼钟鼓、月上东山、风回曲水、花影层叠、水深云际、渔歌唱晚、回澜拍岸、桡鸣远漱、欸乃归舟和尾声。《春江花月夜》旋律古朴、典雅，节奏平稳、舒展，意境深远，具有很强的艺术感染力。

"靡靡之音"是一种什么样的音乐？

《论语》中记载："颜渊问为邦，子曰：'行夏之时，乘殷之辂，服周之冕，乐则《韶》、《武》，放郑声，远佞人。郑声淫，佞人殆。'"意思说，孔夫子不仅是儒家学派鼻祖，还是一位音乐爱好者。他所推崇的音乐为古韵《韶》《武》之类，而他最厌恶的，就是当时流行的郑乐。他称这种音乐为"淫声""靡靡之音"。那么，这种音乐究竟是什么样的音乐呢？

靡靡意为柔弱，萎靡不振、颓唐。靡靡之音指的是软绵绵、萎靡不振的音乐。现指颓废淫荡或低级趣味的乐曲。

据《韩非子》记载，靡靡之音起源于商代。商纣王荒淫无度，不但终日泡在酒池肉林中，日日还要笙歌曼舞。当时弹奏乐曲的乐师都绞尽脑汁翻新花样，唯恐因不能令纣王满意而身首异处。

据说，当时有位专门收集、整理乐曲的乐师，名为师延，由于常年与音乐为伴，又经过钻研苦练，弹得一手好乐器。纣王听说了，便命人将师延带到宫中为其演奏。师延以高雅音乐见长，纣王所喜爱的类型，根本不是师延所好。因而，一连几天，师延都没能让纣王满意。纣王下了最后通牒，如果师延还不能弹奏出令其高兴的曲子，就要被处死。迫于无奈，师延改变了曲风。结合所搜集来的音乐，创出了一种让人听了就会心生柔情蜜意的乐曲。纣王听了，十分高兴，便整日陶醉其中，连酒池肉林都引不起他的兴趣了。没过多久，武王伐纣，商灭亡。《史记·殷本纪》中将师延创的这种音乐称之为"北里之舞，靡靡之乐"。后来，人们便把那些消磨人意志的歌舞通称为"靡靡之音"。

什么是"诸宫调"？

诸宫调是中国宋元时期盛行的一种大型说唱艺术。它的特点是有说有唱，以唱为主。歌唱部分是用多种宫调的多种不同曲调组成，所以称为"诸宫调"，又称"诸般宫调"。由于其曲调丰富，能说唱长篇故事，表现复杂的故事情节，所以广受人民喜爱，流传时间很长。

据北宋王灼的《碧鸡漫志》记载，诸宫调是北宋神宗（1068～1085 年）年间孔三传首创。他把唐、宋词调，唐、宋大曲，宋代唱赚的缠令和当时北方流行的地方俗曲，按声律高低归入不同的宫调，来进行说唱。北宋末年是诸宫调的鼎盛时期。南宋建立后，诸宫调也随之传到了南方，逐渐演变成了南诸宫调，伴奏乐器主要是笛子；而传入金国燕京等地的诸宫调则演变成了北诸宫调，伴奏乐器主要是琵琶和筝。诸宫调由杂剧艺人来演唱，诸宫调与戏剧关系密切，但不是喜剧，只是一种类似大鼓书的说唱艺术。

宋末元初，到处都是四处流动的诸宫调戏班。但到了元朝末年，诸宫调逐渐衰落。明清时期，诸宫调演变为弹唱词。保存到现在的诸宫调作品有：《双渐苏卿诸宫调》《西厢记诸宫调》《刘知远诸宫调》等。

什么是"南戏"？

南戏大约诞生于北宋末年，是我国历史上最早出现的戏剧，也叫作"南曲戏文"，在当时的杂剧、唱赚、宋词等基础上发展而成的，曾经在南方民间广为流传。

早期南戏的戏剧结构比较简单，没有"折""出"之分，一个完整的剧本就是从头一直演到最后。舞台上最初也没有幕布，时间和空间的转换，完全靠唱、念、舞以及表演者的情态和观众的想象等来体现。南戏的创作者大多是爱好艺术创作的民间艺人，作品语言非常通俗，具有浓厚的民间色彩。我国现存的南戏早期剧本《张协状元》已完全具备戏剧的基本特征。该剧对剧中主人公的不幸遭遇进行交错对比描写，将生、旦与净、丑互相穿插，围绕故事和谐而综合地运用了独唱、宾白、科介等多种表现手段，清楚地体现了早期南戏戏剧结构、音乐形式和演出情况，是戏曲史上难得的资料。元末明初时期的南戏创作达到了高峰，当时出现了一系列的经典剧目，比如"五大南戏"《荆钗记》《白兔记》《拜月亭记》《杀狗记》《琵琶记》。

什么是"杂剧"？

杂剧起源北宋时期，当时的戏剧艺术家们继承了古代戏曲形式的表演成就，又吸纳了民间歌舞戏的技艺，形成了宋杂剧。宋金对峙以后，宋杂剧传入金统治的地区，成为金院本。金院本和宋杂剧统称为宋金杂剧。总的来说，这一时期的杂剧还略显粗陋，各方面初具雏形。元朝统一以后，戏剧艺术家在宋金杂剧的基础上，融合宋金以来的歌舞、音乐、说唱等艺术，把杂剧推向成熟。

唱、云、科是元杂剧表演艺术的核心，唱即演唱，主要由一个角色从头唱到尾；云又叫宾白，有诗对宾白、教语宾白

乐舞风流

和类似顺口溜的宾白等几种形式；科大体上来说包括身段、武术、歌舞等。在表演形式上，元杂剧继承了宋金杂剧的特色，由上、下门出入，确立了中国戏曲独有的上下场的连场形式；在角色分行上，元杂剧扩充了宋金杂剧的基础，形成了旦、末、净、外、杂等各行；在面部化妆和表演服饰上，元杂剧在宋金杂剧的基础上也有所发展。

元杂剧的形成是中国戏曲发展到成熟阶段的重要标志，它的代表剧目有：关汉卿的《窦娥冤》《救风尘》，王实甫的《西厢记》，马致远的《汉宫秋》，白朴的《梧桐雨》等。

什么是"传奇"？

传奇是明清时期的一种戏曲形式，是在南戏的基础上发展起来的。南宋末年，南戏在南方民间已广为流行。元灭南宋后，北方大批杂剧作家南下，杂剧以其优势占据南方舞台，粗疏的南戏衰落。经过从元朝末年的发展，到明朝嘉靖年间，南戏复兴，但是，此时的南戏在音乐、结构和表演上已与以往的南戏大有不同，于是人们便把这种戏剧形式叫作"传奇"。从明中期到清乾隆年间，是传奇的兴盛时期。当时传奇与元杂剧相比，不论是表现形式还是音乐都更为丰富，也更为成熟。明清传奇的主要剧种包括昆腔、弋阳腔、高腔等。

传奇在形式上承继了南戏的体制，剧本分为上、下两部分，情节较为复杂，注重全剧结构的紧凑和幽默的穿插。传奇的音乐采取的是曲牌联套的形式，一出传奇具体有多少曲牌基本上取决于剧情的需要，凡是登场的角色都有唱词。昆山腔和弋阳腔是明清传奇中流传最广、影响最深远的唱腔。它们的不同风格，引导了中国戏曲后来的两种不同走向。昆山腔委婉细腻而又流利悠远的"水磨调"，极其讲究板正腔纯，乐队伴奏是弦索、箫管、鼓板3种乐器结合的形式，乐队一般具有完整的规模。弋阳腔主要在民间流行，它仅以锣鼓为节奏，采取一唱众和的形式，以及徒歌、帮腔的形式增强演出效果，通俗性、民间性等是弋阳腔所具有的突出特点。

清明两代传奇作家辈出，有记载的就有700多人，作品更是丰厚，将近2000种，流传至今有600种，著名的有《牡丹亭》《玉簪记》《十五贯》《桃花扇》《长生殿》等。

什么是"昆曲"？

昆曲是我国传统文化艺术中的珍品，是我国传统戏曲中最古老的剧种之一，已经有六七百年历史。它起源于元朝末年的昆山地区，又叫作"昆剧"，是由元代末年的顾坚创立的，最初叫昆山腔。

明朝嘉靖年间，戏曲音乐家魏良辅对昆山腔进行改进，立足南曲，吸取北曲长处，促成了集南北曲优点于一体的"水磨调"的形成，这就是昆曲。后来，昆曲不断传播，成为传奇剧本的标准唱腔，并最终发展成为全国性剧种。到清朝乾隆年间，昆曲达到鼎盛。原本以苏州的吴语语音演唱的昆曲因广泛传播，难免带上流传地的特色，故而流派众多。

昆曲音乐的结构属于联曲体结构，也可以称之为"曲牌体"。昆曲常用的曲牌有上千种，包括唐宋时期的词调、词牌、民歌等在内，可谓是采众家之长。昆曲的创作是以南曲为基础的，同时也使用北曲的套数，常常使用"犯调""借宫""集曲"等方法。昆曲主要以笛子为伴奏乐器，以笙箫、唢呐、琵琶等作为辅助。昆曲字正、腔清、板纯，唱腔极富韵律感，抒情性强，表演优美细腻，歌舞结合巧妙。

在长期的演出实践中，昆曲积累了大量优秀演唱剧目。其中脍炙人口的有王世贞所写的《鸣凤记》、汤显祖所写的《牡丹亭》《紫钗记》等。

什么是"京剧"？

京剧是发源于19世纪中期的北京的一种综合性的戏曲表演艺术，是在继承昆曲、京调、弋阳腔等剧种的语言、音乐、舞蹈等艺术元素的基础上，又吸收各地民间艺术逐渐发展起来的。所以说，京剧是戏曲艺术的集大成者。

在唱腔方面，京剧的曲调极其丰富，除西皮、二簧以外，还有昆曲、吹腔、四平调、高拨子、南梆子、民间小调、小曲等，以西皮、二簧为主。一般来说，西皮善于表现活泼、欢乐，而二簧则以表现悲哀咏叹为主。两种唱腔都有很多板式，构成优美的唱腔。

在表演方面，京剧更具戏剧化，形成了不同于其他艺术门类的表演艺术风格。京剧表演艺术中程式化的东西，塑造人物形象上的行当分类，诸如生、旦、净、末、丑各类型人物的唱、念、坐、打以及喜、怒、哀、乐各种不同的表演模式，都是继承发展传统的戏剧艺术表现手法的基

础上产生的。

京剧乐队由弦乐、管乐、弹拨乐和打击乐组成。京剧的乐器非常丰富，大约有二十几种之多，如单皮鼓（小鼓）、板（檀板、拍板）、堂鼓（同鼓）、大堂鼓（南堂鼓）、大锣、小锣、钹、汤锣、京胡、二胡、小三弦、月琴、笛、笙、唢呐等。

京剧产生之后，曾经在清廷内得到空前发展。清末民初，京剧艺术达到鼎盛，产生了一批不朽的艺术家和杰出作品，名扬海内外，被誉为中国的国粹艺术。

四大徽班进京是怎么回事？

徽班进京是京剧发展的标志性事件。清朝乾隆五十五年，为了庆祝乾隆80岁的寿辰，当时安徽扬州三庆班在高朗亭的带领下赴北京演出，开启徽班进京的历程。嘉庆年间，扬州的四喜、和春、春台三个徽班陆续进京，与早先进京的三庆班被合称为"四大徽班"。四大徽班进京后，不断吸收各地地方剧种从剧目到表演方法等各种优点，对自己的戏曲艺术进行充实和改进，艺术表现力因而不断增强。徽班中的三庆班的声腔和剧目极为丰富，但主要唱"二簧"声腔，其戏曲水平和吸引力远远超过在当时盛行一时的秦腔，致使很多原本服务于秦腔的演员转入徽班，秦腔和徽班从此有了融合。其他三大徽班进京的结果是击垮了多年来盛行的昆剧，昆剧演员也因为失业而逐渐转入徽班。清代道光年间，湖北戏曲班子也有很多较为优秀的成员进京，他们将汉调和西皮调带到京城，就此形成了与徽班的二簧相融合的"皮簧戏"。"皮簧戏"具有"京音"特色，

乐舞风流

北京味浓郁，后来这种形式的戏曲传到上海，被上海人叫作"京戏"或"京剧"。

何谓"同光十三绝"?

"同光十三绝"指的是清同治、光绪年间，京剧舞台上享有盛名的13位演员。画师沈蓉圃绘制他们的剧装画像，这幅画传世以后，他们被称为"同光十三绝"。这13位京剧演员分别是程长庚（老生，饰《群英会》之鲁肃）、张二奎（老生，饰《一捧血》之莫成）、卢胜奎（老生，饰《战北原》之诸葛亮）、杨月楼（武生，饰《四郎探母》之杨延辉）、谭鑫培（老生，饰《恶虎村》之黄天霸）、徐小香（小生，饰《群英会》之周瑜）、梅巧玲（花旦，饰《雁门关》之萧太后，梅兰芳的祖父）、时小富（青衣，饰《桑园会》之罗敷）、余紫云（青衣花旦，饰《彩楼配》之王宝钏）、朱莲芬（旦，饰《玉簪记》之陈妙常）、郝兰田（老旦，饰《行路训子》之康氏）、刘赶三（丑角，饰《探亲家》之乡下妈妈）、杨鸣玉（丑角，饰《思志诚》之闵天亮）。

"同光十三绝"所饰演的角色包括老生、武老生、武生、小生、青衣、花旦、老旦、丑角，他们以自己杰出的艺术成就，对京剧艺术的进步做出卓越贡献。

"生旦净末丑"指的是什么?

生旦净末丑是京剧里的5个主要行当，又称角色。生行，简称"生"。生行分为须生（老生）、红生、小生、武生等。须生（老生）：扮演中年以上的剧中人，因口戴胡子故名。红生：扮演勾红脸的须生。小生：扮演翎子生（带雉翎的大将、王侯等）、纱帽生（官生）、扇子生（书

生）、穷生（穷酸文人）等。武生：指戏中的武打角色。

旦行简称"旦"，分青衣、花旦、老旦、武旦、刀马旦等。

旦角全为女性。青衣：扮演贤妻良母型角色。花旦：扮演皇后、公主、贵夫人等角色。武旦、刀马旦：扮演武功见长的女性。老旦：扮演中老年妇女。

净行，简称"净"，亦叫花脸。净行又分为以唱为主的铜锤花脸与黑头花脸、以工架为主的架子花脸（如大将、和尚、绿林好汉等）及武花脸与摔打花脸等。

末行，简称"末"，多为中年以上的男性，专司引戏职能，如打头出场者，反其意而称为"末"。

丑行简称"丑"，主要饰演丑角，又分文丑、武丑。文丑又分为方巾丑（文人、儒生）；武丑，专演跌、打、翻、扑等武技角色。

"唱念做打"指的是什么?

京剧表演艺术是一种高度程式化、戏剧化的综合的歌舞表演形式，唱、念、做、打是其中最为基本的四种艺术手段。唱念做打是京剧演员，以及所有戏曲演员所必备的四种基本功。

唱包括咬字、归韵、喷口、润腔等各种发音技巧以及吐字发声的规律，演员学习唱功必须学会喊嗓、吊嗓，以扩大音域和音量，提高演唱技巧，以及根据人物特点用唱来表现人物的精神和内心。

念白基本上有韵白和散白两类之分，是一种经过艺术提炼的语言，节奏感和音乐性很强。念白常常用来作为唱的辅助手段，以表达戏剧中人物的性格和内心，是

民国《四进士》戏画

做是对戏曲演员的身段、表情、气派、风度等表演的总称，是戏曲表演的主要组成部分，也是舞台行动的主要组成部分。戏曲的做，多为程式性的动作，大都写意。《四进士》故事见于鼓词《紫金镯》，讲述明代嘉靖年间，新科进士毛朋、顾读、田伦、刘题四人沉浮官场的故事。图画中为杨素贞在公堂受审的情形。她痛诉冤情，不禁泪湿衣襟，为表现这种冤悲的心情，她用长袖作拭泪状。堂上大人前倾身子，右手指向杨，表明他在询问和倾听。

京剧艺术很重要的表演手段。

做功是一种经过规范的、舞蹈化的包括手、眼、身、步在内的形体动作，演员必须灵活运用以突出剧中人物的性格等各方面的特点，从而更好地塑造艺术形象。

打是将传统的武术经过艺术加工变为舞蹈化的动作，是生活中格斗动作经艺术化提炼的结果。基本分为把子功和毯子功两种。这对演员的武打功底要求很高，常常出现高难度动作，有利于深刻展示人物内心。

何谓"脸谱"？

脸谱是中国戏曲艺术的重要组成部分，也是最重要的特征之一，它又称"花脸"，主要用于净、丑角色所扮演的各种人物上，生、旦角色很少采用。

戏曲脸谱分为净角脸谱和丑角脸谱两类，从历史上来看，丑角脸谱出现得较早，而净角脸谱是在戏曲成熟以后，由民间艺人逐步创作出来的。

最早的净角脸谱出现于元代，当时元杂剧中出现了一些性格豪放、粗犷、严正的正面角色，但是当时没有适合于表现他们性格和精神的化妆形式，于是戏曲艺术家们就根据剧本的描写，创作出了净角脸谱的雏形。后来，随着戏曲的不断发展，戏剧角色的不断增多，为更好地突出角色的性格特点，戏曲脸谱也随之精致、多样起来。戏曲脸谱有各种谱式名目，谱式是对构图相近的一类脸谱的概括性称谓，早先的戏曲脸谱的形式比较单一，整个面部基本都涂一种颜色，只是在眉眼的位置上做重点化妆，直到清朝初期才开始出现多种样式的谱式。以京剧为例，基本谱式有以下几种：

整脸：脸上只涂一种颜色，或红或黑或白，红脸用白笔或者黑笔画眉，用黑笔画眼及表情纹，黑脸则用白笔画眉，白脸用黑笔画眼、鼻及表情纹。红脸和黑脸主要用于正面角色，如包拯、关公、赵匡胤等，白脸则用于那些外表光鲜、内心险恶的奸臣角色，如严嵩、潘洪等。

三块瓦脸：也称三块窝脸，脸即用黑笔把眉、眼、鼻"三窝"高度夸张地勾画出来，给人一种浓眉大眼、竖眉立目的感觉，包括老三块窝脸和花三块窝脸。

十字门脸：脑门涂白，两腮涂粉红，有小灰色小圆眉子，特点是自脑门到鼻子

乐舞风流

尖画有黑色立柱纹，同两个黑眼窝合起来像一个"十"字。主要用于老年正面角色，如高旺、姚期等。

花十字脸：是在保持十字门脸基本形式的前提下，在细部进行细致的刻画，主要用于牛皋、项羽、张飞等粗鲁豪放的角色。

六分脸：即脑门涂白，眼窝以下涂一种颜色，黑色、红色或者紫色，上下比例为四比六。主要用于老年正面角色，黑色六分脸也可以用于壮年角色。

元宝脸：即眉眼以下部分画脸，脑门不涂或者涂淡红色，主要用于社会下层的人物。

碎花脸：与整脸恰恰相反，是所有谱式中色彩、构图最复杂的一种，主要用于凶猛、怪异的角色。

歪脸：特点是颜色、构图不对称，用于表现相貌反常、丑陋的角色。

"梨园行"的叫法是怎么来的？

唐朝是音乐最为繁荣的时代，与此相称的是音乐机构的高度成熟。当时最著名的音乐机构当数梨园。

熟悉戏曲的人都知道，梨园其实就是戏曲界的别称，著名诗人白居易在《长恨歌》中就曾写过这样的诗句："椒房青娥红颜老，梨园子弟白发新。"可见这个名称从唐朝起就已经存在了，那时它是一种宫廷设立的音乐机构，意义远没有现在宽泛。不过由于梨园的巨大影响力，它的意义逐渐扩大，人们把从事歌舞表演的行业叫作"梨园行"，从事歌舞、戏曲、曲艺表演的演员叫"梨园弟子"。

说起梨园，不能不提起唐玄宗。《新唐书·礼乐志》载："玄宗既知音律，又酷爱法曲，选坐部伎子弟三百，教于梨园。声有误者，帝必觉而正之，号皇帝梨园弟子。"从这可知，梨园是唐玄宗为了培养优秀的宫廷乐工演奏法曲所设，因设于宫廷禁苑果木园圃"梨园"而得名。梨园的主要职责是教习法曲和训练乐器演奏人员，由于皇帝经常亲自参与教习，这些乐人也被称为"皇帝梨园弟子"。除宫中梨园，在长安和洛阳的太常寺内还分别设有"太常梨园别教院"和"梨园新院"，前者主要演奏新创作的歌舞大曲，后者演奏民间音乐。

什么是"秦腔"？

秦腔发源于古代陕西、甘肃等地的民间小曲，成长壮大于历史文化名城西安，历经各朝各代的艺术家反复锤炼、创造，而逐渐形成。古时陕西、甘肃一带属秦国，所以称之为"秦腔"。因为早期秦腔演出时，常用枣木梆子敲击伴奏，故又名"梆子腔"。秦腔成形后，流传全国各地，因其一整套成熟、完整的表演体系，对各地的剧种产生了不同程度的影响，并直接影响了梆子腔剧种的发展，成为梆子腔剧种的始祖。

秦腔的表演技艺朴实、粗犷、豪放，富有夸张性，生活气息浓厚，技巧丰富。其身段和特技有：趟马、吐火、喷火、担子功、翎子功、水袖功、扇子功、鞭扫灯花、顶灯、咬牙、耍火棍、跌扑、髯口、跷工、獠牙、帽翅功等。秦腔的唱腔分为欢音和苦音两类，欢音善于表现轻快活泼、喜悦的感情，而苦音则长于表现悲愤、凄凉的感情，丰富多彩的唱腔能够很好地表现各种感情。秦腔的主要伴奏乐器为板胡。秦腔的角色分类有"十三门二十八类"之说，即角色分为四生、六净、二旦、一丑等13门，而这13门又可细分为28类。各门各类都有其特色，都有著名的演员、著名的戏剧段落。

秦腔的传统剧目数以万计，其中以取材于"三国""杨家将""说岳"等英雄传奇或者悲剧故事的剧目居多，剧目无论在数量还是题材的广度都居全国300余种戏剧之首。其中经常演出的曲目有《春秋笔》《八义图》《紫霞宫》《玉虎坠》《和氏璧》等。

什么是"川剧"？

川剧是起源于四川，长期流行于四川、云南、贵州等几个西南省份，是人们喜闻乐见的一种地方戏剧。

明末清初，陆续有大批各地移民进入四川，以及各省在四川的会馆纷纷建立，全国各地的南腔北调也相继被移植到四川各地，这些剧种在长期的发展过程中，相互融合、相互借鉴，又结合当地的风俗、方言以及各种民间戏曲，逐步形成了一种具有四川特色的剧种，就是川剧。

川剧的声腔主要由昆曲、高腔、胡琴、弹戏以及灯腔等5种声腔组成，其中除灯腔发源于四川本地以外，其他4种腔调都来自外地。这5种声腔再加上为这5种声腔伴奏的各种乐器，形成了形式多样、曲牌丰富而又风格迥异的川剧音乐形式。

高腔，是川剧中最重要的一种腔调。川剧高腔拥有众多的曲牌数量，剧目广、题材多、适应性强，兼有南曲和北曲中高

亢激越、婉转抒情的特点。川剧中的昆曲来源于江苏的昆曲，川剧艺术家利用昆曲长于歌舞的特点，往往将昆曲中的单个曲牌融入其他唱腔中演出，形成独具特色的川剧昆腔，简称"川昆"。

胡琴是西皮和二簧的统称，因为二者的主要伴奏乐器都为"小胡琴"，所以这样统称。川剧胡琴来源于湖北汉调和安徽徽调，吸收了陕西汉中二簧和四川扬琴唱腔中的优秀部分发展而成，其中川剧西皮腔善于表现激昂、高亢或者欢快的感情，而川剧二簧则长于表现沉郁、悲凉的感情。川剧的弹戏来源于陕西的秦腔，属于梆子系统，故俗称"川梆子"。川剧弹戏以盖板胡琴为主要伴奏乐器，用梆子敲击节奏。曲调有善于表现喜感情的"甜平"和善于表现悲感情的"苦平"两种。灯腔，来源于四川本地，是川剧唱腔中最具本地特色的一种。灯腔是由四川传统的灯会歌舞演化过来的，乐曲短小、节奏明快、轻松活泼，所演的多数是民间小戏，唱的也都是民间小曲，具有浓厚的生活气息。另外，川剧中还有许多具有浪漫主义色彩的表演特技，如吐火、藏刀、顶油灯等，其中影响最大、最具特色和最常见的是变脸，演员往往能在极短的时间内变换出十多张面孔，表现角色情绪和心理的突然变化，极具观赏性。

什么是"豫剧"？

豫剧，原名"河南梆子""河南高调"等，流行于河南、陕西、甘肃、山西等地，是我国最重要的地方剧种之一。豫剧发源于陕西的梆子腔，即所谓的秦腔。清朝初期，秦腔传入河南，入乡随俗，开始

用河南口音演唱，吸收了河南本地的民间小调等民间艺术形式的精华，并受到了昆曲、弋阳腔、皮黄腔等外省剧种的影响，在乾隆年间正式形成具有河南特色的剧种。乾隆嘉庆年间，豫剧迅速发展壮大，成为河南省重要的剧种。

豫剧的音乐分为四大流派，分别是：以开封为中心的"祥福调"，以商丘为中心的"豫东调"，流传于洛阳的唱法"豫西调"，流传于河南东南部沙河流域的唱法"沙河调"等。其中影响最大的是豫东调和豫西调。豫剧的各种流派虽然有诸多不同，但是共性大于个性，作为统一的一个剧种，豫剧具有以下特点：首先，豫剧注重唱功，演出中常有大段的唱词，相对来说动作少一些；其次，豫剧具有较大的自由性，唱词、说白、动作等都没有固定的模式，演员可以根据自己的理解，做一些创造；再次，豫剧与民间艺术结合紧密，常常把杂技、武术等技艺的动作融合到舞台表演中来，显得粗犷火暴；最后，豫剧的唱词通俗易懂，好学好唱。

豫剧的角色行当分为"四生四旦四花脸"，即老生、红生（大、小红脸）、小生等四生；老旦、小旦、正旦、帅旦等四旦；黑脸、大花脸、二花脸、三花脸等四花脸。豫剧的伴奏乐器分文武戏，文戏用三弦、板胡、月琴伴奏，武戏用板鼓、堂鼓、大锣、小锣、手镲、梆子、手板等伴奏。

豫剧的传统剧目有 600 多个，其中经典曲目有《对花枪》《三上轿》《提寇》《铡美案》《十二寡妇征西》《花木兰从军》等。

什么是"粤剧"？

粤剧是中国南方的重要剧种，流行于广东、广西以及港澳台地区。东南亚、北美、大洋洲等有广东籍华人聚集的地区，也常有粤剧演出。

明末清初，江浙地区的昆曲班子，江西的弋阳腔班子陆续到广东地区演出，引起了广东人民的关注，受到他们的影响，广东本地人创建了自己的戏剧班子，称为"本地班"。本地班的唱腔吸收昆曲及弋阳腔的部分优点，融合本地歌舞戏曲的特点，念白全用本地方言，形成了独具一格的广腔。清朝嘉庆、道光年间，随着弋阳腔、昆腔的衰落和梆子戏的传入，本地班开始以梆子为主要唱腔，后来安徽徽班的影响日益扩大，本地班又吸取了徽班的部分特点，发展成为以"梆簧"（即梆子、二簧）为基本唱腔，同时又保留了昆腔、弋阳腔部分曲目的"粤剧"。清朝咸丰年间，本地班响应太平天国起义，组织武装与清兵搏斗，被清朝残酷镇压，使粤剧遭封杀长达15 年之久。粤剧中的精品剧目有《平贵别窑》《赵子龙崔归》《凤仪亭》《罗成写书》《西河会》《山乡风云》等。

中国古典十大悲剧都是什么？

中国古典十大悲剧是：《窦娥冤》（杂剧，元朝关汉卿）、《汉宫秋》（杂剧，元朝马致远）、《赵氏孤儿》（杂剧，元朝纪君祥）、《琵琶记》（南戏，明朝高则诚）、《精忠旗》（传奇，明朝冯梦龙）、《娇红记》（杂剧，明朝孟称舜）、《清忠谱》（传奇，清朝李玉）、《长生殿》（传奇，清朝洪升）、《桃花扇》（传奇，清朝孔尚任）和《雷锋塔》（传奇，清朝方成培）。

千百年来，这些悲剧一直在舞台上上演，经久不衰，深受广大人民喜爱。鲜明的人物形象、感天动地的故事情节，打动了一代又一代人。在文化普及率很低的时代，人们从这些故事中得到了教育和熏陶，深化了对现实生活的认识，鼓舞自己的生活热情，提高了道德情操。中国古典十大悲剧是中国戏剧的代表，是中国文化艺术珍品。

中国古典十大喜剧都是什么？

中国古典十大喜剧是：《救风尘》（杂剧，元朝关汉卿）、《西厢记》（杂剧，元朝王实甫）、《看钱奴》（杂剧，元朝郑廷玉）、《墙头马上》（杂剧，元朝白朴）、《李逵负荆》（杂剧，元朝康进元）、《幽闺记》（传奇，元朝施君美）、《中山狼》（杂剧，明朝康海）、《绿牡丹》（传奇，明朝吴炳）、《玉簪记》（传奇，明朝高濂）和《风筝误》（传奇，清朝李渔）。

这些喜剧深受人们喜爱，它们那深邃的思想、纷繁复杂的主题和扑朔迷离的情节倾倒了无数观众。剧中人物敢爱敢恨，幽默机智，同腐朽势力斗智斗勇的故事，使人们认清了封建统治者的虚伪本质，鼓舞了人们同封建统治者斗争的勇气和信心。十大喜剧因其优美的文辞和精湛的音乐，具有极高的艺术价值，成为中国文学艺术库藏中的璀璨瑰宝，彪炳百代。

乐舞风流

体育娱乐

什么是十二段锦?

"十二段锦"又称"文八段锦",曾被少林寺僧作为主要练功内容之一,此后逐渐被广大练功者采用。十二段锦是由十二节动作组合而成,其全部动作进行时均取坐势。"十二段锦"功法虽然简单,但健身益寿、抗老防衰的功效显著,适合于患慢性、虚弱性疾病者的调摄,有助于神经衰弱、慢性气管炎、食管炎、慢性胃炎、冠心病、肺气肿、溃疡病、胃下垂、慢性肾炎、肾虚腰痛等患者的康复。

十二段锦总诀是什么?

闭目冥心坐,握固静思神,叩齿三十六,两手抱昆仑;左右鸣天鼓,二十四度闻,微摆撼天柱,赤龙搅水津;鼓漱三十六,神水满口匀,一口分三咽,龙行虎自奔;闭气搓手热,背摩后精门,尽此一口气,想火烧脐轮;左右辘轳转,两脚放舒伸,叉手双虚托,低头攀足频;以候神水至,再漱再吞津,如此三度毕,神水九次吞;咽下汩汩响,百脉自调匀,河车搬运毕,想发火烧身;旧名八段锦,子后午前行,勤行无间断,万病化为尘。

什么是"六博"?

"六博",又称"陆博",可以看作是象棋的前身,因为每人6枚棋子而得名。六博在棋盘和棋子之外还有箸,相当于后来的骰子,在行棋之前使用,因而六博的胜负具有很大的偶然性。

六枚棋子为:枭、卢、雉、犊、塞(2枚),"枭"之外的5枚又统称为"散",玩法就是以杀枭为胜,枭也就相当于后来象棋中的将或帅。

六博在春秋时期即已出现,在此后相当长的时期都非常盛行,后来六博发生分化,一支发展为后来的象棋,另一支则演变为赌博的手段,原初形式的六博在宋代之后就基本消失了。

什么是"投壶"?

投壶是古时士大夫阶层在宴饮时所进行的一项游戏。春秋时期,诸侯宴请宾客的礼仪之一是请客人在席上射箭,因为当时射箭为六艺之一,为士人必备的技能,但也有一些客人射艺不佳,于是就采用以箭投酒壶的方式来代替,逐渐成为一种风习,投壶代替了射箭而成为宴饮之间的一种游戏。

秦汉之后,"雅歌投壶"几乎是士人们会宴之时的必有项目,并且产生了许多较为复杂的形式,游戏的难度有所增加,同时趣味性也变得更强。宋代司马光在专著《投壶新格》中详细记载了游戏的各个方面，包括壶具的尺寸、投矢的名目和计分方法等。然而在宋代之后，投壶渐趋衰落，不复盛行。

围棋起源于什么时候，为何棋子只有黑白两种颜色？

围棋是一种双方各执黑白棋子进行对弈以最终占地面积大小来定胜负的游戏。战国时期赵国史官编写的《世本》称"尧造围棋"，晋代张华在《博物志》中说"或曰舜以子商均愚，故作围棋以教之"，反映围棋起源之早。至少在春秋时期，围棋已经很为流行。关于围棋的最早确切记载见于《左传·襄公二十五年》："今宁子视君不如弈棋，其何以免乎？弈者举棋不定，不胜其耦。而况置君而弗定乎？必不免矣。九世之卿族，一举而灭之。可哀也哉！"公元前559年，卫国的国君献公被大夫宁殖等人驱逐出国，后来，宁殖的儿子又答应把卫献公迎回来，文子听说后感叹宁氏的做法反复无常，预言他们的灾祸将要不远了。"举棋不定"这一成语也就是由此而来。

其后围棋在发展的过程中又经过了较大改进，三国时期魏邯郸淳在《艺经》上

重屏会棋图卷　南唐　周文矩
古人有"围棋初非人间之事，乃仙家养性乐道之具也"之说，下棋可使人精神集中，排除杂念。

说，魏晋及其以前的"棋局纵横十七道，合二百八十九道，白、黑棋子各一百五十枚"，而在甘肃敦煌莫高窟石室中发现的南北朝时期的《棋经》载明当时的棋局是"三百六十一道，仿周天之度数"，这与现代围棋的格制是完全相同的。

唐玄宗时设立了"棋待诏"制度，就是为翰林院中的专业棋手赋予官职，提高了棋人的地位，扩大了围棋的影响。明清两代则是围棋发展的高峰，名家辈出，并且形成不同的流派，这种兴盛的局面直到清末因国势衰弱而被截断。

"射覆"怎么玩？

"射覆"，是古时《易经》占卜的学习者所玩的一种卜测性质的游戏。"射"是猜度之意，"覆"是覆盖之意，"射覆"的直义就是猜测被覆盖物所遮藏的为何物。游戏的时候，覆者用盆碗杯盂等器皿覆盖某一物件，射者通过占筮的途径来进行猜度。覆盖的一般都是生活中常见的物品，有时也写下一个字来让人卜测。

汉代的东方朔就是一位射覆大家，晋代的郭璞、梁元帝萧绎、唐代的李淳风、宋代的邵雍等也都是史上有载的一流高手。

射覆在古代是一项十分流行的游戏，在诗词典籍中多有所见，如李商隐《无题》诗中写道："隔座送钩春酒暖，分曹射覆蜡灯红。"

《红楼梦》第六十二回中对宝玉、宝钗、探春、香菱等进行的射覆游戏更是描写得非常详细。

射覆需要运用到非常玄妙的易学知识，蕴涵着全息理论的奥义，但也表现出通常思维所不可理解的一面。

"中国象棋"起源于什么时候?

中国象棋,在战国时代已经成为贵族阶层所流行的一种游戏。《楚辞·招魂》曰:"蔽象棋,有六些。"王逸注云:"言宴乐既毕,乃设六簙,以蔽作箸,象牙为棋,丽而且好也。"这里讲的是先秦时期的象棋,当时称为"六博",棋制由棋、箸、局等三种器具组成。

局,就是棋盘;箸,相当于骰子,每次行棋之前进行投掷;棋是棋子,用象牙雕刻而成,每方6子,分别为枭、卢、雉、犊、塞(2枚)。

象棋是模仿当时的兵制而设计的,象棋游戏也具有军事训练的意义。后来象棋取消了投箸,也就是说不再存有侥幸的成分,而全凭实力和智谋取胜。

此后秦汉及至隋唐象棋在流传过程中不断地得到改进,最后定型于北宋末年,即当代的象棋样式:双方各16枚棋子,分别为将(帅)一个、车(车)、马、炮、象(相)、士(仕)各两个、卒(兵)五个。

南宋时期,象棋变得家喻户晓,十分盛行,还出现了洪迈的《棋经论》、叶茂卿的《象棋神机集》等多种象棋专著,象棋由此成为一门独立的学问。

什么是"百戏"?

"百戏"一词产生于汉代,是当时各种民间表演艺术的泛称。据宋代类书《事物纪原》卷九"百戏"引《汉元帝纂要》:"百戏起于秦汉曼衍之戏,后乃有高絚、吞刀、履火、寻橦等也。"这里的"曼衍之戏"指的是一种由人装扮成巨兽的舞蹈,"高絚"就是走钢丝,而"寻橦"是一个人手持或头顶长竿,另有数人缘竿而上的表演。"百戏"原本涵盖广泛,包括各种乐舞、说唱、戏耍等,而宋代之后则习惯上将"百戏"仅用于称呼杂技一类的表演。

什么是"角牴"?

角牴,又称角抵或角觚,是两人相牴以较量力气的一种运动。《汉书·刑法志》记载:"春秋之后,灭弱吞小,并为战国,稍增讲武之礼,以为戏乐,用相夸视。而秦更名角抵,先王之礼没於滛乐中矣。"这段话表明,角牴在战国时期已经兴起,秦代的时候更名为"角牴"(角抵)。实际上,角牴的由来是相当久远的,司马迁在《史记·黄帝本记》中说:"蚩尤氏头有角,与黄帝斗,以角抵人,今冀州为蚩尤戏。"按这种说法,角牴是从黄帝战蚩尤的时候流传下来的。到了晋代,角牴又称为"争交"。南宋吴自牧在《梦梁录·角抵》中介绍:"角抵者,相扑之异名也,又谓之争交。"相扑是角牴在南北朝时期又起的名字,这项运动在唐代时传入日本,并发展成为在日本非常受欢迎的体育项目。当然,现代日本的相扑与中国古代的角牴运动是有着较大差异的。

其实,角牴早期的涵盖是很丰富的,到宋代之后才变为专指相扑一类的摔跤活动。

"蹴鞠"是足球吗?

蹴鞠,是中国古代的一种球类运动。关于蹴鞠的最早记录见于《史记·苏秦列传》:"临菑甚富而实,其民无不吹竽、鼓瑟、蹋鞠者。""蹋鞠"也就是蹴鞠,又名"蹴球""蹴圆""筑球""踢圆"等,说的都是用脚踢球的意思。蹴鞠是一项古老的体育运动,起源于齐国都城临淄,齐宣王在位时期(公元前319~前310年)已经很为盛行。秦代，蹴鞠运动一度沉寂，进入汉代又复兴盛，并被视为"治国习武"之道，在军队和宫廷之中十分流行，使得蹴鞠由一种下层人民的运动提升为一种贵族运动。汉代还出现了研究这项运动的专著——《蹴鞠二十五篇》，这也是中国和世界上最早的一部体育著作，可惜已经失传。到了唐代，蹴鞠的制作艺术和运动技术都有了很大的改进，球变得更圆、更轻，而充气技术也是世界上最早的发明。唐代分队比赛，由原来的直接对抗转为间接对抗，中间隔着球门，双方各在一侧，以射门数多者为胜，并且还出现了女子蹴鞠，女子蹴鞠不射门，而以踢球的技法显胜，这被称为"白打"。及至宋代，蹴鞠变得更加兴盛，上海博物馆藏一幅《宋太祖蹴鞠图》，描绘的就是当时皇帝亲身从事蹴鞠运动的情景。《文献通考》记载："宋女弟子队一百五十三人，衣四色，绣罗宽衫，系锦带，踢绣球，球不离足，足不离球，华庭观赏，万人瞻仰。"这时，球技已经发展出成套的花样动作，擅长者可调用头、肩、背、胸、膝、腿、脚等身体的各个部位，使"球终日不坠"。《水浒传》中记述的因擅长踢球而发迹的高俅就是当时蹴鞠盛行的一个鲜明的例证。在球的制作方面，宋代又有了进一步的发展，"密砌缝成，不露线角"，做成的球要"正重十二两"，"碎凑十分圆"，由此可见制球工艺已经非常精湛。清代开始，蹴鞠运动变得冷落，近代西方足球传入，蹴鞠作为一种社会流行的体育运动就销迹了。

"骑射"最初是体育活动吗？

骑射，即骑在马上射击，最初是一种军事技能，后来也作为一项独立的体育活动。中国古代早期，马只用来驾车，并不用来骑乘，直到周赧王八年（前 307 年），赵武灵王实行军事改革，令军民着胡服，学骑射，中原地区才有了骑马的风俗。在此之前，中原各国的军队编制是步兵与战车相配合，而胡人则已有骑兵队伍，在交战的过程中，虽然中原军队的武器更为先进，但是灵活性却不如胡军，加之身着长袍，行动起来更不方便，这常常导致作战失利，于是赵武灵王决心改易服装，建立骑兵。后代历朝也都建有骑射部队，至于辽、金、元等游牧民族所建立的朝代更是以骑兵立国，骑射是一项看家本领。清朝前期，骑马和射击被看作是生活必备的技能，连同妇女和儿童也普遍善于骑射，骑射成为民族兴盛的一项标志，满族人也深以此为豪，努尔哈赤和皇太极皆被誉为"马上皇帝"。后来战事平息，骑射则主要作为一项体育运动而存在。清末唐晏在《天咫偶闻》中说："国家创业，以弧矢威天下，故八旗以骑射为本务，而士夫家居亦以射为娱。家有射圃，良朋三五，约期为会。其射之法不一。"从这段记述中可以看出骑射对于八旗子弟的重要性，同时也展现出当时骑射风气的盛行。

"马球"兴起于何时？

马球，又称"击鞠"或者"击球"，是一种骑在马背上用长柄球槌拍击木球的运动。相传马球在唐初由波斯（今伊朗）传入，初时称之为"波罗球"。也有人认为中国更早的时候就已经有了马球，如曹植《名都篇》中"连骑击鞠壤，巧捷推万端"的句子描写的就是马球运动。有可能是中国原来的击鞠运动后来参照波斯的马球进行了一定的改造，而后打马球方开始为人们所普遍注意。但是马球运动由于需求条件的特殊，所以只在宫廷和军队中流行。唐代是马球运动最盛的时期，据文献记载，唐朝的中宗、玄宗、穆宗、敬宗、宣宗、僖宗、昭宗等多个皇帝都是马球爱好者，不仅对这项运动予以积极的提倡，并且也亲身参与其中。唐玄宗于天宝六年（747年）还专门颁诏将马球作为军队的训练课目之一。陕西西乾县出土的唐章怀太子李贤墓中的打马球壁画充分地表现了唐代马球运动的场景。画面上击球者有二十余人，皆着各色窄袖袍，足登黑靴，头戴幞头，手执偃月形球杖，身骑奔马，做出竞争击球的各种姿态，非常逼真，这为人们了解古代打马球的情形提供了生动的直观认识。

什么是"豆叶戏"？

豆叶戏，又叫"掉城戏"，是明神宗朱翊钧（即万历皇帝）所发明的。万历皇帝奢华淫逸而不事政务，在宫中与宫女和太监们纵情享乐，琢磨出了一种具有赌博性质的游戏。游戏的玩法非常简单，分为小规模和大规模两种。小规模的玩法是：用色罗一方，界成井字形的九营，中间的一营为上营，四方的四营为中营，四角的四营为下营，玩的时候，宫女用银钱或者小银珠投掷，落在上营赏银九两，落在中营赏银六两，落在下营赏银三两，双抛双赏，落在营外和压着井字，则均罚银六两。大规模的玩法是：在御前十步开外，界画出一座方城，城内用数个十字分成8个部分，即方城八城，每座城中分别写上银十两至三两不等，玩的时候，太监用银

豆叶（即豆叶大的银子）或者八宝（即8种表示吉瑞的佛教物品）唱着投掷，落在某城就照数赏赐，落在城外或者压着界线，则收其所掷银豆叶或八宝。因为游戏以掉城决定赏罚，所以又得名"掉城戏"。当时后金已经在东北崛起，明朝的关外城池开始失陷，人们于是认为"掉城戏"是不吉利的，因此这项游戏也就迅速地消失于历史的尘影之中了。

古人什么时候"踏青"？

踏青，又叫春游，指的是在清明前后芳草始生、杨柳泛绿的好春时节到郊野去游览的出行活动。踏青的习俗由来已久，至迟在魏晋时期已经成为社会上盛行的风气，而到唐宋年间更是极盛。"三月三日天气新，长安水边多丽人……"杜甫的这首《丽人行》所描写的就是当年长安踏青的盛况。在古代，三月三日称为上巳日，因王羲之的集序和书法而颇为传颂的兰亭集会实际就是在上巳日举行的一种踏青活动，这一风俗流传到唐代，长安的士女在这一天汇集到城南的曲江游玩踏青，为一时之盛容。在游赏春光之外，荡秋千和放风筝是踏青时节最为主要的两项活动。李清照在一首《点绛唇》中写道："蹴罢秋千，起来慵整纤纤手。露浓花瘦，薄汗轻衣透。"这描写的就是荡秋千之后所给人带来的快意感受。而清代诗人潘荣陛的一首《北京竹枝词》则对清明时节的风筝活动进行了精彩的描绘："风鸢放出万人看，千丈麻绳系竹竿。天下太平新样巧，一行习上碧云端。"千百年来，虽然在不同的时代具体的活动内容有所变化，但是踏青这一习俗却一路流传下来，当今依然为人所喜爱。

"冰戏"包括哪些活动?

冰戏,亦称"冰嬉",是各种冰上体育活动的泛称,包括跑冰、花样滑冰、冰上执球与踢球以及冰上杂戏等,是北方人民在寒冷的冬季中一项重要的娱乐活动。冰戏在宋代的时候已经流行,到明代更成为宫廷的体育活动,而在清代最盛。

满族由于生活在冬季严寒而漫长的东北地区,所以冰戏更成为生活中的重要内容,并且不仅仅是一种娱乐活动,同时还是一项重要的军事训练。按清代的习俗,皇帝每年从冬至到三九的这一段时间都要在太液池(即当今的北京之三海)校阅八旗溜冰,同时观看冰戏表演。表演的兵丁分为两翼,每翼头目12名,穿红黄马褂,其余的人穿红黄齐肩褂,射球兵丁160名,幼童40名,也都穿马褂,背插小旗,按八旗各色,依次走冰,然后对优胜者给予奖励。除了一般的溜冰之外,还有冰上射箭、打球、单人表演、双人表演等项目,内容非常丰富。其中的单人和双人表演与现在的花样滑冰有相似之处,当时的冰上单人和双人表演不仅技术高,形式也很多,有金鸡独立、蜻蜓点水、紫燕穿波、凤凰展翅、哪吒探海、双燕飞、朝天蹬等多种花样。

此外,还有冰上舞龙、舞狮、跑旱船等集体表演。这种隆重的冰戏表演在当时堪称一件盛事。

"社戏"是如何发展起来的?

古代诗人陆游在《稽山行》中曾写道:"空巷看竞渡,倒社观戏场。"在以前,各社各村都有定期演戏的习俗,民间称为"年规戏",也就是鲁迅先生所说的社戏。以前,每个乡镇村落都有社庙。各地都有民约规定,春秋两季要祭社,后来发展为采用演戏来祭社,这就是年规戏的渊源。

社戏作为一种流行于绍兴地区的传统民间娱乐风俗,源于该地农村春秋两季祭祀社神(土地神)的习俗。

先时,春社为祈求五谷丰登,秋社为庆贺一年丰收,后发展为以演戏酬神祈福,进而沿习为民间文化娱乐活动。

绍兴演社戏的风俗在南宋时已经盛行,到清末仍非常流行。鲁迅先生小时在家乡酷爱看社戏,在《社戏》《无常》《女吊》等名作中,我们都看到他对社戏多加赞扬,称它为"很好的戏"。

社戏一般在庙台或临时搭建的草台上演出。古时的庙台有两种:一种建于庙宇大殿前的天井内;另一种是筑于庙门的水上舞台,也叫"水台",观众可坐在船上看戏。一些乡村还流行邀请亲友看社戏的习俗。每当此时,各家各户杀猪宰羊,制备酒肴,用来款待宾客。

社戏剧目一般来说可分为3部分:彩头戏、突头戏和大戏。彩头戏,也称"口彩戏",主要为恭祝发财、晋官的吉利戏剧。突头戏,当地称"骨子毁",是为正戏作铺垫的戏剧。其剧目情节曲折,有较高的艺术性,著名剧目有《龙虎斗》《英列传》《双龙会》等折子戏。

大戏即正戏,绍兴人也称"平安大戏",傍晚时开始演出。著名的大戏有《双核桃》《倭袍》《双龙会》等。演出中,根据剧情的发展需要,还会插演一些《男吊》《女吊》《跳无常》等鬼戏。现在,在岁末农闲或重大节日期间,绍兴乡村还会请剧团进村演戏,不乏社戏之遗风。

古人什么时候"荡秋千"？

荡秋千是我国古代清明节的一种习俗，也是妇女十分喜欢的一种传统游戏。秋千，古字两字均有"革"字旁，千字还带走字，意思是揪着皮绳而迁移。它的历史很古老，最早叫千秋，后为了避忌讳，改为秋千。古时的秋千多用树桠枝为架，再拴上彩带做成，后来逐步发展为用两根绳索加上踏板的秋千。

到了唐宋时代，秋千成为专供妇女玩耍的游戏。一些地方还认为，荡秋千能祛除疾病。这也许就是荡秋千能世代相传、经久不衰的原因之一。

荡秋千是我国各族人民普遍喜爱的一种民间体育运动，尤其受朝鲜族妇女的喜爱。每逢节日聚会，人们便会看到成群结队的朝鲜族妇女，聚集在参天的大树下，或高耸的秋千架旁。身穿鲜艳民族服装的朝鲜族妇女，在人们的欢呼、叫好声中荡起了秋千，她们一会儿腾空而起，一会儿俯冲而下，尽情地欢乐，长长的裙子随风飘舞，大有腾云驾雾之感。

荡秋千的方法通常有 3 种，一种是单人荡，单人荡需要很高的技巧和力量。有的荡得很高，有的甚至能绕梁一转，显示了艺高人胆大；第二种是双人荡，两人面对面站在秋千上，一人使劲一人牵引，讲究两人的配合，尽管重量加大了也能荡得很高，有时能与横梁比高，荡幅达到 180 度，但很难越过横梁做 360 度旋转；第三种是大人带小孩荡，一边念着"荡一荡，除百病，岁岁得平安"的歌谣。

在中国封建社会里，妇女们深受封建礼教的束缚，长期大门不出，二门不迈，很少有机会与外界接触。在清明前后、春回大地的大好时光，妇女们便趁走出户外之机，以荡秋千舒展身子，同时也得到精神的解放和放松。

荡秋千作为一种娱乐活动，因为其运动量小，时间也可以自由支配而深受妇女儿童的喜爱。

"斗鸡"有时间限制吗？

斗鸡比世界上其他善斗的动物"斗"的历史要长得多，在春秋战国时期就已经十分盛行。

斗鸡的民俗游戏，大多从清明开始，斗到夏至休止。我国最早的斗鸡纪录，见于《左传》："季郈之斗鸡，季氏介其鸡，郈氏为之金巨。"唐朝是斗鸡活动最昌盛的时代，不只是民间设鸡场，捧鸡而斗，就是皇帝也要斗鸡。

据唐代《东城父老传》记，李隆基即位前就好斗鸡。在那时，斗鸡之戏是清明节俗的一项重要内容。李隆基当上皇帝后，在宫内建鸡坊，"索长安雄鸡，金毫、铁距、高冠、昂尾千数，养于坊中"，并有 500 人专司驯鸡。结果上行下效，有钱的倾家荡产买鸡，没钱的就以假鸡为戏。在长安有个名叫贾昌的少年，驯鸡有一套办法，博得玄宗欢心，一下子就荣华富贵，成了闻名天下的"神鸡童"。

唐代斗鸡驯鸡发达，社会却为此付出了世风靡废的巨大代价。斗鸡使人如痴如狂，也使一些"斗鸡小儿"恃宠骄横，不可一世。李白在《古风》诗中有云："路逢斗鸡者，冠盖何辉赫。鼻息干虹蜺，行人皆怵惕。"

明朝的斗鸡之风与唐朝不分上下，当

时还有一种专门研究和举办斗鸡活动的民间组织，叫作"斗鸡社"。在明代，泰山是斗鸡的重要场所之一，每逢泰山庙会，前来斗鸡的人都络绎不绝，观看捧场的人更是数不胜数。

直到今天，斗鸡活动在山东、河南等地依然十分流行。

"斗蟋蟀"的游戏是怎么来的？

斗蟋蟀是中国民间的一项重要民俗活动，而且颇具"民族特色"。因为除中国或华人聚集的地区外，尚未听说其他民族亦有如此嗜好。

从古至今，自宫廷到民间，爱好斗蟋蟀的人数不胜数，以致历史上竟出了几个有名的"蟋蟀宰相""蟋蟀皇帝""蟋蟀相公"；至于民间的"蟋蟀迷"们，就更难以计数了。

斗蟋蟀究竟始于何时，已经无法考证了。人们是怎样发现蟋蟀善斗并使之成为一种历久不衰的民间游戏呢？有一种说法是这样的，说宫女们或民间小儿在捕捉蟋蟀，放在笼中畜养以解闷的过程中，发现两只蟋蟀放在同一只笼中，就会出现视如仇敌般的争斗，于是开始有意识地引逗，从中取乐。

还有一种可能，说斗蟋蟀是在斗鸡、斗鹌鹑的启发下而出现的。既然皇帝酷好斗鸡，达官贵人也趋之若鹜，又有因斗鸡而得宠的人，就难免会勾起某些"有心人"的嗜利之欲，他们便在其他禽虫中进行试验，结果发现蟋蟀的斗性最强，其场面一点儿也不亚于斗鸡，于是将蟋蟀精心畜养起来，或做贡品以邀宠，或留做自己闲时玩赏。此举逐渐传布开来，斗蟋蟀便发展

为一项民间游戏，并且一直保存至今。

斗蟋蟀这一游戏之所以普及得特别快，原因首先在于它本身具有极强的娱乐性。另外，玩斗蟋蟀十分简便易行，既无须多大的财资，又不甚劳神费力，只要从野地里捉来稍加调养，便可决一雌雄。

除此之外，斗蟋蟀的盛行还有一个刺激性因素，那就是赌博。唐代的赌风极盛，斗蟋蟀最初只是一种纯娱乐性的游戏，并没有用于赌博。但很快人们发现用斗蟋蟀进行赌博更方便，同时也更具刺激性。由于金钱因素的加入，斗蟋蟀活动以更快的速度普及发展，至宋代就已经达到相当规模了。

"放风筝"能去晦气吗？

风筝起源于中国，至今已有 2000 余年的历史。

在古代，风筝又叫作"纸鸢"或者"鹞子"，被称为人类最早的飞行器。相传春秋时期，著名的建筑工匠鲁班曾制木鸢飞上天空。后来，以纸代木，称为"纸鸢"；汉代起，人们开始将其用于测量和传递消息；唐代时，风筝传入朝鲜、日本等周边国家；到五代时期，又在纸鸢上系以竹哨，风入竹哨，声如筝鸣，因此又称"风筝"。至宋代，放风筝逐渐成为一种民间娱乐游戏。

历代放风筝的时间均有较强的节令性，原因在于自然季节、气候对放风筝有较强的约束力。宋朝以后，春季放风筝已成定例。清明节前后，城镇居民，多于城外空旷处放风筝。宋人高承《事物纪原》中把纸鸢列入"岁时风俗类"，即可说明风筝已有了明确的节令性。清代，仍盛行

体育娱乐

十美图·放风筝

放风筝在中国由来已久，是深受人们喜爱的一种游戏，也是一种重要的娱乐疗法。

春季放风筝。清人李声振在《百戏竹枝词》中说："百丈游丝放纸鸢，芳郊三女禁烟前。"与北方风俗所不同，南方各地常有秋季放风筝的习惯，福建省内即多取九月初九重阳节放风筝，清末风俗画家吴友如先生在《纸鸢遣兴》图中题道："闽中风俗，重阳日都人士每在乌石山于山屏山上竞放风筝为乐。"

明清两代的文人士子、庶民百姓都十分喜爱风筝，但是封建帝王却不许百姓在城里放风筝。原因是这样的：古代传说韩信曾利用放风筝测量未央宫远近，企图开凿地隧进入宫廷造反起事。明清两代帝王竟引为前鉴，生怕再发生类似的事情，因此明令禁止在城内放风筝。

在古代，人们还把放风筝与去晦气联系在一起。古人认为，放风筝可清目、泻内热，如果某人有灾，就将姓名写在风筝上，放至空中后，剪断引线，使其任意飞远，灾难也就可以随之消失。

古人什么时候"赛龙舟"？

赛龙舟，又称"赛龙船"或"龙舟竞渡"，是我国传统节日端午节的主要习俗，也是深受人们喜爱的水上竞赛性娱乐活动，在江苏、浙江、湖南、湖北、福建、云南、贵州等地最为盛行。相传赛龙舟起源于对屈原的纪念：古时楚国人由于舍不得贤臣屈原投江死去，许多人划船追赶拯救。他们争先恐后，追至洞庭湖时不见踪迹，之后每年五月五日人们都要划龙舟以纪念屈原，借划龙舟驱散江中之鱼，以免鱼吃掉屈原的身体。

后来，赛龙舟除纪念屈原之外，在各地人们还赋予了不同的寓意。

江浙地区划龙舟，兼有纪念当地出生的近代女民主革命家秋瑾的意义。贵州苗族人民在农历五月二十五至二十八举行"龙船节"，以庆祝插秧胜利和预祝五谷丰登。云南傣族同胞则在泼水节赛龙舟，纪念古代英雄岩红窝。不同民族、不同地区，划龙舟的传说有所不同。直到今天，在南方的不少临江河湖海的地区，每年端午节都要举行富有自己特色的龙舟竞赛活动。

清乾隆二十九年（1736年），台湾开始举行龙舟竞渡。直到现在，台湾每年五月五日都举行龙舟竞赛。此外，划龙舟也先后传入日本、越南及英国等。1980年，赛龙舟被列入中国国家体育比赛项目，并每年举行"屈原杯"龙舟赛。

什么是"鸣虫"？

鸣虫，指能够发出鸣声的、可供人赏玩的昆虫，类别多达近百种，常见的有蝈蝈、小黄铃、大黄铃、马铃、竹铃、金钟、纺织娘、墨铃、石铃、蟋蟀、花镜、铁弹子，等等。养玩鸣虫有着悠久的历史，自唐代就开始盛行，而明清两代更是臻于鼎盛，形成了颇为可观的"鸣虫文化"，在虫的种类、大小、颜色、鸣声、养虫的食物、温度、器材、虫的繁殖、习性等各个方面都十分讲究。鸣虫之所以受到人们的喜爱，主要原因在于鸣声的特性，据行家称，虫鸣可以表现出喜叫、怒叫、哀叫、乐叫、呼叫、爱叫、吟叫等多种情感，能够传达呼偶、求爱、繁殖、警戒、自卫、争斗、对敌、群聚、迁徙等各种需求信号。虫家们因为能够领略虫的美妙的鸣声而陶醉，也因为能够分辨虫的语言而倍感欣慰。另外，一些鸣虫不仅可供聆听，还可向人们展现其不凡的"武技"，最常见的就是斗蛐蛐儿，玩家成百上千地聚到一起，纷纷展示各自的爱虫，看一个个威武的"将军"奋勇厮杀，堪称一场颇为壮观的"武林盛会"。

什么是"消寒"？

消寒是古代文人雅士之间进行聚会、宴饮的一种习俗。北方天寒，冬至"入九"之后，同僚和挚友们每逢"九"日即相互邀请，举办不同规模的雅聚，人数必取"明九"或"暗九"（即9的倍数，如18、27等），大家坐在火炉旁用餐和饮酒的同时，进行吟诗作画，而酒令、餐品和诗画也都要与"9"有关，消解寒气的同时更兼遣心娱情，堪称苦寒时节的一大乐事。

"拔河"是怎么发展起来的？

在我国的一些地方，有清明节、元宵节举办拔河比赛的习俗。拔河活动在民间很常见，学校里、军队中、小区里经常举办热闹的拔河比赛。参加比赛的人劲往一处使，观看比赛的人心随绳而偏。通过拔河，不仅能够锻炼身体，还能增强人们团结合作的能力。那么，这种活动为什么被称为"拔河"呢？

据《封氏闻见记》记载，"拔河"在古代被称为"牵钩"。最初，它是训练水兵的工具。

《墨子》中说："公输子自鲁南游焉，始为舟战之器，作为钩强之备，退者钩之，进者强之，量其钩强之长，而制之为兵。"也就是说，当年鲁班在楚国为官时，设计了一种用竹片制成的篾绳。这种篾绳是专门用来训练水兵的。将兵将分成两组，各执篾绳的一端，用力向两边拉。实战中，敌船撤退逃跑时，可以用篾绳钩住敌船，使他们不能逃脱；敌船势强进攻时，可以利用篾绳阻止敌船靠近。篾绳，在作战中起到了推拉敌船的作用。因而，篾绳便有了"拖钩""强钩"的称呼。

后来，这种训练水兵的方法流传到了民间，在楚国旧地广为流行。拖钩敌船活动渐渐演变成两拨人相互"较劲"的集体活动。据史料记载，唐朝时期，"牵钩"活动已经十分盛行。上至文武百官，下至黎民百姓，都乐衷于这项活动。也是从唐朝开始，"牵钩"更名为"拔河"。

据说，当时的拔河和现在不同，人们在绳中央插一面红旗，麻绳的两端，分设有数百条小绳。参加拔河的人手里各执一端。拔河的时候，绳子两端形成两个扇面，旁边观看的人擂鼓助威，这样的拔河场面，要比现在壮观得多。

如今的拔河比赛相对来说形式比较简单。人数相等的两队将绳子往自己方向拉，以将对方排头拉过河界为赢。它更多的是体现大家心往一处想，劲往一处使的团结奋战精神。

体育娱乐

中华医药

中医的起源是怎样的?

中医起源于华夏先民长期的劳动实践,到原始社会末期,中医已具雏形,但由于缺乏文字的记载,只留下了一些传说,其中最为著名的就是神农尝百草和伏羲制九针,根据这种说法,神农和伏羲分别是中药学和针灸学的开创者。

灸熨、针刺和汤药是中医的三大基本治疗方法,灸熨源自人们对火的应用,针刺出自对石器的使用,而汤药则产生于对食物的寻找过程,这些在初始阶段都是不自觉的偶然发现,后来则逐渐发展为一种确定的知识,形成了中医发展的源头。上古时期,人们对自然的认识还处于蒙昧阶段,因此巫术盛行,而疾病的治疗更是与巫术密切地结合在一起,所以当时巫、医为一职,而最初的中医知识也于此时形成,在甲骨文中已经有了对确定病名的记载。进入周代,就出现了专业的医师,并且医学开始分科,也建立了医政制度。

到春秋战国及至秦汉时期,随着一批医学大家和医学经典著作的出现,中医就已经进入全面成熟的阶段了。

中医的理论基础是什么?

精气学说、阴阳学说和五行学说是中医的理论基础。精气学说认为气是生命的本源,人体机制的正常运行需要精气的调和,故凡为疾病,都是由人体之气的升降出入失调所致。

在阴阳学说中,阴和阳分别代表着两种对立的事物或者事物对立的两面,阴阳之间对立而又统一,相互间存在着交感、制约、消长、转化等彼此依存而又斗争的关系。五行学说则认为世界上一切事物都可按其基本属性分为五类,分别以金、木、水、火、土命名,五者之间存在着相生相克的关系。这三种学说涵盖了中医学中关于人体的组织结构、生理功能、病理变化的基本观点,并且构成了对疾病的诊断和防治的最终的理论依据。

例如,在中医学理论中,表证、热证、实证可归属于阳证的范畴;里证、寒证、虚证可归属于阴证的范畴。再如,中医认为,金、木、水、火、土在人体中分别对应着肺、肝、肾、心、脾五脏,五行平衡、五脏调和,人体才能维持健康和气血旺盛。

中医为什么被称为"岐黄之术"?

中医理论又被称为"岐黄之术"或"岐黄之道"。与之相关的词语还有:"岐黄家",指以中医给人治病的医生或医学家;"岐黄书",指有关中医理论的著作;

"岐黄业"，指中医行业。

为什么"岐黄"是中医的代名词呢？相传黄帝时期，中国中医理论经过长期的总结和临床实践，已经取得了很大的成就。黄帝和他的臣子岐伯都是治病的高手，二人经常聚在一起探讨中医理论和养生之道。后来，他们的谈话便被记载在《黄帝内经》里。

《黄帝内经》约成书于春秋战国时期，是中国中医学公认的奠基之作。这部著作以"黄帝"和"歧伯"问答的形式，讲解了很多中医理论和养生之道，包括《素问》和《灵枢》两部分。《素问》以研究人体的生理、病理问题为主；《灵枢》主要讲解针灸之术的要略，又被称为"针经"。《黄帝内经》以阴阳五行学说为基础，强调治病于未然，把天人合一作为自己追求的境界。

这部书与《易经》《道德经》合称"三书"，对中华传统文化的发展具有不可估量的影响。关于"内经"名称的由来，有人认为这是讲内在人体规律的，有人认为是讲内科，还有人认为"内经"是"内求"，意思是要想身体健康，就要注意内在的调理和生息。

不过《内经》是内科的说法似乎更科学些，因当时存在《外经》，据《汉书·艺文志》记载，共有"七经"。除《黄帝内经》外，还有《黄帝外经》《扁鹊内经》《扁鹊外经》《白氏内经》《白氏外经》和《旁篇》。有说法称《外经》为黄帝时另一位擅长外科手术的俞跗所创，但具体真相还有待进一步考证。

由于《内经》采用"黄帝"与"歧伯"问答的形式，古人为了表达对先祖的尊敬，就以他们名字的合称"岐黄"来代指中医学。以后"岐黄业"也就逐渐成了中医行业的代名词了。

中药店为什么称"堂"而不称"店"？

中药店为什么叫"堂"呢？这个称呼究竟是从何而来的？

相传这与"医圣"张仲景有关。张仲景，河南南阳人，生于东汉桓帝元嘉、永兴年间（约150～154年），死于建安末年（约215～219年）。曾为长沙太守，有张长沙之称。张仲景年轻的时候就博览群书，尤其喜欢医书，其同乡何颙曾称赞他："用思精而韵不高，后将为良医。"

张仲景生活在东汉末年，当时朝政腐败，民不聊生，人民颠沛流离。全国各地相继暴发瘟疫，洛阳、南阳等地疫情严重："家家有僵尸之痛，室室有号泣之哀。"其中伤寒病占到70%。张仲景立志改变这种现状，在《伤寒论》中他表达了自己的理想和抱负："上以疗君亲之疾，下以救贫贱之厄，中以保身长全，以养其生。"

他刻苦钻研，认真研究了《素问》《灵枢》《难经》《阴阳大论》《胎胪药录》等古代医书，师从同宗张伯祖，尽得其真传，在医学上有很高的造诣。在长沙担任太守期间，当地疫病流行，他索性在官府大堂上给人看病，分文不取。在给病人开具的药方上，他经常在自己名字前加上"坐堂医生"几个字，以示自己治病救人的决心。

张仲景后来辞官隐居，潜心研究医学，终于写出传世医学巨著《伤寒杂病

中华医药

论》，被后人尊称为"医圣"。其人品和医学成就都是非常令人敬仰的，后代中医为了纪念他，也把自己开的药铺称为"堂"，时间长了就成了中药店的代名词。

为什么要把行医说成是"悬壶济世"？

"悬壶济世"常用来比喻从事医生的职业，古代还真有在自己诊所前"悬壶"的。那么为什么行医叫"悬壶济世"，医生为什么有在自己诊所门面"悬壶"，而不是其他的东西呢？

传说历史上有个叫"壶"翁的隐士医生，他经常在自己诊治的地方悬挂一个壶作为行医的标识。姓名已不可考，也有人说他叫谢元。卖药从不讲价，所治过的病人都痊愈了。他甚至能事先说出病人痊愈的时间，没有不应验的。每天行医所得之钱达数万，但他都分给了贫民。

相传壶翁曾传费长房岐黄之术，据《后汉书·方术列传·费长房传》记载：费长房曾为市井小吏，他经常看到一个老翁在市场上卖药，悬挂一个壶作为标识。等到停市的时候，就跳进壶里面，市人都没有看见，唯独费长房在楼上喝闷酒的时候偶然瞥见了。他料定此人绝非普通人，就带上酒礼前去拜访。老翁知道长房对他的神通感兴趣，就对他说："你明天来吧！"长房第二天去赴约，老翁请长房到壶中一游。只见里面异常富丽堂皇，有各种美酒和佳肴，二人饱饮后方出来。过了一段时间，壶翁又找到费长房说："我本神仙，因为犯了错才到你们这里卖药，现在事情完结，我也该回去了。你愿意和我一起走吗？如果不愿意的话，楼下准备了些酒，算是与你的告别。"长房听后，就

想学道，随壶翁入深山。壶翁将一身技艺都传授给了他。长房学成后，回到家乡。能医百病，驱瘟疫，令人起死回生。

当然这只是神话传说，历史上是否真有"壶翁"尚待进一步考证。我们倾向于认为"壶翁"的存在，其人大概是东汉时期人，医术高明，"悬壶"是他诊病的标识。"壶"与"葫"同音，后世有人仿效，就在药铺门前悬挂药葫芦。久而久之，"悬壶济世"就成了行医的代名词。

人们为什么用"大夫""郎中"来称呼医生？

中医有很多别称，古代有"岐黄""杏林"等称呼，宋代以后人们又用"大夫""郎中"称呼医生。"大夫""郎中"本义指官名，为何用来称呼医生呢？

"大夫"，中国古代官职名。始于西周。当时朝中官员分卿、大夫、士三级，大夫能够世袭且有自己的封地。秦汉以后，中央要职有御史大夫，级别稍低的有谏议大夫、中大夫、光禄大夫等。唐宋尚有御史大夫及谏议大夫之官，至明清废。

"郎中"最初为皇帝随从的官员。战国时期开始设立，主要担任保卫、建议等职能。隋唐以后，国家实行三省六部制，各部下设司，各司长官即为"郎中"。其职能与战国秦汉有很大区别。据《明史》卷七十二《职官一》载：工部下设"营缮、虞衡、都水、屯田四清吏司，各郎中一人（正五品），员外郎一人（从五品），主事二人（从六品）"。

可见，这两个名称本来指官职，产生时间很早。那什么时候开始用"大夫"和"郎中"称呼医生的呢？医生最初的含义

又是什么？

医生现泛指一切以行医为业的人，但最初却是指医科的学生，始见于《唐六典》："医生四十人。"唐朝学堂始开医科，招收学生。

宋朝医事制度和医学教育高度发展，掌管医疗事务的官员不断增多。当时，国家将翰林医官院的医官定为七级二十二种，如：和安大夫、成和大夫、成全大夫、保安大夫等。由此，人们开始把医生称为"大夫"。五代以后，官职逐渐泛滥。人们为了表示对医生职业的尊敬，便称医生为"郎中""大夫"。

在使用地域上，存在一定的差别。"大夫"一般在北方地区使用，"郎中"在南方使用得更普遍些。从这里我们也可以看出：医生这个职业在古代是地位比较高的，曾有诗云："不为良相，则为良医。"

什么是"四诊八纲"？

四诊即望、闻、问、切四种诊察疾病的方法，是搜集临床资料的主要方法。

"望"就是观察病人的精神状态、体质情况、皮肤或其他部分的色泽，以及五官、舌苔等。

"闻"一是听病人发出的声音（言语、呼吸、咳嗽等），一是闻病人的气味（呼吸、口腔、分泌物，排泄物等）。

"问"就是询问病人发病经过和症状。"切"就是号脉和触诊。脉诊虽然排在最后，但它是中医诊断学中最重要、起决定性作用的一环。

八纲即表、里、寒、热、虚、实、阴和阳。它是在四诊的结果的基础上概括出来的，用来明确疾病的主要矛盾或矛盾的主要方面。

中医认为，人之所以得病是因为六因，即风、寒、暑、湿、燥、火，但这些都是属于外因，是致病的条件，至于是否发病与否，主要取决于内因。

什么是"辨证施治"？

辨证施治就是从病人的整体进行考虑进行治疗，而不是头痛医头、脚痛医脚。它既不同于对症治疗，也不同于西医的辨病治疗，它把人体的状况和疾病的发展变化规律联系起来，综合考虑进行治疗，可以说是病因疗法。

辨证的辨包括辨别与分析两方面内容。证就是对一组症状的综合与归类。

辨证就是运用四诊所获得的客观资料（即证候），用中医的方法（三因、四诊、六经、八纲、脏腑、气血等等）进行辨证分析，得出人生病的原因，同时注意病情的发展趋势。

施治就是在辨证的基础上，根据不同症状，采用与之相应的治疗方法和用药。辨证是施治的依据，施治是治疗的目的。辨证的主要方法有：辨病位、辨病因、辨病机。

如何理解"邪从外来，病由内起"？

邪从外来，病由内起，这是中医的病因学理论。在中医看来，风、寒、暑、湿、燥、火等都是外界的致病因素，人无时无刻不在进行着与外界的物质交换，由此而引发体内的各种运动变化，即所谓的"升降出入"。正常的情况下，这种过程是平衡的，如果相关因素发生了某种反常的变化，例如气温的骤降，就会造成人体升降出入的失衡，从而导致疾病。这就是所

中华医药

谓的"邪从外来"。在这种失衡的情况下，并不是所有的人都会生病，可见疾病的发生还受到另外因素的影响，这就是人体自身的状况，即人体对外界致病因素的抵抗能力，只有当人体内部的防御机制遭到破坏的情况下，疾病才会发生，也就是说，病发与否最终取决于人体内部的状况，即所谓的"病由内起"。

"望闻问切"的具体内容是什么？

望闻问切，是中医传统的四种基本诊察方法，合称"四诊"，相传最早为扁鹊总结发明。成书于汉代、托名为扁鹊所著的《难经》记载："望而知之谓之神，闻而知之谓之圣，问而知之谓之工，切脉而知之谓之巧。"又解释说："望而知之者，望见其五色，以知其病；闻而知之者，闻其五音，以别其病；问而知之者，问其所欲五味，以知其病所起所在也；切脉而知之者，诊其寸口，视其虚实，以知其病，

明切脉罗汉塑像
四川新津观音寺明代重修大雄宝殿中，有一对切脉诊病罗汉十分生动传神。病僧平伸左手微笑待诊，医僧凝神定气，圆睁双眼，全神贯注地沉浸在诊脉之中。表现中医诊脉的古代艺术品不多，遗存今日实属罕见。

病在何脏腑也。经言，以外知之曰圣，以内知之曰神，此之谓也。"望、闻、问、切的诊察方法在中医学中具有统领性的地位，明代徐春甫在《古今医统大全》中说："望闻问切四字，诚为医之纲领。"

辨证与辨病有什么区别与联系？

辨证与辨病都是以病人的临床表现为依据来认识疾病的过程，区别在于，辨病是对疾病的辨析，以确定疾病的诊断为目的，从而为治疗提供依据；辨证则是对证候的辨析，以确定证候的原因、性质和病位为目的，据此来确立治疗方法。辨病的重点在于疾病的判断，而辨证的重点在于证候的掌握。辨证论治是传统中医的一个基本特点，主要体现于同病异治和异病同治。同病异治，就是说同一种病，发病的时间、地域不同，或所处的疾病阶段、类型不同，或病人的体质不同，导致反映出的病证不同，因而治疗也就有差异。异病同治，是说几种不同的疾病在其产生过程中，有着大致相同的病机，表现出相类似的病证，就可以采用大致相同的方法和药物来治疗。但是辨证方法只考虑疾病的阶段性和类型性，不考虑疾病的全过程，在对病情的总体认识上是有着偏颇之处的，所以现代中医强调辨证与辨病相结合。

如何理解"未病先防，有病防变"？

未病先防和有病防变体现的是中医强调的防重于治的观念。《素问·四气调神大论》中说："圣人不治已病治未病；不治已乱治未乱……夫病已成而后药之，乱已成而后治之，譬如渴而穿井，斗而铸锥，不亦晚乎。"未病先防是指在人体未发生疾病之前，应当在生活中的各个方面

予以注意，养成良好的生活习惯，增强体质，提高免疫力，远离致病因素，杜绝疾病的发生。

有病防变是说在疾病既已发生的情况下，当及时治疗，防止出现进一步的病变，也指疾病初愈的时候要注意调养，避免病症的复发。

什么是"扶正祛邪"？

"扶正祛邪"是中医的重要治疗方法。"扶正"，即扶助正气，也就是提升人体对疾病的抵抗力和对环境的适应力；"祛邪"，即祛除邪气，也就是除掉致病的因素。依照中医理论，疾病的发生酝酿于人体中正气与邪气相斗争的过程，正气增长，病情就向好的方面发展，邪气增长，病情就向坏的方面发展，所以治疗就要从扶正和祛邪下手，促使正气战胜邪气，从而消除疾病，令人体变得健康。

中医的阴阳学说是什么？

阴阳学说是我国古代朴素的辩证唯物的哲学思想。古代医学家借用阴阳所学来解释人体生理、病理的各种现象，并指导总结医学知识和临床经验。它以自然界运动变化的现象和规律来探讨人体生理功能和病理的变化，从而说明人体机能活动、组织结构及其相互关系。

阴阳学说认为，自然界任何事物或现象都包含着既相互对立、又互根互用的阴阳两个方面。阴阳是对相关事物或现象相对属性或同一事物内部对立双方属性的概括。它们之间的对立制约、互根互用，始终是处于不断的运动变化之中。

任何事物均可以阴阳来划分，凡是运动着的、外向的、上升的、温热的、明亮的都属于阳。相对静止的、内守的、下降的、寒冷的、晦暗的都属于阴。阴阳是相互关联的一种事物或是一个事物的两个方面。

中医理论认为，"阳"对人体具有推进、温煦、兴奋等作用，"阴"对人体有凝聚、滋润、抑制等作用。人体正常的生命活动，是阴阳两个方面保持对立统一协调关系的结果。如果阴阳不能互相为用而分离，人的生命也就终止了。因此，在疾病的诊治方面，中医主张用阴阳的属性来分析病情，如以色泽、声音、呼吸、气息来分辨阴阳，还可以以脉象部位分阴阳。在疾病的治疗方面，中医主张调整阴阳，补其不足。

"五行学说"的内容是什么？

五行，即金、木、水、火、土五种物质的运动。五行学说认为，世界上的一切事物，都是由金、木、水、火、土五种基本物质之间的运动变化而生成的。

同时，五行之间相生相克，任何事物都是在不断的相生、相克运动之中维持着协调平衡。

中医用五行构成世界上一切物质基础这一概念来说明人体的构成和运行。主要以五脏配五行，并围绕五脏，把全身各种构造、器官组织等，也都分属于五脏。它们之间通过经络互相联系，从而构成一个有机整体。一方面，五行学说把解剖结构到组织、感觉器官、动作、情绪、颜色按五行的属性进行了分类。另一方面，说明了人体脏腑组织之间生理功能的相互联系，如肾（水）之精以养肝，肝（木）藏血以济心；相互制约，如脾（土）的运

中华医药

化，可以制止肾水的泛滥，肾（水）的滋润，可以防止心火的亢烈。

木、火、土、金、水依次为肝、心、脾、肺、肾，形成一个循环，维持人体的运行。同时，它们之间又有互相克制的作用，其相克的顺序依次为木、土、水、火、金。中医正是利用这种关系，来解释内脏之间的相互关系，并且应用它来解释、指导治疗。

人体的经络网是怎样的？

经络是经脉和络脉的总称，人体运行气血的纵行的干线称为经脉，而遍及全身各个部位的经脉的分支称为络脉，经脉与络脉共同构成了人体的经络网，将人体内外、脏腑和肢节联结成为一个有机的整体。经络系统以阴、阳来命名，分布于肢体内侧面的经脉为阴经，分布于肢体外侧面的经脉为阳经，一阴一阳衍化为三阴三阳，相互之间具有相对应的表里相合关系，即肢体内侧面的前、中、后，分别称为太阴、厥阴、少阴，肢体外侧面的前、中、后分别称为阳明、少阳、太阳。在人体经络网中，十二经脉和十五络脉尤为重要。十二经脉发挥着主体性的作用，其名称分别是：手太阴肺经、手厥阴心包经、手少阴心经、手阳明大肠经、手少阳三焦经、手太阳小肠经、足太阴脾经、足厥阴肝经、足少阴肾经、足阳明胃经、足少阳胆经和足太阳膀胱经。十二经脉和任、督二脉各自别出一络，加上脾之大络，共计十五条，称为十五络脉，分别以十五络所发出的腧穴命名，如手太阴之别络、足太阳之别络、任脉之别络、脾之大络等。十五络脉加强了十二经脉中表里两经的联

系，补充了十二经脉循行的不足。经络理论在中医学中占有着基础性的地位，对指导中医的各种诊疗实践有着决定性的作用。

什么是"奇经八脉"？

奇经八脉是除人体十二经脉以外，人体经络走向的一个类别。它包括任、督、冲、带、阴跷、阳跷、阴维、阳维八条经脉。它们与十二正经不同，既不直属脏腑，又无表里配合关系，"别道奇行"，故称奇经。

奇经八脉与十二经脉纵横交互，八脉中的督、任、冲脉皆起于小腹中，同出于会阴，其中督脉行于背正中线，任脉行于前正中线，冲脉行于腹部会于足少阴经。奇经中的带脉横行于腰部，阳跷脉行于下肢外侧及肩、头部，阴跷脉行于下肢内侧及眼，阳维脉行于下肢外侧、肩和头项，阴维脉行于下肢内侧、腹和颈部。

奇经八脉交错地循行分布于十二经之间，它的作用有两方面：其一，沟通了十二经脉之间的联系。奇经八脉将部位相近、功能相似的经脉联系起来，达到统摄有关经脉气血、协调阴阳的作用；其二，奇经八脉对十二经气血有蓄积和渗灌的调节作用。当十二经脉及脏腑气血旺盛时，奇经八脉能加以蓄积，当人体功能活动需要时，奇经八脉又能渗灌供应。

何谓"穴位"？

穴位，学名为腧穴，通常也称为穴、穴道，在中医学上指人体上可以针灸的部位，多为神经末梢密集或较粗的神经纤维经过的地方。中国古人很早就发现了穴位，成书于西汉之前的《黄帝内经》就指

出"气穴所发，各有处名"，并且记载了160个穴位名称。魏晋时期的皇甫谧在《针灸甲乙经》中对人体340个穴位的名称、位置及其主治功能都一一进行了详切的论述。按照中医学理论，人体穴位是经络之气输注于体表的部位，又是疾病反映于体表的部位，还是针灸、推拿、气功等疗法的施术部位。长期的实践证明，穴位具有"按之快然""驱病迅速"的神奇功效，但是穴位的实质究竟如何，人们尽管采用了种种现代的技术和理论去测定与分析，依然没有得出确论。

何谓"针灸疗法"？

针灸是针法和灸法的合称。针法是把毫针按一定穴位刺入患者体内，灸法是把燃烧着的艾绒、艾条等按一定穴位熏灼皮肤。针灸是中医学中重要的治疗方法，而且起源极为久远。远古时期，人们偶然发现身体表面的某个部位碰撞到一些尖硬物体的时候会有意外的疼痛减轻的现象，于是逐渐开始有意识地用一些尖利的石块来刺激身体的某些部位，以期减轻疼痛。这就是针法的由来。最初使用的针是石制的，称为"砭石"，后来则发展为金属针，针的形制也有多个种类。灸法的发现则是人们在用火的过程中发现身体某部位的病痛经过火的烧灼、烘烤会得到缓解，于是取用兽皮或树皮来包裹烧热的石块或沙土对身体进行热熨，用点燃的树枝或干草来烘烤以治疗疾病，后来艾叶则成为灸治的主要材料，因为艾叶具有易于燃烧、气味芳香、资源丰富、易于加工贮藏等优点。针灸疗法的原理是中医特有的人体经络理论，在治疗过程中，经过诊断，确定病变属于哪一经脉、哪一脏腑，然后制定相应的配穴处方，进行针灸，以达到通经脉、调气血的目的，从而使人体阴阳归于相对平衡，脏腑功能也趋于调和，也就获得了防治疾病的效果。

"子午流注"是什么意思？

子午流注是传统中医针灸法的一种操作规程。这种理论是说，人体内气血的周流出入，具有一定的时间规律，用针灸治疗时，要注意所刺激穴位的气血流行盛衰的情况，按照这个时间规律来取穴，则会起到显著的治疗效果；如果取穴不得法，则会对治疗起到反作用。

子午流注在我国历史悠久，其理论基础早在两千多年前的中医经典《黄帝内经》中就已奠定。在中华民族传统医学宝库中，是最具特色的宝贵理论之一。具体方法则形成于金元时期。该法是按照日时干支推算人体气血流注盛衰的时间，选取相应的五输穴和原穴进行针灸治疗的方法，为中医时辰治疗学的内容。现代子午流注抗癌疗法也来源于此理论基础，因时、因病、因人、因地准确地调整患者气血，调理脏腑气血阴阳，在特定的时间内杀灭癌细胞，恢复患者血气运行的正常时间规律，以达到治疗疾病的目的。

中医推拿术是怎么回事？

中医推拿，又称"按摩""按跷""导引""案扤""摩消"等，是依据中医理论对体表特定部位施以各种手法，有时也配合某些肢体活动以恢复或改善身体机能的方法。推拿按摩属中医学的重要组成部分，也是人类最古老的疗法之一。据《汉书·艺文志》记载，秦汉时期已经有了关

中华医药

于推拿按摩的专著《黄帝岐伯按摩经》十卷，虽然该书已经失传，但是在同一时期完成的《黄帝内经》一书中记录了许多关于推拿的内容。东汉张仲景在《伤寒杂病论》中最先提出"膏摩"疗法，即将配制好的膏药涂抹在患者体表，然后运用特定手法进行抚摩擦揉。这就将推拿按摩与药剂应用结合在了一起，在提高治疗效果的同时也使推拿方法的应用变得更为广泛。魏晋南北朝时期，推拿疗法进一步发展，葛洪在《肘后备急方》中首次对膏摩的理论和应用进行了系统的总结，而陶弘景则在《养性延命录》中阐发了啄齿、熨眼、按目、牵耳、梳头、摩面、擦身等成套的推拿按摩动作。隋唐时期，宫廷太医署正式设立按摩专科，此时的按摩基础理论、诊断技术和治疗方面都已发展到相当水平。至明代，按摩成为13个医学科目之一，尤为引人注目的是，这一时期形成了独有的小儿推拿体系，产生了《小儿按摩经》《小儿推拿方脉活婴秘旨全书》《小儿推拿秘诀》等专著。"推拿"这一名称也是得于此时。清代虽然未在太医院设按摩或推拿科，但没有影响这一疗法的进一步发展和更为广泛的应用。乾隆年间由太医吴谦负责编修的《医宗金鉴》中对运用推拿手法治疗骨伤疾病做了系统的总结，将摸、接、端、提、按、摩、推、拿列为"伤科八法"，确立了正骨推拿的分科。这标志着古代中医推拿术发展的最后成就。

拔罐是怎么回事？

拔罐法又名"火罐气""吸筒疗法"，古称"角法"。这是一种以杯罐作工具，借热力排去其中的空气产生负压，使吸着于皮肤，造成瘀血现象的一种疗法。拔火罐与针灸一样，也是一种物理疗法，而且是物理疗法中最优秀的疗法之一。古代医家在治疗疮疡脓肿时常用它来吸血排脓，后来又扩大应用于肺痨、风湿等内科疾病。

拔罐法，是我国医学遗产之一，最早在晋、唐时代就已在民间广泛流行。在晋朝葛洪的《肘后备急方》中就有角法记载。所谓角法，是把挖空的兽角角内烧热后，吸附在皮肤上，拔除脓疮的方法。后来，角法所用的动物角，逐渐由竹筒、陶瓷所代替，并演化为近代的玻璃罐、抽气罐。

由于它简便，便于操作，不需特殊训练；并且具有行气活血、祛风散寒、消肿止痛的功效，对腰部肌肉劳损、头痛、咳嗽、气喘、腹痛等许多疾病颇具疗效，所以在民间极受欢迎。新中国成立以后，经过不断改进，拔罐逐渐成为现代中医治疗中的一种疗法。

什么是"气功"？

气功是中国人独有的一种健身法。以呼吸的调整、身体活动的调整和意识的调整为手段，来达到强身健体、延年益寿、开发潜能的目的。主要分为静功和动功两大类。静功以静为主，静立、静坐或静卧，使精神集中，并且用特殊的方式进行呼吸，增强循环、消化等系统的功能。动功以动为主，一般用柔和的按摩、运动操等方法，坚持经常锻炼以增强体质。

气功在我国有几千年的历史，在古代一般有静坐、调气、行气、服气、炼丹、修道、坐禅等内容。原始的气功并没有名称，内涵也与我们现在所说的气功不完全一致。现在所通用的气功，是在20世纪50年代建立了北戴河气功疗养院后逐渐得到推广的。

从中医学的角度看，气功是我国传统医药学的一个重要组成部分。气功通过调节精神，使自身气机变得协调。主要是通过使用暗示为核心的手段，促使意识进入到自我催眠状态，并通过心理—生理—形态自调机制调整心身平衡，达到健身治病目的的自我锻炼方法。同时，气功针灸、气功按摩等传统疗法，也可提高临床疗效，开创了新的治疗途径。

何谓"导引"？

导引是古代一种养生术和健身方法，相当于现在的气功。它通过调整呼吸和活动肢体达到保健的目的。导引术起源于上古，原为古代的一种养生术，春秋战国时期就已非常流行，为当时神仙家与医家所重视。后为道教将其继承和发展，使之更为精密，将"真气"按照一定的循行途径和次序进行周流，作为炼身的重要方法，以达到调营卫、消水谷、除风邪血气、疗

《导引图》帛画复原图

《导引图》长100厘米、宽50厘米。1973年在长沙市马王堆三号墓出土。在这幅棕色绢上，用红、蓝、褐、黑色绘有44个不同姿势的男女，他们正在做导引式，旁边写有该术式名称。这幅导引图形象反映了古人与衰老、疾病做斗争的情景。

百病以至延年益寿的功效。1972年—1974年在长沙马王堆汉墓（西汉初期诸侯家族墓地）出土的帛画，是世界现存最早的导引图谱。每图式为一人像，男、女、老、幼均有，或着衣，或裸背，均为工笔彩绘。其术式除个别人像做器械运动外，多为徒手操练。其中涉及动物姿态与华佗的五禽戏相近。

导引法作为我国古代医学上一种重要的治疗方法，从医疗意义上来说，它充分发挥、调动内在因素，积极地防病治病；从保健意义上来看，它则可以锻炼身体，增强体质，保持朝气，焕发精神。

什么是"药膳"？

药膳就是将某些具有药用价值的食物经过特定的烹调方法制作而成的一类特别的食品。药膳寓医于食，既将药物作为佳肴，又将食物赋以药用，从而在享用美味的同时又获得了医疗的效果。药膳营养价值和药用价值兼备，相比较服用单纯的药剂而具有明显的优点，因此有"药补不如食补"之说。远古时期，人们寻找各种可利用的植物和动物，有些动植物可供人们果腹，有些动植物可供人们治疗疾病，对于大多数动植物来说这两种作用是分开的，人们发现其中有一部分兼具食用和药用两种价值，这就是最初的药膳。"药膳"一词在史籍中最早见于《后汉书·列女传》，其中有"母亲调药膳思情笃密"的句子，早在东汉之前药膳作为一种实际应用就已经长期存在了。到汉代，则形成了非常丰富的药膳知识，东汉末年成书的《神农本草经》中记载了大枣、人参、枸杞、茯苓、生姜、杏仁、乌梅、鹿茸、蜂

蜜、龙眼等多种具有药性的食物,这些食物已经成为配制药膳的原料。东汉名医张仲景在《伤寒杂病论》《金匮要略方论》中更是提出了大量的饮食调养方法配合药剂的治疗。至唐代,"药王"孙思邈在《备急千金要方》中设立了《食治》专篇,这标志着药膳已发展成为一个专门的学科。而后药膳的理论知识得到持续的完善,药膳的应用也从宫廷到民间,遍及千家万户。

古代有没有麻醉药?

《水浒传》中梁山好汉个个身手不凡,但也经常使用蒙汗药来对付厉害的对手。"智取生辰纲"中,青面兽杨志等人正是被蒙汗药麻翻在地,一觉从日色当午直到二更方醒。那么古代是否真有能把人麻倒的蒙汗药,它的成分又是什么呢?

总结古代小说中关于蒙汗药的使用,大致有以下几个特点:一是药性很强,人服用后会迅速昏迷,经过一段时间方能苏醒。二是经常与酒水混合,以掩饰其颜色或苦味。三是都有解药,只要以冷水喷面或灌特制的药汤就可快速醒转。

根据以上特征,不难看出蒙汗药其实是一种麻醉剂。中国古代有华佗制"麻沸散"的记载。如《后汉书》:"乃令先以酒服麻沸散,既醉无所觉,跨破腹背,抽割积聚;若在肠胃,则断截前洗,除去疾秽。"可见,麻沸散的功效已经不是轻度麻醉那么简单了。李时珍的《本草纲目》中记载了一种印度传入的"曼陀罗花",有信味,有毒,可做麻醉药。割疮、炙火先服此药后,就不觉得痛苦。

曼陀罗花又叫洋金花,其主要成分为东莨菪碱、莨菪碱、阿斯托品。此三种成分在临床上都有麻醉致幻的作用,与小说中关于蒙汗药的描绘基本吻合。洋金花自身气味辛苦,所以要用酒来调和,掩盖其味道。同时酒精本身就有麻醉作用,与洋金花配合就不容易被迅速察觉。

中医十大流派都是什么?

中医历史源远流长,在长期的发展过程中形成了多种流派,其中主要有10个派别。医经学派:以研究古代医学经典的基础理论为主,古代记载的医经有七家,但是仅有《黄帝内经》流传下来,对《黄帝内经》的研究也就奠定了中医学理论的基础。医经学派的著名人物和代表作有扁鹊和《难经》、华佗和《中藏经》、皇甫谧和《针灸甲乙经》、全元起和《内经训解》、杨上善和《太素》、王冰和《素问注释》、吴琨和《素问吴注》、张介宾和《类经》等。

经方学派:"经方"即经验方,宋代以后因为张仲景的《伤寒杂病论》被尊为经典著作,所以"经方"就用来专指《伤寒杂病论》中记载的"经典方"。经方学派明清最盛,代表人物有方有执、柯琴、徐大椿、喻嘉言、张锡驹等。

伤寒学派:专门研究张仲景的《伤寒论》和《伤寒杂病论》中有关伤寒论的一部分,形成于晋代,绵延至清代,著名人物有王叔和、孙思邈、巢元方、王焘、庞安时、常器之、郭雍等。

河间学派:由金代河间人刘完素开创,以阐发火热病机为中心内容,擅长运用寒凉的治疗手法。河间学派在发展的过程中又衍生出攻邪学派和丹溪学派。

攻邪学派：以金代张从正为代表，强调"病由邪生，攻邪已病"的学术思想，在继承了河间学派善用寒凉的特点之外，又发展出了用汗、吐、下来驱邪的方法，这种方法也影响到后来的温病学派。

丹溪学派：以元代朱震亨为代表，因其家乡有一条溪流叫作丹溪，所以人们称之为丹溪先生。朱震亨是河间学派刘完素的第三代弟子，继承河间学派的同时，在医学理论上把外感火热引向内伤火热，主在阐发滋阴降火。朱震亨之后，丹溪学派中最有成就的人物为戴思恭、王履、王纶和徐彦纯。

易水学派：创始人为金代易州人张元素，以研究脏腑病机为中心，在诊断和治疗脏腑病症方面建立了较为系统的理论和方法，也为温补学派的建立奠定了基础。张元素的弟子李杲和王好古继之成为易水学派的中坚人物。

温补学派：形成于明代，薛己是此派的先导，主要人物有孙一奎、赵献可、张介宾、李中梓等。这一学派以研究脾肾及命门水火的生理特性及其病理变化为中心内容，进一步发展了易水学派的脏腑病机学说。

温病学派：由伤寒学派与河间学派所派生，以研究和治疗温热病而著称，又称为"瘟疫学派"。清代中晚期，叶天士、吴鞠通、薛生白、王孟英等温热学派的代表人物创建了卫气营血辨证和三焦辨证的理论，为中医学理论的丰富做出了重要贡献。

汇通学派：明末清初开始出现，持中西医汇合融通的观点，代表者有汪昂、金正希、王学权、朱沛文、唐宗海、张锡纯等，这一学派开启了现代中西医结合的先声。

扁鹊是谁？

扁鹊，生卒年不详，约生于春秋晚期和战国早期，齐国勃海郡人（今河北任丘）。又说为齐国卢邑人（今山东长清），姓秦，名越人，"扁鹊"本是黄帝时代的名医，因为秦越人医术高明，所以人们称誉其为"扁鹊"。扁鹊是中国历史上第一位有确切记载的名医，被认为是中医学的鼻祖。扁鹊最大的贡献是创造了望、闻、问、切的诊断方法，还广泛地应用砭刺、针灸、按摩、汤液、热熨等多种方法治疗疾病，奠定了中医临床诊断和治疗方法的基础。《史记·扁鹊仓公列传》记载："扁鹊名闻天下。过邯郸，闻贵妇人，即为带下医；过洛阳，闻周人爱老人，即为耳目痹医；来入咸阳，闻秦人爱小儿，即为小儿医，随俗为变。"扁鹊遍游各地行医，擅长各科，在邯郸为妇科医生，到洛阳为五官科医生，入咸阳则又为儿科医生。但是到秦国后，秦太医令李醯因为自己的医术不如扁鹊，而将扁鹊刺杀。扁鹊著有《内经》和《外经》，都已失佚。

张仲景是谁？

张仲景（约150～219年），名机，东汉南阳（今河南省南阳市）人，著名医学家，史称"医圣"。东汉末年，军阀混战，瘟疫流行，张仲景家族200多人因伤寒病死了100多人。张仲景非常难过，立志"勤求古训，博采众方"，为人民治病。他在前人的医书《素问》《九卷》《八十一难》《阴阳大论》《胎胪药录》的基础上，

中华医药

结合自己的医疗经验，写成了《伤寒杂病论》（伤寒指的是急性传染病，杂病指的是外科、妇科等方面的疾病）。全书除病理论证外，系统地分析了伤寒的原因、症状和处理方法，奠定了理、法、方、药的理论基础。书中还精选了300多种方剂，为中医方剂学提供了发展的依据，后世很多药方都是从它发展变化而来的。这部书还传到了日本、朝鲜、越南、蒙古等国。经后人整理校勘，《伤寒杂病论》被编为《伤寒论》和《金匮要略》。张仲景创造的六经分证、中医诊断病情的八纲（阴阳、表里、虚实、寒热）和辨证施治的原则，为中医治疗学奠定了基础。

华佗是谁？

华佗（145～208年），字元化，沛国谯（今安徽亳州）人，东汉著名医学家。《后汉书·华佗传》说他"兼通数经，晓养性之术""精于方药"，医术高超，被人们称为"神医"。他精通内、外、妇、儿、针灸各科，尤以外科著称，他一生主要在今安徽、江苏、山东、河南一带行医。曹操患头风病，华佗以针刺法治疗，很快治愈。曹操想留他做侍医，遭到华佗的拒绝，因而被曹操杀害。

《三国志》上载有华佗治疗的20多个病例，如传染病、寄生虫病、妇产科病、小儿科病、皮肤病、内科病等。华佗首创了中药全身麻醉剂——麻沸散，并应用于腹部外科手术，这在全世界是第一例，对后世影响极大。后世的中药麻醉都是在麻沸散启发下发展起来的，在世界麻醉学和外科手术史上，也有很大影响。华佗长于养生，模仿动物动作发明了"五禽戏"，

进行医疗体育锻炼。他曾把自己医疗经验写成一部医学著作，即《青囊经》，可惜失传。

孙思邈是谁？

孙思邈（581～682年）京兆华原（今陕西省耀州区孙家塬）人，隋唐时期著名医药学家，被后人尊为"药王"。

孙思邈自幼体弱多病，家人为给他看病几乎耗尽家财。因此，他从小就立志要从事医学研究。他认真阅读了《黄帝内经》《伤寒杂病论》《神农本草经》等古代医书，钻研民间方药，向经验丰富的医生学习。到二十多岁时，孙思邈已经成为一个有名的医生了。隋文帝、唐太宗、唐高宗都请他出来做官，但都遭到了他的拒绝。

孙思邈长期生活在民间，广泛搜集民间药方，积累了丰富的医疗经验。孙思邈不但精通内科，而且擅长外科、妇产科、儿科、五官科等，还掌握了针灸技术和渊博的药物学知识。他最早描述了下颌骨脱臼的手法复位，一直沿用到现在。在长期的医疗实践中，孙思邈深切感到过去的方药医书浩博庞杂，分类也不科学。因此他一方面阅读医书，一方面广泛搜集民间方药，编成《备急千金要方》和《千金翼方》，这两本是供家庭备用的医药卫生手册。之所以用"千金"命名，是因为孙思邈认为人命比千金还要贵重。

金元四大家都有谁？

金元四大家是指刘完素、张从正、李杲和朱震亨4位医学家，他们开创了4大医学流派，对后世影响很大。

刘完素（约1110～1200年），字守

真，号通元处士，河间人。在医学上，他大力提倡运气说，宣扬五运六气盛衰之理。刘完素的学说流派称"寒凉派"。著有《图解素问要旨》等。

张从正（约1156～1228年），字子和，睢州考城（今河南民权西南）人。他非常推崇刘完素，用药也多寒凉，创制了"张子和汗下吐法"。张从正的学说称"攻下法"。

李杲（约1180～1251年），字明之，号东垣先生。镇州（今河北正定）人。少时好医药，师从名医刘完素。李杲用药与张元素相同，主张以脾土为主，认为土为万物之母。他的学说流派称"补土派"。著有《伤寒会要》《脾胃论》等。

朱震亨（1281～1358年），字彦修，婺州义乌人。拜刘完素徒弟罗知悌为师，他主张"因病以制方"，反对拘泥于"局方"，主张重在滋阴。他的学说流派称"养阴派"。著有《格致余论》《局方发挥》《伤寒辨题》《本草衍义补遗》《外科精要》等。

李时珍是谁？

李时珍（约1518～1593年），字东璧，蕲州（今湖北蕲春）人，明代医药学家。出身于世医家庭，受家庭的熏陶，李时珍从小就喜爱医药，立志悬壶济世。经过刻苦学习和实践，在30岁时李时珍已经成为当地名医。后楚王聘李时珍到王府掌管良医所事务，3年后，又推荐他上京任太医院判后经举荐补太医院之阙，一年后辞职回家。在此期间，李时珍阅读了王府和太医院里大量的医书，医学水平大增。

在李时珍之前，中国医学书上记载的药物有1558种，这些药物不仅品种繁杂，而且名称混乱。医生们在行医时非常不方便，有时候还会开错药。李时珍决心把这些药物整理出来，重新编定一本药典。他深入民间，向农民、渔民、樵民、药农请教，查阅医书800多部，对药物一一鉴别和考证，纠正了古书中的许多错误，还搜集许多新药物，历时30多年，写成了《本草纲目》一书。《本草纲目》对药物进行了分类，首先为纲，其次为目，再次是药名、产地、形色、药用等。《本草纲目》对后世医学影响很大，还传至日本、朝鲜、越南等国。

《黄帝八十一难经》主要讲了什么内容？

《黄帝八十一难经》简称《难经》，相传是秦越人（扁鹊）所著，成书年代大约在秦汉之际，至少也在东汉之前。这部著作以基础理论为主，又以脉诊、经络、脏腑为重点，全书以设问答疑的形式解释了81个难题，其中第一至第二十二难论脉，第二十三至第二十九难论经络，第三十至四十七难论脏腑，第四十八至第六十一难论病证，第六十二至六十八难论穴位，第六十九至第八十一难论针法，其阐述简要，辨析精微，不但推演了《内经》的微言奥旨，发挥至理，剖析疑义，垂范后学，而且有不少独到见地，如首创独取寸口和分寸关尺的三部按脉法，此法一直沿用至今，成为中医一大特色；还系统阐述了奇经八脉的循行线路和功能，弥补了《内经》中经络学说的不足；又提出了与《内经》不同的三焦、命门学说。在临床方面明确提出"伤寒有五"（伤寒、中风、湿温、热病、温病),并对五脏之积泄多有阐发,这些都对中医学的发展产生了深远的影响。宋代大诗人苏轼曾称颂此书:"句句皆理,字字皆法,后世达者,神而明之"。因此,《难经》像《内经》一样被置于至尊和绝无异论的位置,至今仍被奉为中医重要的古籍之一。

《伤寒杂病论》是什么样的医书?

《伤寒杂病论》是东汉末张仲景所撰,它确立了中医学重要的理论支柱之一——辨证论治的思想。后来几经战乱散轶、编次,该书被一分为二,成为《伤寒论》和《金匮要略》二书。

《伤寒论》全书10卷,以六经辨证为纲,以方剂辨证为法,是一部论治外感热病的专著。它将外感疾病所表现出的各种规律性病证归纳为太阳、太阴、少阳、少阴、阳明、厥阴六经病症,三阳经病多属实热,三阴经病多属虚寒;每经贯串运用四诊八纲,对伤寒各阶段的辨脉、审证、治则、立方、用药规律以条文形式进行了全面的阐述,论析主次分明、条理清晰,在认识和处理疾病的方式方法上,强调运用多种诊法,综合分析;还制定出了许多简要实用的药方,如对六经病各立主证治法("太阳伤寒"用麻黄汤,"太阳中风"用桂枝汤,阳明经证用白虎汤,阳明腑证用承气汤,少阳病用小柴胡汤),是第一部理论与实践并重,理、法、方、药有机结合的临床医学用书。

《金匮要略》是奠定中国临床医学基础的重要古籍之一,全书共25篇,以内科为主,涉及外科和妇科,对各种杂病的因、证、脉、治均有介绍。该书诊断重视四诊合参,辨证上以脏腑、经络为重点,结合卫气营血、阴阳五行理论,看重预防和早期治疗,论述精要,治法灵活,制方严谨,颇有实用价值,尤其是该书强调了整体观念,也提醒注意治病的轻重缓急;书中述及的急救人工呼吸法,方法合理,注意事项也颇周全。

作为在临床医学方面有重大贡献的一代宗师,张仲景提倡"精究方术",他在《伤寒论》中实际立方112首,《金匮要略》立方262首,这些方剂具有药味精炼、配伍严密、主治明确、疗效确凿的特点,被后世誉为"众方之祖"或"经方",其中大部分是后世方剂学发展和变化的重要依据,至今仍被广泛用于临床。

《温病条辨》是什么样的医书?

《温病条辨》系温病学著作,全书6卷,清代吴瑭(鞠通)受吴又可、叶天士影响,在多年临证实践基础上撰于1798年。与汉代张仲景感于宗族数百人死于伤寒而奋力钻研极其相似,吴鞠通也是因多个家人死于温病而发奋读书,精究医术,终成温病大家,创造了温病学派最高成就的。他认为温病有9种,吴又可所说的瘟疫只是其中最具传染性的一种,另外还有8种温病,可以从季节及疾病表现上加以区分,这是对于温病很完整的一种分类方法。该书建立的温热学说体系,其特点是以三焦来区分温病整个发展过程的三个阶段,以此归纳病机转变,以分辨阴阳、水火的理论为主导思想,采用三焦辨证纲领,倡导养阴保液。在温热病的病机、辨证、论治、方药等方面,均有精辟论述。这种新的归类方法,十分适用于温热病体系的辩证和治疗，并确立了由上而下的正常三焦"顺传"途径，由此决定了治则："治上焦如羽，非轻不举；治中焦如衡，非降不安；治下焦如沤，非重不沉。""三焦辨证"是在中医理论和辨证方法上的又一创举。与张仲景的六经辨证、叶天士的卫气营血辨证虽名称不同，但实际应用时相辅相成，互为羽翼。书中还列出了清络、清营、育阴的各种治法，仅上中下三焦就载入治法238个，含方201首，如将银翘散辛凉平剂，将桑菊饮辛凉轻剂，将白虎汤辛凉重剂等，对温病用方卓有贡献。《温病条辨》的另一重大贡献，就是经精心化裁，为后人留下了许多优秀的实用方剂，像银翘散、桑菊饮、藿香正气散、清营汤、清宫汤、犀角地黄汤等，现在临床使用的方剂，十之八九出自该书。

考古文物

元谋人生活在什么时候?

元谋人，学名元谋直立人，或称元谋猿人。根据古地磁方法测定，元谋人距今170万年左右，属于旧石器时代早期的古人类（有争议，或认为约60万年到50万年前左右），是迄今所知我国境内年代最早的直立人化石。"直立人"是指已能直立行走，并懂得制造石器的人类。

1965年5月，考古队在云南元谋县上那蚌村附近元谋盆地边缘沉积层中发现了元谋人化石，包括两枚上内侧门齿，一为左上内侧门齿，一为右上内侧门齿，同属于一个成年个体。

后来又发现了石器。考古学家将元谋人所处时期定为旧石器时代早期。在元谋人化石地层中还发现大量炭屑和两小块烧骨，是当时人类用火的遗迹。此后，在这个县的蝴蝶梁子和豹子洞中发现了160多颗猿人牙齿，经测定，其中"东方人"的牙齿已有250万年，这使得我国人类的历史又向前推进了80万年。

蓝田人生活在什么时候?

蓝田人，曾泛指中国陕西省蓝田县的公王岭和陈家窝两地发现的旧石器时代早期的直立人化石。但不少学者主张，这一名称应专用于公王岭的直立人化石，而把陈家窝的直立人化石另称为"陈家窝人"更为恰当。公王岭地点的地质时代为中更新世早期，根据古地磁方法测定，一是距今约100万年，一是距今约80万至75万年；陈家窝地点的地质时代亦属中更新世，根据古地磁方法测定，一是距今约65万年，一是距今约50万年。在公王岭，与人类化石同层，还出土了以三棱大尖状器为特色的石器，并发现了用火遗迹。公王岭的蓝田人化石有头盖骨、鼻骨、右上颌骨和三颗臼齿，同属于一个成年人，可能是女性。头盖骨低平，额部明显倾斜，吻部向前突出，表现出较为原始的形态。

考古研究表明，蓝田人比后来的北京人大脑容量要小一些，大约有780毫升。但是他们已经能完全直立行走，是已发现的亚洲北部最早的直立人。

公王岭动物群最引人注目的地方，是它具有强烈的南方色彩，如其中的大熊猫、东方剑齿象、华南巨貘、中国貘、毛冠鹿和秦岭苏门羚等，都是华南及南亚更新世动物群的主要成员。

陈家窝与公王岭两个地点的直线距离只有22千米，却缺少带有强烈南方色彩的哺乳动物，动物群存在巨大的差别，这一事实也印证了时代的不一致。

北京人生活在什么时候？

又称北京猿人，正式名称为"中国猿人北京种"，科学上常称之为"北京直立人"，距今约70万到20万年。1921年发现于北京市西南房山区周口店龙骨山，1927年起进行发掘，1929年发掘出第一个完整的北京人头骨，此后又发现大量的石制品、骨角制品和用火遗迹。这些发现使这里成为世界上材料最丰富、最系统的直立人遗址。在北京人住过的山洞里有很厚的灰烬层，表明北京人已经会使用火和保存火种。烧焦的朴树籽在洞内成层地摆放。

研究发现，北京人通常几十人结成一群。寿命很短，大多数人在十四岁前就夭亡了。有些学者认为，当时已会制造骨角器。除狩猎外，可食的野果、嫩叶、块根，以及昆虫、鸟、蛙、蛇等小动物也是日常的食物来源。鹿、羚羊，也许还有野猪、水牛等大动物，偶尔也会成为北京人的猎物，它们的骨头常常在洞内出现，上面往往有清楚的砍切痕迹。

科学家根据出土的动物和植物化石，推定昔日周口店一带森林茂密、水草丰盛，气候比今日华北温暖。北京人的发现证明了直立人的存在，明确了人类发展的序列，为"从猿到人"的学说提供了有力的证据，意义重大。

1987年，北京人遗址被联合国教科文组织确定为世界文化遗产。

山顶洞人生活在什么时候？

中国华北地区旧石器时代晚期的人类化石，属晚期智人。1930年发现于北京市周口店龙骨山北京人遗址顶部的山顶洞，地质年代相当于欧洲旧石器晚期。山顶洞人的时代根据放射性碳测定约为1.8万年前～1.1万年前。同时还出土了石器、骨角器和穿孔饰物，并发现了中国迄今所知最早的埋葬。山顶洞的人类化石共代表八个男女老少不同的个体。由头骨缝的愈合程度和牙齿的生长情况看，其中五个是成年人，包括壮年男女和年逾六十的老人，一个是少年，一个是五岁的小孩，一个为婴儿。

山顶洞人的体质已很进步。男性身高约为1.74米，女性约为1.59米。山顶洞人处于母系氏族公社时期，他们仍使用打制石器，但已掌握了磨光和钻孔技术，会人工取火，靠采集、狩猎为生，还会捕鱼。山顶洞人已用骨针缝制衣服。山顶洞人骨周围散布着红色的赤铁矿粉末，这是古人类有意识埋葬死者的标志。它的出现，表明人类思想意识上的一个进步。学者们推测，山顶洞人认为血液是生命的必要条件，在死者遗物上加上与血液同色的物质，其目的可能是希望提高死者的活力，有利于死者在另一世界中的活动。在山顶洞人的洞穴里还发现了一些有孔的兽牙、海蚶壳和磨光的石珠，大概是他们佩戴的装饰品。山顶洞中还发现了四十八种哺乳动物化石，有落入天然陷阱的熊和虎的骨架，还有现在生活在炎热地带的猎豹和鸵鸟，这些都说明当时的气候相当温暖。

河姆渡文化有什么特点？

河姆渡文化是中国长江流域下游地区新石器时期文化，1973年夏首次发现于浙

考古文物

江余姚河姆渡，所以被称为河姆渡文化。它主要分布在杭州湾南岸的宁绍平原及舟山群岛。经科学测定，其年代为公元前5000年至公元前3300年。河姆渡文化的骨器制作比较进步，有耜、鱼镖、镞、哨、匕、锥、锯形器等精心磨制而成的器物，一些器物上有柄，骨匕、骨笄上雕刻花纹或双头连体鸟纹图案。河姆渡文化的农具，最具有代表性的是大量使用的耒耜。稻穗纹陶盆上印有弯弯的稻穗图案，表明河姆渡时期的人们已经开始栽培水稻。1987年，从遗址中出土了大量的稻壳，总量达到一百五十吨之多。在已经炭化的稻壳中可以看到稻米，经分析，确认为七千前的稻米。遗址中还出土有许多动植物遗存，如橡子、菱角、桃子、酸枣、葫芦、薏米、菌类与藻类等。生活用器以陶器为主，并有少量木器。还出土了我国最早的漆器。河姆渡文化时期人们的居住地已形成大小各异的村落，并发现了我国最早的水井遗迹。在村落遗址中发现有大量房屋建筑基址。河姆渡文化的建筑形式主要是栽桩架板高出地面的干栏式建筑。干栏式建筑是中国长江以南新石器时代以来的重要建筑形式之一，它与北方地区同时期的半地穴房屋有着明显差别。此外，从河姆渡发现的鲸、鲨等海生动物骨骸分析表明，这些东临大海的河姆渡人至迟在七千年前已能借助于原始的水上交通工具，开始从事海洋捕捞活动了，从而为河姆渡文化晚期的居民迁居舟山群岛准备了条件。

仰韶文化有什么特点？

仰韶文化是黄河中下游地区重要的新石器时代文化。1921年发现于河南省三

门峡市渑池县仰韶村，所以被称为仰韶文化。年代约在公元前5000年至前3000年，主要分布于黄河中下游一带，以河南西部、陕西渭河流域和山西西南的狭长地带为中心，东至河北中部，南达汉水中上游，西及甘肃兆河流域，北抵内蒙古河套地区。已发掘出近百处文化遗址，出土文物均反映出较统一的文化特征。仰韶文化是一个以农业为主的文化，其村落或大或小，比较大的村落的房屋有一定的布局，周围有一条围沟，村落外有墓地和窑场，反映出当时有较严密的氏族公社制度。生产工具以较发达的磨制石器为主，骨器也相当精致。有较发达的农业，农作物为粟和黍。饲养家畜主要是猪，也有狗。也从事狩猎、捕鱼和采集。仰韶文化制陶业发达，较好地掌握了选用陶土、造型、装饰等工序。陶器以红陶为主，灰陶、黑陶次之。红陶器上常有彩绘的几何形图案或动物形花纹，这是仰韶文化的最明显特征，所以仰韶文化也称彩陶文化。后来又在濮阳西水坡发现用蚌壳摆塑的龙虎图案，这是中国迄今所知最完整的原始时代龙虎形象。仰韶文化属于母系氏族公社制繁荣时期的文化。早期盛行集体合葬和同性合葬，几百人埋在一个公共墓地，排列有序。除女子随葬品略多于男子外，各墓规模和随葬品几乎无差别。

红山文化有什么特点？

红山文化是公元前4000至公元前3000年间一个在燕山以北、大凌河与西辽河上游流域活动的部落集团创造的农业文化。因最早发现于内蒙古自治区赤峰市郊的红山后遗址而得名。其后，在邻近地

区发现有与赤峰红山遗址相似或相同的文化特征的多处遗址，遍布辽宁西部地区，几近千处，统称为红山文化。红山文化以辽河流域中辽河支流西拉木仑河、老哈河、大凌河为中心，分布面积达二十万平方千米。这里是衔接东北平原和蒙古高原的三角地带，也是中原农耕文化与北方草原文化的交汇区域，延续时间达两千年之久。红山文化的社会形态初期处于母系氏族社会的全盛时期，晚期逐渐向父系氏族社会过渡。经济形态以农业为主，兼以牧、渔、猎并存。细石器工具发达，还有磨制和打制的双孔石刀、石耜、有肩石锄、石磨盘、石磨棒和石镞等。陶器以压印和篦点的之字形纹和彩陶为特色，种类有罐、盆、瓮、无底筒形器等。彩陶多饰涡纹、三角纹、鳞形纹和平行线纹。已出现结构进步的双火膛连室陶窑。玉雕工艺水平较高，玉器有猪龙形玦、玉龟、玉鸟、兽形玉、勾云形玉佩、箍形器、棒形玉等。其中出土自内蒙古自治区赤峰红山的大型碧玉 C 型龙，周身卷曲，吻部高昂，毛发飘举，极富动感。还发现相当多的冶铜用坩埚残片，说明冶铜业已经产生。红山文化全面反映了我国北方地区新石器时代文化特征和内涵，是富有生机和创造力的优秀文化，内涵十分丰富，手工业达到了很高的阶段。

大汶口文化有什么特点？

大汶口文化始于公元前 4300 年，延续时间约 2000 年左右，公元前 2500 年左右发展成山东龙山文化。因 1959 年首先发现于山东省泰安县大汶口遗址而得名。在大汶口文化的后期墓葬中，出现了夫妻合葬和夫妻带小孩的合葬，标志着只知其母不知其父的母系社会的结束，开始或已经进入父系氏族社会。大小墓的鲜明对比，表明产生了私有制，并已出现贫富分化。大汶口文化以农业生产为主，兼营畜牧业，辅以狩猎和捕鱼业。生产工具仍以石器为主，兼有一些骨器、角器和蚌器。在三里河遗址的一个窖穴中，发掘出大量牛、羊、猪、狗等家畜骨骼。制陶技术较前已有很大提高，陶质有红、灰、黑和白陶四类。雕塑工艺品不仅数量多，而且有较高的艺术水平，如象牙梳、雕刻骨珠、骨梳、牙雕饰、穿孔玉珠以及陶塑动物等。一个特别有意思的现象是，当时居民中盛行枕骨人工变形和青春期拔除一对侧上门齿，有的长期口含小石球或陶球，造成颌骨内缩变形。此外，还流行在死者腰部放穿孔龟甲，手中放置獐牙或獐牙钩形器。这些现象为中国其他史前文化所罕见。令考古学家和古文字学家特别重视的是，在莒县陵阳河、大朱村、杭头和诸城前寨等遗址，还发现刻在陶尊上的陶文。大汶口文化的发现，使黄河下游原始文化的历史，由 4000 多年前的龙山文化向前推进了 2000 多年，为山东地区的龙山文化找到了渊源，也为研究黄淮流域及山东、江浙沿海地区的原始文化，提供了重要线索。

龙山文化有什么特点？

1928 年春，考古学家吴金鼎在山东省章丘市龙山镇发现了举世闻名的城子崖遗址。他在城子崖台地的西面断层上，发掘出了与石器、骨器共存的大量色泽乌黑、表面光滑的陶片。考古学家最初称其为黑陶文化。后来，考古学家把这种以黑陶为主要特征的文化遗存命名为"龙山文化"。在城子崖之前，中国出土的古陶器大都是含沙量极高的彩陶和红陶，而城子崖出土的以河泥为原料的黑陶可以说是四千多年前东夷民族所独有的创造。城子崖出土的黑陶艺术品蛋壳杯杯壁只有 0.5 毫米厚，重量只有 50 克左右，被珍视为黑陶中的极品。自龙山遗址发现以来，考古学家分别在河南、陕西、山西、湖北等地发现了这一时期的文化遗存。但因其文化面貌不尽相同，所以又分别命名为河南龙山文化、陕西龙山文化、山西陶寺类型龙山文化、湖北石家河文化，通称之为龙山时代文化。这一时期文化的最显著的特征便是城址的发现。在山东地区，除城子崖龙山城址之外，还有寿光边线王城址等。其他地区则有淮阳平粮台城址、登封王城岗城址、郾城郝家台城址、辉县孟庄城址等。龙山文化处于中国新石器时代晚期，这个时期陕西地区的农业和畜牧业较仰韶文化已有很大的发展，生产工具的数量及种类均大为增长，大大提高了生产效率。占卜等巫术活动亦较为盛行。因此，从社会形态看，当时已经进入了父权制社会，私有财产已经出现，开始进入阶级社会。

殷墟甲骨是什么？

1899 年，清代国子监祭酒、著名金石学家王懿荣在用作中药的"龙骨"上发现契刻符号，由此发现了 3000 多年前中原人民使用的古文字。经过近代考古学的奠基人罗振玉的查访，始知契刻文字的甲骨出土于河南安阳西北五里的小屯村。罗振玉辨认出甲骨刻辞中有商人先公先王的名号，

确认这些甲骨是商王室遗物。商王占卜用的甲骨在洹水南的小屯村出土，证明了此地即《史记·项羽本纪》所记项羽与秦章邯军交战时所驻之"洹水南之殷墟"，亦即《括地志》所记"相州安阳本盘庚所都，即北蒙殷墟"。王国维根据卜辞中受祭帝王有康丁、武乙、文丁，确认帝乙之世仍建都于此。经过深入研究，学者们找到了武丁至帝辛的各王祭祀卜辞，据此，证实了《古本竹书纪年》"自盘庚迁殷至纣之灭 273 年更不徙都"之说为可信。殷王室占卜记事用的甲骨的发现导致了殷墟的发现，迄今为止，殷墟仍是中国文明社会初创时期可以肯定确切位置的最早都城。

殷墟甲骨文是现今所见中国最早的具有完备体系的文字，殷墟甲骨刻辞是现今所见中国最早的时王纪实文辞，因而成为语言文字学、历史学、民族学、天文学、气象学、农学、医学、历史地理学、考古学等多种学科的重要原始资料。在殷墟，已陆续发掘出了殷代的宫殿、宗庙、王陵、贵族和平民墓葬、祭祀坑、作坊等遗址，以及用青铜、玉石、骨蚌等制作的礼器和生产、生活、作战用具等遗物。所有这些都为研究殷商社会面貌提供了丰富的资料。殷墟甲骨的发现是近代学术史上最重要的发现之一。它的发现和研究受到中外学术界极大的关注，很快就在世界范围内形成一个新兴学科——甲骨学。

后母戊大方鼎是做什么用的？

后母戊鼎是中国商代后期商王祖庚或祖甲为祭祀其母而铸造的。1939 年 3 月 19 日在河南安阳武官村一农地中出土，因其腹部著有"后母戊"三字而得名。该

鼎形制雄伟，重达830多公斤，是迄今为止世界上发现的最大的青铜器。后母戊鼎初为乡人私自挖掘，出土后因过大过重不易搬迁，私掘者又将其重新掩埋。后母戊鼎在1946年6月重新出土，于1959年入藏中国历史博物馆。后母戊鼎的鼎身和鼎足为整体铸成，鼎耳是在鼎身铸好后再浇铸的。铸造这样高大的铜器，所需金属料当在一千公斤以上，且必须有较大的熔炉。经测定，后母戊鼎含铜84.77%、锡11.64%、铅27.9%，与古文献记载制鼎的铜锡比例基本相符。

鼎为中国古代炊食器，早在7000多年前就出现了陶制的鼎。铜鼎是商周时期最为重要的礼器。后母戊鼎除鼎身四面中央是无纹饰的长方形素面外，其余各处皆有纹饰。在细密的云雷纹之上，各部分主纹饰各具形态。鼎身四面在方形素面周围以饕餮作为主要纹饰，四面交接处则饰以扉棱，扉棱之上为牛首，下为饕餮。鼎耳外廓有两只猛虎，虎口相对，中含人头。鼎耳侧以鱼纹为饰。四只鼎足的纹饰也独具匠心，在三道弦纹之上各施以兽面。据考证，后母戊鼎应是商王室重器，其造型、纹饰、工艺均达到很高的水平，是商代青铜文化顶峰时期的代表作。

后母戊方鼎模型（原名司母戊鼎）

侯马盟书是什么？

1965年，山西省文物工作委员会在发掘山西侯马晋城遗址时发现"侯马盟书"，发掘时间为同年11月至次年5月。侯马盟书是春秋晚期晋定公十五年到二十三年（前497～前489年）晋国世卿赵鞅同卿大夫间举行盟誓的约信文书。当时的诸侯和卿大夫为了巩固内部团结，打击敌对势力，经常举行这种盟誓活动。盟书一式二份，一份藏在盟府，一份埋于地下或沉在河里，以取信于神鬼。侯马盟书是用毛笔将盟辞书写在玉石片上，字迹多为朱红色，少数为黑色。字体近于春秋晚期的铜器铭文。"盟誓遗址"在侯马晋城遗址的东南部，面积约3800平方米，分"埋书区"和"埋牲区"两部分。在盟誓遗址内共发现坎（埋牲的土坑）四百余个，坎的底部一般都埋有牺牲，大坎埋牛、马、羊，小坎埋羊或盟书。绝大部分坎的北壁底部还有一个小龛，其中放一件古时称为"币"的祭玉，个别坑放数件。用作祭祀的玉币雕琢纤细，颇为精美。这些玉币和牺牲都是在盟誓时向神或祖先奉献的祭品。书写盟书的玉石片，绝大多数呈圭形，最大的长32厘米，宽近4厘米，小的长18厘米，宽不到2厘米。这批文物对研究中国先秦时期春秋战国之交的历史，特别是晋国末期的历史增添了新鲜材料，对研究中国古代盟誓制度、古文字、书法艺术、历法、社会学、风俗习惯等以及晋国历史均有重大意义。

曾侯乙墓在哪里？

战国初期曾（随）国国君乙的墓葬，位于湖北随州市擂鼓墩。葬于公元前

433 年或稍后，1978 年发掘。整个墓葬分做东、西、中、北四室。东室放置曾侯乙木棺，双重，外棺有青铜框架，内棺外面彩绘门窗及守卫的神兽武士。西室置殉葬人木棺十三具。中室放置随葬的礼乐器。北室放置兵器及车马器等。墓中共出土随葬品 15000 多件，其中有一套曾侯乙编钟。

钟在我国商朝时就已出现，人们按钟的大小、音律、音高把钟编成组，制成编钟，演奏乐曲。曾侯乙编钟共 64 枚，八组，分三层悬挂在铜、木做成的钟架上。钟架由六个佩剑的青铜武士和几根圆柱承载，总重量达 3500 千克，其重量、体积在编钟中极其罕见。尤为可贵的是，钟体和附件上，还篆刻有两千八百多字的错金铭文，记载了先秦时期的乐学理论以及曾和周、楚、齐等诸侯国的律名和阶名的相互对应关系。这一重大发现，纠正了"中国的七声音阶是从欧洲传来、不能旋宫转调"的说法，被认为是世界音乐史上的重大发现。墓中还出土了编磬、鼓、瑟、笙、排箫等大量乐器，为研究中国古代音乐史提供了珍贵的实物资料。

另外，出土的一件漆木衣箱盖上，绘有包括青龙、白虎、北斗图形及二十八宿名称的天文图像，这说明中国是世界上最早创立二十八宿体系的国家之一。曾侯乙墓出土的漆器有二百二十多件，是楚墓中年代最早也是最为精彩的，集中体现了楚文化的神韵。

郭店楚简记载了什么内容？

中国湖北省荆门市纪山镇郭店一号战国楚墓内的竹简，称郭店楚简，又称郭店楚墓竹简，1993 年 10 月出土。经考证，郭店楚简抄写成书的时间不晚于公元前 300 年（大约相当于战国中期），是迄今为止所发现的中国最早的原装书。

郭店楚简共 804 枚，经整理，有字竹简共 703 枚，另残简 27 枚，总字数计 13000 多。竹简内容包括《老子》《太一生水》《缁衣》《五行》等十六篇道家及儒家著作。

秦始皇焚书坑儒时焚毁了大量先秦典籍，郭店楚简所保存的历史资料尤为珍贵。郭店楚简所载内容与传世儒道经典颇有不同，比如今本《道德经》第十九章为："绝圣弃智，民利百倍；绝仁弃义，民复孝慈；绝巧弃利，盗贼无有。"竹简《老子》甲却是："绝智弃辩，民利百倍；绝巧弃利，盗贼亡有；绝为弃作，民复孝慈。"从文字到思想，差异巨大，以至于哈佛大学杜维明教授说郭店楚简出土以后，整个中国哲学史、中国学术史都需要重写。

三星堆遗址代表了怎样的文化？

距离四川广汉约三四公里，有三座突兀在成都平原上的黄土堆，三星堆由此得名。1929 年春，当地农民燕道诚在宅旁挖水沟时，发现了一坑精美的玉器，由此拉开三星堆文明的研究序幕。1986 年，三星堆发现两个商代大型祭祀坑，上千件稀世之宝赫然显世，轰动了世界，被誉为世界"第九大奇迹"。三星堆文明的来源成为一个谜。这里数量庞大的青铜人像、动物像不归属于已知中原青铜器的任何一类。青铜器上没有留下一个文字，十分奇特。出土的"三星堆人"高鼻深目、颧面突出、阔嘴大耳，耳朵上还有穿孔。三星堆发掘出土的大量青铜器中，基本上没有生活用品，绝大多数是祭祀用品，表明古蜀国的原始宗教体系已比较完整。这些祭祀用品带有不同地域的文化特点，特别是青铜雕像、金杖等，与世界上著名的玛雅文化、古埃及文化非常接近。在祭祀坑中发现了世界最早的金杖，价值连城。在坑中出土了5000多枚海贝，经鉴定来自印度洋。还有60多根象牙，引起了学者们关于"土著象牙"与"外来象牙"的争议。三星堆遗址的发现，与长期以来历史学界对巴蜀文化的认识大相径庭。三星堆遗址证明，古代巴蜀地区应是中国夏商时期前后、甚至更早的一个重要的文化中心，并与中原文化有着一定的联系，验证了古代文献中对古蜀国记载的真实性，将古蜀国的历史推前到五千年前，证明了长江流域与黄河流域一样同是中华民族的发祥地。

兵马俑有怎样的气势?

据史书记载：秦始皇嬴政从13岁即位时就开始营建陵园，直到他50岁死去，修筑时间长达38年，开创历代统治者奢侈厚葬之先例。秦始皇兵马俑坑是秦始皇陵的陪葬坑，位于陵园东侧。1974年3月，在陵东的西杨村村民抗旱打井时，在陵墓以东三里的下和村和五垃村之间，发现规模宏大的秦始皇陵兵马俑坑。经考古发掘，在陵园东1.5公里处发现从葬兵马俑坑三处，成品字形排列，面积达两万平方米以上，出土陶俑八千件、战车百乘以及数万件实物兵器等文物。1980年又在陵园西侧出土青铜铸大型车马二乘。这组彩绘铜车马，是迄今中国发现的体形最大、装饰最华丽、结构最完整和系驾最逼真的古代铜车马，被誉为"青铜之冠"。秦始皇兵马俑陪葬坑，是世界上迄今发现的最大的地下军事博物馆。俑坑布局合理，结构奇特，在深五米左右的坑底，每隔三米架起一道东西向的承重墙，兵马俑排列在墙间空档的过洞中。这支队伍阵容齐整，装备完备，威风凛凛，气势宏壮，是秦始皇当年浩荡大军的艺术再现，具有强烈的艺术感染力。1961年，国务院将秦始皇陵定为全国文物重点保护单位。1987年，秦始皇陵及兵马俑坑被联合国教科文组织批准列入《世界遗产名录》。

金缕玉衣的主人是谁?

金缕玉衣，按死者等级分为金缕、银缕、铜缕，是汉代皇帝和贵族规格最高的殓服，大致出现在西汉文景时期。玉衣也叫"玉匣""玉押"。据《西京杂志》载，汉代帝王下葬都用"珠襦玉匣"。汉代人认为玉是"山岳精英"，将金玉置于人身九窍，人的精气不会外泄，尸骨不腐，可求来世再生。玉衣的起源，可以追溯到东周时的"缀玉面幕""缀玉衣服"，到三国时魏文帝曹丕下诏禁用玉衣，共流行了四百年。迄今为止，我国共发现玉衣20余件。1968年，河北满城汉中山靖王刘胜夫妇墓出土的两套金缕玉衣，是其中年代最早、做工最精美的。刘胜的玉衣共用玉片2498片，金丝重1100克，其妻窦绾的玉衣共用玉片2160片，金丝重700克，玉片成衣后排列整齐，对缝严密，表面平整，颜色协调，是旷世难得的艺术瑰宝。外观上看"玉衣"的形状和人体几乎一模一样。头部脸盖上刻制出眼、鼻和嘴的形象。鼻子是用五块长条瓦状玉片合拢而

考古文物

成，惟妙惟肖。在"玉衣"的头部，有眼盖、鼻塞、耳塞和口琀，下腹部有罩生殖器用的小盒和肛门塞，都是玉制品。周缘以红色织物锁边，裤筒处裹以铁条锁边，使其加固成型。从长沙出土的金缕玉衣残片来看，它不仅只是简单磨成玉片而已，上面还雕有花纹。

马王堆汉墓都出土了哪些文物?

西汉初期长沙国丞相、软侯利仓及其家属的墓葬，1972年至1974年，先后在长沙市区东郊浏阳河旁的马王堆乡挖掘出土。一号汉墓出土的女尸，已有二千一百多年，尸体长154厘米，外形完整，全身润泽柔软，部分毛发尚存，部分关节可以弯动，许多软组织丰满柔润而有弹性。古尸内脏器官保持了完整的外形，相对位置基本正常。这是世界上已发现的保存时间最长的一具湿尸，是防腐学上的奇迹，震惊世界。马王堆汉墓的发掘，对我国的历史和科学研究均有巨大价值，其出土文物异常珍贵。马王堆三座汉墓共出土珍贵文物三千多件，绝大多数保存完好。其中五百多件各种漆器，制作精致，纹饰华丽，光泽如新。一号墓的彩绘漆棺，色泽如新，棺面漆绘的流云漫卷，形态诡谲的动物和神怪，体态生动，活灵活现，具有很高的艺术水平。一号墓还有大量丝织品，保存完好，品种众多，有绢、绮、罗、纱、锦等。其中有一件素纱禅衣，轻若烟雾，薄如蝉翼，长1.28米，重量仅49克，技巧高超，巧夺天工。一号墓发现的帛画，是我国现存最早的描写当时现实生活的大型作品。三号汉墓发现的大批帛书是不可多得的历史文献资料，其内容涉及古代哲学、历史、医学和科学技术许多方面。经整理，共有28种书籍，12万多字。其中，《五十二病方》经考证可能比《黄帝内经》还早，书中提到100多种疾病的名称，共载方280多个。另外还有几册图籍，绝大多数是古佚书。二号汉墓出土的地形图，其绘制技术及其所标示的位置与现代地图大体近似。一号墓出土有二十五弦瑟，是目前发现的唯一完整的西汉初期瑟。三号墓除出土瑟、竽外，又有七弦琴和六孔箫。马王堆汉墓的发掘，为研究西汉初期手工业和科学技术的发展，以及当时的历史、文化和社会生活等方面，提供了极为重要的实物资料。

敦煌藏经洞是怎么来的?

藏经洞是位于古丝绸之路河西走廊的敦煌莫高窟第17窟的俗称。光绪二十六年（1900年）五月，道士王圆箓清除第16窟甬道积沙时，偶然发现了这个藏经洞。藏经洞封闭的原因与时间，几十年来，众说纷纭，主要有避难说、废弃说和书库改造说三种。藏经洞封存了四至十一世纪初的文献、绢画、纸画、法器等各类文物，约计五万件，五千余种；其中90%是宗教文书，非宗教文书占10%。后者的内容包罗万象，经、史、子、集、诗、词、曲赋、通俗文学、水经、地志、历书、星图、医学、数学、纺织、酿酒、熬糖、棋经等一应俱全，还有大量民间买卖契约、借贷典当、账簿、户籍、信札等。文书除汉语写本外，还有古藏文、于阗文、梵文、回鹘文、突厥文、龟兹文等写本。此外还有一批木版画、绢画、麻布画、粉本、丝织品、剪纸等作品。这些来自丝绸之路的中世纪珍宝，与殷墟甲骨文、居延汉简、明清档案，被誉为中国近代古文献的四大发现。但由于最初发现时的原貌没有一份详细而科学的记录和目录，藏经洞珍宝的确切数量至今众说不一。

目前，敦煌学已经形成为一门具有世界意义的学科。

为什么说"居延汉简"具有极高的科学价值？

1930 年，瑞典人贝格曼在居延地区发掘汉简一万余枚，称为"居延汉简"。1972 年，发掘汉简两万余枚，称为"居延新简"。在内蒙古自治区额济纳旗和甘肃北部额济纳河流域绵延三百公里，先秦时称"弱水流沙"（匈奴语），秦汉以后称"居延"。西汉武帝时，为了防御匈奴入侵，于太初三年（公元前 102 年）沿弱水（今额济纳河流域）两岸修筑了屯戍要塞，后因缺水而废弃。如今，这里又因雨水奇缺，气候干燥，使大量文物得以幸存，包括居延汉简。居延汉简大多发掘于金塔县境内肩水金关、大湾城、地湾城等汉代烽燧遗址，这些烽燧遗址因此而出名。居延汉简多是汉代边塞屯戍档案，小部分是书籍、历谱和私人信件等。居延汉简数量之多，在全世界范围内，也是首屈一指、无与伦比的。居延汉简多为木简，少数为竹简，书体为隶书章草。居延汉简纪年简最早者是汉武帝太初三年（前 102 年），最晚者是汉灵帝建宁二年（169 年），为汉代历史的研究开辟了一个新的领域。居延汉简内容包括了当时社会的政治、经济、军事、科技、文化等方面，具有极高的科学、历史与文物价值。

"玉琮王"是什么样的？

玉琮王是 1986 年出土于浙江省余杭县的良渚文化遗址的一件玉琮。琮是一种古代用来祭祀地神的礼器，一般内圆外方，中间为圆孔，寓意"天圆地方"。中国古代有玉璧祭天，玉琮祭地的礼制。在浙江余杭出土的玉琮，乃是新石器时期的良渚先民用于与天地沟通的宗教法器。其中的一件玉琮高 8.8 厘米，直径 17.1～17.6 厘米，孔径 4.9 厘米，重约 6.5 千克。外圆内方，形体宽阔硕大，纹饰独特繁缛，外形美观，制作技艺高超，被称为"玉琮王"。现藏于浙江省文物考古研究所。

红山文化的玉龙有什么特点？

红山文化玉龙是 1971 年在内蒙古自治区赤峰市红山文化遗址考古发掘出的一个玉制的龙，该玉龙因是迄今发现最早的保存完好的龙而被誉为"中华第一龙"。红山文化玉龙通体由一块完整的玉雕成，呈墨绿色，身体蜷曲，整体如同一个"C"字。从细节上看，龙首短小，吻部前伸，梭眼上翘，鼻端截平，头似猪首，身如蟒蛇，已经具备了成熟龙的基本造型。从雕琢工艺上看，其整个头部运用了浮雕、阴雕等手法来表现眼、鼻、嘴等部位，身体部分则由琢磨而成，光洁异常，这也表明了当时琢玉工艺的发达。整体上，红山玉龙造型独特，工艺精湛，圆润流利，生气勃勃，其身上负载的神秘意味，又为它平添一种美感，其对于中国龙文化的研究具有重要意义。关于红山文化玉龙的用途现在尚无定论，因其高达 26 厘米，显然并非配饰之物，推测大概是一种用于作为宗教图腾象征或是用于祭祀的礼器。

考古文物

四羊方尊是做什么用的？

四羊方尊是后世发掘出的一件商朝中晚期的青铜器。铜尊盛行于商代和西周时期，是一种饮酒礼器。四羊方尊是现存商代青铜方尊中最大的一件，高58.3厘米，每边长52厘米，重34公斤，是我国现存商器中最大的方尊。尊口外沿呈方形，四角各塑一羊，羊头与羊颈伸出器外，羊身与羊腿附着于尊腹部及圈足上。羊角弯曲有力，羊头上饰有雷纹，羊背和胸部有鳞纹，前腿雕有长冠鸟，圈足雕有夔纹，其余空白地方均饰有雷纹。四羊方尊集线雕、浮雕、圆雕于一器，以异常高超的铸造工艺制成，造型简洁优美，寓动于静，极具端庄典雅意蕴，被认为代表了商代青铜器具制作的最高水平。四羊方尊于1938年在湖南省宁乡县被发掘，目前存于中国国家博物馆。

大型青铜立人像是巫师吗？

大型青铜立人像是于1986年出土于四川广汉三星堆遗址的一件青铜器。该器由一个高172厘米的铜人站在一个高90厘米的底座上构成。立人头戴太阳花（象征日神）冠，身穿3件窄袖与半臂式右衽套装衣服，两臂一上一下聚在胸前，双手则各自握成环状，手势夸张，不知道在干什么。尤其令人不解的是其一双手异常大，显然非正常人的尺寸。考古学者推测这可能与古蜀人对手的崇拜有关，有考古学者推测铜像刻画的乃是一个巫师或帝王正在向人们传达神灵之意的形象，故意制造巨大的手和怪异的姿势是为了增加其神秘性。三星堆遗址作为远离华夏文明中原核心区的早期文明遗址，出土了数量巨大、种类繁多的诡异怪异文物。大型青铜立人像只是其中之一，与其他文物共同反映了殷商中晚期至西周早期的古蜀国的杂乱诡异的原始宗教观念。

什么是"何尊"？

何尊是西周成王时期一位姓何的人奉命所造的青铜器，乃西周第一件有纪年的青铜器。何尊于1965年出土于陕西省宝鸡县贾村塬，高38.8厘米，口径宽28.8厘米，重14.6公斤。圆口，长颈，腹微鼓，高圈足，体侧有四道扉棱，外壁刻有高浮雕兽面纹，整体上造型浑厚，工艺精美。何尊最具价值之处在于尊内所刻的122个铭文，铭文大致内容为：成王五年四月，周成王在成周（即洛阳）营建都城，并祭祀武王。周成王于丙戌日在京宫大室内对宗族子弟进行了训诰，内容讲到何的先父追随文王，文王受天命统治天下。武王灭商后以此地作为天下的中心，统治万民。周成王又赏赐何贝三十朋。何因就此事做尊，作为对这件事的纪念。铭文所记述的营造东都洛邑之事与《尚书·召诰》《逸周书·度邑》等古代文献相符，对于研究西周历史具有重要的历史价值。并且，何尊铭文中还首次出现了"中国"一词，这使得其历史价值更是非同一般。

宴乐攻战纹壶有怎样的艺术价值？

嵌错宴乐攻战纹壶是我国战国时期的一种上嵌错宴乐、攻战等图纹的青铜器。嵌错金银是我国古代的一种金属细工的装饰技法之一，是在青铜器及青铜兵器上嵌错金银样纹。此技艺出现于春秋时期，战国时尤其盛行，许多车器、符节、镜上，也多有精美的错金银样纹。当时的纹饰题材一般为贵族生活的习射、宴乐及狩猎、水路攻占等内容。东汉之后，该技艺逐渐消失。目前存在的 3 个嵌错宴乐攻战纹壶是这一类青铜器的代表，其中一个是故宫博物院所藏传世品，另两件分别出土于陕西凤翔高王寺和四川成都百花潭。3 个壶均为侈口、斜肩、鼓腹，壶身饰有金属镶嵌的异色图案，纹饰分层分组以横列式构图展开，每层之间则隔以斜角云纹。

越王勾践剑为什么千年不腐？

越王勾践剑是中国春秋晚期越国的一把青铜剑。该剑于 1965 年在湖北荆州市附近的望山楚墓群中被发掘，其被置于墓主人左手边的一个黑色漆木箱鞘内。拔剑出鞘之后，寒光耀目，毫无锈蚀，以纸试之，20 余层一划即破，故享有"天下第一剑"的美誉。后经测量，剑总长 55.7厘米，其中剑身长 45.6 厘米，剑宽 4.6厘米。剑身上装饰着菱形花纹，剑格（剑柄与剑刃相接处）两面也用蓝色琉璃镶嵌着精美的花纹。中间靠近剑格外，镂有"越王勾践，自作用剑" 8 个错金鸟篆体铭文，故此考古学家将之命名为"越王勾践剑"。关于该剑历经两千多年不锈的原因，考古学家们一直没有定论，一般主要原因在于一方面青铜是以铜为主的铜、锡合金，不容易生锈；另一方面在于墓室曾经长期被地下水浸泡，剑完全隔绝氧气。目前，越王勾践剑藏于湖北省博物馆。

曾侯乙编钟是什么样的乐器？

曾侯乙编钟是于 1978 年出土于湖北省随州市擂鼓墩曾侯乙墓的一套编钟。编钟出现于我国商代，是一种由多个钟按照钟的大小和音的高低挂在钟架上以形成合律合奏的音阶的一套钟，属于打击乐器。春秋战国时期编钟风靡一时，和其他乐器如琴、笙、鼓、编磬等成为王室显贵的陪葬重器。曾侯乙是战国早期曾国的国君，在其墓中挖出的这套编钟是我国迄今为止发现数量最多、保存最好、音律最全、气势最宏阔的一套编钟，被称为"编钟之王"。该编钟有扭钟 19 件，甬钟 45 个，外加楚惠王送的一枚镈钟共 65 枚，按大小和音高为序编成 8 组悬挂在 3 层钟架上，总重 2400 公斤。

什么是"虎符"？

虎符是中国古代皇帝用以调兵遣将的兵符，因古人崇拜老虎而将其做成伏虎形状，故称虎符。虎符盛行于战国和秦汉时期，最早时以青铜或黄金为材料，背部刻有铭文，一劈两半，右半部分由皇帝或朝廷军事机构保管，左半部分交与统兵的将帅或地方官。且各地虎符均有不同，专符专用，不可能用一个兵符同时调动两个地方的军队。需要调兵时，朝廷派遣使臣带着右半部分虎符到军中，与左半部分虎符扣合验证，如能吻合，才表示来使可信，军队首领则会按照使者的命令听从调遣。在《史记》记载的"信陵君窃符救赵"的故事中，信陵君当时作为魏国君主的弟弟，没有虎符同样调不了军，可见虎符在当时战争中的重要性。历代虎符的形状、铭刻等多有变化。汉代后，虎符均为铜质。隋朝时改用麟符，唐朝改为鱼符、兔符或龟符，南宋时又恢复虎符，元朝则用虎头牌，后世演变为铜牌。

商鞅铜方升是做什么用的？

商鞅铜方升是战国时期商鞅监制的作

考古文物

为一升的标准容器的铜量器。其全长18.7厘米，内口长12.4、宽6.9、深2.3厘米。其外壁3面及底部均刻有铭文，其中，左壁刻有："十八年，齐率卿大夫众来聘，冬十二月乙酉，大良造鞅，爰积十六尊（寸）五分尊（寸）壹为升。"器壁与柄相对一面刻"重泉"两字。考古学者推测其应为商鞅任"大良造"时所监造，其地点则是在重泉（今陕西蒲城）。而后底部刻有秦始皇二十六年诏书，"廿六年，皇帝尽并兼天下诸侯，黔首大安，立号为皇帝，乃诏丞相状、绾，法度量则不壹歉疑者，皆明壹之"，右壁刻"临"字。此应是秦始皇统一六国后，仍以商鞅的此标准作为度量衡标准推向全国，"临"同样应是一个地名。

商鞅铜方升说明早在战国时期，我国古人已经采用了将容量度量化的手段，为见证我国度量衡史的重要文物，目前藏于湖北博物馆。

什么是"马踏飞燕"？

马踏飞燕是中国东汉时期的青铜器，于1969年出土于东汉镇守张掖的军事长官张某及其妻的合葬墓中。该青铜器塑造的是一只奔跑的骏马踏在一只燕子身上的造型，其意在于形容这匹马的矫健。在器物中，奔马身长45厘米，高34.5厘米，宽13厘米，形象雄健轻灵，神采飞扬。奔马昂首鸣叫，三足腾空、飞驰向前，一足踏在一只疾驰的飞燕背上，飞燕则吃惊地回过头来观望，看到底发生了什么事。整匹马的重量都踏在一只正疾驰的飞燕身上，显然作者事先严格计量设计了整个器物的重心。整个作品构思巧妙，极具浪漫色彩，雕塑本身也生动逼真，传神地塑造了一匹正在"天马行空"地奔跑的骏马形象。

该作品的出现与汉代时朝廷通过骑兵战胜了匈奴，国威大振，人们因此非常喜欢马的社会心理有关。

图书文档

人们为什么把"书"叫"图书"？

生活中，人们经常将"书"称为"图书"。类似的，借阅书的地方似乎本应叫"书馆"，却被叫作"图书馆"；与书相关的行业不叫"书行业"，而叫作"图书行业"，似乎书是离不开图的。

"图书"的说法既然是从古代流传下来的，是不是古代的书都有图？

"书"被叫作"图书"的原因，现在已经不太可考。但可以肯定的是，自古以来，书与图都是紧密联系在一起的。

在《周易·上悉辞》里，便记载了"河出图，洛出书"的上古神话故事。显然，先秦时期，"图"与"书"便被人们习惯性地联系在一起。

另一方面，"书"这个字，在古代有"文字"的意思。而我们知道，汉字起源于象形文字，本是由图形演变而来。因此，在古人的思维习惯里，图与字，大概本是一种东西。由此看来，"图"与"书"连在一起也是很自然的了。

另外，从古代早期的书来看，也的确是文字与图画并重的。在古代，教育不发达，识字的人很少。图画是可以绕过文字直接传递信息的。因此，为向那些不识字的人讲述故事、宣传伦理道德等，大部分书籍都是图文并茂的，在文字旁边往往配有图画作直观展示。因此，中国自古有"左图右史"（史指文字）的说法。尤其是宗教性质的书籍，因为要面对大量不识字的下层民众，更需要借助于图画来宣扬教义。佛教的许多宣传性质的典籍，干脆没有文字，全部由图画构成。基督教在中国传播时，也借用大量的图片来宣扬教义。

直到清末民初之际，为向普通民众普及科学、民主等西方现代观念，许多知识分子所办的宣传刊物还大量采用图画形式，一时画册、画报风靡于世。

事实上，从宋代起，古书上的图画开始逐渐减少，人们更重视文字的作用，但"图书"的说法还是一直沿用了下来。

"诗三百"指的是什么，这个名称从何而来？

提起"诗三百"，可能许多人马上想到《论语》中的那句："诗三百，一言以蔽之，曰：思无邪。"这句话表明孔子不仅是个深邃的思想家，而且是一个一流的文学评论家。"思无邪"，短短三个字道出了诗歌的本质，无论古代诗歌还是现代诗歌，其实质都不过是这三个字。

"诗三百"即《诗经》，编撰于先秦时期，是中国第一部诗歌总集。其名称本来

图书文档

八月剥枣　清　吴求　绢本

此图选自《诗经图册》。图绘村野一隅，众人剥枣的情景。一老妪于旁边指点，面露喜色，另外几人或执竿打枣，或以衣摆接枣、或往篮、篓里装枣，这热火朝天的场景甚至感染了小孩子，他趴在地上亦加入了大人们的行列。

是《诗》，后来可能因总共有305篇，时人取其整数称其为"诗三百"。西汉时，儒生们出于对孔子的尊敬，将之称为《诗经》，因为"经"在古代乃是对特别尊崇的书的称呼。

《诗经》里的诗其实本是用来配乐的歌词。因此，"诗"本身衍生于"歌"，这也是"诗"被称为"诗歌"的原因。按照音乐性质，《诗经》被大体上分为风、雅、颂三类。风，是不同地区的地方音乐，多为民歌，产生于民间；雅，是宫廷宴享或朝会时的乐歌，多由贵族文人创作；颂，是宗庙祭祀的乐歌和史诗，内容多是歌颂祖先功业的，全部由贵族文人创作。

《诗经》中的诗歌写作年代是从西周初年至春秋中叶，大约500年，所反映的社会生活内容十分丰富，对于2000多年前的政治经济、战争徭役、祭祀典礼、世俗人情、生产生活等均有所涉及，具有重要的文献价值。

《穆天子传》是西周的作品还是后人的伪作？

《穆天子传》是一部记录周穆王西巡史事的著作，书中主要记载了周穆王的一次"旅行"。据书中介绍，周穆王率领部众，坐着马车，从洛阳出发，北行越太行山，经河套地区，穿越甘肃、青海、新疆，到达帕米尔地区。与西王母国的女王西王母（神话传说中王母娘娘的原型）会面后，周穆王等又一路返回洛阳，整个行程达十九万里（周朝的"里"略小于现在）。

《穆天子传》是由晋代的盗墓贼从今河南汲县一个战国时代的古墓中发现的。当时西晋的学者异常兴奋，纷纷为之做注。但到宋代之后，由于疑古风的兴起，开始有人怀疑《穆天子传》的真伪；到清代，学者姚际恒等更是力主《穆天子传》为伪书。怀疑派的理由主要就是周穆王的行程实在太远了，不太可信。而这种说法一度成为定论。

但是，进入现代之后，对《穆天子传》又了新的说法。学者常征在将《穆天子传》与后世的《水经注》等地理著作对照后，发现其中的山川村落都可一一考证出。并且，有学者进一步指出了周穆王去昆仑山并非无缘无故，而是有说得通的动机的。周朝非常重视玉器，而昆仑山早在上古时代就一直是传说中的美玉产地。如此，周穆王前去昆仑山寻玉，便是十分可能的。

孔子晚年删诗书，是在破坏文献吗？

孔子周游列国 14 年之后，晚年回到鲁国，在教学之余，整理编辑了《诗经》《尚书》《仪礼》《乐经》《周易》《春秋》6本书。

其中，他对于《诗经》《尚书》两本书的改动最大。"删诗书"一说，说的便是他对于这两本书的编辑。

关于"删诗"，司马迁在《史记·孔子世家》中说《诗经》原本有 3000 多篇，孔子删去了重复的和不符合礼仪的，留下了 305 篇，然后为之分类并调整次序，最后形成了今天我们所看到的《诗经》。《诗经》是中国第一本诗歌总集，大约形成于西周初年至春秋中叶。《诗经》中的"风"部分，属于民间文化。民间的文化最容易并大量产生的，便是爱情类的诗篇，甚至不乏一些"越礼"的东西。这类诗歌肯定是不符合孔子的"礼仪"之道的。

另一方面，此类诗歌也容易因主题雷同而产生重复，因此，可以推测孔子"删"的可能主要是这部分。从这点来说，孔子的"删诗"使大量先秦古人原汁原味的文化失传，的确是一种遗憾。

而关于"删书"，司马迁在《史记·孔子世家》中认为是指孔子对夏商周三代的历史政治做了总结，然后从三代的文献中选择了部分内容，按照自己的思想与逻辑，选编成书。这种行为从现在的编辑工作来看，是难免甚至必要的。因此孔子的"删书"便不能说是一种破坏。

总体而言，孔子"删诗书"，应该说没有破坏文献，而是对于古代文献的一种保存和传承。

春秋时期，总体上是一个"礼崩乐坏"的乱世，如果不是孔子将这些书编辑整理，并将之作为教材广泛传播，恐怕这些文献也很难流传到现在。

另一方面，孔子对于这些文献所做的筛选、编订次序、写序的工作，使这些文献的含义更加清晰、文理更加通顺、结构也更加合理，而其中所蕴含的思想对中国文化的影响更是积极而深远的。

孔子读《易》至"韦编三绝"，书和"韦编"有什么关系？

据司马迁在《史记·孔子世家》中介绍，孔子晚年研究起了《周易》，而且到了痴迷的程度。说孔子因为翻阅《周易》次数太多，以至于"韦编"断了三次。

"韦编"具体是什么东西？怎么翻书多了，"韦编"就断了？这还要从中国早期的图书说起。

我们知道，中国的造纸术到汉代才发明。在这之前，中国人虽然早就创造了文字，但是传播起来并不方便。开始，人们将文字写在甲骨、石头、金属上，这样的文字载体作为保存资料的性质，还勉强凑合，但在使用的过程中，无论是阅读，还是携带都相当困难。这些东西也很难称得上是图书。大概从周代起，人们开始用竹片作为文字的载体。这种载体使阅读方便了很多，而且竹片的形状可以削得比较规则，连在一起之后还可以卷起来，看上去也像个书的样子了。因此中国最早称得上图书的便是这种竹简图书。

竹简图书是将竹子劈成一片一片之后连在一起制成的。一根竹片称为"简"，多根"简"用绳子编起来便成"册"。

"册"是个象形字，表示竹片穿起来的样子，同时，也称为"编"或者"篇"。其中，用丝绳将"简"编起来的叫丝编，用皮绳编的叫韦编。编好的图书，再卷起来便成为一卷。文章长了，则可以多分几卷。至今，卷、篇、册这些说法还是形容图书的量词。而现在许多与书有关的字都有竹字头，比如书籍的"籍"，户口簿的"簿"等。

这种竹简图书的容量非常小。一般而言，一片简上都只能竖写一行字，一卷竹简正反两面写，也就几百字。因此这种图书虽然比骨头、石头方便些，但还是笨重得很。据说秦始皇完成全国统一大业后，每天要看100多斤重的竹简文书。西汉时的文学家东方朔给汉武帝写了一篇奏章，用了将近3000枚竹简，只好找人吃力地抬进宫去。由此可见，古人所说的"读万卷书"，听起来挺吓人，实际上现代的许多喜欢阅读的人可能已经做到了。

《论语》是一部什么样的书？

《论语》是一本记录孔子及其弟子言行的书。全书约1.2万字，共20篇，大部分内容是孔子对于其弟子所提问题的回答，因此也可以说这本书是孔子几个弟子的课堂笔记合在一起的集子。另外书中也记录了一些孔子弟子的言行。书中的语言言简意赅、含蓄隽永，对于孔子的政治理想、伦理主张、道德观念以及教育原则等均有所反映，并生动地刻画了孔子和一些弟子的人物形象。《论语》刚开始在儒家经典中地位并不高，一度被称为"小经"，南宋后因为理学家朱熹的推崇而日渐成为儒家"第一经"。其博大深刻的思想至今

仍影响着中国以及东亚、东南亚许多国家。

至于《论语》究竟编纂于何时，由谁编纂，历来说法不一。

关于《论语》的编纂者，一个比较笼统的说法是《汉书·艺文志》中的"众弟子咸记之"。这里的众弟子，不少学者推测为仲弓、子夏等人。同时，也有不少人认为《论语》为孔子弟子曾子和有子两人的门人所作。因为在书中，除孔子外，只有这两人被尊称为"子"，并且书中记录两人的言论也比较多。唐代的柳宗元则进一步认为《论语》为曾子及其弟子所编，因为书中对曾参无一处不称"子"，而且记载他的言行和孔子其他弟子比较起来为最多。宋代理学家"二程"与近代的思想家梁启超也持此观点。还有一种说法认为《论语》是曾子门人讲述，由秦汉儒生编辑总结而成。

而关于《论语》的成书时间，目前只能推测出一个大致的时间。《论语》里不仅记录了孔子与学生之间的问答，而且记录了孔子的弟子子夏、子张、曾子等与再传弟子之间的对话。这其中，子张小孔子48岁，子夏小孔子44岁。他们收有学生，应该是孔子死后许多年了。另外，《论语·泰伯》篇中记载有曾子病危将死时与弟子孟敬子的对话。孟敬子是鲁国大夫孟武伯儿子的谥号，他死于战国初期，而曾子死于公元前436年左右。因此，《论语》成书应该在公元前400年前后。

综上可以推测，《论语》应该是在战国初期，孔子死后大约60年，由其弟子或再传弟子，或者弟子与再传弟子一起集

体编辑而成的。

西汉初年从孔子故宅壁发现的藏书是伪造的吗?

关于孔子故宅壁中发现藏书的故事，有一个专门的成语，叫"鲁壁藏书"。

公元前213年前后，秦始皇为加强集权统治，采取了焚书政策，下令焚烧除《秦史》以外的列国史记，并严令民间限期内交出《诗》《书》等并销毁。这时，孔子的第九代孙孔鲋眼看经典面临失传，便偷偷地将《尚书》《礼记》《论语》及《孝语》等书藏于孔子故宅的墙壁内，然后投身到了陈胜吴广的起义军中。后来起义失败，孔鲋被杀于嵩山，也有传言说他藏书后便到嵩山隐居终老。

几十年后的西汉景帝三年，景帝之子刘余被封为鲁王，史称恭王。鲁恭王喜欢建造宫室，孔子故宅附近因多有弟子种植的奇树，环境宜人，被他看中。鲁恭王便在孔子故宅处建造宫室。在拆除孔子故宅时，孔鲋所藏的书被发现。据说这些藏书重见天日时，天上突然有丝竹金石之声，有六律五音之美，刘余当即被震慑住了，再也不打孔子故宅的主意。

据说这些经典是用时人不识的先秦蝌蚪文写成，被称为"孔壁古文"。后来，孔子的十一代孙孔安国将这些古文重新译出，发现这些书与当时民间所保存的有所不同，其中最有价值和影响的是《古文尚书》，它比《今文尚书》要多16篇。

后来，为纪念孔鲋藏书，金代人在孔子故宅内修建了殿堂，名为"金丝堂"，明代时又修建"鲁壁"，作为纪念孔壁藏书的象征性遗址。

"鲁壁藏书"的故事一直为历代文人所津津乐道，宋代文学家王偁偶称曾在其《鲁壁铭并序》中称："文籍不可以久废，亦受之以兴……其废也，赖斯壁以藏之，其兴也，自斯壁而发之。"他将秦始皇焚书之后的文化复兴之功归之于"鲁壁"了，这自然增加了这个传说的传奇意味，不过未免有些夸张了。

古代为什么要焚书禁书?

提到焚书禁书，可能人们马上想到的是秦始皇的"焚书坑儒"。其实，焚书禁书，秦始皇既非最早，也非独有。在秦始皇之前，秦孝公早就焚书在先；在秦始皇之后，南朝梁元帝、北魏太武帝、唐武宗、清代乾隆皇帝等统治者都曾发动大规模的焚书禁书运动。另外，除皇帝外，一些大臣也扮演了禁书的帮凶。至于历次禁毁的原因，则不一而足。

据《韩非子·和氏》记载，秦孝公曾听从商鞅的建议，下令焚烧《诗》《书》，以此来"明法令"。说白了就是一种愚民政策，让人们没有自己独立的思想，只唯政府法令马首是瞻。这是中国历史上第一次有记载的烧书。

接下来的秦始皇的焚书与禁书，尽人皆知的。秦始皇焚书禁书更是明目张胆的愚民政策了。秦始皇打算将秦王朝传万世的，这些"祸乱人心"的诸子百家之作自然需要烧毁了。

北魏太武帝、唐武宗两皇帝焚书则比较特殊，他们焚书则主要是为了灭佛，主要烧的也多是佛经。南朝梁元帝的"焚书"的理由则令人啼笑皆非。公元554年，西魏南下攻梁，梁军节节败退。梁元

图书文档

帝觉得自己读书万卷还要亡国，那读书还有何用？于是烧了14万册书籍。

许多人可能以为编纂《四库全书》是乾隆的伟大功绩，殊不知，乾隆组织编纂《四库全书》时，焚毁各种典籍达71万卷之多，乃历代焚书规模最大的一次。所以鲁迅说"清人纂修《四库全书》而古书亡"。

除皇帝之外，大臣烧书的也不少。北宋蔡京、南宋秦桧掌权时，都曾禁书、焚书。尤其是秦桧，前后焚书11年。事实上，历史上的焚书禁书，远远不止这几次。总体而言，古代皇帝大臣的焚书禁书，一般都是出于一种牵制人们思想，维护统治的需要。

"蓝本"是何物？

"蓝本"一词，原是古人印刷书籍过程中的一个专用词。

在古代，人们称雕版或活字版印刷的图书为"版本"。因版印书一般为墨印，故又称"墨本"。明清之际，技术进步，出现了红色、蓝色印本，分别称"朱印本""蓝印本"。这种"朱印本""蓝印本"并不批量印刷，而是在用以印刷的模板做好之后，刊刻人先以红色或蓝色印出几本，用作校对之用，以改正模板中的错误，相当于现在印刷过程中的"校样"。定版之后再用墨印正式批量印刷。《书林清话》载："其一色蓝印者，如黄记《墨子》十五卷，……此疑初印样本，取便校正，非以蓝印为通行本也。"因这些本子是一部书成版以后最初印制的，常称为"初印红本""初印蓝本"。又因"初印蓝本"最常见，所以，人们便把印刷工作底本简称为"蓝本"。

后来"蓝本"一词逐渐演变，不再局限于印刷领域，引申为一种泛泛意义上的原始的参照物。

何谓"洛阳纸贵"？

"洛阳纸贵"的故事出自《晋书·文苑·左思传》。说的是西晋泰康年间，洛阳一个叫左思的文学青年写了一篇叫《三都赋》的文章，由于写得太好，时人争相传抄，结果竟然导致洛阳市面上的纸一下子涨了两三倍。对于一个写文章的人，还有什么是比这更高的荣耀呢？

《三都赋》是汉代流行的赋体文，该文从历史、地理、物产、风土人情等角度，对三国时期的魏都邺城、蜀都成都、吴都南京进行了描写。全文总共1万多字，对3个都城的描写分别成篇，构思巧妙，文笔精当，乃是千古名篇。

左思小时候不但其貌不扬，身材矮小，而且看上去也有些呆呆的，实在没人相信他会在文学上或者其他任何事上有所成就。做御史的父亲就一直对他非常不看好，经常在朋友面前说后悔生了这个儿子。左思长大后，他父亲还对朋友讲："唉，左思虽然成年了，但他现在的知识和才能，还不如我小时候呢。"

左思嘴上不说什么，心里却不服气，暗暗发奋。他看到当时流行的东汉班固写的《两都赋》和张衡写的《两京赋》，虽然佩服其宏大气魄，可也看出了其中华而不实、大而无当的弊病，于是他决定自己写一篇同类型但更朴实的《三都赋》。左思先是广泛搜集资料，然后闭门写作十年，文章始成。

一开始，因为左思名不见经传，文章并不被时人认可，当时的著名文学家陆机还讥讽他的文章只配给自己盖酒坛子。不甘心的左思带着自己的文章前去拜见当时的著名文学家张华，得到了赏识。张华还将左思的文章推荐给皇甫谧，皇甫谧也很欣赏，并亲自为之作序。

直到这时，《三都赋》的价值才被人发现，一下子火了。《三都赋》字数不少，毛笔字又相当占纸，而且当时的纸刚刚发明，市面上可能本也不会太多，因此在短期内涨价，想必并非夸张。后人便用"洛阳纸贵"来形容某人的文章写得了不得。

《百家姓》为什么按"赵钱孙李"的顺序排列？

《百家姓》相传由北宋初年吴越钱塘地区的一个书生所编撰。书中将常见的姓氏编成四字一句，两句一韵的短文，读来朗朗上口，易学好记，流传广泛，影响深远。其与后来的《三字经》《千字文》并称"三百千"，是中国古代幼儿的启蒙读物。书中之所以按照"赵钱孙李"的顺序排列，并非依据各姓氏人口数量，而是受到当时政治的影响。

据宋人王明清考证，《百家姓》之所以将赵排在第一位，乃是因为当时宋朝皇帝为赵匡胤，赵乃国姓。而在宋朝建国之初，还另有政权并存。浙江有称王吴越国的钱镠，另外还有定都金陵的南唐后主李煜，所以钱、李二姓也被排在了前面。而据说编写《百家姓》的书生是钱塘人士，就将吴越王钱镠的正妃的孙姓排在了李姓之前，最终形成"赵钱孙李"的顺序。接下来的"周吴郑王"则都是钱镠的其他后

妃的姓氏，而后面的姓氏安排都大抵受当时门第政治的影响。

在中国古代，尤其是流行世家门第政治的魏晋南北朝以后，人们非常重视姓氏，因为它往往代表了一个人的家族地位，是一个人参加社交活动的一个重要名片。唐代曾以政治地位排出过名门八姓，彼此世世通婚。因此姓氏排序也便不可马虎半点了。当时朝臣编撰《氏族志》时，曾按旧日大族顺序在最前面分别排出"崔、卢、李、郑"四姓，惹得唐太宗很不高兴。朝臣只好按新的次序重新排列，自然，李姓被排在了第一位。而明代所编写的《千家姓》，也将朱姓排在了第一位。

需要说明的是，《百家姓》中并非只有100个姓氏，"百"只是一种泛称，并且其具体的数目在不同的朝代也有所不同。最初的《百家姓》收录了411个姓，至元代，由于连年战火，留下来的版本残缺不全，数目有所减少；明代版本则又做了增补，记录总共438姓，其中408个单姓，38个复姓；清人又进一步增补到504个，包括单姓444个，复姓60个，便是我们今天所看到的《百家姓》了。

《金瓶梅》的作者兰陵笑笑生到底是谁？

要说中国乃至世界古往今来最为神秘的一个笔名，大概要算兰陵笑笑生了。这个署在明代小说《金瓶梅》上的名字，几百年来，成了诸多金学家和普通读者百思不得其解的谜。也难怪，《金瓶梅》在万历年间一问世便被誉为"第一奇书"；另外，其又是中国第一部文人独创的小说，第一部将目光从帝王将相、才子佳人身上转移开，投向普通人日常生活的小说，在

图书文档

文学史上地位极高。

目前为止，历代学者对兰陵笑笑生的真实身份共提出了60多种说法。我们简单介绍几种主要的。

"嘉靖名士说"。虽然具体人选不定，但几百年下来，金学家们对于这位兰陵笑笑生的在世时间达成比较一致的看法，认为他是一位嘉靖年间的名士。另外，因书中多山东口语，不少学者推测作者是山东人。并有人进一步做出推测，认为作者是山东峄县人。由此，不少学者认为《金瓶梅》作者该是明嘉靖年间山东峄县的一个名士。至于具体人选，有人提出是山东峄县人贾三近，他曾任嘉靖年间的兵部右侍郎，是个名士。也有人认为是贾三近的父亲贾梦龙，因为他的生卒年代与《金瓶梅》成书时代基本吻合，他创作的诗词也可在《金瓶梅》中找到。还有人认为是明代著名诗人谢榛，他是山东临清人。

除"嘉靖名士说"，被多数人认可的便是"王世贞说"了。王世贞是嘉靖年间的著名文学家。传说王世贞的父亲被权臣严嵩害死。王听说严嵩的儿子喜欢看淫书，为替父报仇，写了《金瓶梅》，并在每页书上抹了毒药后，把书送给严嵩的儿子。严嵩的儿子一边沾吐沫一边翻书，最后被毒死。这是流传范围最广也是流传时间最长的说法。这个故事本是对一些明清学者经考证得出的"王世贞说"观点的附会，因此此观点本身并非无稽之谈。

"屠隆说"。屠隆是明代著名戏曲家，为人放荡不羁，豪放好客，纵情诗酒。此说也比较流行。

"李开先说"。李开先也是有名的戏曲

家，山东章丘人。这也是一种比较流行的说法。

此外，冯梦龙、唐伯虎、汤显祖这些著名文人也都有人怀疑是躲在兰陵笑笑生后面的神秘人。总体而言，这个谜至今还未解开。

古人所说的"四大奇书"具体指哪四部名著？

"四大奇书"，指《三国演义》《水浒传》《西游记》和《金瓶梅》四本古典长篇小说，因为均为明代人所写，又称"明代四大奇书"。这种说法最早由明末小说家冯梦龙提出。所谓"奇"者，除了指内容和艺术上的新奇之外，还指这几本书对于小说体裁本身的开拓。"四大奇书"分别开创了中国古典章回小说的历史演义传统、英雄传奇传统、神魔小说传统、世情小说传统四大传统。

《三国演义》写于明初，由罗贯中在民间传说和有关话本、戏曲的基础上写成，是中国第一部长篇章回体小说。小说文不甚深，言不甚俗，气势雄浑，娓娓道来。

《水浒传》也是创作于明初，作者施耐庵。同《三国演义》一样，它也是在民间故事和话本、戏曲基础上创作而成。《水浒传》是中国第一部描写农民起义的小说，全书围绕"官逼民反"这一线索展开情节，讲述了政治上一个永久的话题——合法政权体制内的反叛者与政权的关系。该小说被清代著名文学评论家金圣叹评为"六才子书"之中的"第五才子书"，并被其从一百回删减至七十回。

《西游记》先是由许多民间艺人口头

创作，在嘉靖年间，由吴承恩最后完成。它是中国最优秀的神话小说作品，书中借助唐朝僧人玄奘法师西天取经的故事，融佛道于一炉，幻想出了一个超自然的世界。

《金瓶梅》不同于前面三部的集体创作，是中国第一部文人独创的长篇小说，成书时间大约在明万历年间。作者署名兰陵笑笑生，至今不知究竟为何人。《金瓶梅》的题材由《水浒传》中"武松杀嫂"一段故事演化而来，是第一本将目光投向市井小人物的小说。《金瓶梅》对后世小说产生了非常大的影响，《红梦楼》就明显地受到它的影响。因其淫秽内容太多，成为明清以来历代禁书。

《古文观止》中的"观止"是什么意思？

《古文观止》是自清代以来最为流行的古代散文选本之一。"观止"二字，出自《左传·襄公十九年》，吴季札在鲁国欣赏周王室的音乐，看到舞蹈《韶箾》时，他赞叹："德至矣哉！大矣。"认为此舞无美不具，接着又说："观止矣！若有他乐，吾不敢请已。"意思是这些音乐舞蹈美妙到了极点，其他的都不必看了。后人便以"观止"二字称赞所见事物尽善尽美，无以复加。"古文观止"便意指这些文章已经是古文中最好的，其他文章都不能超越。

事实上，《古文观止》里所选的文章整体上确实代表了中国文言散文的最高水平，也是当得起"观止"二字的。该书由浙江绍兴的吴楚材、吴调侯叔侄二人在清康熙年间共同选编而成。二人乃是教书先生，选编《古文观止》本是用作教授学生写作的教材的。

《古文观止》全书收入上起周代下讫明末的历代优秀文章 222 篇，大体反映了先秦至明末散文发展的整体面貌。入选本书的都是历代语言精练、短小精悍、便于传诵的佳作。其中，西汉以前的文章左丘明的《左传》选录 34 篇；加上其他先秦作品，先秦作品总共有 70 篇，占《古文观止》全书的 1/3，对两汉的文章，编者比较重视司马迁的《史记》，选了 14 篇；唐代文章以"唐宋八大家"中的韩愈、柳宗元为主；宋文以欧阳修、苏轼为侧重点；秦文仅选李斯一篇，六朝文章选 6 篇，元代一篇未选，明代选入 18 篇。

《古文观止》之前的古文选本，大多依据昭明太子萧统《文选》的体例，分类繁琐，常以条目为主线，阅读使用都很不方便。《古文观止》则以时代为纲，作者为目，阅读方便，查看快捷。在问世后的300 多年里，成为最流行、最有影响的初学古文选本，常作为私塾及学堂的启蒙读本。另外，在书中文章中间或末尾，选者有一些批注，也对初学者理解文章有一定帮助。

《四库全书》中的"四库"是什么意思，其下落如何？

《四库全书》乃是中国最大的一部丛书。清乾隆年间，清朝国力正值康乾盛世的顶峰，乾隆怀着整理文化典籍和销毁"反动"书籍一公一私两个目的，组织大量人力财力，耗时近 10 年，编修了《四库全书》。其中共收书 3460 多种，79000多卷，36000 多册。而这么多的书整理在一块，总要有个章法，"四库"正是对这

图书文档

些图书的分类方法。"四库"又称"四部",分别是经、史、子、集。这是中国自汉代以来形成的比较普遍的图书分类方法。《四库全书》的"四库"之下又分许多小类。经部包括《周易》《尚书》《诗经》《周礼》《仪礼》《礼记》《左传》《公羊传》《谷梁传》《论语》《孝经》《尔雅》《孟子》等;史部包括"二十四史"、《资治通鉴》等;子部包括先秦诸子、两汉经学、魏晋玄学、宋明理学、清代朴学等著述,及部分佛、道典籍、古代小说等;集部包括楚辞、汉赋、骈文、唐宋诗词、元曲、历代文集等。

《四库全书》修成后,乾隆命人抄成7部,分别藏于清代南北七大藏书阁,即紫禁城文渊阁、沈阳故宫文溯阁、圆明园文源阁、承德避暑山庄文津阁(北四阁)和镇江文宗阁、扬州文汇阁和杭州文澜阁(南三阁)。之后,这7部《四库全书》伴随着康乾盛世的余光,在安定和荣耀中度过了半个世纪。此后,在中国近代连绵不断的战争炮火中,厄运不断。其中文源阁本在1860年英法联军火烧圆明园时被焚毁;文宗、文汇阁本在太平天国运动期间被毁;杭州文澜阁藏书楼1861年在太平军第二次攻占杭州时倒塌,所藏《四库全书》散落民间。后经多次修补后恢复,但仍然散佚过半,目前藏于浙江省图书馆。文渊阁本原藏于北京故宫,后经上海、南京转运至台湾,现藏于台北故宫博物院,这也是保存最完好的一部。文溯阁本1922年险些被卖给日本人,现藏甘肃省图书馆。承德避暑山庄文津阁本于1950年代被政府调拨到中国国家图书馆。总体

算起来,7套《四库全书》目前还存三套半。

《红楼梦》的续写情况是怎样的?

关于《红楼梦》到底是曹雪芹未能写完便"泪尽而逝"(脂砚斋评语),还是曹雪芹已经写完,但后面四十回在传阅中丢失抑或被乾隆皇帝强行删去,红学界没有定论。但红学界对于一点是比较肯定的,便是现存的各种《红楼梦》版本,其前八十回系曹雪芹所写,后面则均为别人续写。自半本《红楼梦》在乾隆年间面世以来的200多年间,无数人为不能一睹全本《红楼梦》,搞清楚他们所牵挂的众多人物的命运结局而遗憾万分。也正因为此,一代一代的文人拿起了笔,续写《红楼梦》。至今为止,仅严格意义上的续作,就有40多种。算下来,自《红楼梦》面世以来,每5年便有一本续本问世。

《红楼梦》最早的续本是清人逍遥子的《后红楼梦》,总共有三十回,在乾嘉年间刊刻面世。之后又陆续出现了秦子忱

曹雪芹像

的《续红楼梦》、兰皋居士的《绮楼重梦》（又称《红楼续梦》）、吴沃尧（吴趼人）的《新石头记》、陈少海的《红楼复梦》、海圃主人的《续红楼梦》、梦梦先生（临鹤山人）的《红楼圆梦》（又称《绘图金陵十二钗后传》）、归锄子的《红楼梦补》、郎袁山樵的《补红楼梦》、花月痴人的《红楼幻梦》（又称《幻梦奇缘》）、姜凌的《红楼续梦》、无名氏的《红楼后梦》、无名氏的《红楼再梦》、无名氏的《红楼重梦》等续本。

在这些《红楼梦》的续作作者之中，不乏擅长写小说的名手。比如写《新石头记》的吴趼人，所写的《二十年目睹之怪现状》被今人评为清代四大谴责小说之一。但这些续作都没有达到原作的艺术水准，大部分都沿袭中国文艺的大团圆结局的思路，恨不得"将黛玉晴雯从棺材里扶出来"，使原作的悲剧意味消失殆尽。如今，这些续本大多都因艺术水准离原作太远而湮没无闻。其中只有清人高鹗的续作基本上沿着悲剧的路子做了续写，算是众多续作中最好的一个，因此也缀在曹雪芹原作的后面作为通常的完本《红楼梦》。但总体来说，高鹗的续作被普遍认为是完全不能与原作同日而语的。

中国古代有图书馆吗？

现代社会，图书馆是一个常见的机构。几乎每个城市都有面向全体市民的公共图书馆，每个学校也都有图书馆，连一些大的企业也有图书馆。那么，在中国古代，有图书馆吗？

其实，早在周朝就已经有图书馆了，当时称为"盟府"，也叫"故府"。而当时的图书馆长则称为"柱下史"。道家创始人老子所担任的周朝守藏室之史，其实就是国家图书馆馆长。后来，秦始皇焚书坑儒，图书馆消失。至汉代，朝廷又开始建图书馆，当时称"秘阁""秘府"，设专职官员管理。之后，直到清末，政府图书馆再也没有消失过。其中，尤其唐宋明清四代，图书馆得到极大发展。唐代，像魏徵这样的大臣都出任过"图书馆长"之类的职务，专门负责搜集收买天下之书，并组织人抄写备份。据说，当时的"图书馆"还专门聘用女子管理员。宋代，太宗建立崇文院，专作藏书之地，后来又另设书库，叫秘书阁。明清之际，印刷术的发展使得国家藏书得到空前发展。明朝朝廷的"图书馆"叫文渊阁，其中收入中国最大的类书、世界上第一部大百科全书《永乐大典》。清代统治者为体现对文化的尊重，收买汉族文人之心，在全国各地建有七大藏书阁。

除官方图书馆，民间图书馆也广泛存在。具体有三类，一是书院图书馆，二是私人藏书楼，再就是寺庙里的藏经楼。

自唐代直到清末，书院作为中国一个独特的教育、学术机构，自然是少不了图书馆的。岳麓书院的御书楼直到现在都藏有大量图书。而私人收藏家们的图书也相当可观。宋代著名的个人藏书家宋敏求藏书三万卷，并且公开允许爱书之人借阅；明朝官员范钦建造的"天一阁"，到今天已成为亚洲最古老的图书馆。另外，寺院里的藏经楼，并非如武侠小说里写的那样藏的都是武功秘籍，并且也不止佛经，而是收藏各种书籍，也称得上图书馆了。

图书文档

"邸报"是中国古代的报纸吗?

说起报纸,可能许多人以为这是在清末才从西方传到中国的现代文明。殊不知,中国很早就已产生了报纸,而且中国是世界上最早产生报纸的国家。

早在西汉时期,中国便产生了一种专门传递军政信息的"邸报",实质上便是早期的报纸。西汉沿用了秦朝的郡县制,各郡行政长官为与中央联络方便,在京城长安都设了专员。这些专员的职责便是负责在皇帝和各郡首长之间做联络工作,定期把皇帝的谕旨、诏书、臣僚奏议等官方文书以及宫廷大事等有关的政治情报,写在竹简上或绢帛上,传递给各郡长官。因为这些驻京专员的住处当时称为"邸",于是这些传递消息的竹简或绢帛便称为"邸报"。"邸报"自西汉产生之后,在后世历代名字时常变化,却从未消失过,并且性质与内容也变化不大。

唐开元年间,中央政府为方便官员了解消息,每天都将朝务以简讯形式公布在宫门上,时人称为"开元杂报"。这便形成了一种统一的朝政公报,相当于早期的政府新闻发布会。而从新闻的时效性上来说,这已经接近现代报纸,相当于现在的日报了。到唐代后期,藩镇割据形势形成,中央失去权威,各地驻京城人员不再满足于被动接受朝政信息,而是开始主动采集消息写在"邸报"上。

宋代,报纸开始正式化并多样化。朝廷专门组织了一个进奏院,负责定期向全国官吏发送一种"进奏院状报"。另外,宋朝统治者还初步规定了一套新闻检查制度。

明朝政府开始允许民间自设报房,报房大多设在北京。在封建政府的监督下,报房编选一部分从内阁有关部门抄来的"邸报"稿件公开发售,通称"京报"。内容由皇帝谕旨,朝廷政事,官吏的奏折三部分组成。明代中叶后,办报成为社会上的一项公开职业,明末的"京报"还曾刊载过社会新闻。清代的"京报"则进一步繁荣,在京城达到十家之多。清末,西方现代报业观念被引入中国,民间报纸兴起,中国报纸开始与现代报业接轨。

什么人可以称为"读书种子"?

关于"读书种子",应该说有广义和狭义两种意思。

广义上讲,那些有上进心、志于读书又表现出一定灵性的青少年均可称为"读书种子",相当于现在的中小学里成绩好的学生。如宋代周密的《齐东野语·书种文种》中言:"山谷云:'士大夫子弟,不可令读书种子断绝,有才气者出,便当名世矣。'"关于"读书种子"的说法,最早的文字记载也只能追溯到宋代。可见,"读书种子"刚产生时便是指这种广义上的意思。

而狭义上来讲,"读书种子"指的是在文化上能够承先启后的读书人。这比广义的"读书种子"的标准可就高多了,恐怕只有历代顶尖级的文人学者才能担得起这种称呼。这种狭义的"读书种子"的意思,产生于明朝,其具体来源还有个相当惊心动魄的历史故事。

明太祖朱元璋死后,其孙建文帝继位,而建文帝的叔叔燕王朱棣因为不满建文帝的削藩政策而起兵造反。朱棣在军事上取得优势，准备南下进攻南京。军师姚广孝向朱棣谏言道："城下之日，彼必不降，幸勿杀之，杀孝孺，天下读书种子绝矣。"意思是攻破南京后，方孝孺肯定不会投降，但是你不要杀他，杀了他，天下读书种子就绝了。但最终朱棣还是杀了方孝孺，并且是以"诛十族"的残酷方式。显然，这里的"读书种子"，就非一般意义上的志于学习的年轻人了。方孝孺乃明代名儒宋濂的得意门生，为当时名流大家。《明史》记载："孝孺工文章，醇深雄迈，每一篇出，海内争相传诵。"自此，"读书种子"便具有了新的更高标准的含义，指那些在学问上能够继往开来的大学问家。

为什么那些顺口溜式的诗被称为"打油诗"？

诗歌本来是属于文人圈子的高雅艺术，但自从出了"打油诗"，诗歌的姿态也便放低了许多，那些学识不高，甚至不通文墨的人也都敢堂而皇之地吟几句诗了。所谓"打油诗"，就是顺口溜式的诗。这种诗不讲究平仄对仗，意境不高，辞藻不美，只讲究趣味性，供人一乐。那么，这种诗为何被称为"打油诗"呢？

唐代时南阳有个书生，姓张，名打油。张打油生性达观幽默，虽考取功名未成，仍整日悠哉闲逛，自得其乐。据说他酷爱民间文艺，尤其喜欢做顺口溜诗。闲逛时，张经常兴之所至，便随口诌上一首，以过诗瘾。"江山一笼统，井口一窟窿，黄狗身上白，白狗身上肿"便是他的杰作。

话说有一天，张打油又出来溜达，走至一个新落成的县衙，看里面无人，便悄悄进去参观。临走时诗兴又发，在洁白的墙壁上留下了大作一首："六出九天雪飘飘，恰似玉女下琼瑶。有朝一日天晴了，使扫帚的使扫帚，使锹的使锹。"县太爷听说后，十分生气，便下令抓了张打油。县太爷在大堂上责问张打油为何要乱写乱画，张打油答道："吟诗作文，乃高雅之事，何在乎区区一面墙壁。"县太爷一听他口气挺大，便以当时的南阳城被"安史之乱"的叛军围困为题材，要求他作诗一首。声称如果做得好，便不再治他罪。张打油稍加思索便吟道："贼兵百万困南阳。"县太爷也是懂文墨之人，暗觉气势不凡。接下张又道："也无救兵也无粮"。县太爷觉得这句便略微失去气势了。最后，张收尾道："有朝一日城破了，哭爹的哭爹，叫娘的叫娘。"干脆成了打趣的俏皮话，在场的人一听都笑了。县太爷觉得虽然境界不高，但也颇有几分意思，于是便放了张打油。

后来此事传开，张打油成了名人。人们便将这种顺口溜诗称为"打油诗"了。

为什么把写得很差劲的文章批为"狗屁不通"？

我们知道，如果一篇文章缺乏逻辑，文理极不通顺，让人读不下去，或者有些故意强词夺理，人们往往斥之为"狗屁不通"。另外，那些不通事理，过于固执己见的人，有时也被人斥为"狗屁不通"。总之，人们是借用"狗屁"来表达一种贬斥的意思。为什么会有这样的说法呢？

其实，"狗屁不通"原为"狗皮不

通"。因为狗的表皮没有汗腺，夏天温度高的时候，狗只能借助舌头来散发体内的热量。也正因为狗皮密不透气，常用以做床垫、椅垫，成为最佳的保暖用品。"狗皮不通"，便是就狗的这一生理特点而言。后来，因为"皮"和"屁"谐音，人们在口头上便逐渐喊成了"狗屁不通"。又因为用屁来形容文理不通的文章或者不明事理的人，则更加鲜明形象，贬斥讥诮的意味更加浓厚。所以人们也便将错就错，约定俗成地将"狗皮不通"换成"狗屁不通"了。

衣食住行

何谓"衮冕"?

衮冕，是衮衣和冕冠的合称，是古代天子王公穿戴的礼服，早在西周时就已经有专门关于衮衣和冕冠的定制，并为历代所沿用。

天子和最高级官员所穿的礼服，叫作衮。在衮的上面，据说绣着蜷曲形的龙，表示尊贵。后来，从衮发展出了龙袍。衮衣上绣着蜷曲的龙，故又称为"龙袍"。此外衮衣上一般还绘制有日、月、星、山、火、黼、黻、华虫、藻纹等图饰。这些图饰都具有一定的象征意义，如日月星辰表示其照临之意；山取其仰望之意；用火来表示明亮之意；黼为斧形，取其金斧断割之意；黻为亚形，取其臣民背恶向善之意；藻纹、华虫皆取其文采。

冕是最尊贵的礼冠，天子诸侯一般也只有在如祭祀、登基等特定场合下才会佩戴。冕的冠顶是一块长方形的木板，前后有垂旒，旒以玉珠穿成，垂旒的珠子数目的多少因等级不同而有所差别。通常天子垂十二旒，诸侯以下各有差异，其中等级最低的仅垂二旒。这种冕式为历代王朝沿用。

冕是黑色的。在冕的上面，有一幅长方形的板，叫作延，下面戴在头上。在延的前沿，挂着一串串小的圆形的玉，叫作旒。天子的冕上，共有十二道旒，诸侯以下，旒数各有等差，诸侯有九旒，上大夫有七旒，下大夫有五旒。

到魏晋之后，冕才成为帝王的专属，其他人不得僭越佩戴了。除了帝王之外，其他人都不可以戴冕了，所以"冕旒"就成了帝王的代称。王维《和贾至舍人早朝大明宫之作》中说："万国衣冠拜冕旒。"诗中的"冕旒"，指的就是帝王。

什么是"弁"?

弁的地位次于冕，也是古代一种比较尊贵的帽子。

弁分成爵弁、皮弁。皮弁是尖顶的，好像后世的瓜皮帽。皮弁的制作材料是白鹿皮，在鹿皮和鹿皮缝合的地方，缀有一行行小玉石，看上去就像是一粒粒星子，闪烁漂亮。《诗经》中说："会弁如星。"指的就是这个意思。至于爵弁，据说就是没有旒的冕，色如雀头，赤色，略微带点黑色。

笄、纮、瑱各指什么?

笄是古人插头发用的物件。

古人戴冕或弁时，往往要用一根比较长的笄（不同于发笄），横插发髻，使笄穿过发髻，从而把冕或弁别在髻上。别完之后，再在笄的一端，系上一根小小的丝带，丝带绕过颔下，再系到笄的另一端。这根小小的丝带，叫作纮。纮和缨是不同的。

在笄的两端，此外还各有一条丝绳，叫作紞，从紞下垂下一颗玉来，这颗玉叫作瑱。因为两颗瑱垂下的位置，正好对着左右两耳，所以瑱又叫作充耳，或者塞耳。

什么是"左衽"？

衽，就是衣襟。在上古时代，人们的上衣大多数为交领斜襟，衣襟向右掩，称为右衽；衣襟向左掩，也就相应地称为左衽。右衽是古代华夏汉民族的传统服饰，传说黄帝在制作衣服时，交领右衽，大意为用左边那片衣襟遮掩包住右边那片衣襟，这样衣服领子的样子看起来就像字母 y 的形状。在中国古代服饰礼仪习俗中，只有尚未开化的人们才穿左衽，显示出区别。因此"披发左衽"往往指不讲礼仪文明之邦，如孔子就曾说过一句话："管仲相桓公，霸诸侯，一匡天下，民到于今受其赐。微管仲，吾其被发左衽矣。"意思是管仲辅助齐桓公称霸诸侯，使天下一切得到匡正，人民到今天还受到他带来的好处。如果没有管仲，我们现在还都是披散着头发，衣襟向左掩的未开化的落后民族呀。华夏汉族的发型服饰是"束发右衽"。

什么是"深衣"？

深衣，是古代的一种上衣和下裳相连而合着缝制在一起的长衣。据《礼记·王制》记载，深衣在传说中的有虞氏时代就产生了。人们根据相关文献及考古推测，深衣应该是秦、西汉以前较为普遍流行的服饰。

深衣的上衣一般用四幅布，把左右连缝为一体，然后取横中线折叠为前后两幅。下裳用布六幅，每幅布都用刀交解裁之，使一头狭窄，一头宽，狭头在上，宽头在下，则适合上衣的腰缝，这样前后合成十二幅布。深衣的长度一般到人的脚踝处，这样的长度就不容易被泥土粘污。

深衣是当时社会的常见的服饰。上至文武百官，下至士庶军旅等都可穿着深衣。

什么是"弁服"？

"弁服"是古代的王公贵族所穿的级别仅次于冕服的一种礼服。弁服制度始自夏商周三代，上自天子下至士都可以穿戴。弁是比较尊贵的冠，有用白鹿皮制成的皮弁、没有垂旒形制像冕的爵弁、用熟皮制作染为赤色的韦弁三种。皮弁搭配白衣白裳穿戴；爵弁搭配玄衣纁裳穿戴，用作助君祭祀、迎亲等场合；韦弁则搭配赤衣赤裳穿戴，用作兵事。

什么是"品服"？

品服又称"品色衣"，就是官吏按品级高低所穿的规定服色。古代官制把官级分为九品，一般有品级的官员称为品官。品官的等级不同，其品服的颜色、形制、质地也不同，以区分尊卑。魏晋南北朝时期，实行九品中正制，官员讲究门阀等级，"品色衣"就是在此时出现的。到隋唐以后，品色衣逐步发展且演变为官吏常服。唐朝时，三品以上文武官员穿紫色的衣服，佩带金玉带；四品官穿深绯色衣；

五品官穿浅绯色衣，带金带；六品官穿深绿色的衣服；七品穿浅绿，带银带；八品穿深青；九品穿浅青，带瑜石带。以后历代官员的品服虽有些变化，但基本上都以紫、绯、绿、青四色来定官品高低，并形成了相应的制度。

什么是"霞帔"？

霞帔，是明清时期后妃、王公大臣的诰命夫人所常穿礼服的一部分，类似于现在的披肩。帔子最早出现在南北朝时期，得名于隋唐时期，宋代时霞帔变成女子礼服的一部分，也成为女性社会身份地位一种标志；明代时发展成为"霞帔"。因为它的形状如同彩带，宽三寸二分，长五尺七寸，可以绕过脖颈，披挂在胸前，下端垂着金玉制成的坠子，美如彩霞。本来霞帔是宫廷命妇的着装，后来平民的女子在出嫁时也可穿戴霞帔。命妇的品级不一样，霞帔的颜色和图案纹饰也不同。如一、二品命妇的霞帔为蹙金绣云霞翟纹（翟是长尾山雉），三、四品为金绣云霞孔雀纹，五品绣云霞鸳鸯纹，六、七品绣云霞练鹊纹，八、九品绣缠枝花纹。

在福建南宋黄升墓中出土有宋代霞帔的实物，其形制是两条绣满花卉纹的细长带，长带尖角一端相连，形成"V"字形。穿用的方式，是将两条长带搭在肩头，在颈后以线相缝连，而尖角一端垂在身前，下坠一个金或玉的圆形"帔坠"作为装饰。这样的霞帔是宋代内、外命妇常礼服的一部分，如《宋史·舆服志》所记："常服，后妃，大袖、生色领、长裙、霞帔、玉坠子。"这里所谓"常服"并非指日常服装，而是在国家大典之外的各种礼仪场合所应着的正式礼服。

什么是"襆头"？

襆头，又称为"折上巾"或"四带巾"。它是裹发巾中的一种，因为它是用黑帛向后幞发，俗称为"幞头"。襆头是在东汉幅巾的基础上发展演变而成的，在北周时形成定制，隋唐之后广为流行。

襆头的佩戴最为普遍，形态多样，在历史发展过程中，变化也最大。从最初的裹发巾一直演变为后来的纱帽，完全脱离了巾帕形式。不同样式的襆头也代表着人们的不同身份与职业。在唐代的皇家宫廷里有长脚罗筷头，一般的乐舞伎和平民百姓戴有额上两折上举的"折上巾"。宋代制度规定文武百官公服筷头一概用直脚，而仆从、公差、身份低下的乐人，则用交脚和曲脚。在喜庆宴会时更可特别使用鲜艳的色彩，装饰纱帽，称为"生色销金花样幞头"。

什么是"裘"？

裘是古人秋冬御寒的衣物。古人穿裘，裘毛是向外的，这和现在不同。穿裘接见客人，或者穿裘行礼，都是不礼貌的，所以古人就在裘上，多套上一件罩衣，这件罩衣叫作裼衣，裼衣的颜色，通常要和裘的颜色协调，否则就不美观了。

什么是"袍"？

袍也是古人秋冬御寒的衣物，袍即长袄。袍里面铺有东西，据说是乱麻。由此可见袍并不是什么贵重的衣物。袍和裘相比，地位要低，一般人都是没有财力制置裘时，才去穿袍。

汉代以后，袍的品种增多，出现了绛

衣食住行

纱袍、皂纱袍等，袍成了朝服，地位就大大升高了。

什么是"布衣"？

上古的布，是葛织品或者麻织品，而非棉织品，这是因为种植棉花的意识和技术，上古人还没具备。古人常常布帛相称，帛和布是不同的，帛是丝织品的总称，由帛做成的衣服价格昂贵，普通庶人穿不起，只能穿麻织品。所以后来，"布衣"就成了庶人的代称。

什么是"纨、绔"？

纨是古代的精细有光的单色丝织物（绢），是一种珍贵的衣料，汉代宫廷以纨素为冬服，轻绡为夏服；而以细绢制成的团扇，称纨扇，绔，通"袴"，是裤子的初形，就是胫衣、套裤。《释名·释衣服》云："袴，跨也，两股各跨别也。"纨绔子弟是指衣着华美的年轻人，旧时指官僚、地主等有钱有势人家成天吃喝玩乐、不务正业的子弟。

早在春秋时期，人们的下体已穿着裤，不过那时的裤子不分男女，都只有两只裤管，其形制和后世的套裤相似，无腰无裆，穿时套在胫上，即膝盖以下的小腿部分，所以这种裤子又被称为"胫衣"。古人在绔的外面，往往着有一条围裙状的服饰，那就是裳。衣、裳、绔三者并用，就可以将身体全部遮覆。由于绔都被穿在里面，所以常用质地较次的布制成，而到了六朝时，那些世家子弟居然用白色的丝绸来做裤子，如此之奢靡，所以被称为"纨绔子弟"。《宋史鲁宗道传》中说："馆阁育天下英才，岂纨绔子弟得以恩泽处耶？"

何谓"十二章纹样"？

帝王礼服上的花纹共有 12 种，是以天地山川为代表的"十二章"纹样，是中国儒家学派服饰理论的核心。十二章包括日、月、星辰、山、火、宗彝、粉米、龙、华虫、藻、黼、黻 12 种纹样，几乎囊括了天地之间一切有代表性的事物。

日月星辰，除了取它们照耀大地，带来光明之意外，更重要的是，古代的人们认为日月和星辰在宇宙中有着主宰一切的意义。日一般是绘在上衣的左肩，而月则在右肩，两者合起来就是"肩挑日月"的意思，显得非常霸气，星辰都绘在日和月的下面。

山也是绘在上衣上的，由于山川显得稳重，用在衣服上有隐喻江山永固的用意。华虫实际上并不是虫，而是禽类，俗称雉鸡，羽毛华美，寓意王者有文采，即有文章之德。由于雉鸟高洁的缘故，通常都被绣在上衣的肩部到袖子外侧的地方，它在古代人眼中是一种祥瑞，又是神灵的象征，还具有神秘性，故而十二章取其随机应变之意。十二章中的火，既有光明的意思，也有旺盛向上的吉利含义。宗彝的解释比较多，一方面认为它是庙堂里用于祭祀的礼器，后来又在礼器上绘了一只虎和一只长尾猿，虎是凶猛的象征，而长尾猿是非常聪明的，用在这里表达了聪慧的含义，另外一种看法则认为这是表达了一种忠孝之意。至于藻，也是绣在下裳上的，藻在民间往往被用来借喻华丽的装饰，也有洁净的意思。粉米听起来就是和吃的东西有关，实际上也是如此，在衣服上绣上这样的纹样，主要是提醒帝王要注意滋养众生，注意惜福养民。黼实际上就是斧头，在章服上用斧头，无疑是为了增加礼服的庄严稳重，提醒王者"当断则断"；而与黼相似的黻是一种奇怪的图案，表达的是一种明辨是非的含义。

何谓"乌纱帽"？

"乌纱帽"也叫纱帽，它的前身是古代男子裹头发用的幞头。东晋成帝时，都城建康（南京）宫中做事的人，都戴一种用黑纱做的帽子，人称"乌纱帽"。到了南朝宋明帝时，"乌纱帽"传入民间，成为百姓常戴的一种便帽。隋唐时，皇帝、官员和百姓都戴乌纱帽。但为了区别官衔高低，乌纱帽上装饰了玉块：一品有9块，二品有8块，三品有7块，四品有6块，五品有5块，六品以下没有装饰玉块。宋太祖赵匡胤时，为防止大臣在朝堂上交头接耳，下令在乌纱帽的两边各加一个一尺长翅，又在乌纱帽上装饰不同的花纹，来表示官位的高低。明朝开国皇帝朱元璋规定文武百官上朝和办公时，必须戴乌纱帽，穿圆领衫，束腰带。另外，取得功名但还没有授予官职的状元、进士，也可戴乌纱帽。从此，乌纱帽成为官帽。清代官员的乌纱帽被换成红缨帽。至今人们仍习惯地将"乌纱帽"作为官位的代称，"丢掉乌纱帽"就意味着被罢官。

"顶戴花翎"指的是什么？

清代冠帽大致分为礼帽和便帽，而冠帽中最具特色的当属礼帽。影视作品清宫戏中出现的拖着羽毛翎子的圆顶大帽——顶戴花翎就是官员的礼帽。礼帽还叫大帽，按季节分为八月到次年二月之间戴的暖帽和三月到八月戴的凉帽。

暖帽从上面看起来是圆形的，圆顶，四周有一圈宽宽的折檐。它的颜色以黑色为主，材料采用呢子、绸缎、绒布等。帽檐用黑貂皮、银貂皮、海龙皮、狐皮等各种皮毛制成，由于这些皮毛的原料比较昂贵，一般官员便使用黄鼠狼皮染黑了来制作。暖帽的顶上都装着红色的帽纬，有的用丝绦制作，有的用红缎子裁成，通常叫作红缨儿帽。在礼帽顶部的中央装有一颗顶珠，是用宝石、珊瑚、金、银等制成的。顶珠是区别官员职位高低的标志。凉帽则是一个圆锥体的笠帽，是用玉草或藤丝、竹丝编成的，外面罩上罗纱，缀上红色的帽纬，顶珠与暖帽相同。其他的同于暖帽。

不管是凉帽，还是暖帽，在顶珠的下面都插有一根两寸长的翎管，一般用白玉、翡翠、珐琅或者玻璃做成。翎管是专门用来插花翎的，这也是清代官员特有的身份等级标志。花翎通常用孔雀翎，采用的是向后拖垂的插法。由于孔雀翎末梢中央有一圈灿烂的花斑，中心是蓝黑色的，就像眼睛一样，所以清人称之为"眼"。花翎有三眼、双眼、单眼和无眼之分，品级不同，眼数也不同，有眼的叫花翎，无眼的叫蓝翎。清初的时候，花翎是十分珍贵的，只有建立功勋或是蒙有特恩的人才配赏戴。花翎的赏赐制度，在乾隆之后就开始松弛了，不仅品级比较低的官员可以得到花翎，商人也可以被赏赐。

品位和服色有什么关系？

在我国古代，黄色是皇帝的专用服色，象征神圣、权威和不容侵犯。除皇帝外，任何人都不允许穿黄色的衣服。但并

衣食住行

不是每个朝代的君主都穿黄色衣服，如夏朝君主穿黑色，商朝君主穿白色，周朝君主穿红色。春秋时，齐国流行紫色，齐桓公穿紫袍，导致齐国紫色丝织品价格暴涨。秦国为了统治天下，按照五德循环理论制造舆论，认为秦在西方，属水德，尚黑色，黑色是尊贵的颜色。而汉高祖刘邦从南方起兵，最终登上皇位，南方属火德，所以红色又成为尊贵的颜色。唐高祖武德年间下令臣民的衣服不得使用黄色，黄色逐渐成为皇室的专用颜色。历朝历代官员官服因品级高低的不同，颜色也不同。以明朝为例：文武官员一至四品都是绯红色，五至七品是青色，八、九品是绿色。

衣冠禽兽和补子各代表了什么？

最能衬托大明皇帝的龙形象，当然就是禽和兽了。所以明代官员的服饰规定：文官官服绣禽，武将官服绘兽。"衣冠禽兽"在当时遂成为文武官员的代名词。

明代服制规定：文官一品绯袍，绣仙鹤；二品绯袍，绣锦鸡；三品绯袍，绣孔雀；四品绯袍，绣云雁；五品青袍，绣白鹇；六品青袍，绣鹭鸶；七品青袍，绣鸂鶒；八品绿袍，绣黄鹂；九品绿袍，绣鹌鹑。武将一品、二品绯袍，绘狮子；三品绯袍，绘老虎；四品绯袍，绘豹子；五品青袍，绘熊；六品、七品青袍，绘彪；八品绿袍，绘犀牛；九品绿袍，绘海马。当时，"衣冠禽兽"是一个令人羡慕的赞美词，只是到了明朝中晚期，官场腐败，"衣冠禽兽"才演变成为非作歹，如同牲畜的贬义词。明代官服上的禽兽被绣在两块正方形的名叫"补子"的织锦上，使用时将它缝在官员的服装上，前后各一块，所以官员的服装也叫"补服"。"补子"是明代官服上新出现的等级标志，以后600年为官场所沿用，成为封建等级制度最突出的代表。

冠、巾、帽之间有联系吗？

冠是古代专供贵族戴的帽子，是贵族服饰的标志。早在夏朝时期，就已经出现了礼服、礼冠的制度，以显示贵族身份。到了封建社会，有资格戴冠的除了贵族外，还有为统治阶级服务的士大夫阶层。

舞伎图　唐
图中舞伎着一件黄蓝色卷草纹白袄，红裙曳地，脚登高头青绚鞋。

到了汉代，冠的种类非常多。通过冠帽就可以看出一个人的身份和等级。汉代主要冠帽有：冕冠、通天冠、长冠、远游冠、建华冠、方山冠、巧士冠、却敌冠、樊哙冠、进贤冠、武冠和法冠等。不同身份、不同场合所戴冠都有严格规定。帝王在参加祭祀大典时要戴冕冠；帝王在朝会和宴会上，要戴通天冠；官员在参加祭祀时戴长冠；各级武官在朝会时戴武冠；文官和儒士戴进贤冠等。贵族和士戴冠，而普通老百姓只能用巾（用丝或麻织成的布）包头或结扎发髻。后来统治阶级也开始佩戴巾。汉朝末年，王公贵族开始流行佩戴巾，巾的种类逐渐繁多。文官佩戴"展脚幞头"巾，武官佩戴"交脚幞头"巾。后来人们发现戴帽子比戴巾方便，老百姓也逐渐淘汰巾而开始戴帽。

"五谷"都包括什么？

古代有"五谷"的说法，但"五谷"是哪五谷，说法可就有分歧了。通常的说法是，五谷指稷、黍、麦、菽、麻。五谷是古代基本的农产品，是古人的基本粮食。

"五谷"之外，还有"六谷"的说法，六谷是稻、稷、黍、麦、菽、麻。比起五谷来，六谷只多了一种稻。稻为什么不是一开始就在五谷里面呢？原来，水稻本来是南方作物，是到了后来，才传到北方来的。我们下面简单说说五谷的情况。

稷——稷就是谷子，脱壳后是小米。我国古代很长一段时期中，稷都是最重要的粮食之一。古人把稷作为五谷之长，以稷代表谷神，谷神和社神（土神）合起来，叫作社稷。后来，社稷发展成为国家

的代称。

黍——黍就是黍子，又叫黄米。黍味道较好，在上古时代，也是重要的粮食作物。

麦——麦分为大麦、小麦、燕麦、黑麦等。种植比较广的是大麦、小麦。古代小麦叫来，大麦叫牟。

菽——菽就是豆。上古时代只叫作菽，汉代以后，才开始叫作豆。

麻——麻指大麻子。麻在古代不是主要的粮食作物，但也供食用。古人常丝麻、桑麻连说，这里的麻，指的是大麻的纤维，不是指麻子。

"五菜"都包括什么？

五菜指葵、韭、藿、薤、葱。这是我国战国和秦汉时，重要的五种蔬菜。

葵——《诗经》上说："七月亨葵及菽。"诗中就说到了葵。古人把葵尊为百菜之主，可见古代食葵是比较普遍的。唐代以后，葵的种植逐渐减少。明代时，李时珍的《本草纲目》把葵列入草部，已经不再看成是蔬菜了。

韭——韭就是韭菜，是我国原产。汉代时，人们已经懂得了冬季时把韭菜移入温室或者地窖，进行细心栽培。

藿——藿是大豆的嫩叶。《战国策》中说："民之所食，大抵豆饭藿羹。"可见当时的人们，常把藿菜熬汤喝。

薤——薤是多年生草本植物，地下有鳞茎，鳞茎和嫩叶都可以食用。

葱——葱即大葱。

"八珍"指的是什么？

"八珍"，在古代原来是指八种烹饪方法。依照汉代郑玄的说法是指淳熬（肉酱

衣食住行

油浇饭)、淳母（肉酱油浇黄米饭）、炮豚（煨烤炸炖乳猪）、炮牂（煨烤炸炖羔羊）、捣珍（烧牛、羊、鹿里脊）、渍（酒糖牛羊肉）、熬（类似五香牛肉干）和肝膋（网油烤狗肝）八种食品（或者认为是八种烹调法）。《周礼·天官·膳夫》说："凡王之馈，食用六谷，膳用六牲，饮用六清，羞用百有二十品，珍用八物。"这里的"八珍"成了珍贵食品的代名词，用这些珍贵食品制作的美食，是只有王侯一级的人才可享用的。需要说明的是，每个时代"八珍"的内容都有变化。明清时期，有"水陆八珍"，即海参、鱼翅、鱼脆骨、鱼肚、燕窝、熊掌、鹿筋、蛤士蟆；有"山八珍"，即熊掌、鹿尾、象鼻（一说犴鼻）、驼峰、果子狸、豹胎、狮乳、猕猴头；有"水八珍"，即鱼翅、鱼唇、海参、鲍鱼、裙边、干贝、鱼脆骨、蛤士蟆。近现代又有"上八珍""中八珍""下八珍"之分。

何谓"三牲"？

古人进行祭祀时，经常用到的祭品是牛、羊、豕。牛羊豕合称为三牲。祭祀时，如果三牲都齐全了，就叫太牢，如果只用羊、豕，不用牛，就叫少牢。太牢和少牢的区别，是有没有牛。古代牛是很珍贵的，作为肉食，一般的庶人吃不起，只有贵族吃得起。古代肉食中，比较普遍的是羊肉。

什么是五味？

指酸、甘（甜）、苦、辛（辣）、咸五种味道。一般也泛指各种味道或调和众味而成的美味食品。在佛教中是以乳、酪、生酥、熟酥、醍醐五者比喻华严、阿含、方等、般若、法华涅盘五时之教。现代科学证明，人确实是共有五种味觉，即酸、甜、苦、咸和鲜。这和中医所认为的五味是一致的。

中医通过问人的所欲五味，可以知病所起所在。早晨起来，若感觉口有酸甜苦辣咸，分别表示肝胆脾肺肾的病因在何处。而且，五味都有医疗作用，一般说来，多甘味能补虚缓急；多酸味能敛肺涩肠；多苦味能降泄燥湿；多咸味能软坚散结；多辛味能发表行散。

何谓宫廷御膳？

宫廷菜历史悠久，源远流长。我国的宫廷菜萌芽于夏商时期，到西周时，宫廷御膳机构已全面建立。商代有"酒池肉林宴"，周朝有"八珍宴"，战国时期有"楚宫宴"，汉代有"王宫宴"、唐代有"烧尾宴""龙凤宴"，宋代有"皇寿宴"，到清代的"盛京宴""满汉全席宴"等，宫廷御膳以其独特的魅力流芳至今。宫廷御膳就是中国历代封建王朝专门管理帝王和后妃膳食的机构所做的菜肴。宫廷菜作为中华民族饮食文化登峰造极的产物，其特点是菜点众多，珍馐齐全，选料精细，制作讲究，调料多样，滋味各异，形状美观，餐具精致，菜名典雅，富有情趣，注重滋补，美容养颜；多山珍海味，既有白煮烧烤，又可煎炒烹炸，技术较任何地方菜系更为全面。经历代御厨不断加以完善，宫廷菜品种更加繁多，味道的层次感强，口味以清鲜酥嫩见长。宫廷御膳的外形可谓是精美绝伦，美食与美器共同彰显皇族风范；宫廷御膳在菜品质量上堪称天下无双，营养丰富，口感极佳。

康熙皇帝的一品龙皇翅、宫门献鱼；雍正皇帝的御膳极品鲍、清宫蒸蟹；乾隆的长寿汤；慈禧太后的一品官燕、抓炒鱼片、蜂窝土豆等，皆为菜肴之上品。溜鸡脯、荷包里脊、炸佛手等更是千古流传的特色菜肴。宫廷御膳不仅以绝顶的形、色、香、味征服了封建皇族，更是中国博大精深的传统饮食文化的典型代表。

何谓"烧尾宴"？

古代名宴烧尾宴历来声名显赫，是指士子登科或官位升迁而举行的宴会。此宴出现在唐高宗时期，距今已有 1300 余年了。"烧尾"一词源于唐代，有 3 种说法：一说是兽可变人，但尾巴不能变没，只有烧掉；二说是新羊初入羊群，只有烧掉尾巴才能被接受；三说是鲤鱼跃上龙门，必有天火把它的尾巴烧掉才能成龙。此三说都有升迁更新之意，故此宴取名"烧尾宴"。

烧尾宴的风习，始于唐中宗景龙时期，终于玄宗开元年间，仅流行了 20 余年。景龙三年（关于 709 年），韦巨源官升尚书左仆射，在家设烧尾宴奉请皇帝，肴馔丰美绝伦，世所罕见。《清异录》中记载了韦巨源设烧尾宴时留下的一份不完全的食单，使我们得以窥见这次盛筵的概貌。食单共列 58 种菜点。20 余种糕饼点心中仅"饼"的名目就有"单笼金乳酥""贵妃红""见风消""双拌方破饼""玉露团""八方寒食饼"等七八种之多；馄饨一项，就有 24 种形式和馅料……烧尾宴中的工艺菜也令人叹为观止，一道"素蒸音声部"，用素菜和蒸面做成一群蓬莱仙子载歌载舞，栩栩如生，华丽壮观。菜肴则水陆八珍，尽皆入馔。从菜名到烹调均新奇别致，超乎想象。有乳煮的"仙人脔"，生烹的"光明虾"，活炙的"箸头春"，冷拼的"五生盘"，笼蒸的"葱醋鸡"，油炸的"过门香"以及匠心独运的蛤蜊羹"冷蟾儿羹"……58 种菜点并非烧尾的全部，我们已能显见此宴的奢华，无怪乎唐代另一个宰相苏琼得官，却不向皇帝进献烧尾宴，并义正词严地说："宰相是辅佐皇帝治理国家的，今关中大饥，米价很贵，百姓都吃苦头饱，所以臣不敢烧尾。"从此，烧尾宴也就渐渐消逝了。虽然如此，烧尾宴是中国筵宴史上的一座丰碑，它上承周代八珍席，下启宋朝万寿宴和清廷满汉宴，开了豪华大宴之先河。

"满汉全席"规模如何？

满汉全席，起兴于清代，原是官场中举办宴会时满人和汉人合坐的一种全席，逐渐发展成集满族与汉族菜点之精华的历史上最著名的中华大宴。乾隆年间李斗所著的《扬州书舫录》中有关于满汉全席的最早记载："满汉全席，分为六宴，均以清宫著名大宴命名，一为蒙古亲藩宴，二为廷臣宴，三为万寿宴，四为千叟宴，五为九白宴，六为节令宴。全席汇集满汉众多名馔，择取时鲜海错，搜寻山珍异兽。计有冷荤热肴一百九十六品，点心茶食一百二十四品，计肴馔三百二十品。合用全套粉彩万寿餐具，配以银器，富贵华丽，用餐环境古雅庄隆。席间专请名师奏古乐伴宴，沿典雅遗风，礼仪严谨庄重，承传统美德，侍膳奉敬校宫廷之周，令客人流连忘返。全席食毕，可使您领略中华烹饪之博精，饮食文化之渊源，尽享万物之灵之至尊。"

衣食住行

满汉全席是我国一种具有浓郁民族特色的巨型宴席。既具有宫廷菜肴之特色，又吸取地方风味之精华，菜点精美，礼仪讲究，形成了引人注目的独特风格。满汉全席共有 108 道菜，分 3 天吃完。满汉全席取材广泛，用料精细，山珍海味无所不包。烹饪技艺精湛，富有地方特色，突出满族菜点特殊风味，烧烤、火锅、涮锅几乎是不可缺少的菜点；同时又展示了汉族烹调的特色，扒、炸、炒、溜、烧等兼备，为中华菜系文化的瑰宝。

中国主要菜系有哪些？

中国是传统的"烹饪王国"，在中国人的心目中，美食有着重要的地位。"民以食为天""饮食男女，人之大欲存焉"等古语形象地说明了中国人自古就有重饮食的习俗。中国文化对世界影响最为广泛而深远的当属中国烹饪，在世界各个国家，只要有华人居住，就有中国餐馆。到中国旅游，不品尝一下中国的美味佳肴、风味小吃，就无法领略中国饮食文化的精妙所在。可以这样说，不了解中国饮食，就不了解中国，中国饮食文化可谓是独一无二、博大精深。

在中国饮食文化发展演变的过程中，形成了以"中国菜"总的格调下不同的地方风味，逐渐成为一套自成体系的烹饪派别。中国的地方菜系丰富多样，最著名的有 8 种：鲁菜、川菜、粤菜、闽菜、苏菜、浙菜、湘菜、徽菜，称为"中国八大菜系"，还有的加上京、鄂两菜系，构成十大菜系。众多菜系的不同，主要是源于各地区的地理环境、自然条件或物产资源存在着差别，这是各地人民的饮食种类和口味习惯各不相同的物质基础。"东南之人食水产，西北之人食陆禽"，就是这个道理。物产决定了人们的食性，长期形成的对某些食物独特味道的追求，渐渐地就成为一种难以更改的习性。俗称的"南甜北咸、东辣西酸"，就是地方饮食长期形成的结果。菜系的形成还与社会的发展、政治、经济、文化中心的形成和转移密切相关。中国著名的几大菜系基本上都是出自富庶的省份地区或是官宦之家。如四川被称为"天府之国"，淮扬是盐商的老家，湘菜和徽菜名列八大菜系，也与其省份出官宦较多有很大的关系。

"一日三餐"的说法从何而来？

俗话说：人是铁，饭是钢，一顿不吃饿得慌。现如今，人们的饮食大都是一日三餐制，那么，古人也是实行这样的饮食制度吗？

在秦汉以前，人们一天通常吃两顿饭。由于当时的生产力比较落后，人们经常食不果腹，所以，即使是一天两顿饭，也不是人人都能享受得到的。这还要根据家庭，以及人们的地位而定。

一般情况下，人们在 9 点到 11 点左右吃第一顿饭，这顿饭被称为"朝食"或"饔"；下午 4 点左右，人们进行一天中的第二餐，这顿饭被人们称为"飧"或"食"。《孟子·滕文公上》记载说："贤者与民并耕而食，饔飧而始。"也就是说，一天吃两顿饭，以朝食为开端，飧食结束。吃过了飧食，也就意味着一天结束了。

其实，人们实行一天吃两顿饭的餐制，除了粮食有限这个原因外，还受其他因素影响。据《论语》记载，如果人们私自开了小灶，没有在饭点吃饭，便是违反礼仪规范的行为。如此看来，一日两餐准时准点吃，还是礼仪规范的内容。按照相关规定，如果人一天之内能吃上第三顿饭，多是获得某种特殊奖励。《史记》就曾记载刘邦学项羽三餐犒赏士兵，最终攻夺篑关的史实。

有人说，一日三餐的饮食制度，源自庄子《逍遥游》中的"适莽苍者，三餐而返，腹犹果然"，意思说，只有一天吃三顿饭，才能保证人体基本需要，到了晚上，肚子还是饱饱的样子。事实是否如此，并没有其他资料佐证。但是，一日三餐的制度逐渐被人们所接受。汉代以后，人们渐渐形成了一日三餐的餐制。

一日三餐的饮食，不仅符合养生学原理，还是人们工作生活最佳的饮食安排。一般来说，早餐是大脑活动的能量之源，所以早饭要吃好；中饭是人身体的加油站，因而要吃饱；晚饭之后人们活动减少，即将进入睡眠状态，所以要吃少。

"四菜一汤"自古就有吗？

为了发扬勤俭节约的传统美德，也为了杜绝官员以公款吃喝的腐败作风，政府规定：官员的招待餐为"四菜一汤"。民间待客也有以"四菜一汤"为标准的做法。那么，"四菜一汤"作为招待餐的说法从何而来呢？

相传，朱元璋当上皇帝后，不改当初勤俭节约的作风。出身贫寒的他，经常微服私访体恤民情。几番出巡后，朱元璋发现，为官者欺上瞒下，穷奢极欲，百姓却过着粗茶淡饭的贫苦生活。为了改变"朱门酒肉臭，路有冻死骨"的现象，朱元璋决定整治官场风气。

与马皇后商量之后，朱元璋在皇后的生日宴上作起了文章。马皇后生日宴这天，满朝文武带着奇珍异宝前来贺寿。待众人落座后，朱元璋吩咐上菜。望着宫女端上来的第一盘菜，朱元璋说："常吃萝卜调息顺气。希望众卿吃了萝卜菜，能够顺应民意，为民谋福。"说罢带头吃起了萝卜丝。宫女端上第二道菜，朱元璋放下筷子说道："韭菜象征长久。祝愿我明朝统治本固邦宁，长治久安。"听罢，众官员纷纷夹起韭菜吃了起来。这时，宫女端上来两碗青菜，朱元璋指着青菜说："两碗青菜一样香，两袖清风好臣相。"官员们只管迎合皇帝吃菜。

不一会儿，朱元璋看着宫女手里捧的小葱豆腐汤，放下筷子说道："当初，村妇一碗珍珠翡翠白玉汤救了我的性命，人不当忘本。今日我以'四菜一汤'为皇后贺寿。从今以后，你们应当效仿，请客吃饭，皆以四菜一汤为标准。如有违反，严惩不贷。"大臣听后，立时明白了朱元璋葫芦里卖的是什么药。皇帝下令，臣子岂敢不从，从此，四菜一汤成了官场待客之道。

元宵和汤圆有区别吗？

"正月十五闹花灯，家家团圆吃元宵。"在北方，人们称之为元宵；在南方，人们称之为汤圆。那么，元宵和汤圆是同一种食物的两种叫法呢，还是本就是两种食品呢？

其实，元宵和汤圆属同一种食品。元宵又名"浮圆子""元宝""圆不落角"

等，其中以"元宵"和"汤圆"之名最为常用。据说，这种食品自宋代出现后，很快得到了大家的认可。因为当时的人们只在元宵节食用这种食品，所以汤圆有了元宵的别称。

南方的汤圆软嫩香滑。通常是用糯米以水调制成皮，里面包上桂圆、蜜饯等馅。口味可以调成香、辣、甜、酸等，这也是南方汤圆的特色之一。一碗汤圆，往往配以银耳、莲子、虾仁等熬制成汤。不仅汤圆味美，汤料也鲜。

吃一口南方的汤圆，再咬一口北方的元宵，二者最基本的不同便已分晓。北方的元宵大都是先将馅料调制好，做成小球状。然后将馅料球放入盛有糯米的筛箩里，不断地加水摇晃，糯米便像滚雪球一般粘到了馅球上。这样制出来的元宵相对南方的汤圆来说较实成，因而吃起来口感比汤圆硬些。与南方汤圆的多色多味相比，北方的元宵主要以砂糖、豆沙、枣泥等为主馅，香咸为主味。

有关元宵被称为汤圆，民间流传着这样一种说法：窃国大盗袁世凯当了总统，由于名不正言不顺，他终日忧心忡忡，唯恐哪天自己被拉下总统宝座。疑神疑鬼的他，凡是谐音不吉利的字眼，他都要避讳。话说到了正月十五元宵佳节，人们都要吃元宵。袁世凯觉得"元宵元宵，说的不是消灭我'袁'世凯嘛！"他便下令，元宵更名为"汤圆"。随着袁世凯的下台，人们也就不再避讳"元宵"的说法了。事实上，汤圆一称，早在明朝便已确定了下来，民间如此说法，不过增加了元宵的传奇色彩罢了。

冰糖葫芦最早出现在何时？

冰糖葫芦可以说是中国的传统美食，细说起来，它还是北京的特色食品。歌词里唱道："都说冰葫芦儿酸，酸里面它裹着甜，都说冰葫芦儿甜，可甜里面它裹着酸"。传统的冰糖葫芦，一串穿起来的山楂外面裹着一层糖稀，晶莹剔透的样子看着就有食欲。那么，这种美食是谁发明的呢？

据说，冰糖葫芦最初是一种药膳。话说南宋绍熙年间，宋光宗赵最宠爱的黄贵妃得了怪病。终日茶饭不思，口舌生烟，不多日便已身形憔悴，面如枯槁。宋光宗看在眼里，疼在心上。宫里的御医都看遍了，仍然找不出病症所在。试过了很多名贵药材，黄贵妃的病依然没有半分起色。

无奈之下，宋光宗贴出皇榜，悬赏寻找能医治黄贵妃异症的人。一日，一名游历江湖的郎中看到了皇榜，便揭下皇榜进宫行医。诊过黄贵妃的脉，郎中开出了一副药方：以冰糖煎熬山楂，每顿饭前吃5～10颗，不出半月自会痊愈。看着郎中开的药方，众御医都不以为然，吃了那么多名贵药材均未见分毫起色，如此廉价的药方又如何管用？宋光宗看着药方心想：山楂也吃不坏人，照爱妃现在这种情况倒不妨一试。便命人熬冰糖煎山楂。不出半月，黄贵妃果然面色红润起来，食欲大振。宋光宗高兴得不得了，重金答赏了郎中。

山楂，也就是我们说的山楂。中医多用于消食积，散瘀血，止水痢等。医药学家李时珍曾经说过："煮老鸡硬肉，入山楂数颗即易烂，则其消向积之功，盖可推矣。"可见，山楂是种很好的健胃消食药膳。

后来，这个药方流传到了民间。人们觉得沾了糖稀的山楂吃起来不方便，就用木签将它穿了起来。久而久之，便形成了今天的冰糖葫芦。药膳糖稀山楂也成了一种特色小吃。

油条是怎么来的？

很多人都有早餐喝豆浆吃油条的习惯。油条，又被称为"油炸鬼""油炸果""油炸烩"等。金灿灿的油条咬在嘴里外酥内软，吃过之后满嘴留香。它是中国人最喜爱的食物之一。关于油条的由来，民间流传着这样一个故事。

南宋高宗在位时，卖国贼秦桧以"莫须有"之罪杀害了岳飞父子。百姓听闻此事，无不悲恨交加。秦桧和他妻子也因此成了百姓的公敌。人们恨不得吃秦桧的肉，扒秦桧的皮以祭奠岳飞的在天之灵。

在临安城最热闹的集市上，有两个面摊。一家是做芝麻烧饼的，一家是卖油炸糕的。摊主不忙的时候，总是喜欢闲聊一会儿。有一天，俩人的生意都很好，没到太阳落山，东西就卖得差不多了，于是俩人收摊准备回家。闲聊之间，说到奸佞秦桧毒害岳飞一事，俩人都愤恨不已。芝麻烧饼老板揉搓着手里的面团，狠狠地将面团摔在了面板上，好似他刚才摔的是秦桧一样。卖油炸糕的摊主看着被摔成饼的面，抄起来就扔进了油锅里，嘴里还嘟囔着："真应该把他们扔进油锅里，受油煎火烤的惩罚。"烧饼老板一听，更觉义愤填膺，便把剩下的面团都捏成了人形，统统扔到了油锅里。这样还觉得不解恨，又

将俩面人捏在一起，意思说出馊主意的秦桧老婆也罪当如此。

俩人边做边吆喝："油炸烩了，油炸烩了。"群众一听，都好奇地凑了过来，看到油锅里翻滚着的面人，立刻明白了其中寓意，拍手叫好。

只要掌握好火候，配以调料，炸出来的面人香脆可口，是种很美味的食品。后来，人们开始简单地将面团抻成长条放入油锅中。久而久之，"油炸烩"便有了"油条"的称呼。

中国古代有冰激凌吗？

夏天的时候，人们都喜欢吃冰激凌消暑。冰激凌是从外国传过来的吗？古代人有冰激凌吃吗？

据史料记载，周文王的孙子在朝中为凌人，这是一个专门负责保存贮藏冰块的官职。也就是说，在3000多年前的古代，帝王们就已经利用冰块来消暑了。此时人们所用之冰，还是天然而成，并非人工制造。

到了唐代，人们逐渐掌握了制冰的技术，并将这一技术应用到了生活实践中。据《酉阳杂俎》记载，人们发现将硝石放入水中，水会慢慢变冷。当水凝结成冰块后，既可以用来降温消暑，也可以制成消暑冷食。因而，有些商人便打起了冰块的主意，盛夏时节，他们从借冰消暑的人们身上赚到了不少。

宋代，商人们在原有冰块的基础上做了改良。他们将一些鲜水果捣成汁，注入冰中。原本晶莹剔透的冰，变得五颜六色。放入口中，也多了些水果的甘甜清香。杨万里有诗云："似腻还成爽，如凝

衣食住行

又似飘。玉来盘底碎,雪向日冰消。"

据说,用奶油配置成的冰激凌始于元代。马可·波罗在《东方见闻录》中曾说过,他在大都为官时,最喜欢吃一种叫冻奶的东西。这种冻奶就是元人在冰点基础上做出来的冰激凌。元人将平时爱吃的果酱、牛奶加入冰里。这样凝结的冰像沙泥一样,不似冰块那样坚硬,入口即化。类似于这样的冰激凌,外国在14世纪才出现。所以有观点认为,外国的冰激凌,其实源自元代的冻奶。由此可知,在遥远的古代,人们已经吃到冰激凌了。

人们为什么说吃肉是"打牙祭"?

《儒林外史》第十八回中关于"打牙祭"有这样一段描述:"伙计们平时每日就是小菜饭,初二、十六跟着店里吃牙祭肉。"看来,"打牙祭"就是吃牙祭肉。那么,人们为什么说吃肉是"打牙祭"呢?它和祭祀有什么关系吗?

"打牙祭"可以说是祭祀文化和社会现实相结合的产物。古人向来重视祭祀活动。逢年过节,人们都要祭拜已逝亲属或者在天神明。有好吃的自然也要先分给神仙祖宗吃,以求神明保佑。古代祭祀中,牛羊猪是常见的祭品,皇家祭祀全牛全羊,这样做普通人肯定是承受不起。所以,百姓通常是在神龛或者祖先灵位前放上一块肉,点上冥币、蜡烛,以示祭告。

人们认为,祭祀的贡品是神祖的吃食,人吃了很吉利。所以,皇帝经常把祭肉分给王公大臣,分祭肉的故事也史不绝书。此俗流入民间,家长们通常会把祭完神祖的贡品分给家人吃。过去,人们的生活水平不高,而且肉价昂贵。平时吃肉都是奢求。只有逢年过节,人们才能借祭祀的光,吃上些"祭肉"。因而,这样难得的吃肉机会就被人们戏称为"祭牙",也就是后来人们说的"打牙祭"。

随着人们生活水平的提高,能吃上肉已经不再是普通百姓人家的奢求了。这种"打牙祭"的说法也就渐渐地被人们淡化了。但是,在老一辈人心中,"打牙祭"却承载了一个时代的历史,记录了他们那个年代的生活。

"涮羊肉"是什么时候出现的?

火锅在全国各地都很受欢迎,而且各地火锅各有特色。但是无论在哪,人们吃火锅的时候,都要或多或少涮上盘羊肉。那么,古代人也吃火锅、涮羊肉吗?

据史料记载,早在三国时期,就已经出现了铜制的火锅。南北朝时期,火锅逐渐成了北方人御寒煮食的工具。宋代,京城出现了以火锅招揽生意的特色酒楼。明清时期,火锅的种类已经纷繁多样了。

最初,人们也是用火锅煮些牛羊肉吃。但是像如今这般,将羊肉切成薄片下入锅中涮煮,则始于元代。据说,"涮羊肉"的发明和元世祖忽必烈有关。

相传,元世祖忽必烈讨伐阿里不哥的时候,征途劳顿的他除了睡觉之外,最想的就是饱餐一顿家乡的美食——清炖羊肉。一日,元军在一处旷野安营扎寨。望着周围的青山绿水,忽必烈实在按捺不住,便命行厨宰羊做清炖羊肉吃。一切收拾停当,行厨正准备将肉下锅,忽然有探子来报:"敌军在前方不远处安营扎寨,与我军形成对垒之势,随时有进攻的可能。"听到这个消息,忽必烈心想:这炖羊肉又吃不上了。行厨看了看手里的羊肉，对忽必烈说："大王不要着急，我且将羊肉切成薄片，这水已经煮沸，羊肉到锅中翻两下就可以食用了。待吃饱喝足再去收拾他们也不迟。"

说罢，行厨将羊肉切成薄片放入锅中，搅拌了几下捞出羊肉放到蘸料碗里，递给忽必烈吃。大军当前，忽必烈哪里有时间细嚼慢咽，夹起羊肉便狼吞虎咽起来。吃罢便到阵前杀敌去了。这一战元军大捷。

班师回朝后，大宴群臣的忽必烈想起行厨做的羊肉。仔细回想，那肉比清炖羊肉还要清香爽口上几分。便命厨师再做此菜宴请群臣。第二次吃到这样的羊肉，忽必烈觉得好吃万分，看着水中翻腾的羊肉片，便赐名为"涮羊肉"。

后来，这种涮火锅的方法流传到了民间，成了百姓喜爱的饮食。

"东坡肉"的名字是怎么来的？

到杭州游玩的人，都要尝一尝杭州名菜"东坡肉"。色泽红润，肥而不腻，入口香嫩的"东坡肉"令很多食客回味无穷。这味"东坡肉"，便是大名鼎鼎的苏东坡传下来的。

百姓吃"东坡肉"并非是恨之而食其肉的意思，而是为了感念苏东坡的功德。据说，苏东坡很爱吃猪肉，每餐的饭菜里要是缺了，他都觉得难以下咽。好食肉的他还做得一手好肉，而这"东坡肉"便是出自苏东坡之手。

相传，苏东坡任杭州太守之时，带领杭州百姓疏导西湖之水。为了确保人们安居乐业不受水涝威胁，他带人将疏导出来的淤泥堆砌成了长堤。这样不仅解决了西湖水患问题，还改善了当地的生态环境。从此西湖垂柳，一片旖旎风光。

当地百姓为了感谢苏东坡，在过年之时，以他最爱吃的猪肉作为贺礼，送到苏东坡家。看着乡亲们送来的猪肉，苏东坡感念不已。于是，他按照在黄州当团练副使时焖制猪肉的方法，命人将猪肉切成了方块，入锅焖制。待到猪肉焖好后，分发到百姓家里。

百姓吃着父母官送来的猪肉，香在嘴里，暖在心上。有人从苏东坡那里学来了制作这种猪肉的方法，爱戴苏东坡的百姓便将这种肉称为"东坡肉"。

关于东坡肉的做法，苏轼在《猪肉颂》中，这样写道："净洗铛，少着水，柴头罨烟焰不起。待他自熟莫催他，火候足时他自美。"现如今，人们在东坡肉原制作方法的基础上进行了改良，使得"东坡肉"更加味美，并适合今人的口味。

"佛跳墙"的名字是怎么来的？

"佛跳墙"，原名"福寿全"。它的原料有海参、鲍鱼、鱼翅、干贝、鱼唇、花胶、蛏子、火腿、猪肚、羊肘、蹄尖、蹄筋、鸡脯、鸭脯、鸡肫、鸭肫、冬菇、冬笋等18种之多。将菜入坛之前，还要分别将原料煎、炒、烹、炸……制作工艺十分复杂。它汇聚了多种荤菜于一坛，互相借味的同时又各自保持原有味道，被视为福建的招牌菜。

传说清朝同治末年，福州官钱局的一名官员想巴结京城派来的布政司周莲。他不敢大张旗鼓地在外面宴请，怕同僚见了参他一本。于是，他命私厨做拿手好菜在

衣食住行

家设宴款待周莲。厨子觉得，想要做出能够取悦布政司的好菜，并不是件容易的事。索性将所有材料都烹制出来，做个大杂烩吧。于是他将鸡、鸭、羊肉、海参等10多种原料加作料煨制，再将他们装入绍兴酒坛中呈到了周莲面前。

话说这周莲也是好吃之人，家中备有名厨数人，哪里的奇珍美味没有尝过？望着端上来的酒坛，周莲一脸不屑。待打开坛盖，周莲竟被坛中飘出来的香气吸引，禁不住连吸几口气。顾不得形象，周莲拿起筷子吃了个底朝天。望着空空如也的酒坛，周莲问厨子："这是什么菜？"厨子随口答道："福寿全"。

还有传说称，清时，有一群骚人墨客到福州郊外春游野餐，他们把各自带来的不同山珍海味20余种都放在一个酒坛里，在吟诗之时慢慢地煨着。酒坛中的菜熟了以后，奇香无比，香味飘到附近的一个钟古寺，引诱得一群和尚跨墙而来，想一尝异味。其中一个秀才见状，不禁赋诗曰："启坛菜香飘四邻，佛闻弃禅跳墙来。"佛跳墙由此得名。如今佛跳墙已随福建华侨扬名海外。

"叫花鸡"最早出现在什么时候？

相传，清朝的时候，在江苏常熟的虞山一带，经常有叫花子上街乞讨。有一天，一个叫花子从一户富贵人家讨来一只活鸡。饿了好几天的他不想和伙伴分享美味，便带着鸡到了一座破庙。

除了手中残缺不全的破碗，叫花子什么都没有，怎样把鸡做熟成了令他头疼的问题。看着庙门外的黄土堆，叫花子突然想起了老家烧乳猪的方法。于是，他将鸡收拾利索，用水将黄土和成了泥，然后将鸡裹入黄泥中。他捡了些干树枝架起火，把黄泥裹起来的鸡放在火上烘烤。不一会工夫，鸡身上裹的黄泥就出现了一道道裂缝。叫花子摔掉黄泥，捧着鸡肉就啃了起来。

此时，隐居虞山的明朝学士钱谦益恰巧路过破庙。闻得庙中肉香浓郁，便走进来一看究竟。看着叫花子手里捧着的泛着黄光的烧鸡，钱谦益忍不住吞了几下口水。叫花子见了，很不情愿地分了一小块鸡肉给他。钱牧斋一尝，果然美味。于是向叫花子询问制作方法。回到家后，钱谦益命家厨添加作料调制，按照叫花子说的方法烘烤鸡肉。制成的烧鸡要比在破庙吃到的烧鸡还要美味。后来，这种烧制鸡肉的方法在民间流传开来。人们在原有烹制方法基础上，将精肉、虾仁、香菇等配料放入了鸡肚中，使其更具风味。因这种烧鸡最初是由叫花子发明的，人们便称它为"叫花鸡"。

"叫花鸡"又称"黄泥煨鸡"。"叫花鸡"不但味美，还有很高的营养价值。所用主原料大都为母鸡，其肉蛋白质含量较高，是很好的强身补品。

古代的床与现在的床一样吗？

古代的床跟我们今天的床不同，我们今天的床只睡不坐，古代的床除了当卧具，还可以当坐具。《诗经》上说："载寝之床。"这里的床，是指卧具；《孟子》上说："舜在床琴。"这里的床，指的是坐具。

什么是"几"？

几是古人坐时凭倚的用具。古人坐时，两膝跪在席上或床上，臀部坐在脚后跟上，这时就可以凭几。几通常比较矮，是长方形的。一般凭几老人最多，老人又常用杖，所以古人常常几杖连称，认为那是养老敬老的用具。

什么是"案"？

案有食案、书案。古代进送食物的托盘，叫做案，也就是食案。食案的形体比较小，形制不一，有圆形的，也有长方形的，圆形的有三个案足，长方形的有四个案足，案足很矮，不用时可以放在地上。《后汉书》上说梁鸿的妻子"举案齐眉"，这里的案，就是食案。

除了食案外，还有书案。书案也不太高，一般是长方形的，两端有宽足，宽足向内曲成弧形。南北朝时，案足逐渐增高，矮曲的形状也逐渐变直了。

"鼎"是做什么用的？

鼎是上古人煮肉盛肉的器具。通常的鼎，是圆腹的，有三个鼎足，也有方鼎，方鼎是长方形的，有四个鼎足。鼎口的左右，有鼎耳，鼎耳可以穿铉，铉是抬鼎用的杠子。鼎足的下面可以烧火，食物煮熟后，就在鼎内取食。不同的肉食，可以分成几个不同的鼎来煮，古书上叫做"列鼎而食"。富贵人家进餐，还要鸣钟奏乐，所以后世形容富贵的生活是"钟鸣鼎食"。

刀、俎指的是什么？

古人常常刀匕、刀俎连称，为什么呢？原来，当鼎煮熟肉后，古人是用匕把肉从鼎中取出来，放在俎上拿刀割着吃的。刀匕、刀俎都是食肉时要用到的工具，所以能连称。匕是一种长柄的汤匙，俎是一块小板，通常是木制的，长方形，小板两端有板足撑着。

什么是"鬲""甗"？

上古的炊具有鬲、甗。

鬲是煮饭用的，有三只空心足，足很短，足下面可以烧火。鬲有陶鬲和青铜鬲。甗是蒸饭用的，分为上下两层，上层的底部有孔。上层里面放上米、谷等，下层装上水，烧火时，水蒸气通过下层弥漫升上上层。上层和下层之间，放着一个横隔，横隔有许多细孔，米谷露不下去，而水蒸气又能透上去，使饭蒸熟。

"釜""甑"是做什么用的？

釜、甑也是古人的炊具。

古人使用釜、甑，一般是配合着用的。釜像锅，敛口圆底，有的还有两个釜耳，煮饭时把釜放在灶口上。甑像盆，甑的底部有许多细孔，用于透气，煮饭时把甑放在釜上。甑和釜之间也加横隔。

什么是"豆"？

这里所说的豆，不是指大豆，是指我国商周时盛行的一种盛食器。

豆有不同的种类，木制的豆叫做豆，竹制的豆叫做笾，瓦制的豆叫做登。豆的一般形状，有点像我们今天的高脚盘，有的有盖子。豆最初是用来盛黍稷的，后来肉酱、肉羹等，也逐渐开始用豆盛放了。

"簋"和"簠"是什么？

我们今天盛饭用的是碗，上古时却不是这样的。《说文》上有盌（碗）字，不过和我们今天所说的碗根本不同，实际上是一种盛水器。上古盛饭用什么呢？用的是簋。簋的形状，通常是圆腹，腹下面有足，足成圈状，簋两旁有簋耳。

上古盛饭除了用簋，还用簠。簠的形

状通常是长方形，也有两耳。《周礼》上说："凡祭祀，共簠、簋，实之陈之。"这里就说到了簠和簋。

舆、绥、輢、轼分别指什么？

舆、绥、輢、轼都是古代马车上的器件。

舆指古代马车的车厢，这是乘人用的。舆的两旁和前面，设置有用作屏蔽的木板。舆的后面不设屏障，乘车时，人从舆的后面上车。车上有绳子，叫做绥，当人上车时，就是手拉着绥上去的。

上车后，人站在车舆里，这叫做"立乘"。舆的两边设置有木板，人可以把身体倚在上面，叫做輢。舆的前面，有一根横木，是做扶手用的，叫做式，又叫做轼。古人在行车时，如果要向人表示敬礼，就扶着式俯首，这种俯首敬礼的动作，也叫做式。

辋、毂、辐、辖指的是什么？

辋、毂、辐、辖是古代马车车轮上的不同部位。

辋指车轮的边框，毂指车轮中心有孔的圆木，毂是小圆，辋是大圆，毂和辋组成为两个同心圆。车轮中间有一根根笔直的木条，叫做辐，辐的一端连着毂，另外一端连着辋。辐条平均分布，从四周向车毂集中，叫做"辐辏"。春秋时代，马车的一个车轮，大概通常是三十条辐条，《老子》上说："三十辐共一毂。"就透露了这个意思。

马车的车轴，是一根横梁。车轮套在车轴的两端，车轴的两端露在毂外，上面插着销子，这个销子叫做辖，辖能够防止车轮外脱。一旦辖脱落，车轮也就散掉了，可见辖的重要性。

轫、辕、轭指的是什么？

古书上有时说到"发轫"，发轫是启动车子的意思。那么这个轫，指的是什么呢？所谓轫，实际上不是车子的组成部分，而是夹在车轮下，用来阻止车轮转动的一块木头。车要开动时，先要把轫移开，所以叫"发轫"。

辕是驾车时所用的车杠，辕的后端连着车轴，前端伸出在车舆的前面。辕有一个和它相当的词，叫做辀，辀也是指车杠。不同的是，辕指夹在拉车的牲口两旁的两根直木，一般用在大车上；辀指驾在牲口中间的单根曲本，一般用在小车上。

车辕的前面，有一根架在牲口的脖子上的横木，叫做轭。轭也有一个和它相当的词，叫做衡。不同的是，衡一般用在小车上，轭一般用在大车上。

什么是"骖乘"？

骖乘指古代驾车时，在主人右边陪乘的人。古人乘车，认为左位是尊位，所以乘车时，主人在左边，驾车的人在中间，另外还有一个陪乘的人，在车的右边。这个陪乘的人，就叫做骖乘，又叫做车右。

但换成兵车，情形又不太一样。如果有主帅，一般是主帅在中间，亲掌旗鼓指挥军队，驾车的人在左边驾驶，有一个保护主帅的人在右边，叫做车右。如果没有主帅，只是一般的兵车时，就是驾车的人在中间，左右两边各站一个士兵，左边的士兵持弓，右边的士兵持矛。

什么是"卤簿"？

"卤簿"，指的是皇帝出行时随从的仪仗队。汉代已有关于卤簿的记载，蔡邕在

《独断》中记述："天子出，车驾次第，谓之卤簿。"应劭在《汉官仪》中解释说："天子出车驾次第谓之卤，兵卫以甲盾居外为前导，皆谓之簿，故曰卤簿。""卤"在古代是"橹"的通假字，意思是"大盾"；"簿"指的是册簿，就是把"车驾次第"和保卫人员以及其他装备的规模、数量和等级记录下来的典籍。后代卤簿制度逐渐丰赡，到明代已经趋于完备，至清代乾隆时期更是发展到顶峰。卤簿的使用范围基本是祭祀、朝会、外出和巡幸，它的主要作用是保障皇帝及随员的安全，同时也是为了彰显皇帝至高无上的威仪，还带有对神祇显示庄重和虔诚的意味。清代乾隆十三年（1748年），完成了中国古代卤簿制度的最后定例，皇帝卤簿在装备方面的具体内容包括：华盖54个；执扇72个；孔雀雉尾和鸾凤16个；幢16个；幡16个；八旗大纛24个，羽林大纛、前凤大纛共16个，五色销金龙纛共40个，图案相反的80个；旗共120个；旌16个；金节4个；仪锽氅黄麾4个；金钺、星、卧瓜、立瓜、吾仗、御仗各16个；红镫6个；鼓24个；横笛12个；钲4个；铜角大小各16个。每一种装备还不仅仅是数量上的要求，对样式也有着非常严明的规定，例如对旗的要求，需有取材于四神（青龙、白虎、朱雀、玄武）图案的4个，四渎（长江、黄河、淮河、济水）图案的4个，五岳图案的5个，五星二十八宿的33个，甘雨（甘泽、甘澍、甘膏、甘霈）的4个，八风（东方曰明庶风，东南曰清明风，南方曰景风，西南曰凉风，西方曰阊阖风，西北曰不周风，北方曰广莫风，

东北曰融风）的8个等。

什么是"乘舆"？

乘舆特指天子和诸侯所乘坐的车子，秦后成为皇帝用车的专称，后来用于泛指皇帝所用的器物，也借指帝王。秦始皇统一天下后，建立了一套严整而奢华的乘舆制度，这套制度而后为汉朝所继承，《后汉书·舆服志》记载："汉承秦制……乘舆金根、安车、立车，轮皆朱斑重牙，贰毂两辖，金薄缪龙为舆倚较，文虎伏拭，龙首衔轭，左右吉阳，立衡，揽文画辀，羽盖华蚤，建大旂，十有二游。画日月升龙，驾六马……五时车安、立亦皆如之。各如方色，马亦如之……所御驾六，余皆驾四，后从为副车。"从这段记载可以看出，汉代的乘舆分为多个种类，装饰是非常豪华的。唐代杜佑在《通典》中指出，汉代以来皇帝的乘舆，"有青立车、青安车、赤立车、赤安车、黄立车、黄安车、白立车、白安车、黑立车、黑安车，合十乘，名为五时车"。这也反映出皇帝乘舆规制的谨严与宏阔。

"黄屋左纛"指的是什么？

黄屋指的是皇帝车上用黄缯做里子的车盖，引申为皇帝所乘之车，有时也指皇帝居住的房屋；左纛是皇帝车上用牦牛尾或雉尾做的装饰物，设在车衡的左边，借指皇帝的车辆。"黄屋左纛"合用代指帝王的权位，如《史记·南越列传》记载："西南诸蛮，虽曰称臣奉贡，乘黄屋左纛，称制与中国等，尤志士所同愤。"这是在说，西南的蛮夷部落，名义上向中央王朝称臣奉贡，实际上却行用皇帝的仪制，与皇帝等同，这是有志之人所不能容忍的。

衣食住行

在君主专制时代，君臣上下，等级森严，对于衣饰行用等诸多方面都有着严格的规定，有所僭越是非常严重的罪行，作为臣子的如果享用黄屋左纛，就意味着对君王权威的蔑视，或是有意篡位称帝，这当然是为人所不容的。

"五辇"和"五辂"分别指什么？

辇，本义为用人力拉的车，秦汉以后，成为对皇帝、皇后所乘车的专门称谓；辂，原义为安在车辕上供人牵拉的横木，也是古代一种大车的名称。清代前期，皇帝乘坐的玉辂、大辂、大马辇、小马辇、香步辇这5种车，并称为"五辇"。乾隆八年（1743年），对"五辇"的名称进行更改，改大辂为金辂，改大马辇为象辂，改小马辇为革辂，改香步辇为木辂，玉辂仍旧，遂有"五辂"之称。

"金根车"和"温凉车"都是什么车？

金根车和温凉车都为秦始皇时期所创制，为皇帝专用车。《中华古今注》记载："金根车，秦制也。秦并天下，因三代之舆服，谓殷得瑞山车，一曰金根，故因作金根之车，秦乃增饰而乘御焉。"之所以将其称为金根车，取的是根为载育万物之义，而车又是用黄金来装饰的，天下也只有皇帝才配乘这种车。温凉车，亦作辒辌车，是专供皇帝外出巡视的交通工具，车内冬暖夏凉，在内可以自由窥探外面的景象，而外面的人则不能看到里面的情形。皇帝可以在车中召见臣僚，收听奏文，而臣属则在车外聆听皇帝在车里的传话和命令。据说秦始皇在出巡途中即死在温凉车里，后来温凉车也用来做丧车。

"轩车"和"公车"都是车吗？

轩车是指有屏帏的车，在古代是大夫以上的官员乘坐的。公车，原指入京请愿或上书言事，也特指入京会试的人上书言事，后来变为应试举人的代称。公车最早为汉代官署名，臣民上书和征召都由公车接待，被征应试的人员也由皇家用公家马车接送。到了清代，顺治八年（1651年）做出规定："举人公车，由布政使给与盘费。"（《钦定科场条例》）即应试举人的路上花费由政府的布政使供给，这是"公车"一词最早的正式提法，由此，"公车"也就成了应试举人的代称。

出巡与行宫分别指什么？

出巡指的是皇帝为了巡视或游赏而外出，一般指离开京城的远行。皇帝出京后临时居住的官署和住宅被称为"行宫"，有时皇帝会经常性地出巡到某地，这样就会在该地建造专供皇帝出巡居住的宫殿，而这也成为"行宫"一词的正式含义。在商末纣王的时候就已有了行宫的营建，据《史记·殷本纪》记载，纣王"益广沙丘苑台，多取野兽蜚鸟置其中，慢于鬼神。大聚乐戏于沙丘，以酒为池，县肉为林，使男女裸相逐其间，为长夜之饮"。这段话概括地描写了纣王的淫乐场景，而"沙丘苑台"也就是纣王的行宫，唐代李泰等撰写的《括地志》解释说："沙丘台在邢州平乡东北二十里。《竹书纪年》自盘庚徙殷至纣之灭253年，更不徙都，纣时稍大其邑，南距朝歌，北据邯郸及沙丘，皆为离宫别馆。"秦始皇统一天下之后，大肆修建行宫，据说秦时"关中计宫三百，关外四百余"，秦代行宫的数目为历代之最。到隋唐时期，行宫的营建成为一种与国家政治密切相关的制度，行宫的所在往往成为国家的临时政治中心，而陪都也是行宫的集中地点，如唐代以长安为都，而洛阳、太原、凤翔、江陵都曾立为陪都，尤其是洛阳，地居天下之中，又距京师长安较近，在诸陪都之中的地位最为重要，与长安一起被称为"东西二宅"或"东西两宫"。隋炀帝、唐高宗、武则天和唐玄宗都曾多次巡幸洛阳，因此洛阳成为隋唐时期行宫分布最密集之处。同时，为了皇帝的往来方便，在长安与洛阳之间的道路上也修建了许多行宫。

官员仪仗构成是怎样的？

仪仗，是指古代用于仪卫的兵仗，包括帝王和官员出行时护卫所持的旗、伞、扇、兵器等。皇帝的仪仗队伍最为庞大、最为显赫，王侯百官的仪仗也各有等级，规定非常详细，原则上是官阶越高，仪从越盛，仪仗越堂皇，至于平民百姓，则没有运用仪仗和仪从的权利。以唐代为例，一品官员有仪从七骑，二、三品官员为五骑，四、五品官员为三骑，六品官员为一骑。再如明代，公爵出行有仪从 10 人，侯爵 8 人，伯爵 6 人，一品至三品的官员 6 人，四品至六品的官员 4 人，七品至九品的官员 2 人。到了清代，官员的仪仗更为繁复，等级差别也变得更大，总督的仪仗为官员之中最盛者，各种仪仗器物如伞、扇、旗、兵器、回避牌、肃静牌等共 17 种 34 个，而一般府、州、县官员的仪仗器物只有 5 种 8 个。

衣食住行

礼俗礼制

古人怎样庆祝婴儿满月？

婴儿出生一个月叫满月，在民间，庆贺满月的仪式和活动多种多样，丰富多彩。其中，喝满月酒和剃满月头是延续至今最为重要的。

婴儿满月的礼俗流行于唐朝。到了南宋，几乎所有官宦和富有的人家要为婴儿举办"洗儿会"，这是一种很隆重的风俗。主人家要在婴儿出生满一个月的日子发请帖宴请亲友，亲朋好友会在这一天携带各种礼品前来向婴儿表达祝福。

到了近代，婴儿满月时的庆祝方式有了不同，满月时外婆要为婴儿准备一份丰盛的礼物，包括面条、粽子、馒头和一只活鸡，有的还会送婴儿用的帽、鞋、袜、衣服等，俗称"拿满月"。

中午时分，亲朋好友聚在一起，觥筹交错，祝福声此起彼伏。这种情景就是历代相沿的"满月酒"。

"剃满月头"是婴儿满月的另外一项重要仪式，在民间也叫落胎毛。在我国，不同的地方剃满月头的习俗是不一样的，有不同的说法和讲究，但其中有一个共同点是胎毛不能剃光。一般情况下是在头顶心或近脑门处留下一撮，俗称桃子头、桶盖头、米囤头等。

另外，还有一些地区的习俗是把落胎毛的仪式放在婴儿出生满百天时举行，称为剃百日头，留一撮毛和郑重处理落发的习俗与剃满月头基本一致。

关于珍藏剃下胎毛的意义，也有众多讲法。有些地方的风俗是将其搓成一个圆球挂在床檐正中，意在孩子长大离家后，胎发团还挂在母亲的床上，可以永远受到母亲的护佑；有些地区的习俗是用线绳将胎发吊在窗台上牢牢系住，说这样就可以使小孩经受风吹雨打，有利于小孩的成长；有的地方则是将胎发盛入金银小盒，或用彩色的线结成绦络，认为这样做可以起到辟邪的作用；还有的地方是将胎发用红布包起来，缝进小孩儿的背心或夹袄中，认为如此便能使小孩儿顺利成长。

古代婴儿出生100天要怎样庆祝？

"百日礼"，又称"百岁礼""过百天"，指的是在婴儿出生100天的时候所举行的一种纪念仪式。100天是孩子出生后的一个非常重要的日子，在这一天父母会邀请亲朋好友会聚，一同为小儿祝福，而婴儿在这天则要穿"百家衣"、戴"百岁锁"。百家衣是由各种色彩的小布块缀成的，样子仿佛僧人所穿的一拼一块的百衲衣，而用来做衣服的布块、布条则是由多个亲戚朋友凑成的。在众多的颜色中以紫色最为贵重，也最难寻，因为"紫"与"子"同音，人们一般不愿把"子"送给别人。孩子穿百家衣有着两种蕴意：一是象征长命百岁，一是象征先苦后甜。百岁锁，又叫"长命锁""百岁链"，常常是姥姥家或舅舅家送的，也有的是父母购置的，一般是用银做成的，外面镶金，少数有钱人家会用纯金的，锁的两面分别刻有"长命百岁""富贵平安"等吉祥语。戴长命锁的寓意是把婴儿的生命给"锁"住，这样妖魔就抢不走了，孩子就会平安。有时百岁锁并不是姥姥家送的或自己家买的，而是要"凑份子"，也就是孩子的父母将白米、茶叶、枣、栗子等含有吉祥蕴意的食品取少许包在红纸包里，要包很多包，最好是能够达到一百包，然后将这些红纸包分送至亲戚朋友家，而对方在接受后则在红纸里放上若干钱返还回来，父母再用这些凑起来的零钱到金银匠那里铸制"长命锁"，人们认为这样得来的锁是最吉祥的。

"抓周"是怎样的礼俗？

婴儿出生满一年，古称"周"，现称周岁。周岁这天，全家人不仅要庆贺，而且还要举行隆重的抓周仪式。抓周，也叫试儿、试周、揸生日。它是周岁礼中一项很重要的仪式，最早见于南北朝时期的古俗，在民间流传至今。

在我们熟悉的古典名著《红楼梦》里，也曾写到过"抓周"这个礼仪。贾宝玉在周岁那天抓了胭脂钗环，因为这些都是妇女用品，所以父亲很不高兴，还说他将来一定不会好好读书，是一个酒色之徒。

民间的"抓周"仪式一般都在中午吃"长寿面"之前进行。

在古代，讲究一些的富户都要在床（炕）前陈设大案，摆上一些代表各种职业的器具，比如笔、墨、纸、砚、印章、算盘、账册、首饰、花朵、吃食、玩具等，如果过生日的是女孩，则还要加摆勺子（炊具）、剪子、尺子（缝纫用具）、绣线，等等。然后在没有任何诱导的情况下，小孩由大人抱着来选这些东西，家长根据小孩先抓什么，后抓什么，来测卜孩子的志趣、前途以及未来要从事的职业。比如小孩先抓了文具，则意味着长大以后必定是个文人；先抓了印章，则意味着长大以后可以官运亨通；如果小孩抓到的是算盘，则说明他长大后善于理财，是个生意人。

如果女孩先抓剪、尺之类的缝纫用具或勺子之类的炊事用具，则说明她长大后心灵手巧，善于料理家务。反之，假如小孩先抓了吃食、玩具，众人千万不能当场斥之为"好吃""贪玩"，而是把它圆成一个美好的祝愿，比如说成"孩子长大之后，必有口福，善于享受生活"，等等。总之，长辈们对小孩的前途寄予厚望，在一周岁之际，对小孩祝愿一番而已。

"长命锁"有什么寓意？

长命锁又名"寄名锁"。它是一种挂在儿童脖子上的装饰物，在明清时尤为流行。按照迷信的说法，只要佩挂上这种饰物，就能帮小孩辟灾去邪，"锁"住生命。所以许多小孩从出生不久就挂上了这种饰物，一直挂到成年。

礼俗礼制

长命锁是由"长命缕"演变而来的。佩戴长命缕的习俗最早可追溯到汉代。在汉代，每逢五月初五端午佳节，家家户户都在门楣上悬挂五色丝绳，取辟邪纳福之意。到了魏晋南北朝时，这种丝绳被许多妇女戴到手臂上，逐渐成为妇女和儿童的一种臂饰。当时由于战争频繁，瘟疫、灾荒不断，广大人民渴望平安，所以就采用这种佩戴五色彩丝的方式来辟邪去灾、祛病延年。这种彩色丝绳，就是我们所说的"长命缕"。到了宋代，这种风俗不仅流行在民间，还传入宫廷，除妇女儿童之外，男子也可佩戴。"长命缕"的制作也渐渐变得复杂，除丝绳、彩线外，有的还会穿上珍珠等物。到了明代，由于风俗变迁，成年男女佩戴"长命缕"的风俗渐弱，通常只有儿童佩戴，于是"长命缕"渐渐演变成为一种只为儿童佩戴的颈饰——长命锁。

长命锁一般多用金银宝玉制成，它的造型多被做成锁状，锁面上常镂有"长命富贵""长命百岁""玉堂富贵"等吉利的祝福，另一面则雕有"麒麟送子""五子登科"等我国的传统图案。

按老规矩，小孩佩戴的长命锁，要等到结婚时才能取下来。

古人取名的习俗有哪些？

姓名学是我国的国粹，渊源于我国古代诸多先贤的哲学思想。孔子曾说，"名不正则言不顺"，苏东坡也说，"世间唯名实不可欺"，都道出了姓名对人的重要性。因此，取名之事实乃人生之大事，轻视不得。所以，在民间流传着多种多样的关于取名的传统习俗。

主要的取名习俗有以下几种：

节令法：根据孩子出生时的节令与花卉取名。如春花、夏雨、兰贞、雪梅等，常见于女性。

地名法：比如沈申（上海）、袁晋（山西）、黄云生（云南）等。也有从祖籍及出生地中各取一字，缀联成名，主要是以纪念为主。

盼子法：父母连连产下女婴，盼子心切，便会在为女儿取名时用一些谐音字，如根（跟）弟、玲（领）弟、招弟、盼弟等。

抱子法：夫妇膝下无子，从外地或外姓抱养一个孩子。此类孩子的名字中，常有一个"来"字，如来宝、来娇等。

体重法：鲁迅的小说《风波》中描绘："这村庄的习惯有点特别，女人生下孩子，多喜欢用秤称了轻重，便用斤数当作小名。"如"九斤老太"，这是流行于浙东民间的一种特殊取名风习。

排行法：兄弟双名，其上字或下一个字相同，叫排行。如我们熟悉的《水浒传》中的阮氏三兄弟：阮小二、阮小五、阮小七。

五行法：根据五行缺行取名。旧时民间取名，要请算命卜卦者推算小孩的"五行"和"八字"。假如某人命中五行缺少某一行或二行，那就得用缺行之字，或用缺行作偏旁的字取名补救，否则孩子会命运多舛。如鲁迅小说《故乡》中闰土名字的由来：因为他是"闰月生的，五行缺土，所以他的父亲叫他闰土"。

古代的成年礼都包括哪些？

成年礼是为承认年轻人具有进入社会的能力和资格而举行的人生仪礼。我国传统成年礼称为冠礼、笄礼，早在周朝就有了。

男子行加冠礼，即在男子 20 岁时，由主持仪式者为男子戴 3 次帽子，称为"三加"，分别为"缁布冠""皮弁""爵弁"，象征冠者从此有了治人的权利、服兵役的义务和参加祭祀活动的资格。传统冠礼中还有"命字"，即由嘉宾为冠者取新的字号，冠者从此有了新的名字。女子在 15 岁时要行笄礼，但是规模比冠礼要小得多。主要是由女性家长为行笄礼者改变发式，表示从此结束少女时代，可以嫁人。

举行成年礼，地点选在宗庙神圣之地，日子需经卜筮而定。行礼当天，主人须邀请亲朋好友来观礼才算正式。秦汉以后的成年礼仪，大多遵守《仪礼》的规范进行，唐宋以后，成年礼已逐渐式微，部分成年礼仪式举办大多依附着民间信仰。

在世界上许多原始民族中，成年礼是一个人由个体走向社会的一道必不可少的程序，有的过程十分隆重而且带有考验的性质，我国一些少数民族的成年礼仪也有着比较明显的保留。比如，穿裙子、穿裤子是云南永宁的纳西族、普米族的成年礼。男女在 13 岁以前只穿麻布长衫，到了 13 岁方可举行穿裙子、裤子的成年礼。女孩由母亲穿裙子，男孩由舅舅穿裤子。穿完以后，长辈向他们赠送礼物，表示祝贺，从此他们可以参加各种社交活动，同时也要下地劳动了。此外，不同少数民族的成年礼的仪式各有不同。比如黎族是黥面文身，在面部或身体的一些部位用骨针之类刺上花纹，涂上颜料。

什么是"三书六礼"？

三书六礼指的是中国古代婚嫁礼仪的程序。三书指的是聘书、礼书和迎亲书。聘书就是定亲书，即男女双方正式缔结婚约，纳吉（过文定）时用。礼书就是过礼之书，即礼物清单，书中详列礼物种类和数量，纳征（过大礼）时用。迎亲书指迎娶新娘之书，用于结婚当日（亲迎）接新娘过门时。

六礼指的是纳采、问名、纳吉、纳征、请期和亲迎。纳采，男方家请媒人去女方家提亲，女方家答应议婚后，男方家备礼（通常以活雁作礼，表示忠贞不贰）前去求婚。问名，俗称"合八字"。即男方家请媒人问女方的名字和出生年月日，并将女方的生辰八字放在祖先灵案上观察。如果家中平安无事，就把男方生辰八字送给女方。女方家把男方的生辰八字放置在佛像前。如果三日家中无事，就同意缔结婚姻。纳吉，又称小定或文定，也就是订婚。男女双方家平安无事后，男方备礼通知女方家，告知决定缔结婚姻，送给女方金戒指。纳征，又称纳币，大聘或完聘，即男方家送聘礼给女方家。请期，又称择日。即男家择定婚期，并征得女方家同意。亲迎，即新郎到女家迎娶新娘。

什么是"说媒"？

"说媒"是自古代流传下来的一种民俗，到今天依然在一些地方存在。封建社会曾有这样的俗语：男女授受不亲，它所强调的就是"天上无云不下雨，地上无媒不成亲"。男女双方若要"结丝罗""谐秦晋""通二姓之好"，一般都要经人从中说合。这种说合，就叫"说媒"。

中华人民共和国成立之后，"说媒"曾一度改称为"做介绍"，做这种工作的人，通常被人们雅称为"月老"，俗称"媒人"，后来改称为"介绍人"。

"月老"是"月下老人"的简称。关于月下老人，流传着这样一个故事：古代有个叫韦固的读书人夜行经过宋城，碰上一位老人靠着一个大口袋坐在路边休息，在月光下翻看一本大书。韦固很好奇，就问老人看的是什么书。老人回答说，这本书是天下人的婚姻簿。韦固又问老人那大口袋里装的是什么，老人告诉他："口袋里装着红绳，是用来系男女的脚的，只要把一男一女的脚系在一根红绳上，他们会结成夫妇，即使远隔千里之外。"这就是我们常说的"千里姻缘一线牵"的来由。

"红娘"是媒人的另一个雅称。在唐代元稹的《莺莺传》中，塑造了一个聪明活泼的婢女红娘的形象。她巧设计谋，最终撮合成了张生与莺莺小姐的婚事。

在元代王实甫根据这个故事写成的《西厢记》中，我们发现其中的红娘被塑造得更加聪明可爱。后来，人们便以"红娘"代称媒人，这一称呼明显能够感受到人们对媒人的重视和友好。

媒人在说成一桩媒后是可以得到一些钱财的，这些钱财被称为"谢媒礼"，通常用红包包好，称为"红包"或"包封"，这笔钱一般由男方支付。在成亲的前一天，这笔钱连同送给媒人的谢礼，比如鞋袜、布料、鸡、肘子、物品等，一起送到媒人家。媒人在第二天就要去引导接亲，这就是我们通常所说的"圆媒"或"启媒""发媒"。

在旧式婚礼中，媒人还被称为"伐柯人"，说媒则叫作"执柯"。在男女两家对婚事取得基本一致的意见之后，媒人要引导男方去相亲，代双方送换庚帖，带领男方过礼订婚，选择成亲吉日，引导男方接亲，协办拜堂成亲事宜，直到"新人进了房"，才把"媒人抛过墙"。

古代人怎么"相亲"？

"相亲"俗称"看亲情"。指的是男方正式向女方提亲之后，男方父母亲就要到女方登门"看厝相亲"。以前，男女结婚首先要经过"相亲"这一道程序。虽然现在提倡自由恋爱，但"相亲"还是作为一种民俗流传了下来，并且在不同的地方、不同的民族有着不同的特点和风格。

相亲的仪式，在较偏僻的乡间较为简单。男方选择个吉祥之日，由媒人告知女方父母，在相亲的吉日，让女儿多加打扮，并进行家务之事，如洒扫庭院，或在田间耕作，或做女红，或躲在门后探头侧面观看客人的言笑容貌，男子及其父亲只观察其外貌而已。如认为容貌不丑，体态确为少女的风姿，其他方面则单凭媒人说项，男方认为满意即可。

男方按所选择的吉祥之日，到女方"看厝相亲"。女方家要给每一位客人准备一碗煮熟的鸡蛋，俗称"月老蛋"。一则表示对客人的欢迎和尊重，再则也有借此观察对方的用意。"月老蛋"是由女子亲自敬送，如果男子或男方尊长对女子感到满意，便可以吃下"月老蛋"；如果不中意，就不动这碗"蛋"。以这种曲折委婉的方式表达当事人的心意，避免因为言语而造成不愉快，比较有人情味。

在一些地方也有女家往男家"相亲"的习俗。招待的点心可以是长寿面,象征将要永结长久的美意。女方亲友如果对男子感到比较满意,便吃下长寿面,否则不吃。但无论如何,在收面碗时,务必要记得在碗底放一个较厚的红包,敬"月老蛋"的也要如此。经过了"看亲情",男女双方以至双方家长都无反对意见,这门婚姻基本上就不成问题了。

什么是"过礼"?

过礼是指"看亲"之后,要履行订婚手续。第一步,由媒人把男方的生辰八字送到女方,女方的生辰八字送到男方。然后双方把生辰八字放到祖先牌位或佛像前,如果3天内双方家里没有发生盗窃、生病之类的事,就同意婚事。有些迷信的父母,会拿着双方的生辰八字请算命先生推算,看看是否冲突。如果不冲突,就同意婚事,如果冲突,就立即回绝。

"换帖""合八字"之后,媒人要选个吉日,带男方去"过礼"订婚。"过礼"是大事,男方要给女方送一笔重礼,礼物至少包括猪肘子一个,酒一对,鸡鸭各一只,对方父母的衣料各一套,鞋袜各一双,包封一个,给女方的东西若干等。至于包封里钱数的多少、给女方的订婚礼物,都要在事先由媒人同双方协商好,不能由男方单独决定。同时,女方父母也应替对方着想,力求节俭,少收聘礼。过礼之后,双方就开始正式商议结婚事宜了。

什么是"择吉"?

择吉就是选择吉日。按照传统婚姻的程序,过礼之后,男方及其父母会选择迎娶的良辰吉日,由媒人通知女方家,准备迎娶。这被称为"择吉"和"送日子"。择吉一般是请教算命先生办理,也可以自己根据《通书》(雅称"历书"、俗称"家家历""皇历")择吉日。一般只要"六合"相应,就是好日子。吉日选定后,双方确定了结婚日期,就会向亲戚朋友发出婚宴请柬,请他们来参加婚礼。

请柬一般由男方或其父母亲自送到亲友手中。亲友们接到请柬后,除特殊情况只送礼不参加以外,都要亲自参加、道贺。道贺时,亲朋好友送礼物。礼物的多少和贵重程度视各人与男方关系的亲疏、交谊的深浅、本人的经济条件而定。一般都付现金、用红纸打"包封"。包封签子上要写上表示祝贺的话。送给女方的礼物大多是实物,也有用红包替代的,称为"助嫁"。送女方礼物的亲友们并不等请柬来了再送,而是闻讯主动送去,因为女方父母要以送礼人的多少决定"出嫁酒"的规模。

古代人怎样迎娶新人?

结婚佳期在即,男女两家都会杀猪宰鸡,准备喜宴,请好厨师、傧相、伴娘、轿夫、账房以及勤杂人员。按照传统婚礼,在婚礼那天,一般是女家早晨摆"出嫁酒",男家中午摆喜筵。早晨,男家鸣炮奏乐,发轿迎亲。媒人、新郎、伴娘、花轿、乐队、礼盒队等一齐前往女方家。女家在花轿到来之前,要准备好喜筵。女方要由母亲或姐姐梳好头,化好妆,用丝线绞去脸上的绒毛,称之为"开脸",然后戴上凤冠霞帔,蒙上红布盖头,等待花轿。

花轿一到,女家奏乐鸣炮相迎。新郎

礼俗礼制

婚宴 清 选自《清人嫁娶图》

叩拜岳父岳母，并呈上写好的大红迎亲简帖。随后女家动乐开筵。早宴之后，新郎新娘向新娘的祖宗牌位和长辈行过礼后，伴娘就搀着新娘上花轿了。上轿时，新娘应放声大哭，以示对父母家人的依恋。新娘上轿后，奏乐鸣炮，迎亲队伍回新郎家。乐队在前，乐队后面是骑马的新郎，接着是花轿和送亲的人员。迎亲队伍快到新郎家门口时，要鸣炮动乐相迎。花轿停在新郎家的堂屋门前，伴娘上前掀起轿帘，将新娘搀下轿来，宾客向新郎、新娘身上散花。

古时为什么要"哭嫁"？

古时候，新娘在出嫁前几天要"哭嫁"，母亲、姐妹、亲属要陪着一起哭，而且哭得越伤心越好，以示不忘父母的养育之恩。如果出现嫁而不哭，新娘就会被四邻认为没有教养，传为笑柄。有些地区甚至会把哭嫁当作衡量女子才智和贤德的标准，要是新娘在出嫁时不哭，就会被认为是才德低劣，被人瞧不起。有的出嫁姑娘不哭还会遭到母亲的责打。哭嫁风俗不知起源于何时。据古籍记载，战国时期赵国公主嫁到燕国去做王后。临别时，公主的母亲赵太后"持其踵，为之泣，祝曰，必勿使返"。

在一些地区和民族，哭嫁非常流行。海岛洞头人家的传统婚礼，除了坐花轿、拜堂外，新娘还要在出嫁时以哭嫁贯穿始终。新娘从梳头开始哭和唱哭嫁歌，一直到辞别家人，坐上花轿，还哭唱个不停。土家女子婚前要唱哭嫁歌，在婚前半月至一月就开始哭唱。哭嫁的形式有一人哭、二人对哭、多人一起哭。哭唱的内容大多是感谢爹妈的养育之恩，兄嫂、姐妹的离别之情。

"拜堂"都有哪些程式？

拜堂又称拜高堂、拜花堂、拜天地，是古代婚礼仪式之一，婚礼的高潮阶段。迎娶之日，男家发轿之后，男家堂屋布置好拜堂的场所。家堂上燃放香烛，陈列祖先牌位，摆上粮斗，里面装着五谷杂粮、花生、红枣等，上面贴双喜字。当接新娘的花轿停在堂屋门前，伴娘站到花轿前时，仪式就已经开始。喜轿进入院子，要从火盆上抬过，寓意为烧去不吉利之物，今后的日子红红火火。新娘从轿中出来，脚不着地，踏着"传席"进入男方堂屋。之后，傧相二人分别以"引赞"和"通赞"的身份出现，新郎新娘在引赞和通赞的赞礼中开始拜堂。拜堂前，燃烛焚香、鸣爆竹奏乐。拜堂的"三拜"分别是："一拜天地，二拜高堂（双亲），夫妻对拜"，最后"新郎新娘入洞房"。拜堂仪式到此结束。

拜堂风俗始于唐朝。唐朝时，新娘见

舅姑（公婆），俗称拜堂。北宋时，新婚夫妇先拜家庙，行合卺礼。第二天五更，新娘把镜台镜子摆在一张桌子上，进行下拜，称为拜堂。南宋时，拜堂改在新婚当天。新婚夫妇到中堂先揭开新娘的盖头，然后"参拜堂，次诸家神及家庙，行参诸亲之礼"。后世沿用南宋风俗，一般在迎娶当天先拜天地，然后拜堂。清代和民国时期都将拜天地和拜祖先统称为拜堂。

新人"入洞房"后还有哪些礼俗？

拜堂之后，新娘新郎要入洞房了。首先，新郎手持"合欢梁"，也就是一根彩绸，牵着新娘，与新娘面对面，倒行着把新娘引入洞房。随后的礼俗是"坐帐"，即新娘坐在床沿上，新郎用自己的左衣襟压住新娘的右衣襟，表示男人压住女人，这是古代男尊女卑的体现。这个仪式后，新郎要揭去新娘的红盖头，而首次面对婆家众人的新娘子，则会羞涩地以伞遮面，此谓"遮伞"。此时的新娘娇羞不已，便会引来阵阵欢声笑语。之后，入洞房进入最重要的一个仪式——合卺。合卺就是新婚夫妻共同饮酒。古时候，卺是由一个葫芦或瓠剖开的瓢，合卺则是喝完酒后把两个剖开的瓢用线拴在一起，象征着夫妻本是一体二分，如今合二为一。唐宋以后，合卺演变成喝交杯酒的形式。交杯酒就是用彩线把两个杯子连起来，新婚夫妇对饮，或各饮半杯，然后交换饮尽。喝完酒后，还要把杯子扔到地上，最好成一仰一俯，象征阴阳和谐。

合卺之后，新婚夫妻还有结发仪式，也就是新郎把新娘的头发解开，然后把两人的头发象征性地扎在一起。

接下来还有闹洞房。传统闹洞房最精彩的是撒喜床，这个活动具体是，在闹洞房的时候，由新郎的嫂嫂手托盘子，盘内放上栗子、枣、花生、桂圆等物（寓意为早生贵子，多子多福），抓起这些果物，撒向坐在床上的新娘，且边撒边唱。众人随声附和，洞房中嬉笑打闹，欢声笑语彻夜不断。这个游戏人人参与，而嫂嫂则是主角。所以，嫂嫂的人选必须是个"吉祥人"，首要的条件是儿女双全；其次还要能唱能跳，口齿伶俐，擅长逗乐搞笑。据唐宋时古书记载，闹洞房实为陋俗。但是，由于闹洞房不仅能增加婚礼的喜庆热闹气氛，还可以让新娘与男方亲朋好友熟络，所以一直为民间传承。

什么是"回门"？

回门是旧时汉族婚姻风俗。婚后三、六、七、九、十日或满月，新郎新娘携礼品，随新娘返回娘家，拜新娘的父母及亲属，称"回门"。这是一种必不可少的礼节，是婚事的最后一项仪式。回门一般在上午九十点钟动身，新郎新娘要购买新娘家人喜欢的礼品，礼品一般为四件。回到娘家，新郎新娘首先要问候老人。这时新郎就应改口，跟新娘一样，称岳父岳母为父亲、母亲。女家设宴款待，新郎入席上座，由女方尊长陪饮。就餐时，新郎新娘一一向父母、亲友和邻里敬酒。饭后，新郎新娘陪父母聊天，听听他们的教诲，然后告辞回家，并要主动邀请岳父岳母和兄弟姐妹到自己家里做客。有的地区也可小住几日。

这种风俗起源于上古，称"归宁"，意为婚后回家探视父母。后世名称不一，

礼俗礼制

宋代称"拜门",清朝时北方称"双回门",南方称"会亲"。河北地区称"唤姑爷",浙江杭州称"回郎"。

古人为老人"做寿"都有哪些形式?

做寿也叫"祝寿",是我国一种庆贺老人生日的活动。中国民间以 50 岁以下为"做生日",50 岁以上为"做寿"。民间做寿的形式大同小异,一般根据家境贫富而酌情定之。在家中做寿时,正厅要设寿堂、贴寿字、结寿彩、燃寿烛,重要的一项就是宴请宾客,大家欢聚一堂,共同庆贺。宴请酒食中的面条,称为"寿面",是必不可少的,取其福寿绵长之意。亲戚前来祝贺,所执贺品多为寿桃、寿幛、寿联。受贺者穿着新衣端坐堂中,接受贺者的两揖之拜及贺礼;如遇平辈拜寿,受贺者应起身请对方免礼;若遇晚辈中小儿叩拜,受贺者须给些赏钱。如果是父母的寿辰,出嫁的女儿要回来祝贺。在一些地区,出嫁的女儿会为做寿的长辈送上自己亲手做的鞋,还有衣料、寿面、寿酒,等等。如果父母都在,不论他们是否同庚,皆为双寿,所以送礼该送双份。

在我国民间,祝寿多重"九"和"十"。"九"是数中之极,意味着至极;"九"又与"久"谐音,取其"天长地久"之意,因此,岁数逢九或九的倍数,就要举行大典,称为之"庆九"。其中"花甲寿"和"八十寿"是最重要的。我国以 60 岁为一个花甲子,所以有些地方认为人只有活满 60 岁才能称"寿",因此 60 岁的生日一定会办得很隆重;80 岁就可被誉为"老寿星"了,所以"八十寿"又称为"做大寿",要比 60 岁时的更为隆重。

吃长寿面的习俗有何由来?

过生日的时候,除了生日蛋糕,最有传统意味的便是那碗热腾腾的长寿面了。人们在生日这天吃长寿面,意为"长命百岁"。那么,吃长寿面的习俗源于何时?又是由什么而来呢?

从历史文献中,我们可以发现,古代帝王追求长生不老的脚步始终没有停止过。现实中得不到长生药的皇帝,便想求助于神明保佑。

相传,有一天,汉武帝在与大臣游园的时候,看到满园春色,不禁感叹人生苦短。他对大臣说:"都说人中越长,寿命越长。人中一寸相当于 100 岁呢。不知道我这人中还能不能长。"话音刚落,近臣东方朔大笑出声。汉武帝甚是愤怒,问道:"爱卿如此大笑,不知所为何事?"东方朔连忙解释道:"陛下息怒,我所笑乃寿星彭祖。相传彭祖活了 800 岁,照这个说法,他的整张脸得多长啊。"众人一听,也跟着哈哈大笑起来。

后来,便流行起了一种说法。想长寿,脸必长。古语中,面有脸的意思。希望长寿的人们根据"面"的这个引申义,在面上做起了文章。于是,"长寿面"诞生了。人们希望,通过吃"长寿面",能够长命百岁,长长久久。后来,过生日吃长寿面的习俗便流传开来。

如今的长寿面五花八门,甚至成了一种饮食文化。有的地方的长寿面,面宽,配以骨肉浓汤,意为"富贵宽心面"。还有的地方在面中加入青菜,鸡蛋等,意为"幸福圆满,长青常有"。

不论长寿面的花样如何翻新,其承载

人们祝福长寿内涵的宗旨始终未曾变过。

送寿桃的习俗是怎么来的?

蛋糕店里,贺寿的蛋糕样品上,总是点缀着一颗大大的寿桃。在贺寿图上,我们也经常会看到诸如"南山不老松""东海长流水""童子抱桃"的图案。"南山不老松""东海长流水"都含有生命长久,生生不息的意思。那么,寿桃又有怎样的内涵呢?祝寿送寿桃又是从何而来呢?

有关祝寿送寿桃,民间流传着一个传说。在诸侯纷争的春秋战国时期,18岁的孙膑想寻求发展,便有心深造。于是他背井离乡,到了云濛山拜师鬼谷子,跟他潜心学习兵法。一晃12年过去了。一天,已到而立之年的孙膑望着天上的皓月,又思念起了家乡的老母。鬼谷子看出孙膑的忧伤,劝道:"你来此已经十余载了,万物生灵尚知回报养育之恩,你非无情,也该对老母有个交代了。"孙膑听罢,谢过恩师,便准备回家探亲。

在孙膑临行之前,鬼谷子来到他的房间。递给孙膑一颗新鲜的桃子说:"为师送你一个桃子,此桃非普通桃子,你且带回家献与老母吃。"说罢,鬼谷子转身离开。

孙膑日夜兼程,终于在老母六十大寿这天赶到了家。看到家里人大摆筵席为老母贺寿,孙膑不禁伤心落泪,愧叹这些年自己一直没尽到孝道。来到大厅,看到满头白发的老母,孙膑心中更是自责不已。老母亲看到孙膑,不禁潸然泪下,母子互相倾诉一番相思苦之后。孙膑拿出师傅所赠的桃子献与老母。

孙母刚吃了一口,众人惊奇地发现,老人家如雪的白发顷刻间化为青丝,本已衰老的容颜又焕发出了青春的光彩。众人无不惊叹感慨。孙膑心知,定是恩师所赠的桃子发挥了神奇的作用。

乡人听说了这件事,便四处传扬。人们都说:只要在老人过寿的时候吃上个桃子,老人就会青春常驻,健康长寿。"寿桃"因此得名。于是,民间便流行起祝寿送桃子的习俗。

什么是"丧礼"?

丧礼是古代凶礼的一种,指的是安葬和悼念死者时所必须遵循的一整套礼仪制度。我国汉族丧礼,根源于上古社会的丧葬习俗,与灵魂不灭的观念有关。由秦汉及隋唐,丧礼臻于完备。主要包括丧葬仪规、丧服制度、祭祀活动3个方面。

汉族丧礼的传承,由于时代的不同、地域的差异而有所变化,加上宗教等因素的影响,因而产生无数多姿多态、风格特异的丧葬习俗,反映出不同的文化心理。出殡是汉族丧礼最后一项重要仪式,其时间一般人家是在"大殓(即将死者放入棺材)"的次日或人死后的第七日,而官宦富贵之家则在"七七"(49天)以后甚至更长时间,才在事先择定好的日子出殡。出殡前一天晚上,死者至亲好友都来到丧家,晚饭后祭奠烧纸,称为"辞灵",而且整夜留在丧家,俗称"伴宿"或"守夜"。次日清晨,撤去灵前所供诸物,"孝子"将"丧盆"摔碎,执领魂在他人搀扶下前导,灵柩随后起行,还要带上一只公鸡,到墓地后释放,给死者"引路"。出殡的规模一般没有固定标准,因贫富而

礼俗礼制

异，少则二三十人，多则百人以上。按规矩，棺材必须用人抬步行，而不能用车拉。抬棺材的人在农村多是由亲友帮忙，而在城市可以雇人。出殡的队伍中还要有相应的"仪仗"，包括铭旌、纸制冥器和用柳枝糊白纸做成的"雪柳"和祭幛等，以及沿途吹打的鼓乐班子，边走边撒纸钱。

归葬之处，一般都是在本家族的墓地。棺入穴后，先由孝子用衣襟捧土覆盖，然后众人填土成坟，于坟前焚烧冥器摆供祭奠后返回。下葬后第三天，家人要到墓地给新坟填土、祭奠，称为"圆坟"。死者去世后每隔七天都要有祭奠仪式，俗称"办七"或"烧七"，一般至七七而止。死者去世后第一百天、周年、二年、三年的"整日子"也要祭奠。另外，清明、七月十五、十月初一以及除夕等，都是民间烧纸上供，祭奠亡灵的日子，一直延续至今。

家属为什么要给去世的亲人烧纸钱？

民间有"烧七"的习俗。意思是说，在死者下葬后的四十九天内，每隔七天，亲人们便要到坟前烧纸送钱，这样才能保证死者有足够的钱花，平安地到达地府。给亡者烧纸钱，亡人真的能收到吗？这个习俗又是源于何时呢？

相传，东汉蔡伦改良了造纸术后，不仅自己成了名人，家境富裕起来。他还将这门技术教给了哥嫂，希望他们也能发家致富。然而，心性急躁的蔡莫（蔡伦哥哥）刚学到了皮毛，便迫不及待地开店做生意了。当时，人们对纸的重视不够，加之蔡莫的纸张粗制滥造，所以，店里生意十分冷清。

望着已经积压的纸张，蔡莫夫妻俩终日茶饭不思。一天夜里，正在熟睡的左邻右舍听到蔡莫家传出哭声，纷纷赶过来一探究竟。刚一进门，就看到大堂之上放着一口棺材，蔡莫跪在棺材前，泪如雨下。蔡莫一边哭一边往火盆里放纸。邻人上前询问方知，慧娘（蔡妻）突染急病，刚刚离世。

众人听了，都感叹不已，劝蔡莫节哀。就在这时，木棺中发出咚咚响声，还在迷梦中的邻人顿时睡意全无。只听棺内有人说道："相公，给我开门，我回来了。"蔡莫早已吓得魂不守舍，哪里敢近前丝毫。"相公，真的是我，你开门我再与你细说。"棺材里又传出话来。在邻人的帮助下，蔡莫颤抖着打开棺木。慧娘容光焕发地走了出来。

在鬼门关绕了一圈的慧娘说道："我本来已经到了地府，阎王要我受苦赎罪。我被押往刑场的路上，小鬼接到阎王令放我回人间。询问了才知道，原来相公送了阎王很多金银财宝。"蔡莫惊诧道："我未曾见过阎王，如何给阎王送财宝了？"慧娘说："你所烧的纸，就是阴间钱财。阎王看你送了那么多，才如此开恩的。"

众人一听，纷纷抢着买蔡莫家的纸，准备在鬼节焚烧，以求死去的亲人起死回生。一时之间，蔡莫家的纸供不应求。原来，这是蔡莫和慧娘演的一出戏，并非真的转世还阳。后来，民间便流行起了烧纸钱的习俗。

有观点认为，为死者烧纸送钱，送盘缠，是源自佛家、道教的生死轮回说。人们相信，人死后，有灵魂存在。为了让死去的亲人能在阴间少遭些罪，心诚的人们烧纸钱给他们，希望他们在另一个世界能过上好日子。

烧纸送钱亡者自然不会收到。但是人们宁愿通过这种方式缓解对亲人的相思之苦，并借助这种方式继续尽着世间没有完成的孝道，聊以自慰。

"挽歌"和"挽联"分别指什么？

挽歌就是哀悼死者的歌。在古代，送葬时"孝子"在前执绋，挽柩者唱挽歌。上古时期没有挽歌，《礼记·曲礼上》："适墓不歌，哭曰不歌，临丧前则必有哀色，执绋不笑。"《左传·哀公十一年》记载："公孙夏命其徒歌《虞殡》。"(《虞殡》即送葬的挽歌。) 此后挽歌逐渐流行。《晋书·礼志中》记载："汉魏故事，大丧及大臣之丧，执绋者挽歌。"在古代，不同的等级送葬时也要唱不同的挽歌。汉武帝命音乐家李延年作两首挽歌《薤露》和《蒿里》。《薤露》是在送王公贵族是唱的，《蒿里》是送士大夫和庶人时唱的。一般来说，挽歌都是死者的亲友写的，但也有的死者在生前就为自己写好了挽歌，嘱咐亲友在为他送葬时唱。比如大诗人陶渊明在自己临死前三个月就写了三首挽歌。在当时，有很多文人都在生前为自己写挽歌，以示对死亡的大彻大悟。

挽联则是哀悼死者、治丧祭祀时专用的对联。内容主要是概括死者的一生功绩，对死者进行评价，诉说自己与死者的友谊，对死者的去世表示哀悼等。

什么是"收继婚"？

收继婚，是中国旧时婚俗的一种，在汉族和少数民族中都有存在，指的是兄弟亡故之后收其寡妻为自己妻子的现象，也包括父死子娶庶母、叔死侄娶婶母的情况。收继婚最早起源于群婚时期兄弟共妻的风俗，进入父系社会以后，父亲的妾也成为嫡子所继承的遗产的一部分，于是往往会有子娶庶母的情况，这在某些部族甚至成为一种定制，《史记·匈奴列传》即记载："父死，妻其后母；兄弟死，皆取其妻妻之。"出塞的王昭君在匈奴呼韩邪单于死后又嫁给了其长子复株累若鞮单于。后来这一风俗为人们所摒弃，明、清两代更是用法律来禁止收继婚的行为，如《明律集解·附例·户婚》声明："兄亡收嫂、弟亡收妇者，各绞。"但是在广大民间，兄收弟妻、弟继兄妻的事情依然经常发生，原因是一些家庭由于经济条件的限制而承受不起另娶的花费，所以就有鳏寡两相将就之事。

"童养媳"是怎么来的？

童养媳，指女子在幼小的时候被婆家收养而待到成年时进行结婚的现象，这一称谓最早出现于宋代，但是作为一种社会情形则早已有之。周代有所谓媵制，就是姐姐在出嫁的时候，妹妹也陪同一起嫁过去，或者是侄女陪同姑姑一起出嫁。相应于作为正妻的姐姐或姑姑，妹妹或侄女就成为夫家的媵。媵的地位要高于妾，妾往往归于奴仆一类，而媵则属于主人。有时陪同出嫁的妹妹或侄女尚未成年，这也就意味着要在夫家长大。媵制主要流行于诸侯和贵族之间，是血亲观念和一夫多妻制度相结合的产物。秦汉以后，一些贵戚的女儿在年幼时被选入宫中，成年后就作为帝王的妃嫔，或者被赐予皇族子弟做妻妾。这就是童养媳的早期形式。后来，童养媳的现象逐渐从宫廷和贵族延至民间与平民之中，并且一度十分盛行。童养媳现象在社会上流行的原因主要是百姓生活贫穷，加之古代的婚姻制度是女嫁从夫，女儿不被视为自己家里的人，在养育子女发生困难的时候就将还很小的女儿送给富裕一些的人家，等长大了就自然地成为人家的媳妇。在于夫家来说，与童养媳结婚和正常的大娶相比也可以节省很大的一笔费用。另外，古代曾有用结婚来"冲喜"一说，也就是在公婆或者丈夫发生重病的时候，提前娶亲，用喜气来冲掉灾气，有时男子的年龄还很小，也就找童养媳来娶亲。

如何理解"男女授受不亲"?

"男女授受不亲"，语出《孟子·离娄上》："淳于髡曰：'男女授受不亲，礼与？'孟子曰：'礼也。'"这句话表达的是古代的一种礼法观念，概言男女之间不应当发生亲密的动作和交往。

《礼记·曲礼》说："男女不杂坐，不同椸枷，不同巾栉，不亲授。嫂叔不通问……外言不入于梱，内言不出于梱。女子许嫁，缨，非有大故，不入其门。姑姊妹女子，子已嫁而反，兄弟弗与同席而坐，弗与同器而食，父子不同席。男女非有行媒，不相知名；非受币，不交不亲。"这些内容是对男女之间交往所应当遵守之礼节的详细而严格的规定，非夫妻关系的男女之间是断不允许发生直接的接触和交往的，但这只是一些学者书面的提倡，就实际而言，这种礼法观念主要是在贵族阶层之间执行的，社会上男女之间的来往还是普遍较为自由的，而且就"男女授受不亲"这句话本身而言也是有所变通的，淳于髡问孟子："嫂溺则援之以手乎？"孟子回答说："嫂溺不援，是豺狼也。男女授受不亲，礼也；嫂溺援之以手者，权也。"也就是说虽然"男女授受不亲"是礼法的要求，但是在特殊情况下也是应当有所权变的。

自宋代之后，男女之间的自由交往开始被严格限制，司马光在《涑水家仪》中说："凡为宫室，必辨内外，深宫固门内外不共井，不共浴室，不共厕。男治外事，女治内事。男子昼无故，不处私室，妇人无故，不窥中门。男子夜行以烛，妇人有故出中门，必拥蔽其面。男仆非有缮修，及有大故，不入中门，入中门，妇人必避之，不可避，亦必以袖遮其面。女仆无故，不出中门，有故出中门，亦必拥蔽其面。铃下苍头但主通内外宫，传致内外之物。"这就明确地将妇女的活动空间局限在家门之中，体现出强烈的男权色彩。

为什么会有"男主外，女主内"的说法?

"男主外，女主内"，是中国传统的性别观念，意为男性主导家外的事务，而女性负责家内的事情。

《周易》第三十七卦曰："家人，利女贞。"解释卦义的象辞说："女正位乎内，男正位乎外。"据《周易正义》，王弼注云："家人之义，各自修一家之道，不能知家外他人之事也。统而论之，非元亨利君子之贞，故利女贞，其正在家内而已。"又孔颖达疏云："家人之道，必须女主于内，男主于外，然后家道乃立。"这些讲的都是"男主外,女主内"方才是持家的正道。出于两性天然的特点,幼小的子女需要由母亲来照顾,这样,出外谋生的任务就主要落在了父亲身上,作为父亲的男性也就因而掌握了经济权力。在母系社会时期,由于人们群居而不知其父,所以女性处于主导地位,进入父系社会后,群婚现象瓦解,男性开始承担起主要的角色,因之而形成了男尊女卑的观念。如此一来,"男主外,女主内"虽然原本只是一种正常的性别角色分工,但是在既有性别歧见的影响下则转变为一种限制女性自由参与社会活动的理论,将女性的活动空间严格地束缚在闺阁之内,使得女性成为纯粹的"内人"。

什么样的人才被称为"节妇烈女"?

"节妇",指坚守贞节绝不改嫁的女子;"烈女",指为了免受侮辱而自杀殉节的女子。自南宋之后,"节妇烈女"尤为社会所颂扬,"节妇"与"忠臣"和"孝子"共同成为人们所当遵奉的楷模,而这三者正是与"君为臣纲,父为子纲,夫为妻纲"相对应的。到明清时期,社会上的节烈观发展到极端,以致各地争相以树立贞节牌坊为荣,这也为官方所大加鼓励。清代《礼部则例》规定,"节妇"为"自三十岁以前守至五十岁,或年未五十而身故,其守节已及十年,查系孝义兼全厄穷堪怜者",以及为夫守贞的"未婚贞女";"烈女"包括"遭寇守节致死","因强奸不从致死,及因为调戏羞愤自尽",以及"节妇被亲属逼嫁致死者,童养之女尚未成婚、拒夫调戏致死者",等等。每年各地方的族长、保甲长都要向官府公举节妇烈女,而各级官府也都要给予相应的表彰。京师、省府和州县都修建有矗立大牌坊的"节孝祠",被旌表的妇女被题名于坊上,死后设位于祠中,每逢春秋供人祭祀。官府还特别发给本家三十两"坊银"为其建坊。节妇烈女的名字还会被列入正史和地方志,而其节烈事迹特别突出的,甚至会得到皇帝的"御赐诗章匾额缎匹"。当时所盛行的《女学》《教女遗规》《女学言行录》《女范捷录》等教育女子的书籍中也大肆宣扬贞节观念。这些举措把对节妇烈女的崇尚推至了极点,成千上万的妇女或自愿、或被迫地因此而终生寡居,更甚至以身殉夫。

"跪拜礼"是什么样的礼仪?

跪拜礼的产生源于古人席地而坐的方式,因为汉代以前,并没有专供坐用的椅、凳之类,人们坐的时候是两膝着席,将臀部压在脚后跟上。以这种方式而坐,遇到需要向他人表示敬意或致谢的时候,就将臀部抬起来,也即是呈现跪的姿态,然后再俯身向下,这也就是跪拜礼的由来和其基本形式。原始的跪拜礼很简单,后来成为一种正式的礼节之后则变得繁复起来,并且发展出了诸如"九拜"等多种跪拜方法,应用范畴也扩及生活中的方方面面。

"九拜"是什么样的礼仪?

"拜",是中国古代的一种表达崇高敬意的礼节。所谓的"九拜",并不是指叩拜九次,而是指九种不同的叩拜礼仪,不同的人依据其各自的等级和身份在不同的场合使用相应的叩拜方式。《周礼·春官·太祝》记载:"辨九拜,一曰稽首,

礼俗礼制

二曰顿首，三曰空首，四曰振动，五曰吉拜，六曰凶拜，七曰奇拜，八曰褒拜，九曰肃拜。"

各自的具体做法是："稽首"，为屈膝跪地，左手按右手，拱手于地，头缓缓贴近地面，而且头在地面上须停留一段时间，手在膝前，头在后，这是拜礼中最为庄重的一种。"顿首"，其他方面与稽首相同，只是头一碰到地面就抬起来，因为头接触地面的时间很短，所以称为顿首，其庄重性仅次于稽首。"空首"，是两手拱地，引头至手而不着地，这是拜礼中的较轻者。"振动"，是两手相击，振动其身而拜，有捶胸顿足之意，表达极度的悲哀之情。"吉拜"，是先空首，再顿首。"凶拜"，是先顿首，再空首。"奇拜"，"奇"是单数的意思，为先屈一膝而拜，又称"雅拜"。"褒拜"，是行拜礼后为回报他人行礼的再拜，也称"报拜"。"肃拜"，推手为"揖"，引手为"肃"，"肃拜"实际上是一种揖礼，并不下跪，而是俯身拱手行礼，但其表达的是拜的含义。

"九拜"之中，前三种是正式的拜礼，后面的几种则是正拜的变通。这些拜礼的应用范畴大体是：宗庙祭祀拜祖先，郊祀拜天拜神，以及臣拜君，子拜父，学生拜老师，新婚夫妇拜天地、拜父母，都行稽首礼；平辈和同级之间，行顿首礼；对于卑者的稽首礼，尊者以空首礼答拜；振动礼为丧仪中所用；吉拜礼行于各种祠祭；凶拜礼是服 3 年之丧时所用；肃拜礼为女子所用，因为女子佩戴的首饰较多，不便于跪拜，另外也用于军人之中，原因是军人身披甲胄，行动有所不便。

"拱手"是什么样的礼仪？

拱手是中国古代的一种常行的礼节，在上古时期就已产生，做法是双手抱拳前举，近似于带手枷的奴隶，原初的含义为表示愿做对方的奴仆，以表示一种相当的尊敬。清代学者阎若璩在对《论语》的注释中提道："古之揖，今之拱手。"但是拱手与作揖并不完全相同，拱手仅仅是双手抱拳前举而已，作揖则还要配合两臂的上下左右等方向性的动作，正式的作揖还要鞠躬，后来揖礼简化，在行用的时候常常变成了拱手，而拱手与作揖这两个概念也就时常混用。

"作揖"是什么样的礼仪？

作揖是中国古代的一种表示敬意的礼节行为，至今仍在行用，其方式为双手抱拳前举，同时身体略弯，也有很多时候仅仅是举手而已。作揖起源很早，相传在夏代就已出现，在西周时期就很为流行了。据《周礼》记载，根据双方的地位和关系，作揖的种类有土揖、时揖、天揖、特揖、旅揖、旁三揖等。土揖是拱手前伸而稍向下；时揖是拱手向前平伸；天揖是拱手前伸而稍上举；特揖是一个一个地作揖；旅揖是按等级分别作揖；旁三揖是对众人一次作揖三下；此外，还有一种表示特别敬意的长揖，即拱手高举，自上而下向人行礼。一般而言，作揖是一种恭敬之心的表达，但在个别时候却有着反面的含义，《汉书·高帝纪》记载郦生见刘邦的时候不拜而长揖，表达出一种不敬服的心态，当然，这并非是作揖本身的含义，而是说按照礼节，本应当致以更为尊贵的行礼方式，这时如果用作揖来代替的话反而显得不敬了。严格来讲，作揖抱拳的通常方式是右手握拳，左手成掌，包住或者盖住右手，这称为"吉拜"；反之则为"凶拜"，这种作揖方式一般用于丧礼的场合。这一区别的源起为一种诚意的表示，因为大多数人右手为主手，在攻击他人的时候主要用的是右手，作揖时左手在外，而将用于攻击的右手盖在里面，是一种友好的表示与真诚的传达。

"坐""跪"和"长跪"有什么不同？

坐，是人体态势的一种，泛指将臀部依靠在可以支持身体重量的物体上、用臀部来代替两脚着力的姿势，当今一般指将臀部放在椅、凳之类的坐具上，古时因为没有椅子，人们坐的方式与现代有所不同，在正式的场合是席地而坐，两膝着地，臀部压在脚跟上，这种方式腿部受到的压迫很严重，日常生活中并不全都如此，只是因为其姿势较为美观，而成为一种表示庄重的正坐。跪的姿势是两膝着地或着席，直身，臀部不着脚跟，是一种对地位高者表示尊敬的姿势，古人席地而坐，在有急要之事或谢罪之时，也会采取跪的方式，有时单膝着地也称之为跪。长跪是跪的一种最为郑重的方式，特点是挺身直立，用膝盖和脚趾来支持身体，拜跪时习惯上以先下右膝为礼。

古人的座次有哪些讲究？

古时座次有着严格的尊卑之分。在筵席上，最尊的座次是坐西面东，其次是坐北向南，再次是坐南面北，最卑是坐东向西。

《史记·项羽本纪》中载有："项王、项伯东向坐，亚父南向坐，……沛公北向坐，张良西向侍。"

紫光阁赐宴图　清

其中，项王的座次最尊，而张良的座次最卑。在举行朝会的时候，则是背北面南为尊，所以称帝叫作"南面"，而为臣则叫作"北面"。

另外，通常的看法是，右者为尊，因此遭受贬谪称为"左迁"，而在座次的排定上，地位次尊的人则居于最尊者的右边。

什么是"避席"？

避席，是古代的一种表示尊敬的行为，古时没有椅子，人们席地而坐，在需要的时刻离开席子站立一边，也就是避席。《孝经》中记载了曾子在听孔子讲课的时候接到提问即避席而立的故事，颇为传诵，引为美谈。避席最初只是个别行为，后来则为人效仿，成为社会上通行的一种礼节。魏晋时期，椅子由少数民族传入中原，人们逐渐不再习惯于坐在席子上，避席之礼也就无从谈起，但并没有消失，而是转化为新的"避席"方式，当今通常的离座起立以表敬意的礼节也就是古代避席之礼的转化。

"投刺"是什么意思？

刺，指的是古时所用的一种写有姓名的简牍，相当于现在的名片，清代赵翼在《陔余丛考》中说："古者削木以书姓名，故谓之刺；后世以纸书，谓之名帖。"

礼俗礼制

投刺也就是将写有自己名字的刺或名帖投递给想要求见的人，以期对自己事先有一个基本的了解。唐代之后，投刺成为一种普遍的风习，而刺的形制也多了起来，因为主人身份的差异和传达目的的不同等都有着各自的区分，例如，位尊者（如亲王）可以使用红色的名帖，向别人传达丧事的时候要在名帖的四周卷上黑框。古代的刺或名帖都是亲笔书写的。

古人的见面礼有哪些？

见面礼，即见面时所行用的礼节。古人常用的见面礼有揖、拱和拜等。揖是古人相见的最常用的礼节，具体又分为三种：没有婚姻关系的异性之间，行礼时推手微向下；有婚姻关系的异性之间，行礼时推手平而致于前；一般的同性宾客之间，行礼时推手微向上。另外还有长揖，是一种不分尊卑的相见礼，拱手高举，自上而下，较普通的揖程度更深一些。

拱，是两手在胸前相合以表示敬意，《论语》中记载一次子路见到孔子时"拱而立"，就是行用的拱礼。

拜，古人见面时最为庄重的一种礼节。早时的拜，只是拱手弯腰而已，两手在胸前合抱，头向前俯，额触双手。《孔雀东南飞》中的"上堂拜阿母"，指的就是焦仲卿对母亲所行的这种拜礼。后来拜则主要指跪拜，臣民在面见皇帝的时候都要行跪拜礼。

宗法制是一种什么制度？

宗法是我国古代规定一个家族内成员的权力等级秩序的制度。宗法制度是古代氏族父系家长制的延续，萌芽于商周时期，成熟于西周、春秋时期，其核心是嫡长子继承制。简而言之，即是嫡长子对于上一代的权力、地位乃财产具有合法的继承权，是为大宗；其他儿子在这些方面只能有低一个等级的继承权，是为小宗。大宗对于小宗具有统辖权，小宗必须以大宗为尊。不过，大宗、小宗只是相对的概念，而非绝对。比如周代天子的嫡长子继承君位为大宗，其余分封为诸侯的儿子们为小宗；诸侯的嫡长子相对于天子仍是小宗，但相比于分封为卿大夫的兄弟们，则是大宗了。但总体上，宗族会在一定范围内形成一个有绝对权威的大宗以及族长，统领全族。

周朝时的宗法制度主要是存在于贵族内部，并且因当时的各级政府便是由各级贵族的家族所掌控，因此当时的宗法与国法是混淆在一起的。

自秦开始，贵族统治模式的解体使得宗法制度与国家行政逐渐区分开来，退守到家族之内。基本上所有的宗族都制定了相应的族规，一个宗族的族长通过祠堂集神权与族权于一身，并通过族规对族人拥有统率、处置和庇护之权，并且国家法律也承认这种权力。

事实上，由于古代政府均是一种小政府，其权力体系只下延到县一级，因此县以下的秩序维持很大程度上便是依靠宗法秩序的自我维持。

尤其宋明以后，宗族制得到统治阶级的更大支持，族权布满农村社会各个角落的众多宗族，成为仅次于政权的权力体系。

"五礼"指的是什么？

五礼是形成于周代的五大类礼仪，分别是：吉礼、凶礼、军礼、宾礼、嘉礼，其最早记载于《周礼》。五礼并非由周人所创立，其中的诸多礼仪是在夏商周1000多年的时间里逐渐形成的，到西周时期，周人对三代的礼制做了总结并将其归纳为此五类。

其中，吉礼是五礼之冠，主要是对天神、地祇、人鬼的祭祀典礼；凶礼是哀悯吊唁忧患之礼，用以礼哀死亡、灾祸、寇乱等；军礼是在与军事有关的礼仪，用以战前动员，鼓舞士气；宾礼是对于来访的宾客所实施的礼仪，以示尊重；嘉礼比较琐碎，用于国家或人民日常生活中对于比较高兴的事情的庆祝。五礼在西周形成之后，在春秋战国时期曾一度遭到破坏，即所谓"礼崩乐毁"。孔子所创立的儒家学派对周代礼制进行了继承和发扬，汉代时，儒士叔孙以五礼为参考所设计的礼仪被汉高祖采纳为宫廷礼仪。自此，五礼成为后世历代帝王乃至民间礼仪的基本骨架，为后世国家政治的稳定和社会运转的有序提供了保障。

五礼在后世历代都有所发展，其所涉及的范围不断扩大，内容日渐增多。以宋为例，各类吉礼已达 43 种，嘉礼 27 种，宾礼 24 种，军礼 6 种，凶礼 12 种，加起来总有 112 种。

这些礼仪有形或无形地存在于国家政治和人们日常生活的各个方面，并深入人心，每个人都自觉不自觉地以其为行为规范，中国被称为礼仪之邦正源于此。

节日风俗

春节都有哪些活动？

春节是中国的传统节日，又叫阴历年，俗称"过年""新年"，时间是农历正月初一。它是中国所有节日中最隆重的节日，汉、壮、布依、侗、朝鲜、仡佬、瑶、畲、京、达斡尔等民族都过春节。

春节的历史很悠久，它起源于商朝时年头岁尾的祭神祭祖活动。正月初一古称元日、元辰、元正、元朔、元旦等，俗称年初一。民国时期改用公历，公历的1月1日称为元旦，农历的正月初一叫春节。

据《史记》《汉书》记载，正月初一为四始（岁之始，时之始，日之始，月之始）和三朝（岁之朝，月之朝，日之朝）。在古代，人们在这一天迎神祭祖，举行各种娱乐活动，占卜气候，祈求丰收。春节的各种活动各地略有不同，其内容大致都有：除夕，俗称大年，这时家人团聚，吃团年饭，进行守岁；贴门神和春联（汉代的习俗是在门户上画鸡、悬苇，或画神荼、郁垒二神像于桃板上，意在驱逐瘟疫恶鬼，后演变为门神和年画）；正月初一，人们走亲访友，俗称走喜神方，互致祝贺，称为拜年。另外，各地还要放爆竹，以驱祟迎祥。

人日是什么节？

人日节又称人胜节、人庆节、七元节。此节今天虽已消亡，但在古代却是一个大节。人日节最早的记载是汉东方朔的《占书》："岁后八日，一日鸡，二日犬，三日豕，四日羊，五日牛，六日马，七日人，八日谷。其日清明，则所生物育，阴则灾。"这是以天气的阴晴来预测一年的物产与人事：那一天晴，则相应的人畜两旺，阴则有灾。但岁后八日为什么与这些家禽家畜相联系呢，并且还与人相联系呢？这可能与中国远古神话的女娲造人说有关。

《风俗通义》载："俗说天地开辟，未有人民，女娲抟黄土作人，剧务，力不暇供，乃引绳泥中，举以为人。"中国的神话认为，人是女娲娘娘用黄土所造，因捏泥捏不过来，于是用绳子甩泥浆以为人。《太平御览》转引《谈薮》注云："一说，天地初开，以一日作鸡，七日作人。"从古籍的记载中可以看出，中国古人的确相信女娲造人说，并且在岁后的第一天至第八天，分别造出了鸡、狗、猪、羊、牛、马、人与谷。从神话的角度来说，人日就是人的生日，也是家庭的生日。正月初七正式成为人日节可能在晋代。

《荆楚岁时记》记载："正月七日为人日，以七种菜为羹，剪彩为人，或镂金箔为人，以贴屏风，亦戴之头鬓。又造华胜相遗，登高赋诗。"

当时，人日的各种习俗已经形成，如吃七菜羹、剪彩人、互相赠送华胜（妇女的头饰）、登高踏青等，这标志着古人已经把人日当成了节日。

立春是节气还是节日？

立春是二十四节气的第一个节气，时间大约在农历正月上旬，公历2月3日至5日之间。这时严冬已尽，春天开始，应是温阳和煦、吹面不寒杨柳风的时节，不过偶尔也会有春寒料峭的时候。立春在古代就是今天的春节，从汉代开始，所谓春节就专指立春节，并且这种以立春为迎春之节的传统一直到清代都在持续。现在正月初一的春节古代称之为元旦，是一年的岁首。将春节固定到正月初一，是辛亥革命以后的事。中华民国采取了公历，以公历的1月1日为元旦，为区别起见，这才将旧历正月初一专称为"春节"。这样的命名，也是因为春节常在立春前后的缘故。

再从迎春的主题来看，立春和春节是一致的，是古已有之的传统。自古以来，中国人就十分重视立春节，旧《农历》云："斗指东北维立春，时春气始至，四时之卒始，故名立春。"

就节气而言，一年的岁首是立春。民间有谚云，"一年之计在于春"，可见立春此日之重要。中国以农业立国，农业收成关系到国计民生，因此，古代的帝王为了表示对立春的重视，常常率领群臣举行隆重的迎春大典。

元宵节的内容都有什么？

元宵节又叫上元节、元夕节、灯节，是汉族传统节日，时间是农历正月十五日。正月是农历的元月，古人称夜为"宵"，正月十五是一年中第一个月圆之夜，所以称正月十五为元宵节。

早在西汉汉文帝时，就已经下令将正月十五定为元宵节。汉武帝时，"太一神"的祭祀活动定在正月十五（太一：主宰宇宙一切之神）。

东汉明帝提倡佛教，他因听说佛教有正月十五僧人观佛舍利、点灯敬佛的做法，就下令在正月十五这一天夜晚在皇宫和寺庙里点灯敬佛，并下令民间也都挂灯。后来这种佛教节日逐渐形成民间的节日。元宵节经历了由宫廷到民间，由中原到全国的发展过程。

后随着时间推移，元宵节的内容不断变化。唐玄宗时规定观灯为3夜，元宵夜出现杂耍技艺，北宋延长到5夜，出现了猜灯谜活动。

明朝时规定正月初八张灯，正月十五落灯，又增加了戏剧表演。元宵节的一个

卖元宵　清　选自《太平欢乐图册》

重要的活动就是吃元宵（又称汤圆），有团团圆圆之意。一般认为元宵节是春节活动的结束。

二月二是什么节？

"二月二"，指的是农历二月初二，是我国农村的一个传统节日。有关"二月二"的习俗很多，其中俗语"二月二，龙抬头"可谓家喻户晓。"龙抬头"一说，最早见于明人刘侗《帝京景物略》："二月二，龙抬头，蒸元旦祭馀饼……"至于抬头的为何是龙，又为何只与"二月二"有关，说法和故事就多了。在民间认为，龙是一种吉祥物，主管天上的云雨，"龙抬头"，意味着风调雨顺，是人们心中美好愿望的充分体现。由于我国大部分地区受季风气候影响，所以在农历二月初，气温便开始回升，日照时数也逐渐增加，气候已经适宜进行田间农事活动。所以，会有这样的农谚："二月二，龙抬头，大家小户使耕牛。"但也有一些地方或某些年份，因为春旱较严重而导致春雨贵如油。倘春雨充沛，则预示着一年的丰收。所以又有农谚说："二月二，（若）龙抬头，大仓满，小仓流。"

"二月二"敬土地神这一习俗，盛行于我国台湾地区。每逢"二月二"，人们把纸钱系在竹枝上，然后插立田间，以奉献给土地神。鄂西鹤峰一带的土家族人在敬土地神时，还要点香烛，摆上酒菜，然后磕头请愿。

这一天，其他习俗也有很多，比如有的地方在起床前，先念："二月二，龙抬头，龙不抬头我抬头。"起床后还要打着灯笼照房梁，边照边念："二月二照房梁，

蝎子蜈蚣无处藏。"有的地方在这一天妇女不动针线，说是怕伤了龙的眼睛；还有的地方这一天禁止洗衣服，怕伤了龙皮，等等。

上巳节的风俗源于何时？

上巳，是指农历三月的第一个巳日，故又称元巳（一月中有3个巳日，还有中巳、下巳）。三月上巳的风俗最早可能起源于周朝。《周礼·春官·女巫》载："女巫掌岁时祓除衅浴。"郑玄注："岁时祓除，如今三月上巳，如水上之类；衅浴谓以香薰草药沐浴。"可见周朝已经有上巳日祓禊、沐浴的风俗，作用是驱疫避邪，除去旧年的不祥。但上巳的名称最早见于南朝古籍中汉代的事迹。

农历三月上巳每年都不固定，为了方便和统一，魏晋后将上巳节定在了三月初三，又称重三或三月三。节日固定以后，节日的仪式和活动就有了更大的规模且更为规范，从宫廷到民间，上巳日出城踏青、祭祀宴饮、于水边沐浴已是普遍的活动。此外，上巳节在上古还有在河边解神的活动。解神即还愿谢神，这大概是一种巫术仪式。随着时代的发展，人们在水边不仅仅举行沐浴祓除的仪式，还把它当成宴饮游玩的好时光，于是，魏晋以后又普遍流行曲水流觞、列坐赋诗等文人的雅事，其巫术意义的祭祀则越来越淡化了。

社日节是祭祀谁的？

社日节是祭祀社神的日子。关于社神的由来，《礼记·祭法》载："共工氏之霸九州也，其子曰后土，能平九州，故祀以为社。"以后土为社神还有一个神话：后土原名叫勾龙，是水神共工的儿子。共工

长得人脸蛇身，满头红发，脾气暴烈。有一天，他和天神打仗，一怒之下竟把撑天的柱子撞折了，这一下天崩地裂，洪水泛滥。于是，女娲只好炼五色石才把破了的天补好。勾龙见父亲闯了大祸，心里非常难过。当女娲将天补好之后，他就把九州的大裂缝填平了。黄帝见勾龙贤明，便封他一个官叫后土，让他拿着丈量土地的绳子，专门管理四面八方的土地，也就成了人们所称的社神。

社日分为春社和秋社。春社一般为立春后第五个戊日，约春分前后。古人在秋天祭祀社神，则是报答社神给人间带来的好收成。秋社在立秋后第五个戊日，约在秋分前后。社日的主题是为春祈而秋报，其活动除了祭社神以外兼有乡邻会聚宴饮的性质。在古代，社日颇受人们重视。每逢春秋二社，朝廷与各级政府要举行正规的社祭仪式，民间则要举行社祭聚会，进行各式各样的社祭表演，并集体欢宴，非常热闹。

清明节始于什么时候？

清明节是我国传统节日，也是最重要的祭祀节日，大概在每年的 4 月 4 日至 6 日之间。同时，清明又是二十四节气之一。

清明节大约始于周朝，已有 2500 多年的历史。因清明与寒食（民间禁火扫墓的日子）的日子接近，后两者合二为一，寒食成为清明的别称，也成为清明的一个习俗。清明那天不动烟火，只吃凉的食品，并且去给祖先扫墓（俗称上坟）。北方和南方在清明节的活动侧重不同。北方重视扫墓，人们带着酒食果品、纸钱等物品到墓地，将食物摆在亲人墓前，焚烧纸钱，给坟墓培上新土，插上几枝嫩绿的新枝插，叩头祭拜，最后吃掉酒食回家。南方则侧重踏青，借此出去郊游。另外，清明节时还有插戴柳枝、放风筝、取新火、画蛋、斗鸡、荡秋千等活动。直到今天，清明节仍是祭拜祖先，悼念亲人的重要节日。除汉族外，白、苗、蒙古、纳西等少数民族也过清明节。

中元节为什么是鬼节？

中元节又称鬼节、盂兰盆会，是汉传佛教于每年农历七月十五日举行的施斋供僧超度先灵的法会。

盂兰盆是梵文的音译，意为"救倒悬"，它源于目连救母的传说。据《盂兰盆经》记载，释迦弟子目连在母亲死后非常痛苦，如处倒悬。因此求佛祖为其母亲超度，佛祖让他在僧众夏季安居终了之日（七月十五日）供养十方僧众，终使其母解脱。从此，佛教徒开始兴办盂兰盆会。佛教传到中国后，南朝梁大同四年（538年），梁武帝首次设盂兰盆斋。到了唐朝，盂兰盆会更加盛行，除了设斋供僧外，还增加了拜忏、放焰口、放灯等活动。中元节一般是 7 天，到了晚上，各家都要备下酒菜、纸钱祭奠死去的亲人。死去的亲人又有新亡人和老亡人之分。3 年内死的称新亡人，3 年前死的称老亡人。新老亡人会在中元节回家看看，新亡人先回，老亡人后回，因此要分别祭奠。烧纸钱先用石灰洒几个圈儿，防止孤魂野鬼来抢，最后还要在圈外烧一堆，这是烧给孤魂野鬼的。在中元节最后一天，各家都要做一餐好饭菜敬亡人，这叫"送亡人"。

冬至要怎么过？

冬至是我国的一个传统节日，也是农历中一个非常重要的节气，现在我国不少地方仍有过冬至节的习俗。冬至俗称"冬节""长至节""亚岁"等。早在 2500 多年前的春秋时代，冬至已经在我国用土圭观测太阳而测定，它是二十四节气中最早被制定的一个，时间在每年阳历的 12 月 22 日或 23 日。

我国古代对冬至相当重视，曾有"冬至大如年"的说法，而且有庆贺冬至的习俗。冬至过节源于汉代，盛于唐宋，相沿至今。经过数千年的发展，冬至形成了它独特的节令食文化。很多地方都把馄饨、饺子、汤圆、赤豆粥、黍米糕等作为过节时的食品，在北方的一些地区还流传着冬至不吃饺子会被冻掉耳朵的传说。以前较为时兴的"冬至亚岁宴"的名目也有很多，如吃冬至肉、献冬至盘、供冬至团、馄饨拜冬等。

冬至一种较为普遍的风俗是吃馄饨。南宋时，临安人就在冬至吃馄饨，开始是为了祭祀祖先，后逐渐盛行开来。民间还有"冬至馄饨夏至面"之说，意思是在冬至时要吃馄饨。馄饨的名号繁多，北方以及江浙等大多数地方称馄饨，广东称云吞，湖北称包面，江西称清汤，四川称抄手，新疆称曲曲，等等。冬至的另一传统习俗是吃汤圆，这种风俗在江南尤为盛行。"汤圆"在江南是过冬至必备的食品，冬至吃汤圆又叫"冬至团"，民间有"吃了汤圆大一岁"之说。在北方的不少地方，在冬至这一天有吃狗肉和羊肉的习俗。因为冬至过后天气进入一年当中最冷的时期，中医认为狗肉羊肉都有壮阳补体之功效，所以民间至今有冬至进补的习俗。在我国台湾地区，则流传着冬至用九层糕祭祖的传统，人们用糯米粉捏成鸡、鸭、龟、猪、牛、羊等象征吉祥如意福禄寿的动物，然后用蒸笼分层蒸成，用来祭祖，以示对老祖宗的怀念。

人们习惯上把每年农历的一月叫"正月"，这个叫法是从哪里来的？

大年初一，也就是农历的新年头一天，人们通常把这一天之后的一个月叫正月，那么为什么不是叫初月、春月，而要叫正月呢？

要说起正月的来历，还要从初月说起。每逢江山易主，新朝天子总要破旧制，立新政，这样才能代表江山唯我一统。破旧立新中十分重要的一条就是"改正朔，易服色"。所谓"改正朔"就是抛弃前朝旧历法，采用新历法，而重新确定每年的岁首之月是更改历法最重要的标志，所以更换岁首之月的现象是常有的。夏朝的时候，和现行月份基本一致，规定夏历的一月为每年的第一个月，而商朝则将岁首变更为夏历的十二月，到了周朝又规定夏历的十一月是岁首。新朝君臣认为，更改后的岁首的这个月，不仅是新的一年，也是新的王朝开始的时间。

但是在古代历法中，由于月份规定并不是十分科学，因而经常出现"朔晦月见，弦满望高"这样的现象。于是人们开始研究新历法，最终发现，夏历以一月为岁首是最为科学的，到了汉代，农历一月为岁首才最终被正式确定下来。

由于更改岁首之月代表新王朝的开

始，意味着拨乱反正，所以，更改后的岁首之月便称为"正月"。至于"正"什么时候读成了"征"的音，相传这和自封为始皇帝的嬴政有关系。

古代的避讳制度很严格，嬴政名字中有"政"，而岁首的"正"读音刚好和"政"相同，这就犯了忌讳。所以，秦始皇便下令，将"正"的读音改为"征"，也称"端月"。

从此以后，人们便习惯性地称每年的第一个月为"端月"或"正月"，至今沿用。

每逢春节，人们总要放鞭炮，这里有什么讲究呢？

每逢春节，人们都要燃爆鞭炮，以示庆祝，那么人们最初为什么燃放鞭炮呢？

我们现在所燃放的鞭炮，其实源自古代的爆竹。据《荆楚岁时记》记载，正月初一，天不亮人们就已经起床了，家家户户都在庭院里燃烧竹子。竹子爆裂发出毕毕剥剥的清脆响声，可以驱除妖魔鬼怪。火药发明之后，人们便将硫黄、硝石、木炭放进了竹筒里，这样一来，点燃后竹子发出的声音更加响亮。后来，人们还将火药放入纸卷，这就是"炮"。把"炮"编成串，就成了"鞭炮"。"鞭炮"点燃后，可以持续的发出响声。因为鞭炮的来源与古代烧竹子有关，所以又称为"爆竹"。

古人之所以要烧竹子，目的是为了驱魔。据说，古时候人们经常被一些妖魔鬼怪骚扰，尤其是一种名为年的怪兽为祸甚巨。年长了一张人脸，却只有一条腿，每年春节都会出来害人，碰到它的人便浑身忽冷忽热，如果得不到救治，就会疼痛

而死。

有一年的春节，为了庆贺丰收，祈愿下一年风调雨顺，家家户户张灯结彩，载歌载舞，一直闹到了后半夜。沉浸在欢乐中的人们忽发奇想，围着篝火燃起竹子。投到火中的竹子发出啪啪的响声，把欢乐的气氛推向高潮。

夜半时分，危害人类的年来了。它进入村子，正要兴风作浪，忽然听到篝火中的燃竹正发出噼里啪啦的响声，吓得掉头就跑。人们见此情景，才知道恶魔年害怕响声和火光。于是，每年到这个时候，老百姓都要燃放爆竹，为的就是把年吓跑。时间一久，年再也不敢出来祸害百姓了。虽然年不再出现，但是人们春节放鞭炮的习惯保留了下来。如今，人们过年燃放鞭炮已不再是驱除鬼怪，而是为了辞旧迎新，增添喜庆气氛。

拜年的习俗是怎么来的？

过了大年三十，人们开始走亲访友，互相拜年道贺。据说，这一习俗源于一种怪兽。

相传，古代有种人面独腿的怪兽，叫作"年"，每到除夕都要出来兴风作浪。到了三十这天，家家紧闭门窗，围坐在丰盛的年夜饭前，互相打气壮胆，祈愿能平安地度过除夕。三十一过，"年"也就离开了。因而，能活过三十，就算闯过了"年"关。到正月初一，侥幸生存下来的人们便互相道喜，庆祝大难不死。后来，春节拜年的习俗也就延续了下来。

关于拜年，还有这样一段趣事：唐太宗李世民发动玄武门之变，程咬金、尉迟敬德等人立下汗马功劳。随着李世民帝位

节日风俗

的稳固，元老们也开始居功自傲。尤其程咬金，总觉得自己追随李世民最早，劳苦功高无人能及，满朝文武，谁都不放在眼里。鄂国公尉迟敬德也认为自己功不可没，与程咬金相比并不逊色，所以两人针锋相对，关系逐日恶化。

李世民看到了他们钩心斗角，便忧心忡忡，不知如何化解。魏徵见了进谏说："万岁，您的愁苦我了解，来之前，我早已为陛下想好了解决的办法，不知道皇上是否肯采纳。"李世民一听，急忙道："爱卿尽管讲，能解决矛盾，我愿意接受。"魏徵道："明日是年三十，您在早朝的时候屈尊给大臣们拜个年。就说新年讨吉利，希望大家初一也能互相拜年道贺；拜年时不光要说吉利话，还要检讨自己的言行，以求新年有个新气象。"

李世民一听，这也没什么大不了的，倒不妨试试。于是第二天上朝，李世民按照魏徵的建议拜完了年，吩咐道："明日免朝，都相互拜年去吧。"大臣哪有敢违背的，所以年初一一早，文武百官热闹了起来。程咬金还是不肯低头，正在家里想怎样做才能不违皇命，尉迟敬德登门拜年来了。程咬金一看尉迟敬德先礼让一步，自己就让步了。于是，两人互相道贺，说起自己的不是。通过拜年，两人的疙瘩解开了。

现在，拜年是人们沟通感情，互相表达祝愿的一种方式。

人们为什么喜欢将"福"字倒贴？

春节贴福字的风俗由来已久，《梦粱录》中就曾记载了春节家家户户张灯结彩，挂门神，贴福字的喜庆场面。有的人家还会将福字倒贴，意思是借着"倒福"讨个"福到"的口彩。

相传，清代的恭亲王府中，有一个能言善辩的管家，不但人机灵，还写得一手好书法。每年的春节，王府里的春联福字都是出自他手。

转眼又是一个春节到来，管家照例在大红纸上写了几个龙飞凤舞的福字。欣赏片刻之后，便叫来家丁，让他们将福字贴到王府大门、仓库等地方。王府中有一名新进的家丁，大字不识一个，看着福字只管往上贴。在大门上，他恰巧把福字贴颠倒了。

恭亲王福晋看到大门上硕大个福字居然是倒着挂在上面的，顿时火冒三丈，不由分说便命人鞭笞那个家丁。管家一听，慌忙跪下解释道："奴才听说，恭亲王寿高福大造化大，如今王府门上的大福字都到（倒）了，这是大吉大利的征兆啊。"福晋一听，这话说得在理，于是便赏了管家和家丁各五十两银子。后来，倒贴福，福气"到"也就成了百姓们讨吉利的说法。

其实，在传统民俗中，在哪里倒贴福字是有讲究的，并不是倒贴哪里都可以。人们常说"破五之前不扫地，垃圾藏在筒子里"，意思是说在正月初五之前，是不能除尘倒垃圾的，否则会把财运和福气都扫光，到出门，这样一年都不会交到好运。所以，人们除了不倒垃圾之外，通常会在垃圾桶和水缸等地方贴上个"倒福"，这样就冲淡了将福倒出去，走霉运的忌讳。

除了这两个地方，装东西的箱子和衣

柜上，也会被贴上"倒福"，意味着将福压进了箱子底，福气留在了家里，财源广进。

而大门上所贴的福字，是开门迎福的意思。这个"福"字表示福气源源不断地来到家中，一般不允许福字"倒"贴在门口。所以，大门上所贴福字是不能倒贴的。

如今，人们贴福更注重的是一种喜庆，所以，哪里倒贴，哪里正贴的忌讳已经被人们淡化了，福"倒"即福"到"的说法被更多的人所接受。

发压岁钱的习俗是怎么流行起来的？

相传，古代有种叫祟的小怪兽，性情十分古怪，专喜欢在过年的时候摸小孩子的头，偷取他们的思想。八仙听说了，便化身为八枚铜钱来到人间，此时恰逢年关。

有一家穷人，夫妻俩老来得子，喜欢得不得了。除夕这天，老两口怕祟来偷孩子的思想，便哄着孩子玩，不让他睡。孩子小，困了便要吵，夫妻俩实在没办法了，便将家里仅有的八枚铜钱，拿出来给孩子当玩具玩。夜深了，孩子玩累了攥着铜钱睡着了，夫妻俩也不知不觉地进了梦乡。

祟看见这家人都睡了，便偷偷地溜进他们的家。它伸出手刚想去摸孩子的头，便被八束金光击得连连后退。从此，祟再也不敢来偷小孩的思想了。原来，夫妻俩给孩子的这八枚铜钱正是八仙所化。

后来人们听说，只要在孩子手里放些钱，祟就不敢靠近孩子了，便纷纷效仿。于是，民间就流行起了过年给孩子压

"祟"钱的习俗。压祟，意味着辟邪、避晦气。渐渐地，"压祟钱"谐音作"压岁钱"，成了老人们表达对小辈们祝福的一种形式。

据史料记载，最早的压岁钱，并不是普通的流通货币，而是一种专门铸造出来，用以压鬼避邪的钱形佩饰品。在汉代出土的文物里，一些钱币形状的佩饰上，刻有龙凤、斗剑、双鱼等吉祥图饰；有的佩饰上甚至还印有诸如"去殃除凶"的字样，人们把这种压岁钱称为"压胜钱"。

还有一种说法认为，压岁钱认为由古代的春日散钱风俗演变而来。据《燕京岁时记》记载，在民间，人们通常会用彩线将铜钱串联起来，再编成龙形，将这种东西放在床角，作为护身符。这种钱串，俗称压岁钱。一般情况下，长辈会直接把编好的铜钱给晚辈，希望压岁钱能给孩子带来一年的平安吉祥。这种做法，在明清时期最为盛行。

到了近代，压岁钱逐渐地成了人们表达美好祝愿，祈愿大吉大利的一种形式。比如，送小孩子几张新的连号纸币，意为"连连发"；晚辈给长辈包个红包，意为压岁，"长命百岁"。压岁钱也就成了另一种文化内涵的载体。

正月十五挂红灯的习俗怎么来的？

在中国，有正月十五闹元宵的民俗。每到元宵佳节，不但家家户户挂着喜庆的大红灯笼，就连大街小巷都张灯结彩，人们赏灯游园，一片祥和景象。那么，正月十五人们为什么要挂红灯笼呢？

相传唐朝末年，黄巢带领起义军沿长江一路攻到濮州。但是，起义军连续奋战

三天，没有撼动濮州城池半分。眼看就要到年关了，再拖下去军中将士就会无心恋战。于是，黄巢决定进城摸摸情况，寻找濮州城难以攻克的原因。

黄巢乔装成卖汤圆小二哥，偷偷进入城内。刚进城不久，便听街道上一片慌乱声，众官兵高呼："不放过一个卖汤圆的，黄巢进城了。"

黄巢心想，军中定是出了内鬼，看来此行凶多吉少，还是先避避风头再说。于是，他闪身跑进了旁边的小巷，翻身进了一家庭院。人刚落地，便碰到一名老汉。

黄巢拱手说道："老人家，我被官兵追捕，实有隐情。还望老人家行行好，助我逃过此劫。"

老汉看黄巢不像恶人，便将它藏在自家的醋缸里。

此时，官兵已经搜寻到了这里，不由分说将老汉家翻了个底朝天，但还是没有发现黄巢踪迹。待官兵走后，老汉引出黄巢说："我家里尚有老小，恐不能帮你太多。我能做的也只能这样了，你还是自己想办法出去吧。"黄巢听了，向老人表示感激，并询问老汉有没有逃出城去的地方。

老汉对黄巢说："城中天齐庙城墙南，有一个豁口，平时少有人注意，你可从哪里出城。"

黄巢听后，松了一口气。他向老汉问道："老人家，你可知我是何人？"

老汉徐徐答道："你一来，我便知黄将军入城了。"

黄巢听后跪谢老汉，并告知老汉："您可取些红纸扎成灯笼，待我军攻进城时，看见红灯笼，定不伤恩人分毫。"说完转身离开。

老汉知道黄巢军早晚会攻入城内，便将这个消息悄悄地告知了乡里百姓。一时之间，红灯遍地。待黄巢军攻入城内，凡是红灯笼人家，盖不骚扰，只取恶霸贪官府宅。此时，正值正月十五。后来，正月十五挂红灯，闹元宵，逛庙会，赏河灯的习俗也就延续了下来。

不管由来如何，正月挂红灯的习俗已经成为我们传统文化的重要内容，当然，它还将继续流传下去。

清明扫墓踏青的习俗是怎么来的？

杜牧诗云："清明时节雨纷纷，路上行人欲断魂。"短短两句，便将清明的清冷凄凉衬托得淋漓尽致。清明，又被称为鬼节，每逢此节，人们便会踏青扫墓。那么，人们为什么要在清明节这天踏青扫墓呢？

在中国，清明、中元、寒衣被称为三大鬼节。这三大鬼节，最为国人重视的就是清明节。据说，清明扫墓早在西周时期便已成俗，它是由古代帝王春天祭祖的习俗演变而来。后来，这种宫廷祭祖礼仪推广到了民间，春日祭祖的习俗渐渐形成。

清明节最重要的内容是上坟扫墓。从古至今，每逢清明，几乎所有的家庭都会派人前往家族墓地，为已故的亲人上供烧纸，给冥府的亲人"送物送钱"。祭奠之余，还要给祖坟填土加固，以免墓地被虫兽盗洞，扰了死者的安宁。由于清明节备受国人重视，便和春节、中秋、端午一起，并称为汉族的四大传统节日。

清明节又被人们叫作寒食节。据史料

记载，寒食节本在清明的前几天。这一天里，人们要禁火，吃冷食，祭祖。但是并没有文献记载，寒食节上坟的习俗源自何处。唐玄宗曾经下诏说"寒食上坟，礼经无文，近世相传，已成习俗，应当允许，使之永为常式"。后来，寒食节与清明节逐渐合为一天，寒食节上的一些习俗也就迁移到了清明节。白居易曾有诗云"乌啼鹊噪昏乔木，清明寒食谁家哭"。从某种意义上说，清明节承载了两个节日的内涵。

清明是二十四节气中的一个节气，大约在每年阳历4月5日左右。4月里，雨水逐渐增多，万物复苏。俗话说"清明前后，种瓜点豆"。可见，此时的气温已经回暖。这一时期，也是传染病多发的季节，古人认为踏青折柳能够防止病毒侵害。清明踏青由此而来，而现代人则把它当成锻炼身体的方式。后来，清明节又增添了折柳、蹴鞠、荡秋千等文娱活动。如今清明节，举家春游，做些户外运动已成为流行风尚。

"寒食节"为什么不允许生火做饭？

相传，春秋战国时期，公子重耳为逃避晋献公宠妃骊姬的迫害，流亡异乡。颠沛流离之中，食不果腹是常有的事。据说有一天，几天没吃饭的重耳饿昏了过去。追随他的臣子们也饿得东倒西歪，重耳这一昏，他们更像无头苍蝇一般，乱作一团。

随臣中，始终伴随左右的介子推看着昏迷的重耳，狠了狠心，走到小树林里。他撩起衣襟，割下大腿上的一块肉，忍着剧痛，把肉煮熟了喂给重耳吃。有了充

饥的食物，公子重耳总算捡回了一条命。

流亡19年后，重耳在秦国的帮助下重返晋国，登上了国君的宝座。这就是晋文公。为了感谢那些当年与他患难与共的臣子们，晋文公给狐偃等人加官晋爵，并且赏赐大量财物，唯独冷落了介子推。介子推心想：贵人多忘事，可与之同苦，不能共享富贵啊。于是，他什么也没说，便回乡去了。

晋文公听说介子推走了，十分懊悔，因为他连恩人都给忘记了！醒悟过来的晋文公赶紧派人去请介子推回朝，然而接连派出的几批人，都没能请回介子推。晋文公不甘心，便亲自到介子推家请罪。到了介子推家，只见门以上锁，使内空无一人。询问邻人，才知道介子推早已带着老母隐居绵山了。

晋文公想：介子推这是心里有怨气，不想见我啊。我一定得把他找回来，重谢他的救命之恩。想到这，晋文公便带人来到绵山，命官兵搜山寻找恩人。但是，官兵搜遍了全山，也没见介子推的影子。这时有人献策说："山中除此路之外别无下山之途，我们不如放火烧山，介子推那么孝顺，就算他不愿出山，也肯定不忍老母受苦，必会从此路下山来。"晋文公一听，好主意，便下令放火烧山。大火点燃，整个绵山成了一片焦土。等在路口的晋文公一行，直到大火熄灭，也没见有人从山中出来。晋文公下令进山再找，终于有人在一棵大树下发现了已被烧焦的介子推。死前，他还背着自己的老母亲。

看着被烧焦的尸体，晋文公懊悔不已。为了纪念介子推，他下令改绵山为介

节日风俗

山。并规定，放火烧山这一天，举国上下禁火默哀，全民只能吃寒食。此后每年的这个时候，晋文公都来介山祭奠介子推。寒食节由此而来，民间也就流传下来寒食节吃寒食、忌烟火的习俗。

寒食节在清明前后，人们很容易混淆两个节日的日期，后来，寒食节渐渐与清明节合并在了一天，寒食节的习俗也就移到了清明节上。寒食节渐渐被人们淡化。

端午节是为了纪念谁的？

每年阴历的五月初五，各地都会举行龙舟竞技活动。锣鼓喧天，群龙遨游，场面颇为壮观。关于端午佳节的起源，民间有这样几种说法：

"节分端午自谁言，万古传闻为屈原"两句诗，道出了端午佳节起源中流传最广的一种说法。相传，战国时期，楚国三闾大夫屈原对国家忠心不二，却落得流放乡野，以死殉国的悲惨结局。

据史料记载，屈原辅佐楚怀王期间，天下大势，七国争雄，唯有汉中秦国最为强盛。为了楚国的生存和发展，屈原力谏楚怀王联合齐国，共同对抗强秦。受张仪等人欺骗的楚怀王只顾眼前利益，听不进屈原的真知灼见。在疏远屈原之后，又将他流放溆浦。楚国与齐国断交后，齐国投进秦国怀抱，楚国孤立无援。秦国看时机成熟，便派兵攻打楚国。势单力孤的楚国被秦军击败，被迫割让土地，国力受到极大削弱。

楚襄王即位后，不但没有总结失败原因，反而任人摆布。重返朝廷的屈原依然不改耿直的心性，冒死进谏，终是抵不过奸佞的谗言，被再次流放。公元前278

年，楚国都城郢都被破，楚王被杀。听到这个消息，屈原心痛不已，于五月初五跳汨罗江自尽殉国。当地人听说屈原投江，纷纷划着小船到江中打捞，却没能找到屈原的尸首。后来，为了纪念屈原，人们每年在屈原投江这天鸣鼓赛龙舟，向江中投粽子。希望江里的游鱼有食吃，而不去啃咬屈原的尸体。据传，这就是端午节的起源。

《后汉书》中说，浙江东部的百姓在夏历五月初五这天，沿曹娥江载歌载舞迎涛神。涛神指的是楚国人伍子胥。相传，伍子胥性刚强，足智多谋。家人被楚平王杀害后，被迫流亡吴国。后来，伍子胥辅佐吴王大败越国，并攻破自己的祖国——楚国。夫差掌权后，伍子胥不再得志。听信谗言的夫差将伍子胥赐死，投尸江中。天帝见伍子胥含冤而死，便封他为波涛神。从此，江水澎湃便是伍子胥表达心中冤屈的方式。江浙一带，至今仍保留着五月初五祭伍子胥的习俗。

除上述两种说法外，民间还有端午恶日，龙节，夏至节等说法，但是尤以纪念屈原、伍子胥的观点流传最广。

人们为什么在端午节时插艾蒿、剪"艾虎"？

端午节，民间有吃粽子、插艾蒿、剪"艾虎"的习俗。吃粽子是为了纪念屈原，那么插艾蒿、剪"艾虎"又是为了什么呢？

有这样一种说法认为，五月是"毒月"，五月中尤以五月初五这天毒气最重。相传，这天是天帝派天神向人间散播瘟疫的日子。不单天降瘟疫，世间的蛇、蜥蝎、蜈蚣、蝎子、癞蛤蟆等毒物也会在这天兴风作浪，一些妖魔鬼怪也会趁百毒入侵之时出来害人。为了驱邪镇妖，人们将画有钟馗、张天师等图案的捉鬼降魔符咒贴在大门上；为了驱瘟解毒，人们还在符咒旁边挂上艾蒿等药草。后来，便形成了端午挂门神、插艾草、贴"艾虎"的习俗。

据说，"艾虎"是张天师的坐骑，是一头很有灵性的神兽，具有镇邪驱魔的法力。据《岁时广记》记载：端午这天，许多人将艾草扎成小老虎的形状，或悬挂于门前，或戴在身上；也有人用红纸剪出小老虎图案，粘于艾叶上，制成饰物佩戴于头上，用来防毒除瘟。

另外，人们还会折些菖蒲、艾蒿等植物，悬挂在房门窗前。人们相信，这些草药与瘟疫毒虫相克，放在身边，可以保佑身体健康。古人这样做虽有迷信成分，但是其中不乏科学依据：艾蒿、菖蒲之类，久置于床前，散发出来的气味融合在空气中，确有驱蚊防毒的功效，而且菖蒲还有祛风、凝神的作用。

古人认为，雄黄酒能杀百虫，治百邪，防百病。因而，在端午节还有用雄黄粉清洁屋子，用雄黄酒擦拭皮肤的习俗。

时至今日，人们虽然不再相信端午避邪除瘟的迷信说法，但作为传统文化，插艾蒿、剪"艾虎"的习俗依然被延续下来。

七夕"乞巧"习俗从何而来？

农历的七月初七是七夕节，这一天，牛郎织女鹊桥相会，以解相思之苦。世间男女便在这天祭拜牛郎织女星，希望找到终身伴侣。民间还有少女七夕"乞巧"的习俗，这是为什么呢？

唐朝王建有诗云："阑珊星斗缀珠光，七夕宫娥乞巧忙。"说的就是七夕节里，少女们乞巧的情形。事实上，有关七夕乞巧之事，早在汉代便有文献记载。

相传，王母娘娘的小外孙女织女随众姐姐下凡游玩的时候，爱上了放牛娃牛郎。从小与哥哥相依为命的牛郎在人间吃尽了苦头，遇到美丽善良的织女，自然珍惜得不得了。牛郎有一头神奇的老黄牛。在它的帮助下，两人背着天庭偷偷地结了婚，生下一儿一女，过起了男耕女织的幸福生活。牛郎勤劳肯干，织女心灵手巧，俩人日子过得温馨甜蜜。但时隔不久，王母娘娘便知道了这件事。神仙与凡人私会已是违反天条的大罪，更何况还有了孩子。盛怒下的王母娘娘将织女带回了天庭，从此不许牛郎织女见面。

牛郎终日思妻日渐消瘦，老黄牛见了，心痛不已。它对牛郎说："等我死后，你披着我的皮到天庭找织女，这是我能为你做的最后一件事了。"牛郎听了，潸然泪下。老黄牛死后，牛郎披着牛皮，带着孩子便上天来寻织女。王母娘娘见了，恼羞成怒，拔下玉簪划了条银河，把牛郎织

乞巧图卷　清　丁观鹏
每年阴历七月七晚上，妇女们在院子里陈设瓜果，向织女星祈祷，请求帮助她们提高刺绣缝纫的技巧。

女隔在银河两边。织女见状，极为悲伤，整日茶饭不思，隔河眺望丈夫和儿女；这边的牛郎也领着孩子，向河对岸日夜遥望。王母娘娘看在眼里，心有不忍，最终做出让步，准许牛郎织女，每年的七月七相见一次。于是民间便有了七夕牛郎织女鹊桥会的传说。

织女是天上最巧的神仙，据说能织就五彩祥云。人们相信，七月七日，只要虔心祭拜，织女定会将自己的一手巧活传于人间，使少女成为巧妇。因而，七夕节上，除了坐看鹊桥会，葡萄架下听情话的习俗外，少女中又流行起了贺双星，乞巧手的习俗。

七夕来临，少女们不但会准备"五子"敬献织女，还要举行形式多样的乞巧活动。有的地方会举行穿针乞巧的活动，在这个活动中，谁穿的七孔针越多，谁的手越巧；有的地方，少女们还通过投针验巧，喜蛛应巧等方式，来向织女乞巧。相传，七夕的露水是牛郎织女的眼泪，涂在眼睛和手上，人就会变得眼明手巧。至今江浙的部分地区还保留着这样的习俗。

重阳节登高饮酒、插茱萸辟邪的习俗因何而起？

王维在《九月九日忆山东兄弟》中说道："遥知兄弟登高处，遍插茱萸少一人。"古人认为，九为阳数，九月九日两九相连，谓之重阳。那么重阳这天，人们登高饮酒，遍插茱萸赏秋菊的习俗是怎么来的呢？

《九日与钟繇书》中记载："岁往月来，忽复九月九日。九为阳数，而日月并应，俗嘉其名，以为宜于长久，故以享宴高会。"在这之前，人们虽没有将重阳作为节日过，但却有重阳畅饮、赏菊的习惯。直到唐代，重阳才正式作为节日被确定下来。

重九登高饮酒，插茱萸源自一个古老的传说。

俗话说"请神容易送神难"，但是东汉时期的汝河一带，人们没请，瘟神却自己找上了门。自从瘟神来到这里，汝河一带瘟疫横行，当地人口几近灭绝。有一个叫恒景的年轻人，曾经感染瘟疫，几番挣扎，终于在鬼门关前捡回了一条命。经历过生死的他决定求仙学医，救家乡父老于水火之中。

经过多方打听，恒景来到一座高山上，找到了隐居深山的仙长。仙长听说了恒景的遭遇，便收他做了徒弟，教他降妖之道，救人之法。经过几年的修炼，恒景出师了。临下山之前，仙长对恒景说："那瘟神奇恶无比，为师送你一方斩妖剑。回去之后，待世间双阳之时，你引乡人到深山躲藏。我已为你备下辟邪的茱萸叶，你将茱萸发到乡人手中，定可保乡人平安。为师再送你瓶黄菊酒壮胆，你放心斩魔除瘟去吧。"

恒景回到家乡，等到九月初九这天，按照仙长交代，将乡人带至附近高山上。他把师傅所赠茱萸发到乡人手里，叮咛他们无论发生什么都不要丢掉手中之物。他还将仙长为他准备的菊花酒分给乡人喝，这才到汝河引瘟神出洞。

原本嚣张无比的瘟神刚一浮出水面，迎面一股茱萸香扑来，被熏得连晃两下。恒景乘机持利剑猛刺，击中瘟神要害。准备还击的瘟神被恒景身上的黄菊酒气所镇，无法回神。恒景趁此机会将瘟神斩杀。

为了庆祝瘟神被"送走"，乡人手持茱萸欢呼雀跃，家家开怀畅饮。此后每年的九月九人们都登高饮酒以示庆祝。

为什么说冬至节"不吃水饺，冻掉耳朵"？

老北京有俗语说"冬至馄饨夏至面"。民间还有"冬至节，不吃水饺冻掉耳朵"的说法。为什么会有这个说法呢？

据史料记载，冬至作为节日来过，源于汉代。唐朝以后，这一天又多了祭祖的习俗。《清嘉录》中说，冬至节和农历的新年差不多，是人们很重视的一个节日。冬至节这天，皇帝不上朝，店铺不开张。

据说，冬至节"不吃水饺，冻掉耳朵"的说法，源自医圣张仲景的"祛寒娇耳汤"。

相传，东汉末年，各地灾害不断，瘟疫横行。告老还乡的医圣张仲景虽然整日忙于治病救人，但仍然有很多乡人得不到及时救治。话说有一年冬天，天气特别寒冷。忍饥挨饿，加之疾病缠身的百姓抵抗力下降，不少人耐不住严寒，耳朵上生了冻疮，严重者一命呜呼。张仲景分身无术，看在眼里，痛在心上。

为了帮助百姓解除冻灾，张仲景研制了一个名叫"祛寒娇耳汤"的方剂。他让人在村口空地上支起一口大锅，将那些祛寒草药放在锅中煎熬，再将暖身排毒的辣椒粉撒入锅中，煮好之后，命人将这些材料包进了面皮中，分给百姓吃。这种东西既可以充饥，又能治病祛寒。人们吃了张仲景做的药食，感到浑身发热。时日不多，耳朵上的冻疮便结痂痊愈了。

此后，人们为了纪念张仲景治病救人的事迹，便在每年冬至节这天吃药食。后来，这种药食发展成为水饺。由此民间流传：冬至节吃水饺，耳朵就不会冻掉。

有关冬至节吃水饺，老北京还有这样一种说法：古代，北方匈奴经常骚扰边疆百姓，为害最烈的两个恶名昭著的匈奴首领名叫"浑"和"屯"。终日生活在恐慌中的百姓痛恨匈奴，便用肉馅包成大肚水饺，把这种食品叫作"浑屯"。

在冬至节这天，边地百姓都会制作这种食品，吃了泄愤。他们相信，这样一来，匈奴人就会得到惩罚。久而久之，民间便形成了冬至节吃大肚水饺的习俗。后来，人们就将"浑屯"谐音说成了"馄饨"。

除夕晚上人们为什么要"守岁"？

除夕不睡的习俗名叫"守岁"。人们为什么要"守岁"呢？

"守岁"又叫"熬年"。相传，古代有种叫"年"的怪兽，每到年三十晚上它都要出来作祟。原本辞旧迎新的喜庆日子，成了人们最不愿意过的时间。到了年三十，家家户户早早地料理完家务，门窗紧闭。因为害怕年来为祸，所以没有人敢睡觉。为了消除"年"即将到来的恐惧，人们便准备出一年里最丰盛的晚餐，一家人齐聚餐桌前，说笑逗乐，畅想未来美好生活，借此挨到天明。三十晚上一过，人们便张灯结彩，燃放鞭炮，庆祝自己躲过"年"的毒手，熬过了"年"关。后来，民间就逐渐形成了除夕守夜的习俗。

早在西晋，就有文献记载有关守岁的

节日风俗

事宜。《风土志》中说，除夕晚上，大家互相赠送礼物，预祝对方新的一年财运当头，讨个好彩头，这叫"馈岁"；准备丰盛的酒席，祭神祈福，这是人们告别旧的一年的方式；一家人其乐融融地聚在餐桌前，互相沾点福气，这是所谓的"分岁"；彻夜不眠，欢声笑语一直到天明这就是"守岁"。

俗话说"一夜连双岁，五更分二年"。也就是说，除夕这天晚上，人们不仅要告别旧的一年，辞旧迎新，同时，人们年龄也要再长一岁，所以就有了"此夜守岁惜年华"的说法。

贴春联的做法起于何时？

除夕这天，人们除了要守岁，吃年夜饭，家家户户都不忘贴春联。大红的春联贴在门两侧，喜庆又吉祥。那么，是从什么时候开始有了贴春联的习俗呢？

春联由古代的桃符演化而来。桃符起源很早，据《后汉书·礼仪志》记载："正月一日，造桃符著户，名仙木，百鬼所畏。"可见，最初的桃符是用来驱除鬼怪的。

传说，古代有种凶残无比的怪兽，为害甚烈，无人能降住它。后来，有两位居住在山林中的专门整治妖魔鬼怪的神仙，用桃枝降服了这头怪兽。于是，民间相传，只要门上悬挂桃枝，上面刻上两位神仙的名字，任何妖魔鬼怪都不敢上前。这种桃枝就被人们称为"桃符"，也就是所谓的镇鬼灵符。后来，人们便延续了这种风俗。

桃符开始演变成春联，源起于五代十国时期。据史书记载，后蜀主孟昶曾经令学士张逊在桃木板上题词。张逊写完后，蜀主一看，不对仗，便提笔写道："新年纳余庆，佳节号长春"，这便是中国历史上最早的一副"春联"。但是此时，文献里并没有出现"春联"的字样，人们依然称之为桃符。之后的很长一段时间里，人们都保留着挂桃符的习俗。宋王安石诗云："千家万户曈曈日，总把新桃换旧符"，足见新年悬挂桃符，已经风行。

随着纸张的出现，人们便将厚重的桃木板换成了轻便的红纸张。

直到明代，桃符才正式以"春联"的身份亮相。《簪云楼杂话》记载说，明太祖朱元璋规定，不论公卿士庶，大门上都要贴一副春联，而且皇帝会亲自审查。于是，大街小巷的门庭上贴满了画有各样花色的春联。据传，朱元璋出城审查时，发现一户屠夫家没有贴春联，便提笔在门前写到"双手劈开生死路，一刀割断是非根"的对句。百姓看了，都觉得这春联题得恰到好处，又对仗工整。后来，春联也就成了年俗文化中的独特文学样式。春联又被称为"对联"，在1000多年的发展过程中，春联文化日臻成熟。如今，对联已经不仅仅是春节的贺词，更是传统文化的象征。

为什么要在腊八节喝"腊八粥"？

腊月初八被人们称为腊八节。民间传说，腊七腊八，冻掉下巴。所以，腊八节这天家家户户都要熬腊八粥喝，以防下巴被冻掉。那么，这一习俗是从何而来呢？

据史料记载，农历的十二月，夏代被称为"嘉平"，商朝称为"青祀"，到了周代，又名"大蜡"。大蜡节这天，周代帝王要举行比较隆重的祭典——冬祭。《说文》中有"冬至后三戍日腊祭百神"的记载。后来，大蜡节祭祀百神的习俗流传到了民间，"大蜡之月"也被简称为"腊月"。到了南北朝时期，腊祭确定在了腊月初八这天，腊八节由此得来。

除了上述说法，关于腊八节的起源，还有另外的说道。

相传，佛教始祖释迦牟尼修道成佛之前，曾是古印度北部一个小国的王子。因为心系苍生，又看不惯婆罗门教的神权，便离家出走，潜心苦修，希望能够找到拯救苍生的方法。一天，奔波苦修的释迦牟尼又饿又累，晕倒在了路边。一位牧牛女看见了，便挤了些牛奶，就着身上仅有的干粮喂释迦牟尼吃。醒来后的释迦牟尼谢过恩人，便盘坐在路边的菩提树旁，继续思考。腊月初八这天，望着璀璨的星空，释迦牟尼悟透了世间的一切，修道成佛。

后来，弟子们为了纪念释迦牟尼成佛，也为了感谢救助佛祖的牧牛女，便将腊八这天定为佛教节日。这一天，僧人们手捧钵盂，到街上化缘。他们将化来的米、枣、胡桃、松子、栗子等煮成粥，发给门徒以及挨饿的人们吃。腊八喝粥的习俗由此而来。因为包含了佛家寓意，人们又称腊八粥为佛粥。

关于腊八喝粥的习俗，还有观点认为，源自腊八赤豆打鬼一说。古人向来相信鬼神。据说腊八这天，鬼怪将会出来作祟，只要用红豆击打他们，他们便不敢靠前。后来赤豆打鬼逐渐演化成了赤豆熬粥，祛病镇邪的说法。

有关腊八节，还有观点认为是为了纪念岳飞；也有人说，腊八吃粥源自明太祖朱元璋。种种说法，至今不一，但是腊八吃粥的习俗，却被人们一直延续着。

为什么以"南面"为尊？

古代方位表示尊卑划分得很清晰，南面被视为尊，正房通常坐北朝南。生活中朝南而坐的通常也都是尊者。那么，这个习俗又是从何而来呢？

我国位于北半球，房屋朝南采光效果自然最好，这也是房屋建筑坐北朝南的自然原因。但是，对于君王"南面"治天下，尊长坐北朝南见后生影响最大的，当属周易八卦、五行学说。按照《周易》的说法，南为离。离有明的含义，指的是光明，世间万物都可见。也就是说，阳光自南方照射过来，只要面朝南方，便可集天地之精华，日月之灵气。在五行中，南方又属火相。因而，南便被人们视为赤地、上者，是尊位。

后来，以南为尊的观念成为主流。除秦面东而治外，之后历朝基本南向。据史料记载，天子登基，君权神授，自然是人间至尊。坐北面南，不仅有彰显其地位不凡，还有面向光明，吸纳天地之气，统御天下的意味。由此，历代帝王便形成了"南面"治天下的定式。"南面称王"的说法也因此形成。

还有一种说法认为，古代君王大都以北方为上首。因而，面南而治能够体现出皇室在北方的权威。有临北坐镇，傲视南土的意思。

帝王之家如此讲究方位，民间自然也有此说法。据《汉书》载："定国乃迎师学《春秋》，身执经，北面备弟子礼。"可

节日风俗

见，拜师的人都要面向北方给师傅行礼。因而，拜师学艺，或者臣服某人又有了"北面"的别称。古时大户人家通常都会在正厅的北面设置一张座椅，主人面朝南坐在这张座椅上，招待待客或主持家庭会议。坐北朝南者的地位，昭然可见。

为什么红色是喜庆的主色调？

以如火的红色作为喜庆象征古已有之。世间的颜色那么多，为什么唯独红色如此受宠呢？

早在人类文明之初，红色并未像现在这般受重视。远古时期，人们以黑、白为主色，黄色为吉色。周代，王室之中开始用红色绸幔作为宫中装饰，红色点缀之风初见端倪。至于红色成为高贵的色彩，则是汉高祖刘邦所定。传说刘邦乃是"赤帝之子"，赤，古语中红的意思。刘邦当了皇帝以后，把红色定为皇家御用色彩。从此，红色逐渐成为喜庆祥和的主色调。

相传，红色成为吉色，还与"年"有关。古代有种叫"年"的怪兽，每年的除夕夜，它都要出来为祸人间。有一次，正当它准备兴风作浪的时候，被人们欢庆春节时燃放的爆竹吓跑。胆大的村人趁它慌张之际，手持火把出来追赶。看见熊熊火光，"年"兽吓得狼狈逃窜。人们发现，"年"害怕响声和红色。于是，民间便形成了过年放鞭炮，贴红纸的习俗。因此，古人认为红色可以辟邪驱魔。

红之所以能够长"盛"不衰，除了本身具有的浓烈色调之外，还因为它为百色之本。色彩之中，红、绿、蓝被并称为三原色。也就是说，众多的颜色，都可以通过这三种基色调和出来。于是，这浓艳庄重的红色便有了根基、本源的含义，被历代帝王所推崇。故而，红色又被赋予了庄严、神圣的内涵。在皇宫中、公章上，到处可见醒目的红色标记。时至今日，象征着激情、奋进、吉祥喜庆的大红色，仍然是人们节日庆典的首选。

中国人为什么把黄色作为最高贵的色彩？

婚俗中，有这样一种说法，新娘子结婚这天，穿的新鞋子里要垫一副崭新的黄鞋垫，意为"脚踏黄金"。生活中，人们除了对红色情有独钟外，黄色更是被尊为贵色。在封建帝王时期，黄色是皇家专属。那么，黄色是在什么时候有了这么高的地位的呢？

在古代的很多传说中，"黄"都扮演了重要角色。女娲造人取材于黄泥；源于黄河流域的华夏民族始于炎黄二帝；上穷碧落下黄泉，人生轮回转世等。可见，"黄"自古就是一种重要的颜色。

据史料记载，上古时期，人们以黑、白为主色。古人认为，大地是生存之本，人们靠天吃饭，从土地中获取食物。于是，土地便成了人们顶礼膜拜的神明。这种思想贯穿了整个农耕时代。

五行说法中，土在中央，是中央正统方位。按照《说文》中的解释，土地之色为"黄"。这种说法正好应和了古代的崇地说。所以，"黄"便被视为了中央之位，这也是黄为尊色的本源所在。

汉语中，黄与皇同音。所以，黄便有指代帝王的引申义。自秦始皇之后，黄成了皇家主色。据史书记载，唐高祖时期，曾经下令只有天子才能身着黄色衣服，其他公卿士庶都不得逾越此令，这也是最早将黄色据为皇家所有的诏令。至赵匡胤黄袍加身，宋朝统治者进一步加强对黄色的独霸。以至从宋代起，黄色被皇家垄断。

为了彰显皇家地位的至尊无上，从宋朝开始，帝王之都开始采用黄色琉璃瓦为顶。此后的封建王朝一直沿用。

随着时代的发展，帝王禁忌不再像以前那么严格，民间也开始使用起了黄色。时至今日，黄色所代表的高贵，仍然是其他颜色无法取代的。

古代男女婚配，为什么要"合八字"？

人们通常用"八字还没一撇"，来形容男女之事没有半分眉目。男女情事和八字有什么关系呢？难道八字有一瞥，就说明好事将近了？而且古代男女婚配，还有"合八字"的说法，这又是为什么呢？

现代人结婚，追求的是自由，靠的是感情，只要相处融洽便符合结合的条件。在古代，自由恋爱是不被封建礼教所允许的。两人必须依媒妁之言成婚。但是，即使有媒妁之言，两个人想要结合在一起，还要看看俩人八字是否合适。

所谓的八字，指的是人的生辰八字。即将出生的年、月、日、时与天干地支相配，两两一组，四组相加正好八个字。通常，保媒的人将双方庚帖互换后，便会根据双方的生辰八字来推算，两个人生活在一起是否合适。

合八字，主要依据的是五行学说：木生火，火生土，土生金，金生水，水生木；水克火，火克金，金克木，木克土，土克水的说法。如果两个人的八字相生相合，那么这两个人便是天作之合，结婚后

就会幸福美满。如若八字相制相克的两个人结合，重者可能导致家破人亡，轻者夫妻不睦。

有的地方，依照男女双方的生肖属性推算八字，比如，民间有"白马怕金牛，鼠羊不到头，蛇见猛虎如刀锉，猪见婴猴泪长流"的说法。

古人十分重视命理，所以在婚姻大事上，自然要做一番考究。诸如"命中带煞""两金不宜""金木不嫁"之类都是婚俗中的忌讳。人们无法解释身边发生的一切，于是宁愿以八字相生相克之说来择亲，也不愿冒招灾引祸的风险。

现在民间仍然流行着男女婚配合八字的风俗，而且，合八字的方式更加的多样化。随着人们思想的解放，更多的人已经摒弃了生辰八字合姻缘的说法。

古代新娘出嫁时为什么要蒙上"红盖头"？

古代婚礼中，头顶红盖头的新娘增加了几分神秘色彩。据说，古时有的新人，结婚之前从未见过面。洞房里，新郎揭开红盖头，新娘才露出庐山真面目。那么，新娘出嫁蒙"红盖头"的习俗是怎么来的呢？

据说，新娘出嫁蒙"红盖头"源自天皇地母的传说。《独异志》记载，当初宇宙初开，天地一片混沌。世间仅有伏羲、女娲两人。他们原是天上神仙后裔，本是一对兄妹，被天帝派下人间掌管苍生。为了广阔的大地上有生气，二人决定成亲繁衍。但是两人碍于兄妹身份，羞于结合。于是，伏羲带着女娲来到一片空地上，祈求上天说："天如允我兄妹二人结婚，允

节日风俗

许我们繁衍生息，就让白云将我二人环绕。如若不然，云朵都散了吧！”说罢，伏羲和女娲便被云团重重环绕。为了遮羞，女娲便用草叶编了个团扇将脸挡了起来。古语中，“扇”与“苫”同音，有盖头的意思。后来，民间便效仿女娲以扇遮羞，开始有了新娘出嫁蒙盖头的习俗。

据史料记载，早在汉朝，便已有了“盖头”的雏形。古人开始操办婚庆典礼始见于东汉魏晋时期。人们不但要择良辰选吉日，更要酒宴乡邻。只有情况特殊无法操办之时，才会采取以纱蒙头，拜见舅姑，喝交杯酒的方式成婚。“纱”算是最早的“盖头”了。

之后，盖头逐渐成为婚庆典礼上一种重要的饰物。众色中唯有红色最能彰显喜庆，所以，新娘的盖头多用红色的丝绸。有的红盖头上，绣以龙凤、鸳鸯等饰物，还有的人家以彩穗装点。

新娘出嫁乘花轿起于何时？

古时候的婚俗讲究颇多。除了有人保媒、门当户对作为前提条件外，新人结婚，还要经历马拉松式的“婚礼”。“纳采”“问名”“纳吉”“纳征”“请期”“迎亲”几个环节一个也不能少，然后方能将新娘娶回家。

作为女主角的新娘子，不但要身着喜服，头蒙喜帕，而且必须乘坐花轿到新郎家。花轿，源自古代的“轿子”。据《史记》记载，古代有一种名为“肩舆”的交通工具，是轿子的雏形。到了唐朝，文献中开始有了“轿子”的字样。此时的轿子被称为“步辇”，通常只有皇帝一人可以享受。

据史料记载，南宋孝宗皇帝曾为皇后设计了一顶“龙肩辇”。这种辇以红绸罩顶，上面绣有四条游龙。辇中软椅绸幔，奢华高贵，最适合妇人乘坐。之后，帝王在纳妃之时，都会以类似“龙肩辇”的轿子迎亲，以彰显皇家气派。因为华美精致，人们就称这种轿子为“彩舆”，这便是最早的花轿。后来，轿子由皇宫专属，逐渐成为达官贵人、年老妇女出门的代步工具，花轿迎亲的习俗也在民间流行起来。

迎亲时所用的花轿种类多样。和现在的彩车差不多，轿子越是奢侈华美，越能彰显娶亲人的地位。富贵人家为了炫耀，通常采用镶金缀银的八人抬花轿。普通人家，则简单的饰以红绸，二人抬之以示隆重。

新婚的卧室为什么叫“洞房”？

古语云，人生四大喜：久旱逢甘雨，他乡遇故知，洞房花烛夜，金榜题名时。如今，四喜之中，尤以洞房花烛夜，金榜题名时最能引起人们的共鸣。通常，人们将新人所居的房间叫“洞房”，这是为什么呢？

《词源》中解释说，洞房指的是深邃的内室。如此看来，能被称之为洞房，必是深幽之屋。这深邃之室最终演化为新郎的结婚用房，与一个传说有关。

帝尧时代，在今山西临汾的西边，有一座姑射山，山上有一个深邃的山洞。据说，这是鹿仙的住所。相传，上古时期，刚刚称帝的尧为了了解人民生活状况，经常到民间访查。他忧民之所忧，苦民之所苦。

有一次，尧正在与牧人闲聊，远处走过一位亭亭玉立，相貌美丽的女子。少女手中的火把照亮她的面庞，尧顿觉此女非同凡俗。经过打听，他才知道，这个女子竟然是山中鹿仙。仔细询问，得知鹿仙经常帮助当地的人民。

回到寝宫后，尧对鹿仙朝思暮想。在与众大臣商议之后，尧便带着人下山寻访鹿仙。众人正在山中行走，一条巨蟒拦住了去路。尧率众人与巨蟒展开了激烈的搏斗。在大家快要支撑不住的时候，一头美丽玲珑的梅花鹿出现在了巨蟒身边。梅花鹿抬脚轻轻一踏，巨蟒顿时僵如木棍。

尧知道是鹿仙解围，便软语挽留。化为人形的鹿仙也被尧的风采吸引，两人一见倾心。于是他们来到了鹿仙洞，当晚便结为夫妻。在他们携手走向婚床的时候，洞外紫光乍现，星光璀璨。这便是尧娶鹿仙的传说，"入洞房"也由此产生。

还有观点认为，"洞房"源自古人居住的山洞。黄帝一统天下后，改群婚为一夫一妻制，为避免抢婚，便在新人所居山洞外砌高墙，谓之"洞房"。尽管说法不一，"洞房"一词却流传了下来。

新人完婚时，为什么会张贴红色的"囍"？

中国人万事喜欢十全十美，好事成双，就连结婚贴喜字都要剪成一对的。大红纸张上的"囍"字是怎么来的呢？

相传北宋名相王安石当年进京科考时，路上遇到一户人家大摆筵席宴请乡邻。旅途劳顿的王安石也没问宴请的原因，便混在人群中大吃起来。不一会儿，家丁挂出一盏走马灯，上面提着"走马

灯，灯走马，灯熄马停步"。王安石见了，大呼"妙"字。家丁一听，连忙跑回庭院禀告老爷，说有人要对对子了。

原来，这是马员外家特设的酒宴，专等有才学的士子登门对对子，以招佳婿。

王安石一时没想出好联相对，吃过酒饭，便匆忙进京赶考去了。

到了考场之中，王安石挥笔即就，轻轻松松便答完了试题。

过了几日，王安石被告知参加复试，进得厅堂的王安石淡定自若。只听主考官指着厅前的旗子说道："飞虎旗，旗飞虎，旗卷虎藏身。"王安石一听，这和路上那副走马灯对子倒是挺配的。便张口答道："走马灯，灯走马，灯熄马停步。"主考官一听，如此回环往复之对，竟能出口对上，真是难得的人才。

科场完毕返乡，王安石特地来到马员外家道谢，并用主考官的上联对上了员外的对子。马员外在王安石进京赶考之时，早已派人摸清了他的家底。如今气宇不凡的王安石就站在他面前，便当即将女儿许配给他。

就在新人准备拜堂成亲之时，门外一阵锣鼓喧天。

原来，王安石科举高中。双喜临门的王安石一时兴起，便提笔在喜纸上的"喜"字旁又写了个喜字。后来，红色的"囍"字便出现在了新人的婚礼中。

真有"抛绣球选夫婿"的婚俗吗？

在婚礼上，我们经常能看到这样的情节：新娘手捧花束，背对女宾，然后抛出花束。据说，接到花束的人会交上桃花运。

有观点认为，这种行为源自古代的抛

绣球选夫。古代人真的会以抛绣球的方式选择夫婿吗？

据民俗专家考证，"抛绣球选夫"源自广西壮族的绣球传说。

相传，800多年前，在广西靖西的一个小山村里，有一个穷小伙阿弟。他生性笃实，勤劳肯干。

一日，阿弟与邻村姑娘阿秀邂逅，俩人坠入了爱河。阿弟承诺，要靠自己的双手富起来，然后风风光光地到阿秀家提亲。然而没想到，美丽的阿秀上街赶集的时候，被县上的恶少盯上。

为了得到阿秀，恶少三番两次威逼利诱，阿秀始终没有妥协。

恶少听说阿秀早已芳心暗许给了穷小子阿弟，便串通官府将阿弟强行收押。阿秀知道是自己连累了阿弟，却无力和官府抗衡，只能终日以泪洗面，不久便双目失明。听说阿弟被判了死刑，阿秀也无心留在世间，决定陪阿弟共赴黄泉，相约来生。于是，她操起了针线，开始缝制绣球，希望下一世能够以它为信物，找到彼此。

双目失明后的阿秀自然不如从前灵巧，直至阿弟临刑的前一天，才绣好血迹斑斑的绣球。带着承载了下一世约定的绣球，阿秀买通了狱卒，与阿弟见最后一面。当阿秀将绣球递给已被折磨得不成人形的阿弟时，绣球之中发出一束强光，将阿弟和阿秀笼罩在了其中。待他们睁开眼之时，早已身处世外桃源。从此，他们过上了幸福的生活。

绣球在壮族人眼里，充满了神奇色彩。又因这一古老的传说，绣球成了壮族

人的吉祥物。壮族的青年男女便以绣球为信物，约定终身大事。

至于抛绣球选夫，并没有文献明确记载。古代对婚姻要求十分严格，不是门当户对，媒妁之言很难如愿，自然也不会轻易以绣球决定婚姻。

旧时民间"偷瓜送子"的习俗是怎么来的？

在我国的很多地方，都流行着"偷瓜送子"的习俗。要是哪家的媳妇婚后久不生子，亲戚邻人便会在中秋之夜，伴着皎洁的月光，到别人家的地里，偷偷地摘个冬瓜。然后将冬瓜装扮成小孩子的模样，送到不生育的妇人家里。据说，妇人抱着冬瓜睡上一夜，再将冬瓜吃掉，十有八九会怀上孩子。巴蜀民歌中唱道："生育艰难暗带愁，乡邻送子贺中秋；冬瓜当作儿子耍，喜得闺人面带羞。"

据说，"偷瓜送子"这种具有地域特色的民俗，源自伏羲女娲坐葫芦成亲的故事。

《独异志》中记载，人类的始祖伏羲、女娲兄妹，是从昆仑山的葫芦里生出来的。后来他们又坐葫芦成亲，繁衍了汉等九族。

在各民族中，都有伏羲、女娲坐葫芦成亲的传说。只不过，各民族中，这段传说被赋予了不同的文化内涵。

在少数民族中，很多地方，都有祭拜葫芦的民俗。另外，葫芦外形酷似母体，其下部肚大籽多，引申为多子多福。于是，人们效仿祖先坐瓜成亲，渐渐形成了偷瓜送子的习俗。

关于"偷瓜送子"，还有种观点认为：

"瓜"和人们出生时"呱呱"哭声谐音，偷瓜送子，无非是借着瓜的谐音讨个好彩头。而且民间还有送南瓜的习俗，"南瓜"者，"男瓜"也，送南瓜也就是送男孩。

"十二生肖"是怎样形成的？

"十二生肖"是用十二种动物来进行纪年的方法，与我国古代的天干地支有关。关于它的来历，有个古老的传说。据说玉皇大帝准备在人间选择十二种动物作为代表，于是派神仙下界说了这件事，约定在卯年卯月卯日卯时到天宫来竞选。越早到的排名越靠前，后面的就排不上号。

猫和老鼠是好朋友，猫很喜欢睡觉但它也很想被选上，于是说好让老鼠走的时候叫它。老鼠去找老牛，说它起得早跑得快，叫牛到时候带带自己。龙本来没有犄角，但是为了漂亮，借了鸡的也去参赛。结果老鼠忘了跟猫说的话，和牛先去了，于是分别排了一、二位。

龙来得比较晚，但个子大，玉皇大帝一眼就看到了它，因为"犄角"很漂亮，就让它排第五。其他的动物也按先来后到的顺序排好了。

等猫醒来的时候，发现时间已经过了。便立即去找老鼠算账，于是它们成了仇人。龙因为被玉帝夸了几句，到了湖边一看自己有个犄角真是漂亮，于是索性就住在水里，不还鸡了。

鸡没了犄角很郁闷，每天早上打鸣都叫"快还我！快还我！"

当然这只是民间传说，其实十二生肖与我国古代的天干地支有关。最早见于东汉《论衡》云："寅，木也，其禽，虎也。戌，土也，其禽，犬也。"又云："午，马也。子，鼠也。酉，鸡也。……申，猴也。"共提出十一种生肖名。

东汉《吴越春秋》中有"吴在辰，其位龙"。恰好补上了"辰龙"，从而形成了十二生肖。

可见，用十二生肖纪年在东汉就产生了。但十二生肖的出现却要早很多。我国古代自帝舜时代就开始使用天干十个符号和地支十二个符号相配合的"干支纪年法"。其中十二地支为"子、丑、寅、卯、辰、巳、午、未、申、酉、戌、亥。"《唐书》载："黠戛斯国以十二物纪年，如岁在寅，则曰虎年。"清代著名考据学家赵翼《陔馀丛考》中说："益北狄俗初无所谓子、丑、寅、卯之十二辰，但以鼠、牛、虎、兔之类分纪岁时，至汉时呼韩邪（单于）款塞入居五原，与齐民相杂，浸寻流传于中国，遂相沿不废耳。"十二生肖最早见于世界上第一部诗歌总集《诗经》。《诗经·小雅·车攻》曰："吉日庚午，既差我马。"《礼记·月令·季冬》曰"出土牛，以送寒气。"

我国最早使用的是干支纪年法，十二个地支并未与动物产生对应关系。用动物来表示地支或纪年最初为少数民族发明，经过文化融合后为中华民族所共同接受，直到今天我们仍然在使用。

节日风俗

百工名物

何谓"三教九流"?

最早时，汉儒曾将"夏尚武，殷尚敬，周尚文"称为三教，其意为三种社会教化的风气。东汉时，佛教传入中国，道教兴起。至三国时期，"三教"逐渐固定指儒教、道教、佛教。"九流"最早出现在《汉书·艺文志》中，指的是春秋战国时期在"百家争鸣"的背景下形成的9个学术流派，分别是以孔孟为代表的儒家、以老庄为代表的道家、以墨翟为代表的墨家、以韩非子和商鞅为代表的法家、以苏秦和张仪为代表的纵横家、以邹衍为代表的阴阳家、以邓析为代表的名家、以吕不韦为代表的杂家和以许行为代表的农家。同时，人们也习惯将宗教、学术中的各种流派统称为"三教九流"。不知从何时起，民间口头上又将从事各行各业的人们分为"九流"，根据高低贵贱又具体分为上九流、中九流、下九流3个等级。因上、中、下九流的内容随着社会经济、风俗的变化有所变化，故不止一个版本。而随着时间的推移，三教九流逐渐贬义化，泛指那些在江湖上从事各种不是很体面的行当的人。

民间九流排序是怎样的?

民间在口头上形成对各个行业归类的"九流"说法之后，其版本一度产生变化，

目前流传下来的至少有4个版本。其一为：以帝王、圣贤、隐士、童仙、文人、武士、农、工、商为上九流；以举子、医生、相命、丹青、书生、琴棋、僧、道、尼为中九流；以师爷、衙差、升秤、媒婆、走卒、时妖（拐骗及巫婆）、盗、窃、娼为下九流。在另外3个版本的九流排序中，上九流和中九流的内容均变化不大，而下九流的变化比较大。卖油、修脚、剃头、抬食合、裁缝、巫、吹手、戏子、卖糖、搓背等职业均曾被列入下九流。可以看出，虽然名义上上、中、下九流内部各职业间也存在先后之别，但其非突出重点，"九流"的重点在于强调上、中、下九流之间的横向比较。其中，上九流主要是指帝王、官员、商人、地主等有权有钱阶层；中九流则主要是读书人、宗教人士、医生、风水先生、画师、书法家等技术含量较高或高雅一些的职业；而下九流除了固定地包括盗贼、娼妓、吹手等职业外，其他各种比较简单的服务性行业都经常随着时代变化而入选。因此可以推测，所谓上、中、下九流其着力点并不在于推崇上、中九流，而在于强调下九流职业的低贱。可以想见，各个时代的下九流的从业人员往往遭到人们的歧视，也便难怪

"三教九流"从一个中性词逐渐变成了一个具有贬义意味的词了。

另外，元代时，曾经在九流的基础上形成过简单化的"十流"的说法，即一官、二吏、三僧、四道、五医、六工、七匠、八娼、九儒、十丐。元人作为异族政权，害怕汉族读书人进入统治阶级内部进而稀释其统治力，故仇视读书人，故意贬低读书人地位。

"郎中"是怎么来的？

郎中即医生之意。周朝之前，华夏先人处于巫医不分的阶段，自春秋时期开始，巫、医逐渐分家，并开始出现专科医生。宋代之前的医生往往按专科性质称为食医、疾医、金疮医等。唐代时曾有医生的说法，但其时指的是学医的学生之意。而郎中、大夫本来均是古代官职名，唐宋之际，一些皇家医生的官职也达到了郎中、大夫级别。因当时民间流行以官职称呼，故民间普遍开始以郎中、大夫称呼医生。其中，南方人习称"郎中"，北方人则习称"大夫"，至今沿用。总体而言，因为郎中能够救死扶伤，加上古代大部分郎中颇具道德，对诊疗费一般是根据对方家庭情况酌情收取，对穷苦人往往免收诊疗费。因此古代大部分郎中往往在一乡之内颇具声望，社会地位较高，在对古代职业进行排序的"九流"的多个版本中，均稳居于中九流第二位，仅次于举子。古代许多读书人都一向有"不为良相，便为良医"的志愿。

风水先生有哪些技能？

在我国民间，对占卜方位的方术多称为"风水"，进而把从事这种职业的人称为"风水先生"。由于看风水的过程中，大多数风水先生都习惯以阴阳学说来解释天象、地脉，人们从直觉上认为他们是经常与阴阳界打交道的人，所以又称他们为"阴阳先生"。

风水从诞生之初就与天文历法、地理结下了缘。作为风水先生，必须能够仰观天文，俯察地理，这是他们的基本技艺。之所以被称为相地术，是因为看风水主要是观察地理形势。叫作青乌根源于汉代相地家青乌子，人称青乌先生，以后人们多称此术为青乌。至于青囊称谓的缘起，大致是由东晋郭璞根据青囊九卷而著的相地术经典《青囊经》得名的。

因此，后世的风水先生多以郭璞为鼻祖，也有的认为九天玄女是阴阳院（风水门）的宗师。传说中，黄帝在九天玄女的帮助下战胜蚩尤，解救百姓于水火之中，而且从玄女那里学会玄学术数，其中很大一部分就是风水术。

算命先生自古就有吗？

算命是中国最古老的行当之一。自殷商时代起，人们便开始利用龟甲裂纹来占卜吉凶，其时的占卜者多为巫师。到春秋战国时期，因八卦的流传及阴阳五行学说的兴起，许多知识分子开始通过看相预测一个人的命运。如春秋时的范蠡便善于看相；战国时的魏国人唐举曾准确预测过别人的寿命。不过上古时代的算命并不是一个谋利的职业，而更像是一种学问。秦汉之际，在社会的大动荡中，人们普遍感到命运无常，因此都希望能提前对命运有所把握。在这种社会心理下，占卜、算命行业开始形成正式的职业。汉代时，上至皇室、下至百姓，无不热衷相术。到唐宋之际，"八字"算命法开始流行，使得原来仅凭相术的算命法形式更加多样化，算命行业自此形成一个普遍的职业，当时一些算命师甚至在街市中租房"营业"。

就社会地位而言，算命因为是个脑力活，且"事关"别人命运，因此算命先生在早期形成的多个版本的"九流"中都排在中九流的中间位置，社会地位应该说还是比较高的。但到清代时，由于各类江湖郎中、落魄文人、云游僧道都加入算命行业，加上一些人引进欧洲、朝鲜等国的算命术，算命行业开始鱼龙混杂，可信度大大下降，算命先生的地位也因此开始下降。一般而言，算命先生拜战国时的鬼谷子为祖师爷，不过事实上东汉哲学家王充才是第一次建立起了算命的理论框架，当之无愧是算命先生的祖师爷。

拆字先生

清代蒲呱绘。这位先生只要看顾客写下的字，通过分析就能占卜吉凶。陈文瑞有诗云："学数谈星各隐占，偏旁字拆减还添。心驰商贾工农外，且设君平卜肆帘。"

厨师在古代叫什么？

"厨师"本是西周时期官名，指当时宫廷内负责天子饮食事宜的官员，又叫膳夫、厨人、庖丁、庖子等。上古时期，厨师一般指的都是宫廷和贵族的私人奴仆，民间并未形成比较普遍的厨师行业。直到汉代文、景时期，都市经济的兴起促进了饮食市场的兴旺，厨师才成为民间一个普遍的职业。当时的厨师已经穿上专门的厨师工作服，并存在明确的分工。唐宋时期，都市进一步繁荣，厨师行业已经形成一个庞大的职业群体。其时厨师称为"禽行"，禽行又分内、外行，内行指在饭馆里的师傅，外行则指专门四处走穴给人办宴席的厨师。当时的分工更是严格，据唐代《国史补》记载，富人家需要办席时，找社会上专门提供服务的相应组织，三五百人的宴席可立刻做好，这没有极细密的分工自然是不可能做到的。明清时期，饮食更是形成一种文化，各繁华都市均出现不少名噪一时的名厨。就社会地位而言，那些宫廷、贵族的家用厨师虽然能够发家乃至做官，但一不小心便有杀身之祸，担的风险也比较大；而那些民间厨师的社会地位则不高不低，既没有列入中九流，也未列入下九流。总的来说，人们对厨师是一种并不看在眼里，但也略微羡慕的态度。因为在古代多数时候，物质贫乏且经常发生饥荒，而厨师在嘴上自然是不受委屈的，即使饥荒年月，至少是不挨饿的。"三年天旱，饿不倒厨官"等谚语便反映了这种心理。

古代私塾先生的社会地位高吗？

因为中国古代民间教育发达，因此私塾先生也是相当普遍的职业。早期教育多为贵族家庭垄断，私塾先生数量有限。自隋朝开科举制度之后，政府与社会之间通过教育打通一条仕途，民间教育兴起，私塾先生开始遍布全国城乡各地。古代的私塾先生总体上可分为两种，一种是自己"开班招生"，即先生在自己家里或借庙宇、祠堂或租赁房屋开办学堂，招收附近学龄儿童入塾读书，《水浒》中的智多星吴用便是如此；另一种则为被延请施教，或者是被富贵人家单独请到家中教育子女，或者是被一个村庄或一个宗族之人集体请去开馆教育儿童，如《红楼梦》中作为林黛玉老师的贾雨村。对应于主人的"东家"称呼，私塾先生往往有"西席""西宾"的别称。私塾先生施教的内容主要是对儿童进行启蒙阶段的识字教育。古代私塾先生主要由科举落第的秀才，其次是未中秀才的童生担当。

关于私塾先生的待遇和社会地位，则因人而异。在大户人家做私塾先生，待遇一般比较好；在村塾教学，待遇往往差些。当然这也与东家是大方还是吝啬有关。另外，明清之前的私塾先生待遇与社会地位都还比较不错。明清之际，读书人地位下降，私塾先生待遇与地位都直线下降，故有"家有三斗粮，不当孩子王"的谚语。不过总体而言，因古代通过读书能够做官，所以人们普遍重视教育，私塾先生固然挣不到什么大钱，但还足以或宽或紧地养活一家之口；地位虽说不上高，但还算是受人尊敬的。

优伶产生于什么时候？

中国最早的职业演员，大约产生于西周末年，那时称"优"。这些"优"是奴隶主贵族的家养奴隶，善歌舞，会模仿别人的语言和动作，专供贵族声色之娱。优孟就是春秋时楚国国王的"优"。

优伶的社会地位从来就是卑微的，职业没有给他们带来任何欢乐。有的优伶则"献媚邀宠"，以博得安乐。优伶邀宠的手法无非就是以艺或色，或艺色并用，双管齐下。他们经常在帝王或权贵的身边，有机会察言观色，投其所好。

优伶产生和发展的历程，其实就是中国古代戏曲产生和发展的历程。优伶从先秦优伶的滑稽戏脱胎而来，经过汉魏六朝的故事剧、唐朝的参军戏、宋代的南戏、元朝的杂剧、明清的传奇等发展阶段，逐渐走向成熟。优伶（后来称戏曲）也从最初专供统治者玩乐的工具，逐渐成为下层民众娱乐身心的艺术形式。

古代婢女的来源有哪些？

婢女是古代为皇家、官府或富贵人家充当奴仆的女子，具体可分为宫婢、官婢和私婢三类。婢女的来源大体上有4类，一类是因父母犯罪，子女被牵连的，其中男子为奴，女子为婢；另一类是穷人无法度日，将女儿卖作女婢的，这种情况在发生大的饥荒时尤其普遍，如东汉末年便是如此，官不能禁；第三类则是遭拐骗、劫掠的女子被违法卖到异地的，如《红楼梦》中的香菱。另外，有些女子因父母为别人家的奴仆，其生来也就是人家的婢女了。婢女是古代社会中一个相当悲惨的群体，往往要早起晚睡，服侍主人的饮食起居、洗菜烧火、打扫房间、洗衣服等，有的还要织布，为主人赚取经济收入；另外，婢女人权也遭到严重剥夺，经常被主人打骂，被男主人奸淫也无可奈何，因古代法律多规定奴仆告主人官府不予受理；并且，婢女的人身自由完全由主人决定，主人既可以将其卖出，也可以将其随便婚配别人。尤其宫中的婢女往往将青春年华空耗在寂寞里，一辈子没有婚配机会。不过，虽在法律及风俗上婢女地位低下，但由于古人受儒家思想影响，多数主人对婢女还是讲究人情味的。

古代对百姓都有哪些称呼？

古代关于百姓的称呼有很多，比如黎民，据《礼记·大学》载："以能保我子孙黎民。"这里的黎民指的就是普通百姓。与此相近的还有黎首、黎庶、黎元等，如杜甫《自京赴奉先县咏怀五百字》中有"穷年忧黎元，叹息肠内热"。有部分学者认为，这里的"黎"是"黑"的意思，与古代百姓所戴头巾有关。古时候，百姓通常将头发挽成髻，然后包上头巾，而当时规定百姓只能用黑色头巾，因此称百姓为黎民。

"黔首"也是用来称呼老百姓的，这种称呼在战国时比较流行。《吕氏春秋》《战国策》《韩非子》等书中都出现过这个词。"黔"即"黑"的意思，当时的老百姓不能戴冠，黑黑的头发露在外面，所以被称为"黔首"。另一种说法也是与百姓所戴头巾颜色有关。秦始皇统一六国后，于秦始皇二十六年"更名民曰黔首"。

另外，古代百姓还称为"布衣"。古代社会等级森严，普通人只能穿着麻织的布，质粗而价低，所以"布衣"也成了百姓的代称。与此相类似的，百姓还称白衣、白士、白丁，意思均是没有功名的

人。刘禹锡《陋室铭》中曾有"谈笑有鸿儒，往来无白丁"。

除此之外，百姓还被称为庶民，庶即多。"氓"也是古代对百姓（多指失去土地从外迁来的居民）的称呼，而草民、生民、平民、小民、民众、丁口也都有百姓的意思。

乞丐自古就有吗？

据史学家考证，乞丐自原始社会的氏族公社解体以来，一直存在。今天我们在城市、农村的街头巷尾仍然可以看见他们的身影。时间长了，人们根据行乞的方式对其进行了分类。

原始型乞丐，他们因采取哀乞苦讨的方式乞讨而得名。古书称这类乞丐为"乞儿"。他们有的是由于一时落魄走到这一步，或遭遇天灾人祸沦落至此，只能靠行乞苟延残喘。卖艺型乞丐，指那些有一技之长，并以此招徕看客而且能博得其欢心，从而换取施舍的乞丐。劳务型乞丐，指的是那些从事一般人不愿或不屑于做的低贱、简单、肮脏、辛苦的劳务，以此换取施舍的乞丐。残疾型乞丐，即肢体残疾，丧失劳动能力的乞丐。他们当中有的是真的先天残疾或后天致残，无亲无故，自身又丧失劳动力，只能靠乞讨过活，着实可怜。流氓无赖型乞丐，这些人表面上是乞丐，实质上则是披着乞丐外衣的流氓。

上述各种类型的乞丐也只是"丐帮"这个大群落中的一小部分，其他还有形形色色的乞丐。但无论以什么样的面貌出现，都不会跑出乞怜或骗钱或二者兼而有之的圈子。

历史上真有丐帮吗？

在武侠小说中，通常少林是第一大派，而丐帮则是与之齐名的第一大帮。小说中的丐帮往往人数众多，组织严密，形成了帮主、长老、舵主、香主等层次分明的权力体系，并且还有严格的帮规以约束本帮弟子的行为。那么，历史上真有丐帮吗？

历史上，乞丐们虽然不曾组织过小说中所说的那种大江南北大一统的丐帮，却的确组成过局部地域范围的帮会组织。并且乞丐形成帮会，乃是普遍现象，只是在地域范围上不大。这种地域性质的"丐帮"，组织体系也比较简单，一般是按地域大小自下而上存在层级不同的头目，称为"丐头"。一个地面上的乞丐都服从于本地的丐头，每月要固定向他交纳"份例"。如果不交，便休想在本地乞讨。丐头则负责维持行内规矩，惩罚违规乞丐等。总体上，这种乞丐组织主要目标是求生存、求财。

明清时期，这种乞丐组织则很大程度上直接受官府控制。因明太祖朱元璋自己以盲流身份夺得江山，于是，对乞丐这种最大群体的盲流格外关注。据说他曾亲自分封过各省丐头，以加强对这些社会盲流的控制。于是整个明代乃至清代，各地丐头都得到当地政府承认，涉及乞丐管理事宜，往往通过丐头处理。

另外，根据丐者信奉的开山祖师的不同，"丐帮"也存在诸多派系，但只是一种口头说法，并不存在严格的组织实体。

什么样的人才被称为流氓？

流氓古已有之，从先秦时期的"赖子""恶少"到明清之际的"光棍""青手""打行""讼棍""帮闲""神棍"等，绵延不绝，其类型也不断增加。

光棍，本意是指没有妻室的单身汉，后泛指以敲诈为生的流氓无赖。近代的齐如山在《北京土语》一书中对该语的解释是：强索人钱财，占人便宜者，称之为"光棍"。光棍游手好闲，无所事事，整日出入于市井、青楼妓院之中。这些人滋生是非，扰乱社会秩序。

青手与打行是比较专业的流氓。所谓青手就是打手，而打手的组织就叫作打行。这种流氓在明朝中期以后的江南地区较为多见。他们有的是由于人口的激增，农村的剩余劳动力流动到城镇无所事事形成的。迫于生计，这些青手往往聚在一起，专门替别人报私仇，逼讨债务。有时也成群结党，以强凌弱，故意找碴儿与人发生争执或口角，然后就动手打人，抢夺财物。

讼棍，专指流氓习气严重的讼师，有时也叫作"讼鬼"。他们专门等别人吃官司，然后就出入公堂，为买通者作伪证，颠倒黑白，从中渔利。

帮闲，其实就是闲汉，他们不务正业，满街乱串，踢气，嗑瓜子，走街串巷，有时在花街柳巷闲逛，为嫖客打听一些花柳逸闻，讨几个赏钱。

善棍和神棍，分别指那些披着行善的外衣，打着宗教的旗号，进行流氓活动的无赖之徒。善棍以兴办慈善事业为名，在街市上赁一间屋，挂上"某某善堂"的牌匾，然后四处募捐。如果有人问及钱款的去向，他们就胡诌什么放赈、办学、养老、育婴等，蒙混过去，其实市民们捐助的款项全被这些人中饱私囊。神棍，则创立某某会，"教劝人修炼功行圆满，即可白日升天"，让他们拿出若干财物，到某某地方进香，最后达到骗钱害人的目的。

古代木匠的工作范围有哪些？

木匠这个职业可以说是再古老不过了，木匠最早被称为"木工"，《礼记·曲礼下》记载："天子有六工，曰：木工、金工、石工、兽工、草工。"之后木匠又有"梓人""梓匠""匠人"等称呼。木匠在古代的工作范围相当广泛，除了建筑之外，人们生产生活中家具、车船、棺材、木工艺品乃至军事上的弓箭、碉堡等，都离不开木匠。故此木匠在整个古代社会都是一个大行当，无论农村还是城市都有大量的木匠。古人早期按照木匠的专职领域进行过相当繁琐的分类，后来又简化为3类，一类是负责建筑等大器作的木匠；另一类是制作比较精致的木工艺品等小器作的木匠；第三类则是制造车船等介于前两者之间的木匠。总体上，木匠在古代属于典型的有一技在身之人，但木匠行业毕竟入门门槛不高，一般人都能学，因此其社会地位并不高，甚至一度被归为下九流。

剃头师傅的社会地位高吗？

剃头在古代属于下九流的行当，剃头者俗称剃头师傅、剃头匠、整容匠、镊工、待诏等。汉代时，出现了以理发为职业的工匠，当时主要是贵族服务。直到宋代时，都市经济的发展带来了服务业的繁荣，理发的行为才开始广泛存在于市民的日常生活中，剃头师傅成为城市中常见职业。不过，古人信奉"身体发肤，受之父母"，因此除了幼儿外，成年人找剃头师傅主要并不是为剃去头发，而是做一些洁面、梳发等方面的事情。如宋代剃头师傅剃头时所做的主要是3个方面的内容：一是用镊子将客人头上的白发拔掉，故剃头匠有镊工之称；二是剃去颊毛与胡子，并拔鼻毛；三是用竹箆梳理头发，以使头发顺畅并清除头皮屑及虱卵，最后则将头发盘在头顶做成一个造型。明代还增加了挖耳、推拿等服务。金及元代，均对汉人下过剃发令，但因汉人的拒斥而不了了之。清代，在"留头不留发，留发不留头"的政治背景下，剃头行业大盛，到处都能看到剃头师傅挑着担子走街串巷。因清人脑袋前端的头发需要经常剃掉，对于剃头师傅的需求量大大增加。顺治、康熙年间，城市中开始出现理发铺，后来剃发行业还建立了自己的行业协会，并有自己的祖师爷（一说罗祖，一说吕洞宾）。总体上，古代理发的都是男子。直到"五四"之后，女子才开始成为理发店的主顾。

中国从什么时候开始有的药铺？

周朝之前，巫、医、药不分。春秋战国之际，医、巫分家，同时医、药也开始逐步分工。医生除了自己采药外，也向民间的采药人购买药材。

汉代时，在医官之外，已经存在专门的药官——药丞、方丞，两者分别掌药和药方。同时，民间采药卖药也成为专门职业。

唐代，民间开始出现固定的卖药摊贩和摊位，药品零售业得到进一步发展。

宋代，朝廷还在开封开办了第一家国家药店"官药局"，都市中出现大量的正规药铺。除一些医生自己也开有药铺外，许多医生只负责看病开药，病人自到药铺抓药。

明清之际，药铺更是遍地开花，清代仅北京城里就有100多家中药铺。另外，在规模上也更成气候，出现许多全国知名并流传久远的著名药铺，如开办于明天启年间的杭州朱养性药堂，清代著名"红顶商人"胡雪岩在杭州开的胡庆馀堂，而康熙年间开办于北京的同仁堂至今存在。许多大药铺往往还有坐堂医生提供咨询。清末西药房也开始出现，并逐渐取代了中药房。

在古代，开药铺被称为善举，药铺老板有时还被称为善人。因此明小说《金瓶梅》中西门庆之所以人人尊称其为"大官人"，不仅是因其有钱，还与其药铺老板的身份有关。

当铺是怎么来的？

当铺旧称质库、解库、典铺等，是我国古代出现的一种金融机构，具体形式为典当人以自己的房产、土地或某件物品作为抵押，按抵押物品的打折价值从当铺借到一定银钱，然后约定日期。如到期归还银钱，则当铺收取一定利息，归还典当物品；如到期未能归还银钱，则典当物归当铺所有。当铺最早是南朝梁的僧人搞出来的，因南朝梁武帝信奉佛教，寺院财产丰富，一些僧人收取别人抵押物后放高利贷，形成最早的典当业务。唐宋时期，典当行业在民间兴盛起来，当时还存在官办当铺。明清时期，当铺尤其繁盛。清乾隆年间，仅北京就有六七百家当铺。古代到当铺典当者，均是家有急难逼不得已才如此，多为穷人，尤其灾荒年景，穷人多以

典当渡难关。总体上，典当行业在古代名声相当不好，往往是高息低放，刻意压价，典当金额往往不及物品价值的一半，利息却相当高，故穷人多恨之。《金瓶梅》中的西门庆便开有当铺，小说对其贪婪有生动的描写。不过古代金融服务业缺乏，当铺毕竟为人们提供了一条解一时之难的路径。

中国自古就有澡堂吗？

中国人相当爱好洁净，汉代时，朝廷每5天便给官吏放一次假，让其回家洗澡。早期贵族多利用天然池塘或在府邸内建造露天池塘以供洗澡。唐代人则喜欢在温泉洗澡，除著名的供唐玄宗和杨贵妃洗澡的华清池外，还建有众多的温泉澡堂。到宋代，随着城市的发展和商业经济的繁荣，城市中出现公共澡堂。当时开澡堂称为"香水行"，可能是澡堂内放有一定的香料之故。泡澡堂成为广大市民阶层离不开的消遣活动，文人士大夫尤其喜欢光顾。据说苏东坡便喜欢光顾公共澡堂，并就此有过一些词作。当时还有将澡堂与茶馆一块儿经营的，客人洗完澡还可以在茶馆里品茶。元、明、清时期，公共澡堂更加普及，尤其清代时，澡堂门口竖有高高的杆子，上挂澡堂招牌广告，以吸引顾客。澡堂内服务也更加周到，配有专门的伙计为客人服务，备有专门毛巾、饮料等；另外，澡堂还派生出了搓澡、捏脚、修脚等行业。不用说，澡堂行业必定是属于下九流了。

古人如何证明自己身份？

古代没有身份证，但一般情况下，人们也不需要这种东西。一个普通人需要证

百工名物

明自己身份时，用书信或信物即可。而对于官员这种特殊身份，则有相应的办法来防止冒充事件的发生。古代官员上任，别的可以不带，但有两样东西必带，一是敕牒，一是告身。敕牒是朝廷发给的委任状，上盖有吏部大印，很难作假。官员到任后，首先需要交出敕牒作为凭证，并将之押在报道的衙门备案。告身则是用于证明上任者本人身份的凭证，为防仿制，由国家专门机构制作。据《宋史·职官志》记载，宋代时的告身由吏部属衙官告院统一制作，所用绫巾裱带等材料，均由特定地点生产供应。在告身上，除赴任官员的籍贯、年龄等，一些形貌特征也会被写在告身上。因此，告身即使被别人偷走或捡到，别人也难以冒充。而告身制度早在南北朝的北魏时已经产生。告身在官员赴任时证明自己的身份之后，并不上缴，而是由官员留下，用于其他需要证明身份的时候用。

另外，除告身外，古代官员还有一些其他凭证用以证明身份。唐代官员每个人都配有一种"鱼符"，三品以上以黄金为材料，以下则或银或铜。鱼符上刻官员姓名、任职衙门及品级等，用以证明身份。宋代则有"牙牌"，是一种用象牙、兽骨、金属等制成的版片，上刻有持牌人姓名、职务、履历及所在衙门等。除官吏外，一些官宦之家的奴仆也有这类东西。另外，古代僧人的"度牒"则是一种僧人的身份证明。

"花名册"是什么？

生活中，我们对各种名册不叫名册，而是习惯给它添上个字，叫它"花名册"。

这是为什么呢？

"花名册"其实与花并没有什么关系，而是与古代的户籍登记制度有关。古代为便于收税以及控制人口流动，自春秋时期就建立了户籍登记制度。经过历代补充完善，这种制度逐渐成为统治者管理百姓的重要基础。在做户口登记时，负责登记的人习惯上将户口册子上的户名叫作"花户"，人名称为"花名"。花，这里是参杂不一的意思。《元典章》记载："差科户役先富强，后贫弱，贫富等者先多丁，后少丁，开具花户姓名。"明代王瑀《寻亲记》中又有："好不识，官司立下文籍，点起花名都上册。""花名册"的说法由此而来。

后来，"花名册"的说法便逐渐超出了户籍的范围，凡是名册之类的东西都被称为"花名册"。

古时候有履历表吗？

我们身边的许多东西，看似新奇，其实都不是凭空产生的，往往在古时候有其相应的渊源，履历表也不例外。所谓履历表，尽管花样繁多，但说到底都无非是一种书面式的自我介绍。古代的陌生人见面，固然大多数时候做口头自我介绍时便行了，但总会遇到比较严肃正规的场合，需要在书面上介绍自己。要说最严格的场合，莫过于官场。事实上，早期的履历表便产生于官场，只是当时不叫履历表。

我国最早有文字记录的履历表，应该是隋炀帝时期的"脚色"，简称"色"。隋朝奸臣虞世基任内史侍郎时，便是根据官员贿赂多少来评定考核结果。贿赂多的，则不吝赞誉地褒奖，使其加官晋爵；未曾贿赂他的，则在记录该官员任职经历的表单上注色做记号。因此，这种记录官员经历的表单便得名"脚色"。

宋代时，凡"入仕"都要填写一份自传式文书，也叫"脚色"，或称之为"脚色状"。"脚色"所填写项目与内容由朝廷统一规定，首先是个人家庭基本情况，具体包括"乡贯、户头、家口、年龄、个人经历、三代名衔（即祖宗三代的功名官衔）"等项目。显然，这与现代的履历表已经差不多了。其次，还要填写社会关系以及政治立场，其内容则往往围绕当时的重大政治事件而定。比如，宋徽宗崇宁大观年间，因范仲淹的"庆历新政"失败，守旧派官员得势，"脚色"上必须注明非元党人亲戚；而在蔡京、童贯等六奸臣被查办之后，则要在"脚色"上标明非"六贼"亲戚。在宋宁宗庆元年间，因为朱熹之学被斥为伪学，规定入仕者脚色必须注明"不习伪学"，否则不让做官。

总体来说，古时比较正规的履历表乃是产生于官场。另外，参加科举考试的报名表也是比较正规的一种履历表。

"签字画押"是怎么一回事?

在我国古代乃至现代，人们往往要在各种文书或契约后面"签字画押"，以作为一种自己确认的明证。那么，签字画押到底是怎么一回事?

"签字"很容易理解，古时的签字与现在的签字差不多。"画押"，可能许多人都不清楚到底是怎么做。"画押"自然不像笑话中说的那样乃是"画鸭"，应该说其是不识字的民众的一种简单签字法。

在我国唐代之前，文人们在书信和公文的结尾署名时往往用草书。因为草书形

体花哨，人们称之为"花押"。宋代时，由于习俗演变，人们在各种公私书信或公文的结尾多不再署名，而是写上本人的字，称为"押字"或"草字"。这其中最有个性的应该算是北宋宰相王安石了，他既不署名，也不写字，而是在自己的大名中取个"石"字，作为自家标记。据说他先是写上一横一撇后，于撇的中间画一圆圈。由于性子急，这个圈总是画得不圆，并且非常潦草，于是有人私下称他写的是个"反"字。王安石听说后，画圈时便十分仔细，尽量将圈画得圆一些。

文人可以"押字"，但那些不识字的百姓需在一些诸如地契、房契等契约上签名确认时，一般是将食指放在契约上，然后用笔在纸上搁放指尖和指节处画上一道横线（总三短横），作为标记。比较重大的合约，如买卖人口的合约则需用整个手掌沾满墨迹签押。而朝廷犯人在被押解到新的地方时，则用其拇指沾上墨迹签押，类似于现在的按手印。后来，王安石的故事传开后，许多人也开始模仿王安石的签字法，只是不再写一横一撇，而是直接画个圆圈。另外，民间还出现过一种"十"字押，就是画一个"十"字。总之，百姓一般不会写字，所用方法更多像是一种画法，所以称之为"画押"。

另外，因为文人用草书签署自己的名字，书写日渐熟练后，字体日渐形成一种别人模仿不来的特点，离原字越来越远，像是一种图画，也称得上是"画押"了。因此古时文人的签字与百姓的画押，也逐渐没了界限，连在一起形成了签字画押的说法。

"三百六十行,行行出状元",三百六十行的说法是怎么来的?

"三百六十行,行行出状元"可谓是妇孺皆知的一句俗话了。人们一般用这句话来激励自己或他人,无论做什么工作,只要努力肯干,都能做到出类拔萃。那么这三百六十行的说法是怎么来的?这个数字是谁统计出来的呢?

其实,这里所说的三百六十行,并非确数,只是个笼统说法,泛指各行各业。而三百六十这个数字的具体来源,则与早期的"三十六行"的说法有关。自唐代起,人们口头普遍产生了"三十六行"的说法。在当时只是一种笼统说法,但到宋代时,周辉则在《清波杂志》上凑出三十六行,分别是:肉肆行、宫粉行、成衣行、玉石行、球宝行、丝绸行、麻行、首饰行、纸行、海味行、鲜鱼行、文房用具行、茶行、竹木行、酒米行、铁器行、顾绣行、针线行、汤店行、药肆行、扎作行、仵作行、巫行、驿传行、陶土行、棺木行、皮革行、故旧行、酱料行、柴行、网罟行、花纱行、杂耍行、彩兴行、鼓乐行和花果行。可以看出,这三十六行虽然不可能穷尽所有的行业,但也基本上代表了社会生产生活中的各种常见行业。

那么三十六行如何被增加了10倍,成了"三百六十行"呢?清末徐珂的《清稗类钞》载:"三十六行者,种种职业也。就其分工约计之,曰三十六行;倍之,则七十二行;十之则三百六十行。"可见"三百六十行"乃是人们在三十六行的基础上形成的。而这个"三百六十行"的新说法很可能出现在明清时期。因为明清之际,中国农业、手工业获得极大发展,商品经济日渐繁荣。许多原本由家庭生产的用品都开始从家庭中分离出去,成为专门行业;另外也出现了诸如金融、报行等新兴第三产业。可能人们普遍感觉生活中的行业越来越多,于是便在三十六的基础上乘以十,形成了"三百六十行"的说法。而实际上,应该还不止三百六十行。

用"青楼"代指妓院起于何时?

唐代诗人杜牧的《遣怀》诗中有:"十年一觉扬州梦,赢得青楼薄幸名。"因妓院听起来太露骨,人们历来用各种别称来代替它,比如平康、北里、章台、行院、秦楼楚馆等。而这其中,最常用的要算"青楼"了。而事实上,"青楼"一词在早期时跟妓院并无多少瓜葛。

"青楼"这个词,原本指豪华精致的雅舍,有时则作为豪门高户的代称。三国时期的曹植的《美女篇》云:"借问女安居?乃在城南端。青楼临大路,高门结重关。"唐代邵谒的《塞女行》也有言:"青楼富家女,才生便有主。"看来古人往往用青楼借指美女、富家小姐住的地方。另外,青楼早期也指南朝齐武帝的一座楼。关于此,清代的袁枚在《随园诗话》中专门讲过:"武帝兴光楼,上施青漆,世人谓之'青楼'。"并进一步指出:"今以妓院为青楼,实是误矣。"

至于青楼是如何逐渐变为妓院的代称的,可能还是在古人的诗作中逐渐转化的。其最早与娼妓联系起来,是在南北朝梁代刘邈的《万山采桑人》一诗中,内有"娼妾不胜愁,结束下青楼"之句。不过这里说的"倡妾",可能只是"家妓"而已。因为青楼一词经常用在诗作中指美女或富家小姐的住所，而古代妓院里的女子许多都是既美丽，又有才华。因此"青楼"一词作为妓院代称是很容易被人在心理上接受的。于是，大概自南北朝开始，青楼除有原来的意思之外，作为妓院的意思也逐渐传开。尤其到唐代，青楼作为妓院的代称经常在诗作中出现。到明清小说中，青楼已经基本上失去了早期的意思，成了妓院的专门指称。

"跳槽"一词来自青楼吗？

"跳槽"一词，作为换工作的一种代称，至今已是人人挂在嘴边的流行语了。这个词的最初流行可以往前推几百年，而其当时的意思与今天完全不同。

在明清时期的小说和笔记中，"跳槽"乃是经常出现的一个词，可见此词在那时已十分流行。但在当时，"跳槽"不是换工作之意。清人徐珂在《清稗类钞》中对之专门做过解释："原指妓女而言，谓其琵琶别抱也。譬以马就饮食，移就别槽耳。后则以言狎客，谓其去此适彼。"说这个词原是说妓女的。妓女丢弃旧爱，另攀高枝，如同马从一个槽换到另一个槽吃草，称为"跳槽"。后来这个词被用到嫖客身上。一个嫖客对一个妓女厌倦了，又另结新欢，这种行为也被称为"跳槽"。

明代冯梦龙编的民歌集《桂枝儿》里就有一首名叫《跳槽》的歌，歌词为："你风流，我俊雅，和你同年少，两情深，罚下愿，再不去跳槽。恨冤家瞒了我去偷情别调。一般滋味有什么好，新相交难道便胜了旧相交？匾担儿的塌来也，只教你两头儿都脱了。"在歌中，一个妓女在幽怨地抱怨嫖客本来已经和自己发过誓不再跳槽了，结果没想到他又偷偷去找别的妓女。那种事情不都是一般滋味吗，为何还要去找别的妓女呢？

"跳槽"原初含义是何时消失的已不可考，现在它被赋予了新的含义重新利用了起来。

中国理发业的祖师是谁？

关于理发行业的祖师爷，不止一说。

旧时记载理发业行规行语与隐语的《净发须知》中记载，理发业的祖师乃是唐代人罗隐，理发师们称其为罗祖。据说罗祖7岁时便学会理发，后来还中了举。在做官的同时，还经常给唐玄宗理发。而民间剃头师傅则传说，武则天的儿子驴头太子脑袋形状怪异，剃头师傅无从下手，驴头太子为此杀了不少剃头师傅。有次罗祖的师傅被令进宫为驴头太子剃头，年幼的罗祖遂自告奋勇替师前去。结果驴头太子很满意，从此让他剃头。罗祖因挽救了天下的剃头师傅而被尊为祖师。

另一说法则是将吕洞宾奉为理发行业的祖师爷。传清代皇帝雍正头上长癞疤，很难剃，不少剃头匠因此被杀。一天来了一位道人主动为皇帝剃头，剃得很好，只是皇帝脖子上出现一道红圈，便被拉出去砍头。但头砍掉后又长了一个，最后才知理发的道人是仙人吕洞宾，那道红圈是为皇帝治癞疮的。雍正这才答应今后不再杀剃头师傅，并敕封理发师为"半副銮驾，小执事"，并赠对联："做天下头等事业，用世间顶上功夫。"从此吕洞宾就被理发师们尊为祖师了。

百工名物

世界上最早的消防队是什么时候创建的？

现代人一般认为，1666 年英国伦敦大火之后所建立的消防队是世界上第一支消防队。其实，在此前 600 年的北宋年间，中国就已经建立了一种叫作"军巡铺"的专业灭火组织，这才是世界上最早的消防队。

北宋时期，城市化进程迅速推进，各城市以街巷制代替坊市制扩充城市。当时的都城东京（今开封）十分繁华，人口已经达到 150 万。各种商铺鳞次栉比，瓦舍勾栏等娱乐场所也棚屋相连。城市建筑繁盛，必然带来火灾隐患。据史料记载，在北宋的 100 多年里，东京火灾频起，仅重大火灾就有 44 起。宋仁宗时，甚至皇宫都曾发生火灾，仁宗与皇太后不得不转移到延福宫。

鉴于火灾频发的情况，北宋朝廷组建了专门的灭火组织"军巡铺"。相比于现在的消防队只负责灭火的职责，北宋的"军巡铺"的职责则是一条龙式的，不仅负责灭火，而且还负责寻找火警、报火警。据《东京梦华录》中记载，东京城中每隔二三百步置一军巡铺，以兵卒三五人为一组，发现火情随时扑灭。政府还在城内高处筑有望火楼，由专人昼夜轮班观望，下驻军卒百余人，随时待命。观望台上的人一旦发现火情迅即报警，白天以旗帜为号，指示方向，夜间则以灯为号。看到信号，"军巡铺"在第一时间奔往火灾现场。遇有重大灾情，甚至连宰相也要亲临现场指挥扑救。

据史料记载，当时的灭火工具主要分为三类。一类是水桶、水囊、水袋、洒子等储水工具，用来浇灭火焰；另一类则是梯子、斧、锯、火钩、火叉等，这些工具一般是用来攀登或拆除障碍；还有一类是大索、带有长链的铁锚儿，这些是用以套住或挂住房梁立柱，将之拉倒，以阻止火势蔓延。这些设备自然跟现在没法比，但就当时条件而言，也相当专业了。并且在当时的灭火工具中，还有一个相当了不起的工具，便是唧筒。唧筒由一根长竹竿制成，是一种利用大气压力原理制成的一种手动喷水枪。这种喷水枪一是可以将水送得更远，二是可以将水集中起来浇灭一处，有更好的灭火效果，应该说相当先进了。

古人是如何清洁牙齿和口腔的？

现代人已经习惯每天刷牙，可能一天不刷牙就觉得异常难受。因此可能有人便会想，古人没有牙刷牙膏，得多难受？其实，古人虽然没有牙刷，但并非便对口腔不管不顾，而是有相应的办法来清洁口腔和牙齿。

在《红楼梦》中，小姐们吃完饭后，丫鬟便要端来茶以漱口。以茶漱口，是古人很早便已形成的清洁口腔的手段。事实上，古人清洁口腔和牙齿的手段，首先便是通过"漱"。据说更早时候，人们使用酒、醋、盐水、茶及温水漱口。酒、醋、盐水等具有杀菌消毒的作用，有"清旦盐刷牙，平日无齿疾"的说法。而茶，古人认为它可以去油腻，并使牙齿坚固。据现代药理分析，茶里含有氟和维生素，确实具有清洁口腔和防蛀的功能。

古人另一种洁牙手段便是用专门的药

物擦牙。在 6 世纪的南朝，人们发明了一种叫"口齿乌髭"的药粉。这种药粉由皂角、荷叶、青盐等各种药物研熬而成，对牙齿具有清洁杀菌、消炎镇痛的作用，并且还对牙齿有增白的功能。到唐代，这种擦牙药粉得到改进，人们将天麻、细辛、沉香、寒水石等研成粉末，用以擦牙洁齿。宋代，人们又在这种药粉中加入了一些清热解毒的中药，使之除清洁作用外，还具有治疗口腔疾病的效果。具体的擦牙方法，一种是用手指，另一种则是用一种叫"杨枝"（葛蔓、楮、桃、槐、柳等枝条）的植物枝条。这其实与现在的牙刷有些类似了，只是以手或树枝代牙刷，以药粉代替牙膏。

另外，在洁牙方面，佛教也做出了自己的贡献，"杨枝"便是佛教的发明。据佛经记载，僧侣们每日咀嚼"杨枝"来清洁口腔和牙齿。据说这具有清除口腔污物、消炎解毒、发口香等作用。名医李时珍就很称赞这种方法，称用嫩柳枝"削为牙枝，涤齿甚妙"。后来这种方法也流传到民间，"杨枝"也进一步成了人们常用的"牙刷"。

古人是怎么洗澡的？

沐浴，我们知道，是洗澡之意。而除"沐浴"之外，古人用"沐"字所造的词还有许多，比如沐发、沐澡、沐濯、沐芳、沐巾、沐盆，等等，这些词也都与洗澡有关。既然古代产生了这么多与洗澡有关的词汇，想必古人洗澡是比较频繁了。那么，古人是如何洗澡的呢？

先秦之际，洗澡不仅是一种清洁行为，而且被视为一种礼节。《礼记》中明

文提出，人们应该三天一洗头，五天一洗澡。并且后辈对于家里行动不便的老人，以及主人对于住在自己家里的客人，也必须做到这一点。另外，人们在祭祀之前，要先洗澡，以示虔诚；臣子上朝见君王，也要先洗澡以示尊重。在这一点上，孔子便做得很严格，他"沐浴而朝"的习惯，世人皆知。

到汉代，人们更重视洗澡，将"三日具沐，五日具浴"的礼仪用法律形式固定下来。朝廷每五天便给官吏放一次假，以让他回家洗澡，因此这个假日也被名曰"休沐"。只是到了唐代，可能考虑到五天一放假太频繁了，才改为官吏每 10 天休息洗浴一次，叫作"休浣"。

宋元时，随着城市的发展和商业经济的繁荣，城市中出现公共澡堂，文人士大夫尤其喜欢光顾。据说苏东坡很喜欢到公共澡堂洗浴，并且一洗就会词兴大发。而一般城市市民都在房内设有浴室，沐浴更为方便。

明清之际，公共澡堂与家庭沐浴更加普及。就连客人远道而来，主人相迎也要先设香汤给客人沐浴，再摆筵席招待，名曰洗尘。古代的接风洗尘，可是实实在在的"洗"。另外，朋友前来串门，主人也经常以洗澡招待。

古代用什么来洗涤衣物？

我们知道，洗衣粉乃是一种化学产品，近代才发明。那么，古代没有洗衣粉，人们是如何洗涤衣物的呢？

事实上，古人早就发明了各种各样的土制洗涤物品。先秦时期的《考工记》中就记载了古人发明的一种"清洁剂"——

百工名物

灰水。这种灰水乃是将草木灰泡水后形成。《礼记·内则》言："冠带垢，和灰清漱；衣裳垢，和灰清。"可见，古人洗涤衣裳冠带，所用的就是这种草木灰浸泡的溶液。因为草木灰中含有碳酸钾，所以能去污。这种易于取用的洗涤剂，在古时是十分常见的。

另外，《考工记》中还记载了一种由贝壳灰与栏木灰混成的混合洗涤剂。贝壳灰中含有氢氧化钙，与栏木灰作用后，可以生成氢氧化钾。用它的水溶液洗涤丝织品时，会与丝表面附着的油脂发生化学反应，生成钾肥皂，从而能够把丝洗得干净亮丽。

到魏晋时期，便出现了一些新的洗涤剂——皂角和澡豆。皂角，也叫皂荚，是豆科植物皂荚树所结的果实。皂角中含有皂苷，它的水溶液能生成泡沫，有去污性能。当时社会上甚至已出现售卖皂荚的店铺，可见它作为洗涤用品颇为流行。后来，有人更进一步把去除了种子的皂荚捣烂，做成如橘子般大小的圆球，供洗衣、洗身之用，俗称"肥皂团"。这种经过简单加工的肥皂，携带起来方便，效果也更好。明代李时珍的《本草纲目》中记载了它的制作方法："十月采荚，煮熟捣烂，和白面及诸香作丸，澡身面去垢而腻润胜于皂荚也。"后来人们发现了一种叫皂叶的植物，揉碎后也可以当肥皂用。

实际上，由于各地物产不同，古人用来制造的土制洗涤剂还不止这些。

古代为何把女子的脚称为"金莲"？

古代女子的脚之所以称为"金莲"，要从古代女子的缠足习俗说起。据说五代时期，南唐后主李煜的妃子窅娘为讨李煜喜欢，用布将自己的脚缠成了新月形状。窅娘本来就体态轻盈，加上一双小脚，跳起舞来便别有一番韵致。李后主十分疼惜她，其他嫔妃便纷纷效仿。后来这习俗又传到民间，于是缠足之风开始流行。到北宋时，缠足之风大盛，直至民国时期才废除。

女孩子缠起来的脚之所以叫"金莲"，有人认为乃是因为当时李后主曾为窅娘建造过一个舞台，上面装饰了许多金莲花，让其在上面跳舞。于是人们便习惯称女子的小脚为"金莲"。不过，另有学者认为，女子小脚被称为莲花的原因大概与佛教有关。因为莲花出淤泥而不染，在佛门中一直被视为清净高洁的象征。佛教传入中国后，莲花崇拜也被带到在中国。人们将莲花视作美好、高洁、吉祥、珍贵的象征。而在古代，女孩子的小脚在男子的眼中也非常重要，认为是女孩子美的重要象征。因此，女子的脚也便很自然地与莲花联系了起来。所以称为"金莲"，则是因为古人习惯在贵重和美好的事物前加个"金"字，比如"金口""金銮殿"等。

至于"三寸金莲"，则只是一种笼统的说法。事实上，缠足是纯粹的民间行为，它是以约定俗成为基础的，并没有严格的尺度。"三寸金莲"只是对于小脚女子的脚的一种赞美性称呼。而只要缠足了，女子便都可获此"美称"，并不一定真小到三寸。

惊堂木是什么东西？

在影视作品中，我们会看到古代的县太爷审案时手边总是放有一个木块。一旦下面的犯人不老实，或者大堂上因为诉讼双方争吵显得有些混乱时，县太爷便举起木块"啪"的一声敲在桌子上，犯人便收敛起来，整个大堂也顿时肃穆起来，县太爷顿时变被动为主动。这块木头就是惊堂木。

早在春秋时期，各级官府便开始使用惊堂木，直至民国时期的法官还曾使用过这个东西。惊堂木是一块长方形的硬木，有角有棱，其大小一般单手正好握住。唐代之前，惊堂木并无图案。唐太宗以后，为求美观，在惊堂木上刻上龙、狮、虎等动物图案。武则天时期，朝廷则规定惊堂木图案为龙形，取龙乃皇权象征之意，之后各朝一直沿用。至于惊堂木的制造材料，一般选用黄花梨、紫檀等高档木料制作。这类木材质地坚硬，文理细腻，敲打桌案时声音响亮。另外，北方也有用桑、枣、黑槐木制作惊堂木的。

在古代，官职不同，惊堂木的具体名称还有所不同。皇帝用的"惊堂木"称为"震山河"；宰相等一二品大员用的"惊堂木"叫"佐朝纲"；元帅、将军等高级武官手中的则称为"惊虎胆"；只有普通下级官员手中的那个小木块才叫"惊堂木"。

另外，从惊堂木的实际功用来看，其并非官员专用，其他行业也有类似物品。比如僧道用于醒神之用的"戒规""醒木"；说书艺人用于提醒听众的"醒木""止语"；私塾先生用于维持课堂纪律的"呼尺""醒误"等。虽然名称和所起的最终作用，与官员的惊堂木有所区别，但本质上都是起一种提请别人注意的"惊堂"的作用。因此，应该说，惊堂木并非官员所专用。

"唐三彩"为什么要用"三彩"来命名？

唐三彩是一种盛行于唐代的彩陶工艺品，以造型生动逼真、色泽艳丽和富有生活气息而著称。从质地上讲，唐三彩是一种低温釉陶器。所谓"三彩"，并非只有三种颜色。在其制作过程中，人们将彩釉涂在陶坯上，并在色釉中加入不同的金属氧化物，经过焙烧，便可形成浅黄、赭黄、浅绿、深绿、天蓝、褐红、茄紫等多种色彩。因以黄、褐、绿三色为多，因此得名"唐三彩"。"唐三彩"这个名称，并不是唐朝人起的，而是民国时期之人总结其颜色规律后给出的称呼。现在的专业研究者一般将之称为"唐彩色釉陶"，因为从严格意义上讲，在制作工艺上，唐三彩是"釉"而算不上"彩"。

唐代是中国封建社会的鼎盛时期，唐三彩从一个侧面反映了唐王朝的政治、经济、生活，跟唐代诗歌、绘画、建筑等其他文化一起，共同昭示了唐朝的繁盛。从艺术上讲，唐三彩器物形体圆润、饱满，与唐代艺术的丰满、健美、阔硕的特征是一致的。另外，唐三彩吸取了中国国画、雕塑等艺术的特点，采用堆贴、刻画等形式装饰图案，线条粗犷有力，独具一种狂放之美。从造型上讲，唐三彩的造型丰富多彩，一般可以分为动物、生活用具和人物三大类，而其中尤以动物居多。三彩人物和动物的比例适度，形态自然，线条流畅，生动活泼。在动物俑中，以马和骆驼为多，尤其马俑，造型多样，神态传神，栩栩如生。在人物俑中，武士肌肉发达，怒目圆睁，剑拔弩张；女俑则高髻广袖，亭亭立玉，悠然娴雅，十分丰满，是我国古代雕塑的精品。

唐三彩是唐代陶器中的精华，在初唐、盛唐时达到高峰。"安史之乱"以后，三彩器制作逐步衰退。后来又产生了"辽三彩""金三彩"，但在数量、质量以及艺术性方面，都远不及唐三彩。

青花瓷是如何发明的？

青花瓷又称白地青花瓷器，乃是景德镇四大传统名瓷之一。其瓷恬淡素雅，清新明快，给人以耳目一新的美感享受，素有"人间瑰宝"之称。青花瓷产生自元代，至明清则成瓷器生产的主流。

相传元代之前的瓷器上的花纹图案都是用专门的铁刀刻上去的，相当麻烦。元代，瓷器名镇景德镇上有一个叫赵小宝的青年，干的便是给瓷器刻花纹的工作。小宝有个未婚妻叫廖青花，有一天她问小宝道："这瓷器上的图案，要是能用笔画上去不是更方便吗？"小宝说："我们也都这么想啊，不过一直没有找到适合在瓷器上作画的颜料啊！"这个话题就这么过去了，但廖青花却把这事记在了心里。青花有个舅舅是窑厂的找矿师傅，她软磨硬泡，最后说服舅舅带自己上山，希望能找到适合在瓷器上作画的石料。

三个月过去了，小宝见青花和舅舅还未回来，便冒着严寒进山找他们。小宝找了三天三夜，最后却只找到了青花和舅舅冻僵的尸体。在他们的尸体旁边，堆着许多他们所选的石料。小宝十分悲恸，在掩埋了青花和舅舅之后，他将这些石料带回镇上。小宝将青花采集的石料细心研成粉末之后，配成颜料，用笔画到瓷坯上，上釉后，用高温烧炼。瓷器上出现了美丽非

凡的蓝色花朵，青花瓷就此诞生。人们为纪念青花的贡献，就把这种釉下彩绘的蓝花起名为"青花"，烧造这种蓝花的彩料，则起名为"青花料（廖）"。

青花瓷的产生，结束了我国瓷器以单色釉为主的局面，把人类使用瓷品的历史推进到釉下彩绘的新时代。并且因青花瓷具有中国水墨画的特点，成为最具中国民族特色的瓷器，至今享誉于世。

需要说明的是，青花瓷并非就是简单的青色。青花瓷的瓷器本身有些白中泛青，而其花纹图案则一般都是蓝色调，具体表现为淡蓝、黑蓝、正蓝、青蓝等。但无论何种蓝色，总体给人的感觉都是一种青翠欲滴之感。

走马灯产生于何时？

在春节、元宵等节日的晚上，古人有赏灯习俗。各种彩灯争奇斗艳，煞是好看。这其中，最受欢迎的一种大概算是走马灯了。走马灯是一种能够转起来的灯，它一转，灯壁内事先放好的一些人呀马呀之类的剪纸便会动起来，从外面看上去人马追逐、物换景移，煞是好看。

走马灯又叫跑马灯、串灯、转灯，早在宋代便已经产生，当时叫"马骑灯"。南宋吴自牧的《梦粱录》中已有京城临安夜市买卖走马灯的记载。周密《武林旧事》也有"若沙戏影灯，马骑人物，旋转如飞"的记述。文学家范成大的诗文记载得更为具体，并在一首记述苏州正月十五上元节灯会的诗里，描绘了千姿百态的灯。诸如飘升天空的孔明灯，在地上滚动的大滚灯，以及"转影骑纵横"的走马灯等。当时似尚无"走马灯"之名，诗人自

注称为"马骑灯"。诗人所记为南宋淳熙十一年（1184年）的事。这些记载表明，走马灯在南宋时已极为盛行。

走马灯虽然只是一种供人玩耍的小玩意儿，其所包含的智慧还是相当令人称道的。其之所以能旋转，乃是根据热空气上升产生推力的原理，类似于近代燃气轮机。在一个或方或圆的纸灯笼中，插一铁丝做立轴，轴上方装一叶轮，其轴中央装两根交叉细铁丝，在铁丝每一端黏上人、马之类的剪纸。当灯笼内灯烛点燃后，热气上升，形成气流，从而推动叶轮旋转，于是剪纸随轮轴转动。它们的影子投射到灯笼纸罩上。因为走马灯所表现的多为战争体裁和武将人物，看上去似乎是各时代英雄人物反复登场退场，来去匆匆。于是人们也便用"像走马灯似的"来比喻历史的兴衰变化和时代大人物的频繁更替。

古人为何把镜子称为菱花镜?

在《红楼梦》中著名的《红豆曲》中有这么一句："照不见菱花镜里形影瘦。"这里将镜子称为菱花镜。而事实上，在古典文学作品中，经常看到"菱花镜"这个词。比如古典小说《赵飞燕外传》中便有："飞燕始加大号婕妤，奏上三十六物以贺，有七尺菱花镜一奁。"元代关汉卿的《玉镜台》第二折又有："猴山无梦碧瑶笙，玉台有主菱花镜。"那么为何古人将镜子称为菱花镜呢?

菱花，乃是菱角的花。菱角是一种水生植物，常见于我国南方的湖泊河塘中。其果长在水下，清脆香甜，深受人们喜爱，因为有弯弯的角，所以称为菱角。菱角开一种黄颜色的小花，人们常用此花比

喻镜子。之所以如此，首先与古代镜子的材料有关。古代没有玻璃，将青铜表面磨光滑至能反光后用以做镜。这种铜镜在日光照射之下，其颜色看上去便如同菱花。南北朝时期庾信的《镜赋》中言："照日则壁上菱生。"宋代《埤雅·释草》中言："旧说，镜谓之菱华（花），以其面平，光影所成如此。"另外，还与古代镜子的形状有关。唐代以前的铜镜，除少数为方形外，多数为圆形，这在日光照射下就更像圆形的菱花了。后来人们干脆模仿菱花的样子制成一种边缘多角的镜子，或者在镜子背面刻上许多菱花花纹，菱花镜也即更加名副其实了。唐代以后，这种菱花镜成了最流行的一种款式。

"衣被天下"指什么?

泛指松江及其附近地区生产的棉布。松江府地处长江下游三角洲，在今上海市境内。宋代，棉花栽培从岭南逐渐传到长江中下游地区。松江气候、土壤适合棉花生产，棉花种植迅速得到推广普及。元朝元贞年间，劳动妇女黄道婆从海南岛带回先进纺织工具和织棉技术，使纺织形成了一个较为完善的、效率大为提高的生产过程，推动了松江地区棉纺织业的发展。经过明朝植棉业的进一步推广，织棉技术的发展，松江成为棉纺织业的中心，产量越来越高，质量越来越好，松江棉布在全国声誉鹊起，产品行销全国，且远销日本和朝鲜，有"衣被天下"之称。

松江棉布质地优良、图案美观，被世人誉为松江美布。松江棉布比较著名的有四种：三梭布、番布、兼丝布、药斑布。三梭棉布幅宽三尺余，光洁细密，比普通

白棉布价格高出一倍以上，成为一方特产。番布质优价昂，能织出龙凤、斗牛、麒麟等图案，"一匹有费至白金百两者"。常常被当作礼物送给朝廷大臣。

"四大名绣"分别指什么？

刺绣，古称针绣，是用绣针引彩线，按设计的花纹在纺织品上刺绣运针，以绣迹构成花纹图案的一种工艺。四大名绣，指的是我国刺绣中的苏绣、湘绣、粤绣、蜀绣。四大名绣之称形成于十九世纪中叶，它的产生除了本身的艺术特点外，另一个重要原因就是绣品商业化的结果。由于市场需求和刺绣产地的不同，刺绣工艺品作为一种商品开始形成了各自的地方特色。而其中苏、蜀、粤、湘四个地方的刺绣产品销路很广，影响尤大，故有"四大名绣"之称。

苏绣，是指以江苏苏州为中心的刺绣产品的总称。苏州盛产丝绸，素有妇女擅长绣花的传统，在长期的历史发展中，苏绣在艺术上形成了图案秀丽、色彩和谐、线条明快、针法活泼、绣工精细的地方风格，被誉为"东方明珠"。

粤绣，是以广东省广州市为生产中心的手工丝线刺绣的总称。主要有衣饰、挂屏、裱裾、屏心、团扇、扇套等绣品。粤绣构图繁密热闹，色彩富丽夺目，施针简约，绣线较粗且松，针脚长短参差，针纹重叠微凸。

蜀绣，亦称"川绣"，是以成都为中心的四川刺绣产品的总称。蜀绣以日用品居多，用针工整、平齐光亮、丝路清晰、不加代笔，花纹边缘如同刀切一般齐整，色彩鲜丽。

湘绣，是以湖南长沙为中心的刺绣产品的总称。湘绣主要以纯丝、硬缎、软透明纱和各种颜色的丝线、绒线绣制而成。配色以深浅灰和黑白为主，素雅如水墨画；也不乏色彩艳丽，图案纹饰的装饰性较强的日用品。

云锦有什么特色？

盛产于南京，是我国传统丝织工艺中技艺成就较高，具有地方特色的一种提花多彩丝织锦缎。它因绚丽多姿，美如天上云霞而得名。

云锦始于元代，成熟于明代，发展于清代。过去只在南京官办织造局中生产，其产品也仅用于宫廷服饰及赏赐近臣，清代在南京设立了"江宁织造署"，晚清以来，行业中根据其用料考究、织造精细、花纹绚烂如云等特点，称其为"云锦"或"南京云锦"。著名的传统云锦品种有妆花、库锦、库缎几大类。

与蜀锦和宋锦用彩色丝线配置不同，云锦则大量采用金线勾边或金银线装饰花纹，以白色相间或色晕过渡，以纬管小梭挖花装彩。其纹样是用表示尊贵或吉祥的禽兽、花卉、草虫作为主体，各式云纹作陪衬，云纹有行云、流云、朵云、片云、团云、回合云、如意云、和合云等多种变化纹。正是这些模仿自然界奇妙的云势变化，再加以艺术加工的云纹，使云锦图案达到了繁而不乱、疏而不露、层次分明、突出主题的艺术效果。结构严谨、风格庄重、色彩丰富多变。现代云锦在继承明、清时期传统风格的基础上，发展了雨花锦、金银锦、菱锦、装饰锦及台毯、靠垫等许多新品种。

俗语民谚

为什么民间用"喝墨水"多少来形容人的知识水平高低？

民间把读书叫"喝墨水"，用"喝墨水"多来形容一个人知识水平很高。但其实在古代是喝的墨水越多，知识水平越低。这源于我国古代的考试制度。如《隋书·仪礼志》载："士人应试时，凡书迹滥劣的要罚饮墨水一升。"

中国科举制度最早开始于隋朝，但在南北朝时期也存在各种类别的考试，如选拔秀才、孝廉或贤良等。由于最初对文化知识要求不高，很多没什么文化的士人也去报考，做出来的试卷经常"惨不忍睹"，字迹潦草，用词孟浪。北齐时期，一次皇帝御览下面送上来的试卷，不由得大皱眉头。

于是，皇帝下诏：在考试时"成绩滥劣者"要罚喝墨水。喝多少，按滥劣的程度决定。

梁武帝时规定"差谬者罚饮墨水一斗"。判断的依据的主要有两个：

一个是字迹工整与否，如果字迹潦草，让人难以识别，状如鬼画桃符者多半要喝墨水。

二是遣词造句，如果经常词不达意，或不明事理，甚至用词轻佻，也要喝墨水。至于要喝多少，取决于文笔的低劣程度，通常水平越低，喝的越多。

这种制度本来是很荒谬的，却被南北朝和以后的几个朝代沿用。它是对读书人的一种惩戒，而不是像现在人认为的那样：肚子里墨水越多就是文化水平就越高。

虽然词义发生了变化，但"喝墨水"的说法却流传了下来。

现在，"喝墨水"通常用来表示知识多，文化水平高。

握笔文吏俑　唐

"高抬贵手"是怎么来的?

"高抬贵手"本义为把手抬高,现多用来表达请求对方的宽恕或给予一定的方便。那为什么把手抬高就能起到开恩、饶恕别人的效果,这个词语是如何产生的呢?

元代杂剧盛行。无论是城市街区,还是穷乡僻壤,经常会请一些戏班来演出。

贫穷地方的百姓请不起,多半由当地乡绅出钱,请来戏班子演出,然后通过收取门票来盈利。演出的地点一般在祠堂或庙宇。

每当大戏开演的时候,人山人海,里面欢呼声和锣鼓声混成一片。有钱的人家早就买好票进场了,而穷人家的孩子却被挡在门外。

当地的乡绅经常会雇佣本地长得五大三粗的汉子来看门。大汉往门前一站,两手伸开撑住门框两边,谁也别想进去。

但一些小孩子很喜欢热闹,就在门跟前去蹭,有时候会说:"里面那么热闹,你就抬高一下胳膊让我进去吧!"大汉有时候也并非完全不通情达理,于是手轻轻往上抬下,也就让他们进去了。

后来"抬高一下胳膊"演变为"高抬贵手",意思就是给人方便或请求对方的饶恕。

为什么用"红得发紫"来形容官运亨通之人?

"红得发紫"现在多用于形容在某个领域或方面境遇特别好,受到追捧或尊崇。在过去常用来形容位高权重、官运亨通之人。那为什么是"红得发紫"而不是其他颜色呢?这与我国古代的官服颜色有关。

紫色最初并不受尊崇。《太平御览》引《环济要略》曰:"正色有五,谓青、赤、黄、白、黑也。间色有五,谓绀、红、缥、紫、骝黄也。"意思是青、赤、黄、白、黑是五正色,而绀、红、缥、紫、骝是五间色。当然正色为尊,间色为次。紫色甚至还被视为一种惑人的邪恶色彩。如《论语·阳货》中有句:"子曰:'恶紫之夺朱也,恶郑声之乱雅乐也,恶利口之覆邦家者。'"可见,在孔子的那个时代人们还不喜欢紫色。

喜欢紫色可能是从齐桓公开始的。据《韩非子·外储说左上》中记载:"齐桓公好服紫,一国尽服紫,当是时也,五素不得一紫。"说当时齐桓公特别喜欢穿紫色的衣服,结果全国效仿,五匹素绢还换不了一匹紫绢。后来,民间穿紫色的衣服被禁止,《左传》中记载:"紫衣狐裘,至,坦裘,不释剑而食。大子使牵以退,数之以三罪而杀子。"西晋杜预注曰:"紫衣,君服","三罪:紫衣、坦裘、带剑"。当时,紫色被认为是君主的服饰,老百姓穿就是一种罪过了。

汉代官服虽然仍以黑色为主,但官服上的一些小装饰已经开始以紫为贵。唐高宗时期,三品以上服紫,四品服深绯(深红),五品浅绯,六品深绿,七品浅绿,八品深青,九品则为浅青。可见紫色为三品以上大员才能穿戴的服饰,在红之上。大诗人白居易曾有诗云:"有何功德纤金紫,若比同年是幸人。"这两句诗是表达自己当上刑部侍郎(正三品)的得意之情:自己有什么功德可以穿紫色的衣服呢？如果和同龄人相比，那就算幸运的了。唐代以后的宋、元、明、清各朝基本沿用唐制，只在局部略有调整。如宋朝规定四品以上服紫，五品、六品服朱。

紫色在红色之上，因此"红得发紫"其实就是指官位升迁，由四品以上逐步进入前三品大员之列，比喻官运亨通，得到皇帝的恩宠和喜爱，后来意义泛化，也表达一个人在其他领域受到追捧或欢迎。

"穿小鞋"的说法有什么来历？

"穿小鞋"常用来形容故意使坏、背地里整别人。"小鞋"不是指现在专门给小孩做的鞋子，而是指古代妇女穿的鞋子。它除了和历史风俗有关，背后还有一个悲惨的故事。

脚小了才穿小鞋，它与中国古代女人缠足的陋习有关。女人缠足的始作俑者便是那个大名鼎鼎的南唐后主李煜。此人能诗善画，但就是当不好皇帝。他宠爱小周后，喜欢看小脚女人跳舞，宫中很多女性为了取悦皇上，就用白布缠足。"三寸金莲"本义是指女人的小脚在绘有金莲花的台上跳舞。

宋朝以后，中国男子视小脚为女人"美"的象征。于是便有了1000多年妇女缠足和裹脚习俗。这其实非常不利于女性的发育，造成脚骨的畸形。

据说北宋的时候有个叫巧玉的姑娘，她的后娘十分贪财，要把她许配给一个很丑的有钱人为妻，巧玉坚决不从。后娘怀恨在心，想找办法收拾他。恰好有媒人来为一个秀才说亲，巧玉很中意。后母就给了男方一双很小的鞋样，叫男方照做"绣花鞋"。出嫁那天，宾客盈门，但巧玉的鞋却怎么也穿不上，害得她上不了轿。羞恼之下，巧玉便上吊自尽了。

于是，人们便用"穿小鞋"来比喻暗中使坏，算计他人。

为什么用"鸡毛蒜皮"来说事情之小？

"鸡毛蒜皮"常用来形容那些琐碎、不重要的小事或毫无价值的东西。那为何"鸡毛""蒜皮"就是琐屑，它们又是如何扯到一起的呢？

这里有个民间故事。相传过去有两家邻居，都是以做小买卖为生。东家卖鸡，西家卖蒜。两户人家都挺辛苦，卖鸡的很早就要起来给鸡拔毛，西家则会剥的蒜皮满地都是。本来两家相安无事，但是有风的日子就不一样了。起东风的时候，东家的鸡毛就会吹得西家院子里；而刮西风的时候，西家的蒜皮就满天飞，落满了东家的院子。于是两家矛盾不断，经常争吵。

有一次，矛盾升级了。卖蒜的抄起扁担给了卖鸡的一下，而卖鸡的忍痛抄刀，刺伤了卖蒜的。双方负伤，互不服气，便对簿公堂。县大老爷一看状纸，气都不打一处来，一见原来是为了"鸡毛"和"蒜皮"两件小事，于是判道："这等鸡毛蒜皮的小事也来大堂诉讼，每人打十大板，回去好好反省吧！"

有人说县官的判案不公，并没有分辨是非曲直。有人则认为县官做得对，为了这么小的事根本不值得诉讼，而且双方都有错误。两种说法似乎都有道理，不过"鸡毛蒜皮"算是传开了，后人就用这个词语来表示那些琐碎、不起眼的事或价值很小的物品。

"上梁不正下梁歪"是怎么来的?

"上梁不正下梁歪"常用来形容上面的人行为不正,下面的人也跟着做坏事。上梁,指上级或长辈。出自晋代杨泉《物理论》:"上不正,下参差。"本为古代建筑术语,意思是上梁如果放不端正,则下梁也会歪曲。

这句话其实来自一个民间故事。一个当官的受了别人贿赂的一卷锦缎,便到裁缝店做衣服,他担心裁缝偷衣料,便在门口窥视。果然,裁缝扯下一段揣到怀里。县官出来呵斥裁缝,并惩罚裁缝。没想到给县官送礼的是裁缝的亲戚,裁缝早知此事。于是把县官受贿的事揭出来,县官说:"当官受礼很正常。"裁缝说:"上梁不正下梁歪。"这便是这句谚语的由来。

儒家特别重视统治者的表率作用,"仁政"便是要求统治者礼贤下士、以高尚的道德去获得老百姓的支持和拥戴。如季康子问政于孔子。孔子对曰:"政者,正也。子帅以正,孰敢不正?"这句话即强调"上梁"的重要性,只有"上梁"正了,"下梁"才不会歪。这种思想后来渗透到社会生活的各个领域,如我们强调"行胜于言""身教胜过言教"都是强调表率的作用。

"千里送鹅毛"是怎么回事?

对方送礼较轻,但是如果相隔甚远,情深意笃,我们就会说"千里送鹅毛,礼轻情意重。"为什么要用这个词语表达交情的深厚,送的为什么是"鹅毛"而不是"鸡毛"或"鸭毛"呢?

据说唐太宗时期,由于政治清明,社会经济得到很大的恢复和发展。当时的唐都长安城人口超过百万,有来自世界各国的使节和商人,是一个国际化的大都市。西域回纥国是大唐的藩国,为了表示对大唐的友好,回纥国王便派使者缅伯高带了一批奇珍异宝拜见唐王。在这批贡物中,最珍贵的是一只罕见的白天鹅。

缅伯高接到使命后,一点也不敢怠慢。第二天,便带着押送的车队出发了。珍宝倒好运输,唯独这关在笼子里的白天鹅不好伺弄。缅伯高担心它由于水土不服死了无法向两边国王交代,于是一路上小心翼翼。这一日,行至沔阳河边,白天鹅像是生病了,伸着头大声喘气。缅伯高心中不忍,把它从笼子里取出来,带到河边喂水。白天鹅一会儿就喝饱了,浑身上下也有了劲,它趁缅伯高不注意,突然用力一挣,飞上了天空。缅伯高气急败坏,奋力追赶,只拔下几根羽毛在手中。

这下缅伯高为难了,但很快便想出一个办法。他小心翼翼地把鹅毛包好,又在绸子上题了一首诗,尽言"千里送鹅毛,礼轻情意重"之义。到了长安城,缅伯高将其他金银财宝献给太宗皇帝,并附上鹅毛和那首诗。唐太宗看了大为感动,非但没有怪罪他,反而觉得缅伯高忠诚老实,不辱使命,就重重地赏赐了他。

这便是"千里送鹅毛,礼轻情意重"的由来,由于最初贡献是一只天鹅,而不是一只鸡或鸭,自然最后剩下的也只能是"鹅毛",而不是"鸡毛"或"鸭毛"。现多用这个词表达送礼虽轻,但情意很重。

"大水冲了龙王庙"的说法有何由来?

"这真是大水冲了龙王庙,——一家人不认一家人啊!"生活中经常听到这样的说法。比喻本来是自己人,而彼此之间发生冲突,产生误会。

龙,源于我国古老的图腾崇拜,华夏儿女又称"龙的传人"。龙是中国古代神话的四灵之一,《太上洞渊神咒经》中有"龙王品",将龙按方位分为"五帝龙王",以海洋为区分的"四海龙王"分别是东海敖广、西海敖钦、南海敖润、北海敖顺。

话说东海龙王的三太子犯了天条,被贬受罚。为了赎罪,他决定干点好事。海边龙王庙东边有个菜园子,主人是个老头。三太子见他年迈,便在半夜从水井中跳出,帮老头把菜浇了。老头和龙王庙的和尚交好,把怪事讲给和尚听。和尚颇有武功,以为出了妖怪。连续三夜守在菜园里,果见一个怪物浇菜。第四夜,和尚持剑袭击三太子,三太子负伤。一怒之下,三太子掀开海眼,把周围搞得一片汪洋,结果把龙王庙给淹坏了。龙王闻讯,率虾兵蟹将来收怪物,没想到水淹龙王庙的竟是三太子,只得作罢。这个事传开去,人们都感叹说"大水冲了龙王庙——一家人不认一家人"。

后来就用这个典故来比喻自己人由于不认识或其他原因产生误会。

为什么会说"寡妇门前是非多"呢?

"寡妇门前是非多"这是民间广为流传的一句俗语。寡妇指死了丈夫的女子,那为什么是非就多,人们为什么喜欢这么说呢?

中国古代是个男权社会,女子讲究三从四德。未嫁从父,出嫁从夫,夫死从子。通常男人在一个家庭中是顶梁柱,生活的日常开销、收入来源都是男人提供,

女人在家的职责主要是相夫教子。经常一个人待在家中,很少外出或被别人瞧见,这无疑降低了是非发生的概率。

古代人对老婆为贱内、内人,其实是指她们长期待在内室,不出来活动。除非关系特别好的朋友和亲戚才邀入内室,将妻或子介绍给对方认识。

男女授受不亲,男女有别。我国封建礼教有一系列的伦理规范来约束男女关系。所以有男人的女子没有太多接触外界的机会,自然是非也少很多。但是寡妇就不同了,他们失去了丈夫的支持,需要经常抛头露面,这样增加了和他人沟通和交流的机会。此外,孤儿寡母,往往经济上很难独立,要依靠外来的帮助讨生活,这样也会让人觉得有机可乘。

凡此种种,寡妇门前也就"是非"多了。

"哪壶不开提哪壶"源于一个怎样的故事?

"哪壶不开提哪壶"是一句口头语,原义为哪壶水没烧开(凉水)就提哪壶。比喻说风凉话,提不该提的事情。通常为有意为之。这源自我国古代的一个民间故事。

话说古代有父子两人开了一个小茶馆,虽说小本买卖,门面也不大,但是由于这父子俩十分热情好客,很有礼貌,加之每天开门很早,关店很晚,所以吸引了很多来喝茶的朋友。父子俩的生意也是越做越好。

本县的县令白老爷是个贪财、势利的人,仗着自己大老爷的身份,经常出入弄堂里巷,吃饱喝足后屁股一拍就走人,从

不付账。本县的老百姓也只好忍着。这日，白老爷发现了这父子二人开的小店，于是进来喝茶。父子俩不敢怠慢，只得泡最好的茶，奉上花生米、豆腐干若干小菜供其消遣。

本来以为这次过后就不来了，可是白老爷好像喜欢上了这里，每天都来，却从不付账。小店本来就是小本买卖，这样长期下去如何是好。老掌柜因此病倒了，儿子打理小店的一切事务。他平时就对白老爷很看不惯，只是平时父亲挡着，所以才把气咽到肚子里。这次恰好县大爷过来，在外面叫"上茶"，水恰好没开，于是他灵机一动，提着没烧开的壶就去了。

县大老爷喝了几次了，觉得不是那个味儿，就再也没有光顾小店。此后，"哪壶不开提哪壶"这个典故也就不胫而走。

"好汉不吃眼前亏"出于何处？

"好汉不吃眼前亏"是指聪明人能识时务，暂时躲开不利的处境，免得吃亏受辱。出自清代李宝嘉《官场现形记》第十七回："好汉不吃眼前亏，且让他一步，再作道理。"

司马迁的《史记》中，记载有韩信受胯下之辱的故事，被后人概括为"好汉不吃眼前亏"。话说韩信在市场流浪，这天遇到一个年轻屠户。他当众羞辱韩信，说："你虽然个子很高大，还喜欢佩带刀剑，但实际上是个胆小鬼！这大家都知道。你如果不怕死，就拿剑来刺我；要是怕死，就从我的裤裆底下爬过去！"说着，那年轻人便站着不动，两脚叉开，双臂交叉抱在胸前，一副傲慢的神气。他略微仰着头，眼神里充满了挑衅和取笑。

韩信见此情景没有说话。他瞪大两眼，盯了那年轻人片刻，随后又从头到脚打量了那人一番。此时，他们周围已聚满了看热闹的人。人群里有人冲韩信大声喊道："冲啊！冲上去！与他拼命！"周围吵嚷不绝于耳。韩信朝四周看了一圈，然后在那年轻人面前趴下来，从他的裤裆底下慢慢爬了过去。满大街的人都嘲笑韩信，认为他胆小怕事，是个懦夫。

后来，韩信从军，被汉王拜为大将军，叱咤风云，建立了不朽功业。人们才知道，韩信并非胆小怕事之辈，之所以甘受胯下之辱，乃是"好汉不吃眼前亏"。

"好汉不吃眼前亏"，说的意思就是要学会根据形势灵活采取斗争的策略，在自己不利的时候不妨暂时由着对手，再寻机战胜对手，是古人智慧的一种体现。

"不是冤家不聚头"这句话因何而起？

"不是冤家不聚头"语出自《京本通俗小说·西山一窟鬼》："这个不是冤家不聚会。好教官人得知，却有一头好亲在这里。"意指仇人或不愿意相见的人偏偏相逢，无可回避。

"冤家"在古代汉语中有两层含义。开始指仇人，最早出自唐代张鷟的《朝野金载》："此子与冤家同年生。"但在唐诗词、曲赋、戏曲、明清小说中，"冤家"逐步演变成了对情人的称呼，用来指"又爱又恨，欲罢不能之人。"所谓"不是冤家不聚头，冤家聚头几时休"，即指有爱慕恋情的男女。

我国古代文学作品中有大量关于"冤家"的描写。唐代无名氏《醉公子》："门外狗儿吠，知是俏郎至，划袜下香阶，冤家今夜醉。"宋代王之道《惜奴娇》："从前事不堪回顾，怎奈冤家，抵死牵肠割肚。"这里"冤家"都是指心中中意之人。《西厢记》中，张生赞莺莺的花容月貌，曰："稔色人儿，可意冤家。"

那为什么"不是冤家不聚头"呢？这与古代轮回和命定姻缘的看法有关系。轮回的观念主要来自佛教影响，认为人世存在轮回。姻缘本天定，月老牵红线，无论你如何做，都会与你命中的那个他（她）相遇。所以"不是冤家不聚头"。

这当然有些迷信的成分在里面，但是按照人际交往的一般规律来看，"冤家"指仇人或情人，经常接触当然会发生更多的联系，因此遇到的机会和交往的可能性更大，自然更容易聚头。

"不见棺材不掉泪"这句俗话出自何处？

我们说死不悔改的人是"不见棺材不掉泪"，意思是不到彻底失败的时候不肯罢休。它与"不到黄河心不死"同义，有个与之相关的民间传说。

话说从前有个叫关财的人，祖辈都是很穷的农民，靠租种地主家的地为生。关财年龄很小的时候，有一年风雨不调，田里的庄稼颗粒无收。不但地主家的租子交不上，全家还得挨饿。父母伤心之下，上吊自杀了。剩下关财一人孤苦伶仃，只好以乞讨为生。

关财从小和当地民间艺人学得一手好箫，所以也能经常讨到些银两。黄员外家有个女儿叫黄河，十分喜欢听他吹箫。经常一听就是一个下午，怎么也不疲倦。后来干脆就派丫鬟叫关财到他绣楼下来吹。有一次小姐听得入神，不自觉将手帕掉到楼下，被关财拾得，以为小姐有意于他，便害起相思病来。

黄员外后来知道了女儿叫关财到楼下吹箫的事情，把她狠狠斥责了一番。然后叫几个打手毒打了关财一顿，不允许他再在绣楼下面勾引小姐。关财伤得很重，数日不能出门。黄河小姐听不到他的箫声，心神不宁，就叫丫鬟前去打探。才得知被父亲毒打，心中愧疚，想亲自去道歉。

关财因得了相思之疾，加上一阵毒打，又处寒冬腊月，在昏迷中连续叫了几声黄河小姐的名字就去世了。等到小姐赶到，只看到关财的一座新坟。于是泪如雨下，那坟也是奇怪，看到黄河小姐来到，竟自动从中裂开，现出关财的样子来。

这便是"不见棺材不落泪"的来历。但也有人认为是指睹物思人，更加悲伤。旧时逢丧事出殡活动，主人家多哭得死去活来，而看的人免不了也伤心落泪。念及逝去之人种种之好以及不能再见，自然更加难过。后来借指不到彻底失败的时候不肯罢休。

"舍不得孩子套不住狼"从何而来？

人们把做事不惜代价称为"舍不得孩子套不住狼"，意思是要想套住狼，就得舍得孩子，意思是付出相当的代价。古人为什么要这么说呢？

狼是一种食肉动物。嘴尖，外形很像狗；毛黄褐色；经常昼伏夜出，伤害人、畜。狼现多分布于亚洲、欧洲、北美等地。狼性凶狠，经常群体行动，合猎围杀羚羊、斑马等动物。狼也经常伤害人类驯

俗语民谚

养的家畜，因此遭到人们的大量捕杀，有些狼种已绝迹。

"舍不得孩子套不住狼"原为"舍不得鞋子捉不住狼"。狼的习性十分狡猾凶狠。成语"狼狈为奸""狼子野心""狼心狗肺"都是形容狼的阴险凶狠。由于经常伤害家畜，村民们就会委托有经验的猎户上山去捉。猎户从一开始跟踪狼，设置陷阱再到最后捕获经常要花去十几天的时间。古人所穿的鞋一般为木屐或草鞋，并不耐磨，所以要想打到一头狼往往需要好几双鞋。于是有"舍不得鞋子套不住狼"之说。

几双草鞋和狼比起来代价肯定是小的。那何时"鞋子"成了"孩子"的呢？原来我国两湖、四川等地的一些方言中，"鞋子"一直被读成"haizi"。时间长了，人们就讹传为"舍不得孩子套不着狼"了。

"三个臭皮匠，顶个诸葛亮"是怎么来的？

"三个臭皮匠，顶个诸葛亮"是句耳熟能详的成语。它是说三个普通人的智慧加在一起，能比得上一个诸葛亮的智慧。那么这个典故从何而来，有道理吗？

诸葛亮神机妙算，料事如神，智慧远非常人能及。据说有一次，他到吴国做客，吴王请他代为设计一座报恩寺塔。诸葛亮有意试探东吴是否真有杰出人才，于是设计出一个铜葫芦塔顶，高五丈，重达四千多斤。浇铸倒没有问题，但模具制起来就难了。吴王于是发下皇榜，征求能制模具之人，但一月过去竟无人应征。诸葛亮就有点得意，感叹："东吴果然无

人矣！"

这话传到了三个长相丑陋的皮匠那里，心里很不服气。他们经过商议，用了三天三夜按照鞋样剪出个葫芦的形状，然后用牛皮缝制成一个大葫芦模型敬献给吴王。吴王大喜，赶紧浇铸，于是铜葫芦造好了。

另说认为，"皮匠"一词是"裨将"的讹音，意思是三个裨将一起探讨和研究破敌的计策，能顶一个诸葛亮。这是群策群力、集思广益的结果。

"一朝被蛇咬，十年怕井绳"出自哪里？

"一朝被蛇咬，十年怕井绳"是说一个人一旦被蛇咬了，那么在接下来的十年时间都会怕断了的井绳（如蛇）。多指因为遭遇挫折或失败留下心理阴影后，就变得胆小怕事或一蹶不振。这个词语最初与佛教用语有关。

把绳和蛇联系起来源自宋代子璿《起信论疏笔削记》卷十九："知法如幻，故无所怯。绳蛇非毒、杌鬼无心，何所怯耶！"意思是世界一切外在不过是幻相，所以没有什么值得害怕的。就像绳蛇本身并没有毒，杌鬼本来没有心一样。

"一朝被蛇咬，十年怕井绳"原为"一度著蛇咬，怕见断井索"。语出自《续传灯录》卷二九，后成为一条运用广泛的俗语："一日被蛇咬，十年怕井绳。"谓吃过一次亏以后，便长时间地疑神疑鬼。

"打人别打脸，揭人别揭短"的交际原则是怎么来的？

"打人不打脸，揭人别揭短"是世代相传的一条人际交往规则。意思是凡事都要有余地，为别人留一定的面子。古人为

什么这么说呢?

动手打人或者揭露他人,通常由嫌隙而起。双方矛盾激化后,一方就可能动手打人或者辱骂对方,有时还会揭露别人的隐私,为了满足自己的快感而对别人的一些生理缺陷或人格不足进行攻击。打人或者揭发他人往往是过激行为,缺乏理性思考。

为了确立一定的道德规范,古人说"打人不打脸,揭人别揭短"。那为什么不能打的是"脸",不能揭的是"短",而不是其他呢?这是由于脸是身体最重要的部分,我们常说"脸面""颜面"都是指一个人的尊严。所以打脸是对一个人尊严最严重的侵犯,因此"打脸"多少是缺乏道德的。揭发别人当然是好的,是有正义感的表现,但是如果拿人的某些生理或心理上的缺陷加以嘲弄和侮辱,就有点缺德了。

当然"打人别打脸,揭人别揭短"只是确立了"打人"或"揭人"的一定道德准则。虽然有一定的让步,但总免不了皮肉之苦。其实打人和揭人之短的行为都是不对的行为,我们恐怕不光要求"打人别打脸,揭人别揭短"这类较低的交际原则,最好是以和为贵,彼此体谅,避免打人或互相辱骂行为的发生。

"拍马屁"这个说法源于怎样的风俗?

"拍马屁"是讽刺不顾客观实际,专门谄媚奉承、讨好别人的行为。在中国漫长的封建时代,"拍马屁"可是官场升官发财的秘诀。那为什么奉承讨好别人便是"拍马屁"呢?

顾名思义,"拍马屁"就是拍马屁股的行为。关于它的来历,有三个说法,但都与蒙古族的生活习俗有关。蒙古族是马背上的民族,善于游猎;成吉思汗率领的蒙古骑兵,更是骁勇善战,横扫欧亚的很多国家。蒙古人家以有"骏马"为荣,所以谁家养了一匹好马,周围的邻居都会前来观看,很多人忍不住就会在马屁股上拍上一拍,然后称赞一番。这便是"拍马屁"的由来。

另说认为"拍马屁"其实是两个蒙古人牵马遇见,会互相拍一下马屁股,表示尊敬或打招呼。还有人认为蒙古族的好骑手为了骑乘烈马,会事先在马屁股上拍拍,以示亲昵或让马感到舒服,然后才跳上马背。

这些说法都颇有道理,可见"拍马屁"在蒙古人那里是"示好"的一种表现。蒙古人统一中原后,"拍马屁"一词不胫而走。后人用此词比喻人不顾实际地阿谀奉承、讨好他人。

拍马屁与赞美不同。赞美是由衷的肯定,有一定的事实基础,而拍马屁往往不符合实际,夸大或捏造事实。如清代韩邦庆《海上花列传》第十回:"还有朋友哚拍马屁鬼讨好,连忙搭俚买好仔家生送得去铺房间。"郭澄清《大刀记》第二章:"这老小子,专爱攀高结贵,是把拍马屁的好手!"

何谓"矮子看戏,随人叫好"?

"矮子看戏,随人叫好"是个俗语。语出自《朱子语类》卷二十七:"正如矮人看戏一般,见前面人笑,他也笑,他虽眼不曾见,想必是好笑,便随他笑。"这是朱熹打的一个比方,后来就用"矮子看

俗语民谚

戏，随人叫好"来讽刺那些没有主见，只能人云亦云的人。

旧时看戏并不像现在时兴搭台子，经常找块空地就可以开演。那时候也没人卖门票或者出面维持秩序。十里八村的乡亲一听说哪里有戏开演，就会早早地赶到。场地前经常是挤得水泄不通，那些后到的，尤其是矮个子根本看不到前面演什么，只能听到前面观众的议论或掌声。于是前面的人笑，他也跟着笑；前面的人说好，他也跟着喝彩。

这其实描写的一种从众心理。很多人面对生活中发生的一些事件，只是道听途说，并没有经过严格的分析，便人云亦云。清代学者赵翼的《诗论》中有："矮子看戏何曾见，都是随人说短长。"《五灯会元·五祖法演禅师》："这个说话，唤作矮子看戏，随人上下。"都是表达没有主见，随声附和。

"矮子看戏，随人叫好"当然是不好的，因为它排斥个人的独立思考。我们认为，一个人只有学会独立思考，有自己的主见才不会人云亦云。一个人放弃主观思考的后果往往是被他人利用。一个健全的社会需要大量存在独立精神的人，而不是只懂得"随人叫好"的人，它将有碍于整个社会的进步和发展。

怎么会有"狗咬吕洞宾，不识好人心"的说法？

吕洞宾是"八仙"之一，相传精通儒、道、佛三教。在他身上，很好体现了三者的结合。他最终得道，反映了道士的最高愿望；成仙后又发愿感化众生，堪有儒家"兼济天下"之志；生平乐善好施，又是佛教"施舍"思想的反映。

在他身上有很多民间故事，其中"狗咬吕洞宾，不识好人心"讲的是他和好友互相帮助的故事。"狗咬"是"苟杳"的音讹。据说吕洞宾未得道之时，有个同乡叫苟杳。苟杳虽然早年失去父母，但为人耿直，读书勤奋。吕洞宾很欣赏他，二人结义为兄弟。

这日，吕家来了位林姓客人。见苟杳一表人才，便想把妹妹许配给他。吕洞宾担心苟杳因贪欢而失去上进心，就赶忙拒绝。但苟杳听说林家小姐十分貌美，就坚持要应允。吕洞宾无奈，却说："结婚也行，不过新娘子我可要先睡三宿。"苟杳寄人篱下，只好忍气吞声。

结婚那三天，吕洞宾也不碰新娘子，只是读书，天明离开。第四天苟杳走进洞房的时候，新娘子早就哭红了眼睛："官人，你怎么三天都不理我啊!"这下问得苟杳目瞪口呆，半天二人才明白，原来是吕洞宾的恶作剧。

后来苟杳考取功名到京城任职，而吕家却毁于一场大火，只好在破茅屋中度日。吕洞宾无奈，只好向昔时好友求助。谁知来到苟杳家半月，苟杳就是不谈帮忙之事。吕洞宾以为苟杳已无情义，便离开了。回到家一看新房已经盖好了，而且还送了很多金银财宝，夫妻俩都很高兴。

苟杳和吕洞宾都是好人，能够在彼此困难的时候互相帮助，但又都喜欢作弄别人。所以你们要把他俩当成坏人就大错特错了。于是有"苟杳吕洞宾，不识好人心"一说。只不过"苟杳"音同"狗咬"，后来便传化成了"狗咬吕洞宾，不识好人心"。

"闭门羹"是一种什么"羹"?

"闭门羹"常用来比喻被委婉的拒绝。求人办事，对方不回应或者避而不见，关闭大门。你只能待在门外，便是吃到"闭门羹"了，这"羹"为何物，背后又有个什么样的故事呢?

"羹"在古代是指羊肉汤，后来粮食、蔬菜、水果也可做羹。如我们今天吃的粟米羹、莲子羹等，现在人们把普通的浓汁食品也称为羹。"闭门羹"一词始见于唐代冯贽《云仙杂记》所引《常新录》的一段话:"史凤，宣城妓也。待客以等差……下列不相见，以闭门羹待之。"

据说在唐朝，宣城女子史凤乃一代名妓，不仅姿容绝代，才艺更是无人能比。比如她曾作诗《锁莲灯》:"灯琐莲花花照疊疊，翠钿同醉楚台巍。残灰剔罢携纤手，也胜金莲送却回。"于是便有很多男子慕名前来，希望结交。但并非所有人都能遂愿。因为此女立下的规矩:要求相见者必留诗一首，满意才见，如果诗文不好，则被婉拒以"羹"。

以羹待客就是拒绝会见的意思，所以人们便把这羹，称为史凤的"闭门羹"。这个故事流传下来之后，人们便把"闭门羹"作为拒绝的代名词，现在只取"闭门"之意而无"羹"可招待。

为什么解雇和辞退被称为"炒鱿鱼"?

"炒鱿鱼"本来是一道菜，现在多用来指被解雇或辞退。那么这个词语是如何产生的呢?

鱿鱼是生活在海洋中的一种软体动物，营养价值很高。除了食用，还有很高的药用价值。长期食用可预防贫血、缓解视疲劳、抑制血中的胆固醇含量、清肝明目。其含的多肽和硒等微量元素有抗病毒和射线的作用。中医传统理论认为，鱿鱼补虚润肤、滋阴养胃，堪为滋补佳品。

鱿鱼的做法众多，煎炒烹炸，无一不能。生鱿鱼一般为扁平状，但经煎炒起锅后会形成一个个小卷，在辅以一定的作料，吃起来嫩滑可口。但炒鱿鱼是如何和"解雇"联系在一起的呢?这与我国过去的雇工制度有关。那时候，劳动者没什么权利保障，老板说让你走人就没有多少可商量的余地。单位一般不提供被褥，所以被褥这些日常生活用品都是自备。一旦老板解雇你，就只好卷起铺盖卷走人。这和"炒鱿鱼"后卷曲的形状很像。于是有人就用"炒鱿鱼"来比喻被解雇或辞退。

现在由于劳动法和相关法律的实施，企业并不能随便炒员工鱿鱼。此外一些优秀的人才在发现更好的职位后，也可能反过来炒老板"鱿鱼"。因此"炒鱿鱼"也就有了两个方面的含义，一是被解雇，二是主动辞职。但是二者的效果却是一样的。

为什么说"好事不出门，恶事传千里"?

"好事不出门，恶事传千里"意思是说家里的好事往往不被外人所知，而丑事却可以传到千里之外。

这句话原是告诫大家要行善，不要作恶，因为人言可畏，坏事足以传到千里之外。士君子当以此为戒。据说这句话来自"赵匡胤千里送京娘"的故事。

赵匡胤年轻时，在太原清油观遇到被强盗掳掠来的美貌女子京娘。赵匡胤激于义愤，打跑强盗，把自己的马让给京娘，

俗语民谚

不远千里，历尽艰险把京娘送回老家。一路上，两人兄妹相称，了无私念。但当赵匡胤从蒲州回到太原，太原却盛传赵匡胤劫掠京娘以及不堪之事。赵匡胤哀叹："真是好事不出门，恶事传千里。况且我并未作恶事，人心不古啊！"

明代施耐庵《水浒传》第二十四回亦有此语："自古道：好事不出门，恶事传千里。不到半月之间，街坊邻舍，都知得了，只瞒着武大一个不知。"为什么好事和恶事在传播效果上却有如此大的差异呢？

这其实与人们的心理有关。一般谁家夫妻和睦团结，有好事发生，大家都不会主动去宣扬，因为这样其实只是抬高了别人，而对自己没有任何的帮助。有些人出于嫉妒心理，也不会主动在其他人面前去赞美自己的亲戚或邻居。坏事就不同，往往涉及家庭纠纷，桃色新闻等内容，世人多有猎奇的想法，而且贬低别人可以在一定程度上获得对自己生活的满足感。所以

水浒传

哪家要有了丑事，经常一传十，十传百，很快周围的人都知道了。

"好事不出门，坏事传千里"当然更多是讲人言可畏，这是大家应该努力避免的事情。勿以善小而不为，勿以恶小而为之。

"宰相肚里能撑船"的说法是怎么来的？

"宰相肚里能撑船"是形容人肚量大，宽容，不与一般人见识。从字面上理解就是宰相的肚子很大，里面可以撑船。但是宰相的肚子真的能撑船吗？这背后又隐藏着怎样一个故事呢？

王安石是我国宋朝的著名政治家，官至宰相，曾实施变法，以图富国强兵。但他的个人生活却不顺利，中年丧偶。后来续了一房小妾，叫姣娘。姣娘年方十八，出身名门，长得闭月羞花，琴棋书画无所不通。这小娘子时值新婚，很需要男人的关心和呵护。但王安石却是整日忙于朝政，没有时间陪他。于是姣娘便与府中的一个年轻仆人好上了。

后来，事情传到王安石耳朵里。他欲捉奸，于是谎称上朝，却悄然藏在家中。入夜，他潜入卧室外窃听，果见姣娘与仆人在床上调情。他气得火冒三丈，刚想破门而入，忽然想到自己堂堂当朝宰相，为这点小事动怒犯不上。转身看见院里大树，树上有个老鸹窝，便拿起竹竿朝上捅。树上老鸹受惊，惊叫飞走，屋里仆人听到外面不对劲，赶紧逃走。事后，王安石装作什么都不知道。

一晃到了中秋节，王安石邀姣娘对饮。酒过三巡，王安石吟诗一首："日出东来还转东，乌鸦不叫竹竿捅。鲜花搂着

棉蚕睡，撇下干姜门外听。"姣娘是个才女，很快明白王安石诗中之意，惭愧之余，回道："日出东来转正南，你说这话够一年，大人莫见小人怪，宰相肚里能撑船。"王安石转念一想，自己已过花甲，姣娘却正值青春，于是叫来仆人，赐给白银千两，让他们远走高飞。

这事后来不胫而走，传为美谈。人们很敬佩王安石的为人，便用诗中的一句"宰相肚里能撑船"来形容他的宽宏大量。现在我们也常用这个词语来表示大人不计小人过，宽以待人。

"不是一家人，不进一家门"是怎么来的？

"不是一家人，不进一家门"是句耳熟能详的俗语。它有两层含义，一是说家人关系的形成都是建立在一定的缘分基础之上，二是强调友谊和亲情的纯洁性。如果不是一家人，是不会主动走入别人家里的。

这句话源自我国传统文化对"家"的伦理概念。"家"从字面角度理解是"屋里有头猪"，这反映出农耕畜牧社会的特征。在我国长达2000多年的封建社会中，家庭长期作为社会经济基本组成单位存在，男耕女织是基本的生活方式。通常男子为一家之主，负责农田的播种、施肥、收获等，是家庭的主要劳力。妇女则主要照看孩子，做饭，织布养蚕。

"家"是以血缘为关系的纽带，西周开始实行的宗法制度对后世影响深远。"家"又经常和"家族"联系到一起，旧时一个村子或乡镇很可能都是同姓的人。这主要由于女子一般嫁到别的村庄，而男子通常就在父母原来住的地方另立门户，所以很容易形成"聚居"的现象。周围的亲戚朋友多，自然需要经常往来，彼此串门或相互致意。

"不是一家人，不进一家门"的词义便来自这里。旧时血缘关系划分三六九等，一般越亲密的关系来往越多，因此有"不是一家人，不进一家门"之说。在关系相对疏远的亲属和朋友之间，有时候也会产生密切的交往。这建立在双方互相信任、尊重和爱护的基础上。也就是只有彼此将对方当"家人"，才会有更进一步的交往。

"进家门"更多代指的是彼此的交往，是否被当作"一家人"取决于血缘关系或双方友谊的程度。物以类聚、人以群分，并非每个人都能得到别人的喜爱。有人欣赏你，自然就有人讨厌你，所以人们只会选择和自己志趣相投的人交往。"不是一家人，不进一家门"讲的就是这个道理。

"儿大不由爷，女大不由娘"是怎么来的？

"儿大不由爷，女大不由娘"是说孩子长大了以后，就会经常做出和父母意见相左的事情来。那么为什么人们喜欢这么说，它是一种普遍存在的现象吗？

"爷"在古代一般不用来表达"祖父"的含义，而是父亲的意思。如《木兰辞》："旦辞爷娘去，暮宿黄河边。""老爷"一词是对一家之主的尊称，旧时妻子对丈夫的称呼亦为"老爷"。"儿大不由爷"意思就是儿子大了，父亲的话往往就不听了。

我国古代伦理观念浓厚，家长制度的存在使得父母在子女的事情上具有绝对的

俗语民谚

权威，就连结婚也必须遵从"父母之命，媒妁之言"。孩子小的时候，由于自身心智并未发育成熟，缺乏独立的见解，所以往往父母怎么说，孩子就怎么做，很少有忤逆的行为发生。

但是孩子随着年龄和阅历的增加，心智逐步发育成熟，开始有了自己对于人和社会的看法，虽然很多仍然不成熟。另外，孩子也开始有了自己的生活和兴趣，难免有与父母唱对台戏的时候。所以，不少父母会生出"儿大不由爷，女大不由娘"的无奈。

那为什么不是"儿大不由娘，女大不由爷"呢？这与古代社会男女的分工有关。男孩一生下来便是读书，见世面，由父亲管教的比较多。女子无才便是德，常常锁在深闺，与母亲学习绣花等女工，主要为母亲教诲。大了后，孩子的叛逆性显现出来，便更多是"儿大不由爷，女大不由娘"。

为什么把无望的努力称为"死马当作活马医"？

我们常把最后无望的努力称为"死马当作活马医"。顾名思义，马都已经死了，还要当作活马医，这就是瞎折腾。比喻明知事情已经无可求药，仍然抱一丝希望，积极挽救。这个词语出自宋代集成的《宏智禅师广录》卷一："若恁么会去，许尔有安乐分，其或未然不免作死马医去也。"

这个词语的来历据说和诊脉有关。"望、闻、问、切"又称"四诊法"，是我国古代中医看病的主要方法。"切"就是"切脉"，医生把手搭在病人手腕的动脉处，通过脉搏跳动的规律和强弱来判断病

情。相传古代有个人已经病入膏肓，请了很多医生来看都是摇头。有一天，又来了一个大夫，他是个外地人，当他摸完病人的脉时，觉得没有希望了，就说死脉当成活脉医。因为是方言，所以很多人听成了"死马当活马医"，流传至今。

另说认为与象棋有关系。话说有两个人在一起对弈，结果一方把对方的一个马重重围困，已经是"死马"了。但那人心有不甘，又存有一丝侥幸心理，于是就说："死马当活马移吧！""移"和"医"同音，后人就讹传为"死马当活马医。"

现在"死马当作活马医"多表示不愿意放弃最后的尝试和努力。生活中常有这样的例子，当一件事物对自己具有非常的意义时，一旦失去心中就充满了不甘，有时候就会产生"死马当活马医"的心态，期待奇迹出现。

"半路上杀出个程咬金"是什么意思？

"半路上杀出个程咬金"常比喻事情进行到中途时，有新的因素介入或产生，从而影响了整个事件的进程。

程咬金是隋末农民起义军领袖，在小说中是个家喻户晓的人物。他原名程金，后称程知节，早年投奔瓦岗寨，先后跟随李密、王世充等人。失败后归顺唐朝，帮助李世民剿灭隋末群雄，到唐高宗时，官至大将军，后因率军西征无功而罢官，正史中有记载。

《隋唐演义》中说，隋末天下大乱。尤俊达想劫皇杠，但是人手不够，便找到程咬金。程咬金安置好老母，与尤俊达共同行动，三次在半路劫下皇杠，震动天下。押运皇杠的官兵最后知道是程咬金所

为，说出了"半路杀出个程咬金"的话来。

据说程咬金为人憨厚耿直，以一对板斧为武器，武艺一般，但运气很好。打仗时，遇到武艺一般的敌手，只需要三板斧。遇到劲敌，耍完三十六道板斧，如果还是无法取胜，便拍马逃去。现在的俗语"三板斧""三十六道板斧"也是形容他的。"半路杀出个程咬金"是形容他常手执板斧，伏于半路杀出。

现多比喻在事情进行过程中出现了没预料的情况而最终导致功败垂成。所以我们在谋划或准备一件事情的时候，一定要提前考虑到可能出现的各种情况或被忽略的因素，这样才能避免被半路杀出的"程咬金"给占了便宜。

"天高皇帝远"是怎么来的？

"天高皇帝远"原来指偏僻的地方，后来借指地方机构不听上级领导机关的指挥，阳奉阴违或玩忽职守。这句话最早出自明代黄溥《闲中今古录》："天高皇帝远，民少相公多。一日三遍打，不反待如何。"说是宋朝时候，台州与温州一带，官员不法，横征暴敛，百姓被逼无奈，拉大旗造反，他们在大旗上写了上述四句话。

"天高皇帝远"原作"山高皇帝远"。这与我国地理和古代行政区划有关。中国地域辽阔，其中华北、东北和长江中下游地区多为平原，是历朝历代定都所在，也是经济最为发达的地区。但中西部地区则多山，经济相对落后，政府机构就比较涣散。由于离中央所在地很远，就用"山高皇帝远"代指那些偏僻落后的地方。

通常，离中央机构越近的地方，官吏并不太敢胡作非为。但是一到了地方，特别是那些落后不发达地区，官员的懒惰情绪便开始滋生。很多不但疏于政事，还经常贪污受贿。上面有什么禁令，也满不在乎，阳奉阴违。在这些官员眼里，"天高皇帝远"，自己就是土霸王，谁也惹不起。因此人们也用这个词来比喻中央政令不畅，地方无法无天的状态。

"天高皇帝远"还与古代通讯不发达有关。古代并没有现代化的通讯工具，最快传递信息的工具是马，马通过驿站来传达指令。所以一个地方官的作为，中央并不容易查明，这就为谗言或彼此攻讦留下了余地。

何谓"三句话不离本行"？

"三句话不离本行"是说人的言语离不开他所从事的职业范围。行是行当，职业的意思。语出自清代李宝嘉《官场现形记》第三十四回："每到一处，开口三句话不离本行，立刻从怀里掏出捐册送给人看。"

关于"三句话不离本行"还有个民间故事。很久以前，在一个小村里，有四个能说会道的人。一个是厨师，一个是裁缝，一个是车把式，还有一个是艄公。谁家遇上个红白喜事，打架抬杠的，都请他们去帮忙。

有一次，村子里有两兄弟闹分家，关系弄得很僵，就请这四个人前去"说和"。这四人先到厨师家研究如何调解。赶车的说："这事俺们管的多了，只要前有车、后有辙，就不会出什么大格。"厨师说："我看咱们还是快刀斩乱麻，别锅、碗什

俗语民谚

么的都分不清。"裁缝说："说合不能走偏。要这针过去，那线也过去方可。"艄公很不耐烦："咱们还是别在这争吵个没完了，还不如到了他两兄弟家，到时再见风使舵，怎样顺手就怎样给他们处理。"这时厨师老婆正在屋里做饭，听到他们的谈论，出来笑道："你们真是拳不离手、曲不离口啊，卖什么吆喝什么。"谁知话没说完，三人一起大笑，原来这厨师老婆是做小买卖的。

"三句话不离本行"说的是一种语言习惯。那为什么人会经常使用本行当的词汇呢？这是由于每个人的成长经历不相同，对于本职工作往往是最熟悉的。在日常生活中，由于职业习惯就会不自觉地使用上这些专业领域的词汇或观点。又或者本行是自己的兴趣所在，和别人谈论起来自然津津有味。

"半斤八两"是什么意思？

"半斤八两"常用来比喻双方旗鼓相当，差不多。可是按现行计量单位，一斤等于十两，半斤只有五两；与八两相比，少了三两。难道少了三两的"半斤"真能和"八两"相等吗？

这还要从古代的度量衡说起。我国秦朝以前，各国的钱币和度量衡的单位都不统一，各国商贾和百姓之间的交易并不方便。秦朝统一六国后，秦始皇下令统一度量衡，由李斯负责起草文件。当时度量的标准已经基本确定，唯独这"衡"还拿不定主意，于是去请教始皇帝。秦始于是提笔写下"天下公平"四个大字。

李斯拿了四个大字百思不得其解。为防始皇帝怪罪，干脆把这四个字笔画一

加，就成了"衡"的单位，一斤等于十六两，那么半斤就是八两，正好相等。十六进制确定后，在我国长达2000多年的封建社会一直沿用。直到新中国成立后，由于十六两制在计算的时候有些不方便，才改成现在的一斤等于十两。

民间为什么把拌嘴较劲叫作"抬杠"？

"抬杠"就是拌嘴，往往指故意和对方作对，不管别人说什么自己都表示反对。如《儿女英雄传》第三十三回："只看孟子与告子两个抬了半生的杠，抬到后来，也不过一个道得个'食色性也'，一个道得个'乃若其性，则可以为愈矣'。"

"抬杠"一词起源于我国北方的习俗。在每年农历正月十五这天，要举行"抬杠会"。由身强力壮的人抬着竹杠，上面有轿子，一个伶牙俐齿的小丑坐在里面。他们抬着竹杠和轿子在人群里走动，围观的人则和那个小丑比赛斗嘴。

抬杠的习俗由来已久。从起源角度来看，人和轿子里的小丑拌嘴显然不是为了一个"理"字，而是为了取乐，含有有意找茬的含义。现在在我国台湾地区还保留着这种习俗，是"台湾口水"的主要成分，它是一种借着嘴上功夫指责别人，而同时也闪避别人指责的文化习惯。

"抬杠"与一般理性的辩论不同。后者着重于一个"理"字，前者则根本不讲道理，只是靠耍嘴皮子功夫损人取乐。如《红楼梦》第六十五回："三人抬不过一个理字去。"意思是说三个嘴巴奸巧的人在那里东拉西扯的"抬杠"，它也抬不过一个"理"字。

"敲门砖"一词是怎么来的？

"敲门砖"是指敲门的砖头，门一旦打开，就弃之不用。比喻只是用来达到目的或追求名利的工具。那么这句话出自何处，古代真有这种专门用来敲门的砖头吗？

敲门砖语出自明代西湖居士《春游》："这是敲门砖，敲开便丢下他。我们既作了官，做诗何用。"但更早有"敲门瓦砾"之说，宋代曾敏行《独醒杂志》卷五载："一日，冲元自窗外往来，东坡问：'何为？'冲元曰：'绥来。'东坡曰：'可谓奉大福以来绥。'盖冲元登科时赋句也。冲元曰：'敲门瓦砾，公尚记忆耶！'"

明清时，科举制度更加僵化，八股成文。很多学子习八股不过是为了升官发财，所以"敲门砖"一说盛行。如明朝田艺蘅《留青日札·非文事》："又如《锦囊集》一书……抄录七篇，偶凑便可命中，子孙秘藏以为世宝。其未得第也，则名之曰'撞太岁'，其既得第也，则号之曰'敲门砖'。"

由于八股盛行，有些学子便准备好几篇范文。到了考试的时候，拼凑一下就可以命中。如果还是没考中，就是"撞太岁"，自认倒霉；考中了便是敲门砖。所以鲁迅在《准风月谈·吃教》中写道："清朝人称八股为'敲门砖'，因为得到功名，就如打开了门，砖即无用。"

"敲竹杠"是怎么来的？

"敲竹杠"比喻利用别人的弱点或把柄来索取财物。如清代李宝嘉《官场现形记》第十七回："兄弟敲竹杠，也算会敲的了，难道这里头还有竹杠不成？"鲁迅《书信集·致郑振铎》："《木刻纪程》是用原木版印的，因为版面不平，被印刷厂大大敲竹杠，上当不浅。"

关于"敲竹杠"说法的来历颇多。一说清朝末年，鸦片走私屡禁不止。很多不法商贩为了牟取暴利，采取各种手段逃避检查。其中一种方法便是将鸦片藏在撑船用的竹篙内。这种方法颇为高明，常常让那些得到可靠情报的官方侦缉人员扑空。有一次，一艘商船停靠浙江绍兴码头，当地负责检查的官员上船检查，并没有发现其他物品。但这时候师爷走过去，漫不经心地敲了竹篙两下。周围的人都没有在意，唯独老板吓得魂不附体，急忙将这位师爷请到船后，贿赂了大量金银。

另说认为，这与四川地区的一种滑杆有关。四川属于丘陵地貌，多山。有钱人上山不方便，就乘坐一种叫滑杆的交通工具。滑杆类似于轿子，主要由两根长竹杠组成，更为轻捷。很多抬滑杆的收入很低，走到半山腰就敲着滑杠，要求加工钱，否则就不抬人，乘坐滑杆的只好加钱。

还有一种说法认为，竹杠是一种储钱的工具。清朝末年，有很多做小买卖的商贩和店主。市场上小额的交易也是以铜钱为主，店家收钱后就丢到用竹杠做成的钱筒里。当时上海城里有家店铺，老板很不老实，陌生顾客进门，往往随意提价。每当伙计在接待顾客时，店主就敲竹杠一下，暗示提价宰客。

虽然"敲竹杠"的来历说法不一，但都表达了敲诈勒索的含义。

为什么把夸口说大话叫作"吹牛皮"？

生活中常提到"吹牛"或"吹牛皮"的说法。意思是不顾事实地胡乱夸大或吹

俗语民谚

嘘自己。为什么我们把夸口说大话说成"吹牛皮"，而不是"吹羊皮""吹猪皮"呢？

牛皮厚而坚韧，人们最初用它来做鼓面的材料。敲击起来，发出咚咚的声响，非常有震撼力。在古代"击鼓"是进军的命令，鼓点象征着催人奋进的力量。在一些节日或民间习俗中，敲锣打鼓以示喜庆。牛皮制成的乐器一般是用来敲打的，与"吹奏"根本扯不上关系。那为何又有"吹牛皮"一词？

这要从"吹猪皮"和"吹羊皮"说起。"吹猪皮"是屠夫的一项技术活。杀猪时，为了便于拔毛和切割，屠夫首先在猪后蹄处划开一个小口，用钢钎捅开一个气道，然后用嘴对着小口吹气，还边吹边拍打，以使猪全身膨胀起来。

"吹羊皮"则和羊皮筏子有关。古时黄河上游，水流湍急，木船经常损毁。于是人们想出利用羊皮弹性制造皮筏子，在杀羊后留下一张完整的羊皮，晒干后吹上气使它鼓起来，然后将多个羊皮纵横排列相连，上面再缚上木板，人们就可以漂流了。

猪皮和羊皮虽然可以吹，但也要求所吹之人身体健壮、肺活量高。牛由于体形更为巨大，皮又很厚，一个成年人是很难把"牛皮"吹起来的。所以如果有人说他能"吹牛皮"，多半言不符实。后来就用"吹牛"或"吹牛皮"来形容那些言过其实，喜欢夸口说大话的人。

"不管三七二十一"这个说法有何由来？

"不管三七二十一"意思是不顾一切，不问是非情由。如明代冯梦龙《警世通言》卷三十二："若三日没有银时，老身也不管三七二十一，公子不公子，一顿孤拐，打那光棍出去。"那为什么要用这个数字呢，这个说法从何而来？

"三七二十一"是九九乘法口诀中的一句，在我国产生的历史很早。"不管三七二十一"就是不管好歹或其他因素，都要干一干，试一试。据说战国时期，张仪连横，而苏秦则主张合纵，以抵抗秦朝军队的进攻。他首先来到齐国面见齐宣王，约以合纵，但宣王慨叹国内兵力空虚。于是苏秦说："齐都临淄，人口就有七万户，如果每户能出三个男丁，则计有二十一万大军，再加上周边地区的军队，兵力绝不是什么问题。"苏秦的说法当然有些脱离实际，因为每户的情况不一，或鳏寡孤独，或有女无男，不可能每家都出三个壮丁。

由于苏秦的说法不考虑具体情况，就是"不管三七二十一"。后来借此表示不问是非曲直，一味蛮干的做法。

此外还有一个传说。从前，有个叫李元的财主，请了个小伙子当长工。允诺每天三顿干饭，每顿三碗饭。后来财主认为小伙子干活虽然卖力，但是吃得太多。于是私下吩咐妻子，以后每天三顿稀饭。小伙子每顿能吃七碗，但干活还是没有劲。眼看田里杂草丛生，财主便上前斥责："我每天让你吃三七二十一碗饭，怎么干活还是这么有气无力的样子？"小伙子回答："都是干饭的时候，虽然只有九碗，但我干活特别有劲；自从你换了三七二十一碗稀饭，我就一直想上厕所，哪还有心思种地啊！"李元很无奈，只得叫老婆：

"算了，以后还是让他吃九碗干饭吧！不管他三七二十一。"

后来就用这个词语来表达不顾客观情况的作为（含有一定的贬义），但随着词义演变，这个词语逐渐中性化，也可指某人办事有魄力，有办法，不怕困难，不管三七二十一，总能把事情做好。

"花架子"有什么含义？

有人认为，中国功夫不能玩花架子。那什么是"花架子"，最初指的又是一种什么物件呢？

花架子在武术中特指不实用的功夫或学艺不精的武师。中国人在近代被侵略的过程中，一直被辱为"东亚病夫"；国粹武术也被诋毁，认为是中看不中用，不如日本的柔道和西洋搏击术。但霍元甲和陈真的出现，给中华武术挣回了面子，也振奋了国民精神。李小龙在美国更是连续击败日本空手道、柔术和西洋搏击高手，在多次武术比赛中获得冠军。可见，武术并没有优劣，只是练武的人存在真功夫和"花架子"之别。

通常我们所说的"花架子"是指表面上好看但实际并无价值的东西，也比喻形式主义的做法。相传元朝时黄道婆的织布技术远近闻名，在她的带领下，当地男女老少多数都会织布。镇上有个姓李的穷秀才，死要面子，虽然经常吃不饱，也不愿意学习纺织技术。后来他去了浙江湖州织里当了一名私塾老师，生活才有所好转。

湖州也是纺织之乡，村里人听说李秀才来自黄道婆的家乡，于是就纷纷上门请教他织布的新技术。这个李秀才自然对纺织一窍不通，但又碍于面子不好意思说不

会。于是胡乱画了织布机的图纸，欺骗大家说只要按照样子就能造出织布机来。村民们很高兴，请来木匠师傅，但怎么也造不出真织布机来。后来，黄道婆的新式织机传到这里，人们才明白李秀才的织布机中看不中用，不过是"花架子"。

可见最初"花架子"是指中看不中用的织布机，现多用这词来表示那些表面好看，但实际没什么价值的东西或把式。

"马后炮"怎么会成为"不及时举动"的代名词呢？

"马后炮"是象棋术语，是很厉害的杀招，但后来却成了不及时行动，作用消极的代名词。这是为什么呢？

象棋据说起源于春秋战国时期，这在汉代刘向的《说苑》中有记载。他说："雍门周谓孟尝君曰：足下燕居斗象棋，亦斗战之事乎？"又说："燕则斗象棋而舞郑女。"但也有人认为，象棋为北周周武帝所创，明朝的杨慎、胡文焕皆认同此说，且北周庾信著有《象戏赋》和《进象经赋表》两篇作品。象戏就是下象棋的游戏，象经乃是讲解象棋的图经。

古象棋与现代象棋不同。明代胡文焕的《事物纪原》载："象棋乃周武帝所造，有日月星辰之象，与今象棋不同。"宋代司马光的《古局象棋图》中说："此图以战国七雄并峙之局，列为象戏。七国各有一主将、一偏将、一裨将、一行人、一炮、一弓、一弩、二刀、四剑、四骑。"这就是说，下棋的人数不止两个，还可以是其他数，众人混战，最多可由7人参与，模仿战时七国合纵连横的战法。棋子数也与现在不一致，各国有17个棋子，

俗语民谚

马有 4 匹，但只有一个炮。也许在古人心目中，投石机是威力很大的武器，所以数量为最寡。

炮的行进规律是："一炮，直行无远近，前隔一棋乃可击物；前无所隔，及隔两棋以上，则不可击。"马则是："四骑，曲行四路，谓直一斜三。"与现在象棋中马、炮的走法基本相同。但古代是四马一炮，现在是二马二炮。有过象棋经验的人都知道，马配合炮的威力很强，何况多出两个马来。但这只是针对己方的马而言，如果把炮放在对方的马后面，由于马的走法非常灵活，进退自如，所以马后炮几乎没什么威胁。

后来就用这个词语比喻事后才采取措施，但已无济于事。如元代无名氏《隔江斗智》第三折："今日军师升帐，大哥须要计较此事，不要做了马后炮，弄的迟了。"

为什么把男女间的嫉妒情绪叫"吃醋"？

人们常把男女间的嫉妒情绪叫"吃醋"，用"醋坛子"形容那些喜欢嫉妒的女子。如《红楼梦》的第三十一回中："袭人听了这话……，少不得自己忍了性子道：'妹妹，你出去逛逛，原是我们的不是。'晴雯听她说'我们'，自然是她和宝玉了，不觉又添了醋意……"那么"醋"是怎么和嫉妒联系在一起的呢？

据说唐太宗时期，房玄龄的老婆是个节烈女子。唐太宗多次想赏赐几个美女给房玄龄做妾，但都被其妻横加干涉，最后只能作罢。

唐太宗不甘心，便令其在喝毒酒和纳小妾之中选择其一。没想到房夫人性格甚

为刚烈，宁愿一死也不在皇帝面前低头，于是端起那杯"毒酒"一饮而尽。当房夫人含泪喝完后，才发现杯中只是酸酸的浓醋。从此便把"嫉妒"和"吃醋"联系起来，"吃醋"便成了嫉妒的代名词。

另据《续文献通考》载："狮子日食醋、酪各一瓶，吃醋之说本此。"而狮子又常用来形容爱嫉妒的妇人。自然喜欢嫉妒的女人也就经常心泛醋意了。

"说曹操，曹操到"是怎么来的？

"说曹操，曹操到"意思是正说着某人，某人就到了。顾名思义，他和东汉末年的丞相曹操有关。

那么为什么"说曹操，曹操到"？这个典故又从何而来呢？

曹操，字孟德，沛国谯人。东汉末年杰出的政治家、军事家诗人。在政治军事方面，曹操消灭了众多割据势力，统一了中国北方大部分区域，并实行一系列政策

魏武帝曹操像
曹操发兵宛城时规定："大小将校，凡过麦田，但有践踏者，并皆斩首。"可是，曹操的马却受惊践踏了麦田，他让执法的官员为自己定罪，并割发代首。

恢复经济生产和社会秩序。据说曹操耳目众多，消息灵敏，做事雷厉风行，从不拖泥带水。有好几次在众将议论他的时候，却突然出现，起到震慑的作用。

后来，人们常用"说曹操，曹操到"来表达心中想念或正在议论某人，那人突然出现在了面前。

如《孽海花》二十九回："一壁笑着道：无巧不成书！说到曹操，曹操就到。职道才和美菽在裁判所里遇见陈千秋，正和美菽讲哩！这个人，职道从小认识的，是个极聪明的少年，可惜做了革命党。"

为什么把做梦说成"梦周公"？

"哎，昨晚我又梦周公了！"意思是又做梦了。虽然我们经常这么说，但却很少有人知道历史上的"周公"是谁，也不明白周公为什么会和"梦"联系到一起。

周公姓姬名旦，是文王第四子，武王的弟弟，我国古代著名的政治家。因其封邑在周，爵为上公，故称周公。周公先后历文王、武王、成王三世，功勋卓著。据《曲阜县志》载："武王十三年定天下，封公于少昊之墟曲阜，公不就封，留相武王，成王即位，命世子伯禽就封于鲁。"

成王初即位的时候，由周公辅政。它先后平定三监之乱，灭五十国，奠定了周王室国家的长治久安。回来后又制定礼乐，最后又还政于成王。"成康之治"的繁荣兴盛，周公有很大的贡献。

孔子非常推崇周公，他一生倡导的都是周公的礼乐制度。

据说周公善于解梦，民间广泛流传着他关于解梦的书籍。所以后人就把做梦说成是"梦周公"，以表达对周公的敬仰，希望梦能给自己带来好运气。至于梦是否有特定的含义，现代科学一般认为梦是大脑神经细胞的无规律的活动。在人们睡眠时，多数神经细胞不活动而处于抑制状态，而少数神经细胞没有抑制而进行无规律活动。但以弗洛伊德为代表的精神分析学派却认为，梦具有一定的现实基础，是潜意识的反映。

"花柳"何以成了女性的别称？

生活中常用"寻花问柳""拈花惹草"，表示男子花心，喜欢勾引或挑逗女性。那女人何以成了"花"和"柳"了呢？

"花"和"柳"其实是屡见不鲜的意象。通常用来表述春天来临，百花盛开，柳絮满天。这类诗词很多，如唐代诗人李白的诗句："昔在长安醉花柳，五侯七贵同杯酒。"杜甫《严中丞枉驾见过》诗："元戎小队出郊坰，问柳寻花到野处。"这两句中"花柳"皆指美好的春光，表达了诗人游玩观赏春日美景的情怀，并无他意。

但后来词义演化，遂成了男子风流狎妓的行为，"花柳"亦指娼妓。《金瓶梅》八二回："韩道国与来保两个，且不置货，成日寻花问柳，饮酒宿娼。"清代曾朴《孽海花》："与唐卿至亲，意气也很相投，都不会寻花问柳。"

现代刘绍棠《草莽》中亦有："我本想勒紧裤带攒几串子钱，过两年给你明媒正娶一个干净人家的女儿，谁想你不走正道，竟敢寻花问柳。"

究其原因，在于春天万物复苏，一派

俗语民谚

欣欣向荣，正是动物发情和交配的季节。故常以"春"指男女事，以"春心"描写女子动情。

春天到来的时候，男子和女子三三两两，多有踏春的习俗，今人也有"春游"的活动；人们免不了要赏花赏草，甚至折断柳枝来表达内心的愉悦之情。

由"春"之变义，"花柳"也就成了女子的代名词。

"花柳"在过去多指风尘女子、娼妓，所以用这词形容女性其实带有狎昵女性的成分。

典故溯源

"俯首甘为孺子牛"中的"孺子牛"典出何处?

"横眉冷对千夫指,俯首甘为孺子牛。"这是鲁迅先生《自嘲》诗中的两句,表达了鲁迅先生崇高的气节和对青年们的殷切关爱之情。"孺子牛"并非鲁迅先生的杜撰,历史上确有典故。

《左传·哀公六年》中记载了这样一个故事:有一次齐景公和庶子荼在一起嬉戏,齐景公口衔绳子,让荼牵着走。不料,儿子不小心跌倒,把齐景公的牙齿拉折了。齐景公临死前遗命立荼为国君。景公死后,陈僖子要立公子阳生。齐景公的大臣鲍牧对陈僖子说:"汝忘君之为孺子牛而折其齿乎?而背之也!"

于是,后世就借用"孺子牛"来表示父母对儿女的过分溺爱。

我们知道,鲁迅先生是深通古文的。这首诗更多表达的是对青年们的关爱。至于词义的演变为全心全意为人民服务,则可能是后来的发挥,如"革命的老黄牛"。不过,鲁迅先生这句话肯定也含有了"鞠躬尽瘁、死而后已"之义,比如他说过:"我吃的是草,挤出来的是奶。"

"逐客令"这个词语有何来历?

"逐客令"一词想必大家都不陌生。当主人对来客不欢迎时,就会以明说或暗示的方法劝客人离去。

但最初"客"这个字却不是指客人,而是指客卿,即那些离开家乡,在外国做官的人。其本义是指驱逐客卿的命令。

"逐客令"有一个有名的历史典故。据《史记·李斯列传》记载,秦时有很多官员都不是本国人,如大夫百里奚、蹇叔、丕豹,国相商鞅、张仪、范雎,将军司马错、甘茂等。当时韩国人派工程师郑国到秦国,帮助秦人开凿一条水渠,后来

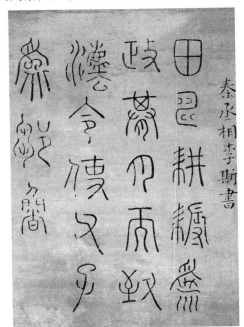

李斯书法　秦

查出郑国是个间谍。于是，就有人向秦王进言道："郑国居心不良，在秦修渠是为了牵制秦国的劳动力，使秦国抽不出人力东征。"

消息一传出，就有大臣纷纷上书秦王，说各诸侯来秦国的客卿不可靠，都是为他们本国的利益行事的。秦王听了，有些心动。当他正要下"逐客令"把所有的客卿都驱逐出国的时候，李斯却上书力陈客卿所起到的作用和逐客的弊害。这便是著名的《谏逐客书》。

书中道："夫物不产于秦，可宝者多；士不产于秦，而愿忠者众。今逐客以资敌国，损民以益仇，内自虚而外树怨于诸侯，求国无危不可得也。"

秦王最终被李斯说服，遂取消了"逐客令"。

自此后，秦王对李斯更加信任了，并封他做了丞相。

唐代诗人杜牧就曾写过"秦因逐客令，柄归丞相斯"的诗句。后来，就借用这个典故来表示用基本合乎礼仪的方式拒绝不受欢迎的客人。

人们常说"看破红尘"，被看破的"红尘"指什么？

我们经常使用"看破红尘"这个成语，多指看透了人生，一切喜怒哀乐都不再放在心上。也指人生遭遇挫折后，消极悲观的处事态度。

"红尘"一词最初见于东汉班固的《西都赋》："阗城溢郭，旁流百廛，红尘四合，烟云相连。"喻指当时西都的繁华热闹景象。红色是中国传统的最爱，逢年过节家家户户都有写红色对联、封红包的习俗。鞭炮是红色的，穿红色的衣服象征喜庆吉祥，元宵节的花灯也是"红"的。"红色"象征着一切世俗的快乐，代表人们的欲望和追求。"尘"有"尘埃、污垢"的含义，佛教的"尘"来自梵语 pajas，意为污染，泛指外部一切能被我们感知和认识的事物。

佛教认为，世间万物皆为虚幻，那些我们感知的事物并不可靠，会影响我们对于"真相"的认识。

所以"看破红尘"的真实含义就是看破世间万物的一切幻象，洞悉、明了世间万物的实相，从而达到"无我"的一种状态。佛教追求圆觉、证悟、涅槃。所谓成佛其实就是认识到世间万物的本质，去我执，不再为生老病死等现象烦恼。

古代人所说的"小品"，与现代的"小品"是一回事吗？

每年的春节联欢晚会，最让人期待的就是小品了。小品以其喜闻乐见的形式、幽默诙谐的语言赢得了大量观众的掌声。但"小品"最初的含义却不是现在众所周知的一种舞台表演艺术形式。

"小品"一词在晋代就有了，来源于佛教。《世说新语·文学》"殷中军读小品"句下刘孝标注："释氏《辨空经》有详者焉，有略者焉。详者为大品，略者为小品。"鸠摩罗什翻译《摩诃般若波罗蜜经》，将较详的二十七卷本称为《大品般若》，较略的十卷本称为《小品般若》。可见，"小品"是相对于"大品"而言，具有篇幅短小、语言简练、便于阅读和传播等特点。

晚明夏树芳著有《香林牍》，自序云：

"长夏居毗山，日礼《莲花小品》，殿最名香，略撮成篇。"很好地反映出当时文人的心态：避祸于政治，热衷于佛教，却对卷帙浩瀚的佛教经典没有耐心。于是"小品"盛行。

万历三十九年，王纳谏编成《苏长公小品》，最早将"小品"引入文学领域。陈继儒《〈苏长公小品〉叙》云："如欲选长公之集，宜拈其短而隽异者置前，其论、策、封事，多至数万言，为经生之所恒诵习者稍后之。如读佛藏者，先读《阿含小品》，而后徐及于五千四十八卷，未晚也。此读长公集法也。"（《眉公先生晚香堂小品》卷十一）提出"短而隽异"作为"小品"的特征。由此可见，"小品"概念最初来源于佛经。晚明学人借指一种散文体，篇幅短小，隽永新异。

现代喜剧小品产生于20个世纪80年代。来源于戏剧、话剧、相声等传统艺术形式。涌现了赵本山、陈佩斯、黄宏、宋丹丹、潘长江、郭达等一批喜剧明星。每年春节联欢晚会上，都会有人们喜爱的小品节目。它已成为最受中国观众欢迎的一种舞台表现艺术形式之一。

为什么把请人给予方便叫"借光"？

生活中经常使用"借光"或"赏光"这些词语。意思是请求别人给予方便或从别人那里分享某种荣誉，与之类似的词汇还有"借过""借花献佛"等，但"光"真的能借或赏吗？

据《战国策·秦策》记载，公元前306年，秦国大臣甘茂劝说襄王将在宜阳战役中占领的韩国土地还给韩国，以示两国友好。后来小人进谗言，引起秦王对其的猜疑，甘茂只好逃往齐国。当甘茂逃出秦国的边境函谷关时，正好遇到出使秦国的纵横家苏代。苏代问甘茂要到那里去，甘茂没有直接回答，反问道："先生听过江边姑娘们的事吗？"

苏代说："没有听过。"于是甘茂就讲了一个"借光"的故事。据说，在一条江边住着许多人家，每天晚上，各家的姑娘们各自带着点灯的油聚在一起，把油倒进一盏大灯里，然后一起做针线活。有一位姑娘家里很穷，出不起灯油。所以，其他姑娘都讨厌她，准备赶她走。穷人家里的姑娘就对大家说："我确实不能拿灯油来，可是，每天我都早到这里，大家回家时我也是最后走，替大家把屋子收拾干净，你们还吝惜这照在四周墙上的一点余光吗？借点光给我，我同你们一起做针线，对你们也没有任何妨碍的啊！"大家觉得她说的话有道理，就把她留下了。

苏代听了甘茂的这个故事后，明白了他的意思。于是他们俩一齐去了齐国，苏代在齐王面前竭力推荐甘茂于是齐王拜他为上卿。后来就用"借光"来表示请求别人给予帮助，是礼貌用语。

为什么用"桃李满天下"称赞一个老师有很多优秀学生？

我们常用"桃李满天下"来形容一个老师的学生很多，遍及全国各地。也可用于称赞老师教出的优秀学生很多。那么学生为何是"桃李"，又典出何处呢？

相传春秋时期，魏国大臣子质学识渊博，才高八斗。因得罪了魏文侯，便跑到北方一个朋友家中暂时躲避。朋友家境也颇为贫寒，子质不想增加朋友的负担，于是提出开个学馆，收些学生教读以糊口。子质收学生不论贫富，只要愿学都可以拜他为师。一视同仁。

学馆院子里有一棵桃树和一棵李子树，树下是学生行拜师礼的地方。子质经常指着已结果的桃李教导学生："你们都要刻苦学习，要像这两棵树一样开花结果。只有学问高，才能为国家做出一番大事业。"在子质的严格教育下，很多学生都成了国家的栋梁之材。这些学生为了感念师恩，也在自己院子里栽种桃树和李树。

后来，子质游历各国，碰到了很多当官的学生，便自豪地说："我的学生真是桃李满天下啊，个个都很有作为。"后来就用"桃李"来代指学生。

"桃李满天下"来自《资治通鉴·唐纪》："天下桃李，悉在公门矣。"武则天时，狄仁杰位高权重，于是武后就让他推荐能担任将相的人才。狄仁杰推荐了张柬之、姚崇等数十人，这些人后来多成了名臣。有人对狄仁杰说："天下桃李，悉在公门矣。"狄仁杰说："举贤为国，非为私也。"

从这里我们可以看出，桃李从一开始代指"学生"到后来指"人才"，有个词义发展的过程。现代社会，我们讲"桃李满天下"实际包含了上述两层意思。

划拳令中"五魁首"是什么意思？

划过拳的朋友一定知道"五魁首、六六六"的说法。魁跟中国古代的天文和星象学有密切联系。魁星，又被称为"奎星"，为天上二十八宿之一，"奎主文运"。古时，全国各地都建有魁星楼、魁星殿。

据说"魁星点斗，独占鳌头"，能够保佑考生金榜题名。许多考生在考试时携带泥塑的小魁星，或在座位前贴魁星像，以求保佑文运亨通。

魁，即首的含义。中国古代多用"魁"来表示状元。例如"殿魁"指殿试的第一名，"廷魁"指廷试（殿试的别称）的第一名。

明代科举制度，以《诗经》《书经》《礼记》《易经》《春秋》五经录取考生，每经之首称为魁，夺得第一者为"魁首"。由于一共是五科，故曰"五魁首"。

何谓"走后门"？

"走后门"一词相信大家都不陌生，意为请托办不正当的事情。但这种请托真要从"后门"进去吗？最早这个俗语又出自何处呢？

比较流行的说法认为，这个典故出自北宋年间。相传哲宗死后，徽宗即位。时任宰相的蔡京为打击旧党，规定其子女不得出仕和入京，甚至诗文都不允许传播，这引起了一些官员的不满。一次蔡京出席宴会，席间发生了这样一幕：一个大官坐在中间进行审判活动。有个和尚要求离京出游，因其戒牒是哲宗年间的，即被令还俗；一个道士遗失度牒要求补发，因是哲宗年间出家的，立即被剥下道袍，复为百姓。这时，一个下属向其禀报："国库今天下发了一千贯库银，也是哲宗时的钱文，如何处置？"蔡京略做思考后悄声说道："那就从后门搬进来吧！"

这里明显含有讽刺蔡京的意思，"走后门"也因此而来。但也有认为"走后门"一词来自隋代。据酒徒新书《家园》

— 450 —

中描述：隋朝官府衙门都是坐北朝南。如果职位很高，可携带家眷上任，则妻儿老小通常都被安置在衙门后宅里。日常公务活动，客人走前门，只有私交甚好的朋友或者晚辈才从后门进入。后来贪腐之风渐盛，为了掩人耳目，就从"后门"进入。"走后门"一词也由此而来。

还有人说"走后门"一词来源于宋朝的包拯，由于当时前门守卫森严，守门官吏经常索要贿赂。于是包拯想出一个办法：打开后门，让老百姓可以随意来告状。这里的"后门"为褒义，有"方便之门"的意思。

我们认为，"走后门"一字意味着某种方便，最初可能不是贬义词。但由于很多交易都见不得光，经常通过"后门"来完成，久而久之就逐渐转化为一个贬义词。喻指利用不正当手段达到个人目的。

什么叫"搞名堂"？

"名堂"一词由来已久。我们常说的"搞名堂"意思是玩花样。此外，"名堂"还有结果或道理的含义，如："今天用了一上午，也没讨论出什么名堂。""没想到这里面还有这么多名堂呢！"

"名堂"的"名"和"明"同音，在古代指"明堂"。明堂是上古时期帝王接见诸侯和长者的地方。具体建造方法由于年代久远，已经失传。

据说汉武帝好大喜功，一心想效法上古时期的"三皇五帝"，做出一番事业，流芳百世。有一次，他巡狩到泰山，山上恰好有一处古时的明堂遗址。汉武帝见了后雄心大发，吩咐手下要在原址上重建一座明堂，以显示自己"天子"的威仪。但下属翻遍上古时期的古籍，也没找到"明堂"的建造方法，最后只好作罢。

唐朝时国力强盛，经济繁荣，重建明堂又被提上了议事日程。武则天为巩固自己的统治，昭示自己如"三皇五帝"般英明，于是要求下属建言造明堂之法。有人投其所好，写出《黄帝明堂经》一书献于武后。上书："正殿巍峨，四面水绕，空中有响履木铺成的复道通到岸上……"

武则天看后非常高兴，欲照经中的描述建造明堂。大臣刘允济认为建造明堂劳民伤财，就写了一篇《明堂赋》，讥讽那人不知弄的什么"明堂经"，明堂经里也不知搞的什么"明堂"，纯属子虚乌有，胡说八道！武则天看了深为赞许，就没照着"明堂经"去造"明堂"。

后来这事流传开来，人们就把稀奇古怪别出心裁的东西称为"搞什么名堂"。

为什么奉承别人被说成"给人戴高帽"？

生活中经常听到"戴高帽"一词。我们把那些喜欢别人当面奉承的人叫"好戴高帽者"。

俗世把那些喜欢被当面奉承的人叫"喜戴高帽者"。有一个京官要派到外地，去告别他的老师。老师说："地方官不好当，要小心谨慎才对。"学生答道："我准备有一百个高帽子，逢人就送他一顶，应该会相处融洽吧！"老师听了，很是生气："读书人讲究正直坦率，何必如此乎？"学生连忙说："天下像老师这样不喜欢被奉承的又有几个呢！"老师点点头："你的话也不是没有道理啊！"学生出来后，告诉别人："我高帽子原来有一百，现在只剩下九十九个了。"

当然这只是传说。据《北史·熊安生传》谓："宗道晖好著高翅帽、大屐，州将初临，辄服以谒见，仰头举肘，拜于屐上。自言学士比三公。"清乾隆年间的学者翟灏所撰《通俗篇》卷二十五"服饰"类有"好戴高帽"条。其引述此段史料后，加按语曰："今谓虚自张大、冀人誉己者，曰好戴高帽子，盖因乎此。"

按翟灏的说法，"戴高帽"一词出自北魏时一个叫宗道晖的儒生。其人行为怪异，喜欢戴高帽子，穿很大的木屐。从其批注来看，好戴高帽的陋习在乾隆时已很普遍。在明朝初期，官员还都是"乌纱矮冠"。明中期后，社会风气大变。如正德时的兵部尚书王敞，"纱帽作高顶，靴作高底，舆用高杠，人呼为'三高先生'"（《客座赘语》卷一）。

从以上材料我们可以看出，"戴高帽"由一人之陋习演变为整个社会的不良风气，继而反映到人们的社会心理中。我们把奉承别人叫"戴高帽"，当然不是送一顶帽子，而是对对方虚荣和尊崇心理的一种满足。

"耳旁风"有何来历？

"耳旁风"与"耳边风"含义同，意思是把别人的话不放在心上。但最初的"耳旁风"是指"秋风"，来自"秋风过耳"这个成语。汉代赵晔所撰《吴越春秋·吴王寿梦传》："富贵之于我，如秋风之过耳。"

春秋时期，吴王寿梦有四个儿子：长子诸樊，次子余祭，三子余昧，四子季札。其中季札德才兼备，备受寿梦的宠爱。公元前561年，寿梦得了重病，临终前想把王位传给季札，但季札坚决推辞。于是寿梦对长子诸樊说："吾欲传位于季札，但他不想破坏旧制，你即位后，希望不要忘了我的遗愿。"寿梦死后，诸樊继承了王位。他和老二、老三立下誓约：今后王位由兄弟依次相传，最后务必让季札继位。等轮到季札继位时，他还是坚决不从："父王去世时，我已表态不继承王位。做人只要行为正派，品格高尚就可以了。至于荣华富贵，不过就像秋风过耳，没什么值得留恋的。"为了表明心迹，他索性隐居起来，直到余昧的儿子僚继位后，他才回到朝中，帮助处理国事。季札视荣华富贵如秋风过耳，根本不放在心上。他的事迹感动了很多人，这个典故也就流传了下来。

唐代诗人杜荀鹤在《赠题兜率寺闲上人院》中有"百岁有涯头上雪，万般无染耳边风"的句子，指修行的境界：心外无物，没什么值得在意的。

"耳旁风"指话语则是在清代，至于如何转义的已不可考，当时很多戏曲或小说中已经这么使用。如曹雪芹《红楼梦》第八回："我平日和你说的，全当耳边风，怎么他说了你就依，比圣旨还快呢？"第二十一回："又听袭人叹道：'姊妹们和气，也有个分寸礼节，也没个黑家白日闹的！凭人怎么劝，都是耳旁风。'"

"说风凉话"出自何处？

生活中一些人爱说"风凉话"，意即用冷嘲热讽的话语贬低或攻击别人，使其丧失积极性或感到不愉快。但为何这种话就是"风凉的"，"风凉"的话真有如此刺激人的效果吗？

顾名思义，"风话"让人感觉"有风且凉"。风拂过，人感到冰凉，却又不如寒风凛冽般刺骨。可比喻较小的伤害或刺激。通常说"风凉话"的是为了发泄心中的愤懑和不满，而听"风凉话"的虽然感到很不高兴，但又不至于发作，正如"凉风拂面"。

据《旧唐书》记载，唐文宗开成三年（838年）盛夏，文宗和柳公权几名大臣在宫中吟诗消暑。文宗首先吟道："人皆苦炎势，我爱夏日长。"柳公权是一个爱民如子的好官，心中想到百姓的艰辛，便应道："熏风自南来，殿阁生微凉。"表面上与上两句紧接，表达了宫中贵族安逸的生活，实则暗含讽喻之意：皇上你在享受殿中风凉时，可曾想过一般百姓正苦于夏日之酷热呢？

后人就从柳公权的这两句诗中，引申出"风凉话"的含义。这个词语最早出现在清朝小说《孽海花》中："况且没有把柄的事儿，给一个低三下四的奴才含血喷人，自己倒站着听风凉话儿！"

"卖关子"的古今词义一样吗？

"卖关子"比喻在紧要关头，设置悬念或故弄玄虚以挟制对方。

但最初"卖关子"却不是这个含义。"关子"是在南宋绍兴元年（1131年），因婺州屯兵的需要而印造的有价证券。商贾可拿现钱在婺州换取关子，然后到设在都城临安的榷货务兑换铜钱或者盐、茶等物品。类似于我们现在海上货物贸易的提单，不能算是一种货币。在这种方式里，商品不是通过以钱易物的直接方式获得，而要通过"关子"这种间接形式。"卖关子"的原始含义可能就是不直接给你想要的货物，而要先"卖个关子"，多一道手续。引申到说话或者做事上，就是不直接告诉你结果，故弄玄虚或设置悬念。

"关子"与北宋时期中国四川地区出现的"交子"一样，都属于货币的符号，但却不是纸币。"关子"可以看成是中国货币发展史上的一个进步，由于它的存在，我们的生活中又多了一个耳熟能详的词汇"卖关子"。

为什么把做梦叫作"南柯一梦"？

"南柯一梦"是个成语，形容一场大梦或比喻空欢喜一场。语出自唐代传奇小说《南柯太守转》。"南柯"是指槐树南面的大树枝，在小说中指"南柯郡"。

故事的主人公淳于棼是隋末唐初人，家住广陵。他家院中有一棵枝繁叶茂的大槐树，在夏夜是个乘凉的好地方。一次，淳于棼过生日，亲戚朋友都来祝寿。他一时高兴就多喝了几杯。夜晚朋友散去，他一个人坐在大槐树下纳凉，不觉沉沉睡去。

梦中他到了"大槐安国"，正赶上京城会试。于是他报名参加，不想发榜时自己居然得了头名状元。皇上见其一表人才，气度不凡，于是将公主许配与他为妻。正所谓"洞房花烛夜，金榜题名时"。

过了不久，淳于棼被派到南柯郡担任太守一职。在其任上，他励精图治，深受当地老百姓的好评和爱戴。皇上几次欲调他回京城，但当地老百姓听说后都纷纷拦住他的马头，不让他离去。淳于棼被感动了，便上表向皇上说明缘由。皇上准其奏，又赐给他很多金银珠宝。

南柯梦石碑　清
后人根据《南柯太守传》所立的南柯梦石碑。

有一年，敌兵入侵，大槐安国战败。丞相举荐驸马淳于棼迎敌，但他一个文弱书生哪里懂得兵法战策，差点被敌军俘虏。皇上震怒，就革了他的职。淳于棼气得大叫，终于惊醒过来，但见满天繁星点点，清风习习，原来是个梦。

淳于棼把梦境告诉众人，大家感到十分惊奇。就一齐寻到大槐树下，竟然掘出个很大的蚂蚁洞，旁有孔道通向南枝，另有小蚁穴一个。所谓南柯郡，不过是槐树最南边的一枝树干而已。

这个典故很有名，常用来表示人生的虚幻无常和竹篮打水一场空。

"恶作剧"来源于一个怎样的故事？

"恶作剧"的意思是捉弄别人，使对方感到难堪。

这个词语的来源最早可追溯到唐代段成式的《酉阳杂俎》一书。书中记载，唐德宗建中初年，有个叫韦生的读书人带着家眷要搬到汝州去。路上，他遇见一个僧人，两人结伴而行，相谈甚欢。夕阳西下，那僧人指着前方说道："前方数里即为贫道寺院，你不去坐会吗?"韦生欣然应允，让家眷先行。他二人仍边走边谈，走了十余里后，韦生又问僧人寺院在何处。那僧人指着一处树林："此是矣。"又向前走了多时，仍未到。

韦生怕他不怀好意，便暗暗从靴中取出弹弓，又从怀里掏出十几枚铜丸，问僧人道："弟子有程期，适偶贪上人清论，勉副相邀，今已行二十里不至，何也?"僧人支支吾吾，只说还要往前走。韦生见他独自往前走出一百步开外，断定他是盗贼。就拉动弹弓射去，只听"嗖"的一声，正中僧人的后脑勺，可僧人却若无其事。韦生连发五弹，弹弹打中，僧人这才捂着后脑，慢条斯理地说："郎君莫恶作剧。"韦生一看，此人非同小可，对他奈何不得，也就作罢。

不久，韦生到了寺院，只见寺院里十数人列队相迎，他的妻子也安然无恙。僧人这才告诉他："贫僧，盗也。本无好意，不知郎君艺若此，非贫僧不支也……"说罢，用手一摸脑后，五个弹丸落地，脑后却毫无伤痕。之后设宴款待韦生，两人结为好友。

从这个故事我们可以看出，"恶作剧"这个词的语义要比一般的"捉弄"严重。如蒲松龄《聊斋志异·婴宁》："观其孜孜憨笑，似全无心肝者，而墙下恶作剧，其黠孰甚焉！"又《聊斋志异·狐入瓶》："一日，窜入，妇急以絮塞瓶口，置釜中，汤而沸之。瓶热，狐呼曰：'热甚，勿恶作剧！'"

"一问三不知"的"三不知"具体指什么？

"三不知"，对事情的发生、过程与结果都不知道。语出《左传·哀公二十七年》："君子之谋也，始、衷、终皆举之，而后入焉。今我三不知而入之，不亦难乎？"意思是君子谋划事情，开始、过程和结果都了解清楚了才会去报告。现在我什么都不知道就进去，不是很难成功吗？

公元前 468 年，晋国荀瑶攻打郑国。郑国弱小，向齐国求救。齐王也担心晋国的强大，就派大将陈成子率兵援救郑国。陈成子手下有个部将叫荀寅，他从一个晋国人那里听说晋国将出动一千辆战车来迎战齐国，就向陈成之报告。陈成之骂他道："不要追赶零星的士兵，不要害怕大批的人马。你倒好，反助长起敌人的威风来了。"

荀寅自知失言，于是感慨道："君子之谋也，始中终皆举之，而后人焉。今我三不知而入之，不亦难乎？"

所谓"三不知"就是对事情的开始、过程和结果都不了解。后来引申为对整个事情一概不知。有时也指装糊涂，如明代小说《二刻拍案惊奇》卷三说道："桂娘一定在里头，只作三不知，闯将进去，见他时再作道理。"古代还有"突然、一下子"的意思，如清代无名氏所作《定情人》中写道："小姐一见彩云，就问她：'我刚与若霞说的几句话，怎就三不知不

见了你，你到哪里去了这半晌？'"现代通常指对事情全然不了解。

"小巫见大巫"是什么意思？

"巫"在中国古代指沟通天地神明的人，现指以祈祷求神骗取钱财的人。"小巫见大巫"是我们耳熟能详的成语，原义是小巫师遇到法力更强的大巫师，本领便无从施展。后比喻一个人的能力和才华与另一个人相去甚远。

这个典故出自汉代陈琳的《答张书》："今景兴在此，足下与子布在彼，所谓小巫见大巫，神气尽矣。"意思是说："现在我在这里，你和子布在那边，我和你们相比，那就是小巫见大巫，没什么神气的了。"

相传三国时张纮和陈琳是同窗好友。成年后，陈琳在魏国做官，张纮则在孙权帐下担任谋士。两人虽各为其主，但互相仰慕，常有书信往来。陈琳经常在同僚面前夸奖同乡张纮的文笔，恰好张纮也看到了陈琳写的《武库赋》和《应机论》，大为赞赏。就写信给陈琳表示要好好向他学习。

陈琳收到信后很是感慨，他在复信中谦逊地说："我生活在北方，消息闭塞，与天下的文人雅士交往甚少，没见过什么大世面。只是这里能写文章的人不多，所以我在这儿才容易得到大家过分的称赞，并不是我的才学真有那么好。与你和张昭比起来，差距实在太大了，就好像小巫遇见大巫，没法施展法术了。"

后来我们就用"小巫见大巫"来比喻两个人在某一方面的差距很大，当然不能仅从字面上理解为"小巫师和大巫师见面"。

典故溯源

"坐山观虎斗"典出何处?

"坐山观虎斗"从字面意义理解是坐在山上看老虎争斗。现在多指暂不介入双方或多方的斗争,待两败俱伤后再伺机从中渔利。

语出《史记·张仪列传》:"庄子欲刺虎,馆竖子止之,曰:'两虎方且食牛,食甘必争,争则必斗,斗则大者伤,小者死,从伤而刺之,一举必有双虎之名。'卞庄子以为然,立须之。有顷,两虎果斗,大者伤,小者死。庄子从伤者而刺之,一举果有双虎之功。"

这个典故又叫"卞庄刺虎"。卞庄子,传说为鲁国勇士。有一次,他想刺杀老虎,旅馆童仆制止他说:"两只老虎正在吃牛,牛肉味美,两只老虎必然会抢食,从而发生争斗。两虎相斗的话,强的一方就会受伤,弱的会被咬死。如果这时候乘机刺杀受伤的那只,则可以一举两得。"卞庄子认为他说的有道理,就站在那里等待。过了一会儿,果然两虎相争,大的受伤,小的被咬死。卞庄再冲上去刺杀伤虎,果然一下获得了杀死两只老虎的功劳。

现在多用于外交或谋略方面。意指利用对方与其他人的矛盾,使其彼此争斗,互相削弱,最后达到战胜对方的目的。与之类似的成语很多,如"一举两得""一石二鸟""两败俱伤""鹬蚌相争,渔翁得利"等。

为什么用"三寸不烂之舌"形容人能说会道?

大家都知道成语"毛遂自荐",讲的是秦国攻打赵国,赵国派平原君向楚国求救。平原君想从众门客中挑选二十个人陪他一同前往,但尚差一人,于是毛遂便自荐愿意同往。这里的"三寸不烂之舌"也与他有关,而且"毛遂自荐"后正是凭其"三寸不烂之舌"才说服楚王派兵帮助赵国的。

据说平原君到达楚国后,与楚王谈了一上午也没有结果。帐下门客十分焦急,毛遂便自告奋勇要上殿去看看情况。楚王见毛遂其貌不扬,喝令下去。毛遂从容不迫,手握剑柄,大步走到楚王面前,说道:"大王当着我主人的面如此无礼。不过仗着楚国人多势众罢了。现在你我的距离不过十步,大王的性命就掌握在我手里,楚军再多也没用。"接着毛遂向楚王详细分析了形势,指出救赵就是救楚国自己,赵、楚两国实乃唇齿的关系。

楚王觉得毛遂言之有理,就与平原君缔结了盟约。回国后,平原君感慨地说:"我以后再也不说能识别人才了。毛先生一番话语,真是强过百万之师啊!"这个典故记载在《史记·平原君虞卿列传》上,原话是"毛先生以三寸不烂之舌,强于百万之师。"后来就用"三寸不烂之舌"来比喻人能言善辩,口才极好。

"天知、地知、你知、我知"典出何处?

"天知、地知、你知、我知"的含义是没有其他人知道,现在一些人搞私下交易经常说这句话。意思是我俩的交易除了天地知道外,就只剩下你我了,此外再无其他人知道。其本义不是没人知道,而是有人知道的意思,来自"杨震拒金"这个典故。

杨震,字伯起,东汉弘农华阴(今属

陕西）人。他年少时勤奋好学，"明经博览，无不穷究"，是当时的饱学儒士，人称"关西夫子杨伯起"。50 岁的时候，杨震接受大将军邓骘的推荐进入官场，历任荆州刺史、东莱太守，后又任涿郡太守。元初四年到朝中任太仆、太常。永宁元年官至司徒。

相传他在上任东莱太守的路上，途经山东巨野留宿一夜。当地县令王密曾由杨震举荐为官，为表感激之情，王密身携十斤黄金深夜前来拜访。二人相见后，相聊甚欢。临走时，王密将十斤黄金作为礼物，放于桌上。杨震见状，严肃地说："过去我举荐你，是因为欣赏你的才华。我了解你，你怎么就不了解我呢？"王密赶紧回答道："今天是个例外，聊表心意而已。再说了，这半夜三更的，也没人知道啊！"杨震听后，正色道："天知、地知、你知、我知。怎么没人知道呢？"一句话把王密说得羞愧难当，只好收起金子告辞。

这句话的原意是说：干不正当的事情，怎么会没人知道呢？即使别人不知道，那还有天地和你我知道啊！告诫人们要克己奉公，廉洁操守。但后人反其道而行之，借此表达别人不可能知道之意。

"东窗事发"语出何处？

"东窗事发"常用来比喻阴谋或秘密勾当暴露。那为什么是"东窗事发"，而不是"西窗"或"北窗"呢？

这事与宋朝大奸臣秦桧谋害岳飞有关。最早见于明朝田汝成《西湖游览志余》："桧归，无何而死。未几，子熺亦死。王氏设醮，方士伏章，见熺荷铁枷，

问：'太师何在？'熺曰：'在酆都。'方士如其言而往，见桧与万俟卨俱荷铁枷，备受诸苦。桧曰：'可烦传语夫人，东窗事发矣。'"据说秦桧为降金国，和他老婆王氏于东窗下多次密谋陷害力主抗金的英雄岳飞。他曾数次诬告岳飞谋反，但当时的大理寺卿薛仁辅、枢密使韩世忠等人都为岳飞鸣冤，使他有所顾忌。岳飞被抓起来后，并没有认罪。迫于朝野压力，秦桧想放了岳飞，但又拿不定主意。一天，秦桧又独自坐在东窗下面，想如何谋害岳飞。这时候王氏恰好过来，便问道："夫君为何事愁眉苦脸，犹豫不决？"秦桧就把心中的想法告诉了王氏。王氏听完，从衣袖中取出一枚柑橘，用手掰开，将其中一半递与秦桧，说："这个橘子一掰就开了，有什么困难的。难道你没听说过放虎归山的道理吗？"秦桧听后，下定决心谋害岳飞。不久，岳飞父子就被杀害了。再后来，秦桧和他的儿子秦熺都死了，王氏就请道士为他们招魂。道士作法时，见秦桧父子在地狱中受罚。秦桧还对道士说："烦传语夫人，'东窗事发'啦！"

后来，人们就用这个成语来表达阴谋败露，罪行被发现，即将被惩治等含义。

何谓"江郎才尽"？

"江郎才尽"比喻一个人年轻的时候很有才华，到年老时才情减退。"江郎"，历史上确有其人，名江淹。据《南史·江淹传》："淹乃探怀中得五色笔一以授之。尔后为诗绝无美句，时人谓之才尽。"这便是"江郎才尽"的出处。

江淹，字文通，南朝梁人。他年轻的时候就很有才名，写的诗和文章在当时都

获得了很高的评价。但年纪大了后，他的文章不但没以前写得好了，还退步很多；诗歌更是平淡无奇。

于是就有人传说：江淹有一次在冶亭睡午觉，梦见一位自称郭璞的美貌男子对他说："我有只笔在你那多年了，现在该还给我了。"江淹就往怀里摸去，果然掏出一只五色笔。还给那人，之后，江淹再写诗就没什么文采了。

有人说江淹之所以文采减退是因为做了官以后政务繁忙，没有心思去行文作赋。久而久之，文章自然会逊色不少。还有人说江淹不是文采减退，而是为了避祸于梁武帝。据古直《诗品笺》引张溥的话道："江文通遭梁武，年华望暮，不敢以文陵主，意同明远，而蒙讥才尽。世人无表而出之者，沈休文窃笑后人矣。"意思是说：江淹年暮时，当政的梁武帝是个文人，他不敢说自己才华出众，恐遭嫉妒。后世人不知道缘由，却讥诮他才尽。这事也只有沈约（与江淹同时代人，有相同遭遇，在梁武帝面前亦不敢过分显露才华）知道真相了。

我们相信，才华不会凭空消失。不过古语说得好："刀不磨，要生锈；人不学，要落后。"任你再聪明绝顶，文思泉涌之人，不经常练笔或阅读，也可能逐渐落后于他人，到最后只能"江郎才尽"了。

"先下手为强，后下手遭殃"来源于一个怎样的故事？

"先下手为强，后下手遭殃"是指抢在别人前面，掌握先机，先发制人。意思是谁先动手谁就更有利，而后下手的就要遭殃。那么这个词语最早是如何产生

的呢？

象棋早在中国春秋战国时期就有了。与象棋有关的有一套完整的术语，如"先手"一般指红方开局先行或在对弈中处于进攻的一方；后手就是黑方，一般是应红方所起之子，属防守一方。但是棋艺有高下，后手有可能成为先手，先手的也可能变成后手，而实现转化的就是"后中先"的精妙落子。

一般而言，象棋中"先手"方都具有较大的优势，所以古代有"让先"的说法。两个人对弈，如果双方谁先手谁赢，我们说他们"旗鼓相当"。"先下手""后下手"便来自这里，最初指棋盘落子的先后，通常先手占有优势，后手处于不利地位。故有"先下手为强，后下手遭殃"之义。

另据《隋书·元胄传》："（高祖）曰：'彼无兵马，复何能为？'胄曰：'兵马悉他家物，一先下手，大事便去。胄不辞死，死何益邪？'"在元杂剧关汉卿《单刀会》中"我想来先下手为强，后下手遭殃"是最早出现该词句的记载。

"先下手为强，后下手遭殃"是古人智慧的体现。它告诉我们凡事只有走到别人前面，才能克敌制胜，被动落后就要挨打。这是"先发制人"的战略和军事思想的体现，在搏击术中也有广泛的运用，生活中体现这一原则的事例就更多了。

人们为什么把"白眼"等同于轻视呢？

眼睛是心灵的窗户，反映我们内心的真实想法和意图。中国古代有很多与眼睛有关的词汇，其中有颜色的比如"白眼""白眼狼""青眼"等。"白眼"通常指被

轻视或厌恶，"白眼狼"指没人性、忘恩负义之人。"青眼"与"白眼"意义相反，指人高兴时眼睛正着看，黑色的眼珠在中间，比喻对人的重视或喜欢，由此衍生的词有"青睐""垂青"等。

"白眼"这个词的来历与阮籍有密切关系。阮籍是魏晋"竹林七贤"之一，才华横溢。相传他能做"青白眼"：两眼正视，露出虹膜，则为"青眼"，以看他尊敬的人；两眼斜视，露出眼白，则为"白眼"，以看他不喜欢的人。

当时魏国司马氏把持朝政，阮籍难有作为。他终日与嵇康等人喝得酩酊大醉，对追名逐利的人十分反感。阮籍的母亲去世，朋友亲戚都来吊唁。嵇康的哥哥嵇喜也前往阮籍家中表示哀悼。嵇喜是个追名逐利的官员，与司马氏打得火热。阮籍很不乐意见到他，所以自他跨进灵堂，阮籍就不愿理会，便把黑眼珠滑进眼皮底下，用白眼珠翻了翻。嵇喜只好灰溜溜地走了。后来，品行高洁的嵇康前来吊唁，阮籍马上站起来迎接，眼睛也有神了，黑眼珠充满熠熠神采。

这便是"白眼"和"青眼"的由来。"白眼"本来指眼睛斜视，露出眼白看人，后来引申为轻视或讨厌之意。我想我们每个人都应该做个让人"青眼有加"的人，而不是遭白眼，不被重视。

"才高八斗"从何而来？

大家都知道建安诗人曹植能七步成诗，"才高八斗"就也是形容他的，意为才华很高，学识渊博。斗，古代计量单位，一石等于十斗。八斗，极言其多。这个成语出自南朝无名氏的《释常谈·八斗之才》："文章多，谓之八斗之才。谢灵运尝曰，'天下才有一石，曹子建独占八斗，我得一斗，天下共分一斗。'"

谢灵运是南朝时的宋朝人，著名的山水诗作家。他的诗大多描写会稽、庐山、永嘉等地的风景名胜，善于刻画自然景物，开创了文学史上的山水诗一派。他的诗艺术性强，形式唯美，备受当时文人雅士的喜欢，世人争相传抄摘录。宋文帝很欣赏他的才华，特地将他召回京都任职，并称其诗作和书法为"二宝"。谢灵运自视也颇高，一次喝醉酒后自夸道："魏晋以来，天下的'才华'有一石，曹植一个人就占了八斗，我占了其中一斗，剩下的一斗就交给天下人去分吧！"

这里当然是谢灵运对自己的溢美之词。不过从中我们也可以看出他对曹植还是特别欣赏的，不然以其狂傲的个性，也不可能说出曹植"才高八斗"的话来。天下其他文人才分一斗，极言轻蔑之意。

后来就用才高八斗来表示才华出众，学识渊博。

何谓"破天荒"？

我们常说"破天荒的头一次（遭）"，意指第一次或以前从未出现过的事情。"天荒"，宇宙混沌未开的初始状态。两人谈恋爱常说："我要和你在一起，直到天荒地老。"这里"天荒"就是回到宇宙初始时的样子，寓意永恒。

何谓"破天荒"？这与中国古代神话传说有关。相传盘古开天辟地，此为"破天荒"，意为有史以来的头一遭（大事）。但是，这个词语的具体出处，则是五代十国时期孙光宪所著《北梦琐言》，其中有这么一句话："唐荆州衣冠薮泽，每岁解送举人，多不成名，号曰天荒解。刘蜕舍人以荆解及第，号为'破天荒'。"

据载，唐朝时期，荆南（今湖北）地区选送考生参加全国举行的殿试，几十年间竟没有一个考中，因此被讥笑为"天荒解"。解，科举制度中乡试第一名。后来，在唐宣宗大众四年，有个叫刘蜕的考生考中了进士，总算破了"天荒"。据说，当时的魏国公崔弦得知刘锐考中进士，便写信表示祝贺，并赠他七十万"破天荒"钱。刘蜕不肯接受，在回信中，他写道："五十年来，自是人废；一千里外，岂曰天荒。"

"破天荒"在旧时多指文人突然得志扬名，现在通常用来表达首次出现或以前从未出现的新鲜事，不一定强调是好事。

"秋波"指的是什么？

"秋波"这个词很早就有了，本义是"秋风下，湖面泛起的一阵阵涟漪，澄澈、漾动"。后用来形容美女的眼神，如"眉如青山黛，眼似秋波横"。

据《晋书·谢鲲传》载："邻家高氏女有美色，鲲尝挑之，女投梭，折其两齿。"说是谢鲲当时家住建康（今南京），邻居高家有个女子长得十分漂亮，谢鲲便走上前去挑逗。当时那女子正在织布，怒他无礼，随手抛出织布的梭子打他，把他的两颗门牙都打断了。

后来苏轼在其诗《百步洪》中提到这个典故，有"佳人未肯回秋波，幼舆欲语防飞梭"之句。这里的幼舆指的就是谢鲲。有人认为这便是"秋波"一词的来历。不过谢鲲传中并未语及"秋波"，只说被打。

唐朝的时候已经有用秋水来形容女子眼神清澈美丽的诗句。比如诗鬼李贺的《唐儿歌》："骨重神寒天庙器，一双瞳人剪秋水。""秋波"是否源于此诗，难以考证，但"秋波""秋水"的说法逐渐增多，确是在唐代以后。

如白居易对弹筝女的赞美："双眸剪秋水，十指剥春葱。"韦庄《秦妇吟》："西邻有女真仙子，一寸横波剪秋水。"南唐后主李煜《菩萨蛮》："眼色暗相钩，秋波横欲流。"《西厢记》中也有："怎当他临去秋波那一转。"

人们为什么把女子的细腰称为"小蛮腰"？

"小蛮腰"通常用来形容女子的细腰。"小蛮"是唐代大诗人白居易的一个家姬的名字，因其腰细如杨柳而得名。唐孟棨《本事诗·事感》："白尚书姬人樊素善歌，姬小蛮善舞，尝有诗曰：樱桃樊素口，杨柳小蛮腰。"

唐代官员多有家姬，主要从事歌舞表演。白居易的两个家姬：樊素擅长唱歌，小蛮善于舞蹈。白居易就写了首诗赞美她俩，说樊素的口小巧有如樱桃，小蛮的腰纤细柔软如同杨柳。后来形容美女就经常使用这两个词汇："樱桃小口""杨柳细腰"。

古代审美观与现在有些差异。嘴讲究红润、小巧。古代仕女图上美丽的女子一般都嘴小如樱桃，唇不点自红。有些看上去嘴和脸的比例有些失调，亦被视为美。至于细腰之爱，则相当过分。如"楚王好细腰"，当时宫中女子很多经常一天只吃一顿饭，目的只是为了得到君王的好感。

什么是"天伦之乐"？

"天伦之乐"泛指家庭的乐趣。伦，指人与人之间的关系；天伦：天然形成的人际关系，指骨肉亲情。李白《春夜宴从弟桃花园序》："会桃李之芳园，序天伦之乐事。"在桃花盛开的春夜，李白与其弟在园中饮酒作乐，共叙天伦之乐。

"天伦"与"人伦"不同。"天伦"所形成的人际关系，是天然的。多指兄弟、父子之间的关系。表示兄弟关系的如《谷梁传·隐公元年》："兄弟，天伦也。"《周书·裴宽传》："裴长宽兄弟，天伦笃睦，人之师表。"表示父子、家庭关系的如《儿女英雄传》第十二回："他父子才得说一番无限离情，叙一番天伦乐事。"第三十三回："何如他家这等妇子家人，联为一体，岂不得些天伦乐趣？"昆曲《十五贯·受嫌》："但不知何日能养家，乐天伦？"

"人伦"，指人与人之间的关系或秩序，如长幼尊卑秩序，君臣之理。更多指除家庭以外的各种人际关系的总和。如《孟子·滕文公上》："人之有道也，饱食暖衣，逸居而无教，则近于禽兽，圣人（舜）有忧之，使契为司徒，教以人伦：父子有亲，君臣有义，夫妇有别，长幼有叙，朋友有信。"《汉书·东方朔传》："上不变天性，下不夺人伦。"

中国封建社会受儒家思想影响，非常重视伦理道德。"天伦"应该是"人伦"的一部分，但由于男耕女织，社会生产和生活的基本单位是家庭，所以"天伦"被特别强调，特指骨肉之间的亲情关系。至于"天"和"人"的区分，则受天人合一学说的影响。在易理中，天地先于人而生，故人不可违"天道"，天伦也比人伦要重要。

这两个概念是存在严格区分的。"天伦之乐"不可以改成"人伦之乐"，因其专指家庭成员之间的融洽和欢乐。此外，天伦之乐还含有生活幸福美满之意。

"目的"一词的原义是什么？

"目的"就是目标，是行为主体根据自身的需要，预先设想的行为目标和结果。目的反映了人对客观事物的实践关系。人类的一切实践活动都离不开目的，目的贯穿于我们实践活动的全部过程。

在古代，"目的"并非名词，而是作动词解，意思是用眼睛看着箭靶的中心。"的"就是箭靶的中心的意思，如成语"一矢中的"。"目的"一词大有来头，与唐高祖李渊大有渊源。

据说唐朝窦皇后出身豪门，本为北周皇亲国戚。隋文帝杨坚夺取北周政权后，她气不过说："要是我是男儿，就可以去帮助舅舅了！"其父连忙捂住其口，告诉其不可乱说，但私下却对女儿的胆识感到佩服，于是下定决心为其寻个好婆家。

窦家在大门后设一个画有孔雀的屏风，应婚的男子只要射中孔雀的眼睛，便可娶窦女为妻。消息传出，全城震动，许多王孙贵族慕名而来，但都没有射中。唐高祖李渊听说后，手发两箭。一中孔雀左目，一中右目，两发全中。于是窦家小姐就嫁给了他。

李渊称帝后，窦女就成了窦皇后。现在我们很少有人去想这个词语背后的含

典故溯源

义，因为它实在太普通，理解起来也没任何困难。但就是这么一个不起眼的词背后却隐藏着一个鲜为人知的故事，足见中华传统文化的博大精深。

为什么把无拘无束叫"闲云野鹤"？

"闲云野鹤"从字面理解是漂浮的云，野生的鹤，比喻生活闲散、脱离世事的人。语出自宋代尤袤《全唐诗话》卷六："州亦难添，诗亦难改，然闲云孤鹤，何天而不可飞。"

这个典故与一个叫贯休的和尚有关。贯休，俗名张德隐，婺州兰谿人，唐末五代著名画僧。他七岁出家，为和安寺圆贞禅师童侍。贯休是个记忆力非常好的人，像《法华经》这样的佛教经典，他能日诵千字，且过目不忘。他又特别喜欢吟诗作对，出口成章。见到他的人都为他的才华叹服，几年下来已是远近闻名。

当时中原战乱频繁，贯休为避战乱，远走越地。因感吴越王钱镠治理苏杭有功，遂赋诗一首求见。诗中对钱镠称赞有加："贵逼身来不自由，几年勤苦蹈林丘，满堂花醉三千客，一剑霜寒十四州，莱子衣裳宫锦窄，谢公篇咏绮霞羞。他年名上凌烟阁，岂羡当年万户侯。"钱镠于景福二年九月任镇海军节度使，驻杭州。在他任上，江浙之民安居乐业，不同中原战火连绵不断，人民痛苦不堪。但钱镠也是个有雄心的人，有心一统中原，对占据江浙两地并不十分满足。当他看到贯休得诗后，觉得"十四州"别扭，要求改成"四十州"方肯相见。

贯休是个不肯屈就的人物，更兼才华横溢，难免恃才傲物。听到钱镠手下的回

话，心中大为不快，于是又留下一首诗，扬长而去。诗云："不羡荣华不惧威，添州改字总难依。闲云野鹤无常住，何处江天不可飞？"钱镠心中后悔，急忙派人追赶，但贯休已经离开越地前往蜀国。蜀太祖王建很欣赏他，封邑八千，任三品紫袍佛教教务总管。

后来就用"闲云野鹤"来比喻生活闲散、脱离世事的人。如长篇小说《红楼梦》中："独妙玉如闲云野鹤，无拘无束。"

为什么要用"凤毛麟角"比喻稀缺的人才？

"凤毛麟角"原来的意思是凤凰的毛，麒麟的角。比喻稀缺而又珍贵的人或物。

此成语出自《世说新语·容止篇》："王敬伦（王劭）风姿似父，作侍中，加授桓公（桓温）公服，从大门入。桓公望之曰：'大奴固自有凤毛。'"意思是王敬伦气度非凡，被桓温称赞为"自有凤毛"（像他的父亲，古代这么说含有褒奖的意思）。《南史·谢超宗传》："超宗殊有凤毛。"谢超宗是谢灵运的孙子，很有才华。孝武帝夸奖他有凤毛。右卫将军刘道隆听说后，以为有稀罕之物，于是到谢家寻找，找了半天也没找到。《北史·文苑传序》："学者如牛毛，成者如麟角。"学者多如牛毛，但真正成功的却如麟角般稀少。

从出处可以看出，"凤毛"和"麟角"最初并不放在一起使用。"凤"和"麟"分别指中国古代神话传说中的两种动物。凤，传说中的百鸟之王，又称"不死鸟"；凤为雄，凰为雌。麒麟，上古神兽，为兽

中之王，形状像鹿，头上有角，全身有鳞甲，尾像牛尾。"凤毛"和"麟角"都是极其罕见和珍贵的东西。由于语义相近，后人就连起来用，用以表示难得的人才或东西。

"凤毛麟角"有很多同义词，如百里挑一、世所罕见、寥寥无几、屈指可数等。

为什么要用"四面楚歌"来形容形势危急？

"四面楚歌"常用来比喻腹背受敌、穷途末路的窘况。这个成语其实很多人并不陌生，与楚汉之争有密切的关系。语出自《史记·项羽本纪》："项王军壁垓下，兵少食尽，汉军及诸侯兵围之数重。夜闻汉军四面皆楚歌，项王乃大惊，曰：'汉皆已得楚乎？是何楚人之多也。'项王则夜起，饮帐中。有美人名虞，常幸从；骏马名骓，常骑之。于是项王乃悲歌慷慨，自为诗曰：'力拔山兮气盖世，时不利兮骓不逝。骓不逝兮可奈何！虞兮虞兮奈若何！'歌数阕，美人和之。项王泣数行下。左右皆泣，莫能仰视。"

楚汉之争后期，项羽在垓下被刘邦重重围困，士兵越来越少，粮草也快没有了。为瓦解楚军斗志，汉军唱起楚地的歌谣。项羽听到，大惊失色："汉军已经把楚地都占领了吗？不然的话，为何汉军中楚人如此之多啊！"项王夜不能寐，与群臣饮于帐中。有美人名虞姬，受宠爱，常陪在身边；有宝马骓，常骑之来回奔驰。于是项羽就慷慨悲歌："我力能拔山啊豪气压倒一切，然而时机对我不利啊骓马不驰。骓马不驰啊怎么办，虞姬啊虞姬你说

我该怎么办？"唱了数遍，虞姬也同他一起唱。项羽泪流数行，身边侍卫也都哭了，谁也不能抬头看项羽了。

这便是"四面楚歌"的来历。其实项羽是中了刘邦的计谋，由"四面之楚歌"而误以为楚地尽失，进而丧失了斗志。鸿门宴上，项羽本可轻松杀掉刘邦，但却不忍为之。此人虽然刚愎自用，然而却有豪士之风，重义气，讲交情，不比刘邦贪酒好色，心机城府都很深。所以后人对于项羽的失败多有抱不平者。如李清照《夏日绝句》里写道："生当作人杰，死亦为鬼雄。至今思项羽，不肯过江东。"

古人为什么用"两袖清风"来比喻官员清正廉洁？

"两袖清风"本义是指两个袖子里除了清风外什么都没有。引申为为官清廉，克己奉公。这个典故与明朝著名廉吏于谦有关。他有首著名的《石灰吟》："千锤万凿出深山，烈火焚烧若等闲。粉骨碎身浑不怕，要留清白在人间。"

明正统年间，宦官王振以权谋私，每逢朝会，各地官僚为了讨好他，多献以珠宝白银。巡抚于谦每次进京奏事，总是不带任何礼品。他的同僚劝他说："你虽然不献金宝、攀求权贵，也应该带一些著名的土特产如线香、蘑菇、手帕等物，送点人情呀！"于谦笑着举起两袖风趣地说："带有清风！"以示对那些阿谀奉承之贪官的嘲弄。

这在他写的《入京诗》中有所体现。"绢帕蘑菇与线香，本资民用反为殃。清风两袖朝天去，免得闾阎话短长。"意思是绢帕、蘑菇和线香这些本来是资为民用

典故溯源

的，怎么可以拿来送礼呢！上朝就要清风两袖的去，免得百姓议论啊！

后来就用"两袖清风"表达为官的清正廉洁。如陈基《次韵吴江道中》诗："两袖清风身欲飘，杜藜随月步长桥。"清代李宝嘉《文明小史》第十二回："他自己做了几十年的官，依然是两袖清风。"

"王顾左右而言他"出自何处？

孟子是中国古代儒家思想的代表人物。山东邹城人，名轲，字子舆。人称"亚圣"，与孔子并称为"孔孟"。著有《孟子》一书，属于语录体散文集。我们常说的"王顾左右而言他"便出自这本书。

据《孟子·梁惠王下》记载，孟子尝谓齐宣王曰："王之臣，有托其妻子于其友而之楚游者，比其反也，则冻馁其妻子，则如之何？"王曰："弃之。"曰："士师不能治士，则如之何？"王曰："已之。"曰："四境之内不治，则如之何？"王顾左右而言他。

孟子劝齐宣王施行仁政，采取了很巧妙的论证方法。他说："大王的臣子，有把妻儿老小交给自己朋友照顾而自己跑到楚国去游玩的。等他回来时，发现妻子儿女正在挨冻受饿。该如何处理呢？"齐宣王说："和他绝交！"孟子又说："士师（古代的司法官）不能治理自己的下属（士师下面有乡士、遂士等属官），该如何处理呢？"王说："罢免他！""那如果国家不太平，人民不能安居乐业，又该如何？"齐宣王左右张望，把话题扯到一边去了。

"王顾左右而言他"形象地刻画出了齐宣王有话不答，岔开话题的本事。孟子

的设喻非常精巧，先言与王不关之事，接着把话题迅速返回到齐宣王身上，让其很是尴尬，只好东张希望，东拉西扯以转移话题。

后来我们就用这个词语来表达对别人的话语避而不答，故意岔开话题的行为。"顾左右而言他"虽有一定的讽刺意味，但在论辩和交流的过程中不失为一种技巧。它可以避免泄露自己的一些隐私，还可以有效对付那些好事之徒。

何谓"噤若寒蝉"？

"噤若寒蝉"比喻有所顾虑而不敢说话。噤：不作声；寒蝉：深秋的知了；像深秋的知了那样默不作声。语出南朝宋范晔《后汉书·杜密传》："刘胜位为大夫，见礼上宾，而知善不荐，闻恶无言，隐情惜己，自同寒蝉，此罪人也。"

东汉末年，有个叫杜密的文人，为人正直刚正。在他担任太守等职期间，参加了打击宦官集团的斗争，他执法严明，对宦官子弟有恶必罚，有罪必惩，后被革职回颍川老家。

在家他仍关心国家大事，经常拜会颍川郡守、县令，一同探讨天下大事。可是同郡的原在四川任蜀都太守的刘胜辞官回家，与他迥然相反，闭门谢客。颍川太守王昱找杜密说："刘胜清高，公卿屡次推举他任职，他都拒绝了。"

杜密听出王昱话中有话，意在提醒他出来做官，直言道："像刘胜这样的人应当为国为民多做些事情。但是他对好人不予举荐，对恶人坏事不敢揭露批评，明哲保身，一声不吭，就像冷天的知了，实乃当世之罪人。"

"噤若寒蝉"带有一定的贬义。多指害怕受处分或牵连而不敢说话。如邹韬奋《萍踪寄语》："偶遇中国有了好事，便噤若寒蝉。"杨沫《青春之歌》："他的话完了，台下有几个人拼命地高声鼓掌，而更多的人却噤若寒蝉、面面相觑。"

"网开三面"怎么变成"网开一面"了？

"网开一面"比喻对人采取宽大处理的态度。如姚雪垠《李自成》第一卷第十二章："插翅难飞，体上天好生之德，网开一面，谕令尔等速速投降，免遭杀戮。"清代文康《儿女英雄传》第二十一回也说："再说当年，如邓芝龙、郭婆等，带这班大盗，闹得那翻江倒海，尚且网开一面。"

"网开一面"这个成语是由"网开三面"演变而来，与商汤教人捕鸟有关。在《吕氏春秋》和司马迁的《史记》上皆有记载。如《吕览》记载："汤见祝网者置四面，其祝曰：'从天堕者，从地出者，从四方来者，皆禽吾网。'汤曰：'嘻！尽之矣。非桀其孰为此也？'汤收其三面，置其一面，更教祝曰：'昔蛛蝥作网罟，今之人学纾。欲左者左，欲右者右，欲高者高，欲下者下，吾取其犯命者。'汉南之国闻之曰：'汤之德及禽兽矣！'四十国归之。人置四面未必得鸟，汤去其三面，置其一面以网其四十国，非徒网鸟也。"

商汤有一次在郊外游玩，看到有个人置了四面网在那捕鸟。只听那人说道："天上飞下来的，地上飞出来的，四面八方飞来的，都被我的网捕获吧！"商汤听了，说："咳！那不是天下的鸟都要被你捕光了，如果不是夏桀那样的人，谁会这

商汤网开一面

么做呢？"于是，商汤将三面之网撤去，只留一面。教那人祈祷道："鸟儿啊，你想怎么飞就怎么飞吧，如果实在不想活了就到这网里来吧！"周围的一些国家听了这个故事后，感慨道："商汤的德行已经泽及鸟兽了。"于是都归顺他。后人评价说："有人四面置网却未必捕到鸟，而商汤去掉三面，只留一面却能让四十国归附，这恐怕不只是网鸟这么简单啊！"

至于如何由"网开三面"演变出"网开一面"，可能与古人觉得网开三面过于宽宏大量有关，网开一面就已经是很大的同情或让步了。

为什么把看得很清楚叫"明察秋毫"？

"明察秋毫"常用来形容看得很清楚，能深刻洞悉事理。毫者，毛也。中国古代书写用的毛笔，视所使用动物毛皮不同，有"狼毫""羊毫"等之分。秋毫，指秋天动物身上新长出来的细毛。明察秋毫意指连动物身上新长出来的细毛都能看清

典故溯源

楚，极言观察之细微，引申为洞悉事理，与"洞若观火"义同。

这个成语出自《孟子·梁惠王上》："'明足以察秋毫之末'，而不见舆薪，则王许之乎？"曰："否。""今恩足以及禽兽，而功不至于百姓者，独何与？然则一羽之不举，为不用力焉；舆薪之不见，为不用明焉；百姓之不见保，为不用恩焉。故王之不王，不为也，非不能也。"

孟子对梁惠王说："能够观察到秋天动物新长出细毛的末梢，却看不到一车柴草，王同意吗？"惠王说："不同意。"孟子就又说："现在恩德足以施及鸟兽，而实际百姓还没得到任何好处，这是为何？一根羽毛都不举，那是没有用力；一车柴草看不见，那是没有用眼睛。不爱护百姓，那是没有恩德的表现。所以名义上称王却没有王的功德，是不去做，而不是不能做好。"

这番话是劝谏惠王行仁政于天下。文中"明足以察秋毫之末"是"明察秋毫"的直接来源，意指观察入微、明白事理。如清朝沈复《浮生六记·闲情记趣》："余忆童稚时，能张目对日，明察秋毫，见藐小微物，必细察其纹理。"

"万事俱备，只欠东风"出自何处？

"万事俱备，只欠东风"比喻所有的准备工作都已做好，但尚差一个条件才能完成整件事情。语出自《三国演义》四十九回："孔明索纸笔，屏退左右，密书十六字曰：'欲破曹公，宜用火攻，万事俱备，只欠东风。'"

这个典故与古代以少胜多的著名战例"赤壁之战"有关。公元208年，曹操率

领百万大军南下，意欲一举消灭刘备和孙权，一统天下。刘备在诸葛亮的帮助下，与东吴大将周瑜联手，一起商讨破敌之策。

曹军势大，但并不习水战。所有战船皆用铁链相连。周瑜想到用火攻的办法，但所有的准备都做好后，唯独东风迟迟不至。原来曹军驻扎于长江的西北，而东吴的船只靠在南岸，时为冬季，只有西北风而无东南风。这让周瑜十分抑郁，最后病倒在床上。

诸葛亮听说后，前去探望。周瑜不愿说出实情，只说："人有旦夕祸福，怎能保不得病呢？"孔明早就料到他的心事，于是笑道："我有个药方，保证治好您的病。"说完，写了16个字递给周瑜。

周瑜一看，原来是："欲破曹公，宜用火攻；万事俱备，只欠东风。"周瑜见心事被说破，便诚心向孔明请教。孔明精通天文气象，预测到近期肯定会刮几天东南风，就对周瑜说："我有呼风唤雨的法术，借给你三天三夜的东南大风，你看怎样？"周瑜高兴地说："不要说三天三夜，只一夜东南大风，大事便成功了！"

周瑜命令部下做好一切火攻的准备，等候诸葛亮借来东风，马上进兵。诸葛亮让周瑜在南屏山修筑七星坛，然后登坛烧香，口中念念有词，装作呼风唤雨的样子。半夜三更，忽听风响旗动，周瑜急忙走出军帐察看，真的刮起了东南大风，他连忙下令发起火攻。

经此一仗，曹操败退，狼狈逃回许都，而后三分天下得以实现。后来就用"万事俱备，只欠东风"来表示做好了一

切准备，只差一个条件就可以行动或成功。

何谓"缘木求鱼"？

"缘木求鱼"比喻做事的方法不对，劳而无功。缘：沿着；木：树枝；顺着树木去找鱼，只能失败。

这个典故与孟子有关，语出《孟子·梁惠王上》"然则王之所大欲可知已：欲辟土地，朝秦楚，莅中国，而抚四夷也。以若所为，求若所欲，犹缘木而求鱼也。"

一次，梁惠王对孟子说他有更大的心愿。孟子就问惠王有什么大的心愿，惠王笑而不答。孟子就说："是食物不可口吗，是衣服不够舒服吗，是色彩不够眼睛看吗，是声音不能满足听觉需要吗，还是手下人手不够使唤呢？"

惠王说都不是。孟子就说："大王的心愿我是知道的。想要扩张土地，使诸侯来拜，君临天下，安抚周边少数民族。不过以大王现在的作为，希望达到这个目标，就像顺着树枝求鱼，怎么可能成功呢？"意思是不行仁政，天下豪杰、商贾、百姓不归顺，天下一统的愿望也难以实现。

后来就用"缘木求鱼"表达做事的方法不正确，劳而无功。如南朝宋范晔《后汉书·刘玄传》："今以所重加非其人，望其毗益万分，兴化致理，譬犹缘木求鱼，升山采珠。"蒲松龄《聊斋志异》："缘木求鱼，狼则罢之，是可笑也。"

"首鼠两端"是什么意思？

"首鼠两端"当然不是说一个老鼠两个头，而是指老鼠出洞前，头时而探出洞来，时而缩回，不能自决。比喻拿不定主意，犹豫不决。这个词语出自西汉司马迁《史记·魏其武安侯列传》："武安已罢朝，出止车门，召韩御史大夫载，怒曰：'与长儒共一老秃翁，何为首鼠两端。'"

这里的魏其侯指窦婴，他是景帝之母窦太后的堂侄。在平定七国之乱中有功。灌夫是他手下的一员猛将，勇冠三军，曾孤身深入敌阵，身中数十刀，威名播于天下，很受窦婴赏识。

武安侯是田蚡，为景帝王皇后的兄弟。二人均是皇亲国戚，但后来武帝即位后，窦家渐渐失势。田蚡仗着是汉武帝舅舅的身份，飞扬跋扈。那些喜欢趋炎附势的，都归附田蚡。

一次田蚡娶妾，大排宴席，所有贵族和大臣都去贺喜。窦婴约灌夫同去敷衍一番，灌夫鄙视田蚡，不愿意去，窦婴再三劝说，才勉强一同前往。在宴会上，灌夫向田蚡敬酒时，田蚡却不喝，向灌贤敬酒时，灌贤又只顾同程不识交头接耳地说话。灌夫心中愤怒，便大骂灌贤说："我平日就看程不识不值一个小钱，我是长辈，向你敬酒，你站都不站起来，还学什么小娘腔咬他的耳朵说话！"

田蚡见灌夫破口骂人，立即下令把他逮捕。窦婴向汉武帝求情。武帝也难以决断，就让大臣们发表意见。御史大夫韩安国吞吐半天："魏其侯说，灌夫平时有功无过，酒后失言，不该处死，这是对的。丞相说，灌夫胡作非为，危及国家。这话也不错。究竟如何处理还请陛下定夺！"其余大臣也是模棱两可，当时只好不欢而散。田蚡坐车离宫，在宫门口看见韩安国在前面走，就叫他上车同行，埋怨他道：

典故溯源

"长孺！你应当同我一起对付那个秃翁（讽刺窦婴没有官职），为什么首鼠两端呢？"

后来就用首鼠两端表示做事犹豫不决、优柔寡断，在事物的左右两端摇摆不定。如清陈忱《水浒后传》第十二回："何得首鼠两端，坐待灭亡。"

"登堂入室"到底是指水平高还是指水平低？

"登堂入室"常指技艺由浅入深，循序渐进，达到了很高的水平；或指能力在原来的基础上又有了很大的进步。这个词语出自《论语·先进》："由也升堂矣，未入于室也。"

古人很早就有"家"的概念，"室"最初指夫妻起居生活的地方。如问人有无"家室"就是问人是否已娶妻生子。所以"室"在家之内，有亲密、亲近的含义。"堂"在古代含义广泛，中国民间将房屋的正中称为"堂屋"。官员办公的衙门称"大堂"或"公堂"，可见"堂"有公开、宽敞的意思。

在一些讲究的贵族或有钱人家，"堂"是必然存在的。进门后先经过屏风、回廊，然后来到正堂。正堂是接见客人、相互寒暄的地方。如果彼此关系很亲密，就可能进入"二堂"说话。在堂两边有花厅或偏房，可提供给客人居住。从"堂"往里走，就进入厢房，是主人生活和起居的地方，这就是"室"。"堂"和"室"的房屋布局源于古代宫室建筑。前面是堂，后面为室，入室必先经过堂。

《论语》是记载孔子及其弟子言行的儒家经典。"由也升堂矣，未入于室也"

是孔子说其弟子子路虽然学问不错，但却不够精深。

后人从中获得启发，就用"登堂入室"来表达技艺或造诣已经达到极高。如清代李渔《闲情偶寄·声容·习技》："听其翻阅，则书非书也，不怒不威而引人登堂入室之明师也。"一般而言，"登堂入室"指技术在较高的水平上更加精进，如果初学者，只能讲"入门"，所以古人治学有"入门、登堂、入室"三阶段说。

"二桃杀三士"是谁的计谋？

二桃杀三士，现常用来比喻借刀杀人。春秋时齐景公将两个桃子赐给公孙接、田开疆、古冶子，让他们论功而食，三人弃桃自杀。事见春秋时齐国晏婴《晏子春秋·谏下二》。

公孙接、田开疆和古冶子是齐景公时期著名的武士，因有勇力和老虎搏斗而闻名。有一次晏子从他们身边经过，小步快走以表示敬意，但这三个人却没有站起来。晏子就对景公说："我听说圣明的君主蓄养的武士，上有君臣之义，下有长幼之礼，对内可以除暴安良，对外可以打击敌人。所以国家尊重他们，给他们以高官厚禄。现在您蓄养的这些武士，以上的几条都不满足，这是国家的祸害啊，还不如早点把他们杀了。"

景公说："这三个人英勇异常，恐怕抓不住他们，刺杀他们也不太可能。"晏子说："他们都是凶狠好斗之人，没有什么长幼尊卑的礼貌。"于是晏子请景公赐给他们两个桃，对他们三人说："你们三个人按功劳分这两个桃吧！"

田开疆说："晏子真是高人啊！他叫

景公赐给我们桃，不接受就是没有勇气。我曾经和野猪、母虎搏斗，可以单独吃一个桃。"于是，他拿了一个桃。田开疆说："我曾经两次打退敌人的进攻，像我这样的功劳也是可以单独吃一个桃的。"于是，他拿了剩下的一个桃。轮到古冶子的时候，他说："我曾经杀过大海龟，救过大王的性命。怎么说也是可以单独吃一个桃的吧，你们两个还个桃回来！"于是，他拔出剑来。

公孙接、田开疆就说："我俩功劳确实没你大。拿着桃不让出来，就是贪婪。但是不死，就是没有勇气。"于是都返还了桃，自刎而死。古冶子见状，心中懊悔："他们两人都死了，我却独生，是不仁。向别人夸耀自己的功劳是不义。不死就是没有勇气。"他也自杀了。

两个桃子杀了三个勇士，晏子的心机不可谓不重。

"三脚猫"的说法起于何时？

"三脚猫"常用来比喻略知皮毛、学艺不精的人。关于这个词语的来历，历来说法颇多。最早见于宋代《白宝总珍集合》："物不中谓之三脚猫。"意思是不中用的东西叫"三脚猫"，引申为学艺不精、粗通皮毛的人。

元末明初陶宗仪的《南村辍耕集》："张明善作北乐府《水仙子》讥时云……说英雄，谁英雄；五眼鸡，岐山鸣凤；两头蛇，南阳卧龙；三脚猫，渭水非熊。"意思是学艺不精之人（三脚猫，之前已有此义）却被当成像渭水河畔姜子牙那样的人才。非熊，同飞熊，姜尚的号。

民间传说这个词语来自江浙一带的方言。清代光绪年间，有位老艄公身强体壮。每次船泊于上海滩南码头后，就在码头前面的空地上习武卖艺。他精通十八般兵器，双手可以举起船上两只各重30公斤的三脚铁锚，并且舞弄如飞。老艄公一时名噪上海滩，很多练武爱好者慕名前来拜师学艺，老艄公都很高兴地收下他们。后来艄公离去，但他的许多徒弟仍在码头空地舞弄三脚铁锚，但没有一个能达到当年老艄公那样炉火纯青的地步。于是，人们便戏称某种技艺懂而不精的人为"三脚铁锚"，后简称为"三脚锚"。"锚"和"猫"又谐音，时间长了，"三脚锚"就被讹传为"三脚猫"了。

"上有天堂，下有苏杭"的说法是怎么来的？

在淮河以南，便是我们常说的"江南"之地。江南风光秀美，人杰地灵。历史上有楚、吴、越等先后在此立国。从古至今，流传下来很多赞美江南美景的诗篇。"上有天堂、下有苏杭"更是把苏杭江南之地比为人间天堂、寰中仙境。

这个词语最初出自何处呢？有人说在唐代诗人任华所作《怀素上人草书歌》中有"人谓尔从江南来，我谓尔从天上来"的句子，这里就有把"江南"比为"天堂"的意思。但很明显，这里作者只是为了表达对于怀素草书的赞美之情，堪为天人之笔，而非言江南乃天堂。唐代诗人白居易做过苏杭二州的太守，留下了很多赞美江南美景的诗篇。如其《咏怀》诗第一句"苏杭自昔称名郡"已经把苏杭放在一起提了，但却未曾见"天堂"之说。

宋代诗人《吴郡志》中写道："谚曰：

典故溯源

'天上天堂，地下苏杭。'又曰：'苏湖熟，天下足。'湖固不逮苏，杭为会府，谚犹先苏后杭……"接着，他又援引白居易诗句进行论证，指出："在唐时，苏之繁雄，固为浙右第一矣。"由这里的"谚曰"可知，"天堂"一说应早于宋代，但或晚于唐代。

到了元代，"天堂"之谚进入了《双调蟾宫曲·咏西湖》："西湖烟水茫茫，百顷风潭，十里荷香。宜雨宜晴，宜西施淡抹浓妆。尾尾相衔画舫，尽欢声无日不笙簧。春暖花香，岁稔时康。真乃上有天堂，下有苏杭。"

明代唐寅的《江南四季歌》第一句为"江南人住神仙地"。这里的"神仙地"与"天堂"含义相近。清代曹雪芹《红楼梦》第一回："姑苏城中阊门，最是红尘中一二等富贵风流之地。"现代作家曹聚仁在《吴侬软语说苏州》中写道："'上有天堂，下有苏杭，杭州西湖，苏州山塘。'前天晚上，杨乃珍琵琶一响，呖呖莺声，唱出了七里山塘的风光。"

由上可知，"上有天堂。下有苏杭"的说法应晚于唐代，但却早于宋代，或产生于五代时期。任华赞美怀素的那两句诗，其实与苏杭"天堂"没有关系。

"一鸣惊人"是什么意思？

"一鸣惊人"，一声鸣叫让所有人都感到震惊。比喻平时不起眼或无作为，突然取得很大的成绩。关于这个成语有两个来源：一说来自楚庄王，一说来自齐威王。故事情节颇为相似，分别记载在不同的典籍上。

据《韩非子·喻老》载："楚庄王莅政三年，无令发，无政为也。右司马御座，而与王隐曰：'有鸟止南方之阜，三年不翅，不飞不鸣，嘿然无声，此为何名？'王曰：'三年不翅，将以长羽翼；不飞不鸣，将以观民则。虽无飞，飞必冲天；虽无鸣，鸣必惊人。'"

楚庄王是春秋五霸之一。他在任上励精图治，国力鼎盛，曾为十四国盟主。但刚即位的三年中却没有任何法令颁布和政策执行，整天沉溺于酒色之中。有大臣以隐语讽谏："我听说有一种鸟停在南方的山上，三年不展翅膀，不飞也不鸣叫，此鸟叫什么名字？"

楚庄王听出了话里的意思，就说："三年不展翅，那是在等羽毛丰满；不飞也不叫，那是在关注百姓呼声。虽然没有飞，但一飞必然冲天；虽然没有叫，但一叫起来就会让人震惊。"

这是关于"一鸣惊人"的最早记载。另说为淳于髡劝谏齐威王，语出《史记·滑稽列传》："齐威王之时喜隐，好为淫乐长夜之饮，沉湎不治，委政卿大夫。淳于髡说之以隐曰：'国中有大鸟，止王之庭，三年不蜚又不鸣，王知此鸟何也？'王曰：'此鸟不飞则已，一飞冲天；不鸣则已，一鸣惊人。'"

人们为什么"不敢越雷池一步"？

雷池，古地名，在今安徽望江县南，池水源自大雷水，东入长江。早在三国时期就已经有了雷池的称呼。《太平御览》（六十五卷）引《孝子传》："孟宗为雷池监，作一器以遗母，母不纳。""不敢越雷池一步"出自《晋书·庾亮传》："亮并不听，而报温峤书曰：'吾忧西陲过于历阳，足下无过雷池一步也。'"

东晋成帝时，庾亮担任中书令。为了防备西部边陲的敌人侵犯，他推荐温峤到江州任职，训练士卒，加强防务。后不久，历阳太守苏峻谋反，发兵攻打京都建康（今南京）。温峤知道后，立即号召部下将士，秣马厉兵，打算从水路入京勤王。当时，庾亮对形势估计不足，写信告诉温峤说："吾忧西陲过于历阳，足下无过雷池一步也。"意思是我担心西部边陲的敌人更甚于苏峻叛兵，你务必留在原地，不要越过雷池到京都来。

苏峻攻势凶猛，很快逼近建康，庾亮指挥晋军迎战，被杀得大败，京都失陷。无奈之下，庾亮只得投奔温峤。温峤并不责怪，请他守卫白石的营垒，自己则加紧操练水军，准备与苏峻叛军决一死战。后来二人齐心协力，杀掉苏峻，终于平定了叛乱。

后来就用"不敢越雷池一步"表示不敢超出一定的界限和范围，也比喻因循守旧，不敢创新。如秦牧《独创一格》："是用来批评那些已经学习了很多却'不敢越雷池一步'，在艺术手法上陈陈相因的人们的。"

"今朝有酒今朝醉"出自何处？

"今朝有酒今朝醉"是一种消极颓废的人生态度，比喻得过且过，破罐子破摔。这句诗出自唐代罗隐的《自遣》诗："得即高歌失即休，多愁多恨亦悠悠。今朝有酒今朝醉，明日愁来明日愁。"

罗隐，字昭谏，新城人，唐末诗人。大中十三年底至京师，应进士试，历七年不第。咸通八年乃自编其文为《谗书》，

这个做法深为统治阶级所憎恶，所以罗衮赠诗说："谗书虽胜一名休。"

后来，罗隐又断断续续考了几年，总共考了十多次，自称"十二三年就试期"，最终还是铩羽而归，史称"十上不第"。光启三年，罗隐回乡依吴越王钱镠，历任钱塘令、司勋郎中、给事中等职。

罗隐的小品文非常有名，其《谗书》多以揭露统治者的阴暗腐朽为内容，现存诗作 500 余首，并有哲学名著《两同书》两卷，小说《广陵妖乱志》《中元传》等。这样一个有才华的人，连续参加科举考试十多次均未中第。上文提到的《自遣》诗便是他未考中进士后的发泄之作。

全诗表达了及时行乐的态度。但文笔中带有极大的伤感，抑郁失望之情跃然纸上。

"天衣"为何"无缝"？

"天衣无缝"的本来含义是指天上神仙穿的衣服没有缝隙，后比喻事情周密完善，找不出任何破绽。也比喻人写文章极好，浑然天成。这个典故出自前蜀人牛峤的《灵怪录·郭翰》，其中有："徐视其衣并无缝，翰问之，曰：'天衣本非针线为也。'"

南北朝时期有个叫郭翰的书生，能书善画，性格幽默，讲话风趣。盛夏的一个夜晚，他正在树下乘凉，但见碧空如洗，明月斜挂，白云微卷，清风徐徐，满院都是桂花的香味。这时，一位长得异常美丽的仙女含笑站在郭翰面前。

于是发生了一连串有趣的对话。郭翰很有礼貌地问："小姐，您是从哪里来啊？"仙女说："我是织女，从天上来。你

典故溯源

有什么问题都可以问我。"郭翰就向那女子请教了好几个天上的问题，最后他说："你口口声声说来自天上，用什么证明你没有哄人呢？"仙女就让郭翰过去看她的衣服，果然一点缝隙都没有。仙女说："天衣无缝，你连这个都不懂，还称什么才子，我看你就是个傻瓜。"郭翰只是傻笑，再一瞧，仙女已经消失了。

后来就用这个典故表示事情计划得很周密，没有一丝破绽，如周而复《上海的早晨》里有："这一番话说得多么天衣无缝，又多么干净利索。"还可比喻文章构思严谨，如："这篇文章立意明确，论述周到、深刻，真可谓天衣无缝。"

何谓"尚方宝剑"？

"尚方"为古代少府（一种政府机构）官属，有尚方令、尚方丞，负责为皇帝或宫廷制造御用物品。尚方剑，指经过精密锻造供皇帝使用的宝剑，据说锋利可斩马，故又称尚方斩马剑。

"尚方宝剑"一词最早见于《汉书·朱云传》："臣愿赐尚方斩马剑，断佞臣一人张禹之头。"汉成帝时，宰相张禹曾经做过成帝刘骜的老师，很受宠幸。他私占大量土地和财物，生活奢侈淫靡。朱云是个敢于直谏的大臣，他对成帝说："希望陛下能赐给我尚方斩马剑，杀掉奸臣张禹的头。"

成帝听了，很不高兴，命御史将朱云绑下。朱云紧抱栏杆，据理力争，以至栏杆因此折断。这便是"折槛朱云"的故事。《后汉书·蔡伦传》载："中常侍蔡伦加位尚方令，监作剑即尚方剑。御用之器，臣庶不得私用，故言剑及诸器械，莫

不精工坚密，为后世法。"

蔡伦曾经当过监作尚方剑的官员，后世天子或赐钦命大臣尚方剑以专杀伐。《后汉书·彭宠传》中载，朱浮对光武曰："前吴汉发兵时，大王遗宠以礼必剑。"《冯异传》："赤眉延岑暴乱三辅，以异为征西将军讨之。车驾送至河南，赐以乘舆，七尺玉具剑。"《晋书》载，张轨镇凉州，南阳王遗轨以帝所赐剑，谓轨曰："陇以西征伐，悉心相委，如此剑矣。"

可见，"尚方宝剑"最初不过是为宫廷制造的刀枪剑戟的一种，后来特指古代帝王的佩剑，象征至高无上的权力。皇帝有时候把佩剑摘下来交给钦差以完成重要任务或使命，是权力和威严的象征，有时候还有"先斩后奏"的权力。

古代官员为什么要在衙门里挂"明镜高悬"的匾额？

古代官员的衙门大堂上，大多有"明镜高悬"的匾额。意思是自己明察是非，能辨忠奸善恶。这个成语原作"秦镜高悬"，典出《西京杂记》卷三："有方镜，广四尺，高五尺九寸，表里有明，人直来照之，影则倒见。以手扪心而来，则见肠胃五脏，历然无碍。"

据说汉高祖刘邦攻破咸阳时，发现了王室的藏宝库，里面的金银珠宝不可胜数，但最令刘邦惊讶的却是一面镜子。这面镜子呈长方形，宽四尺，长五尺九寸，正反面都可以照人。如果依平常姿势靠近它，影子是倒立的。如果用手捂住心口走近它，就能照出五脏六腑，清楚异常。如果病人捂住胸口照它，就能发现疾病的位置。如果女子的心术不正，就会发现胆特

别大，心脏跳动也不正常。秦始皇好猜忌，经常让宫女们照这面镜子，如果发现谁的胆大或心跳特别，就杀掉谁。

可见，"秦镜"可以看穿人的内心。任何人只要站在"秦镜"面前，一切忠奸善恶都可辨明。后来就用"秦镜高悬"比喻明察秋毫，为官清正廉洁。唐代诗人刘长卿在《避地江东留别淮南使院诸公》写道："何辞向物开秦镜，却使他人得楚弓。"

后来，一些官员为了标榜自己清正廉洁、明察秋毫，就在衙门大堂正中悬挂"秦镜高悬"的匾额。但很多人可能对"秦镜"的典故不熟悉，且"秦镜"又和"明镜"意义无太大差别，所以就逐渐演变成现在的"明镜高悬"了。

"树倒猢狲散"出自何处？

中国古代有"一人得道，鸡犬升天"或"依靠大树好乘凉"的说法。意思都是一人富贵或有权威，其他有关系的人都跟着得到利益或好处。与之意思相反的词就是"树倒猢狲散"。字面意思是指树倒了后，上面的猴子都跑光了。用来比喻那些权势人物一旦垮台，其他依附他的人只好纷纷散伙，含贬义。典出宋代庞元英《谈薮·曹咏妻》："宋曹咏依附秦桧，官至侍郎，显赫一时。……咏百端威胁，德新卒不屈。及秦桧死，德新遣人致书于曹咏，启封，乃《树倒猢狲散赋》一篇。"

宋朝有个叫曹咏的人，并无真才实学，但却很会拍马屁。他依靠大奸臣秦桧的帮助，很快坐到了侍郎的位置，显赫一时。他的大舅子厉德新知他不学无术，依附秦桧才得任高官，所以断定他没有好下场。曹咏很是气恼，一心想找个机会收拾他，但厉德新洁身自好，没有任何把柄落在他手里。

秦桧死后，那些依附他的大臣相继倒台，曹咏也被贬到新州。厉德新听说后，就写了封信给他。打开一看，是一篇题目叫《树倒猢狲散》的赋。文中把秦桧比喻为一棵大树，把曹咏等人比成树上的猴子。揭露了曹咏这种人依附秦桧作威作福、鱼肉百姓的丑恶行径。文中说现今大树已倒，猢狲四散，于国于民，真是可嘉可贺啊！曹咏看完，气得半天说不出话来。

后来人们就用"树倒猢狲散"来比喻权势人物倒台后，依附他的人便纷纷散伙。这个词语还常与"墙倒众人推"一起连用，如"树倒猢狲散，世态炎凉；墙倒众人推，落井下石。"

"快刀斩乱麻"的说法起于何时？

"快刀斩乱麻"指采取果断措施，解决棘手或复杂的问题。语出自《北齐书·文宣帝纪》。

高欢是东魏孝静帝时的丞相，他一共有六个儿子。有一次，高欢想看看哪个孩子聪明，就把他们叫到跟前说："这里有一大堆乱麻，现在每人发给你们一把，我想看看谁理得又快又好！"

孩子们为了得到父亲的喜欢，都争先恐后地理起乱麻来。他们有的把乱麻一根根抽出来，然后再一根根理齐，这种方法速度很慢；有的孩子一着急，还把麻结成了疙瘩。唯独二儿子高洋的方法与众不同。他找来一把快刀，把那些相互缠绕的乱麻几刀斩断，然后再加以整理，这样很快就理好了。

高欢就问他："你怎么想到用这个办法啊？"高洋回答："乱的东西就要用斩的方式。"高欢听后非常高兴，认为这孩子的思想方法不同常人，将来必定大有作为。后来，高洋果然夺取了东魏皇帝的王位，建立了北齐政权，自己做了北齐文宣皇帝。

后来，人们就用这个典故表达迅速采取措施，解决棘手或复杂的问题。如梁启超《乐利主义泰斗边沁之学说》："苟其所发论所措施，与此正鹄相缪戾者，则昌言排击之，无所顾恋，无所徇避，快刀断乱麻，一拳碎黄鹤。"

"冒天下之大不韪"这个成语出自何处？

"冒天下之大不韪"这个词语我们经常使用，意思是公然去干普天下公认为罪恶极大的事。韪，是、对；不韪，不对、错误。"大不韪"原为"五不韪"，出自《左传·隐公十一年》："郑息有违言。息侯伐郑，郑伯与战于竟，息师大败而还。君子是以知息人之将亡也。不度德，不量力，不亲亲，不征词，不察有罪，犯五不韪，而以伐人，其丧师也，不亦宜乎？"

春秋时期，息国和郑国发生了矛盾。息侯便率兵攻打郑国，郑伯和息侯在"竟"这个地方发生了战争，结果主动进攻的息国军队大败。

《左传》上评价说，息国之所以战败，主要犯了五大错误：一是不估计自己的威德是否比对方高，是否以德行在处理内政和外交事务。二是不量力而行，不考虑自身实力的强弱，就要去和当时国力强盛的郑国去较量。三是不亲亲，意指两国国君

本为同姓，是亲属而不彼此关爱。这源于周朝的分封制，郑国的第一个国君是周厉王的儿子，周宣王的弟弟姬友，息国和郑国均为姬姓之国，是亲戚。四是不征词，指双方产生矛盾后不通过谈判或言语沟通的方式来化解，而直接诉诸武力。五是不察有罪，指没认识到自己的错误。"诸侯无王命，入人之国，罪已大矣。"东周礼制认为，在没有周天子的允许下进入他国，侵犯邻国领土是有"罪"的。

《左传》中对于战争爆发的原因语焉不详，所以"五不韪"的论断是否准确难以下结论。但实力不济是肯定的，一个小国要经过陈、蔡等国长途行军进攻一个实力远比自己强大的对手，其结果可想而知。

后来人们就用这个典故来表达公然去干普天下公认为罪恶极大的事。多用作谴责、声讨。也作"犯天下之不韪"。

"箭在弦上，不得不发"有何来历？

"箭在弦上，不得不发"是指箭搭在弓弦上，不得不发射出去。比喻情势紧急，不得不采取措施或事出无奈。语出自三国魏陈琳《为袁绍檄豫州》李善注引《魏志》："矢在弦上，不可不发。"另见宋代李昉的《太平御览》卷五九七："陈琳作檄，草成，呈太祖。太祖先苦头风，是日疾发，卧读琳所作，翕然而起，曰：'此愈我疾病。'太祖平邺，谓陈琳曰：'君昔为本初作檄书，但罪孤而已，何乃上及父祖乎？'琳谢曰：'矢在弦上，不得不发。'太祖爱其才，不咎。"

陈琳，字孔璋，广陵射阳（今江苏省扬州市）人。东汉末年著名文学家，"建

安七子"之一。初仕袁绍，后归曹操。精通诗赋，才华出众。最初在袁绍手下任职的时候，曾代为起草讨伐曹操的檄文。有人把它呈送给曹操，曹操这天正好头疼病发作，躺在床上休息。但看了陈琳写的文章后就立马坐了起来说："此篇檄文治好了我的病。"后来，曹操击败袁绍，占领邺城，对陈琳说："你当初为袁本初作讨伐文告，只要怪罪我就可以了，为何还要辱及我的父、祖辈呢!"陈琳谢罪道："搭在弓弦上的矢能不发射出去吗?"言下之意是各为其主，这也是无可奈何的事情。曹操对他的才华十分喜欢，就不再追究他的责任。

后来，人们就用"箭在弦上，不得不发"来表达情势危机下断然采取的行动。我们常说的"开弓没有回头箭""如箭在弦"都有这个含义。如《鲁迅书信集·致杨霁云》："我觉得以文字结怨于小人，是不值得的。至于我，其实乃是箭在弦上，不得不发。"

"千夫指"出自何处，所指何人?

鲁迅是中国现代文学的奠基人，被喻为中国的托尔斯泰。他的两句《自嘲》诗"横眉冷对千夫指，俯首甘为孺子牛"，表达了自己对权贵的厌恶和对青年朋友的热爱之情。"千夫指"就是"千夫所指"，比喻为众人讨厌和指责。原来是贬义，这里鲁迅反其道而行之，表达自己即使为那些所谓的权贵和名流憎恨，也要坚持自己的战斗。

"千夫指"在历史上确有典故。原为"千夫所指，无疾而终"，与一个叫董贤的人有关。据说汉哀帝是个同性恋，他很喜欢当时的御史董恭之子董贤。董贤长相很是俊美，哀帝一次在宫中看到，被他的容貌吸引，拜他为黄门郎;后来更是升为大司马，也纳他的妹妹进宫做了昭仪。

据说有一次，哀帝睡觉醒时董贤尚未醒，哀帝乃命人割裂衣袖起身，以免惊醒董贤，这就是成语"断袖之癖"的由来。

喜欢一个人到这种程度，自然会爱屋及乌。汉哀帝先是赏赐了董贤很多财物，接着升他的父亲为少府，赐爵关内侯。董贤妻子的家人亦获任官职，甚至董贤家的僮仆亦受到哀帝赏赐。发展到最后，哀帝想封董贤为侯，丞相王嘉反对，认为"往古以来，贵臣未尝有此，流闻四方，皆同怨之"，说董贤"千夫所指，无疾而终"。意思是如果封他为侯，必然为万人指责，他也得不到什么好的下场。但汉哀帝不听，将王嘉抓到监狱里。王嘉在狱中绝食二十余日，呕血而死。

"无疾而终"常用来表达自然死亡，但"千夫所指，无疾而终"表达的却是为众人所厌恶和憎恨必然没什么好结果。

"一不做，二不休"从哪里来的?

"一不做，二不休"意思是要么不做，要么就坚持到底。这句话出自唐代赵元一《奉天录》卷四："光晟临死言曰:'传语后人，第一莫作，第二莫休。'"

唐代张光晟，京兆周至人，初为骑卒。安禄山叛乱时，朝廷名将哥舒翰兵败潼关，帐下大将王思礼坐骑中流矢倒毙，处境危急。张光晟在骑兵阵中，下鞍把马让给王思礼。思礼安全脱险，后来官拜河东节度使。他认为自己能有今日，全亏当初张光晟让骑相救，便设法找到张光晟，

典故溯源

和他结为兄弟，还提拔他当"兵马使"，委以重任。并再三奏请朝廷任张光晟为"太常少卿"。

唐德宗健中四年，一支从泾原开赴前线的军队在京师长安哗变，德宗仓皇逃出奉天。这支叛军推立失权居家的太尉朱泚为帝，张光晟这时候走出了一步错棋，拥戴朱泚为帝。朱泚建国号为大秦，自称大秦皇帝，领兵进逼奉天，以张光晟为副将。不料进军并不顺利，遭到唐将浑兼等人的坚决抵抗，围城一个多月，始终未能攻克。

后来朝廷各路援军纷纷赶到，李晟率大军攻打长安。张光晟见朱泚大势已去，送其出城后亲自向李晟投降。李晟倒是视张光晟为座上宾，但唐德宗认为其罪无可恕，遂将其斩杀。临死前，张光晟说："传语后人：第一莫作，第二莫休。"意思是要么就不造反，要造反就坚持到底，不要像我这样犹豫再三，最后还是免不了被杀头的命运啊！

现在多用这个词语来劝告别人做事要么不做，要做就索性干到底。这个成语是个中性词，褒贬色彩不浓。

何谓"风马牛不相及"？

"风马牛不相及"这个成语常用来表达彼此之间毫无关联。如郭沫若《百花齐放·杜鹃花》："咱们彼此其实没有丝毫关联，望帝和杜鹃也风马牛不相及。"这个词语出自《左传·僖公四年》："君处北海，寡人处南海，唯是风马牛不相及也。"

齐桓公是中国春秋时期的第一个霸主。有一次他纠合了鲁、宋、陈、卫、郑、许、曹七个诸侯国的兵力，南下攻打小小的蔡国，并一举将其击垮。然后，齐桓公命令部队继续南进，准备攻打楚国。军队进入到楚国的陉（今河南郾城区）时，楚成王派出代表，到前线责问齐桓公道："君居北海，寡人处南海，唯是风马牛不相及也。不虞君之涉我地也，何故？"意思是说："齐国在北方，我们在南方，中间路途遥远，彼此风马牛不相及，没想到你们竟然兴师侵入中国领土，这是什么缘故呢？"

这便是成语"风马牛不相及"的出处。当时，齐国管仲出来应对楚国的责问，自然胡扯一通。楚国见对方人马众多，打起来也未必能胜。于是双方罢战，停止了干戈。这里提到"风马牛"后世多有争论，关键在对"风"的解释上。

一说认为"风"为"牝牡相诱"事，《书经·费誓》说："马牛其风。"后汉贾逵注曰："风，放也，牝牡相诱谓之风。"公的和母的牛马，在一起互相引诱，叫作"风"。齐国和楚国，即使像马牛雌雄相互引诱这类普遍细微的事情上都没有关系，言指毫不相关。另说认为"风"在古代汉语中与"放"同，意为"放逸、走失"。齐国和楚国相距千里，即使放逸或走失的牛马都不可能走到一起。三说则认为，"风"在这里为名词，马和牛在刮风天的表现完全不同。马喜欢逆风而行，故有"胡马依北风"的诗句；而牛却是顺风而行，所以草原上发生火灾多烧死牛。

在古代张世南《游宦纪闻》卷三记载："牛走顺风，马走逆风，故楚子曰：'君处北海，寡人处南海，唯是风马牛不相及也。'"俞琰的《席上腐谈》上记：

"牛顺物,乘风而行则顺;马健物,逆风而行则健。""风马牛"应是来自客观自然现象。古代有蓄养家畜的习惯,大风一起,则牛马背向而行,故不能相及。这里楚成王代表巧妙设喻,表达两国疆域甚远,不存在根本的利害冲突,齐桓公攻打楚国也不过是为了炫耀自己的霸主地位。于是双方罢战,握手言和。

"画鬼容易画人难"出自何处?

"画鬼容易画人难"这个词语最初为"画鬼容易,画犬马难",语出自战国时韩非《韩非子·外储说上》:"客有为齐王画者,齐王问曰:'画孰最难者?'曰:'犬马最难。''孰最易者?'曰:'鬼魅最易。夫犬马,人所知也,旦暮罄于前,不可类之,故难。鬼魅,无形者,不罄于前,故易之也。'"

有位门客为齐王画像。在绘画过程中,齐王问他:"这世界上什么东西最难画?"门客答:"狗或马最难。""那画什么又最容易呢?"齐王接着又问。门客答:"鬼魅最容易画。"齐王问为什么,门客就说:"犬马啊,大家都知道它长的什么样子,而且早晚都在一起,要描摹的异常生动会很困难。一般有一丝的不像,别人就会说你画得不好,所以很难。至于鬼魅,它们没有具体的形态,人们也根本就没有见过,画起来反而很容易。"

这段话改变了人们的一个传统观念,即已知的事物容易描绘,未知的事物难以表达。但由于未知的虚幻,人们如果不负责任,则可以随意描述它。而且你说它是那个样子,别人也很难找出反驳的意见。比如鬼之类虚幻的东西,多以面目恐怖的样子出现,你想怎么画就怎么画了。

当然,难和易是相对的,如果你真想描述真实的"鬼样",恐怕比起经常看到的犬马又要难了。

现在常用"画鬼容易画人难"来表达凭空瞎说很容易,但是要想有真才实学却需下一番功夫。

"福无双至,祸不单行"的说法从何而来?

"福"或"祸"常作为一组矛盾而出现,中国古代著名思想家老子就说过:"福兮,祸所依;祸兮,福之所伏。"意思是"福"和"祸"并不是绝对的,在幸福的背后,可能正隐藏着祸患,而现在的灾难和不幸,可能在将来带来好运和机遇。

从大量的典故和词语中,我们看到"福"和"祸"在古人心目中相当重要。俗话说"天有不测风云,人有旦夕祸福。"不管是福是祸,都要有平和的心态去面对。"福无双至,祸不单行"则反映了古人迷信的祸福观,意思是福不会连续到来,祸则可能不止一次。这个词最早见于明施耐庵《水浒传》第三十七回:宋江听罢,扯定两个公人说道:"却是苦也!正是'福无双至,祸不单行'。"但更早的意思则来自汉代刘向《说苑·权谋》:"此所谓福不重至,祸必重来者也。"亦作:"福不重至,祸必重来"。

这个说法的广为流传和纪晓岚有关。纪晓岚书法妙绝,每到春节,纪家大门张贴的春联总是被人偷偷揭去,因为纪晓岚的墨迹太珍贵了。强行阻止吧,不大好看,可是过年又不能不贴对联。纪晓岚灵机一动,写下一副对联,上联"福无双至"，下联"祸不单行"，命仆人贴上，仆人直咧嘴，见纪晓岚坚持，只得贴到大门上。这副对联字迹绝妙，可没一个人来揭，过年谁也不想沾晦气。第二天，纪晓岚提笔在上下联各添三字，对联成了"福无双至今日至，祸不单行昨夜行"，周围人才恍然大悟。

从这里我们可以看出古人关于祸福的观念，认为祸比福要多。"福无双至，祸不单行"明显是迷信说法，而"福不单行"也并非生活中常见的现象。

何谓"解语花"？

人们常把美女比作"花"，比如"如花似玉""笑靥如花"等。善解人意自然是说人善于沟通，能解听出话中的弦外之音，谓之"解语"。这两个词组合一下便是"解语花"，常用来形容美女善解人意，惹人喜爱。

杨贵妃像

杨贵妃（公元 719～756 年），蒲州永乐（今山西永济）人，小名玉环。据说杨玉环是宫中舞蹈大家，她表演的《霓裳羽衣舞》颇受玄宗喜爱。

这个词语出自唐明皇和杨贵妃的故事。五代王仁裕《开元天宝遗事·解语花》中说："明皇秋八月，太液池有千叶白莲数枝盛开，帝与贵戚宴赏焉。左右皆叹羡久之，帝指贵妃示于左右曰：'争如我解语花？'"

唐明皇与杨贵妃的爱情故事历来被后人歌颂。白居易《长恨歌》中描写杨贵妃的美丽："回眸一笑百媚生，六宫粉黛无颜色。"唐明皇长期与贵妃缠绵，以至于"春宵苦短日高起，从此君王不早朝。"到最后马嵬兵变，贵妃被赐死，诗人还不忘来句："天长地久有时尽，此恨绵绵无绝期。"二人非常恩爱是肯定的，从这个"解语花"的典故中我们也可以看出唐明皇对杨贵妃的宠爱程度。

关于解语花的来历，多认为系海棠花别名。海棠原产中国东北、华北，落叶小乔木，花朵簇生，呈伞形总状花序，春季开花，花未放时，花苞深红点点，初开放时，花色淡红一片，将谢时，有如隔宿粉妆；性喜阳光，忌水涝，能抗干旱，耐寒冰。也有人认为解语花是千叶莲或思乡草，说法不一。

后来就用"解语花"来形容善解人意的美女。这种理想的女性形象多为文人所喜爱，中国北宋词人周邦彦更借《解语花》为词牌，词风婉约、犹似花语。元代乔孟符《金钱记》第一折："他是一片生香玉，他是一枝解语花。"也是形容温柔体贴的女子。

"乘风破浪"出自何处？

典出《宋书·宗悫传》。

"悫年少时，炳问其志，悫曰：'愿乘

长风破万里浪!'"

宗悫,字元干,南北朝宋时人。他在年纪小的时候,就已抱有远大的志愿,并且学得一身好武艺,又非常勇敢。他哥哥宗泌结婚的那天,来的客人很多。有十几个强盗趁他家忙着办喜事,夜里去抢劫。这时,宗悫挺身而出,奋力抗拒,最终把强盗赶跑了。他的叔叔宗少文问他的志向,他仰起头来激昂地说:"愿乘长风破万里浪!"意思是要利用和创造一切有利的条件,冲破面前有如万里波浪的困难,干一番伟大的事业。后来宗悫果然替国家打了不少胜仗,立下了许多汗马功劳。皇帝让他做了左卫将军,封他为洮阳侯。

后来的人,就将宗悫所说的那句话,简化为"乘风破浪"这个成语,来说明人有远大而崇高的理想;也用以形容人刻苦勤劳,努力向上,冲破重重困难,去创立伟大事业的精神。

"一日千里"的说法从何而来?

典出战国荀况《荀子·修身》。

"夫骥一日而千里,驽马十驾,则亦及之矣。"

在一个晴朗的日子,周穆王把朝政交给几个亲信大臣,只带了几个贴身侍卫,坐上由造父驾驶的马车,向西方进发。造父驾着马车行了一程后,猛一松缰绳,口中一声轻呼,那八匹骏马便撒开四蹄欢快地跑了起来。穆王见此情景,不由得露出了满意的笑容。

他们一直跑啊跑,最后来到了昆仑山下的西王母国。西王母国建立在一片绿洲之中,仿佛世外桃源一般。

年轻美貌的西王母热情接待了穆王,亲自为他接风洗尘,穆王也送给她许多珍贵礼物,表示答谢。穆王沉浸在欢乐之中。转眼一个月过去了,穆王几乎已经忘了他远在东方的国家。造父见此情景,焦虑万分,多次劝穆王回国,穆王却始终不肯。

一天傍晚,穆王与西王母正在纳凉闲坐,突然,造父带着一个满头大汗的武士送来密封文书。原来,东方的徐堰王知道天子久离镐京,便乘机起兵造反。穆王恍如从睡梦中惊醒,立即命造父备车,启程东归。

造父知道时间刻不容缓,就举起鞭子猛力一抽,八匹骏马顿时撒蹄飞奔。造父施展全身的本领,一日千里地向东飞奔,只用三天三夜便赶回了镐京。

回京后,穆王调兵遣将,亲率精锐部队与徐堰王决战。徐堰王被打得落花流水,自己也死于乱军之中。徐国从此灭亡。

后人由此而逐步演化为成语"一日千里",原指速度快,现用以形容进步神速。

"义无反顾"出自何处?

典出汉代司马迁《史记·司马相如列传》。

"夫边郡之士,闻烽举燧燔,皆摄弓而驰,荷兵而走,流汗相属,唯恐居后,触白刃,冒流矢,义不反顾,计不旋踵,人怀怒心,如报私仇。"

汉武帝很赏识司马相如的才学,让他在自己身边做官。

这时正赶上唐蒙在修治通往夜郎、僰中的西南夷道。由于他征集民工过多,又是采取高压手段,引起了巴蜀人民的不安，发生了骚乱。汉武帝便派司马相如去责备唐蒙，并让他写一篇文告，向巴蜀人民做一番解释。

司马相如在文告中有一段是这么写的：

这段文告的大意是：有人不晓得国家的法令制度，惊恐逃亡或自相残杀是不对的。士兵作战的时候，应该迎着刀刃和箭镝而上，绝不容许回头看，宁可战死也不能转过脚跟逃跑。你们应该从长计议，急国家之难，尽人臣之道。

"义无反顾"就是从司马相如的文告中"义不反顾"一句中引申出来的，指为正义的事业而勇往直前。

"气壮山河"最早出自何处？

典出陆游《老学庵笔记》。

"身骑箕尾归天上，气作山河壮本朝。"

南宋大臣赵鼎21岁考中进士，受到宰相吴敏赏识，被调到都城开封任职。

1125年冬，金国出兵南侵。次年秋攻陷太原，宋钦宗惊慌失措，赶紧召集文武大臣商议对策。一些贪生怕死的大臣，主张割让土地向金国求和。赵鼎却说："祖先留下来的国土，怎能拱手送给别人？望陛下千万不要考虑这种意见！"

可是，钦宗非常惧怕金兵。金军要求把黄河以北的土地全部割让给金国，钦宗竟答应了。但是，金军继续南下。这年底，抵达开封城下。钦宗不等金军攻破就亲自到金军营中乞求投降。不久，金兵统帅扣留了钦宗，让部下进城掠夺，钦宗和他的父亲徽宗沦为俘虏，连同搜刮到的大量金银财宝，一起被押至金国。北宋王朝

就此灭亡。

钦宗的弟弟康王赵构在南京（今河南省商丘市）建立了南宋王朝，史称宋高宗。即位初期，起用了一批主战派大臣，赵鼎也在其中，后来还当了宰相。在金兵不断的南侵下，高宗被迫撤退到会稽（今浙江绍兴市）。后来，宰相秦桧知道高宗只想偏安江南，而不真心抗金，便竭力唆使他与金国讲和。赵鼎对他自然反对。于是，秦桧经常在高宗面前说赵鼎的坏话。后来，高宗终于将赵鼎贬到外地去当官。

赵鼎在朱崖住了三年，生活非常困苦。秦桧知道他的处境后，认为他活得不可能长久，便叮嘱地方官每月向自己呈报他是否还活着。

赵鼎六十二岁那年，终于患了重病。临死前，对儿子悲愤地说道："秦桧非要置我于死地不可。我不死，他可能会对你们下毒手；我死了，才可不再连累你们。"说罢，他叫儿子取来一面铭旌（竖在灵柩前标志死者官衔和姓名的长旐），在上面书写了一行字："身骑箕、尾归天上，气作山河壮本朝。"意思是说："我身骑箕、尾两座星宿回归上天，我的气概像高山大河那样雄壮豪迈地存在于本朝。"几天后，赵鼎不食而死。

"气壮山河"比喻人的豪迈之气好像高山大河那样雄伟壮观。

"行百里者半九十"的典故从何而来？

典出刘向《战国策·秦策五》。

秦王依靠秦国强大的实力、有利的地形，成功地实行了"远交近攻"的"连横"政策。几年来，六国或被攻破，或被削弱，眼看着大局已定，为此秦王逐渐放

松了努力，把政事交给相国，自己在宫中饮酒作乐，恣意享受起来。

一天，侍卫向秦王报告说，有一个年近九十岁的老人，刚从百里路外赶到京城，一定要进宫求见秦王。秦王亲自接见了他。

秦王说："老人家，你刚从远地赶来，路上一定很辛苦吧！"

老人说："是啊！老臣从家乡出发，赶了十天，行了九十里；又走了十天，行了十里，好不容易赶到京城。"

秦王笑道："老人家，你算错了吧？开头十天走了九十里，后来的十天怎么只走了十里呢？"

老人回答说："开始的十天，我一心赶路，全力以赴。待走了九十里以后，实在觉得很累，那剩下的十里，似乎越走越长，每走一步都要花出许多力气，所以走了十天才到了咸阳。回头一想，前面的九十里，只能算是路程的一半。"

秦王点点头，说："老人家赶了那么多的路来见我，可有什么话要对我说呢？"

老人回答说："我就是要把这走路的道理禀告大王。我们秦国统一的大业眼看就要完成，就像老臣百里路已经走了九十里一样。不过我希望大王把以往的成功只看作是事业的一半，还有一半更需要去努力完成。如果现在懈怠起来，那以后的路就会特别难走，甚至会半途而废，走不到终点呢！"

秦王谢过老人的忠告，再也不敢懈怠，而是把全部精力都放到统一六国的大业上去了。

一百里路走了九十里，只能算是走完了一半路程。比喻越接近成功，越不能松懈，要坚持到底，去争取最后的胜利。

"众志成城"典出何处？

典出左丘明《国语·周语下》。

春秋末年，周景王打算铸一口巨大的钟，好享受从未有过的乐声。单穆公劝阻说："这么大的钟，声音一定非常响，敲起来震耳欲聋，哪里还有音乐的美感呢？再说，造大钟要耗费许多钱财，要征集许多工匠，大大加重了老百姓的负担。得罪了老百姓，国家就有危险了呀！请大王谨慎从事！"

周景王想取得司乐官州鸠的支持，谁知州鸠说："音乐的声音有大小、轻重之分，各有各的界限，超过了界限，金石丝竹的声音就不和谐。以音乐的标准来衡量，您铸造大钟是不合适的；以国家和百姓的利益来衡量，您的做法就更不合适。"

周景王却一意孤行。第二年大钟造成了，乐人纷纷夸大钟的声音很和谐很好听。周景王叫来司乐官州鸠说："你不是说大钟的声音不会好听吗？可是，现在它的声音却很和谐啊！"

州鸠严肃地答道："不，陛下，您错了，造大钟，要老百姓都拥护都欢迎，才叫和谐。现在，国家花费了巨资，老百姓也怨声载道，这能算和谐吗？办任何一件事，凡是百姓赞成了的，就一定能成功，凡百姓反对的，就一定要失败。这叫作'众志成城，众口铄金'！"

两年后，周景王死了，老百姓都说这是他违背民意而受到的惩罚。

"众志成城"意思是说万众一心，坚如城墙。形容团结一致就能克服困难。

典故溯源

"初生之犊不畏虎"的寓意是什么?

典出罗贯中《三国演义》。

东汉末年,刘备占领汉中,自称汉中王,准备进攻中原。这时,曹操与孙权之间发生了冲突,于是刘备命令镇守荆州的关羽率兵北上,进攻襄阳与樊城。曹操部将曹仁领兵抵抗,被关羽部将廖化、关平打败。曹操接到战报,立即派大将于禁和先锋庞德统领七支人马,前去增援。庞德率领先锋部队来到樊城,为了表示与关羽决一死战的决心,他让士兵抬着一口棺材,走在队伍前面。两军对阵,庞德耀武扬威,指名道姓要关羽出战。关羽欣然出阵,与庞德大战百余回合,不分胜负。关羽回到营寨,对众将说:"初生之犊不畏虎,我看庞德年轻气盛,只可以用计谋制服他,不可凭恃武力取胜啊!"

这时正是秋季,樊城地区秋雨连绵,汉水漫上堤岸,樊城被围于大水中。关羽派人堵在水口,等到江水暴涨,扒开水口,洪水漫天遍地,汹涌而下,淹没了于禁率领的7支人马。关羽命令将士登上预先造好的船筏,向敌军发起猛攻。庞德率领部下奋勇抵抗,从早晨一直战斗到中午,最后落水被俘,因不肯投降被关羽所杀。

犊:小牛。刚生下的小牛不害怕老虎。原比喻年轻人大胆勇敢,缺少经验。现比喻青年大胆勇敢,敢于创新。